编 委 会

唐青林（北京云亭律师事务所）　　李　舒（北京云亭律师事务所）

张德荣（北京云亭律师事务所）　　李　斌（北京云亭律师事务所）

付合军（北京云亭律师事务所）　　刘波玲（北京云亭律师事务所）

王洁文（北京云亭律师事务所）　　陆　洋（北京云亭律师事务所）

罗嘉谋（北京云亭律师事务所）　　熊思韵（北京云亭律师事务所）

（以上作者单位系完成本书时作者所在单位）

云亭法律
实务书系

公司法
裁判规则解读

第二版

主　编　唐青林　李　舒
副主编　张德荣　李　斌

中国法制出版社
CHINA LEGAL PUBLISHING HOUSE

"云亭法律实务书系"总序

"云亭法律实务书系",是北京云亭律师事务所组织撰写的法律实务类书籍。丛书作者均为战斗在第一线的专业律师,具有深厚理论功底和丰富实践经验。丛书的选题和写作体例,均以实际发生的案例分析为主。作者力图从实践需求出发,为实践中经常遇到的疑难复杂法律问题,寻求最直接的解决方案。

没有金刚钻,不揽瓷器活。云亭律师事务所成立以后,创始合伙人唐青林、李舒一致决定以专业耕耘作为立所之本,鼓励所有云亭律师践行"一万小时"的专业发展理论,在各自专业领域深度耕耘,实现"一米宽、十米深"的专业耕耘模式。

能把法律问题写好是优秀律师的看家本领。对于任何专业知识,我们认为有五个渐进的层次:听不懂、听得懂、说得出、写得出、写得好。我们希望云亭律师都能把专业的问题和观点用文字表达出来,训练成为"写得好"的最高级别。

打赢官司靠的不是口才而是思辨能力和文字能力。打赢官司的律师,并不仅仅是口才好,更加重要的是笔头功夫好。根据我从事法律工作25年的经验,律师的写作能力和办案能力之间绝对存在正向促进关系。有理不在声高,只要你思维缜密、开庭之前起草了逻辑严密、法律精准的代理词、哪怕是口吃的律师也一样能赢得诉讼,所以说笔杆子是律师极其重要的武器,写作乃律师安身立命之本。一份优秀的代理词和辩护词,其背后其实是文字功夫和逻辑思维能力的体现。而写作是迅速提高在某个领域的专业水平的最有效途径。我们云亭律师事务所的每一位新律师,都必须经过写作训练这个关,迅速提高文字能力。

法律专业写作最难的是什么?是必须克服懒惰。和写作相比,看电视显然更加轻松愉快,写作经常面对的是清净、冷板凳。中国法制出版社资深编辑赵宏老师和我们座谈的时候曾说:"写作是一件非常辛苦的事,必须每天勉强自己一点点!"这句话我们至少在不同的场合给云亭律师事务所的同事说了10遍。律师确实都很忙,离开学校之后,永远不会有一整段时间用于写作,但是写作的时间都是抽出来的,时间就像海绵里的水,挤挤总是有的。云亭鼓励他们耐住寂寞、长期坐冷板凳、坚持研究法律问题、把自己的研究所得写出来,这样不仅锻炼思辨能力、还锻炼写作能力。

"云亭法律实务书系"到底是怎么写出来的？云亭规定全所律师办理任何案件，都必须针对每一个争议焦点进行法律检索和案例检索，据此起草代理词、辩护词等法律文件，确保和提高办案质量。办案完成后，这些法律和案例检索成果，是封存在电脑中还是让它们充分发挥余热？云亭律师事务所倡议所有同事们在办案结束后花费时间，把办案中针对争议焦点的法律和案例检索成果和形成的法律判断，每个争议焦点整理成一篇文章，在云亭的微信公众号（"法客帝国""公司法权威解读""民商事裁判规则""保全与执行"）发表出来，供所内和全国各地的律师同行参考。这些文章都是真实的案例中遇到的真实的争议焦点，例如《侵犯其他股东优先购买权的股权转让合同是否有效》《股东签署"分家协议"有效吗》《股东是否有权查阅原始凭证》，这些内容都非常实用，所以文章发表出来后非常受法律实务界欢迎。

为什么云亭律师大多是相关领域的专家？云亭倡导每一位律师"忙时作业、闲时作文"，长期积累。强烈建议每一位云亭律师，凡是不开庭和不见客户的日子，坚持到律所坐班，坚持阅读案例和写作，练就火眼金睛并准备好敏捷的头脑。坚持写作，坚持"磨刀"。

我们相信，在任何一个专业领域，如果这个律师坚持写100篇文章，那么他至少已办理过数十个该领域案件、至少检索和阅读该领域1000个判决书。这样坚持下来，该领域便很少再有话题能难倒他，他其实已经足够成为该领域的专家。

律师如何提高写作能力？根据我们多年来的写作经验，主要有如下三点：（一）写作不能犯三个错误：不犯专业错误、不犯文字错误、不犯表述错误。（二）写作应该主题明确、观点明确：每个争议焦点写一篇文章，而不是多个争议焦点混合在一起；裁判规则总结精准、观点明确、不模糊。（三）文章应尽量直白易懂。哪怕读者对象是非法科专业人士，也能够看明白，切忌为了显示专业水平而拽专业术语，让人云里雾里看不懂。

功夫不负有心人。经过多年的努力，在中国法制出版社各位领导和编辑的关心帮助下，"云亭法律实务书系"已经出版和发行了40多种书，"云亭法律实务书系"已经成为云亭专业化发展的一张名片，受到了来自全国各地高校法律教授、法官、法务、律师等法律界人士的广泛好评。在未来的岁月里，我们将继续努力，争取不辜负每一位关心和帮助我们的领导、法律界同行和每一位"云亭法律实务书系"的读者。

唐青林　李　舒
北京云亭律师事务所创始合伙人
2024年1月1日

再版序言

2023年底《公司法》迎来大幅修订，一共新增和修改了228个条文，其中实质性修改了112个条文，删去16个条文，主要是对公司资本制度、公司治理制度等作了重大修改。

《公司法裁判规则》出版后广受读者欢迎，而公司法的修订必将影响现行的司法裁判规则，为此作者根据新公司法对本书作出了全面修订：替换已失效的法条、剔除新公司法施行后不再适用的裁判规则，比较新公司法施行前后的裁判规则，我们力求在新公司法问世之际，推出一本具有借鉴意义和参考价值的公司法案例实务著作。

本书的独特之处在于：

1. 精选最高院、各省高院的公司法案例，体现案例权威性。本书作者团队几乎阅读和研究了最高院近年来关于公司法领域的全部判决、裁定，从中精选的每一篇案例都极具代表性和典型性。同时，本书作者优先选取最高院发布的指导案例、最高院及各省高院审理的公司法案例，保证了所选案例的权威性。

2. 将案情高度浓缩，节约读者时间。一份判决书少则几页，多则几十页，即使对于专业的法律人而言，想要通过一份判决书快速了解案情也是一项不轻松的工程。而本书作者将每个案例的案情高度浓缩，通过半页纸到一页纸的篇幅将案情进行大幅度的精简，极大地提升了阅读效率和阅读体验。

3. 深度剖析败诉原因，从他人的败诉中吸取教训、总结经验。本书作者均是具有丰富公司法实战经验的执业律师，通过对系列败诉案例的深度解读，帮助公司股东、高管和公司法律顾问，从他人的血泪教训中不断总结与提高，避免掉进相同的"坑"里面。

4. 扩展延伸阅读，帮助读者全面了解立法、司法实践动态。本书的部分案例后附有"延伸阅读"部分。在该部分，作者或对与该案例相关的各地地方性规定或地方高院的指导意见加以总结，或对与该案例的案情相近似的案例加以总结，将一些"同案不同判"的情况清晰展现，以帮助读者综观司法实践的全貌。

作者希望通过本书，能促进企业家对公司法的理解，提高对公司运营中法律风险的认识。本书写作的过程中，得到了诸多读者的诚挚建议，在此一并表示感谢！同时，本书中可能还有错误或遗漏之处，欢迎读者予以批评指正。也欢迎各界朋友与我们作者团队联系商讨公司法诉讼纠纷预防及争议解决等问题，我们的邮箱是 tangqinglin@ yuntinglaw. com 和 lishu@ yuntinglaw. com。

北京云亭律师事务所创始合伙人
唐青林律师　李舒律师
2024 年 3 月 16 日

目 录
Contents

第一章 股东资格

001 公务员可否投资入股 ………………………………………………… 1

002 发起人以个人名义为设立中公司签订合同，相对人应以发起人
为被告还是以公司为被告 ……………………………………………… 12

003 隐名股东重大法律风险及代持股协议应包含的六个重要条款 …… 16

004 隐名股东是否有权转让股权？如果有权转让，需满足哪些特定条件 … 25

005 仅凭向显名股东的汇款凭据无法确认股权代持关系 ……………… 32

006 无书面无代持股协议即使为近亲属关系也无法确认股权代持关系 …… 36

007 隐名股东、名义股东、未履行出资义务的股东，谁能提起公司
决议效力诉讼 …………………………………………………………… 40

008 判断挂名股东三要素：形式上挂名，实质上未出资，表象上不
决策不分红不签字 ……………………………………………………… 43

009 合同条款中是否可以约定由隐名股东直接从公司分红 …………… 48

010 实际出资人伪造名义股东签章将股权转让给自己，转让行为是
否有效 …………………………………………………………………… 54

011 母公司股东能够代表子公司提起股东代表诉讼 …………………… 58

第二章　股东权利

012 优先购买权受侵害股东的诉讼请求，需同时具备哪两点才符合法律规定 ·· 60

013 股东未如实告知股权转让条件，其他股东知情后可行使优先购买权 ······ 73

014 规避侵犯股东优先购买权的四种招数之一：投石问路 ·················· 78

015 规避侵犯股东优先购买权的四种招数之二：釜底抽薪 ·················· 83

016 规避侵犯股东优先购买权的四种招数之三：瞒天过海 ·················· 88

017 规避侵犯股东优先购买权的四种招数之四：虚张声势 ·················· 93

018 股东行使知情权可以要求查阅会计凭证 ································· 97

019 股东行使知情权是否有权"复制"会计账簿 ····························· 103

020 公司在何种情况下可拒绝股东查阅会计账簿 ··························· 109

021 股东行使知情权能否要求对公司财务账目进行审计 ··················· 113

022 股东行使知情权可以委托会计师查阅会计凭证 ························ 117

023 公司能否以股东或其委派的人员在公司任职为由拒绝股东行使知情权 ··· 122

024 管控公司证照印章需要走哪三步 ·· 127

025 股东会未作出分红决议，股东可否请求公司分红 ····················· 141

026 股东出资不实其分红权是否受影响 ····································· 145

第三章　股东及高管义务

027 关联交易合法有效的三要素：信息披露、程序合法、对价公允 ······ 147

028 判断董事谋取公司商业机会的考量因素 ································ 152

029 董监高违规与公司签订的合同无效 ····································· 158

030 公司人格否认制度之横向刺破——"请求关联公司承担连带责任" ··· 172

031 董事损害公司利益由董事赔偿，委派的股东无赔偿责任 ············· 180

032 股东利用过桥贷款出资被认定抽逃出资，股东各自承担补充赔偿责任 ··· 186

033 股东是否可用已设定抵押权的财产出资 ································ 195

034 冒充高官、虚构公司项目骗取股权转让款，股权转让协议可撤销 ······ 200

035 未经股东会决议或决议存在瑕疵，公司为大股东对外签订的担保合同是否有效 …… 204
036 担保权人需对公司担保是否经过内部决议尽到形式审查义务 …… 210
037 公司法定代表人越权对外签署担保协议是否有效 …… 222
038 伪造印章被判犯罪，但所签担保合同合法有效 …… 233

第四章 公司章程

039 有限公司约定出资比例与持股比例不一致是否有效 …… 242
040 工商备案章程与公司内部章程对股东表决权作出不同规定，应以哪份为准 …… 246
041 公司章程规定公司重大事项需经全体股东一致通过是否有效 …… 249
042 变更将姓名记载于章程的法定代表人必须要代表三分之二以上表决权股东同意吗 …… 254
043 "股东轮流担任法定代表人"的轮流坐庄约定是否有效 …… 259
044 侵害小股东章程规定的提名权的股东会决议无效 …… 267
045 股东会和董事会的职权是固定不变，还是可以自由切换 …… 273
046 公司章程可规定股东会有权对股东罚款，但应明确罚款的标准、幅度 …… 279
047 股东违反章程将主营业务交其他公司经营，应赔偿公司营业损失 …… 284
048 公司章程规定退休或离职即退股的条款有效吗 …… 291
049 未经工商局登记备案的公司章程修正案合法有效吗 …… 298

第五章 公司决议

050 如何利用公司章程"含蓄"表达董事会议题 …… 303
051 未被通知参加股东会，没机会投反对票股东可否要求公司回购股份 …… 307
052 占股1%小股东如何成功把占股99%的大股东除名 …… 311
053 解除股东资格需要满足哪三个要件 …… 321
054 未按期缴足出资的股东表决权是否可以打折计算 …… 324
055 股东会可否决议解除抽逃部分出资股东抽逃部分对应的股权份额 …… 330

056	股东代理人超越代理权限投票，股东会决议侵犯股东法定权利的，决议无效	333
057	签名被伪造的股东会决议是否必然无效	337
058	未实际召开股东会，持股 90% 的大股东单方作出的股东会决议并无决议效力	342
059	多数股东决定公司不按实缴出资比例分红的股东会决议是否有效	349
060	董事会可否任意无理由撤换总经理	353
061	股东未在股东会决议上签字但事后实际履行决议的视为决议有效	357
062	实质上可拆分的公司决议应分别判断效力	360

第六章　股权转让合同效力

063	约定特定时间签订股权转让协议的意向书为预约合同	366
064	一股三卖，花落谁家？股权善意取得的裁判规则	377
065	未经配偶同意即转让股权的股权转让合同是否有效	386
066	转让方是否可以将预期取得的股权进行转让	393
067	未足额出资的股东对外转让全部股权，仍应承担对公司的出资责任	396
068	禁售期内签订股权转让合同但约定禁售期满后办理转让手续的有效	400
069	未经证监会豁免要约批准即收购上市公司 30% 以上股权的合同是否有效	406
070	公司与股东约定公司未按时完成投产任务须向股东赔偿，该约定是否有效	412
071	职工辞职、除名、死亡后其股权由公司回购的约定合法有效	416
072	为规避行政审批签署两份内容不同的股权转让合同（黑白合同）被法院判决无效	425

第七章　股权转让合同的履行与解除

073	公司并购中股权转让方应充分披露，受让方应审慎尽职调查	429
074	股权转让后前股东仍可依股权转让协议取得公司收入	438

075	股东事先约定股权回购价款，后公司资产发生重大变化可否要求调整价款 …………………………………………………………… 441
076	股权转让约定审计确定价款，实际履行时对账明确相关金额，系变更原合同约定，一方不应再主张审计定价 …………… 445
077	股权变更与股权变更登记是一回事吗 …………………… 448
078	收购矿山企业100%股权不属于矿业权转让，无需国土部门审批 … 454
079	未经股东会同意，法定代表人将公司财产低价转让给关联公司，合同效力如何认定 ……………………………………………… 462
080	转让房地产公司100%股权的转让合同合法有效 ………… 467
081	股权转让合同的解除权的行使时机 ……………………… 477
082	解除股权转让合同的通知应在多长时间内发出？解除异议应在何时提出 ………………………………………………………… 484
083	出让方违约致使受让方未取得股东资格，受让方可解除股权转让合同 ……………………………………………………………… 491
084	股权转让款分期支付，未付到期款项达总款五分之一，转让方可否单方解除合同 ……………………………………………… 495

第八章　增资扩股

085	有限公司增资扩股时，原股东对其他股东放弃认缴的增资份额没有优先认缴权 ………………………………………………… 501
086	股东应在合理期限内行使增资优先认缴权，否则不予支持 …… 507
087	虽与持股90%的大股东签订增资协议并实际投资，但未经股东会决议通过的，不能取得股东资格 ………………………… 516
088	对增资不知情的股东可要求确认其股权比例保持不变 … 520
089	公司减资不通知债权人的，股东要承担补充赔偿责任 … 525

第九章　公司解散与清算

| 090 | 股东会长期失灵无法决策，即使公司盈利亦可解散公司 … 531 |

091	即使股东对公司陷入僵局有过错，仍有权诉请解散公司 ················ 535
092	不通知、不公告悄悄注销公司不能逃避债务，清算组成员担责 ········ 540
093	个人独资企业解散后原投资人需偿还企业债务 ······················ 547

第一章　股东资格

001 公务员可否投资入股

裁判要旨

"公务员不得从事或者参与营利性活动，在企业或者其他营利性组织中兼任职务"的规定，属管理性禁止性规范，并不属于效力性强制性规范；公务员作为隐名股东与显名股东签订的股权代持协议并不因违反上述规定而无效，可享有在代持协议项下相应股权所对应的财产权益，但不能被登记为显名股东。

案情简介[①]

一、2005年7月，弓某公司成立，工商记载：注册资本50万元，陈某甲出资35万元，占股70%；刘某某出资15万元，占股30%。其中，刘某某于2007年退股，但未作工商变更登记。

二、事实上，陈某甲实际出资30%，其余40%均系其兄陈某乙出资，陈某甲代持；刘某某实际未出资仅挂名，其替陈某乙代持3.33%，替张某某代持26.67%。陈某乙及张某某均为公务员。

三、2009年3月，陈某乙、张某某与陈某甲签订弓某公司股东协议，共同确认：陈某乙占股43.33%，陈某甲占股30%，张某某占股26.67%。该协议由陈某乙、张某某及陈某甲签名，弓某公司盖章。弓某公司并未按照股东协议内容进行工商变更登记，但各股东每年均按协议比例进行分红。

四、此后，陈某甲与陈某乙及张某某产生矛盾，陈某乙与张某某向法院起诉要求公司确认股东资格。陈某甲及弓某公司以陈某乙及张某某具有公务员身份等

[①] 案件来源：上海市第二中级人民法院，上海弓某木业有限公司、陈某乙等股东资格确认纠纷二审民事判决书［（2014）沪二民四（商）终字第489号］。

原因否认其股东资格,并拒绝为其办理工商登记。

五、上海市宝山区人民法院、上海市第二中级人民法院审理判定:陈某乙及张某某分别拥有公司 43.33%和 26.67%股权,但对二者要求工商登记的请求不予支持。

核心要点

首先,《中华人民共和国公务员法》(以下简称《公务员法》)第五十三条第(十四)项关于公务员不得"从事或者参与营利性活动,在企业或者其他营利性组织中兼任职务"的规定,属管理性禁止性规范,并不属于效力性强制性规范。公务员若违反了该规范,应由其管理机关追究其相应责任,但并不因此影响合同效力。所以,陈某乙、张某某及陈某甲签订的代持协议(弓某公司股东协议)有效。

其次,《公务员法》前述管理性禁止性规范,与当事人的"市场准入"资格有关,该类规范目的之一在于由特定管理机关依法履行其管理职能,以维护社会秩序。因此,陈某乙、张某某要求在工商局显名的"违法要求"不能得到法院的支持。但是,二人可以享有在代持协议项下相应股权所对应的财产权益,事实上的股东资格也可以得到确认。

实务经验总结

前事不忘,后事之师。为避免未来发生类似败诉,提出如下建议:

第一,投资有风险,公务员需谨慎。虽然公务员因投资入股所签订的股权代持协议并不因违反《公务员法》的纪律规范而无效,但毕竟公务员投资入股属于一种违反管理性禁止性规定的"违法行为",法院不会因协议有效就支持其在工商局显名的要求。另外,公务员投资入股还有可能遭受行政处分,前些年发生的神木法官投资入股事件,涉事法官不仅没有得到分红,还被任职县法院撤销职务,被县纪委常委给予党纪处分。

第二,对已签订股权代持协议的公务员来讲,要与显名股东维持良好的关系关系。另外,为确定股东资格,公务员也应当在未与显名股东及其他股东产生矛盾之前,要求各股东及公司签章确认其股东资格及股权比例,并保留好出资、分红、参与公司管理、参加公司股东会等各类证据。

相关法律规定

《中华人民共和国公务员法》（2017年修正）

第五十三条　公务员必须遵守纪律，不得有下列行为：

……

（十四）从事或者参与营利性活动，在企业或者其他营利性组织中兼任职务；

……

《中华人民共和国合同法》（已失效）

第五十二条　有下列情形之一的，合同无效：

（一）一方以欺诈、胁迫的手段订立合同，损害国家利益；

（二）恶意串通，损害国家、集体或者第三人利益；

（三）以合法形式掩盖非法目的；

（四）损害社会公共利益；

（五）违反法律、行政法规的强制性规定。

《中华人民共和国民法典》（2021年1月1日施行）

第一百四十三条　具备下列条件的民事法律行为有效：

（一）行为人具有相应的民事行为能力；

（二）意思表示真实；

（三）不违反法律、行政法规的强制性规定，不违背公序良俗。

《最高人民法院关于适用〈中华人民共和国合同法〉若干问题的解释（二）》（已失效）

第十四条　合同法第五十二条第（五）项规定的"强制性规定"，是指效力性强制性规定。

《最高人民法院关于适用〈中华人民共和国公司法〉若干问题的规定（三）》（2014年修正，已被修订）

第二十四条　有限责任公司的实际出资人与名义出资人订立合同，约定由实际出资人出资并享有投资权益，以名义出资人为名义股东，实际出资人与名义股东对该合同效力发生争议的，如无合同法第五十二条规定的情形，人民法院应当认定该合同有效。

前款规定的实际出资人与名义股东因投资权益的归属发生争议，实际出资人以其实际履行了出资义务为由向名义股东主张权利的，人民法院应予支持。名义股东以公司股东名册记载、公司登记机关登记为由否认实际出资人权利的，人民法院不予支持。

实际出资人未经公司其他股东半数以上同意，请求公司变更股东、签发出资证明书、记载于股东名册、记载于公司章程并办理公司登记机关登记的，人民法院不予支持。

《最高人民法院关于适用〈中华人民共和国公司法〉若干问题的规定（三）》（2020年修正）

第二十四条 有限责任公司的实际出资人与名义出资人订立合同，约定由实际出资人出资并享有投资权益，以名义出资人为名义股东，实际出资人与名义股东对该合同效力发生争议的，如无法律规定的无效情形，人民法院应当认定该合同有效。

前款规定的实际出资人与名义股东因投资权益的归属发生争议，实际出资人以其实际履行了出资义务为由向名义股东主张权利的，人民法院应予支持。名义股东以公司股东名册记载、公司登记机关登记为由否认实际出资人权利的，人民法院不予支持。

实际出资人未经公司其他股东半数以上同意，请求公司变更股东、签发出资证明书、记载于股东名册、记载于公司章程并办理公司登记机关登记的，人民法院不予支持。

本案链接

以下为该案在法院审理阶段，判决书中"本院认为"就该问题的论述：

首先，《公务员法》第五十三条第（十四）项关于公务员不得"从事或者参与营利性活动，在企业或者其他营利性组织中兼任职务"的规定，属管理性禁止性规范，并不属于效力性强制性规范。公务员若违反了该规范，应由其管理机关追究其相应责任，但并不因此影响合同效力。故弓某公司以陈某乙、张某某违反前述规定为由，认为涉案股东协议无效的观点，本院不予采纳。

其次，原审判决以涉案股东协议，以及各方当事人在原审审理中对于出资事实的认可为依据，并结合由各方当事人签署的领取年度分红的收条、付款凭证、交涉短信等相互印证证据，认定陈某乙、张某某在弓某公司中享有相应比例的权益，并无不当。关于弓某公司对陈某乙、张某某的实际出资情况所持异议，并提出审计申请。本院认为，弓某公司法定代表人陈某甲在涉案股东协议上签署确认各方股份比例，且该协议上加盖有弓某公司的印章，因此，在无相反证据足以推翻协议内容的前提下，弓某公司所持异议不能成立。更何况，从各方当事人就弓某公司经营及财务管理的陈述看，陈某乙、陈某甲在不同时期曾任公司会计和出纳，参与弓某公司的资金管理，弓某公司所持异议也不具有合理性。因此，弓某公司在本案中提出的审计申请，本院不予准许。

最后，《公务员法》的前述管理性禁止性规范，是与当事人的"市场准入"资格有关，该类规范目的之一在于由特定管理机关依法履行其管理职能，以维护社会秩序。有鉴于此，陈某乙、张某某上诉提出请求成为具有公示效力的工商登记股东的主张，与前述法律规定相悖，不能成立，本院不予支持。尽管陈某乙、张某某不能成为工商登记股东，但是其应当可以享有在涉案股东协议项下相应股权所对应的财产权益。

延伸阅读

公务员投资入股裁判规则

一、《中华人民共和国公务员法》中关于"公务员不得从事或者参与营利性活动，在企业或者其他营利性组织中兼任职务"的规定系管理性强制性规范，非效力性强制性规范，因此公务员与其他民事主体订立的股权代持协议不会因为违反前述规定而无效。

案例1：浙江省绍兴市中级人民法院，新昌县可某日用品有限公司、徐某股权转让纠纷二审民事判决书【（2020）浙06民终3911号】认为："公务员不得从事或者参与营利性活动，在企业或者其他营利性组织中兼任职务"的规定，系管理性强制性规范，并不是效力性强制性规范；公务员作为隐名股东与名义股东签订的股权代持协议并不因违反前述规定而无效。

案例2：江西省高级人民法院，李某、江西创某房地产开发有限公司股权转让纠纷二审民事判决书，【（2020）赣民终632号】认为：关于李某与李某建之间的股权代持关系的效力问题。虽然李某建属于国家公职人员，其委托李某代持创某公司股份的行为属于《公务员法》规定的"从事或者参与营利性活动"，但《公务员法》的有关规定属于管理性强制性规定，且李某建已实际出资，经综合考量《公务员法》所保护的法益类型、股权代持行为的法律后果以及交易安全保护等因素，宜认定李某与李某建签订的《委托持股协议》有效。至于李某建的行为是否应追究法律责任，不属于本案审理范围。基于股权代持关系有效，李某建与李某签订的《代持股份转让协议书》《还款协议书》及《补充还款协议书》，系双方的真实意思表示，不违反法律法规的强制性规定，应为有效。在本案审理过程中，即使双方在电话联系中提及"债权转股权"的内容，也因为没有签订书面协议，仅系单方的意思表示而已。故李某及创某公司认为双方之间仍存在股权代持关系的答辩意见缺乏充分的事实根据，不予采纳。李某建提出李某支付股权转让款的诉讼请求，依法应予支持。李某未向李某建依约支付股权转让款，依法应承担违约责任。

案例3：北京市第一中级人民法院，北京问某科技有限公司与高某股东资格确认纠纷二审民事判决书，【（2015）一中民（商）终字第5296号】认为：问某公司及葛某均主张持股协议书签订之时，高某的身份为公务员，根据《公务员法》第五十三条关于公务员不得从事或者参与营利性活动，在企业或者其他营利性组织中兼任职务的规定，本案的持股协议书应当认定无效。就此本院认为，首先，问某公司就高某签订持股协议书时的身份问题，未能提交证据予以证明。其次，《公务员法》中的相关规定属管理性规范，并非效力性规范，若高某违反上述法律规定，可按《公务员法》的相关规定承担相应的法律责任，但并不导致本案的持股协议书无效。综上，本院认为，2013年8月28日，高某与葛某签订的持股协议书应为有效，问某公司的该项上诉理由，缺乏法律依据，本院不予采信。

二、公务员违反《中华人民共和国公务员法（2018修订）》第五十九条第（十六）项规定与其他民事主体订立的股权代持协议原则上有效，但是上述管理性禁止性规定与公务员的"市场准入"资格有关，为了维护社会秩序，公务员根据代持协议要求股东身份显名，法院不予支持。

案例4：上海市第二中级人民法院，陈某斌、张某霞与上海弓某木业有限公司股东资格确认纠纷上诉案，【（2014）沪二中民四（商）终字第489号】认为：本院认为，首先，《公务员法》第五十三条第（十四）项关于公务员不得"从事或者参与营利性活动，在企业或者其他营利性组织中兼任职务"的规定，属管理性禁止性规范，并不属于效力性强制性规范。公务员若违反了该规范，应由其管理机关追究其相应责任，但并不能以此影响合同效力。故弓某公司以陈某斌、张某霞违反前述规定为由，认为涉案股东协议无效的观点，本院不予采纳。

最后，《公务员法》的前述管理性禁止性规范，是与当事人的"市场准入"资格有关，该类规范目的之一在于由特定管理机关依法履行其管理职能，以维护社会秩序。有鉴于此，陈某斌、张某霞上诉提出请求成为具有公示效力的工商登记股东的主张，与前述法律规定相悖，不能成立，本院不予支持。尽管陈某斌、张某霞不能成为工商登记股东，但是其在涉案股东协议项下相应股权所对应的财产权益应当可以享有。

三、公务员作为隐名股东认为名义股东行为侵害其投资收益时，其无权基于双方的股权代持协议越过显名程序而直接请求公司分红，只能基于同名义股东的代持协议主张相应的权利。

案例5：福建省三明市中级人民法院，林某飞、吴某发合同纠纷二审民事判决书，【（2020）闽04民终752号】认为：关于吴某发是否应当向林某飞支付投资收益的问题。林某飞虽系公务员，不得从事或参与营利性活动，其在本案中将出资隐名在吴某发名下并获取收益，应根据《公务员法》的有关规定由相关单位予以处理。但林某飞与吴某发形成事实上的代持股关系，不违反法律、行政法规的强制性规定。《公务员法》第五十三条第十四项规定属于管理性强制性规范，不影响本案中代持股关系的效力。由于林某飞与吴某发系代持股关系，吴某发系双某口公司的股东，林某飞无权直接向双某口公司主张投资收益，而吴某发可以向双某口公司主张分红款，因此，在双某口公司已向部分出资人支付2015年度、2016年度、2017年度投资收益的情形下，吴某发系双某口公司的法定代表人及林某飞股权代持人，其怠于向双某口公司主张分红款，损害了林某飞委托其持股所应获得的权益，其应当向林某飞支付前述三个年度的投资收益。因此吴某发应当向林某飞支付投资收益。

四、公务员投资入股的合同有效。因为"公务员不得从事或者参与营利性活动，在企业或者其他营利性组织中兼任职务"的规定，属管理性禁止性规定，并不属于效力性强制性规定。公务员若违反了该规定，应由其管理机关追究其相应责任，但并不能以此影响合同效力。

案例6：河北省高级人民法院，应某某与承德市奥某贸易有限公司纠纷二审民事判决书［（2013）冀民二终字第55号］认为：关于应某某的身份是否为国家公务员，其投资行为是否有效的问题。应某某作为有完全民事行为能力的自然人，其投资行为没有违反《中华人民共和国公司法》的禁止性规定，故本院对于应某某的投资行为及投资后的收益予以认可。至于应某某在投资入股时是否违反了2003年的《国家公务员暂行条例》对国家公务员的禁止性规定，应当由其所在单位及相关部门进行审查确认并予以处理。

案例7：云南省高级人民法院，绍某等与香格里拉县康某钼矿业有限责任公司等股东资格确认纠纷二审民事判决书［（2007）云高民二终字第183号］认为：虽陈某某、周某某、叶某某作为公务员成为公司股东违反《中华人民共和国公务员法》第五十三条关于公务员不得从事营利性活动的规定，但该行为应由有关行政机关予以处理，并不能因此认定其原始股东资格不存在。且现三人已将股份转让给其他不具备公务员身份的人，康某公司不再存在公务员作为股东的情形。

案例8：北京市第一中级人民法院，北京问某科技有限公司与高某股东资格确认纠纷二审民事判决书［（2015）一中民（商）终字第5296号］认为：《公务员法》中的相关规定属管理性规范，并非效力性规范，若高某违反上述法律规定，可按《公务员法》的相关规定承担相应的法律责任，但并不导致本案的持股协议书无效。

案例9：太原市中级人民法院，崔某某与荣某某合同纠纷二审民事判决书［（2014）并民终字第1264号］认为：关于崔某某身份对合同效力的影响。崔某某是万柏林区工商局工作人员，在其辖区外的襄汾县陶寺某矿厂入股，没有证据证明其利用职务便利，但作为公务员，参与营利性活动，违反了《公务员法》第五十三条"禁止公务员从事或参与营利性活动"的规定。但该规定系管理性禁止性规定，限制的是主体的行为资格，并非效力性强制性规定（针对行为内容），不妨碍公务员违反资格限制而签订的合同的效力。崔某某身为公务员，参股公司是违法行为，但属于行政处分的范畴，不影响与其他人之间的民事行为的效力。

案例10：温州市中级人民法院，王某某、李某与曾某某合伙协议纠纷二审民事判决书［（2014）浙温商终字第2053号］认为：上诉人以被上诉人系公务员身份为由，主张双方当事人签订的合伙协议无效，理由不能成立，本院不予支持。虽然《公务员法》第五十三条第（十四）项规定公务员不得从事或者参与营利性活动，但该规定是管理性强制性规定，而非效力性禁止性规定，不能成为认定诉争合伙协议无效的理由。

案例11：马鞍山市中级人民法院，马某某与安徽省含某瓷业股份有限公司决议效力确认纠纷二审民事判决书［（2015）马民二终字第00076号］认为：含瓷公司改制为民营股份制公司后，通过的股东会决议，涉及国家公务人员施某某持有的163.96万股份，虽违反了《公务员法》第五十三条第（十四）项"公务员必须遵守纪律，不得从事或者参与营利性活动，在企业或者其他营利性组织中兼任职务"之规定，但该规定属于对公务员的行政管理性规定，不属于效力性强制性规范，不能当然引起其在公司持股无效。

案例12：咸宁市中级人民法院，葛某、代某某与汪某某、龚某某、沈某某、徐某某、罗某某、梅某某、王某某、李某股权转让纠纷二审民事判决书［（2015）鄂咸宁中民终字第657号］认为：《合同法》第五十二条第（五）项规定，违反法律、行政法规的强制性规定合同无效。《合同法解释（二）》第十四条规定，合同法第五十二条第（五）项规定的"强制性规定"，是指效力性强制性规定。根据上述规定，《公务员法》第五十三条虽规定公务员必须遵守纪律，不得从事或者参与营利性活动，在企业或者其他营利性组织中兼任职务，但并未明确规定违反上述规定将导致民事行为无效，该条款不属于效力性强制规定。上诉人以长安口煤矿公司的实际股东或直接股东是个别国家公职人员为由请求认定合同无效的上诉理由亦不成立。

案例13：驻马店市中级人民法院，刘某某与刘某股东资格确认纠纷二审民事判决书［（2015）驻民四终字第510号］认为：关于飞翔公司以刘某违反《公务员法》第五十三条的强制性规定为由请求确认刘某不具备股东资格的主张，刘某系国家公务员，《公务员法》第五十三条规定："公务员必须遵守纪律，不得有下列行为：……（十四）从事或者参与营利性活动，在企业或者其他营利性组织中兼任职务"。该项规定是对公务员的一项纪律性约束，违反此项规定，应依照《公务员法》作出相应处理，但《公务员法》及相关法律未规定违反此项规定将导致刘某失去股东身份的后果，故飞翔公司的该项主张无法律依据，不予采纳。

案例14：遵义市中级人民法院，上诉人遵义市明某机动车驾驶培训有限责任公司、卢某某因与被上诉人唐某某、张某股东资格确认纠纷一案民事二审判决书［（2016）黔03民终字第3754号］认为：《中华人民共和国公务员法》中确有禁止公务员从事和参与经营性活动的规定，但该法律的实施是为了对公务员队伍进行管理，如有违反，将受到内部纪律惩处，显然不属于民事法律体系中所定义的"效力性、禁止性"法律规范。因此，根据《最高人民法院关于适用〈中华人民共和国合同法〉若干问题的解释（二）》第十四条"合同法第五十二条第（五）项规定的"强制性规定"，是指效力性强制性规定"的规定，违反《中华人民共和国公务员法》相关规定并不影响身为公务员的行为人从事民商法律的行为效力，再结合现唐某某已经退休离职超过两年，违反管理性法律规定的情形也已消除,故本院认定唐某某具有明某公司股东资格。

案例15:崇阳县人民法院,汪某某、龚某某、沈某某、徐某某、罗某某、梅某某、王某某、李某与葛某、第三人代某某股权转让纠纷一审民事判决书〔(2013)鄂崇阳民初字第04223号〕认为:《公务员法》第五十三条"公务员必须遵守纪律,不得有下列行为:……(十四)从事或者参与营利性活动,在企业或者其他营利性组织中兼任职务"之规定,是管理性禁止性规定,非效力性强制性规定,不属《合同法》第五十二条"违反法律、行政法规强制性规定"。综上所述,被告葛某辩解称《协议书》属无效合同的理由不成立。

案例16:新疆阿勒泰地区阿勒泰市人民法院,吴某某与赵某某、第三人潘某某企业承包经营合同纠纷一审民事判决书〔(2014)阿民一初字第516号〕认为:《合同法》第五十二条第(五)项规定,违反法律、行政法规的强制性规定的合同无效,《合同法解释(二)》第十四条解释为"合同法第五十二条第(五)项规定的"强制性规定",是指效力性强制性规定。"而《公务员法》第五十三条第(十四)项规定的公务员不得从事或者参与营利性活动,是管理性禁止性规定。被告赵某某在签订《合作经营合同》时虽然是公务员身份,但并不导致该合同无效。

案例17:东营市河口区人民法院,宋某某、胡某某诉王某、赵某股权转让合同纠纷一审民事判决书〔(2015)河商初字第38号〕认为:根据《合同法解释(二)》第十四条:合同法第五十二条第(五)项规定的"强制性规定",是指效力性强制性规定。根据《公务员法》第五十三条、第一百零六条的规定,法律、法规授权的具有公共事务管理职能的事业单位除工勤人员以外的工作人员不得从事或参与营利性活动,在企业或者其他营利性组织中兼任职务,但这并非效力性强制性规定,所以原告的该主张不能成立。

案例18:恩施土家族苗族自治州中级人民法院,刘某才与刘某龙、余某某股权转让纠纷二审民事判决书〔(2014)鄂恩施中民终字第00207号〕认为:在刘某才因交通事故受伤后,公司登记注册时,刘某龙为使其在恩施州利某曾家沟煤业有限责任公司的股份以余某某名义显名而实施的民事行为,其以余某某之名投资是为了规避公务员不得从事或参与营利性经营活动及党员领导干部投资入股煤矿等规定。依据《合同法解释(二)》第十四条的规定,该投资入股的行为不能认定无效。

案例19:山东省青岛市中级人民法院在(2009)青民二商终字第526号判

决中认定，因刘某筑在受让股权时系公务员，违反了《公务员法》的禁止性规定，故认定转让协议无效，判令刘某筑返还杨某某顺联公司55%的股权。

五、公务员投资入股合同有效或依法继承了合同，但不必然就能够被登记为股东。因为公务员不得从事营利性活动的禁止性规定为管理性规定，工商机关将其直接登记为股东将与该规定的管理机能相违背。

案例20：上海市第二中级人民法院，李甲与吴甲股东资格确认纠纷一案二审民事判决书［（2011）沪二中民四（商）终字第781号］认为：吴甲通过继承行为获得了继承股东资格的权利，本应按《公司法》第三十八条的规定对恒盈公司的经营享有决定权、选举权、审议权、作出决议权及其他相关职权。但其现为公务员及法官身份，《公务员法》第五十三条第（十四）项和《法官法》均规定了公务员必须遵守纪律，不得从事或者参与营利性活动，在企业或者其他营利性组织中兼任职务。而所谓营利性活动，即指公务员参与的活动是以盈利为目的，且进行收入分配。因此，吴甲以公务员身份参与恒盈公司经营为《公务员法》和《法官法》所禁止，吴甲诉请欲成为有公示效力的工商登记股东，与《公务员法》和《法官法》的相关规定冲突，其诉请本院难以支持。吴甲可通过其他途径实现其财产权。

六、公务员一旦被登记为公司股东，就应受到法律的平等保护，并不会因公务员身份而有所差别。

案例21：北京市西城区人民法院，郑某某与孙某某股权转让纠纷一审民事判决书［（2013）西民初字第13782号］认为：根据工商档案登记资料可知，郑某某为健峰公司的登记股东，依法享有股东权利，该权利受到法律保护的程度并不因其是否为公务员而有所差别。至于郑某某是否参与公司管理，则与股东权利无关。

案例22：贵阳市中级人民法院，邱某某与贵州红某民族文化发展有限公司股东资格确认纠纷一审民事判决书［（2016）黔01民初字第440号］认为：被告红某公司称原告邱某某已考为国家公务员，应系邱某某工作单位对其进行相应的规制而非红某公司主动作出决议剥夺原告的股东资格，且该股东会决议并未通知股东邱某某，事后也未得到邱某某的追认，故本院对该股东会决议作出的理由不予承认，该股东会决议无效。

七、不得从事或参与营利性活动之规定约束的主体是公务员，不包括国有企业的干部；不得参与的营利性组织的范围不包括民办非企业法人、事业单位法人等从事非营利性社会服务活动的社会组织；公务员在营利性组织担任职务是否违规的判断标准在于其是否获得经济利益。

案例23：太原市中级人民法院，山西必其汽车集团有限公司与山西新亨运汽车服务有限公司股权转让纠纷二审民事判决书［（2014）并民终字第427号］认为：我国《公务员法》禁止公务员从事或者参与营利性活动，在企业或者其他营利性组织中兼任职务，该规定针对的是公务员，秦某某无论是否是新亨运的股东，其仅是国有企业处级干部，不属于规定调整的范围。

案例24：宿迁市中级人民法院，张某乐与周某乙、沭阳县某医院股东出资纠纷二审民事判决书［（2014）宿中商终字第00354号］认为：虽然张某乐、张某签订三方协议以及参与沭阳县某医院股东会时仍是国家公务员的身份，但根据上诉人提供的证据可以证明沭阳县某医院系民办非企业法人、事业单位法人，是从事非营利性社会服务活动的社会组织，其不同于以营利为目的的公司或企业，且沭阳县某医院均在二人退休后才向其发放工资和生活补贴。故张某乐、张某投资购买沭阳县某医院股权的行为并未违反《公务员法》的强制性规定。

案例25：伊通满族自治县人民法院，张某涛与伊通满族自治县种畜场公司决议效力确认纠纷一审民事判决书［（2014）伊民二初字第36号］认为：《公司法》第一百八十三条规定："有限责任公司的清算组由股东组成"，而本案中两股东，在会议中明确作出决议，清算组法定成员为两股东，而会议决议由股东自愿聘请相关人员参加清算工作的意思表示真实，并不违反法律规定。其所聘请的相关人员，并不具有法律所禁止的情形，虽有国家公务人员，但其并未领取相关报酬，亦不违反《公务员法》的相关规定。

002 发起人以个人名义为设立中公司签订合同，相对人应以发起人为被告还是以公司为被告

裁判要旨

发起人是设立中公司的代表机关和执行机关，对外代表设立中公司进行民事活动；在发起人为设立公司以自己名义对外签订合同时，合同相对人有权请求发起人承担合同责任；如成立后的公司以明示方式确认前述合同，或者通过已经实

际享有合同权利或履行合同义务的方式默认其愿意接受公司成为合同主体时,则合同相对人亦有权请求公司承担合同责任。

案情简介[①]

一、十某城公司于 2014 年 10 月 20 日成立,主营业务为餐饮,戴某某系十某城公司的法定代表人。

二、2014 年 9 月 26 日,戴某某与毛某恒源公司签订《厨房设备工程购销合同》,约定:毛某恒源公司向戴某某提供 4 台厨房设备,总价 252402 元,并送至指定的四个门店。

三、合同签订后,毛某恒源公司实际向戴某某指示的十某城公司的四个门店交付了设备。2015 年 4 月 16 日,毛某恒源公司与十某城公司职员王某某签订对账清单,确认十某城公司收到价值 252402 元的设备。但是,戴某某仅给付毛某恒源公司 15 万元,剩余款项未付。

四、此后,毛某恒源公司将戴某某诉至北京通州区人民法院要求支付剩余款项。但是,戴某某认为合同所涉设备均用于十某城公司门店,其仅为十某城公司的法定代表人,毛某恒源公司的起诉主体错误,应该由十某城公司来承担责任。

五、通州区人民法院一审认定毛某恒源公司起诉主体错误,驳回起诉。毛某恒源公司不服,上诉至北京市第三中级人民法院,最终判定毛某恒源公司有权要求戴某某承担合同责任,起诉主体适格。

核心要点

《最高人民法院关于适用〈中华人民共和国公司法〉若干问题的规定(三)》(以下简称"《公司法司法解释(三)》")第二条规定:"发起人为设立公司以自己名义对外签订合同,合同相对人请求该发起人承担合同责任的,人民法院应予支持;公司成立后合同相对人请求公司承担合同责任的,人民法院应予支持。"由此可知,发起人是设立中公司的代表机关和执行机关,对外代表设立中公司进行民事活动。本案中,戴某某系作为十某城公司的发起人,为设立十某城公司以自己名义与毛某恒源公司签订合同,毛某恒源公司系合同相对人。在

[①] 案件来源:北京市第三中级人民法院,北京毛某恒源厨房设备有限公司与戴某某加工合同纠纷二审民事裁定书 [(2015)三中民(商)终字第 14436 号]。

发起人为设立公司以自己名义对外签订合同时,合同相对人有权请求发起人承担合同责任;如成立后的公司以明示方式确认前述合同,或者通过已经实际享有合同权利或履行合同义务的方式默认其愿意接受公司成为合同主体时,则合同相对人亦有权请求公司承担合同责任。虽然十某城公司确认戴某某系代表该公司与毛某恒源公司签订合同,但是毛某恒源公司作为合同相对人,在签订合同时并不知悉戴某某系代表设立中的十某城公司的利益,毛某恒源公司有权要求戴某某承担合同责任。

 实务经验总结

前事不忘,后事之师。为避免未来发生类似败诉,提出如下建议:

第一,对于与发起人签订合同的相对人来讲,其有权要求该发起人承担合同责任;当成立后的公司以明示方式确认前述合同,或者通过已经实际享有合同权利或履行合同义务的方式默认其愿意接受公司成为合同主体时,则合同相对人亦有权选择请求公司承担合同责任。需要注意的是,合同相对人应当注意保留公司收到货物的相应凭证、支付款项的记录、发票等证据,以证明公司已实际享有合同权利或履行合同义务。

第二,对于发起人来讲,其在签订合同时需首先明确公司成立后合同责任是由自己承担还是由公司承担,若由自己承担则以自己的名义签订合同,若由公司承担则以公司的名义签订合同。

相关法律规定

《最高人民法院关于适用〈中华人民共和国公司法〉若干问题的规定(三)》(2014年修正,已被修订)

第二条 发起人为设立公司以自己名义对外签订合同,合同相对人请求该发起人承担合同责任的,人民法院应予支持。

公司成立后对前款规定的合同予以确认,或者已经实际享有合同权利或者履行合同义务,合同相对人请求公司承担合同责任的,人民法院应予支持。

第三条 发起人以设立中公司名义对外签订合同,公司成立后合同相对人请求公司承担合同责任的,人民法院应予支持。

公司成立后有证据证明发起人利用设立中公司的名义为自己的利益与相对人

签订合同，公司以此为由主张不承担合同责任的，人民法院应予支持，但相对人为善意的除外。

《最高人民法院关于适用〈中华人民共和国公司法〉若干问题的规定（三）》（2020年修订）

第二条　发起人为设立公司以自己名义对外签订合同，合同相对人请求该发起人承担合同责任的，人民法院应予支持；公司成立后合同相对人请求公司承担合同责任的，人民法院应予支持。

《中华人民共和国公司法》（2024年7月1日生效）

第四十四条　有限责任公司设立时的股东为设立公司从事的民事活动，其法律后果由公司承受。

公司未成立的，其法律后果由公司设立时的股东承受；设立时的股东为二人以上的，享有连带债权，承担连带债务。

设立时的股东为设立公司以自己的名义从事民事活动产生的民事责任，第三人有权选择请求公司或者公司设立时的股东承担。

设立时的股东因履行公司设立职责造成他人损害的，公司或者无过错的股东承担赔偿责任后，可以向有过错的股东追偿。

本案链接

以下为该案在法院审理阶段，判决书中"本院认为"就该问题的论述：

本案的争议焦点为毛某恒源公司是否有权要求戴某某承担合同责任。本案中，在签订《厨房设备工程购销合同》时，戴某某任法定代表人的十某城公司尚未成立，毛某恒源公司并不知晓戴某某系为设立中的十某城公司利益而与毛某恒源公司签约。《公司法司法解释（三）》第二条规定："发起人为设立公司以自己名义对外签订合同，合同相对人请求该发起人承担合同责任的，人民法院应予支持。公司成立后对前款规定的合同予以确认，或者已经实际享有合同权利或者履行合同义务，合同相对人请求公司承担合同责任的，人民法院应予支持。"本院认为，发起人是设立中公司的代表机关和执行机关，对外代表设立中公司进行民事活动。在本案中，戴某某系作为十某城公司的发起人，为设立十某城公司以自己名义与毛某恒源公司签订合同，毛某恒源公司系合同相对人。

本院认为，在发起人为设立公司以自己名义对外签订合同时，合同相对人有权请求发起人承担合同责任；如成立后的公司以明示方式确认前述合同，或者通过已经实际享有合同权利或履行合同义务的方式默认其愿意接受公司成为合同主体时,则合同相对人亦有权请求公司承担合同责任。在本案中,虽然十某城公司确认戴某某系代表该公司与毛某恒源公司签订合同,但是毛某恒源公司作为合同相对人,在签订合同时,其并不知悉戴某某系代表设立中的十某城公司的利益。本院认为,毛某恒源公司有权要求戴某某承担合同责任。一审法院认定戴某某并非本案适格被告,系适用法律错误,本院依法予以纠正。

003 隐名股东重大法律风险及代持股协议应包含的六个重要条款

阅读提示

隐名出资所牵涉的法律关系,若以隐名股东为定位,则包括三个方面,即隐名股东与名义股东间的法律关系、隐名股东与公司以及其他股东间的法律关系、隐名股东与公司外第三人(包括公司债权人与股权受让人)间的法律关系。

本文通过十个案例介绍与隐名股东有关的若干裁判规则,以此提醒拟作为隐名股东的投资者,其与名义股东间签订的股权代持协议的法律关系为委托投资合同关系,隐名股东并不当然地获得股东的资格,应慎用隐名持股的方式。如果一定要采取股权代持的方式,隐名股东一定要保证股权代持协议包含六个条款,并在实际运营中做到本文列举的四条建议,以确保自身合法权益。

一、隐名出资所涉及的法律关系

1. 隐名出资人与名义出资人之间存在着委托投资法律关系

隐名股东与显名股东签订的股权代持协议属委托投资合同关系。股权归属关系与委托投资合同关系是两个层面的法律关系,前者因合法的投资行为而形成,后者则因当事人之间的合同行为形成,即享有股东资格的仅是记载于股东名册中的名义股东,而实际投资人并非公司的股东,只能依据合同来处理其与名义股东间的关系。

案例1:最高人民法院,博某资本基金公司与鸿某控股集团有限公司其他合同纠纷二审民事判决书〔(2013)民四终字第20号〕认为:股权归属关系与委托投资关系是两个层面的法律关系,前者因合法的投资行为而形成,后者则因当事人之间的合同行为形成，保监会的上述规章仅仅是对外资股东持股比例所作的限制，而非对当事人之间的委托合同关系进行规制，因此，实际出资人不能以存在合法的委托投资关系为由主张股东地位，受托人也不能以存在持股比例限制为由否定委托投资协议的效力。

2. 隐名出资人与其他股东及公司之间的法律关系

当隐名出资人欲将其身份显露于外，要求公司承认其股东身份，直接向公司主张股东权利，并要求对相关的公司文件进行变更的时候，则会在隐名出资人与其他股东及公司之间发生法律关系，这种关系通常以隐名股东资格确认或者股权归属纠纷的形式表现出来，此时不仅需要考察隐名出资人的实际出资行为，还要考察其他股东对此的态度。

3. 隐名出资人与第三人之间的法律关系

由于在公司相关文件中显示于外的股东为名义出资人，当名义出资人以股东名义处分股权的时候，会涉及该处分行为的效力问题；当出资存在瑕疵的时候，会涉及债权人能否要求名义股东承担补偿出资的问题。总之，由于隐名出资行为的存在，会出现工商登记记载与实际情况不符的情形，而以何者为依据认定股权的归属，进而认定行为的效力或追偿的对象，则关乎公司外第三人的利益保护问题。

二、隐名出资与股东资格确认

1. 隐名股东（实际出资人）主张股权，必须证明其已经真正出资

隐名出资人向公司主张股权的，必须首先证明其有出资行为，出资行为是其取得股东资格并享有股权的内心真实意思的外在表示。

首先，出资、股东资格和股东权益三者之间是具有前后因果关系的，即先有出资行为，然后取得股东资格和享有股东权益，出资行为是原因和基础，取得股东资格和享有股东权益是结果和目的。其次，实际投资人向公司投资的行为也是一种个体的民事法律行为，应适用法律行为的基本规则。按照民法理论，法律行为的进行是行为人将其内心的效力意思表示于外的过程，"意思表示是法律行为的核心要素"，它由"作为心理事实的法律后果意思和此种意思的宣示（表达、表白）组成"，虽然隐名出资人是借用他人名义向公司出资，其出资行为仍然能够表明其向公司投资并享有股东权益的内心真实意思。

《公司法司法解释（三）》第二十二条规定："当事人之间对股权归属发生争议，一方请求人民法院确认其享有股权的，应当证明以下事实之一：（一）已

经依法向公司出资或者认缴出资，且不违反法律法规强制性规定；（二）已经受让或者以其他形式继受公司股权，且不违反法律法规强制性规定。"虽然该条并没有直接针对隐名股东资格确认的实质要件作出规定，但是其是对股权归属发生争议时主张权利一方当事人的证明责任的规定，可以适用于隐名股东资格认定的判定，即主张隐名股东资格或者股权的人应该提出证据证明其已经依法向公司出资或者认缴出资，且不违反法律法规强制性规定。据此，隐名出资人可以依据其与名义出资人之间的隐名投资合同或者其他出资事实证明其为真正的出资人。另外，《北京市高级人民法院关于审理公司纠纷案件若干问题的指导意见（试行）》规定："有限责任公司股东资格的确认，涉及实际出资额、股权转让合同、公司章程、股东名册、出资证明书、工商登记等。确认股东资格应综合考虑多种因素，在具体案件中对事实证据的审查认定，应当根据当事人具体实施民事行为的真实意思表示，选择确认股东资格的标准。"

案例2：洛阳市中级人民法院，董某某与河南科某置业有限公司、陈某某、张某、华某某、河南志某建设有限公司股权确认纠纷一案二审民事判决书〔（2010）洛民终字第82号〕认为：根据《民法通则》和《公司法》的有关规定，出资人的姓名和名称并不是公司取得法人资格必须的明示条件，故记载于公司登记机关的股东姓名或名称并无创设股东资格的效果；公司设立登记具有创设公司法人资格的功能，但就股东资格而言，工商登记并非设权程序，只具有对善意第三人的证权功能，因而是宣示性登记。对股东资格的认定应采用形式性和实质性相结合的办法审查。从志某公司的组建、成立、实际出资、流动资金的投入、经营管理和实际控制情况分析，被告陈某某、华某某、董某某、张某系志某公司的名义股东，科某公司系志某公司的隐名股东。应依据"出资取得股东资格"原则，应确认原告为志某公司的股东。志某公司成立后，其半数以上名义股东明知原告作为实际出资人，参与了公司事务的管理，以股东的身份行使了权利，且得到了志某公司及被告陈某某、华某某、张某的认可，没有违反相关法律、法规的强制性规定，应认定原告科某公司对志某公司享有股权。

案例3：最高人民法院，湖北省某银行贷款项目办公室与湖北某农化中心、襄樊市某区农业开发经济技术协作公司股权纠纷案二审民事判决书〔（2010）民二终字第113号〕认为：是否具有成为股东的意思是判断当事人是否是公司股东的重要标准。公司设立时，当事人受他人委托向公司支付出资款，因当事人自己并没有成为股东的意思，故其不是公司股东，其仅与他人之间构成一般的债务关系，该他人才是公司股东。其他当事人虽对出资款本身主张权利，但只要不能证明其在公司设立时具有成为股东的意思且以该款项作为出资款，也不能认定其为公司股东。

2. 实际出资人变更工商登记成为股东，需要经公司其他股东半数以上同意

《公司法司法解释（三）》第二十四条第三款规定："实际出资人未经公司其他股东半数以上同意，请求公司变更股东、签发出资证明书、记载于股东名册、记载于公司章程并办理公司登记机关登记的，人民法院不予支持。"需要注意的是，实际出资人显名的程序性要件是准用股权对外转让规则，鉴于新公司法已经取消了股权对外转让中其他股东同意权的规定，则准用的基础不复存在，届时如何处理可能会发生变化。但目前《公司法司法解释（三）》尚未作出修改，本书仍按照《公司法司法解释（三）》第二十四条的规定。据此，实际出资人变更工商登记成为股东，需要经公司其他股东半数以上同意。如何判断其他股东对于隐名出资人的股东身份的承认或者同意？

（1）半数以上股东明确作出承认或者同意隐名出资人股东身份的意思表示。为此，其他股东可以作出书面声明，或者在隐名出资人的请求书上签字，也可以与隐名出资人及名义出资人共同签订合同，或者是通过股东会决议确认隐名出资人的股东身份。值得注意的是，此处的半数以上是否包含本数，法院的裁判观点并不统一。

案例4：辽宁省高级人民法院，李某某与刘某某及东港鸿某房地产综合开发有限公司等股东资格确认纠纷再审民事裁定书［（2015）辽审一民申字第983号］认为：李某某主张刘某某变更工商登记成为股东，须经其他股东过半数同意。但依据上述法律规定，实际出资人变更工商登记成为股东，需要经公司其他股东半数以上同意即可。而"半数以上"是否包括本数，《中华人民共和国公司法》无明文规定。依照《中华人民共和国民法通则》第一百五十五条的规定：民法所称的"以上"、"以下"、"以内"、"届满"，包括本数；所称的"不满"、"以外"，不包括本数。因此，该"半数以上"的法律规定，应包括本数。

案例5：湖州市中级人民法院，丁某某与德清县海某疏浚有限公司股东资格确认纠纷二审民事判决书［（2016）浙05民终字第468号］认为：关于"半数以上"是否包含本数的问题，因实际出资人要求显名确认股东资格时，实际出资人将从公司的外部进入到公司内部成为公司一员，类似于股东向公司股东以外的人转让股权，依据有限责任公司"人合性"的特征，应当准用《公司法》第七

十一条关于股份对外转让时的限制条件,即应当经过其他股东过半数同意。

案例6:荆州市中级人民法院,陈某某与荆门市通某洋商贸有限公司股东资格确认纠纷一审民事判决书〔(2015)鄂荆州中民四初字第00016号〕认为:实际出资人未经公司其他股东半数以上同意,请求公司变更股东、签发出资证明书、记载于股东名册、记载于公司章程并办理公司登记机关登记的,人民法院不予支持。本案中,原告陈某某履行了出资义务,一直对通某公司进行经营管理,实际行使股东权利,履行股东义务,占公司80%股权的股东方某某明知陈某某实际出资于公司、与周某某之间存在代持股协议的事实,且认可并同意陈某某以股东身份行使权利,承认其享有公司股权,陈某某要求确认其通某公司股东资格的诉讼请求符合前述规定,应得到人民法院的支持。

案例7:北京市第一中级人民法院,王某等股东资格确认纠纷二审民事判决书〔(2016)京01民终字第6084号〕认为:根据上述股权代持协议书约定,汪某某作为中科公司目前工商登记的股东,其名下登记之部分股权实际代王某持有,现王某起诉要求确认股东资格及部分股权,中科公司半数以上的工商登记股东已明确表示同意,其诉讼请求符合上述司法解释的规定,一审法院据此判决确认汪某某所持中科公司2.439%股权归王某所有,并判决中科公司将汪某某所持该公司2.439%股权变更登记至王某名下,有事实及法律依据。

(2)从行为上推定其他股东是否有承认或者同意隐名出资人股东身份的意思表示。即使其他股东并没有明确作出承认或者同意隐名出资人股东身份的意思表示,或者没有相关的书面文件作为其他股东承认或者同意隐名出资人股东身份的依据,也可以通过其他股东的行为进行推断。此处的"行为"主要是指其他股东对于隐名出资人实际享有股东权利的知情和认可行为,即其他股东明知隐名出资人行使或者享有了股东权利,但是并未表示反对,可视为一种默许。法院在司法裁判中一般也不机械简单地理解为必须限定在诉讼过程中的其他股东同意,而是应以公司经营期间其他股东是否一直认可作为审查基础,来把握实际出资人要求显名的法律要件。

案例8:上海市静安区人民法院,张某某诉杨某某股权确认纠纷一审民事判决书(载《最高人民法院公报》2011年第5期)认为:争议股权虽应为原告张某某所有,但原告并不当然成为绿某公司的股东,被告杨某某在代为持股期限届满后,为原告办理相应的股权变更登记手续,形同股东向股东以外的人转让股权。按照《公司法》第七十一条第二款、第三款的规定,股东向股东以外的人转让股权，应当经其他股东过半数同意。股东应就其股权转让事项书面通知其他股东征求同意，其他股东自接到书面通知之日起满三十日未答复的，视为同意转让。其他股东半数以上不同意转让的，不同意的股东应当购买该转让的股权；不购买的，视为同意转让。因此，被告为原告办理相应的股权变更登记手续，应当由绿某公司其他股东过半数表示同意。审理中，法院在绿某公司张贴通知，并向绿某公司部分股东发出通知，说明根据《公司法》有关规定，如绿某公司股东对原告张某某、被告杨某某之间的股权变更登记有异议，应按规定收购争议的股权，并于2009年12月31日前回复。嗣后，马某某等八位股东（过半数）同意股权变更登记。因此，张某某、杨某某之间股权变更登记的条件已经成就，原告要求被告履行相应股权变更登记手续的诉讼请求，符合事实与法律依据，应予支持。

案例9：湖州市中级人民法院，金某某与长兴金某置业有限公司股东资格确认纠纷二审民事判决书［（2016）浙05民终字第443号］认为：《公司法司法解释（三）》规定"实际出资人成为股东需经其他股东半数以上同意"，体现了有限责任公司的人合性，但认定其他股东是否同意不仅限定在诉讼中征得其他股东同意，还包括在公司成立时或经营期间其他股东是否认可，该事实可由当事人举证证明。本案中，长广公司在金某公司成立时即认可金某某享有金某公司40%股权，且金某某自金某公司成立时至2015年1月期间一直担任金某公司法定代表人，参与公司经营管理，长广公司在诉讼中表示不同意不足以抹灭其曾经同意金某某入股的事实，故金某某成为金某公司股东的条件已经满足。

三、显名股东"无权处分"股权可类比适用善意取得。如果股权被显名股东卖出并且符合善意取得要件，实际出资人丧失股权，只能向显名股东请求赔偿损失

《公司法司法解释（三）》第二十五条第一款规定："名义股东将登记于其名下的股权转让、质押或者以其他方式处分，实际出资人以其对于股权享有实际权利为由，请求认定处分股权行为无效的，人民法院可以参照民法典第三百一十一条的规定处理。"《民法典》第三百一十一条规定："无处分权人将不动产或者动产转让给受让人的，所有权人有权追回；除法律另有规定外，符合下列情形的，受让人取得该不动产或者动产的所有权：（一）受让人受让该不动产或者动产时是善意；（二）以合理的价格转让；（三）转让的不动产或者动产依照法律规定应当登记的已经登记，不需要登记的已经交付给受让人。受让人依据前款规定取得不动产或者动产的所有权的，原所有权人有权向无处分权人请求损害赔偿。当事人善意取得其他物权的，参照适用前两款规定。"因此，显名股东处分股权可类比适用善意取得制度。

案例10：吉林市中级人民法院，上诉人贾某某因与被上诉人张某某、谢某确认合同无效纠纷一案二审民事判决书〔（2013）吉中民三终字第158号〕认为：张某某受让谢某转让的股权行为是否构成善意取得为确认本案合同效力的焦点问题。对此，本院认为，第一，贾某某提供的证据不能证明张某某受让谢某股权行为非善意；第二，谢某陈述交易价格为7万元，等于入股时原价，明显不合理，应由张某某举证证明其系以合理价格受让股权，现张某某提举了谢某收取股金款37万元的收据，证明双方的交易真实价格为37万元，此价格与入股时原价的溢价率为500%，张某某已尽举证责任。现贾某某仍认为价格不合理，按谁主张谁举证的原则，应由贾某某举证证明，贾某某提请对光某公司资产进行评估，以此确认股权的实际价值，本院认为，公司资产是影响股权价值的因素，但不是唯一因素，公司股权价值还受公司的经营状况、获利能力、发展前景、品牌效应、市场环境等诸多因素的影响，贾某某的要求没有事实和法律依据，应认定张某某系以合理价格受让股权。第三，张某某受让股权后，依照法律规定，办理了工商登记手续。综上，依照《物权法》第一百零六条规定，张某某受让谢某股权行为属于法律上的善意取得。

四、建议隐名股东签署《股权代持协议》中应包含的六个重要条款

本书作者提醒拟作为隐名股东的投资者，其与名义出资者所签订的《股权代持协议》的法律关系为委托投资合同关系（某些情况下也可能为借贷关系），其并不当然地获得股东的资格，因此应该慎用隐名股东的方式持股。如果一定要采取股权代持的方式，《股权代持协议》一定要包含如下六个条款以确保自身合法权益：

1. 隐名股东已将代持股份出资款足额交付显名股东，专用于隐名股东对目标公司的出资，显名股东予以确认。（证明已出资）

2. 隐名股东作为实际出资者，对公司享有实际的股东权利并有权获得相应的投资收益；显名股东仅得以自身名义将隐名股东的出资向公司出资并代隐名股东持有该等投资所形成的股东权益，而对该等出资所形成的股东权益不享有任何收益权或处置权（包括但不限于股东权益的转让、担保）。（证明隐名股东成为股东的真实意思表示）

3. 在委托持股期限内，隐名股东有权在条件具备时，将相关股东权益转移到自己或自己指定的任何第三人名下，届时涉及的相关法律文件，显名股东须无条件同意，并无条件承受。（可以提前要求名义持股人签署股权转让协议）

4. 显名股东在以股东身份参与公司经营管理过程中需要行使表决权时至少应提前3日取得隐名股东书面授权，未经授权不得行使表决权。（可以在签署协议时，要求显名股东签署委托隐名股东行使表决权的授权书）

5. 显名股东承诺将其未来所收到的因代表股份所产生的任何投资收益（包括现金股息、红利或任何其他收益分配）均全部转交给隐名股东。

6. 隐名股东有权随时解除代持股协议，显名股东应当按隐名股东指示向其移转"代表股份"或股权收入；在隐名股东拟向公司股东或股东以外的人转让、质押"代表股份"时，显名股东应对此提供必要的协助及便利。

五、公司日常运营中隐名股东应做到以下四点，以确保自身合法权益

1. 代持股协议签订后，隐名股东要保留其向显名股东支付出资的记录，以及显名股东向公司注资的记录，尽量保证专卡专用，并在同一时间段内支付。

2. 隐名股东需要取得公司其他股东认可其为真正股东的证明，以及目标公司予以确认的证明，例如通过股东会决议、公司章程修正案等方式确认或公司向隐名股东签发加盖公章的出资证明书、股东名册等；

3. 隐名股东可以在签订代持协议的同时，要求显名股东签署隐名股东出席股东会的授权书，以保障其行使表决权，并且留存参加股东会、董事会等参与公司管理的证据。

4. 公司的运营中，隐名股东还应对董事会席位、公司高管职位及公司财务人员作出安排，防止显名股东滥用股东权利，通过作出当年年度不分红、少分红，高额提取资本公积金，关联交易、自我交易等方式将隐名股东的利润"黑"掉。

相关法律规定

《最高人民法院关于适用〈中华人民共和国公司法〉若干问题的规定（三）》（2014年修正，已被修订）

第二十四条 有限责任公司的实际出资人与名义出资人订立合同，约定由实际出资人出资并享有投资权益，以名义出资人为名义股东，实际出资人与名义股东对该合同效力发生争议的，如无合同法第五十二条规定的情形，人民法院应当认定该合同有效。

前款规定的实际出资人与名义股东因投资权益的归属发生争议，实际出资人以其实际履行了出资义务为由向名义股东主张权利的，人民法院应予支持。名义股东以公司股东名册记载、公司登记机关登记为由否认实际出资人权利的，人民法院不予支持。

实际出资人未经公司其他股东半数以上同意，请求公司变更股东、签发出资证明书、记载于股东名册、记载于公司章程并办理公司登记机关登记的，人民法院不予支持。

第二十五条 名义股东将登记于其名下的股权转让、质押或者以其他方式处分，实际出资人以其对于股权享有实际权利为由，请求认定处分股权行为无效的，人民法院可以参照物权法第一百零六条的规定处理。

名义股东处分股权造成实际出资人损失，实际出资人请求名义股东承担赔偿责任的，人民法院应予支持。

《最高人民法院关于适用〈中华人民共和国公司法〉若干问题的规定（三）》（2020年修正）

第二十四条 有限责任公司的实际出资人与名义出资人订立合同，约定由实际出资人出资并享有投资权益，以名义出资人为名义股东，实际出资人与名义股东对该合同效力发生争议的，如无法律规定的无效情形，人民法院应当认定该合同有效。

前款规定的实际出资人与名义股东因投资权益的归属发生争议，实际出资人以其实际履行了出资义务为由向名义股东主张权利的，人民法院应予支持。名义股东以公司股东名册记载、公司登记机关登记为由否认实际出资人权利的，人民法院不予支持。

实际出资人未经公司其他股东半数以上同意，请求公司变更股东、签发出资证明书、记载于股东名册、记载于公司章程并办理公司登记机关登记的，人民法院不予支持。

第二十五条 名义股东将登记于其名下的股权转让、质押或者以其他方式处分，实际出资人以其对于股权享有实际权利为由，请求认定处分股权行为无效的，人民法院可以参照民法典第三百一十一条的规定处理。

名义股东处分股权造成实际出资人损失，实际出资人请求名义股东承担赔偿责任的，人民法院应予支持。

第二十六条 公司债权人以登记于公司登记机关的股东未履行出资义务为由，请求其对公司债务不能清偿的部分在未出资本息范围内承担补充赔偿责任，股东以其仅为名义股东而非实际出资人为由进行抗辩的，人民法院不予支持。

名义股东根据前款规定承担赔偿责任后，向实际出资人追偿的，人民法院应予支持。

004 隐名股东是否有权转让股权？如果有权转让，需满足哪些特定条件

裁判要旨

1. 公司向股东出具的确认股东身份及份额的文件有效。即使该股东非工商登记的股东，也可据此享有以隐名股东身份持有的股权。

2. 隐名股东可以依法转让股权。如股权转让的受让人明知其系隐名股东，且公司及其他登记股东均未对股权转让提出异议，则《股权转让合同》合法有效。

案情简介[①]

一、石某图公司的法定代表人为焦某某，主要股东为焦某某、恒华公司。恒华公司的法定代表人为焦某，焦某、焦某某系亲属关系。

二、2008年，毛某某与石某图公司签订协议，向石某图公司投资3000万元建设费用，承包公司某工段的生产和经营。2008年3月，焦某某、焦某分别以生产用款为由向毛某某借款400万元、500万元。

三、2009年，毛某某与石某图公司签订《股权认购协议书》，约定："毛某某占该公司总股份35200万元12%的股权""由焦某、毛某某及原其他股东组成股东会""现公司股权以本协议为准，与工商注册无关"。协议同时还约定毛某某与石某图公司原来的协议全部终止作废。

四、《股权认购协议书》签订后，双方未办理工商注册变更登记。

---

① 案件来源：最高人民法院，毛某某与焦某某、焦某等股权转让纠纷二审民事判决书［（2016）最高法民终字第18号］。

五、2013年，毛某某与焦某某签订《股权转让合同》，约定将毛某某拥有的石某图公司12%的股权作价1亿元人民币转让给焦某某。2014年12月6日，毛某某与焦某某、焦某、石某图公司签订《补充协议书》，约定焦某与石某图公司为焦某某的全部债务提供连带责任保证。

六、毛某某向法院提起诉讼，请求判令：焦某某给付股权转让价款1亿元及违约金；焦某、石某图公司承担连带保证责任。焦某某等抗辩称：毛某某不具有股东资格，无权转让12%股权。辽宁省高级人民法院支持了毛某某的诉讼请求。

七、焦某某等不服一审判决，向最高人民法院提起上诉，最高人民法院认为毛某某作为隐名股东有权转让股权，判决驳回上诉、维持原判。

核心要点

首先，虽然毛某某非石某图公司工商登记的股东，但石某图公司以签订《股权认购协议书》的形式确认了毛某某的股东身份及份额，毛某某系石某图公司的隐名股东。《股权认购协议书》确认了毛某某享有12%的股权，明确了其投资份额，无论此协议的签订是基于其他实际出资人股权之转让抑或其他原因，该协议所确定之内容均不违反法律法规的效力性强制性规定，应当依法确认其合法性。因此，就本案纠纷而言，毛某某依据《股权认购协议书》享有以隐名股东身份持有的12%的股权。

其次，毛某某作为隐名股东，在满足一定条件时，可以依法转让该股权。本案股权转让的受让人焦某某作为公司时任法定代表人明知毛某某系隐名股东，因此焦某某与毛某某之间转让该12%股权的行为依法成立，且石某图公司及其他时任登记股东均未对此次转让提出任何异议，因此《股权转让合同》合法有效。焦某某应按《股权转让合同》的约定履行支付股权转让款的义务。

实务经验总结

前事不忘，后事之师。为避免未来发生类似败诉，提出如下建议：

第一，公司应谨慎出具"确认某某为公司股东"的文件。一旦出具，就有法律效力，股东可以依据此文件要求行使股东权利，甚至转让股权，公司不得再否认该文件的效力。正如本案中最高人民法院指出的，"无论此协议的签订是基于其他实际出资人股权之转让抑或其他原因，该协议所确定之内容均不违反法律法规的效力性强制性规定，应当依法确认其合法性"。

第二，股权受让人在签订股权转让协议前应充分了解情况，尤其是工商登记的股东及其他股东对此次转让是否知情及同意。股权受让人应同时与股权的实际出资人（隐名股东）、工商登记的股东（显名股东）签订股权转让协议，并取得其他登记股东放弃优先购买权、同意转让的书面文件，避免日后产生争议。这是因为，虽然实际出资人对外签订的股权转让协议有效，但股权受让人能否顺利地完成工商登记及公司内部股东名册的登记，尚依赖于显名股东的配合；显名股东不配合的，还取决于其他股东是否同意。

第三，在无法完成股东变更登记的情况下，双方可以约定仅转让实际出资者的隐名股东地位以及由此产生的投资权利和义务。

相关法律规定

《最高人民法院关于适用〈中华人民共和国公司法〉若干问题的规定（三）》（2014年修正，已被修订）

第二十四条　有限责任公司的实际出资人与名义出资人订立合同，约定由实际出资人出资并享有投资权益，以名义出资人为名义股东，实际出资人与名义股东对该合同效力发生争议的，如无合同法第五十二条规定的情形，人民法院应当认定该合同有效。

前款规定的实际出资人与名义股东因投资权益的归属发生争议，实际出资人以其实际履行了出资义务为由向名义股东主张权利的，人民法院应予支持。名义股东以公司股东名册记载、公司登记机关登记为由否认实际出资人权利的，人民法院不予支持。

实际出资人未经公司其他股东半数以上同意，请求公司变更股东、签发出资证明书、记载于股东名册、记载于公司章程并办理公司登记机关登记的，人民法院不予支持。

《最高人民法院关于适用〈中华人民共和国公司法〉若干问题的规定（三）》（2020年修正）

第二十四条　有限责任公司的实际出资人与名义出资人订立合同，约定由实际出资人出资并享有投资权益，以名义出资人为名义股东，实际出资人与名义股东对该合同效力发生争议的，如无法律规定的无效情形，人民法院应当认定该合同有效。

前款规定的实际出资人与名义股东因投资权益的归属发生争议，实际出资人以其实际履行了出资义务为由向名义股东主张权利的，人民法院应予支持。名义股东以公司股东名册记载、公司登记机关登记为由否认实际出资人权利的，人民法院不予支持。

实际出资人未经公司其他股东半数以上同意，请求公司变更股东、签发出资证明书、记载于股东名册、记载于公司章程并办理公司登记机关登记的，人民法院不予支持。

本案链接

以下为该案在法院审理阶段，判决书中"本院认为"就该问题的论述：

一、关于《股权认购协议书》的效力以及毛某某是否享有石某图公司合法有效股权的问题。

根据本案已经查明的事实，毛某某与石某图公司于2009年1月12日签订了《股权认购协议书》，并盖有石某图公司印章，焦某及毛某某亦均签字捺印。根据该协议书中首部的内容可以认定，石某图公司已经确认焦某与毛某某享受石某图公司股东的权利及义务。在该认购协议书的具体条款中，石某图公司进一步确认毛某某的股份占该公司总股份的12%，还明确了"现公司股权以本协议为准，与工商注册无关"以及"此协议是确认股东身份的唯一依据"等内容。

首先，对于焦某某、焦某上诉认为该《股权认购协议书》实质为"增资扩股"的主张，本院认为，依据《中华人民共和国公司法》及相关司法解释的规定，所谓有限责任公司的"增资扩股"应当是公司基于增加注册资本之目的而增加新股东或原股东增持股份的行为。但从《股权认购协议书》的首部及具体条款的内容看，该认购协议书的目的在于确认焦某、毛某某为石某图公司股东的身份，并确定毛某某持股之比例，而并未有增加注册资本金的约定。至于是否存在焦某某、焦某所称的"债转股"的行为，单凭该《股权认购协议书》的内容尚不足以确认，且其对此也未能进一步提供证据予以证明。因此，焦某某、焦某关于《股权认购协议书》实质为"增资扩股"并认为非经法定程序的"增资扩股"依法无效的主张缺乏事实依据，本院不予支持。

第二，对于毛某某是否具备股东资格的问题，从《股权认购协议书》首部内容看，焦某于2008年3月19日与石某图公司全体股东签订了《准格尔旗川掌镇石某图煤炭有限责任公司股权转让协议书》，但依据石某图公司的工商登记材料，焦某始终未出现在石某图公司工商登记的股东名册中。据此，可以认定石某图公司存在登记股东与实际股东不一致的情形，因此，不能仅依据工商登记之有无而断定毛某某是否为石某图公司的股东。本院认为，在公司内部涉及股东之间的纠纷中，法律并未明确规定未经登记的股东不具备股东资格，而是应当结合其他证据综合认定。石某图公司以签订《股权认购协议书》的形式确认了焦某及毛某某股东之身份，并认可该二人享有公司股东的权利及义务，据此可以确认毛某某系"石某图公司隐名股东"这一身份，其股东资格不因未经工商登记而被否定。

第三，对于《股权认购协议书》中确定毛某某持有12%的股权是否有效的问题，本院认为，对公司外部而言，公司的股权应当以对外公示的工商登记为准；而在公司内部，有关隐名股东身份及持股份额之约定等属于公司与实际出资人或名义股东与实际出资人之间形成的债权债务的合意，除非隐名股东要求变更为显名股东，该约定不会引起外界其他法律关系的变化，亦不会破坏有限责任公司的人合性，故一般应当认可其有效性。在案涉的《股权认购协议书》中，石某图公司确认了毛某某享有12%的股权，明确了其投资份额，无论此协议的签订是基于其他实际出资人股权之转让抑或其他原因，该协议所确定之内容均不违反法律法规的效力性强制性规定，应当依法确认其合法性。因此，就本案纠纷而言，毛某某依据《股权认购协议书》享有以隐名股东身份持有的12%的股权。

第四，对于焦某某上诉认为《股权认购协议书》系焦某无权代理签订故不应当认定其效力的问题，本院认为，尽管在石某图公司的工商登记信息中并未反映出焦某与该公司之间的关系，但从2008年2月26日焦某以石某图公司法定代表人的身份与毛某某签订《石某图公司露天煤矿第一工段生产责任制协议》以及在石某图公司为毛某某出具的3000万元收款收据上签字的行为可见，石某图公司对于焦某以该公司名义与毛某某所从事的行为是认可的，加之焦某与石某图公司的法定代表人焦某某之间系同胞兄弟之关系，再考虑到焦某系石某图公司对外公示的法人股东内蒙古恒华煤炭（集团）有限公司的法定代表人之身份，可以看出焦某与石某图公司之间存在明显而紧密的利益关系。焦某某主张焦某无权代表石某图公司签字，进而否认《股权认购协议书》效力的上诉主张是不能成立的。

综合上述分析，一审法院作出的《股权认购协议书》合法有效的认定正确，毛某某享有石某图公司12%的股权合法有效，其有权转让该股权。

二、关于焦某某是否应当向毛某某支付转让款并承担违约金的问题。

2013年12月28日毛某某与焦某某签订了《股权转让合同》，约定将毛某某持有的石某图公司12%的股份转让给焦某某。本院认为，该转让合同涉及隐名股东即实际出资人转让股权的效力问题。前已分析，毛某某在石某图公司内部享有的隐名投资人地位以及12%的股权依法应当得到确认和保护，因此毛某某在满足一定条件下，可以依法转让该股权。毛某某拟转让之股权系来源于石某图公司《股权认购协议书》之确认，作为时任法定代表人的焦某某应当知晓该事实。在明知毛某某为隐名股东的情形下，焦某某与毛某某之间转让该12%股权的行为依法成立。根据本案的实际，石某图公司就该转让行为不但未提出异议，而且在2014年12月6日的《补充协议书》中承诺承担连带保证责任，并出具了《担保书》。此外，未见石某图公司的其他时任登记股东提出任何异议。因此，焦某某与毛某某之间签订的《股权转让合同》合法有效，焦某某、毛某某、焦某、石某图公司四方基于此而签订的《补充协议书》亦合法有效，各方均应当依约履行合同。基于已经查明的事实，在《股权转让合同》及《补充协议书》签订后，焦某某未能如约履行支付股权转让款的义务，毛某某主张焦某某继续履行付款义务并承担违约责任的主张符合约定和法律规定。

延伸阅读

隐名股东对外签订股权转让协议的效力如何？

我国法律并未对隐名股东签订的股权转让协议的效力作出明确规定，根据本书作者检索和梳理的四个相关司法案例，相关司法案例的裁判观点与本案最高人民法院的裁判观点相同，均认为隐名股东对外签订的股权转让协议有效，隐名股东有权转让其股权（或转让其隐名股东身份）。

案例1：青海省高级人民法院，陈某某、郑某某与张某某、陶某某股权转让合同纠纷一审民事判决书〔（2015）青民二初字第26号〕认为：陈某某、郑某某作为景丰矿业公司的实际出资人，对其持有的公司股份，在其他股东均同意的情况下，享有依法转让的权利。张某某应当依据2013年12月25日双方签订的《协议书》偿还剩余股权转让款2330万元。

案例2：深圳市中级人民法院，李某某与卫某股权转让纠纷二审民事判决书〔（2012）深中法商终字第996号〕认为：李某某作为通某网络公司的实际出资人，有权对由李某某实际出资而登记在叶某某、黄某某名下的股权进行处分，只是此种处分行为需要名义股东叶某某、黄某某配合。在本案中并无善意第三人对通某网络公司股权主张权利，在一审时叶某某已出庭作证声明其名下通某网络公司75%股权的实际出资人是李某某并同意李某某将通某网络公司股权转让给卫某。李某某向卫某出让通某网络公司2%股权，系合法处分实质上属于李某某的财产权利，不损害他人利益，本案亦不存在标的股权不能转移的法律障碍，且卫某已分取通某网络公司利润，实际享有了股东权益，故李某某的处分行为应属于有权处分行为。原审法院认为李某某不是通某网络公司登记股东故李某某无权处分通某网络公司股权，是不当的。原审法院以李某某无权处分通某网络公司股权为由认定本案股权转让协议无效并判令李某某退还股权转让款，卫某以李某某无权处分通某网络公司股权为由请求解除本案股权转让协议并由李某某赔偿股权转让款损失，均不符合法律规定。

案例3：安徽省高级人民法院，王某某与刘某某股权转让纠纷二审民事判决书［（2015）皖民二终字第01025号］认为：王某某与刘某某签订的《股份转让协议》，实乃实际出资人与名义股东之间的股份转让，是双方当事人的真实意思表示，也不违反法律、行政法规的强制性规定，合法有效，刘某某是否登记为三某房地产公司的股东，不影响协议的履行，且王某某已经支付股份转让款170万元，故对刘某某要求王某某支付尚欠的股份转让资金及逾期付款利息的诉讼请求予以支持，逾期付款利息酌情自履行期限届满之日起按中国人民银行同期贷款基准利率计算。

案例4：江苏省高级人民法院，蔡某某与林某某股权转让纠纷二审民事判决书［（2012）苏商外终字第0008号］认为：首先，根据本案查明的事实，林某某与蔡某某签订涉案股权转让协议时，张某某、李某某系长某公司的名义股东，林某某是长某公司的隐名股东、实际投资者。蔡某某作为涉案股权转让协议的受让方，事先必定会对长某公司的股权状况进行了解，因此其对上述事实应是明知的。其次，从涉案股权转让协议的内容来看，该股权转让协议对办理股权变更登记事项没有任何约定。再次，蔡某某在签订涉案股权转让协议后实际参与了长某公司的经营，但直至本案诉讼前其从未对股东登记问题提出异议。在此情况下，一审法院认定林某某与蔡某某签订涉案股权转让协议所转让的并非法律意义上的股权而是林某某作为隐名股东、实际出资者的隐名股东地位以及由此产生的投资权利和义务并无不当。

005 仅凭向显名股东的汇款凭据无法确认股权代持关系

裁判要旨

仅凭向显名股东的汇款凭据无法确认股权代持关系、确认股东资格。资金往来性质存在多种可能性，如委托投资、共同投资、赠与、借款、还款等，他人很难判断资金往来背后实际发生的事实及当事人之间的真实意思表示。本案银行资金划转凭证仅能够证明存在资金流转关系，但是未提交双方建立委托关系或者代持股关系的协议的直接证据；其提交的其他间接证据未能形成完整的证据链，不具有排他性，举证不具有优势，不能证明双方对代持股权形成委托关系或者对代持股关系形成了共同意思表示，或者其间实际形成了事实上的代持股份关系。

案情简介[①]

原告刘某出具银行资金划转凭证证明：其向被告王某账户汇入5138.16万元，王某在收到该款项后汇入江苏圣某公司银行账户，用于在该公司的股权出资及增资。原告在本案诉讼中主张其为登记在王某名下的江苏圣某公司股权的实际出资人，其与王某之间为代持股关系，请求确认其为股权所有人，王某配合办理相应的股权变更登记手续等。法院未予支持而败诉。

核心要点

刘某向王某汇款，但未说明汇款用途，也未能提交具有委托王某认购江苏圣某公司股份内容的其他证据。

实务经验总结

前事不忘，后事之师。为避免未来发生类似败诉，提出如下建议：

第一，大额支出汇款时应在汇款附言处写清楚汇款用途，例如本案中数千万

[①] 案件来源：最高人民法院，江苏圣某化学科技有限公司、刘某与王某股东资格确认纠纷二审民事判决书［（2015）民二终字第96号］。

元确实是股权投资款，原告在汇款时在汇款附注"请王某代为向圣某公司出资"，就可以留下建立法律关系性质的凭证。由于资金往来性质存在多种可能性，如委托投资、共同投资、赠与、借款、还款等，他人很难仅仅根据汇款凭据判断当时刘某和王某之间实际发生的事实及其真实意思表示。

第二，委托他人代持股权应签署书面形式的委托合同或者代持股协议。代持股关系应当基于委托关系形成，委托关系为双方法律行为，需双方当事人有建立委托关系的共同意思表示，签订委托合同或者代持股协议。

本案链接

以下为该案在法院审理阶段，判决书中"本院认为"就该问题的论述：

刘某在本案诉讼中主张，其为登记在王某名下的江苏圣某公司股权的实际出资人，其与王某之间为代持股关系，请求确认其为股权所有人，王某配合办理相应的股权变更登记手续等。刘某提交的证据主要有银行资金划转凭证，证人证言，其他书面证据材料等。其中，银行资金划转凭证证明刘某于2008年5月13日和6月10日向王某银行账户两次汇款650.4万元和4487.76万元，王某在收到该两笔款项后于当日即汇入江苏圣某公司银行账户，用于在该公司的股权出资及增资。刘某向王某汇款，但未说明汇款用途，也未能提交具有委托王某认购江苏圣某公司股份内容的其他证据。王某以自己名义使用了汇款资金，认购了江苏圣某公司股份，并以自己名义在江苏圣某公司登记股东和行使股东权利。根据本案现有证据、双方当事人及代理人的诉辩意见，王某也有向刘某汇款的行为，刘某与王某在相当长一段时间内存在特殊关系，其间多笔高额资金往来未以人们通常习惯的方式留下建立法律关系性质的凭证。由于资金往来性质存在多种可能性，如委托投资、共同投资、赠与、借款、还款等等，他人很难判断当时刘某和王某之间实际发生的事实及其真实意思表示。王某收到刘某汇款资金后将货币资金转换为股权财产，财产形态的转换是基于王某的意思表示和行为完成的，刘某没有提供其参与处分将其汇款货币资金转换为股权财产形态的证据，其可以依法向王某主张货币资金债权，但据此主张股权所有权没有法律依据。刘某提交的银行资金划转凭证能够证明存在资金流转关系，但仅凭其汇入王某账户的该两笔资金在数额和时间上与王某向江苏圣某公司的投资相吻合的事实，难以认定刘某和王某对资金的用途形成了共同意思表示，不能根据资金流转的事实推定刘某委托王某并以王某名义向江苏圣某公司投资。刘某上诉主张王某未提交证据证明其间存在借款关系,但原审法院却以不能排除王某借款出资为由作出否定委托投资关系的认定是错误的。因刘某向王某汇款未说明用途,故关于该笔资金的用途有多种可能,原审法院仅列举借款的一种可能,并同时作出刘某汇款的性质并不能必然、排他地认定为出资的论证,未进一步落实该笔款项是否为借款关系,并无不妥,原审法院关于仅凭往来资金款项不能推定委托出资关系的观点正确。

刘某提交的证人证言涉及的证人主要有江苏圣某公司财务经理、法务总监、公司原股东,刘某另案委托代理人,兰溪公司原法定代表人等,王某均以存在利害关系为由否认上述证人证言的真实性。因刘某和王某均参与江苏圣某公司及关联公司的经营管理,王某主张证人与刘某或者其本人有利害关系的理由合理。民事主体之间建立法律关系需要各方当事人本人自愿并达成共同意思表示,他人直接替代建立法律关系需要符合法律规定。根据本案查明的事实,上述证人没有直接参加王某与刘某设立法律关系的证据,故其证人证言属于传来证据,证明力相对较弱。在本案中,刘某陈述其与王某之间为代持股关系,其为江苏圣某公司股东,而在其与石某某的纠纷案件中,刘某、王某、江苏圣某公司一方的诉讼观点是否认其间存在代持股关系,刘某对此解释为诉讼策略的需要及系受王某主导影响。可见,人证属于言词证据,有易变的特点,证人或者当事人事后关于案件情节的描述存在根据利害关系重新取舍的可能,故在没有其他种类证据予以佐证的情形下,对证人证言及当事人陈述原审法院不予采信正确。

刘某提交的其他书面材料包括一致行动函、董事会决议、全权委托书、股东会决议等书面材料,没有关于刘某与王某之间存在委托投资及代持股关系、王某名下股权属于刘某所有或者刘某为江苏圣某公司股东等类似内容的记载,与刘某主张的代持股关系不具有关联性,这些书面证据材料不能支持刘某的主张,原审法院不予采信正确。

刘某主张其以股东身份在江苏圣某公司担任董事长,为江苏圣某公司的实际控制人,而王某对刘某的主张予以否认。根据《中华人民共和国公司法》关于"实际控制人,是指虽不是公司股东,但通过投资关系、协议或者其他安排,能够实际支配公司行为的人"的规定,能够实际控制公司的人,除股东外还可能存在其他关系人。现刘某以代持股份唯一法律关系解释其在公司的实际控制地位,虽然有一定的合理成分,但并不能排除可能发生的其他合理情形,故其关于实际控制人地位系基于股东身份的观点,本院不予采纳。

在二审期间刘某追加提交新的证据材料《股权转让协议》,该协议载明王某向刘某转让江苏圣某公司股权,但该协议存在如下问题:第一,王某与刘某签名页是独立的,与合同其他内容不连接,不能确定是否为合同原件;第二,协议载明的签约日期为2008年1月16日,而江苏圣某公司于2008年5月14日才设立,即上述协议签订时江苏圣某公司尚未成立。基于该协议存在的上述问题及刘某不能说明一审未提交该证据材料的正当理由,本院难以认定该证据材料的真实性,对此不予采信。刘某提交的长春市公安局经济犯罪侦查支队证明和其他境外法院证据材料等,其内容与刘某在本案中的主张不具有关联性,本院不予采纳。刘某提交的其他证据材料为复印件,王某不予认可其真实性,因本院难以核实复印件的真实性,故所涉及的复印材料不能作为证据使用。

刘某上诉提出,本案系隐名股东请求确认股东资格纠纷,原审法院要求刘某提交股东会决议等证据存在举证责任分配及采信证据等方面适用法律错误的问题。因王某为江苏圣某公司登记股东,刘某主张其与王某之间存在代持股份关系,应承担举证责任,在刘某未能提交书面合同的情况下,原审法院根据公司活动特点和股东行使权利可能留下证据的情形,列举记载股权事项的公司各类文件,拟在排除遗漏记载股东身份的可能性,并不存在安排举证责任及采信证据片面的问题,刘某的该上诉观点本院不予采纳。刘某上诉主张在法院征求相关股东意见未反馈的情况下,原审法院即作出判决不妥。因原审法院对该调查事项的必要性在原审判决书中已经作出明确论证,未等反馈意见即作出判决不违反法律规定,刘某的该项主张本院不予支持。刘某上诉主张对其提交的经过公证的其与王某的电话录音证据,原审法院未回应违反法律规定。该电话通话内容反映,刘某与王某协商其间纠纷的处理,协商中刘某主动提出要求王某承认股权代持关系,王某对该问题未作回答。因为不能以王某对刘某提出的问题未回答,推定王某默认了其名下有重大价值的股权财产为刘某所有,所以该电话录音不能支持刘某的主张,原审法院未采信该证据并无不妥。刘某上诉认为原审判决违背以事实为根据、以法律为准绳的观点不成立,本院不予采纳。

根据本案现有证据查明的案件事实,王某为江苏圣某公司登记股东,以股东身份完成出资、增资、分红及股权转让行为等。王某取得的股东身份登记具有公示效力。刘某在诉讼中主张其与王某之间存在代持股关系,证据不充分。代持股关系应当基于委托关系形成,委托关系为双方法律行为,需双方当事人有建立委托关系的共同意思表示,签订委托合同或者代持股协议,对未签订合同但双方当事人有事实行为的,也可以依法认定存在委托代持股关系,并以此法律关系确定双方当事人的民事权利和义务。单方法律行为不能建立委托代持股份关系。本案中刘某未提交其与王某之间关于建立委托关系或者代持股关系的协议，其提交的其他证据也不能证明其与王某之间对委托关系或者代持股关系形成了共同意思表示或者其间实际形成了事实上的代持股份关系。因刘某在本案中未能提供直接证据证明其主张，提交的间接证据未能形成完整的证据链，不具有排他性，举证不具有优势，其在本案中的诉讼主张，本院不予支持。王某与刘某之间的资金往来实际存在，其资金关系可以另行解决。本院经审判委员会民事、行政审判专业委员会讨论决定，依照《中华人民共和国民事诉讼法》第一百七十条第一款第（一）项之规定，判决如下：驳回上诉，维持原判决。

006 无书面无代持股协议即使为近亲属关系也无法确认股权代持关系

裁判要旨

如果无证据证明隐名股东与显名股东之间达成了合法有效的代持股合意，转款用途亦不明确，即便增资资金来源于"隐名股东"，亦不能就此认定其享有股东权益。

案情简介[①]

一、原告主张其当时选择隐名的原因：面临离婚资产重大争议，资金流向上尽量不留自己的字样，用途上也回避投资款的标志，而且也考虑到珠某公司将来要上市，为了避免以前经营存在的纠纷对珠某公司产生不利影响。

二、原告主张以不同方式实际出资达11194.55万元。

三、双方没有签订书面代持股协议，但是王甲、王乙兄弟的父母和姐姐均出庭证明以及沈某某也证明王甲的实际出资人身份。

四、诉讼请求：确认珠某公司99.7%的股权属于王甲所有；依法判令珠某公司为王甲签发出资证明书，将王甲记载于股东名册，并办理股东工商登记。

[①] 案件来源：最高人民法院，王甲与青海珠某虫草药业有限公司股东资格确认纠纷二审民事判决书[（2014）民二终字第21号]。

五、法院认为并无证据证明达成了合法有效的代持股合意，依法驳回诉讼请求。

六、基于投入珠某公司相关款项产生的合法财产权益，法院指出可依其他法律关系另行主张。

核心要点

一、王甲并未提供其与王乙及海科公司之间存在书面代持股合意的证据，王乙与海科公司亦否认存在代持股合意。

二、虽然王甲与王乙的父母、姐姐均出庭证明珠某公司是由王甲起意筹资建立，并在珠某公司成立初期由家庭会议就王甲出资、王乙代王甲持股45%的事宜进行了商定，其后至2008年王甲将自己持有的珠某公司股份全部转让给王乙，实际是由王乙代持股的意思，也经家庭会议商定，但家庭会议未就有关王甲与王乙之间存在代持股合意的问题达成任何书面记载，且上述家庭成员证人证言并未明确对于珠某公司2012年4月增资至5000万元过程中，由王甲实际出资、王乙代其持有相应股份的行为经过了家庭会议讨论决定。另外，家庭成员对于海科公司成为珠某公司股东并持有股份的事宜均不知情。

三、王乙增资4250万元中2500万元并未直接用于王乙对公司增资，而是辗转数个账户后才被王乙用于增资，增资过程中代持股事宜缺乏明确合意。

四、王甲起诉状及二审答辩状中陈述，其选择隐名的原因在于规避《专利权转让合同》为沈某某垫资的义务，以及避免离婚有关财产分割争议、避免以前经营存在的纠纷对珠某公司产生不利影响等事由。因此，即便认为通过家庭会议形式对有关代持股事宜达成口头约定，但该代持股合意目的在于逃避相关债务、损害第三人利益，根据《民法典》第一百四十六条的规定，应属无效。

综上，法院认为，并无证据证明达成了合法有效的代持股合意，依法驳回了要求确认王乙及海科公司在珠某公司的相应股权由其享有的诉讼请求，王甲基于投入珠某公司相关款项产生的合法财产权益可依其他法律关系另行主张。

实务经验总结

前事不忘，后事之师。为避免未来类似风险，提出如下建议：

第一，古话说"亲兄弟明算账"，即便是亲兄弟之间的股权代持关系，也应该签署书面形式的、明确的股权代持协议。否则,可能不仅失去股权,在一场激烈而旷日持久的诉讼之后手足亲情早已丧失殆尽。

第二,因为家庭会议未就有关代持股合意的问题达成任何书面记载,因此即便其父母和兄弟姐妹出庭作证,法院也未认定股权代持事实。因此我们建议:任何重大事项的会议和决议均应以文字形式记录,不管是公司会议还是家庭会议,这是一个良好的习惯。

不作书面决议的后果是不仅可能失去财产,还可能面临牢狱之灾。作者的一个客户持有公司50%的股权,其与另外一个持股50%的股东议定由其作为董事长,工资每月20000元,但是未作出书面形式的决议,然后其一直领取每月20000元的工资。公司财务为了"避税"竟然用董事长夫人和儿子的身份证各做账领取工资5000元、董事长自己的身份证领取工资10000元。数年后股东之间矛盾爆发,由于未作书面决议而被认定其利用职务便利、妻子与儿子不在公司工作的情况下领取工资高达76万元,构成职务侵占罪,被判刑10年。

第三,由于资金往来性质存在多种可能性,如委托投资、共同投资、赠与、借款、还款等,他人很难仅仅根据汇款凭据判断当时实际发生的事实及其真实意思表示。用于公司出资或公司增资的款项,汇款时必须写清楚用途,避免后续产生关于该资金性质的争议。

本案链接

以下为该案在法院审理阶段,判决书中"本院认为"就该问题的论述:

珠某公司在成立之初,王甲作为原始股东之一享有珠某公司40%的股权,其后经历2005年增资和2008年股权转让,王甲所持珠某公司股份全部转让给了王乙,截至本案一审诉讼前,王甲在珠某公司不持有任何股份,其已不是珠某公司股东名册上记载的股东。根据《中华人民共和国公司法》第三十二条第二款的规定,王甲无权直接向珠某公司主张股东权利。按照《公司法司法解释(三)》第二十四条的规定,王甲如要取得珠某公司股东身份,应建立在其与王乙及海科公司之间存在合法有效的代持股协议,且王甲向珠某公司实际出资,并经公司其他股东过半数同意其显名为公司股东的基础上。

本案中,王甲以珠某公司注册资本均由其提供,并实际参与了珠某公司经营管理,拥有重大事项决策权,王乙只是代为持有股份为由,主张登记在王乙和海科公司名下的珠某公司相应股权应由其享有,但王甲并未提供其与王乙及海科公司之间存在书面代持股合意的证据，王乙与海科公司亦否认存在代持股合意。虽然原审中王甲与王乙的父母、姐姐均出庭证明珠某公司是由王甲起意筹资建立，并在珠某公司成立初期由家庭会议就王甲出资、王乙代王甲持股45%的事宜进行了商定，其后至2008年王甲将自己持有的珠某公司股份全部转让给王乙，实际是由王乙代持股的意思，也经家庭会议商定，但家庭会议未就有关王甲与王乙之间存在代持股合意的问题达成任何书面记载，且上述家庭成员证人证言并未明确对于珠某公司2012年4月增资至5000万元过程中，由王甲实际出资王乙代其持有相应股份的行为经过了家庭会议讨论决定。另外，家庭成员对于海科公司成为珠某公司股东并持有股份的事宜均不知情。此外，原审认定王乙增资4250万元中2500万元系王甲通过王健和美信公司的出资，但该两笔资金转入时间均为2011年年底，且并未直接用于王乙对珠某公司增资，而是历经数个账户流转后于2012年4月才被王乙用于增资。对此，本院认为，在王甲与王乙及海科公司之间就2012年4月增资过程中代持股事宜缺乏明确合意的情况下，结合上述资金的转入及流转过程，王甲对于此次增资具有出资的意思表示并协商由王乙及海科公司代为持股的证据不足。

另外，根据王甲起诉状及二审答辩状中的陈述，其选择隐名的原因在于规避《专利权转让合同》为沈某某垫资的义务，以及避免离婚有关财产分割争议、避免以前经营存在的纠纷对珠某公司产生不利影响等事由。因此，即便认为通过家庭会议形式对有关代持股事宜达成口头约定，但该代持股合意目的在于逃避相关债务、损害第三人利益，根据《中华人民共和国合同法》第五十二条第（三）项的规定，应属无效。

综上，本院认为，由于在珠某公司2012年4月增资至5000万元过程中，并无证据证明王甲与王乙及海科公司之间达成了合法有效的代持股合意，王甲委托王健和美信公司转款系用于此次增资的意图亦不明确，因此即便增资资金来源于王甲，亦不能就此认定王甲对记载于王乙及海科公司名下珠某公司股权享有股东权益，故王甲要求确认王乙及海科公司在珠某公司的相应股权由其享有的诉讼请求，因证据不足，本院不予支持。在此基础上，王甲要求珠某公司为其签发出资证明书、将其记载于股东名册并办理工商登记，缺乏事实和法律依据，本院亦不予支持。股权具有财产权和人身权的双重法律属性，根据《公司法》的规定，股东应当在公司章程上签名、盖章，公司应当置备股东名册记载股东姓名及出资额，记载于股东名册的股东有权向公司主张行使股东权利。选择隐名出资方式而由他人代持股权的出资人，无权向公司主张行使股东权利。王甲基于投入珠某公司相关款项产生的合法财产权益可依其他法律关系另行主张。

综上，原审判决认定事实错误，适用法律不当，应予改判。本院依照《中华人民共和国公司法》第三十二条，《最高人民法院关于适用〈中华人民共和国公司法〉若干问题的规定（三）》第二十四条，《中华人民共和国合同法》第五十二条，《最高人民法院关于民事证据的若干规定》第七十四条，《中华人民共和国民事诉讼法》第六十四条、第一百七十条第一款第（二）项、第一百七十五条之规定，判决如下：一、撤销青海省高级人民法院（2013）青民二初字第2号民事判决；二、驳回王甲诉讼请求。一审案件受理费291050元，保全费5000元，二审案件受理费291050元，合计587100元，由王甲承担。

007 隐名股东、名义股东、未履行出资义务的股东，谁能提起公司决议效力诉讼

一、关于公司决议效力诉讼原告资格的立法现状

《中华人民共和国公司法》（以下简称《公司法》）第二十六条规定，有权提起公司决议撤销之诉的主体为公司股东，但未对有权提起请求确认公司决议无效之诉的主体作出规定。

《最高人民法院关于适用〈中华人民共和国公司法〉若干问题的规定（四）》（以下简称《公司法司法解释（四）》）对公司决议效力诉讼的原告资格予以明确：第一条规定，公司股东、董事、监事等请求确认股东会或者股东大会、董事会决议无效或者不成立的，人民法院应当依法予以受理。第二条规定，依据公司法第二十二条第二款请求撤销股东会或者股东大会、董事会决议的原告，应当在起诉时具有公司股东资格。第三条第一款规定，原告请求确认股东会或者股东大会、董事会决议不成立、无效或者撤销决议的案件，应当列公司为被告。对决议涉及的其他利害关系人，可以依法列为第三人。据此可知，公司决议效力诉讼可分为三个类型：决议不成立、决议无效、决议撤销。其中，决议不成立及决议无效的原告为公司股东、董事、监事等与本决议具有利害关系的人，决议撤销的原告只能为股东。该三类诉讼的被告均为公司，其他利害关系人可列为第三人。

但是,《公司法司法解释(四)》未对司法实践中经常出现争议的名义股东、隐名股东可否提起公司决议效力诉讼的问题作出规定,也未对未履行出资义务的股东能否提起公司决议效力诉讼作出规定,我们认为这是一个遗憾,也是留待更新的司法解释或立法来解决的问题。

虽然法律无具体规定,但是现实的司法判例却必须面对这个问题:名义股东、隐名股东提起公司决议效力诉讼,法院是否应予以支持?

二、关于隐名股东(实际出资人)能否提起公司决议效力诉讼的裁判观点

根据相关案例,隐名股东有权提起公司决议诉讼。理由是就公司内部而言,隐名股东具有与名义股东相同的权利义务。

案例1:云南省高级人民法院,游某某与昆明西某土地房屋开发经营(集团)有限公司股权确认纠纷二审民事判决书[(2008)云高民二终字第197号]认为:游某某系因国有企业改制而形成的隐名股东,此情形是因政策而形成的产物,不存在恶意规避法律的动机和目的,其股东地位依法应予保护。虽然不能突破现行《公司法》关于有限责任公司人数限制的硬性规定认定其为显名股东,但本案系公司内部纠纷,对公司内部而言,隐名股东享有与正常股东相同的权利义务。故游某某作为开发集团的隐名股东,可就开发集团内部与其相关的纠纷提起诉讼,依法具备本案的主体资格。

三、关于名义股东能否提起公司决议效力诉讼的裁判观点

名义股东是否有权提起公司决议诉讼,各地法院有不同认识。肯定的裁判观点认为,名义股东为登记在册的股东,有权依据《公司法》行使股东权;否定的裁判观点则认为,名义股东并未实际出资,对公司决议的内容没有直接利害关系,因此不能提起公司决议效力之诉。

1. 支持名义股东可以提起决议诉讼的案例

案例2:厦门市中级人民法院,叶某某与福建泰某电力股份有限公司纠纷二审民事判决书[(2015)厦民终字第4546号]认为:经查证事实,叶某某是泰某公司4.965%股权的名义出资人。虽该股权实际出资人并非叶某某本人,但叶某某提起本案诉讼时仍是泰某公司的在册股东,故叶某某有权依据《公司法》规定行使其股东权利,其起诉主张撤销泰某公司相关公司决议,程序上并无不当。泰某公司上诉主张叶某某并不具备起诉资格的理由不能成立,本院不予支持。

2. 不支持名义股东可以提起决议诉讼的案例

案例3:延安市中级人民法院,甘泉县城关镇某村民委员会与甘泉县某汽车联运有限责任公司决议效力确认纠纷二审民事判决书[（2016）陕06民终字第1197号]认为：根据法律规定，主张公司股东大会决议无效之诉的当事人应当是与股东大会决议内容有直接利害关系的公司股东。现上诉人主张被上诉人于2004年1月2日作出的股东大会决议无效。经查明，甘泉县某汽车联运有限责任公司成立之初的公司资产即11辆运油车，该车辆均是由个人出资购买，个人向上诉人处缴纳一定的管理费，故上诉人并未实际出资，仅为名义股东。由此可知，股东大会决议的内容与上诉人并无直接利害关系，上诉人作为名义股东起诉请求确认股东大会决议无效的上诉理由不能成立。

四、关于未履行出资义务的股东能否提起公司决议效力诉讼的裁判观点

根据相关案例，股东未履行出资义务或者出资不实不影响其股东资格的取得，因此其有权提起公司决议诉讼。

案例4：阿拉善盟中级人民法院，内蒙古鑫某矿业有限责任公司与续某、王某某、曹某某公司决议效力确认纠纷二审民事判决书[（2016）内29民终字第287号]认为：根据法律规定，股东出资情况及是否具有股东资格，应当以工商登记档案为准，验资报告及审级报告的作用系为工商行政机关审查及人民法院审理之用，本身并不能直接认定公司股东未如实出资，进而撤销其股东资格。检察机关非审判机关，其认定王某某未如实出资并未根据新的事实或证据，故出具的法律文书不具有认定事实的效力。经查，本案鑫某公司工商登记显示王某某系公司股东，续某、曹某某起诉王某某请求确认未如实出资的诉讼亦经阿拉善盟中级人民法院（2010）阿民一终字第51号《民事判决书》驳回诉讼请求，故上诉人（原审被告）鑫某矿业有限责任公司于2012年召开的股东会提起事由未经依法认定，作出决议的依据不符合法律规定，其内容违法，应认定无效。

案例5：新疆生产建设兵团第六师中级人民法院，刘某某与孙某公司决议效力确认纠纷二审民事判决书[（2016）兵06民终字第406号]认为：股东未履行出资义务，并不改变其已有的股东资格，这种资格取决于公司章程和股东名册的记载，更重要的则是工商行政管理部门注册登记的确认，这些文件虽不能证明该股东已履行出资义务，但却是证明其股东资格的基本依据。本案中，刘某某、孙某是目前登记于华某公司工商登记信息栏里的股东，也是华某公司设立时出资的股东。2014年4月23日，鉴于刘某某伪造变更工商登记所需材料，将股东变更为他人的事实存在，因而引发了2014年12月3日工商部门查证并认定刘某某变更材料系虚假，遂撤销了变更登记。工商部门撤销变更登记后，刘某某仍为华某公司的股东，故对孙某主张刘某某没有本案诉讼主体资格的上诉理由，本院不予采纳。

案例6：银川市中级人民法院，宁夏荣某景观工程有限公司因与侯某某、张某公司决议效力确认纠纷二审民事判决书［（2016）宁01民终字第920号］认为：上诉人与被上诉人侯某某是宁夏创某景观工程有限公司登记的股东，其股东身份非经法定程序不能被任意否定。现上诉人认为公司设立时的相关文书并非被上诉人本人所签、被上诉人没有履行出资义务，故无权提起公司决议效力确认纠纷之诉，其该理由无法律依据。

008 判断挂名股东三要素：形式上挂名，实质上未出资，表象上不决策不分红不签字

裁判要旨

挂名股东是一方与他方约定，同意仅以其名义参与设立公司，实际上并不出资，公司注册资本由他方投入的一方股东。从形式上看，挂名股东在公司章程、股东名册、工商登记中记载其姓名或名称，符合股东的形式要件；从实质上看，挂名股东没有实际出资，认缴的出资由实际出资人出资，挂名股东不符合股东的实质要件。另外，挂名股东具有不参与公司重大决策、分红，不实际行使股东权利，不亲笔在决议、协议等文件上签字等表象特征。具备以上三点，没有实际出资的股东可以被认定为挂名股东。

案情简介①

一、东海某业公司原股东为李某某和王某某，其中李某某出资800万元，占80%股权；王某某出资200万元，占20%股权。

二、李某某系王某某的女婿，王某某并未向公司实际出资，其名下出资均系李某某的出资，公司章程及股东会决议、董事会决议、合同及各种文件上"王某

---

① 案件来源：北京市高级人民法院，王某某、卡斯特贸易有限公司与北京恒某盛世葡萄酒有限公司、李某某、北京东海某业国际酒业有限公司、李某股权转让纠纷案民事判决书［（2009）高民终字第516号］。

某"的签字均非王某某本人签署。王某某亦未在公司行使过任何股东权利及承担过任何股东义务。

三、2007年3月9日，李某某、王某某与恒某盛世公司签订《转让协议》约定：李某某将其持有的东海某业公司的31%的股权转让给恒某盛世公司；王某某将其持有的东海某业公司的20%的股权转让给恒某盛世公司，上述51%股权的股权转让款为510万元。

四、此后，王某某、李某某又将股权转让给他人，恒某盛世公司起诉至法院，要求确认王某某、李某某再次转让股权无效。该案经北京一中院一审，北京高院二审，案件的一个焦点问题为王某某是否是东海某业公司的挂名股东。北京高院最终在判决书中认定王某某为挂名股东，李某某是东海某业公司的唯一股东。

核心要点

北京高院认定王某某只是东海某业公司的挂名股东，理由如下：第一，王某某并未向东海某业公司实际出资。出资是股东的最基本义务，股东如果不履行出资义务，就不能取得公司股东资格。王某某的出资均为李某某所出。由于当时一人公司还是法律所禁止的，李某某将其岳母王某某列为股东，其目的是符合公司成立必须具备至少两名股东的条件，虽然银行付款单据上显示王某某出资，并不能说明其实际履行了出资义务；第二，从形式要件来看，签署公司章程反映出行为人成为股东的真实意思表示，其效力优于其他形式要件。东海某业公司成立之时的章程上"王某某"的签字并非其本人所签，表明王某某在东海某业公司成立之时就无成为该公司股东的真实意思表示；第三，东海某业公司的一系列章程、变更文件及《转让协议》上"王某某"的签名均非其本人所签，且王某某从未参加过公司的任何经营决策活动，从未行使过任何股东权利，亦未参加公司分红。综上，王某某只是东海某业公司的挂名股东，并不具有东海某业公司的股东资格。

实务经验总结

前事不忘，后事之师。为避免未来发生类似败诉，提出如下建议：

第一，股东资格的判定需要从形式要件、实质要件、表象特征三个方面综合判定，具备某种特征并不意味着股东资格的必然成立。在一般情况下，股东资格的确认应根据工商登记文件记载的资料来确认，但是根据公司章程的签署、实际出资情况以及股东权利的实际行使等事实可以作出相反认定的除外。股东资格的确认，应当根据出资数额、公司章程、股东名册、出资证明书、工商登记等多种因素综合审查确定，其中签署公司章程、股东名册、工商登记是确认股东资格的形式要件，出资是确认股东资格的实质要件，参与公司重大决策是股东资格的表象特征。

第二，挂名股东仅满足在公司章程、股东名册、工商信息上显名的形式要件，但不满足出资的实质要件，也不符合参与公司决策、分红、行使股东权利、签署各类文件的表象特征。在认定挂名股东的情形下，实际出资人拥有真正的股东资格，有权处分相应的股权。但是，挂名股东擅自处分股权的，实际出资人不得对抗善意第三人。

相关法律规定

《中华人民共和国公司法》（2018年修正，已被修订）

第三十二条　有限责任公司应当置备股东名册，记载下列事项：

（一）股东的姓名或者名称及住所；

（二）股东的出资额；

（三）出资证明书编号。

记载于股东名册的股东，可以依股东名册主张行使股东权利。

公司应当将股东的姓名或者名称向公司登记机关登记；登记事项发生变更的，应当办理变更登记。未经登记或者变更登记的，不得对抗第三人。

《中华人民共和国公司法》（2023年修订）

第五十六条　有限责任公司应当置备股东名册，记载下列事项：

（一）股东的姓名或者名称及住所；

（二）股东认缴和实缴的出资额、出资方式和出资日期；

（三）出资证明书编号；

（四）取得和丧失股东资格的日期。

记载于股东名册的股东，可以依股东名册主张行使股东权利。

《最高人民法院关于适用〈中华人民共和国公司法〉若干问题的规定（三）》（2014年修正，已被修订）

第二十四条　有限责任公司的实际出资人与名义出资人订立合同，约定由实际出资人出资并享有投资权益，以名义出资人为名义股东，实际出资人与名义股东对该合同效力发生争议的，如无合同法第五十二条规定的情形，人民法院应当认定该合同有效。

前款规定的实际出资人与名义股东因投资权益的归属发生争议，实际出资人以其实际履行了出资义务为由向名义股东主张权利的，人民法院应予支持。名义股东以公司股东名册记载、公司登记机关登记为由否认实际出资人权利的，人民法院不予支持。

实际出资人未经公司其他股东半数以上同意，请求公司变更股东、签发出资证明书、记载于股东名册、记载于公司章程并办理公司登记机关登记的，人民法院不予支持。

第二十五条　名义股东将登记于其名下的股权转让、质押或者以其他方式处分，实际出资人以其对于股权享有实际权利为由，请求认定处分股权行为无效的，人民法院可以参照物权法第一百零六条的规定处理。

名义股东处分股权造成实际出资人损失，实际出资人请求名义股东承担赔偿责任的，人民法院应予支持。

《最高人民法院关于适用〈中华人民共和国公司法〉若干问题的规定（三）》（2020年修正）

第二十四条　有限责任公司的实际出资人与名义出资人订立合同，约定由实际出资人出资并享有投资权益，以名义出资人为名义股东，实际出资人与名义股东对该合同效力发生争议的，如无法律规定的无效情形，人民法院应当认定该合同有效。

前款规定的实际出资人与名义股东因投资权益的归属发生争议，实际出资人以其实际履行了出资义务为由向名义股东主张权利的，人民法院应予支持。名义股东以公司股东名册记载、公司登记机关登记为由否认实际出资人权利的，人民法院不予支持。

实际出资人未经公司其他股东半数以上同意，请求公司变更股东、签发出资证明书、记载于股东名册、记载于公司章程并办理公司登记机关登记的，人民法院不予支持。

第二十五条　名义股东将登记于其名下的股权转让、质押或者以其他方式处分，实际出资人以其对于股权享有实际权利为由，请求认定处分股权行为无效的，人民法院可以参照民法典第三百一十一条的规定处理。

名义股东处分股权造成实际出资人损失，实际出资人请求名义股东承担赔偿责任的，人民法院应予支持。

第二十六条 公司债权人以登记于公司登记机关的股东未履行出资义务为由，请求其对公司债务不能清偿的部分在未出资本息范围内承担补充赔偿责任，股东以其仅为名义股东而非实际出资人为由进行抗辩的，人民法院不予支持。

名义股东根据前款规定承担赔偿责任后，向实际出资人追偿的，人民法院应予支持。

本案链接

以下为该案在法院审理阶段，判决书中"本院认为"就该问题的论述：

本案需要解决的首要问题是王某某是否实际具备东海某业公司的股东资格。一审法院认为，王某某并不实际具备东海某业公司的股东资格，王某某只是东海某业公司的挂名股东。在一般情况下，股东资格的确认应根据工商登记文件记载的资料来确认，但是如果根据公司章程的签署、实际出资情况以及股东权利的实际行使等事实可以作出相反认定的除外。有限责任公司股东资格的确认，应当根据出资数额、公司章程、股东名册、出资证明书、工商登记等多种因素综合审查确定，其中签署公司章程、股东名册、工商登记是确认股东资格的形式要件，出资是确认股东资格的实质要件，参与公司重大决策是股东资格的表象特征。上述要件或特征必须综合起来分析判断股东资格具备与否，具备某种特征并不意味着股东资格的必然成立。结合本案实际案情，王某某只是东海某业公司的挂名股东，理由如下：一、王某某并未向东海某业公司实际出资。出资是股东的最基本义务，股东如果不履行出资义务，就不能取得公司股东资格。虽然从工商登记资料及银行付款单据上显示王某某在公司成立之时出资200万元，表面上符合了股东履行出资义务的实质要件，但是王某某没有证据证明银行付款单据上的款项是其缴纳的。事实上，根据李某某的陈述，王某某的出资均是由李某某所出。由于当时一人公司还是法律所禁止的，李某某将其岳母王某某列为股东，其目的是符合公司成立必须具备至少两人的条件，虽然银行付款单据上显示王某某出资，并不能说明其实际履行了出资义务；二、从形式要件来看，签署公司章程反映出行为人成为股东的真实意思表示，其效力优于其他形式要件。东海某业公司成立之时的章程上"王某某"的签字并非其本人所签，表明王某某在东海某业公司成立之时就无成为该公司股东的真实意思表示；三、东海某业公司的一系列章程、变更文件及《转让协议》上"王某某"的签名均非其本人所签，且王某某从未参加过公司的任何经营决策活动，从未行使过任何股东权利，亦未参加公司分红。综合以上分析，王某某只是东海某业公司的挂名股东，其并不具有东海某业公司的股东资格。李某某对东海某业公司的全部股权拥有占有、使用、收益、处分的权利，王某某对其名下拥有的东海某业公司的股权无权进行处分，为无权处分人。

009 合同条款中是否可以约定由隐名股东直接从公司分红

裁判要旨

名义股东、实际出资人与公司共同约定"实际出资人在成为正式股东之前按照其出资比例分得股息、红利"系各方真实意思表示的，合法有效。

案情简介①

一、1995年，华某银行股份公司成立，其注册资金25亿元。其中，联某集团持股3亿元，占比12%。

二、1997年，汽车销售公司与华某银行、联某集团签订《协议书》约定：联某集团为华某银行在册股东，持有3亿元股份，其中2亿元股份实由汽车销售公司出资。汽车销售公司在成为正式股东之前按照其出资比例分得股息、红利，华某银行直接将股息红利划入汽车销售公司账户，并提供完税手续；待"条件允许"，联某集团和华某银行将共同完成使汽车销售公司成为正式股东的工作。

三、协议签署后当年，汽车销售公司2亿元出资到位，并更名为润某集团。

四、1998年、1999年和2000年，华某银行依约将润某集团按出资比例享有的分红，直接划入润某集团的账户。此后，华某银行未再按约向润某集团支付2003年、2004年的红利。

五、2003年，华某银行按照每10股转增2股的比例，将资本公积金转增股本，股东按比例增持股份。至此，联某集团所持股数量为3.6亿股。

---

① 案件来源：最高人民法院，华某银行股份有限公司与联某集团有限公司股权确权纠纷上诉案二审民事判决书[（2006）民二终字第6号]。

六、2005年，润某集团向山东高院起诉联某集团、华某银行，请求确认联某集团所持有股权中有2.4亿股属于润某集团所有，华某银行向润某集团支付尚未派发的红利2600万元。

七、本案经山东省高级人民法院一审、最高人民法院二审，最终判定：将联某集团持有的2.4亿股份变更到润某集团的名下，华某银行支付红利25178203.83元。

核心要点

工商登记材料并没有创设股东资格的效果，工商登记并非设权程序，而是一个证权程序，工商登记材料是证明股东资格的表面证据。故在出现出资纠纷时，股东的确定不能仅以工商登记为准。名义股东与实际出资人之间发生股权确认纠纷，应当根据当事人之间的约定探究其真实意思表示。

润某集团获得分红拥有合同依据，润某集团获取分红的依据是其真实的出资行为及三方当事人的协议约定，而不是以其是否为华某银行的在册股东为条件。华某银行未经润某集团同意应支付红利而不支付的行为属于违约行为。

实务经验总结

前事不忘，后事之师。为避免未来发生类似败诉，提出如下建议：

第一，对于隐名股东来讲，为保障自己的合法权益，应努力争取做到以下两点：

1. 隐名股东应争取与显名股东及公司三方签订协议！三方协议约定内容可以参考本案的约定："名义股东为公司的在册股东；实际出资人在成为正式股东之前按照其出资比例分得股息、红利；待实际出资人作为正式股东的条件成就时，名义股东和公司共同完成使实际出资人成为正式股东的工作。"

2. 若隐名股东投资的是有限责任公司，应尽可能要求其他过半数股东也在股权代持协议上签字确认，避免其他股东以对代持事实不知情为由，阻碍隐名股东变更为显名股东。

第二，公司和显名股东应知悉这个规则：当各方已签署在隐名股东成为正式股东前由公司直接向隐名股东支付红利的条款时，公司无权以隐名股东无股东资格为由，擅自将红利支付给显名股东。

相关法律规定

《中华人民共和国公司法》（2018年修正，已被修订）

第三十二条　有限责任公司应当置备股东名册，记载下列事项：

（一）股东的姓名或者名称及住所；

（二）股东的出资额；

（三）出资证明书编号。

记载于股东名册的股东，可以依股东名册主张行使股东权利。

公司应当将股东的姓名或者名称向公司登记机关登记；登记事项发生变更的，应当办理变更登记。未经登记或者变更登记的，不得对抗第三人。

第一百四十一条　发起人持有的本公司股份，自公司成立之日起一年内不得转让。公司公开发行股份前已发行的股份，自公司股票在证券交易所上市交易之日起一年内不得转让。

公司董事、监事、高级管理人员应当向公司申报所持有的本公司的股份及其变动情况，在任职期间每年转让的股份不得超过其所持有本公司股份总数的百分之二十五；所持本公司股份自公司股票上市交易之日起一年内不得转让。上述人员离职后半年内，不得转让其所持有的本公司股份。公司章程可以对公司董事、监事、高级管理人员转让其所持有的本公司股份作出其他限制性规定。

《中华人民共和国公司法》（2023年修订）

第五十六条　有限责任公司应当置备股东名册，记载下列事项：

（一）股东的姓名或者名称及住所；

（二）股东认缴和实缴的出资额、出资方式和出资日期；

（三）出资证明书编号；

（四）取得和丧失股东资格的日期。

记载于股东名册的股东，可以依股东名册主张行使股东权利。

第一百六十条　公司公开发行股份前已发行的股份，自公司股票在证券交易所上市交易之日起一年内不得转让。法律、行政法规或者国务院证券监督管理机构对上市公司的股东、实际控制人转让其所持有的本公司股份另有规定的，从其规定。

公司董事、监事、高级管理人员应当向公司申报所持有的本公司的股份及其变动情况，在就任时确定的任职期间每年转让的股份不得超过其所持有本公司股份总数的百分之二十五；所持本公司股份自公司股票上市交易之日起一年内不得转让。上述人员离职后半年内，不得转让其所持有的本公司股份。公司章程可以对公司董事、监事、高级管理人员转让其所持有的本公司股份作出其他限制性规定。

股份在法律、行政法规规定的限制转让期限内出质的，质权人不得在限制转让期限内行使质权。

《最高人民法院关于适用〈中华人民共和国公司法〉若干问题的规定（三）》（2014年修正，已被修订）

第二十四条 有限责任公司的实际出资人与名义出资人订立合同，约定由实际出资人出资并享有投资权益，以名义出资人为名义股东，实际出资人与名义股东对该合同效力发生争议的，如无合同法第五十二条规定的情形，人民法院应当认定该合同有效。

前款规定的实际出资人与名义股东因投资权益的归属发生争议，实际出资人以其实际履行了出资义务为由向名义股东主张权利的，人民法院应予支持。名义股东以公司股东名册记载、公司登记机关登记为由否认实际出资人权利的，人民法院不予支持。

实际出资人未经公司其他股东半数以上同意，请求公司变更股东、签发出资证明书、记载于股东名册、记载于公司章程并办理公司登记机关登记的，人民法院不予支持。

《最高人民法院关于适用〈中华人民共和国公司法〉若干问题的规定（三）》（2020年修正）

第二十四条 有限责任公司的实际出资人与名义出资人订立合同，约定由实际出资人出资并享有投资权益，以名义出资人为名义股东，实际出资人与名义股东对该合同效力发生争议的，如无法律规定的无效情形，人民法院应当认定该合同有效。

前款规定的实际出资人与名义股东因投资权益的归属发生争议，实际出资人以其实际履行了出资义务为由向名义股东主张权利的，人民法院应予支持。名义股东以公司股东名册记载、公司登记机关登记为由否认实际出资人权利的，人民法院不予支持。

实际出资人未经公司其他股东半数以上同意，请求公司变更股东、签发出资证明书、记载于股东名册、记载于公司章程并办理公司登记机关登记的，人民法院不予支持。

本案链接

以下为该案在法院审理阶段，判决书中"本院认为"就该问题的论述：

本案华某银行股份公司、联某集团、汽车销售公司三方于1997年8月15日签订的《协议书》、《补充协议》、《协议》，以及汽车销售公司与华某银行就出售汽贸大厦而签订的房屋转让合同，反映了在华某银行股份公司成立时，联某集团、汽车销售公司共同出资3亿元，其中汽车销售公司出资2亿元的基本事实。三方在协议中关于"分派股息、红利"以及待"条件允许"、"汽车销售公司正式成为华某银行股份公司股东"的约定，系当事人真实的意思表示，且不违反当时相关的法律、行政法规的禁止性规定，应认定有效。

在三方签订的《协议》中，华某银行股份公司承诺在历次分红派息时直接向联某集团、汽车销售公司支付股息、红利。联某集团、汽车销售公司同意并确认。汽车销售公司变更为润某集团后，华某银行股份公司依约向润某集团支付了1998年、1999年和2000年的红利。但在分派2003年下半年和2004年红利时，华某银行股份公司将全部股息支付给了联某集团，并用于扣收了联某集团在该行的贷款，而未向润某集团支付。本院认为，华某银行股份公司的上述行为违反了其在三方《协议》中的承诺，未经润某集团同意而擅自变更《协议》约定其应承担的义务，属于违约行为。华某银行股份公司关于其"根据联某集团的指示将其2003年、2004年的红利直接向联某集团支付或清偿债务，应视为其对三方协议中相关约定的变更，该变更无需征得润某集团的同意"的上诉理由，没有法律根据，本院不予采纳。润某集团获取该部分红利的依据是其真实的出资行为及三方当事人的协议约定，而不是以其是否为华某银行股份公司的在册股东为条件。华某银行股份公司关于"润某集团与华某银行股份公司之间未形成股权投资关系，无权从华某银行股份公司获得投资收益"的上诉理由与本案的基本事实不符。原审判决按照润某集团的实际出资比例计算并认定2003年下半年和2004年全年的红利25178203.83元，并判决其直接给付润某集团正确，应予以维持。

关于联某集团与润某集团之间转让股权的问题。基于联某集团和润某集团各自出资的实际情况，本案三方当事人在《协议》中已事先作出明确约定：联某集团为华某银行股份公司的在册股东；润某集团在成为正式股东之前按照其出资比例分得股息、红利；待"条件允许"，联某集团和华某银行股份公司将共同完成使润某集团成为正式股东的工作。本院认为，本案联某集团作为华某银行股份公司的股东，其转让股权行为不违反《公司法》对发起人转让股权的限制规定，亦不侵害华某银行股份公司的利益。本案一审时，联某集团表示对润某集团诉称的事实及请求没有异议；二审期间，其再次确认对原审判决其向润某集团转让股权亦不持异议。该项股权转让系转让方联某集团和受让方润某集团的真实意思表示，应予以确认。同时，根据三方《协议》以及有关部门的监管规定，对办理该股权转让手续等相关事宜，华某银行股份公司应履行必要的协助义务。

综上，原审判决认定本案事实清楚，证据充分，联某集团与润某集团之间转让股权的意思表示真实、明确，原审判决结果并无不当。华某银行股份公司的上诉理由不能成立。

延伸阅读

实际出资并不等于取得股东资格的三点理由：

第一，从学理上看，股东资格的认定需满足实质和形式两个要件。实质要件是指股东实际出资，形式要件是指股东须经工商登记并记载于公司章程、股东名册等文件，公示于众。实际出资人仅满足实质要件，而不满足形式要件，而根据商事外观主义的理论，为维护交易安全和不特定第三人的利益必须将股东信息进行公示，未经公示不能取得股东身份。但现在，通说对实际出资人股东资格的取得采取了"内外有别，双重标准"的做法，在公司内部，处理实际出资人与其他股东及公司的关系时，偏重实质要件。实际出资人与显名股东之间对实际出资人的股东地位有明确约定并实际出资，且为公司半数以上其他股东知晓，实际出资人已经实际行使股东权利，且无违反法律法规强制性规定的情形，可以认定实际出资人的股东资格。但在公司外部，在处理实际出资人与善意第三人的关系时，偏重形式要件，以保护善意第三人的利益和交易安全。综上，实际出资并不是获得股东资格的充分必要条件。

第二，从证据规则上看，认定股东资格的证据大致有八种：公司章程，工商注册登记，股东名册，出资证明书，实际出资证据，股权转让、继承、赠与等文件，参与经营管理的股东会决议等资料，获得利润分红、剩余财产分配等资料。前四种为证明形式要件的证据，主要对外部第三人起证明作用；后四种为证明实质要件的证据，主要是对内部股东之间、股东与公司之间关系起证明作用。其中，公司章程的效力最高，兼具实质要件和形式要件的特征，对外公示于众，对内表明各股东互相确认的意思表示。各类证据对股东资格的证明效力各不相同：

对于形式证据来讲，公司章程>股东名册>工商登记>出资证明书；对实质证据来讲，实际出资证明>股权转让等协议>经营管理资料＝利润分配资料。对实际出资人来讲，一般情况下，仅有实际出资证明，也有可能拥有参与经营管理和分红的证据。由此可得，实际出资证明并不一定能证明股东身份。

第三，从立法精神上看，新《公司法》第四十六条、第五十五条、第五十六条均强调股东资格确认的形式要件，要求进行工商登记、记载于股东名册并出具出资证明书，这均表明《公司法》坚持商事外观主义、保护交易安全的立法精神，但实际出资人恰好不满足这些要件。另外，《公司法》将法定资本制变更为认缴资本制，允许实际出资与股东资格的分离，股东只要认缴出资即可获得股东资格，也反证了实际出资并非获得股东资格的唯一条件。

010 实际出资人伪造名义股东签章将股权转让给自己，转让行为是否有效

裁判要旨

未经显名股东同意，隐名股东伪造显名股东签章订立股权转让合同将公司股权转让给自己的，该合同并不当然无效。显名股东知情后并未对合同内容提出异议，并以行为实际履行该合同的，股权转让合同对其发生法律效力。

案情简介①

一、2002年11月22日，东某株式会社和新某途公司合资设立锦某公司，注册资本465万美元，其中东某株式会社出资456万美元，持股98.06%，新某途公司出资9万美元，持股1.94%。新某途公司的法定代表人韩某某担任锦某公司的法定代表人。

二、2006年9月1日，新某途公司与东某株式会社签订《终止协议》，载明因东某株式会社不再投资，锦某公司终止。9月8日，韩某某作为乙方与甲方东

---

① 案件来源：江苏省高级人民法院，东某贸易株式会社与韩某某、苏州锦某刺绣工艺品有限公司股权转让纠纷二审民事判决书［（2015）苏商外终字第00026号］；最高人民法院，东某贸易株式会社与韩某某、苏州锦某刺绣工艺品有限公司股权转让纠纷申诉、申请民事裁定书［（2016）最高法民申字第1474号］。

某株式会社签订《协议书》一份，约定东某株式会社将其持有的锦某公司98.06%股权、应缴出资额456万美元一次性全额等价转让给韩某某。上述两份协议均有东某株式会社的盖章，后查明盖印章系伪造。

三、2006年年底，锦某公司完成工商变更登记，由合资企业变更为内资公司。2007年11月8日，东某株式会社又与锦某公司合资成立锦途公司，并通过了外商投资主管部门的批准。事实上，东某株式会社仅是韩某某在锦某公司的名义股东，韩某某为实际出资人。

四、2009年6月4日，东某株式会社法定代表人郭某某在发给韩某某的邮件中认可东某株式会社仅为韩某某的名义股东，其原注资由韩某某提供，并同意韩某某将合资公司变更为个人独资公司。

五、2014年3月11日，东某株式会社以韩某某伪造其签章为由提起诉讼，请求认定股权转让的《协议书》无效并恢复其在锦某公司的股东身份。本案经苏州中院一审，江苏高院二审，最高院再审，最终认定股权转让协议有效。

核心要点

东某株式会社与韩某某之间存在名义股东与实际股东的关系，韩某某为实际出资人，东某株式会社仅为名义股东。即使涉案股权转让协议等文件上的签字印章系伪造，郭某某作为东某株式会社法定代表人在2008年明确知道锦某公司股权登记已作变更，但东某株式会社在此后五年时间内未对涉案股权转让协议提出异议，并继续与股权登记变更后的锦某公司共同投资经营锦途公司，故应当视为东某株式会社履行了涉案股权转让协议的内容，以其实际行为对涉案股权转让协议进行了追认，故涉案股权转让协议合法有效。另外，由于东某株式会社仅为名义股东，并未实际出资锦某公司，其权益亦未因涉案股权转让行为受到实际损害，因此东某株式会社要求确认其仍为锦某公司股东并办理股权登记手续的主张未能得到法院的支持。

实务经验总结

前事不忘，后事之师。为避免未来发生类似败诉，提出如下建议：

第一，对于隐名股东来讲，在选择显名股东之初务必与显名股东签订代持股协议，在协议中特别约定隐名股东显名化的具体方法与途径，以及各自在公司中的权利义务和责任。另外，隐名股东要保留好将出资转给显名股东的相应记录，以便证明自己实际出资。隐名股东在显名的过程中尽量取得显名股东的配合，不要通过伪造公章的方式自行操作，以免事后显名股东不认可，徒增麻烦。

第二，对于显名股东来讲，其务必要按照代持股协议的约定行使自己的权利，在发现隐名股东采取伪造公章之类不诚信的手段侵犯自己的合法权益时，需要及时声明并拒绝履行，否则在认可且实际履行的情况下，再向法院主张协议无效、恢复股东资格将不会得到法院的支持。

相关法律规定

《中华人民共和国公司法》（2018年修正，已被修订）

第三十二条　有限责任公司应当置备股东名册，记载下列事项：

（一）股东的姓名或者名称及住所；

（二）股东的出资额；

（三）出资证明书编号。

记载于股东名册的股东，可以依股东名册主张行使股东权利。

公司应当将股东的姓名或者名称向公司登记机关登记；登记事项发生变更的，应当办理变更登记。未经登记或者变更登记的，不得对抗第三人。

《中华人民共和国公司法》（2023年修订）

第五十六条　有限责任公司应当置备股东名册，记载下列事项：

（一）股东的姓名或者名称及住所；

（二）股东认缴和实缴的出资额、出资方式和出资日期；

（三）出资证明书编号；

（四）取得和丧失股东资格的日期。

记载于股东名册的股东，可以依股东名册主张行使股东权利。

《最高人民法院关于适用〈中华人民共和国公司法〉若干问题的规定（三）》（2014年修正，已被修订）

第二十四条　有限责任公司的实际出资人与名义出资人订立合同，约定由实际出资人出资并享有投资权益，以名义出资人为名义股东，实际出资人与名义股东对该合同效力发生争议的，如无合同法第五十二条规定的情形，人民法院应当认定该合同有效。

前款规定的实际出资人与名义股东因投资权益的归属发生争议，实际出资人以其实际履行了出资义务为由向名义股东主张权利的,人民法院应予支持。名义股东以公司股东名册记载、公司登记机关登记为由否认实际出资人权利的,人民法院不予支持。

实际出资人未经公司其他股东半数以上同意,请求公司变更股东、签发出资证明书、记载于股东名册、记载于公司章程并办理公司登记机关登记的,人民法院不予支持。

《最高人民法院关于适用〈中华人民共和国公司法〉若干问题的规定(三)》(2020年修订)

第二十四条 有限责任公司的实际出资人与名义出资人订立合同,约定由实际出资人出资并享有投资权益,以名义出资人为名义股东,实际出资人与名义股东对该合同效力发生争议的,如无法律规定的无效情形,人民法院应当认定该合同有效。

前款规定的实际出资人与名义股东因投资权益的归属发生争议,实际出资人以其实际履行了出资义务为由向名义股东主张权利的,人民法院应予支持。名义股东以公司股东名册记载、公司登记机关登记为由否认实际出资人权利的,人民法院不予支持。

实际出资人未经公司其他股东半数以上同意,请求公司变更股东、签发出资证明书、记载于股东名册、记载于公司章程并办理公司登记机关登记的,人民法院不予支持。

本案链接

以下为该案在法院审理阶段,判决书中"本院认为"就该问题的论述:

涉案股权转让协议合法有效,东某株式会社无权要求确认其股东身份。理由如下:

一、东某株式会社与韩某某之间存在名义股东与实际股东的关系

本案中,韩某某主张其与东某株式会社之间是实际股东与名义股东的关系,东某株式会社并非锦某公司的实际股东,并提供了东某株式会社法定代表人郭某某在2009年6月4日发送给韩某某儿子韩某涛的电子邮件。郭某某在邮件中称,其仅是给予合资的名义,并未真实出资,出资是由韩某某提供。对此,东某株式会社主张其已实际出资,并提交了中国建设银行汇入汇票通知书和进账单等证据,用以证明锦某公司的出资系由其从境外汇入。本院认为,东某株式会社从境

外汇入资金的行为，与郭某某后来在邮件中关于汇入的出资系由韩某某事先提供的陈述并不矛盾。因此，东某株式会社提供的证据并不能推翻郭某某自己在邮件中对东某株式会社仅是锦某公司名义股东的认可。故东某株式会社并没有对锦某公司实际出资。本院对韩某某的主张予以支持。

二、东某株式会社以其行为对涉案股权转让协议进行了追认

本案中，东某株式会社主张，涉案《协议书》、《合同终止协议书》、《董事会决议》上的郭某某签名及私章、东某株式会社公章系伪造，并提供了2002年东某株式会社在中国境内使用其真实公章的样品，用以证明涉案股权转让协议并非其真实意思。本院认为，郭某某在上述邮件同时提到："你是在去年（2008年），我又向你提起时，你告知，已经办妥东某在锦某刺绣的撤资了。"故郭某某确认其在2008年就知道其名下的股权已经被转让，锦某公司成为个人独资企业。因此，即使涉案股权转让协议等文件上的签字印章系伪造，郭某某作为东某株式会社法定代表人在2008年明确知道锦某公司股权登记已作变更，但东某株式会社在此后五年时间内未对涉案股权转让协议提出异议，并继续与股权登记变更后的锦某公司共同投资经营锦途公司，故应当视东某株式会社履行了涉案股权转让协议的内容，以其实际行为对涉案股权转让协议进行了追认，故涉案股权转让协议合法有效。并且，由于东某株式会社仅为名义股东，并未实际出资锦某公司，其权益亦未因涉案股权转让行为受到实际损害，故本院对东某株式会社要求确认其仍为锦某公司股东并办理股权登记手续的主张不予支持。

011 母公司股东能够代表子公司提起股东代表诉讼

一、关于股东代表诉讼原告资格的立法变化

2023年修订前的《公司法》对于母子公司中股东代表诉讼的问题并未作出规定。2023年修订的《公司法》第一百八十九条在原《公司法》第一百五十一条的基础上增加了第四款："公司全资子公司的董事、监事、高级管理人员有前条规定情形，或者他人侵犯公司全资子公司合法权益造成损失的，有限责任公司的股东、股份有限公司连续一百八十日以上单独或者合计持有公司百分之一以上股份的股东，可以依照前三款规定书面请求全资子公司的监事会、董事会向人民法院提起诉讼或者以自己的名义直接向人民法院提起诉讼。"该款将股东代表诉

讼的被告范围扩张至全资子公司的董事、高级管理人员，以此构建双重股东代表诉讼制度。双重股东代表诉讼制度是本次公司法修订的一个亮点，能够更好地保护小股东的利益，尤其当大股东将公司业务转移至全资子公司的情况下，小股东可以越过母公司直接代表全资子公司对损害子公司利益的董监高及他人提起股东代表诉讼。在提起双重股东代表诉讼的程序上，如何安排前置程序、如何列明诉讼第三人等问题还有待配套的司法解释予以明确。

二、《公司法》修订前关于母公司股东可否代表子公司提起代表诉讼问题的裁判观点综述

在《公司法》修订前，关于母公司股东可否代表子公司提起股东代表诉讼，司法实践中已经存在支持的裁判观点。

案例1：陕西省高级人民法院，海某酒店控股集团有限公司与赵某某、陕西海某海盛投资有限公司、陕西皇某海某酒店有限公司损害公司利益责任纠纷二审民事判决书［（2016）陕民终字第228号］认为：在本案中，海某投资公司系皇某酒店公司的唯一股东，海某投资公司是母公司、皇某酒店公司是子公司，海某投资公司与皇某酒店公司之间形成了绝对的资本控制关系。在海某投资公司内部，海某控股公司持有其60%股权，赵某某系持有其40%股权的股东。赵某某于2014年1月24日致函海某投资公司监事会主席（召集人）王某华，请求海某投资公司监事会诉请侵害公司利益的股东即海某控股公司承担损失赔偿责任，但海某投资公司监事会在收到该请求后三十日内并未作为皇某酒店公司股东向海某控股公司提起该诉讼，此时否定赵某某作为海某投资公司股东提起本案诉讼的原告主体资格，则无法保护皇某酒店公司的利益，进而导致海某投资公司利益受损，亦与《公司法》第一百五十一条的立法本意相悖。故赵某某作为原告提起本案损害公司利益责任纠纷诉讼主体适格。

案例2：陕西省高级人民法院，王某凡、党某、海某控股集团有限公司与赵某某及陕西海某海盛投资有限公司、陕西皇某海某酒店有限公司损害公司利益责任纠纷二审民事判决书［（2016）陕民终字第255号］认为：股东因公司的全资子公司利益受到损害，依据《公司法》第一百五十一条提起诉讼，请求被告向全资子公司承担民事责任的，符合法律规定。

第二章 股东权利

012 优先购买权受侵害股东的诉讼请求，需同时具备哪两点才符合法律规定

裁判要旨

有限责任公司的股东向股东以外的人转让股权，未就其股权转让事项征求其他股东意见，或者以欺诈、恶意串通等手段，损害其他股东优先购买权，其他股东主张按照同等条件购买该转让股权的，人民法院应当予以支持。但其他股东仅提出确认股权转让合同及股权变动效力等请求，未同时主张按照同等条件购买转让股权的，人民法院不予支持。

案情简介[①]

一、2004年12月20日，周某某、陈某某夫妇设立了今某公司，周某某占股51%，陈某某占股49%。

二、2009年2月23日，周某某、陈某某（转让方）和王某某、易某某（受让方）签订了《股权转让协议书一》，约定：受让方向转让方支付660万元受让转让方全部股权，但转让方在全部转让款到位前保留1%的名义股权，不享有实际股东权利。

三、此后，转让方如约将99%的股权过户给受让方，但受让方并未如约将全部股权转让款支付到位。后经诉讼执行，受让方支付了全部股权转让款，但未支付延期支付的利息，转让方亦没有将剩余1%股权过户。

四、2010年8月10日，王某某、易某某又与第三人签订《股权转让协议

---

① 案件来源：岳阳市中级人民法院，周某某、陈某某与欧阳某某、阳某某等股权转让纠纷二审民事判决书 [（2017）湘06民终字第1094号]。

二》将公司 99% 的股权以 990 万元的价格转让给了第三人，但是并未通知周某某、陈某某行使同意权及优先购买权。

五、此后，周某某、陈某某以其股东优先购买权受到侵害为由请求法院确认《股权转让协议二》无效，但其并未提出在同等条件下要求购买。

六、本案经岳阳楼法院一审、岳阳市中院二审，最终认定《股权转让协议二》有效，驳回周某某、陈某某的诉讼请求。

核心要点

股东优先购买权目的在于保证有限责任公司的老股东可以通过行使优先购买权实现对公司的控制权，该规定体现了对有限责任公司"人合性"的维护和对老股东对公司贡献的承认，但在保护老股东对公司控制权的同时，也平衡转让股东自由处分股权的权利，设定老股东同意权和优先购买权的前提是老股东在同等条件下优先购买。《公司法司法解释（四）》规定，当有限责任公司的股东向股东以外的人转让股权，未就其股权转让事项征求其他股东意见，或者以欺诈、恶意串通等手段，损害其他股东优先购买权，其他股东主张按照同等条件购买该转让股权的，人民法院应当予以支持。上述规定的其他股东仅提出确认股权转让合同及股权变动效力等请求，未同时主张按照同等条件购买转让股权的，人民法院不予支持。据此可知，受侵害股东在主张侵权的股权转让合同无效同时，其需要主张在同等条件下购买，仅主张股权转让合同无效的，法院不予支持。本案中，周某某、陈某某仅提出确认双方签订的股权转让合同无效，但是没有主张自己按同等条件购买转让的股权，故对其确认股权转让协议无效的主张不予支持。

实务经验总结

前事不忘，后事之师。为避免未来发生类似败诉，提出如下建议：

第一，优先购买权受侵害股东须在主张侵权的股权转让协议无效的同时，主张按同等条件购买股权。前述两个条件缺一不可，老股东不能仅主张侵害优先购买权的合同无效，而不主张在同等条件下优先购买，否则这不仅使新缔结的合同效力处于不确定的状态之中，也使股东处分股权的目的不能实现。

第二，老股东应当及时行使股东优先购买权，其应自知道或者应当知道行使优先购买权的同等条件之日起三十日内主张。需要注意的是，若自基于侵害股东优先购买权合同的股权变更登记之日起超过一年，老股东再主张的也将不会得到支持。

相关法律规定

《中华人民共和国公司法》（2018年修正，已被修订）

第七十一条　有限责任公司的股东之间可以相互转让其全部或者部分股权。

股东向股东以外的人转让股权，应当经其他股东过半数同意。股东应就其股权转让事项书面通知其他股东征求同意，其他股东自接到书面通知之日起满三十日未答复的，视为同意转让。其他股东半数以上不同意转让的，不同意的股东应当购买该转让的股权；不购买的，视为同意转让。

经股东同意转让的股权，在同等条件下，其他股东有优先购买权。两个以上股东主张行使优先购买权的，协商确定各自的购买比例；协商不成的，按照转让时各自的出资比例行使优先购买权。

公司章程对股权转让另有规定的，从其规定。

《中华人民共和国公司法》（2023年修订）

第八十四条　有限责任公司的股东之间可以相互转让其全部或者部分股权。

股东向股东以外的人转让股权的，应当将股权转让的数量、价格、支付方式和期限等事项书面通知其他股东，其他股东在同等条件下有优先购买权。股东自接到书面通知之日起三十日内未答复的，视为放弃优先购买权。两个以上股东行使优先购买权的，协商确定各自的购买比例；协商不成的，按照转让时各自的出资比例行使优先购买权。

公司章程对股权转让另有规定的，从其规定。

《最高人民法院关于适用〈中华人民共和国公司法〉若干问题的规定（四）》（2020年修正）

第二十一条　有限责任公司的股东向股东以外的人转让股权，未就其股权转让事项征求其他股东意见，或者以欺诈、恶意串通等手段，损害其他股东优先购买权，其他股东主张按照同等条件购买该转让股权的，人民法院应当予以支持，但其他股东自知道或者应当知道行使优先购买权的同等条件之日起三十日内没有主张，或者自股权变更登记之日起超过一年的除外。

前款规定的其他股东仅提出确认股权转让合同及股权变动效力等请求，未同时主张按照同等条件购买转让股权的，人民法院不予支持，但其他股东非因自身原因导致无法行使优先购买权，请求损害赔偿的除外。

股东以外的股权受让人，因股东行使优先购买权而不能实现合同目的的，可以依法请求转让股东承担相应民事责任。

本案链接

以下为该案在法庭审理阶段，判决书中"本院认为"就该问题的论述：

《最高人民法院关于适用〈中华人民共和国公司法〉若干问题的规定（四）》第二十一条规定："有限责任公司的股东向股东以外的人转让股权，未就其股权转让事项征求其他股东意见，或者以欺诈、恶意串通等手段，损害其他股东优先购买权，其他股东主张按照同等条件购买该转让股权的，人民法院应当予以支持，但其他股东自知道或者应当知道行使优先购买权的同等条件之日起三十日内没有主张，或者自股权变更登记之日起超过一年的除外。前款规定的其他股东仅提出确认股权转让合同及股权变动效力等请求，未同时主张按照同等条件购买转让股权的，人民法院不予支持……"周某某、陈某某在得知王某某、易某某将股权转让给阳某某、欧阳某某后仅提出确认双方签订的股权转让协议无效，至今都没有主张自己按同等条件购买转让的股权。《中华人民共和国公司法》之所以规定股东享有优先购买权，主要目的是保证有限公司的老股东可以通过行使优先购买权实现对公司的控制权，该规定体现了对有限责任公司"人合性"的维护和对老股东对公司贡献的承认。本案中，王某某、易某某转让出的股权本身就来自周某某、陈某某出让的股权，周某某、陈某某仅是今某公司1%的名义股东，周某某、陈某某本来不再愿意经营该公司而将公司100%的股权转让，如果此时，周某某、陈某某在仅是公司1%名义股东的情况下，仍然行使股东的优先购买权，不符合《中华人民共和国公司法》关于股东优先购买权的立法本意。故周某某、陈某某以王某某、易某某转让股权时侵犯其优先受让权来主张王某某、易某某与欧阳某某、阳某某签订的股权转让协议无效的上诉理由，于法无据，本院不予支持。

延伸阅读

侵犯股东优先购买权合同的五种效力类型包括：有效、未生效、可撤销、效力待定、无效。

一、侵犯股东优先购买权的合同有效的判例

案例1：江苏省高级人民法院，刘某某与季某某股权转让纠纷再审民事判决书［（2015）苏商再提字第00042号］认为：……该条规定（《公司法》第七十二条第二款、第三款）赋予其他股东相关权利的目的是要维系有限责任公司的人合性，以免未经其他股东同意的新股东加入后破坏股东之间的信任与合作。而要实现这一目的，只要阻止股东以外的股权受让人成为新股东即为已足，亦即只要股权权利不予变动，而无需否定股东与股东以外的人之间的股权转让合同的效力。其次，该条规定并未规定如转让股东违反上述规定则股权转让合同无效。再次，如果因转让股东违反上述规定即股权转让未经上述程序而认定股权转让合同无效，那么在其他股东放弃优先购买权后，转让股东需与受让人重新订立股权转让合同，否则任何一方均可不受已订立的股权转让合同的约束，显然不合理。综上，股东未经上述程序向股东以外的人转让股权与股权转让协议的效力无涉。本案中，刘某某与季某某签订的协议系双方的真实意思表示，不违反法律、行政法规的强制性规定，合法有效。

案例2：广东省高级人民法院，深圳市国某股份有限公司与黄某某、深圳市中某环投资有限公司股权转让纠纷二审民事判决书［（2013）粤高法民二终字第34号］认为：黄某某、张某某均认可黄某某、张某某之间存在隐名出资关系，张某某名下的中某环公司75%股权实际由黄某某出资并享有投资权益，因此，黄某某处分张某某名下的中某环公司75%股权并不损害张某某的利益，黄某某有权转让其实际享有的股权。《中华人民共和国公司法》第七十二条规定的有限责任公司的股东向股东以外的人转让股权，应当经其他股东过半数同意及经股东同意转让的股权在同等条件下其他股东有优先购买权的规定，属于法律的限制性规定，并不属于法律的强制性规定，故宝某公司以黄某某转让中某环公司75%股权未经其同意为由主张《项目合作合同》为无效合同，理据不足，且该转让行为也不影响宝某公司行使优先购买权。

案例3：吉林市中级人民法院，上诉人段某甲因与被上诉人段某乙、董某甲、董某乙及原审第三人邱某股权转让纠纷二审民事判决书［（2015）吉中民三终字第137号］认为：虽然段某乙向董某甲、董某乙转让股权时没有通知段某甲，段某甲亦没有书面同意，违反了《公司法》第七十一条的规定，但《公司法》第七十一条没有规定违反此条款的转让合同无效，规定"公司章程对股权转让另有规定的，从其规定"，由此可见该条款不属于效力性的强制性规定，不能就此认定股权转让合同无效。由于《公司法》对于侵犯股东优先购买权的股权转让合同效力没有明确规定，因此，探讨其效力应当从《合同法》关于合同效力的一般规定入手。《合同法》第五十二条规定了合同无效的法定事由,本案股权转让协议的订立和履行涉及的是个人之间的权利义务关系,不存在合同法关于合同无效的五种情形。即便段某甲的股东权益受到侵犯,侵犯其权益的是转让人段某乙,其可依法向段某乙主张权利,段某甲请求确认段某乙与董某甲、董某乙股权转让协议无效没有法律依据。

案例4：淳安县人民法院,翁某与舒某股权转让纠纷一审民事判决书[（2014）杭淳商初字第457号]认为：法律规定股东向股东以外的人转让股权,转让股东应就其股权转让事项书面通知公司其他股东征求同意,在同等条件下,公司其他股东有优先购买权。其目的在于阻挡他人通过股权受让进入公司,维护有限责任公司的封闭性和人合性。而确认股权对外转让合同有效并不违反此目的。股权转让合同的效力与股权变动的效力并不相同,故即便股权对外转让合同有效,亦不能发生合法的股权变动的效力,股权对外转让合同的效力与其他股东基于优先购买权从转让股东处取得股权之间亦不存在排除关系。其他股东对于侵犯股东优先购买权的股权转让仍可主张行使优先购买权,也不会损害国家和社会公共利益。只要股权转让符合转让双方的真实意思表示,法律没有必要过多地干涉。股东未征得其他股东同意而转让股权,该股权转让存在瑕疵,但不影响股权转让合同的效力。

二、侵犯股东优先购买权的合同未生效的判例

案例5：长沙市天心区人民法院,恩某集团有限公司与某省送变电工程公司、李某某、湖南创某建设有限公司及第三人湖南新某盛房地产开发有限公司股权转让纠纷一审民事判决书[（2015）天民初字第05077号]认为：……侵害股东优先购买权的股权转让合同不发生效力。股东优先购买权是公司法赋予股东的法定权利。基于有限责任公司的人合性和封闭性,股东优先购买权制度在于通过保障其他股东优先获得拟转让股权而维护公司内部信赖关系,法律所否定的是非股东第三人优于公司其他股东取得公司股权的行为,而不是转让股东与非股东第三人之间转让协议。同时,股权是股东基于股东资格而享有的,从公司获取经济利益并参与公司经营管理的权利。为保障股东优先购买权而直接否定转让股东与非股东第三人之间股权转让协议效力,已超越了优先的界限,过度限制了股东转让股权的处分权。本案中,被告送变电公司向股东以外的人转让股权,其没有证据证明曾就转让事项履行了《中华人民共和国公司法》第七十二条第二款规定的法定程序,书面征求原告恩某集团意见,侵害了原告恩某集团的优先购买权。

在原告恩某集团未明确放弃优先购买权的情况下，被告送变电公司与被告创某公司签订的《股权转让合同》中关于股权转让的约定不发生效力。第三人新某盛公司股东名册、工商登记的股东仍为原告恩某集团和被告送变电公司，《股权转让合同》标的即被告送变电公司持有的第三人新某盛公司的股权尚未发生变动，原告恩某集团诉至本院主张优先购买权，直接产生阻断股权转让的效力。

案例6：常德市中级人民法院，湖南某某集团有限公司与吕某某股权转让纠纷二审民事判决书〔（2014）常民二终字第82号〕认为："大某集团与吕某某约定的合同生效条件应包括经大某起重公司股东大会同意并由全体股东签字确认。……大某集团（当时为汉某集团）是大某起重公司的股东，但吕某某不是。因此，大某集团向吕某某转让大某起重公司的股份，系股东向股东以外的人转让股权，应按上述规定的程序办理，即应经其他股东过半数同意。这是强制性规定，不允许章程及合同放宽条件。由于合同中已约定"本股份转让合同经湖南某汉起重科技有限公司股东大会同意并由各方签字，报公司登记机关办理股东股份变更登记生效"，而且该约定严于公司法的规定，应认可其效力，所以在无大某起重公司股东大会同意并由各方签字的情况下，该合同未生效。

案例7：吉安市中级人民法院，刘某某与余某某、欧阳某某等股权转让纠纷一审民事判决书〔（2014）吉中民二初字第84号〕认为：本案中刘某某优先购买权的成立导致案涉10.5%的股权在欧阳某某、胡某某及余某某之间无法流转，股权转让协议因此无法履行。但刘某某优先购买权的行使并不影响股权转让协议的效力，其仅导致股权转让协议履行不能。因此，刘某某相关请求判令欧阳某某、胡某某、余某某于2012年4月25日签订的《股权转让协议》无效或予以撤销的诉请，缺乏事实及法律依据，本院不予支持。

案例8：上海市第一中级人民法院，周某某与姚某某股权转让纠纷二审民事判决书〔（2011）沪一中民四（商）终字第883号〕认为：……姚某某与周某某间的股权转让协议是双方当事人的真实意思表示，符合合同法有关合同效力的要件，应认定为有效，在合同相对方间产生法律约束力。但由于公司法的特殊规定，即其他股东姚某某享有优先购买权，一旦姚某某要求行使股东优先购买权，那么，姚某某与周某某间的股权转让协议将无法继续履行。因此，原审法院认定2006年协议书全部无效不当，本院在此予以纠正。

案例9：重庆市高级人民法院，上诉人张A与被上诉人狮某公司、王A、马某某、李某某、李某、成某、杨某某、赵某某、李某某、唐某某、张某、熊某某、李 A、岳某某、李 B、李 C、李 D、明某某、王某某、南川区方某公司、原审第三人大某滩电力公司股权转让纠纷二审民事判决书〔（2011）渝高法民终字第 266 号〕认为："关于狮某公司等 19 名股东与重庆市南川区方某投资有限公司签订的股权转让协议的效力问题。股东优先购买权的行使与否不影响其他股东与非股东第三人间股权转让协议的效力，只影响该协议能否实际履行。即股权转让协议是否有效应当按照该协议自身的内容根据合同法关于合同效力的规定加以认定，即便优先权股东行使了股东优先购买权，只要该协议本身符合合同法规定的合同有效要件，协议仍为有效。本案中，狮某公司等 19 名转让股东与南川区方某公司签订的股权转让协议并不违反法律法规的规定，是合法有效的。张 A 优先购买权的行使不影响该转让协议的效力，只影响该转让协议能否得以实际履行。"

案例 10：衡阳市中级人民法院，石某某与彭某股权转让合同纠纷二审民事判决书〔（2010）衡中法民二终字第 15 号〕认为：关于上诉人与被上诉人签订的《股权转让初步协议》是否有效、是否应解除的问题。……我国公司法虽然规定股东向股东以外的第三人转让股权应当经其他股东过半数同意，但并未禁止向股东以外的第三人转让股权，可见该协议的内容未违反法律、行政法规的禁止性规定，该协议合法有效。我国公司法第七十二条规定"股东向股东以外的人转让股权，应当经其他股东过半数同意"是股权转让合同履行的条件，不是合同生效的条件。上诉人石某某未得到锦某公司另外的股东胡某某的同意，并不影响其与被上诉人彭某签订《股权转让初步协议》的效力。

案例 11：上海市第二中级人民法院，（反诉被告）上海明某园林景观有限公司与（反诉原告）上海怡某房地产有限公司买卖合同纠纷一审民事判决书〔（2010）沪二中民四（商）初字第 126 号〕认为：本案中，《和解协议》的核心内容是以股权抵债，表面上为清偿债务行为，但实际上相当于股权的转让。在这种情况下，必须依据法律的规定保护股东的优先购买权。依据法律的规定，其他股东有权行使或者放弃优先购买权。基于这种情况，本院认为《和解协议》的效力应区分对待。对于其他股东即本案中的静安置地公司而言，其知晓《和解协议》之后，有权主张行使优先购买权。如果法院支持其他股东行使优先购买权的请求，则对于股权的出让方和受让方而言，意味着股权转让协议（本案中即《和解协议》）有效但无法履行，涉及的是违约责任问题而不是合同效力问题。从这个角度来说，作为股权转让的出让方或者受让方，不能以签订股权转让协议侵害他人优先购买权而自行主张合同无效。

三、侵犯优先购买权的合同可撤销的判例

案例 12：徐州市中级人民法院，赵某某与孙某某、李某等股权转让纠纷二审民事判决书〔（2014）徐商终字第 0327 号〕认为：赵某某对李某 25% 的股权在对外转让时同等条件下享有优先购买权。我国公司法之所以规定有限责任公司股东享有优先购买权，其立法本意一方面在于保证有限责任公司原股东可以通过行使优先购买权增持股权份额，从而实现对公司的控制权，另一方面在于保障有限责任公司的人合性，以确保原股东有权根据自己的实际情况和需要决定是否接纳新股东加入公司或自行退出公司等。本案中，股东李某向股东以外的第三人孙某某转让股权的行为，事实上侵犯了赵某某的股东优先购买权，故李某与孙某某之间的股权转让协议依法不发生法律效力。根据《中华人民共和国合同法》第五十八条的规定，合同依法无效或被撤销后，应当恢复至合同订立前的原状，因此，李某与孙某某之间的股权转让协议依法应当恢复至股权转让合同缔约前的原状，且若此时李某将其持有的股权向公司以外的第三人转让……在同等条件下，赵某某依法当然享有优先购买权。

案例 13：新疆维吾尔自治区高级人民法院，莫某某与喀什宏某润丰棉业有限公司、和硕县清水河宏某棉花加工有限责任公司、蒋某某、呼图壁县红某塘棉业有限公司股权确认纠纷二审民事判决书〔（2013）新民二终字第 32 号〕认为：《公司法》第七十二条第二款规定："股东向股东以外的人转让股权，应当经其他股东过半数同意。股东应就其股权转让事项书面通知其他股东征求同意，其他股东自收到书面通知之日满三十日内未答复的，视为同意转让。经股东同意转让的股权，在同等条件下，其他股东有优先购买权"。从内容看，该规定非强制性规定，而是任意性规定。股东不同意转让或行使优先购买权，是一种为保证有限责任公司人合性而赋予股东的权利，该权利并不是对拟转让股份的股东股权的限制，其与股东以外的受让人签订股权转让合同，只要该合同意思表示真实，不违反相关的法律、行政法规的禁止性规定就应认定为有效，侵犯股东优先购买权签订的股权转让合同的性质为可撤销合同。

案例 14：芜湖市镜湖区人民法院，胡某某、黄某某与王某、吴某、第三人芜湖炳某投资有限责任公司股权转让纠纷一审民事判决书〔（2011）镜民二初字第 00286 号〕认为：被告吴某与原告胡某某、黄某某同为第三人芜湖炳某投资有限责任公司的股东，在未告知两原告并取得同意的情况下，将持有的在第三人处的股权转让给股东以外的第三人被告王某。该股权转让未经其他股东同意因侵犯

其同意权而效力待定，其他股东的同意或者推定同意是该协议的追认条件。而一旦股东同意或者推定同意股权对外转让，不管其是否侵犯其他股东优先购买权，协议都成立并生效。所以，该合同是可撤销的合同，并非无效合同。

案例15：彭水苗族土家族自治县人民法院，李某某、刘某某与王某某、彭水县大某煤炭有限责任公司等公司决议撤销纠纷一审民事判决书〔（2014）彭法民初字第00897号〕认为：本案中，被告大某公司、谢某某、刘某军主张在《彭水县大某煤炭有限责任公司股权转让协议》签订前曾口头通知二原告询问其是否行使优先购买权，但未举示相应证据，二原告对此也予以否认，对三被告的该项主张不予采纳。被告谢某某、刘某军签订该协议前没有履行相应的通知程序，侵犯了二原告作为该公司股东对股权的优先购买权。原告刘某某、李某某的第三项诉讼请求表明二原告愿意行使优先购买权，但本案中所涉股权转让协议已经履行，被告大某公司的股东已经发生变更，二原告因其优先购买权受到侵害，对该股权转让协议享有撤销权，被告刘某军与被告谢某某2014年1月9日签订的《彭水县大某煤炭有限责任公司股权转让协议》应当予以撤销。

案例16：南宁市中级人民法院，秦某与陈A、程某某、陈B、广西元某投资发展有限公司股权转让纠纷二审民事判决书〔（2014）南市民二终字第379号〕认为："元某公司的股东为陈B、陈A、秦某，三人分别出资额为：2082.08万元，占注册资本比例26%；1761.76万元，占注册资本比例22%；4164.16万元，占注册资本比例52%。程某某并非元某公司的股东，陈A将持有元某公司的股权转让给程某某没有通知秦某，其行为侵害了秦某的优先购买权，程某某与陈A订立的《股权转让协议书》违反了法律的规定，依法应予撤销。该《股权转让协议书》被依法撤销后，登记在元某公司程某某名下的22%股权即应返还陈A。"

案例17：贵州省高级人民法院，瓮安世某公司股东资格确认纠纷再审民事裁定书〔（2013）黔高民申字第540号〕认为：公司法第七十二条规定，有限责任公司股东向股东以外的人转让股权，应当经其他股东过半数同意，且其他股东在同等条件下享有优先购买权。该条款只是程序上的限制，并非实体上的限制，不属于法律、行政法规的强制性规定，股东对自己的股权享有完全的处分权。如果转让人未履行上述程序，侵害的是其他内部股东的利益即优先购买权而非社会公共利益和国家利益，其他股东认为侵害其优先购买权可以行使撤销权。如果其他股东未在法定的期限内行使撤销权，也不反对股权转让，也不准备行使优先购买权，则股权转让程序的瑕疵并不影响其实体权利，不应否定转让合同的效力。

案例18：南京市中级人民法院，上诉人李某某与被上诉人魏某某、徐某某、杨某某、南京五某新型材料科技有限公司股权转让纠纷二审民事判决书［（2015）宁商终字第733号］认为：就有限公司股东向股东以外的人转让股权，《公司法》第七十二条第二款规定："股东向股东以外的人转让股权，应当经其他股东过半数同意。股东应就其股权转让事项书面通知其他股东征求同意，其他股东自接到书面通知之日起满三十日未答复的，视为同意转让。其他股东半数以上不同意转让的，不同意的股东应当购买该转让的股权；不购买的，视为同意转让。"《江苏省高级人民法院关于审理适用公司法案件若干问题的意见（试行）》第六十二条第四款规定："其他股东未能行使优先购买权的，可以申请撤销合同。但其他股东追认转让合同，或者所转让的股权已经登记到受让人名下且受让人已实际行使股权利的，股权转让合同有效。"本案中，徐某某向杨某某转让股权时，虽没有按照公司法的规定履行通知及征求其他股东同意的义务，但杨某某已于2012年10月30日登记为公司股东且参与公司经营管理二年有余、已实际行使股东权利，徐某某与杨某某于2012年10月30日签订的股权转让协议应当认定为有效。"

四、侵犯股东优先购买权的合同效力待定的判例

案例19：湖北省高级人民法院，武汉桥某物资贸易有限公司、陈某股权转让纠纷二审民事判决书［（2015）鄂民二终字第00042号］认为：……《公司法》第七十二条规定："……股东向股东以外的人转让股权，应当经其他股东过半数同意。股东应就其股权转让事项书面通知其他股东征求同意，其他股东自接到书面通知之日起满三十日未答复的，视为同意转让。其他股东半数以上不同意转让的，不同意的股东应当购买该转让的股权；不购买的，视为同意转让。经股东同意转让的股权，在同等条件下，其他股东有优先购买权……"《公司法》赋予了公司股东在同等条件下优先购买的权利。武汉桥某公司原本非恒某盛公司的股东，陈某向其转让股份时，公司股东依法享有优先购买权，且对于违反《公司法》规定进行转让的合同有权提起诉讼，予以撤销。陈某与武汉桥某公司之间签订的《股东股权转让协议书》的效力可能因此而待定。

案例20：烟台市中级人民法院，解某某与烟台泰某铜材设备有限公司股东资格确认纠纷二审民事判决书［（2014）烟商二终字第294号］认为：本案2004年4月27日被上诉人与第三人刘某签订的股权转让协议，经双方协商一致签字即告成立。但该合同并不随即发生法律上的效力而成为有效的合同。根据《公司

法》第七十一条规定，为了保障有限公司的人合性，股东在对外转让股权时赋予了其他股东两项权利，即同意权和优先购买权。据此，有限公司股东向股东以外的人转让股权时要受到双重限制，既必须满足其他股东过半数同意的条件，又必须尊重其他股东的优先购买权。因此，对于股权转让合同，未经同意程序和优先购买权程序的股权转让合同不立即发生法律效力，未通知其他股东或者未征得同意侵犯股东同意权的股权转让合同应为效力待定合同。在没有其他股东同意或者能推定同意股权对外转让时，侵犯其他股东优先购买权的股权转让协议虽成立但并不生效。本案的股权转让协议在签订时，未向原审第三人朱某某征求同意意见，在第三人朱某某得知此情况后，已提议召开股东会，并对于刘某股权转让的行为提出反对意见，股东会决议也明确刘某不再对外转让股权。因此，被上诉人与原审第三人刘某股权转让协议不发生效力。

五、侵犯股东优先购买权的合同无效的判例

案例21：新疆石河子市人民法院，王某某与魏某某、某市市政工程养护管理处股权转让纠纷一审民事判决书［（2013）石民初字第1231号］认为：……在有限责任公司内部，股东之间转让股权基本不受限制，但向股东之外第三方转让时，则需要经其他股东过半数同意，而且，其他股东在同等条件下有优先购买权。……被告市政养护处书面告知原告王某某后王某某明确在同等条件下，要行使优先购买权。优先权的行使应优先适用《公司法》的规则，其次才是《合同法》上的规则及民事法上的善意第三人制度。《公司法》第七十二条明确规定了股权转让时其他股东的同意权和优先购买权。擅自向股东以外的人转让股权的行为，按照《公司法》的规定，首先侵犯了股东的上述法定权利，不应予以保护。违反《公司法》关于股东优先购买权的股权转让行为，一是构成对其他股东的侵权，二是转让股权的行为本身不应当受到保护，故股东擅自向第三人转让股权的合同应该是无效的，对原告的诉请，本院予以支持。

案例22：驻马店市中级人民法院，原告任某、岳某某与被告杨某、张A、刘某、张B股权转让纠纷一审民事判决书［（2012）驻民三初字第007号］认为：驻马店市鑫某装饰工程有限公司的《公司章程》第十六条规定：股东向股东以外的人转让其出资时，必须经全体股东过半数同意。不同意转让的股东应当购买该转让的出资，如果不购买该转让的出资，视为同意转让；经股东同意转让的出资，在同等条件下，其他股东对该出资有优先购买权。2012年3月27日杨某与张B签订的股权转让协议，以及同日张A与刘某签订的股权转让协议，因杨某、张 A 未就其股权转让事项书面通知任某、岳某某，违反了上述法律规定及公司章程，应确认为无效。

案例 23：广西壮族自治区高级人民法院，广东威某冠资讯科技有限公司与中国白水泥（集团）有限公司企业出售纠纷二审民事判决书［（2008）桂民四终字第 27 号］认为：某县白水泥厂及被告威某冠公司未征得原告的同意，也没有将其与被告威某冠公司达成的受让条件告知原告，就擅自将其在云某公司的全部股权转让给被告威某冠公司，侵犯原告的同意权和优先购买权，依照《中华人民共和国中外合资经营企业法》第四条第四款、《中华人民共和国中外合资经营企业法实施条例》第二十条的规定，某县白水泥厂转让云某公司股权的行为无效，合同双方均对该产权转让协议无效负有过错。

案例 24：修水县人民法院，朱某某与修水县新某电力有限责任公司股权转让纠纷一审民事判决书［（2014）修民二初字第 96 号］认为：原告朱某某与被告新某公司虽然签订了《关于江西修水龙某峡水电站股金转让的协议书》，原告按合同约定支付了 60000 元转让款，但新某公司系龙某峡公司的股东之一，其转让股权行为应受《公司法》的约束。《公司法》第七十一条对股东向股东以外的人转让股权的行为作出了强制性规定。本案被告新某公司在向原告朱某某转让股权前未经龙某峡公司其他股东过半数同意，也未书面通知其他股东征求他们的意见，其行为侵害了其他股东优先购买权。由此可见，被告新某公司股权转让的行为违反了《公司法》强制性规定，致使其与原告签订的《关于江西修水龙某峡水电站股金转让的协议书》无效。"

案例 25：宁波市鄞州区人民法院，宁波市向某集团有限公司与毕某菊股权转让纠纷一审民事判决书［（2008）甬鄞民二初字第 2198 号］认为：工商登记资料证明，原告毕某菊与被告毕某良均系宁波市经济技术开发区向某实业有限公司股东，现被告毕某良事先未书面征求原告同意，事后又未征得原告追认，以代签原告姓名的方式制作股东会议记录，与被告宁波市向某集团有限公司签订股权转让协议，并办理了公司的股权变更登记，事后亦未告知原告上述事项，而原告对两被告股权转让的行为又不予追认，故股东会关于股权转让协议无效，两被告签订的股权转让协议违反了法律的规定，损害了原告毕某菊的股东知情权和优先购买权，该股权转让的民事行为应认定无效。

六、原股东未提异议的前提下，股权转让合同自签订之日生效的判例

案例 26：湖北省高级人民法院，武汉桥某物资贸易有限公司、陈某股权转

让纠纷二审民事判决书〔(2015)鄂民二终字第00042号〕认为：对于本案陈某与武汉桥某公司签订的《股东股权转让协议书》何时生效的问题，原审法院认为，双方签订的协议书约定协议经双方签字盖章之日起生效。同时，陈某在转让股权前，将转让其股份的数量、价格等情况告知了恒某盛公司其他股东，恒某盛公司股东知晓陈某转让股权且未提出反对意见。此后，公司全部股东亦在《董事会决议》上签字，以书面形式对陈某转让其股权的行为予以确认。虽然《董事会决议》在2013年8月27日才由恒某盛公司全体股东签字同意，但此前恒某盛公司其他股东以其行为，作出了对于陈某与武汉桥某公司之间签订的股权转让协议没有异议和不行使优先购买权的意思表示。由于优先购买权只由恒某盛公司的股东享有，与受让人武汉桥某公司无关。因此，在没有权利人对《股东股权转让协议书》提出异议的情况下，陈某与武汉桥某公司签订的《股东股权转让协议书》自合同签订即发生法律效力。协议书对于双方当事人均具有约束力，双方均应严格按约履行。

013 股东未如实告知股权转让条件，其他股东知情后可行使优先购买权

裁判要旨

有限责任公司的股东未如实向公司其他股东通报股权转让的真实条件的，其他股东在知悉股权转让的真实条件后，有权按照真实的转让条件行使优先购买权。

案情简介[①]

一、湖南株洲天某房地产开发有限公司（以下简称天某公司）共有九名股东，楼某某的持股比例为6.91%，方某某等其他八名股东持股比例总计为93.09%。

二、2009年5月25日，方某某等八名股东与伍某某等三人签订《股权转让

[①] 案件来源：最高人民法院，楼某某与方某某、毛某某、王某甲、陈某某、王某乙、张某某、徐某某、吴某某有限责任公司股东优先购买权纠纷〔(2011)民提字第113号〕。

协议》，约定方某某等八名股东将其持有的天某公司全部股权转让给伍某某等三人，转让价格为 8824 万元，支付方式为先交付 1000 万元定金，交付 4000 万元股权转款后办理股权过户，过户完毕后再交付余款等。

三、7 月 6 日，天某公司召开股东会。方某某等八名股东将股权转让条件确认为转让价格 8824 万元，付款方式为一次性付清。楼某某主张购买，但不同意一次性付清，要求按方某某等八名股东与伍某某等三人签订的《股权转让协议》约定的支付方式支付。各方未形成一致意见。

四、9 月 11 日再次召开股东会，方某某等八名股东同意其所持该公司 93.09%的股份不再对外转让，楼某某弃权。

五、楼某某向法院诉请判令：确认楼某某依法行使股东优先权，以《股权转让协议》中的权利和义务为同等履行条件。

六、金华中级人民法院、浙江高院均判决支持楼某某的诉讼请求。方某某等八名股东不服，向最高人民法院申请再审，最高人民法院裁定驳回再审申请。

核心要点

方某某等八名股东在股东会中提出的股权转让条件与其与伍某某等三人签订股权转让合同约定的条件相比，虽然价格一致，但增加了股权受让方的合同义务和责任。方某某等八名股东的该行为，未如实向公司其他股东通报股权转让真实条件，采取内外有别的方式提高股权转让条件，不符合《公司法》相关规定，有违诚实信用原则。

楼某某在自己获悉方某某等八名股东与伍某某等三人的股权转让合同后，坚持明确主张按方某某等八名股东与伍某某等三人转让合同的条件行使优先购买权，系合理主张共有权益人的权利，符合《公司法》的规定，楼某某的主张应获得支持。

实务经验总结

前事不忘，后事之师。为避免未来发生类似败诉，提出如下建议：

第一，有限公司股东向股东以外的第三人转让股权，应以书面形式将股权转让的条件告知其他股东。根据《公司法司法解释（四）》第十八条，书面告知的内容应包括受让人的姓名或名称、转让股权的类型、数量、价格、履行期限及方式等。新《公司法》第八十四条借鉴了该条，规定股东向股东以外的人转让股权的，应当将股权转让的数量、价格、支付方式和期限等事项书面通知其他股东。

第二，股东作为商事主体，应遵守诚实信用的基本原则，切忌采取隐瞒交易条件、签订阴阳合同等方式迫使其他股东放弃优先购买权，否则其他股东在知晓真实的交易条件后有权主张按照真实的转让条件行使优先购买权。

相关法律规定

《中华人民共和国民法通则》（已失效）

第四条　民事活动应当遵循自愿、公平、等价有偿、诚实信用的原则。

《中华人民共和国合同法》（已失效）

第六条　当事人行使权利、履行义务应当遵循诚实信用原则。

《中华人民共和国民法典》（2021年1月1日施行）

第六条　民事主体从事民事活动，应当遵循公平原则，合理确定各方的权利和义务。

第七条　民事主体从事民事活动，应当遵循诚信原则，秉持诚实，恪守承诺。

《中华人民共和国公司法》（2018年修正，已被修订）

第七十一条　有限责任公司的股东之间可以相互转让其全部或者部分股权。

股东向股东以外的人转让股权，应当经其他股东过半数同意。股东应就其股权转让事项书面通知其他股东征求同意，其他股东自接到书面通知之日起满三十日未答复的，视为同意转让。其他股东半数以上不同意转让的，不同意的股东应当购买该转让的股权；不购买的，视为同意转让。

经股东同意转让的股权，在同等条件下，其他股东有优先购买权。两个以上股东主张行使优先购买权的，协商确定各自的购买比例；协商不成的，按照转让时各自的出资比例行使优先购买权。

公司章程对股权转让另有规定的，从其规定。

《中华人民共和国公司法》（2023年修订）

第八十四条　有限责任公司的股东之间可以相互转让其全部或者部分股权。

股东向股东以外的人转让股权的，应当将股权转让的数量、价格、支付方式和期限等事项书面通知其他股东，其他股东在同等条件下有优先购买权。股东自接到书面通知之日起三十日内未答复的,视为放弃优先购买权。两个以上股东行使优先购买权的,协商确定各自的购买比例;协商不成的,按照转让时各自的出资比例行使优先购买权。

公司章程对股权转让另有规定的,从其规定。

《最高人民法院关于适用〈中华人民共和国公司法〉若干问题的规定(四)》(2020年修正)

第十七条 有限责任公司的股东向股东以外的人转让股权,应就其股权转让事项以书面或者其他能够确认收悉的合理方式通知其他股东征求同意。其他股东半数以上不同意转让,不同意的股东不购买的,人民法院应当认定视为同意转让。

经股东同意转让的股权,其他股东主张转让股东应当向其以书面或者其他能够确认收悉的合理方式通知转让股权的同等条件的,人民法院应当予以支持。

经股东同意转让的股权,在同等条件下,转让股东以外的其他股东主张优先购买的,人民法院应当予以支持,但转让股东依据本规定第二十条放弃转让的除外。

第十八条 人民法院在判断是否符合公司法第七十一条第三款及本规定所称的"同等条件"时,应当考虑转让股权的数量、价格、支付方式及期限等因素。

本案链接

以下为该案在法院审理阶段,判决书中"本院认为"就该问题的论述:

2009年6月3日,天某公司在《株洲日报》上发布召开股东会通知及所议股权转让的事项。楼某某采取向方某某寄信、在报纸上刊登《通知》的方式明确表示要按同等条件行使优先购买权,并于同年7月1日以向法院提起诉讼的方式主张行使优先购买权,形成本案。同年7月6日,天某公司股东会如期召开,讨论方某某等八名股东转让股份事宜。方某某等八名股东将股权转让条件确认为转让价格88249320元,付款方式为一次性付清。楼某某主张购买,但要求按方某某等八名股东与伍某某等三人签订的合同行使优先购买权。各方未形成一致意见。上述事实表明,方某某等八名股东在与伍某某等三人签订股权转让合同后,楼某某主张按照方某某等八名股东对外签订的股权转让条件行使优先购买权时双方发生了纠纷。方某某等八名股东因转让股权于2009年4月至5月期间先后与伍某某等三人签订三份协议,明确表达了转让股权的意思及转让条件等,但在同年 7 月 6 日召开的股东会中其在履行征求其他股东是否同意转让及是否行使优先购买权时,隐瞒了对外转让的条件,仅保留了转让价格,对合同约定的履行方式及转让股权后公司债务的承担等予以变更。《公司法》第七十二条规定,股东对外转让股权时应当书面通知股权转让事项,在同等条件下,其他股东有优先购买权。方某某等八名股东在签订对外转让股权合同后,在公司股东会中公布转让股权事项时有所隐瞒,将其转让股权款的支付方式,由对伍某某等三人转让合同的先交付 1000 万元定金、交付 4000 万元的股权转款后办理股权过户,过户完毕后再交付余款等,变更为一次性支付股权转让款;对伍某某等三人转让合同中约定的债务由转让股东方某某等八名股东承担等内容不再涉及。方某某等八名股东在股东会中提出的股权转让条件与其对伍某某等三人签订股权转让合同约定的条件相比,虽然价格一致,但增加了股权受让方的合同义务和责任。方某某等八名股东的该行为,未如实向公司其他股东通报股权转让真实条件,采取内外有别的方式提高股权转让条件,不符合《公司法》相关规定,有违诚实信用原则。楼某某在自己获悉方某某等八名股东对伍某某等三人的股权转让合同后,坚持明确主张按方某某等八名股东对伍某某等三人转让合同的条件行使优先购买权,系合理主张共有权益人的权利,符合《公司法》的规定,楼某某的主张应获得支持。

在本案一审诉讼期间,7 月 20 日,方某某等八名股东与伍某某等三人签订《解除股权转让协议》,约定解除其间涉及转让本案股权的三份合同,方某某等八名股东退还定金 1000 万元,赔偿损失 2000 万元。9 月 11 日,天某公司召开股东会,方某某等八名股东在会上明确表示不再对外转让。方某某等八名股东的上述行为表明其恶意撤销已经成就的他人行使优先权的条件,原一、二审法院判决认为方某某等八名股东与楼某某之间存在要约与承诺,合同应当成立的观点虽然理由欠妥,但结果并无不当。

在本案再审程序中,方某某等八名股东与楼某某协商,将楼某某与天某公司的其他债务及涉及本案转让的股权一并处理,双方又重新达成协议,方某某等八名股东又再次明确其转让股权的意思,且双方对股权转让的价格及公司债务的承担等达成一致意见并签署了协议,但双方关于股权转让款先支付到哪一个共管账户的问题未形成一致意见。在楼某某按照协议的约定备足股权转让款时,方某某等八名股东又提出反悔意见。其中,吴某某、徐某某表示全面反悔协议内容,方某某表示在先支付股权转让款的情况下可以转让股权,其余五名股东表示在保证拿到股权转让款的情况下,履行约定的内容。

根据本案在一审、二审及再审程序中查明的事实，方某某等八名股东因转让股权，有两次签订合同的行为，第一次是在受理本案之前与伍某某等三人，第二次是在再审程序中与楼某某，又先后选择放弃合同，对其股权是否转让及转让条件作了多次反复的处理。方某某等八名股东虽然合法持有天某公司股权，但其不能滥用权利，损害相对人的合法民事权益。作为公司其他股东的楼某某为受让方某某等八名股东股权，继续经营公司，两次按照方某某等八名股东的合同行为准备价款，主张行使优先购买权，但方某某等八名股东均以各种理由予以拒绝。尤其是在本院再审期间，方某某等八名股东已经同意将股权转让给楼某某，并将公司与股东及公司以外的其他债务均一并进行了处理，但方某某等八名股东在签订协议后又反悔。在此情形下，本院如果支持了方某某等八名股东的再审主张，允许方某某等八名股东多次随意变更意思表示，不顾及对交易相对人合理利益的维护，对依法享有优先购买权的公司其他股东明显不公平，同时也纵容了不诚信的行为。

综上，原一、二审判决认定事实清楚，虽然适用法律的理由欠妥，但判决结果正确，对方某某等八股东的再审申请应予以驳回。判决驳回再审申请，维持浙江省高级人民法院判决。

014 规避侵犯股东优先购买权的四种招数之一：投石问路

裁判要旨

"股东先以高价转让少部分份额（如1%）的股权，排除其他股东同等条件下的优先购买权，受让人取得股东资格后，第二次再签订股权转让协议完成剩余股权转让"的操作方式剥夺了原股东在同等条件下的优先购买权，属恶意串通损害第三人利益的情形，合同当属无效。

案情简介[1]

一、泰某公司于2003年设立，股东分别为吴某甲（占股35%），吴某乙

---

[1] 案件来源：江苏省高级人民法院，吴某甲与吴某乙确认合同无效纠纷再审民事判决书〔(2015)苏商再提字第00068号〕。

(占股60%)，吴某丙（占股5%）。

二、2012年2月1日，吴某乙向吴某甲发出《股权转让通知书》，载明：本人自愿以15万元价格转让1%股权，你是否同意购买或者同意向他人转让，请在接到本通知之日起30日内书面答复本人，商定转让事宜。逾期将视为同意向他人转让。

三、2012年2月27日，吴某甲表示愿意购买1%的股权，但认为1%股权作价15万元，价格太高。

四、2012年3月10日，吴某乙与吴某丁签订《股权转让协议一》，以15万元价格出让1%的股权。2012年10月24日，股权变更工商登记完成。

五、2012年10月29日，吴某乙与吴某丁签订《股权转让协议二》，以69.62万元出让给吴某丁59%的股权。2012年11月27日，第二次股权变更工商登记完成。第二次转让1%股权的价格为1.18万元，仅为第一次股权转让价格的1/14。

六、吴某甲以吴某乙与吴某丁侵犯其股东优先购买权为由，请求法院确认吴某乙与吴某丁签订的两份股权转让协议均无效。吴某乙与吴某丁则辩称吴某甲已放弃了优先购买权，两协议有效。

七、该案经江苏省江阴市人民法院一审确认两份协议无效，江苏省无锡市中级人民法院二审确认两份协议有效，最终，江苏省高级人民法院再审确认两份协议无效。

核心要点

两份股权转让协议存在恶意串通损害第三人利益的情形，属于无效协议。吴某乙和吴某丁在7个月的时间内以极其悬殊的价格前后两次转让股权，严重损害吴某甲的利益。吴某乙与吴某丁第一次转让1%股权的价格为15万元，第二次转让59%股权的实际价格为69.62万元，在公司资产没有发生显著变化的情形下，价格相差达14倍以上，实际上是首次转让抬高价格，排除法律赋予其他股东同等条件下的优先购买权，受让人取得股东资格后，第二次完成剩余股权转让，其目的在于规避《公司法》关于其他股东优先购买权的规定，从而导致吴某甲无法实际享有在同等条件下的优先购买权。如果认可上述行为的合法性，《公司法》关于股东优先购买权的立法目的将会落空，有限公司的人合性、封闭性也无法维系。

实务经验总结

前事不忘，后事之师。为避免未来发生类似败诉，提出如下建议：

第一，不要被对方证明存在恶意串通。若出让方不想让原股东取得股权，采用本案中分批出让股权的方式时，首期出让股权时不要像本案这样以极高的价格只出让1%的股权，可以以相对较高的价格先出让少部分股权，对于剩余股权签订完全独立的股权转让协议，转让价格与首次出让价格不要过于悬殊，剩余股权转让与首期股权转让设定一段相对较长的过渡期。

第二，对于出让方来讲，其在向外转让股权时务必尊重原股东的优先购买权。首先，转让通知在内容上需具体、明确、全面，应包含股权转让款的支付形式、支付期限、违约责任、税费承担等内容；其次，同等条件需已确定，应包括价款数额、付款时间、付款方式等在内的完整交易条件。

第三，对于原股东来讲，若发现出让方采取"投石问路"的方式侵害自己的优先购买权，可以向法院提起确认合同无效之诉，维护自己的合法权益。但是必须证明存在恶意串通，否则难以获得最终胜诉。

第四，对于公司的外部受让方来讲，其在购买有限责任公司股权之前，务必需要审查目标公司其他股东是否已明确放弃优先购买权，并要求转让方出具其他股东已放弃优先购买权的承诺函，在股权转让合同中明确约定因其他股东行使优先购买权而不能取得股权的违约责任。

相关法律规定

《中华人民共和国公司法》（2018年修正，已被修订）

第七十一条 有限责任公司的股东之间可以相互转让其全部或者部分股权。

股东向股东以外的人转让股权，应当经其他股东过半数同意。股东应就其股权转让事项书面通知其他股东征求同意，其他股东自接到书面通知之日起满三十日未答复的，视为同意转让。其他股东半数以上不同意转让的，不同意的股东应当购买该转让的股权；不购买的，视为同意转让。

经股东同意转让的股权，在同等条件下，其他股东有优先购买权。两个以上股东主张行使优先购买权的，协商确定各自的购买比例；协商不成的，按照转让时各自的出资比例行使优先购买权。

公司章程对股权转让另有规定的，从其规定。

《中华人民共和国公司法》（2023年修订）

第八十四条 有限责任公司的股东之间可以相互转让其全部或者部分股权。

股东向股东以外的人转让股权的，应当将股权转让的数量、价格、支付方式和期限等事项书面通知其他股东，其他股东在同等条件下有优先购买权。股东自接到书面通知之日起三十日内未答复的，视为放弃优先购买权。两个以上股东行使优先购买权的，协商确定各自的购买比例；协商不成的，按照转让时各自的出资比例行使优先购买权。

公司章程对股权转让另有规定的，从其规定。

《最高人民法院关于适用〈中华人民共和国公司法〉若干问题的规定（四）》（2020年修正）

第十七条 有限责任公司的股东向股东以外的人转让股权，应就其股权转让事项以书面或者其他能够确认收悉的合理方式通知其他股东征求同意。其他股东半数以上不同意转让，不同意的股东不购买的，人民法院应当认定视为同意转让。

经股东同意转让的股权，其他股东主张转让股东应当向其以书面或者其他能够确认收悉的合理方式通知转让股权的同等条件的，人民法院应当予以支持。

经股东同意转让的股权，在同等条件下，转让股东以外的其他股东主张优先购买的，人民法院应当予以支持，但转让股东依据本规定第二十条放弃转让的除外。

第十八条 人民法院在判断是否符合公司法第七十一条第三款及本规定所称的"同等条件"时，应当考虑转让股权的数量、价格、支付方式及期限等因素。

第十九条 有限责任公司的股东主张优先购买转让股权的，应当在收到通知后，在公司章程规定的行使期间内提出购买请求。公司章程没有规定行使期间或者规定不明确的，以通知确定的期间为准，通知确定的期间短于三十日或者未明确行使期间的，行使期间为三十日。

第二十条 有限责任公司的转让股东，在其他股东主张优先购买后又不同意转让股权的，对其他股东优先购买的主张，人民法院不予支持，但公司章程另有规定或者全体股东另有约定的除外。其他股东主张转让股东赔偿其损失合理的，人民法院应当予以支持。

第二十一条 有限责任公司的股东向股东以外的人转让股权，未就其股权转让事项征求其他股东意见，或者以欺诈、恶意串通等手段，损害其他股东优先购买权，其他股东主张按照同等条件购买该转让股权的，人民法院应当予以支持，但其他股东自知道或者应当知道行使优先购买权的同等条件之日起三十日内没有主张，或者自股权变更登记之日起超过一年的除外。

前款规定的其他股东仅提出确认股权转让合同及股权变动效力等请求，未同时主张按照同等条件购买转让股权的，人民法院不予支持，但其他股东非因自身原因导致无法行使优先购买权，请求损害赔偿的除外。

股东以外的股权受让人，因股东行使优先购买权而不能实现合同目的的，可以依法请求转让股东承担相应民事责任。

本案链接

以下为该案在法院审理阶段，判决书中"本院认为"就该问题的论述：

吴某乙与吴某丁之间的涉案两份股权转让协议存在《合同法》第五十二条第（二）项规定的恶意串通损害第三人利益的情形，属于无效协议。吴某乙和吴某丁在7个月的时间内以极其悬殊的价格前后两次转让股权，严重损害吴某甲的利益。吴某乙和吴某丁第一次转让1%的股权价格为15万元，第二次转让59%的股权实际价格69.62万元（以此测算第二次股权转让价格约为每1%价格1.18万元），在公司资产没有发生显著变化的情形下，价格相差达14倍以上，其目的在于规避《公司法》关于其他股东优先购买权的规定，从而导致吴某甲无法实际享有在同等条件下的优先购买权，即首次转让抬高价格，排除法律赋予其他股东同等条件下的优先购买权，受让人取得股东资格后，第二次完成剩余股权转让。吴某乙在一审庭审中亦明确表示，第一次股权转让吴某丁不是公司股东，吴某乙必须考虑同等条件的优先权；第一次比后面的要价要高，目的是取得股东身份。这表明吴某乙对其与吴某丁串通损害吴某甲利益的意图是认可的。如果认可上述行为的合法性，《公司法》关于股东优先购买权的立法目的将会落空。综上，民事活动应当遵循诚实信用的原则，民事主体依法行使权利，不得恶意规避法律，侵犯第三人利益。吴某乙与吴某丁之间的两份股权转让协议，目的在于规避《公司法》关于股东优先购买权制度的规定，剥夺吴某甲在同等条件下的优先购买权，当属无效。吴某甲要求确认该两份股权转让协议无效，于法有据，应予支持。

> **延伸阅读**
>
> **使用"投石问路"操作方式侵害股东优先购买权被认定为无效的判例**
>
> 杭州市中级人民法院,浙江康某汽车工贸集团股份有限公司与马某某、浙江万某汽车集团有限公司等股权转让纠纷二审民事判决书〔(2015)浙杭商终字第1247号〕认为:审查马某某与万某公司前后两次转让股权的行为可以确认,马某某先以畸高的价格转让了少量某国公司的股权给万某公司,在万某公司成为某国公司的股东之后,短期之内又以远远低于前次交易的价格转让了其余大量某国公司的股权给万某公司,前后两次股权转让价格、数量存在显著差异。综观本案事实,本院认为,本案前后两次股权转让存有密切关联,系一个完整的交易行为,不应因马某某分割出售股权的方式而简单割裂。该两次交易均发生在相同主体之间,转让时间相近,且转让标的均系马某某持有的某国公司的股权,股权转让人与受让人事先对于拟转让的股权总数量以及总价格应当知晓。马某某在签订2013年4月26日第一次的股权转让协议前,虽向康某公司告知了拟对外转让股权的事宜,但隐瞒了股权转让的真实数量及价格,存在不完全披露相关信息的情形,造成了以溢价达30倍(与某国公司注册资本相比)的价格购买某国公司0.09%的股权,显然有违合理投资价值的表象。故本院认为,该股权转让人实际是以阻碍其他股东行使优先购买权条件之"同等条件"的实现,来达到其排除其他股东行使优先购买权之目的,系恶意侵害其他股东优先购买权的行为。康某公司据此要求撤销马某某与万某公司之间的股权转让协议,应予支持。

015 规避侵犯股东优先购买权的四种招数之二:釜底抽薪

裁判要旨

股东优先购买权具有法定性、专属性,是一种附条件的形成权和期待权。公司外部第三人通过直接收购目标公司股东的母公司的100%股权的方式间接取得目标公司股权的交易模式,达到间接入股目标公司的交易目的,明显规避了股东优先购买权的规定,当属无效。

案情简介①

一、海某门公司实际由复某公司、证大五某口公司、绿某公司控制持有，持股比例分别为50％、40％、10％。其中，海某门公司名下持有上海外滩8-1地块的所有权和开发经营权。

二、证某置业公司持有证大五某口公司100％的股权，嘉某公司持有绿某公司100％的股权，也即证某置业公司与嘉某公司共间接持有海某门公司50％股权。

三、之后，证大五某口公司与绿某公司因资金等问题欲出售其各自持有的海某门公司的全部股权，共计占比50％。二者向复某公司发出转让通知后，因各种原因三者未能达成股权转让协议。

四、此后，证某置业公司和嘉某公司分别与长某公司签订股权转让协议，约定二者分别将其持有的证大五某口公司与绿某公司的100％股权出让给长某公司。至此，长某公司通过直接控股证大五某口公司与绿某公司间接取得海某门公司50％的股权。

五、复某公司认为长某公司分别与证某置业公司和嘉某公司签订股权转让协议，间接取得海某门50％股权的行为，旨在规避《公司法》第七十二条关于股东优先购买权的规定，属于恶意串通，损害其合法权益的行为，应为无效，并将协议各方诉至上海第一中级人民法院。

六、上海第一中级人民法院经审理，支持了复某公司的诉讼请求，确认各被告之间签订的股权转让协议无效，并要求长某公司返还证某置业公司和嘉某公司原分别持有的证大五某口公司与绿某公司100％股权。

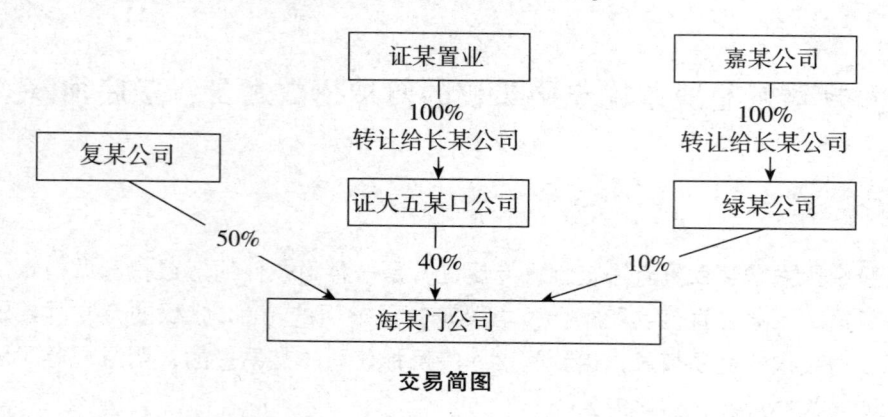

交易简图

---

① 案件来源：上海市第一中级人民法院，浙江复某商业发展有限公司诉上海某烨投资管理咨询有限公司财产损害赔偿纠纷一案—审民事判决书［（2012）沪一中民四（商）初字第23号］。

核心要点

绿某公司、证大五某口公司系海某门公司的直接股东，嘉某公司、证某置业公司又系绿某公司、证大五某口公司的唯一出资人，嘉某公司、证某置业公司与长某公司之间实际实施的关于嘉某公司、证某置业公司持有的绿某公司、证大五某口公司股权的转让行为，旨在实现一个直接的、共同的商业目的，即由长烨公司、长某公司所归属的同一利益方，通过上述股权收购的模式，完成对绿某公司、证大五某口公司的间接控股，从而实现对海某门公司享有50%的权益，最终实现对项目公司享有50%的权益。该种股权交易的实质，属于明显规避了《公司法》有关有限公司股东的优先购买权之规定，符合《合同法》第五十二条第（三）项规定的以合法形式掩盖非法目的的情形，应当依法确认为无效。

实务经验总结

前事不忘，后事之师。为避免未来发生类似败诉，提出如下建议：

第一，对于出让股东来讲，其向原股东履行通知义务，务必要善意、谨慎、彻底，不但要将自己直接转让公司股权的情况通知原股东（包括但不限于受让人、受让价格、数量、支付方式等内容），而且在自身的控制股东发生变更之时，也应通知原股东，以防止其他股东以侵犯其优先购买权为由，提起确认合同无效之诉。

第二，从保持公司控制权的角度上讲，公司原股东不仅要在公司其他股东直接转让股权时作出及时的响应，适时行使股东优先购买权，而且要密切关注公司其他股东的控股股东发生变更的情况。由于己方并不是公司其他股东的股东，貌似其行使股东优先权存在障碍，但是在其他股东及其控股股东与外部第三人意在通过本案的交易模式间接入股目标公司时，其可以以拥有优先购买权为由，请求法院制止该种恶意规避股东优先购买权的行为。本案中，在长某公司间接控股海某门公司之后，其随即提出了改组董事会的要求，对原股东的控制权造成了威胁，也对公司治理以及外滩地块的项目开发提出了挑战。

第三，需要提醒的是，本案中涉及的交易模式被上海一中院所否定，本书作者相信是主审法官依据各方证据（包括各方之间的协议），综合认定事实，分析各方过错，进而适用法律的结果，不代表在其他案件中该种交易模式也必然会被认定为无效，股东优先购买权是否拥有穿透的效力，范围及界限在哪里均需要学界和实务界共同来厘清，所以，若采取该类似的交易模式，需请专业公司法律师把关。

相关法律规定

《中华人民共和国公司法》（2018年修正，已被修订）

第七十一条 有限责任公司的股东之间可以相互转让其全部或者部分股权。

股东向股东以外的人转让股权，应当经其他股东过半数同意。股东应就其股权转让事项书面通知其他股东征求同意，其他股东自接到书面通知之日起满三十日未答复的，视为同意转让。其他股东半数以上不同意转让的，不同意的股东应当购买该转让的股权；不购买的，视为同意转让。

经股东同意转让的股权，在同等条件下，其他股东有优先购买权。两个以上股东主张行使优先购买权的，协商确定各自的购买比例；协商不成的，按照转让时各自的出资比例行使优先购买权。

公司章程对股权转让另有规定的，从其规定。

《中华人民共和国公司法》（2023年修订）

第八十四条 有限责任公司的股东之间可以相互转让其全部或者部分股权。

股东向股东以外的人转让股权的，应当将股权转让的数量、价格、支付方式和期限等事项书面通知其他股东，其他股东在同等条件下有优先购买权。股东自接到书面通知之日起三十日内未答复的，视为放弃优先购买权。两个以上股东行使优先购买权的，协商确定各自的购买比例；协商不成的，按照转让时各自的出资比例行使优先购买权。

公司章程对股权转让另有规定的，从其规定。

《中华人民共和国合同法》（已失效）

第五十二条 有下列情形之一的，合同无效：

（一）一方以欺诈、胁迫的手段订立合同，损害国家利益；

（二）恶意串通，损害国家、集体或者第三人利益；

（三）以合法形式掩盖非法目的；

（四）损害社会公共利益；

（五）违反法律、行政法规的强制性规定。

《中华人民共和国民法典》(2021年1月1日施行)

第一百四十六条 行为人与相对人以虚假的意思表示实施的民事法律行为无效。

以虚假的意思表示隐藏的民事法律行为的效力,依照有关法律规定处理。

本案链接

以下为该案在法院审理阶段,判决书中"本院认为"就该问题的论述:

股东优先购买权具有法定性、专属性,是一种附条件的形成权和期待权。六被告对于上述法律规定应当是明知的,本案中,被告绿某公司、被告证大五某口公司共同出让其合计持有的海某门公司50%股权的意思表示是清晰完整的,并由被告证某置业公司代表被告绿某公司、被告证大五某口公司作为联合方发函询问原告是否决定购买之一节事实,亦充分证明了被告绿某公司、被告证大五某口公司明知法律赋予股东优先购买权的履行条件和法律地位。但嗣后,被告绿某公司和被告证大五某口公司并未据此继续执行相关股东优先购买的法定程序,而是有悖于海某门公司的章程、合作协议等有关股权转让和股东优先购买的特别约定,完全规避了法律赋予原告享有股东优先购买权的设定要件,通过实施间接出让的交易模式,达到了与直接出让相同的交易目的。据此,本院认为,被告绿某公司和被告证大五某口公司实施上述交易行为具有主观恶意,应当承担主要的过错责任。上述交易模式的最终结果,虽然形式上没有直接损害原告对于海某门公司目前维系的50%权益,但是经过交易后,海某门公司另50%的权益已经归于被告长烨公司、被告长某公司所属的同一利益方,客观上确实剥夺了原告对于海某门公司另50%股权的优先购买权。目前双方对于海某门公司的董事会成员改组事宜已经发生争议,各持50%的股权结构的不利因素已经初见端倪,海某门公司未来的经营管理和内部自治的僵局情形也在所难免。显然,上述交易后果的发生,不利于海某门公司以及项目公司的实际经营和运作,也难以保障外滩8-1地块项目的正常开发。《中华人民共和国合同法》第五十二条规定:"有下列情形之一的,合同无效:……(三)以合法形式掩盖非法目的"。依据上述法律规定并结合本案基本法律事实,本院认为,被告绿某公司、被告证大五某口公司系海某门公司的直接股东,被告嘉某公司、被告证某置业公司又系被告绿某公司、被告证大五某口公司的唯一出资人,被告嘉某公司、被告证某置业公司与被告长某公司之间实际实施的关于被告嘉某公司、被告证某置业公司持有的被告绿某公司、被告证大五某口公司股权的转让行为，旨在实现一个直接的、共同的商业目的，即由被告长烨公司、被告长某公司所归属的同一利益方，通过上述股权收购的模式，完成了对被告绿某公司、被告证大五某口公司的间接控股，从而实现对海某门公司享有50%的权益，最终实现对项目公司享有50%的权益。综上所述，被告之间关于股权交易的实质，属于明显规避了《中华人民共和国公司法》第七十二条之规定，符合《中华人民共和国合同法》第五十二条第（三）项规定之无效情形，应当依法确认为无效，相应的《框架协议》及《框架协议之补充协议》中关于被告嘉某公司、被告证某置业公司向被告长烨公司转让被告绿某公司、被告证大五某口公司100%股权的约定为无效，被告嘉某公司与被告长某公司、被告证某置业公司与被告长某公司签署的《股权转让协议》亦为无效。

016 规避侵犯股东优先购买权的四种招数之三：瞒天过海

裁判要旨

公司内部股东代股东之外的第三人以股东名义收购其他内部股东股权的行为，形式上为股东内部股权转让，实际上是向股东外部转让股权。该行为规避了《公司法》关于股东优先购买权的规定，违反了法律的效力性强制性规定，当属无效。

案情简介①

一、百某集团前身为某区百货公司，原系国有企业，经过国企改制，变更为有限责任公司，陈某甲、桂某某、陈某乙等均为改制后百某集团的股东，均在《公司章程》签名。

二、百某集团《公司章程》规定：股东之间可以相互转让其全部出资或者部分出资。未经股东会同意，不得向股东以外的其他人转让出资。经股东同意转让的出资，在同等条件下，其他股东对该出资有优先购买权。

三、桂某某与陈某乙签订《股权转让协议》，约定陈某乙将其38200元的股

---

① 案件来源：曲靖市中级人民法院，桂某某与陈某甲、陈某乙、第三人曲靖百某集团有限责任公司股权转让纠纷案二审民事判决书［（2016）云03民终字第362号］。

权以 38200 元的价格转让给桂某某。此后,桂某某又陆续购买 17 名股东股权,占股达 1153200 元。

四、事实上,桂某某是代公司外部第三人马某某收购股权,股权转让款也由马某某提供。

五、股东陈某甲以桂某某代股东之外的人以股东名义收购股权,侵害了股东优先购买权为由向法院起诉,要求确认桂某某与陈某乙等签订的《股权转让协议》无效。

六、本案经麒麟区人民法院一审,曲靖市中级人民法院二审,最终认定《股权转让协议》无效。

核心要点

桂某某与陈某乙签订的《股权转让协议》,从形式上看系公司股东之间相互转让股份,但实质上桂某某是代股东之外的人以股东名义收购股权,该事实有百某集团、信访部门的证据证实;桂某某收购股权的资金亦来自委托其收购股权的不具有公司股东身份的案外人。马某某委托桂某某以其百某集团股东的身份收购该公司其他股东股权的行为,其用意为规避《公司法》第七十一条关于"股东向股东以外的人转让股权,应当经其他股东过半数同意。股东应就其股权转让事项书面通知其他股东征求同意,其他股东自接到书面通知之日起满三十日未答复的,视为同意转让。其他股东半数以上不同意转让的,不同意的股东应当购买该转让的股权;不购买的,视为同意转让。经股东同意转让的股权,在同等条件下,其他股东有优先购买权"的规定,该种规避行为损害了百某集团其他股东的合法权益,为恶意规避。故桂某某与陈某乙签订的《股权转让协议》违反了法律的强制性规定及公司章程的相关规定,该《股权转让协议》无效。

实务经验总结

前事不忘,后事之师。为避免未来发生类似败诉,提出如下建议:

第一,收购方应慎重选择通过委托公司内部股东收购其他股东股权的方式。该种方式至少有两个风险点:1. 被委托股东签订的股权转让协议有可能因规避股东优先购买权而被认定为无效,导致不能取得股权;2. 收购方与被委托股东签订的委托协议并不保证其能够真正获得股权,因为收购方的姓名既不能登记在股东名册上，也不能登记在工商登记簿上，很难得到公司其他股东及公司的认可，即便不被其他股东提起确认合同无效之诉，也很难真正取得股东资格。

第二，对于公司内部股东来讲，当发现外部第三人有"瞒天过海"规避股东优先购买权的行为时，其有权利提起确认合同无效之诉，但需要提供充分的证据，证明外部第三人与受委托股东之间具有委托收购的事实。

相关法律规定

《中华人民共和国公司法》（2018年修正，已被修订）

第七十一条　有限责任公司的股东之间可以相互转让其全部或者部分股权。

股东向股东以外的人转让股权，应当经其他股东过半数同意。股东应就其股权转让事项书面通知其他股东征求同意，其他股东自接到书面通知之日起满三十日未答复的，视为同意转让。其他股东半数以上不同意转让的，不同意的股东应当购买该转让的股权；不购买的，视为同意转让。

经股东同意转让的股权，在同等条件下，其他股东有优先购买权。两个以上股东主张行使优先购买权的，协商确定各自的购买比例；协商不成的，按照转让时各自的出资比例行使优先购买权。

公司章程对股权转让另有规定的，从其规定。

《中华人民共和国公司法》（2023年修订）

第八十四条　有限责任公司的股东之间可以相互转让其全部或者部分股权。

股东向股东以外的人转让股权的，应当将股权转让的数量、价格、支付方式和期限等事项书面通知其他股东，其他股东在同等条件下有优先购买权。股东自接到书面通知之日起三十日内未答复的，视为放弃优先购买权。两个以上股东行使优先购买权的，协商确定各自的购买比例；协商不成的，按照转让时各自的出资比例行使优先购买权。

公司章程对股权转让另有规定的，从其规定。

《中华人民共和国合同法》（已失效）

第五十二条　有下列情形之一的，合同无效。

（一）一方以欺诈、胁迫的手段订立合同，损害国家利益；

（二）恶意串通，损害国家、集体或者第三人利益；

（三）以合法形式掩盖非法目的；

（四）损害社会公共利益；

（五）违反法律、行政法规的强制性规定。

《中华人民共和国民法典》（2021年1月1日施行）

第一百四十三条 具备下列条件的民事法律行为有效：

（一）行为人具有相应的民事行为能力；

（二）意思表示真实；

（三）不违反法律、行政法规的强制性规定，不违背公序良俗。

本案链接

以下为该案在法院审理阶段，判决书中"本院认为"就该问题的论述：

《中华人民共和国公司法》第七十一条规定："有限责任公司的股东之间可以相互转让其全部或者部分股权。股东向股东以外的人转让股权，应当经其他股东过半数同意。股东应就其股权转让事项书面通知其他股东征求同意，其他股东自接到书面通知之日起满三十日未答复的，视为同意转让。其他股东半数以上不同意转让的，不同意的股东应当购买该转让的股权；不购买的，视为同意转让。经股东同意转让的股权，在同等条件下，其他股东有优先购买权。两个以上股东主张行使优先购买权的，协商确定各自的购买比例；协商不成的，按照转让时各自的出资比例行使优先购买权。公司章程对股权转让另有规定的，从其规定。"本案中，上诉人桂某某、被上诉人陈某甲、原审被告陈某乙均为第三人曲靖百某集团有限责任公司的股东，《公司章程》第十八条规定："未经股东大会同意，不得向股东以外的其他人转让出资。经股东同意转让的出资，在同等条件下，其他股东对该出资有优先购买权。"上诉人桂某某与原审被告陈某乙签订的《股权转让协议》，从形式上看系公司股东之间相互转让股份，但实质上上诉人桂某某是代股东之外的人以股东名义收购股权，对该事实有被上诉人陈某甲在一审提交的录音资料、证人证言等证据予以证实；且曲靖百某集团有限责任公司也陈述公司上下均知道上诉人系代非股东收购股权，曲靖市麒麟区商务局在《信访告知书》中也对非股东委托上诉人收购股权的事实作出表述，告知被上诉人依法维权；上诉人桂某某收购股权的资金亦来自委托其收购股权的不具有公司股东身份的案外人。故上诉人桂某某与原审被告陈某乙签订的《股权转让协议》违反了法律的强制性规定及公司章程的相关规定，该《股权转让协议》无效。

延伸阅读

因有限责任公司的外部第三人委托公司内部股东收购其他股东股权，规避了股东优先购买权，因而购买股权行为被判无效的两则案例：

案例1：四川省高级人民法院，泸州鑫某矿业集团有限公司与葛某某等股权转让纠纷再审民事裁定书［（2013）川民申字第1771号］认为：关于刘某某代鑫某矿业公司收购股权行为的效力问题。综观全案，内江南某有限责任公司除工商登记的8名股东外的其他出资人具有股东资格，其持有的公司股份为其享有的股权。鑫某矿业公司认为刘某某为其收购的是内江南某有限责任公司的隐名出资份额，并非股权，不受《公司法》及公司章程的限制，该主张系对《公司法》的曲解，不予支持。鑫某矿业公司委托刘某某以其内江南某有限责任公司股东的身份收购该公司其他股东股权的行为，其用意为规避《中华人民共和国公司法》第七十二条第二款、第三款规定："股东向股东以外的人转让股权，应当经其他股东过半数同意。股东应就其股权转让事项书面通知其他股东征求同意，其他股东自接到书面通知之日起满三十日未答复的，视为同意转让。其他股东半数以上不同意转让的，不同意的股东应当购买该转让的股权；不购买的，视为同意转让。经股东同意转让的股权，在同等条件下，其他股东有优先购买权。"鑫某矿业公司的规避行为属损害内江南某有限责任公司其他股东的合法权益，为恶意规避。刘某某受鑫某矿业公司委托收购股权的行为为名义上的股东间股权转让行为，实为隐瞒王某某等62人对外转让股权，刘某某与王某某等62人间的股权转让行为违反了《中华人民共和国公司法》第七十二条的强制性规定，应属无效。

案例2：衡阳县人民法院，原告蒋某某与被告衡阳县山某泥矿有限公司、林某某、傅某某、黄某某股权转让纠纷一审民事判决书［（2015）蒸民二初字第225号］认为：被告林某某在向股东以外的黄某某、傅某某转让股权时，既未按照《公司法》规定书面通知原告蒋某某，亦违反公司章程，未召开股东会就股权转让事宜进行讨论，即与被告黄某某、傅某某签订《股份转让协议》，鉴于有限责任公司兼具人合性和资合性，被告违法转让股权时，必然改变公司股东的成分和公司的封闭性，动摇有限责任公司存在的基础，严重侵害了原告蒋某某的同意权和优先购买权。被告林某某与黄某某、傅某某签订股权转让协议后，还委托傅某某全权管理公司，并签订授权委托书，以委托之名行转让之实，未将转让事宜告知原告，三被告的行为构成恶意串通。我国《合同法》第五十二条规定，恶意串通，损害第三人利益的，合同无效。故原告蒋某某请求法院确认三被告签订的股权转让协议无效，符合法律规定，本院予以支持。原告主张行使优先购买权，于法有据，本院亦予以支持。

017 规避侵犯股东优先购买权的四种招数之四：虚张声势

裁判要旨

"同等条件"是行使优先购买权的实质性要求，是指转让方对其他股东和对第三人转让的条件相同，不区别对待。在条件相同的前提下，其他股东处于优先于股东之外的第三人购买的地位。若对外转让通知及股东会决议中载明的价格远高于股权实际转让的价格，实质上背离了同等条件，侵犯股东优先购买权，转让无效。

案情简介[①]

一、金某达公司于2002年5月23日成立，其中招某甲出资22.5万元，持股45%；招某乙出资27.5万元，持股55%，公司董事长招某甲负责公司具体运营。

二、2004年2月，招某乙认为招某甲经营、管理期间损害了其及公司利益，召开股东会决议：1.免去招某甲董事长职务，移交管理权；2.招某乙所持股份以1350万元转让予冯某某。招某甲参加了会议，但未在决议上签字。此后，该决议被法院认定为有效，要求招某甲移交印章、证照、账簿等公司财产。

三、2004年9月15日，招某乙向金某达公司出具《对外转让出资通知书》，表示愿意将其55%的股权以1350万元的价格转让给冯某某，并要求召开股东会决议。此后，金某达公司以特快专递方式向招某甲送达股东会召开通知书，通知招某甲对招某乙以1350万元价格对外转让股权事宜作出决议。

四、2004年11月11日，金某达公司召开股东会同意招某乙以1350万元的价格把其股份转让给冯某某、薛某。2004年12月15日，招某乙与冯某某签订《股份转让合同》，约定招某乙以27.5万元的价格将55%的股份转让给冯某某。合同签订后，冯某某向招某乙支付了全部股权转让款27.5万元。

五、后因招某甲拒绝退出管理层，招某甲与招某乙矛盾升级，招某甲以侵犯其股东优先购买权为由起诉确认招某乙转让股权无效，并要求解散公司。该案经

[①] 案件来源：广州市中级人民法院，招某甲诉招某乙解散及清算公司纠纷案[（2004）穗中法民三初字第270号]。

广州中院一审确认股权转让协议无效。

核心要点

股东优先购买权是形成权，股东要求行使优先购买权时，无须转让股东再为承诺，即在享有优先购买权股东与转让股东间成立拟转让股权的股权转让合同，且该合同是以转让股东与第三人间约定的"同等条件"为内容。本案中，招某乙在以特快专递方式向股东招某甲送达的股东会召开通知书中，载明招某乙是以1350万元价格把其股份转让给冯某某。此后金某达公司召开股东会议作出的股东会决议中，亦是决定招某乙以1350万元价格转让其股份。但招某乙在实际股权转让合同中约定以27.5万元的价格转让其股份，冯某某实际支付股权转让款27.5万元。由此可见，招某乙转让股权给冯某某的价格远低于其告知招某甲的价格。该行为直接剥夺了招某甲在同等条件下的股东优先购买权，违反了《公司法》的上述强制性规定，故该股权转让合同应认定为无效，不发生股权转让的效力。

实务经验总结

前事不忘，后事之师。为避免未来发生类似败诉，提出如下建议：

第一，对于转让方来讲，不得使用这种虚张声势、明里一套、暗里一套的方式来恶意规避股东优先购买权。

第二，对于受让方来讲，当发现转让方通过虚张声势的方式来规避股东的优先购买权时，可以提起确认合同无效之诉，维护己方的合法权益。同时注意保留对外转让通知书、股东会决议等文件，搜集转让方与第三人的股权转让协议、纳税凭证等证据。另外需要注意的是，"同等条件"应当综合股权的转让价格、付款方式及期限等因素确定，当转让价格相同，但付款方式、期限等因素不一致时，也可主张确认合同无效。

相关法律规定

《中华人民共和国公司法》（2018年修正，已被修订）

第七十一条 有限责任公司的股东之间可以相互转让其全部或者部分股权。

股东向股东以外的人转让股权，应当经其他股东过半数同意。股东应就其股权转让事项书面通知其他股东征求同意，其他股东自接到书面通知之日起满三十日未答复的，视为同意转让。其他股东半数以上不同意转让的，不同意的股东应当购买该转让的股权；不购买的，视为同意转让。

经股东同意转让的股权，在同等条件下，其他股东有优先购买权。两个以上股东主张行使优先购买权的，协商确定各自的购买比例；协商不成的，按照转让时各自的出资比例行使优先购买权。

公司章程对股权转让另有规定的，从其规定。

《中华人民共和国公司法》（2023年修订）

第八十四条　有限责任公司的股东之间可以相互转让其全部或者部分股权。

股东向股东以外的人转让股权的，应当将股权转让的数量、价格、支付方式和期限等事项书面通知其他股东，其他股东在同等条件下有优先购买权。股东自接到书面通知之日起三十日内未答复的，视为放弃优先购买权。两个以上股东行使优先购买权的，协商确定各自的购买比例；协商不成的，按照转让时各自的出资比例行使优先购买权。

公司章程对股权转让另有规定的，从其规定。

《最高人民法院关于适用〈中华人民共和国公司法〉若干问题的规定（四）》（2020年修正）

第十七条　有限责任公司的股东向股东以外的人转让股权，应就其股权转让事项以书面或者其他能够确认收悉的合理方式通知其他股东征求同意。其他股东半数以上不同意转让，不同意的股东不购买的，人民法院应当认定视为同意转让。

经股东同意转让的股权，其他股东主张转让股东应当向其以书面或者其他能够确认收悉的合理方式通知转让股权的同等条件的，人民法院应当予以支持。

经股东同意转让的股权，在同等条件下，转让股东以外的其他股东主张优先购买的，人民法院应当予以支持，但转让股东依据本规定第二十条放弃转让的除外。

第十八条　人民法院在判断是否符合公司法第七十一条第三款及本规定所称的"同等条件"时，应当考虑转让股权的数量、价格、支付方式及期限等因素。

第二十一条　有限责任公司的股东向股东以外的人转让股权，未就其股权转让事项征求其他股东意见，或者以欺诈、恶意串通等手段，损害其他股东优先购买权，其他股东主张按照同等条件购买该转让股权的，人民法院应当予以支持，但其他股东自知道或者应当知道行使优先购买权的同等条件之日起三十日内没有主张，或者自股权变更登记之日起超过一年的除外。

前款规定的其他股东仅提出确认股权转让合同及股权变动效力等请求，未同时主张按照同等条件购买转让股权的，人民法院不予支持，但其他股东非因自身原因导致无法行使优先购买权，请求损害赔偿的除外。

股东以外的股权受让人，因股东行使优先购买权而不能实现合同目的的，可以依法请求转让股东承担相应民事责任。

本案链接

以下为该案在法院审理阶段，判决书中"本院认为"就该问题的论述：

依照《公司法》第七十二条第三款的规定，当股东转让股权时，在同等条件下，其他股东对该股权享有优先购买权。"同等条件"是行使优先购买权的实质性要求，是指转让方对其他股东和对第三人的转让条件相同，不区别对待。在条件相同的前提下，其他股东处于优先于股东之外的第三人购买的地位。本案中，被告招某乙在2004年11月以特快专递方式向股东招某甲送达的股东会召开通知书中，载明招某乙是以1350万元价格把其股份转让给冯某某。及后金某达公司于2004年11月11日召开股东会议作出的股东会决议中，亦是决定招某乙以1350万元价格转让其股份。但招某乙在上述股权转让合同中约定以27.5万元的价格转让其股份，冯某某实际支付股权转让款27.5万元。由此可见，招某乙转让股权给冯某某的价格远低于其告知招某甲的价格。该行为直接剥夺了招某甲在同等条件下的股东优先购买权，违反了《公司法》的上述强制性规定，故该股权转让合同应认定为无效，不发生股权转让的效力。

延伸阅读

上海市第一中级人民法院的一起案例，与本案案情相似，也是采用虚张声势的方式规避了股东的优先购买权，该案法院也判决案涉股东会决议无效。

上海市第一中级人民法院，周某某与姚某某股权转让纠纷二审民事判决书[（2011）沪一中民四（商）终字第883号]认为：股东优先购买权是形成权，股东要求行使优先购买权时，无须转让股东再为承诺，即在享有优先购买权股东与转让股东间成立拟转让股权的股权转让合同，且该合同是以转让股东与第三人间约定的"同等条件"为内容。因此，本案中，姚某向周某某发函及登报公告仅能起到通知周某某有关姚某欲行使股东优先购买权的法律后果,而不能要求周某某再一次进行受让股权的竞价,也就是说,姚某一旦行使优先购买权,其与姚某某间的股权转让合同,是以姚某某与周某某间约定的"同等条件"为内容。本院注意到,2006 年协议书中周某某、周某受让甲公司全部股权的价格为 1440 万元,而 2007 年 12 月 12 日姚某某将其 95% 股权以 95 万元转让给姚某,很显然,姚某并不是以"同等条件"受让姚某某所持的股份。鉴于姚某某与姚某间的兄弟关系、姚某某的代签行为以及姚某受让股权的价格与 2006 年协议书所约定价格的悬殊程度等情况,本院认为,姚某某与姚某在签订 2007 年 12 月 12 日的股权转让协议书时有恶意串通损害周某某利益的行为,故 2007 年 12 月 12 日的股权转让协议书应认定为无效。

018 股东行使知情权可以要求查阅会计凭证

裁判要旨

不管股东是否向公司委派管理人员,股东均可依法主张知情权(公司认为法定代表人和董事均是股东委派的,据此股东应该完全知悉公司财务状况、股东不应再诉讼主张股东知情权的抗辩理由不成立)。公司主张股东行使知情权具有"不正当目的"的,应承担举证新修订的《公司法》第五十七条新增了股东可以查阅会计凭证那个的规定。本案判决作出之时《公司法》没有明确规定股东可以查阅会计凭证,但可以看出司法实践中已有部分法院通过扩张解释对股东的相应诉求予以支持。

案情简介[①]

一、香港捷某有限公司(以下简称"捷某公司")作为天津北某食品有限公司(以下简称"北某食品公司")的股东,诉讼要求查阅并复制北某食品公司的董事会会议决议、财务会计报告等资料,要求查阅会计账簿和会计凭证。

二、北某食品公司认为,公司法定代表人李某和另一名董事李某某均是捷某

[①] 案件来源:最高人民法院,天津北某食品有限公司、香港捷某有限公司股东知情权纠纷再审民事裁定书 [(2012) 民申字第 635 号]。

公司委派的，他们完全知悉北某食品公司财务状况，北某食品公司不存在剥夺股东知情权的情况。

关于查阅会计账簿，北某食品公司认为，不仅影响公司的日常经营管理，还会导致公司商业秘密泄露。

关于查阅会计凭证，北某食品公司认为，我国《公司法》没有规定公司股东可以查询公司的会计凭证。股东知情权需要保护，但公司的经营信息、商业秘密更需保护。

三、最高人民法院判决支持捷某公司行使股东知情权：依法查阅并复制北某食品公司的董事会会议决议、财务会计报告等资料，并且有权查阅会计账簿和会计凭证。

核心要点

一、最高人民法院认为，不管股东是否委派董事长或董事等公司管理人员，均可依法主张股东知情权。关于股东委派的董事长或董事能完全知悉公司财务状况，因此认为没有侵犯股东知情权的理由不能成立。

二、对于查阅会计账簿，北某食品公司虽然主张股东捷某公司有"不正当目的"，但是并没有举出证据证明。

三、关于原始凭证，虽然《公司法》没有明确规定股东可以查阅会计凭证，然而基于利益平衡以及确保信息真实的考虑，知情权范围不宜限定在一个不可伸缩的区域，尤其对于人合性较高的有限责任公司，严格限定知情权范围并不利于实现知情权制度设置的目的。

实务经验总结

前事不忘，后事之师。为避免未来发生类似败诉，提出如下建议：

第一，有限公司管理层要小心了，新修订的《公司法》支持股东查询会计凭证，以后再有行贿的发票报销或者胡吃海喝的发票报销等黑色或灰色地带的会计凭证，可能因为股东行使股东知情权被晒在阳光下面了。

并且，股东行使知情权的范围扩大至全资子公司的相关材料，配合新增的双重股东代表诉讼制度，可以更好地保护小股东的权益。根据新《公司法》第五十七条第三、四款的规定，在查阅方法中，赋予了股东委托第三方中介机构的权利。

第二，最高人民法院认为股东委派人员担任目标公司的经营管理人员不影响股东依法行使股东知情权。公司以后不要再以"股东已经委派经营管理人员"作为对抗股东依法行使股东知情权的抗辩理由了，因为这样做必定徒劳无益，除非公司有故意拖延诉讼时间的特殊目的，或者有加剧公司和股东的敌意和对抗的故意。

第三，如果公司认为股东行使知情权有不正当目的、可能损害公司合法利益，公司可以拒绝提供查阅。但是要记住：此时的举证责任在公司，也就是公司必须拿出证据证明股东"查账"有不正当目的、可能损害公司利益。如果公司拿不出证据、只是在诉讼庭审中泛泛地主张股东行使知情权有不正当目的，法院不会采信和支持。

相关法律规定

《中华人民共和国公司法》（2018年修正，已被修订）

第三十三条 股东有权查阅、复制公司章程、股东会会议记录、董事会会议决议、监事会会议决议和财务会计报告。

股东可以要求查阅公司会计账簿。股东要求查阅公司会计账簿的，应当向公司提出书面请求，说明目的。公司有合理根据认为股东查阅会计账簿有不正当目的，可能损害公司合法利益的，可以拒绝提供查阅，并应当自股东提出书面请求之日起十五日内书面答复股东并说明理由。公司拒绝提供查阅的，股东可以请求人民法院要求公司提供查阅。

《中华人民共和国公司法》（2023年修订）

第五十七条 股东有权查阅、复制公司章程、股东名册、股东会会议记录、董事会会议决议、监事会会议决议和财务会计报告。

股东可以要求查阅公司会计账簿、会计凭证。股东要求查阅公司会计账簿、会计凭证的，应当向公司提出书面请求，说明目的。公司有合理根据认为股东查阅会计账簿、会计凭证有不正当目的，可能损害公司合法利益的，可以拒绝提供查阅，并应当自股东提出书面请求之日起十五日内书面答复股东并说明理由。公司拒绝提供查阅的，股东可以向人民法院提起诉讼。

股东查阅前款规定的材料，可以委托会计师事务所、律师事务所等中介机构进行。

股东及其委托的会计师事务所、律师事务所等中介机构查阅、复制有关材料,应当遵守有关保护国家秘密、商业秘密、个人隐私、个人信息等法律、行政法规的规定。

股东要求查阅、复制公司全资子公司相关材料的,适用前四款的规定。

《最高人民法院关于适用〈中华人民共和国公司法〉若干问题的规定(四)》(2020年修正)

第八条 有限责任公司有证据证明股东存在下列情形之一的,人民法院应当认定股东有公司法第三十三条第二款规定的"不正当目的":

(一)股东自营或者为他人经营与公司主营业务有实质性竞争关系业务的,但公司章程另有规定或者全体股东另有约定的除外;

(二)股东为了向他人通报有关信息查阅公司会计账簿,可能损害公司合法利益的;

(三)股东在向公司提出查阅请求之日前的三年内,曾通过查阅公司会计账簿,向他人通报有关信息损害公司合法利益的;

(四)股东有不正当目的的其他情形。

第十条 人民法院审理股东请求查阅或者复制公司特定文件材料的案件,对原告诉讼请求予以支持的,应当在判决中明确查阅或者复制公司特定文件材料的时间、地点和特定文件材料的名录。

股东依据人民法院生效判决查阅公司文件材料的,在该股东在场的情况下,可以由会计师、律师等依法或者依据执业行为规范负有保密义务的中介机构执业人员辅助进行。

第十一条 股东行使知情权后泄露公司商业秘密导致公司合法利益受到损害,公司请求该股东赔偿相关损失的,人民法院应当予以支持。

根据本规定第十条辅助股东查阅公司文件材料的会计师、律师等泄露公司商业秘密导致公司合法利益受到损害,公司请求其赔偿相关损失的,人民法院应当予以支持。

延伸阅读

新《公司法》出台前,全国各地既往判决书在股东知情权案件中关于会计凭证是否可查阅,各地判断标准不一。笔者检索了10个法院支持股东行使知情权可以查阅会计凭证的判例,随着新公司法的实施,相关裁判可得到成文法的背书。

案例1:江苏省高级人民法院,南通美某昌通宝船务有限公司与陈某某等股东知情权纠纷二审民事判决书〔（2012）苏商外终字第0041号〕认为：虽然未作规定，但鉴于会计凭证是制作会计账簿的依据，为了保证股东了解的公司财务情况是真实的，应该允许股东查阅相应的会计凭证。

案例2：浙江省高级人民法院，浙江顶某生物科技有限公司与杨某某股东知情权纠纷二审民事判决书〔（2012）浙商外终字第49号〕认为：查阅原始会计凭证是股东行使知情权的主要途径，在符合我国《公司法》第三十四条规定的其他条件的情况下，应当允许股东在查阅会计账簿的同时查阅制作会计账簿所依据的记账凭证和原始凭证。

案例3：江苏省高级人民法院，吴江东某大王保险箱有限公司与蔡某某股东知情权纠纷二审民事判决书〔（2011）苏商外终字第0064号〕认为：《公司法》并未禁止股东查阅会计账簿的依据即会计凭证。作为用来记录经济业务的发生和完成情况的最原始依据，会计凭证与会计账簿能够相互印证和制约。公司提供会计账簿与会计凭证供股东查阅，能够确保股东获取信息的真实性，因此一审法院判决吴江东某公司提供会计账簿与会计凭证供蔡某某查阅并无不当。

案例4：河北省高级人民法院，唐山泰某洁具五金有限公司与意大利伊某乐公司股东知情权纠纷二审案民事判决书〔（2009）冀民三终字第87号〕认为：请求查阅、复制泰某洁具公司2003年至今的董事会会议记录、会议决议和财务会计报告，查阅泰某洁具公司2003年度至今的会计账簿及原始凭证，应予准许。

案例5：北京市第一中级人民法院，王某与北京贵某和时科技有限公司股东知情权纠纷二审民事判决书〔（2013）一中民终字第9866号〕认为：会计凭证是会计账簿的基础和依据，从立法目的看，公司法保障股东知情权是为了保障股东对公司决策、分红等权利，如果不能查阅会计凭证则无法正确了解公司的财务状况，无法保障股东的经营决策、获得股息红利等权利，因此，不应当将会计凭证排除在股东可以查阅的范围之外。

案例6：江苏省南京市中级人民法院，南京美某诺电子有限公司与吴某某股东知情权纠纷二审民事判决书〔（2013）宁商终字第20号〕认为：我国现行的《公司法》第三十四条虽未明确规定股东可以查阅公司原始会计凭证的权利，但并不代表公司股东就不享有该项权利。首先，从规范性质看，《公司法》第三十四条是授权性规范，规定公司股东有查阅公司账簿的权利，但是并未否认公司股东有权查阅公司原始会计凭证。记载公司实际经营活动的原始凭证等最能够真实反映公司的财务状况，如果股东无法查阅会计账簿所附的原始凭证，股东查阅公司会计账簿将流于形式。从《公司法》规定股东知情权的立法本意看，查阅公司会计账簿应当包括查阅原始凭证。其次，调整公司和股东关系的主要规范是《公司法》和公司章程，《公司法》的规范不仅包括公司法规则，还包括公司法原则。《公司法》第五条规定公司从事经营活动应当遵守诚实信用原则，公司控制者应当如实向公司股东披露公司经营状况等信息。股东只有通过对原始凭证的查阅才能充分、真实、全面地知晓公司的具体经营状况，公司拒绝股东查阅原始凭证与《公司法》规定的诚实信用原则不符。

案例7：广东省江门市中级人民法院，某某环保生态科技国际有限公司与新会某某资源环境科技发展有限公司股东知情权纠纷二审民事判决书［（2011）江中法民四终字第9号］认为：公司的具体经营活动只有通过查阅原始凭证才能知晓，不查阅原始凭证，股东可能无法准确了解公司真正的经营状况。某某国际公司查阅权行使的范围应当包括会计账簿（含总账、明细账、日记账和其他辅助性账簿）和会计凭证。

案例8：上海市第二中级人民法院，上海良某金属制品有限公司与王甲等股东知情权纠纷二审民事判决书［（2013）沪二中民四（商）终字第751号］认为：原始记账凭证是会计账簿的记账依据，本案王甲等五名公司股东在对所查阅的公司会计账簿的真实性产生质疑的情况下，要求进一步查阅账簿对应的原始记账凭证，并通过再次申请查阅会计账簿的方式，将两者加以比对和核查，应属股东正当行使对公司的知情权利。

案例9：江苏省南京市中级人民法院，江苏华某昌科技贸易有限公司与李某某股东知情权纠纷二审民事判决书［（2013）宁商终字第29号］认为：股东知情权最重要的部分就是查阅权，股东只有通过查阅才能知情。记载公司实际经营活动的原始凭证最能够真实反映公司的财务状况，如果股东无法查阅会计账簿所附的原始凭证，股东知情权将流于形式。并且，我国《公司法》未对股东查阅原始凭证加以限制，加之华某昌公司的章程亦明确规定股东有权监督公司的生产经营和财务管理，故华某昌公司应提供其会计账簿所附的原始凭证供李某某查阅，方便李某某了解公司真实的财务情况。

案例10：上海市高级人民法院，莱某特电子科技（上海）有限公司与澳某信有限公司股东知情权纠纷二审民事判决书［（2010）沪高民二（商）终字第86号］认为：财务上的原始凭证是记账依据，是财务账簿的重要组成部分，查阅财务账簿应当同时提供原始凭证，否则财务账簿的真实性就无法验证。

019 股东行使知情权是否有权"复制"会计账簿

裁判要旨

股东查阅权行使的范围应当包括会计账簿（含总账、明细账、日记账和其他辅助性账簿）和会计凭证（含记账凭证、相关原始凭证及作为原始凭证附件入账备查的有关资料），但股东请求复制会计账簿及原始凭证的诉讼请求，因涉及公司商业机密和重要经营信息，如公司章程无特别规定，法院不予支持。

案情简介[①]

一、蓄某工贸公司系由原某蓄电池厂于2003年改制而来，注册资金50万元。原蓄电池厂职工通过身份置换成为蓄某工贸公司股东，由于职工人数较多，原某蓄电池厂职工推举黄某等六人作为代表进行了股东登记，黄某出资27865.85元。

二、2006年3月，蓄某工贸公司伪造黄某签名制作虚假股份转让协议、股东会纪要材料，进行公司股东变更登记，使黄某丧失了注册股东的身份。

三、2008年4月23日，长沙市工商行政管理局对蓄某工贸公司提供虚假材料进行股东变更登记的违法行为作出处罚，责令蓄某工贸公司立即改正违法行为并罚款50000元。此后，蓄某工贸公司并未按照该处罚决定恢复黄某的注册股东身份。

四、2010年1月20日，蓄某工贸公司出具承诺书一份，承诺同意将黄某变更为注册股东，但蓄某工贸公司一直未履行该承诺。

五、黄某于2008年8月16日向蓄某工贸公司发出《律师函》，要求行使股东知情权，但蓄某工贸公司未予正式答复。黄某提起诉讼请求判令：确认黄某系蓄某工贸公司的股东，并要求蓄某工贸公司提供自2003年以来的会计账簿、原始凭证等供黄某查阅、复制。

六、本案经长沙雨花区法院一审、长沙中院二审、湖南高院再审，认定：会计账簿及原始凭证可以查阅，但不能复制。

[①] 案件来源：湖南省高级人民法院，长沙蓄某工贸有限责任公司与黄某股东知情权纠纷再审民事判决书［（2016）湘民再字第2号］。

核心要点

《公司法》第五十七条第一款规定:"股东有权查阅、复制公司章程、股东名册、股东会会议记录、董事会会议决议、监事会会议决议和财务会计报告。"第二款规定:股东可以要求查阅公司会计账簿、会计凭证。……"据此可知,并未对股东行使知情权时的复制权作出修改,仍规定股东只可以要求查阅公司财务会计账簿,并未规定复制权,故股东要求查阅会计账簿的诉讼请求符合相关法律规定。《中华人民共和国会计法》(以下简称《会计法》)第九条第一款规定:"各单位必须根据实际发生的经济业务事项进行会计核算,填制会计凭证,登记会计账簿,编制财务会计报告。"第十四条规定:"会计凭证包括原始凭证和记账凭证。办理本法第十条所列的各项经济业务事项,必须填制或者取得原始凭证并及时送交会计机构。……记账凭证应当根据经过审核的原始凭证及有关资料编制。"第十五条第一款规定:"会计账簿登记,必须以经过审核的会计凭证为依据,并符合有关法律、行政法规和国家统一的会计制度的规定……"因此,根据会计准则,相关契约等有关资料也是编制记账凭证的依据,应当作为原始凭证的附件入账备查。公司的具体经营活动也只有通过查阅原始凭证才能知晓,不查阅原始凭证,中小股东可能无法准确了解公司真正的经营状况。据此,股东查阅权行使的范围应当包括会计账簿(含总账、明细账、日记账和其他辅助性账簿)和会计凭证(含记账凭证、相关原始凭证及作为原始凭证附件入账备查的有关资料)。但股东请求复制会计账簿及原始凭证的诉讼请求,因涉及公司商业机密和重要经营信息,法律规定明确仅限于查阅,在公司章程未规定可以复制的情形下,不予支持。

实务经验总结

前事不忘,后事之师。为避免未来发生类似败诉,提出如下建议:

第一,股东行使知情权,查阅公司资料的范围不但包括公司章程、股东名册、股东会会议记录、董事会会议决议、监事会会议决议和财务会计报告,而且还包括会计账簿(含总账、明细账、日记账和其他辅助性账簿)和会计凭证(含记账凭证、相关原始凭证及作为原始凭证附件入账备查的有关资料),但需要注意的是对于会计账簿和原始凭证,在公司章程未作明确约定的情况下,股东仅有权查阅，无权复制。

第二，股东要求查阅公司会计账簿、会计凭证的，应当向公司提出书面请求，说明目的。公司有合理根据认为股东查阅会计账簿、会计凭证有不正当目的，可能损害公司合法利益的，可以拒绝提供查阅，并应当自股东提出书面请求之日起十五日内书面答复股东并说明理由。公司拒绝提供查阅的，股东可以请求人民法院要求公司提供查阅。因此，股东要求查阅会计账簿和原始凭证，可以学习本案股东以律师函的形式说明目的，或者自行向公司发出书面通知提出查阅要求，当公司拒绝提供时再请求法院判决公司提供查阅。

相关法律规定

《中华人民共和国公司法》（2013 年修正，已被修订）

第三十三条 股东有权查阅、复制公司章程、股东会会议记录、董事会会议决议、监事会会议决议和财务会计报告。

股东可以要求查阅公司会计账簿。股东要求查阅公司会计账簿的，应当向公司提出书面请求，说明目的。公司有合理根据认为股东查阅会计账簿有不正当目的，可能损害公司合法利益的，可以拒绝提供查阅，并应当自股东提出书面请求之日起十五日内书面答复股东并说明理由。公司拒绝提供查阅的，股东可以请求人民法院要求公司提供查阅。

《中华人民共和国公司法》（2023 年修订）

第五十七条 股东有权查阅、复制公司章程、股东名册、股东会会议记录、董事会会议决议、监事会会议决议和财务会计报告。

股东可以要求查阅公司会计账簿、会计凭证。股东要求查阅公司会计账簿、会计凭证的，应当向公司提出书面请求，说明目的。公司有合理根据认为股东查阅会计账簿、会计凭证有不正当目的，可能损害公司合法利益的，可以拒绝提供查阅，并应当自股东提出书面请求之日起十五日内书面答复股东并说明理由。公司拒绝提供查阅的，股东可以向人民法院提起诉讼。

股东查阅前款规定的材料，可以委托会计师事务所、律师事务所等中介机构进行。

股东及其委托的会计师事务所、律师事务所等中介机构查阅、复制有关材料，应当遵守有关保护国家秘密、商业秘密、个人隐私、个人信息等法律、行政法规的规定。

股东要求查阅、复制公司全资子公司相关材料的，适用前四款的规定。

《最高人民法院关于适用〈中华人民共和国公司法〉若干问题的规定（四）》（2020年修正）

第十条 人民法院审理股东请求查阅或者复制公司特定文件材料的案件，对原告诉讼请求予以支持的，应当在判决中明确查阅或者复制公司特定文件材料的时间、地点和特定文件材料的名录。

股东依据人民法院生效判决查阅公司文件材料的，在该股东在场的情况下，可以由会计师、律师等依法或者依据执业行为规范负有保密义务的中介机构执业人员辅助进行。

第十一条 股东行使知情权后泄露公司商业秘密导致公司合法利益受到损害，公司请求该股东赔偿相关损失的，人民法院应当予以支持。

根据本规定第十条辅助股东查阅公司文件材料的会计师、律师等泄露公司商业秘密导致公司合法利益受到损害，公司请求其赔偿相关损失的，人民法院应当予以支持。

《中华人民共和国会计法》（2017年修正）

第九条第一款 各单位必须根据实际发生的经济业务事项进行会计核算，填制会计凭证，登记会计账簿，编制财务会计报告。

第十四条 会计凭证包括原始凭证和记账凭证。

办理本法第十条所列的各项经济业务事务，必须填制或者取得原始凭证并及时送交会计机构。

……

记账凭证应当根据经过审核的原始凭证及有关资料编制。

第十五条第一款 会计账簿登记，必须以经过审核的会计凭证为依据，并符合有关法律、行政法规和国家统一的会计制度的规定。会计账簿包括总账、明细账、日记账和其他辅助性账簿。

本案链接

以下为该案在法院审理阶段，判决书中"本院认为"就该问题的论述：

本院经审查认为，本案焦点主要是法律适用问题，也即黄某提出的复制会计账簿及原始凭证的诉讼请求是否符合法律规定。

首先，股东知情权是指法律赋予股东通过查阅公司的财务会计报告、会计账簿等有关公司经营、管理、决策的相关资料,实现了解公司的经营状况和监督公司高管人员活动的权利。《中华人民共和国公司法》第三十三条第一款规定:"股东有权查阅、复制公司章程、股东会会议记录、董事会会议决议、监事会会议决议和财务会计报告。"第二款规定:"股东可以要求查阅公司会计账簿。股东要求查阅公司会计账簿的,应当向公司提出书面请求,说明目的。公司有合理根据认为股东查阅会计账簿有不正当目的,可能损害公司合法利益的,可以拒绝提供查阅,并应当自股东提出书面请求之日起十五日内书面答复股东并说明理由。公司拒绝提供查阅的,股东可以请求人民法院要求公司提供查阅。"据此,《公司法》对股东知情权的行使条件、程序、范围等作出了明确规定。本案中,作为蓄某工贸公司的合法股东的黄某多次向公司提出要求查阅或复制公司章程、股东会会议记录、董事会会议决议、监事会会议决议和财务会计报告、会计账簿及原始凭证以了解公司实际财务状况的请求,并于2008年8月16日向公司发出《律师函》要求行使股东知情权,但公司未予正式答复。因此,黄某的起诉要求行使股东知情权符合《公司法》规定的行使条件和程序。

其次,《公司法》明文规定行使股东知情权的范围,黄某主张的查阅、复制公司章程、股东会会议记录、董事会会议决议、监事会会议决议和财务会计报告的诉讼请求,符合《公司法》第三十四条第一款规定的范围,其请求应予支持。但《公司法》第三十四条第二款明文规定股东只可以要求查阅公司财务会计账簿,并未规定复制权,鉴于《公司法》条款对公司的会计账簿知情权的特殊规定,故黄某提出的要求查阅会计账簿的诉讼请求符合相关法律规定,但对于会计账簿及原始凭证,根据《中华人民共和国会计法》第九条规定:"各单位必须根据实际发生的经济业务事项进行会计核算,填制会计凭证,登记会计账簿,编制财务会计报告。"第十四条规定:"会计凭证包括原始凭证和记账凭证。办理本法第十条所列的各项经济业务事项,必须填制或者取得原始凭证并及时送交会计机构。……记账凭证应当根据经过审核的原始凭证及有关资料编制。"第十五条第一款规定:"会计账簿登记,必须以经过审核的会计凭证为依据,并符合有关法律、行政法规和国家统一的会计制度的规定。"因此,根据会计准则,相关契约等有关资料也是编制记账凭证的依据,应当作为原始凭证的附件入账备查。公司的具体经营活动也只有通过查阅原始凭证才能知晓,不查阅原始凭证,中小股东可能无法准确了解公司真正的经营状况。据此,黄某查阅权行使的范围应当包括会计账簿(含总账、明细账、日记账和其他辅助性账簿)和会计凭证(含记账凭证、相关原始凭证及作为原始凭证附件入账备查的有关资料）。故黄某要求查阅公司会计账簿及原始凭证的诉讼请求符合法律规定，但黄某请求复制会计账簿及原始凭证的诉讼请求，因涉及公司商业机密和重要经营信息，法律规定明确限定查阅范围，因此黄某该诉请既无法律上的规定，又超出了公司章程的约定，应不予支持。

延伸阅读

股东有权查阅会计账簿和原始凭证，但无权复制的七个案例

案例1：北京市高级人民法院，范某与北京一某阁墨业有限责任公司股东知情权纠纷再审民事裁定书〔（2015）高民（商）申字第03595号〕认为：根据《中华人民共和国公司法》第三十四条关于"股东可以要求查阅公司会计账簿"的规定，范某作为一某阁公司的股东，可以要求查阅公司会计账簿，但其要求对公司会计账簿进行记录的请求，超出了法律的规定。

案例2：贵州省高级人民法院，夏某与贵州安顺今某房地产开发有限公司股东知情权纠纷二审民事判决书〔（2015）黔高民商终字第123号〕认为：根据《中华人民共和国公司法》第三十四条之规定，股东对于公司的财务会计报告可以查阅、复制，但对于公司的会计账簿仅限于查阅，故夏某请求复制公司会计账簿的诉讼请求没有法律依据，不予支持。

案例3：北京市第一中级人民法院，王某与北京贵某和时科技有限公司股东知情权纠纷二审民事判决书〔（2013）一中民终字第9866号〕认为：股东可以要求查阅公司会计账簿，现王某认为其有权摘抄和复制公司会计账簿，无法律依据，本院不予支持。

案例4：山西省高级人民法院，明某投资有限公司与山西福某纺织机械有限公司股东知情权纠纷二审民事判决书〔（2011）晋民终字第197号〕认为：原审法院依据《中华人民共和国公司法》的规定，支持了明某投资有限公司查阅、复制、摘抄山西福某纺织机械有限公司1992年至2008年的董事会会议决议、监事会会议决议、财务会计报告的请求；查阅山西福某纺织机械有限公司1992年至2008年的会计账簿、原始会计凭证的请求。明某投资有限公司要求摘抄、复制山西福某纺织机械有限公司会计账簿原始会计凭证的请求，不符合法律规定，原审法院未支持并无不当。"

案例5：广东省江门市中级人民法院，某某环保生态科技国际有限公司与新

会某某资源环境科技发展有限公司股东知情权纠纷二审民事判决书〔（2011）江中法民四终字第9号〕认为：仅规定股东可以要求查阅公司财务会计账簿，但并未规定可以复制，因此某某国际公司要求复制新会某某公司计账簿及其他公司资料的诉讼请求无法律上的规定，本院不予支持。

案例6：上海市第一中级人民法院，黄某与甲公司股东知情权纠纷二审民事判决书〔（2013）沪一中民四（商）终字第1007号〕认为：公司股东会决议以及董事会会议记录的查阅、复制，会计账簿的复制，原始会计凭证的查阅和复制并不属于股东知情权的范围。因此，严格依据《公司法》，可以进行查阅、复制的文件只限于公司章程、股东会会议记录、董事会会议决议、监事会会议决议和财务会计报告。而会计账簿只能查阅，不可复制。

案例7：福建省厦门市中级人民法院，厦门穗某工贸有限公司与王某股东知情权纠纷二审民事判决书〔（2011）厦民终字第2347号〕认为：该条款（《公司法》第三十三条第二款）并未规定股东可以复制公司会计账簿的权利。因此，穗林工贸公司认为王某不能复制公司会计账簿，符合法律规定，应予采信，其为此而提出上诉，应予支持。

020 公司在何种情况下可拒绝股东查阅会计账簿

裁判要旨

股东在查阅公司会计账簿时，应当以正当目的为限制，亦应当遵循诚实信用原则，合理地行使查阅权。在公司有合理理由相信股东查阅公司会计账簿会对公司利益造成损害时，公司可以拒绝其进行查阅。拒绝查阅的前提并未要求公司证明股东的查阅已实际产生了损害的后果，公司只需证明股东一旦行使上述权利可能会产生损害公司利益的情形即可拒绝查阅。

案情简介[①]

一、电某公司成立于2004年4月12日，其经营项目为生产、销售电池材料

[①] 案件来源：北京市第一中级人民法院，其某与中信国某盟固利电源技术有限公司股东知情权纠纷二审民事判决书〔（2014）一中民（商）终字第7299号〕。

及电池。其某为电某公司的股东,持股3.95%。其在2010年5月前任电某公司副董事长及总经理,2010年5月5日电某公司免去其某职务。

二、其某之妻晨某系昆某公司的股东,任该公司副董事长。昆某公司的经营范围为生产锂电池电解液,销售本公司自产产品。

三、其某之子漠某为力某公司股东,力某公司的经营范围为电池材料的研发、生产和销售。同时,其某之妻晨某、其某之子漠某拥有"一种锂离子电池正极材料及其制备方法"的专利权。

四、2013年1月21日,其某致函电某公司要求查阅、复制财务会计报告、财务账册、会计账簿及相关凭证,查阅2005年到2010年公司全部合同、资金和财务往来的账册、凭证和文件。

五、电某公司以其某未说明查阅的目的,其与电某公司的同业竞争企业有关联关系,公司法中规定的股东可以查阅的财务文件不包括相关合同等原因,不同意其某的查阅请求。

六、此后,其某诉至法院要求电某公司提供公司会计账簿(含总账、明细账、日记账、其他辅助性账簿)、会计凭证(含会计凭证、相关原始凭证及作为原始凭证入账备查的有关资料)、财务报告给其查阅、复制;提供2005年至2010年期间公司全部合同、资金,账务往来账册、凭证和文件供其查阅、复制。

七、本案经北京市昌平区法院一审,北京市第一中级人民法院二审,最终判定电某公司置备财务会计报告供其某查阅,驳回其某查阅会计账簿、会计凭证、合同的请求。

核心要点

股东知情权是法律规定的股东享有的一项重要的、独立的权利。但是为了对公司商业秘密进行保护,避免恶意干扰公司经营的行为,对于公司知情权的行使同样应当给予适当的限制。会计账簿记载公司经营管理活动,为了平衡股东与公司之间的利益,避免股东知情权的滥用,股东在查阅公司会计账簿时,应当以正当目的为限制,亦应当遵循诚实信用原则,合理地行使查阅权。在公司有合理理由相信股东查阅公司会计账簿会对公司利益造成损害时,公司可以拒绝其进行查阅。另外,《公司法》并未要求公司证明股东的查阅已实际产生了损害的后果,公司只需证明股东一旦行使上述权利可能会产生损害公司利益的情形即可拒绝查阅。本案中,电某公司举证证明其某的妻子、儿子等利害关系人参与经营的多家公司与电某公司之间存在竞争关系或者关联关系，电某公司的会计账簿及其合同账册等所记载的客户信息、技术信息、产品价格、成本、生产数量等如被竞争者或者关联者知悉，则可能损害电某公司的合法权益。因此，电某公司有合理理由认为股东其某行使知情权可能损害公司合法利益，拒绝其某查阅公司会计账簿等存在合理根据。

实务经验总结

前事不忘，后事之师。为避免未来发生类似败诉，提出如下建议：

公司拒绝股东行使知情权需要在两个方向作出努力：

第一，举证证明股东有不正当目的，该种情形包括：1. 股东自营或者为他人经营与公司主营业务有实质性竞争关系的业务；2. 股东可能向第三人通报得知的事实以获取利益；3. 在过去的两年内，股东曾通过查阅、复制公司文件材料，向第三人通报得知的事实以获取利益。

第二，要举证证明股东一旦查阅了会计账簿等材料可能会存在损害公司利益的可能或危险，此时可通过公司与股东的经营范围、产品类型、销售渠道、价格体系、竞争关系、技术信息、市场区域等多个因素进行分析。

相关法律规定

《中华人民共和国公司法》（2018 年修正，已被修订）

第三十三条 股东有权查阅、复制公司章程、股东会会议记录、董事会会议决议、监事会会议决议和财务会计报告。

股东可以要求查阅公司会计账簿。股东要求查阅公司会计账簿的，应当向公司提出书面请求，说明目的。公司有合理根据认为股东查阅会计账簿有不正当目的，可能损害公司合法利益的，可以拒绝提供查阅，并应当自股东提出书面请求之日起十五日内书面答复股东并说明理由。公司拒绝提供查阅的，股东可以请求人民法院要求公司提供查阅。

《中华人民共和国公司法》（2023 年修订）

第五十七条 股东有权查阅、复制公司章程、股东名册、股东会会议记录、董事会会议决议、监事会会议决议和财务会计报告。

股东可以要求查阅公司会计账簿、会计凭证。股东要求查阅公司会计账簿、会计凭证的，应当向公司提出书面请求，说明目的。公司有合理根据认为股东查阅会计账簿、会计凭证有不正当目的，可能损害公司合法利益的，可以拒绝提供查阅，并应当自股东提出书面请求之日起十五日内书面答复股东并说明理由。公司拒绝提供查阅的，股东可以向人民法院提起诉讼。

股东查阅前款规定的材料，可以委托会计师事务所、律师事务所等中介机构进行。

股东及其委托的会计师事务所、律师事务所等中介机构查阅、复制有关材料，应当遵守有关保护国家秘密、商业秘密、个人隐私、个人信息等法律、行政法规的规定。

股东要求查阅、复制公司全资子公司相关材料的，适用前四款的规定。

《最高人民法院关于适用〈中华人民共和国公司法〉若干问题的规定（四）》（2020年修正）

第十条 人民法院审理股东请求查阅或者复制公司特定文件材料的案件，对原告诉讼请求予以支持的，应当在判决中明确查阅或者复制公司特定文件材料的时间、地点和特定文件材料的名录。

股东依据人民法院生效判决查阅公司文件材料的，在该股东在场的情况下，可以由会计师、律师等依法或者依据执业行为规范负有保密义务的中介机构执业人员辅助进行。

第十一条 股东行使知情权后泄露公司商业秘密导致公司合法利益受到损害，公司请求该股东赔偿相关损失的，人民法院应当予以支持。

根据本规定第十条辅助股东查阅公司文件材料的会计师、律师等泄露公司商业秘密导致公司合法利益受到损害，公司请求其赔偿相关损失的，人民法院应当予以支持。

本案链接

以下为该案在法院审理阶段，判决书中"本院认为"就该问题的论述：

二审审理的焦点为其某是否有权查阅电某公司的会计账簿、会计凭证，以及与湖南盟某新材料有限公司之间的合同、账务往来等凭证。对此，本院认为股东知情权是法律赋予股东通过查阅公司的财务会计报告、会计账簿等有关公司经营、管理、决策的相关资料，实现了解公司的经营状况和监督公司高管人员活动的权利。股东知情权是法律规定的股东享有的一项重要的、独立的权利。但是为了对公司商业秘密进行保护和避免恶意干扰公司经营的行为，对于公司知情权的行使同样应当给予适当的限制。会计账簿记载公司经营管理活动，为了平衡股东与公司之间的利益，避免股东知情权的滥用，股东在查阅公司会计账簿时，应当以正当目的为限制，亦应当遵循诚实信用原则，合理地行使查阅权。在公司有合理理由相信股东查阅公司会计账簿会对公司利益造成损害时，公司可以拒绝其进行查阅。需要说明的是，在《公司法》第三十三条第二款中，并未要求公司证明股东的查阅已实际产生了损害的后果，公司只需证明股东一旦行使上述权利可能会产生损害公司利益的情形即可拒绝查阅。本案中，电某公司举证证明其某的妻子、儿子等利害关系人参与经营的多家公司与电某公司之间存在竞争关系或者关联关系，电某公司的会计账簿及其与湖南盟某新材料有限公司的合同账册等所记载的客户信息、技术信息、产品价格、成本、生产数量等如被竞争者或者关联者知悉，则可能损害电某公司的合法权益。因此，电某公司在本案中确有合理理由认为股东其某行使知情权可能损害公司合法利益，电某公司拒绝其某查阅公司会计账簿等存在合理根据。综上，其某的上诉理由不能成立，本院不予支持。

021 股东行使知情权能否要求对公司财务账目进行审计

裁判要旨

对公司的财务账簿进行司法审计并非股东知情权的法定范畴，在公司章程或出资协议未明确规定的前提下，股东无权要求对公司账目进行司法审计。股东可通过查阅、复制公司的会议资料、财务报告，查阅公司的会计账簿，以及对公司的财务状况进行了解和核实，保护自己的合法权益。

案情简介[①]

一、甲公司于1999年4月29日成立，注册资本100万元，黄某自公司成立时起即为甲公司的股东，持有20%的股份。

二、甲公司章程规定："股东有权查阅股东会议记录，股东要求查阅公司会

[①] 案件来源：上海市第一中级人民法院，黄某与甲公司股东知情权纠纷二审民事判书〔（2013）沪一中民四（商）终字第1007号〕。

计账簿的,应当向公司提出书面申请,说明目的。公司有合理根据认为股东查阅会计账簿有不正当目的的,可能损害公司合法利益的,可以拒绝提供查阅,并应当自股东提出书面请求之日起十五日内书面答复股东并说明理由。公司拒绝提供查阅的,股东可以请求人民法院要求公司提供查阅。"

三、2012年3月20日,黄某向甲公司提交《查阅公司财务账簿、会计凭证、财务会计报告及司法审计的申请》,要求查阅、复制公司自成立至查阅日的股东会会议记录和决议、董事会会议记录和决议、会计账簿(包括但不限于总账、明细账、日记账等)及相对应的会计凭证(包括但不限于原始凭证、记账凭证、银行对账单等);查阅2011年9月至查阅日的年度财务报表、月度财务报表,并要求对公司财务状况进行司法审计。

四、甲公司在收到书面申请后,未满足黄某的上述要求,黄某诉至法院。本案经上海长宁区法院一审、上海一中院二审,最终判定黄某无权要求进行司法审计。

核心要点

知情权是《公司法》赋予股东的一种基础性权利,应依法得到保护,但股东行使知情权应当受到一定的限制。审计系指由接受委托的第三方机构对被审计单位的会计报表及其相关资料进行独立审查并发表审计意见。注册会计师审计工作的基础包括:接触与编制财务报表相关的所有信息以及审计所需的其他信息,注册会计师在获取审计证据时可以不受限制地接触其认为必要的内部人员和其他相关人员。审计并不属于股东知情权的法定范围,是否对公司财务账簿进行审计,属于公司自治的内容,需要通过公司章程或股东会决议的方式作出决定,股东个人无权对公司进行审计。但是,股东可通过行使知情权查阅、复制公司的会议资料、财务报告,以及查阅公司的会计账簿,对公司的财务状况进行了解和核实,以保护自己的合法权益。

实务经验总结

前事不忘,后事之师。为避免未来发生类似败诉,提出如下建议:

第一,在知情权诉讼过程中,股东无权要求对公司账目进行司法审计,但是在公司章程中规定了对公司进行年度审计的义务,或列明股东有权通过聘请第三方机构对公司进行审计的除外。因此，股东若想通过审计的方式行使股东知情权，需要在公司章程中明确列明。

第二，根据《会计法》的规定，会计账簿包括总账、明细账、日记账和其他辅助性账簿。该项规定应属于强制性规定，各个企业必须恪守。《公司法》规定股东可以要求查阅公司会计账簿，包括总账、明细账、现金日记账、银行日记账及其他辅助性账簿在内的财务账簿。公司作为依法设立的企业，应当严格依据《会计法》的规定设置公司的各类法定的会计账簿，公司不可以未设置某种账簿为由拒绝股东行使知情权，否则股东有权要求董事或公司高管承担民事赔偿责任。

相关法律规定

《中华人民共和国公司法》（2018年修正，已被修订）

第三十三条　股东有权查阅、复制公司章程、股东会会议记录、董事会会议决议、监事会会议决议和财务会计报告。

股东可以要求查阅公司会计账簿。股东要求查阅公司会计账簿的，应当向公司提出书面请求，说明目的。公司有合理根据认为股东查阅会计账簿有不正当目的，可能损害公司合法利益的，可以拒绝提供查阅，并应当自股东提出书面请求之日起十五日内书面答复股东并说明理由。公司拒绝提供查阅的，股东可以请求人民法院要求公司提供查阅。

《中华人民共和国公司法》（2023年修订）

第五十七条　股东有权查阅、复制公司章程、股东名册、股东会会议记录、董事会会议决议、监事会会议决议和财务会计报告。

股东可以要求查阅公司会计账簿、会计凭证。股东要求查阅公司会计账簿、会计凭证的，应当向公司提出书面请求，说明目的。公司有合理根据认为股东查阅会计账簿、会计凭证有不正当目的，可能损害公司合法利益的，可以拒绝提供查阅，并应当自股东提出书面请求之日起十五日内书面答复股东并说明理由。公司拒绝提供查阅的，股东可以向人民法院提起诉讼。

股东查阅前款规定的材料，可以委托会计师事务所、律师事务所等中介机构进行。

股东及其委托的会计师事务所、律师事务所等中介机构查阅、复制有关材料，应当遵守有关保护国家秘密、商业秘密、个人隐私、个人信息等法律、行政法规的规定。

股东要求查阅、复制公司全资子公司相关材料的，适用前四款的规定。

《中华人民共和国会计法》（2017年修正）

第十五条第一款 会计账簿登记，必须以经过审核的会计凭证为依据，并符合有关法律、行政法规和国家统一的会计制度的规定。会计账簿包括总账、明细账、日记账和其他辅助性账簿。

《最高人民法院关于适用〈中华人民共和国公司法〉若干问题的规定（四）》（2020年修正）

第十条 人民法院审理股东请求查阅或者复制公司特定文件材料的案件，对原告诉讼请求予以支持的，应当在判决中明确查阅或者复制公司特定文件材料的时间、地点和特定文件材料的名录。

股东依据人民法院生效判决查阅公司文件材料的，在该股东在场的情况下，可以由会计师、律师等依法或者依据执业行为规范负有保密义务的中介机构执业人员辅助进行。

第十一条 股东行使知情权后泄露公司商业秘密导致公司合法利益受到损害，公司请求该股东赔偿相关损失的，人民法院应当予以支持。

根据本规定第十条辅助股东查阅公司文件材料的会计师、律师等泄露公司商业秘密导致公司合法利益受到损害，公司请求其赔偿相关损失的，人民法院应当予以支持。

本案链接

以下为该案在法院审理阶段，判决书中"本院认为"就该问题的论述：

知情权是《公司法》赋予股东的一种基础性权利，应依法得到保护，但股东行使知情权应当受到一定的限制。根据《中华人民共和国公司法》第三十三条之规定，公司股东会决议以及董事会会议记录的查阅、复制，会计账簿的复制，原始会计凭证的查阅和复制并不属于股东知情权的范围。黄某提出的对上述材料行使知情权的主张缺乏法律依据，本院不予支持。

《中华人民共和国会计法》第十五条规定，会计账簿包括总账、明细账、日记账和其他辅助性账簿。该项规定应属于强制性规定，各个企业须恪守。《中华人民共和国公司法》第三十四条第二款规定，股东可以要求查阅公司会计账簿。上诉人黄某要求查阅的甲公司的总账、明细账、现金日记账、银行日记账及其他辅助性账簿在内的财务账簿，属于《中华人民共和国会计法》规定的会计账簿的范畴，亦属于《公司法》规定的股东行使知情权的范围，应予准许。黄某作为公司的小股东，并不负责公司的财务管理，故在举证证明甲公司设立总账以及其他辅助性账簿上具有难度。但甲公司作为依法设立的企业，应当严格依据《中华人民共和国会计法》的上述规定设置公司的会计账簿。原审法院仅以甲公司辩称不存在总账和其他辅助性账簿为由不支持黄某要求查阅甲公司的总账及其他辅助性账册的诉求有所不当，本院依法予以纠正。

对于黄某提出申请要求对甲公司的财务状况进行审计，本院认为，一方面司法审计并不属于股东知情权的范围，况且黄某通过行使知情权查阅、复制甲公司的会议资料、财务报告以及查阅公司的会计账簿，也可以对公司的财务状况进行了解和核实，以保护自己的合法权益，故本院对其提出的要求对甲公司的财务状况进行司法审计的主张依法不予支持。

022 股东行使知情权可以委托会计师查阅会计凭证

裁判要旨

股东知情权是一个权利体系，由财务会计报告查阅权、账簿查阅权和检查人选任请求权三项权利所组成。由于财务会计报告、会计账簿、会计凭证具有高度的专业性，为使股东了解公司真实的信息，充分地行使知情权，股东可委托注册会计师帮助查阅财务会计报告、会计账簿、会计凭证。

案情简介[①]

一、2006年8月1日，凯某建筑公司成立，股东分别为徐某、邱某某、苏某、陈某某、刘某某。

二、2014年6月22日，邱某某邮寄一份《会计账簿查阅函》给凯某建筑公司，载明：为全面了解公司运营及财务状况，维护股东的知情权，要求查阅2006年至2013年度的会计财务报告及会计账簿。

[①] 案件来源：滁州市中级人民法院，邱某某与滁州凯某建筑节能有限公司股东知情权纠纷二审民事判决书［（2015）滁民二终字第00042号］。

三、2014年7月4日，凯某建筑公司给邱某某发出《关于〈会计账簿查阅函〉的复函》，载明："本公司同意你查阅2006至2013年度的会计财务报表及会计账簿。请你于2014年8月16日至2014年8月31日期间的公司正常工作时间内，在本公司会议室查阅上述资料，本公司将指定工作人员予以配合。"

四、2014年8月18日，凯某建筑公司将其公司2006至2013年度的会计财务报表及会计账簿置备于其公司会议室，供邱某某查阅。邱某某与其委托的会计一同前往查阅会计账簿。但凯某建筑公司拒绝邱某某委托的会计查阅其公司会计财务报表、会计账簿。

五、邱某某遂提起诉讼，要求凯某建筑公司提供财务报表、会计账簿、会计凭证供其查阅，并允许其委托的会计查阅。

六、本案经安徽省来安县人民法院一审，滁州市中级人民法院二审，最终判定邱某某可委托注册会计师查阅会计凭证。

核心要点

股东有权委托注册会计师协助查阅会计账簿、会计凭证等财务资料，理由如下：股东知情权是一个权利体系，由财务会计报告查阅权、账簿查阅权和检查人选任请求权三项权利所组成。首先，从日常生活经验分析，财务会计报告、会计账簿、会计凭证具有高度的专业性，不具有专业知识的股东查阅上述资料时难以看懂。其次，设立股东知情权的立法目的和价值取向是保护中小股东的实体性权利。该权利的行使是通过查阅会计账簿及相应的会计凭证了解公司真实的信息。从实质正义的角度分析，股东委托注册会计师帮助查阅财务会计报告、会计账簿、会计凭证，有助于股东知情权的充分行使。

股东行使知情权的目的是通过查阅公司真实、完整的财务资料了解公司财务状况。公司的经营及财务状况只有通过查阅原始凭证才能知晓，不查阅原始凭证，股东可能无法准确了解公司真实的经营状况、财务状况。根据会计准则，会计凭证（包括记账凭证和原始凭证）是编制会计账簿的依据，应当作为会计账簿的附件入账备查。

实务经验总结

前事不忘，后事之师。为避免未来发生类似败诉，提出如下建议：

第一，在行使股东知情权时，股东可以委托专业的会计人员协助查阅。需要注意的是，在行使股东知情权的过程中，应当谨慎行使权利，并在合理时间内完成，对于委托的注册会计师，应当向公司出示身份证明及授权委托书手续，并不得有干扰公司正常经营、泄露公司商业秘密等有损公司合法权利的情形。

第二，对于公司和控股股东来讲，部分股东滥用股东知情权，动辄聘请注册会计师对公司的财务资料进行查阅，不但有泄露商业秘密的风险，还会影响公司的正常经营。因此建议在公司章程中明确列明行使股东知情权的程序和步骤。

相关法律规定

《**中华人民共和国公司法**》（2018年修正，已被修订）

第三十三条　股东有权查阅、复制公司章程、股东会会议记录、董事会会议决议、监事会会议决议和财务会计报告。

股东可以要求查阅公司会计账簿。股东要求查阅公司会计账簿的，应当向公司提出书面请求，说明目的。公司有合理根据认为股东查阅会计账簿有不正当目的，可能损害公司合法利益的，可以拒绝提供查阅，并应当自股东提出书面请求之日起十五日内书面答复股东并说明理由。公司拒绝提供查阅的，股东可以请求人民法院要求公司提供查阅。

《**中华人民共和国公司法**》（2023年修订）

第五十七条　股东有权查阅、复制公司章程、股东名册、股东会会议记录、董事会会议决议、监事会会议决议和财务会计报告。

股东可以要求查阅公司会计账簿、会计凭证。股东要求查阅公司会计账簿、会计凭证的，应当向公司提出书面请求，说明目的。公司有合理根据认为股东查阅会计账簿、会计凭证有不正当目的，可能损害公司合法利益的，可以拒绝提供查阅，并应当自股东提出书面请求之日起十五日内书面答复股东并说明理由。公司拒绝提供查阅的，股东可以向人民法院提起诉讼。

股东查阅前款规定的材料，可以委托会计师事务所、律师事务所等中介机构进行。

股东及其委托的会计师事务所、律师事务所等中介机构查阅、复制有关材料，应当遵守有关保护国家秘密、商业秘密、个人隐私、个人信息等法律、行政法规的规定。

股东要求查阅、复制公司全资子公司相关材料的，适用前四款的规定。

《中华人民共和国会计法》(2017年修正)

第十五条第一款 会计账簿登记，必须以经过审核的会计凭证为依据，并符合有关法律、行政法规和国家统一的会计制度的规定。会计账簿包括总账、明细账、日记账和其他辅助性账簿。

《最高人民法院关于适用〈中华人民共和国公司法〉若干问题的规定（四）》(2020年修正)

第十条 人民法院审理股东请求查阅或者复制公司特定文件材料的案件，对原告诉讼请求予以支持的，应当在判决中明确查阅或者复制公司特定文件材料的时间、地点和特定文件材料的名录。

股东依据人民法院生效判决查阅公司文件材料的，在该股东在场的情况下，可以由会计师、律师等依法或者依据执业行为规范负有保密义务的中介机构执业人员辅助进行。

第十一条 股东行使知情权后泄露公司商业秘密导致公司合法利益受到损害，公司请求该股东赔偿相关损失的，人民法院应当予以支持。

根据本规定第十条辅助股东查阅公司文件材料的会计师、律师等泄露公司商业秘密导致公司合法利益受到损害，公司请求其赔偿相关损失的，人民法院应当予以支持。

本案链接

以下为该案在法院审理阶段，判决书中"本院认为"就该问题的论述：

根据《中华人民共和国公司法》第四条规定："公司股东依法享有资产收益、参与重大决策和选择管理者等权利。"第三十三条规定："股东有权查阅、复制公司章程、股东会会议记录、董事会会议决议、监事会会议决议和财务会计报告。股东可以要求查阅公司会计账簿。"从上述规定看，股东知情权是股东享有对公司经营管理等重要情况或信息真实了解和掌握的权利，是股东依法行使资产收益、参与重大决策和选择管理者等权利的基础性权利。账簿查阅权是股东知情权的重要内容。股东对公司经营状况、财产状况的知悉，首要前提是通过查阅公司真实、完整的财务资料了解公司财务状况。《中华人民共和国会计法》第九条规定："各单位必须根据实际发生的经济业务事项进行会计核算，填制会计凭证，登记会计账簿，编制财务会计报告。"第十四条规定："会计凭证包括原始凭证和记账凭证。……记账凭证应当根据经过审核的原始凭证及有关资料编制。"

第十五条第一款规定："会计账簿登记，必须以经过审核的会计凭证为依据，并符合有关法律、行政法规和国家统一的会计制度的规定。"因此，公司的具体经营活动只有通过查阅原始凭证才能知晓，不查阅原始凭证，股东可能无法准确了解公司真实的经营状况、财务状况。根据会计准则，会计凭证是编制会计账簿的依据，应当作为会计账簿的附件入账备查。邱某某在起诉前，已依法向凯某建筑公司发出《会计账簿查阅函》，凯某建筑公司已作出回复，同意邱某某在指定的期间到公司查阅。但凯某建筑公司仅提供了财务会计报表及会计账簿，未提供相应的会计凭证，在一定程度上限制了邱某某对公司会计凭证的查阅权，影响了邱某某知情权的行使。根据《中华人民共和国公司法》第三十三条第二款规定，"股东要求查阅公司会计账簿的，应当向公司提出书面请求，说明目的。公司有合理根据认为股东查阅会计账簿有不正当目的，可能损害公司合法利益的，可以拒绝提供查阅，并应当自股东提出书面请求之日起十五日内书面答复股东并说明理由。公司拒绝提供查阅的，股东可以请求人民法院要求公司提供查阅。"凯某建筑公司上诉称邱某某将公司的大量业务转移到外面做，但未提供有效的证据加以证明；其不能举证证明邱某某查阅会计账簿有不正当目的，可能损害公司合法利益，应当承担举证不能的法律后果，其应当向邱某某提供会计账簿及相应的会计凭证。凯某建筑公司关于此节的上诉理由缺乏事实和法律依据，本院不予支持。

关于邱某某是否有权委托注册会计师帮助查阅会计账簿及相应的会计凭证问题。股东知情权是一个权利体系，由财务会计报告查阅权、账簿查阅权和检查人选任请求权三项权利所组成。首先，从日常生活经验分析，财务会计报告、会计账簿、会计凭证具有高度的专业性，不具有专业知识的股东查阅上述资料时难以看懂。其次，设立股东知情权的立法目的和价值取向是为了保护中小股东的实体性权利。该权利的行使是通过查阅会计账簿及相应的会计凭证了解公司真实的信息。从实质正义的角度分析，股东委托注册会计师帮助查阅财务会计报告、会计账簿、会计凭证，有助于股东知情权的充分行使。再次，现有法律、法规及凯某建筑公司的章程并未对股东委托专业会计人员行使知情权明确禁止。故原审判决邱某某有权委托注册会计师协助其查阅凯某建筑公司会计财务报告、会计账簿、会计凭证（包括记账凭证和原始凭证），并无不当。凯某建筑公司上诉称，邱某某委托他人代为行使查阅会计账簿的权利可能给公司正常经营带来损害；即使邱某某要委托他人查阅公司财务资料，也只能由人民法院指定专业人员查阅，查阅后向邱某某出具查阅报告。该上诉理由亦缺乏事实和法律依据,本院不予支持。

延伸阅读

判决股东有权委托注册会计师协助行使知情权的三个案例

新《公司法》出台前,全国各地既往判决书在股东是否有权委托第三方中介机构协助行使知情权的问题上,观点不一。有些法院认为股东有权委托,有些法院认为取得公司同意是股东委托中介机构协助行使知情权的前提。笔者检索了3个法院支持股东行使知情权时委托中介机构的案例,随着新公司法的实施,相关裁判可得到成文法的背书。

案例1:江苏省高级人民法院,郁某某与南京郁某生物科技有限公司股东知情权纠纷二审民事判决书〔(2016)苏民终字第620号〕认为:《公司法》并未禁止股东委托他人代为行使知情权,郁某某为了知悉郁某公司的经营状况行使知情权,当然可以自行决定聘请注册会计师协助其进行查询,且其委托注册会计师协助查阅并未损害郁某公司的利益。

案例2:广东省高级人民法院,广东茂某高速公路有限公司与东南亚某发有限公司知情权纠纷执行案执行裁定书〔(2010)粤高法执复字第97号〕认为:某发公司有权自费聘请有审计资格的会计师事务所在茂某高速合作经营合同、章程和法律规定的范围内,对其作为合作经营企业的股东期间的账簿进行审计。

案例3:江苏省泰州市中级人民法院,某市饮食服务有限责任公司诉沈某某等股东知情权纠纷二审民事判决书〔(2013)泰中商终字第0310号〕认为:鉴于饮食公司成立多年,会计账簿又具有较强的专业性,被上诉人要求委托注册会计师协助其行使账簿的查阅权,不违反法律的规定,应予以支持。

023 公司能否以股东或其委派的人员在公司任职为由拒绝股东行使知情权

裁判要旨

股东知情权是《公司法》规定的股东为获取公司经营、决策、管理的相关事项而享有的法定权利,股东委派的董事对公司财务状况是否知情并不妨碍公司股东行使知情权。公司以此为理由拒绝股东行使知情权的，法院不予支持。

案情简介[①]

一、蓝某地公司系中外合资经营企业，中方股东为某产总公司，外方股东为业某公司。蓝某地公司董事会由五名董事组成，其中业某公司委派至蓝某地公司的董事为高某某、滕某某。

二、后业某公司提起股东知情权诉讼，要求蓝某地公司提供公司财务会计报告、会计账簿（包括会计凭证及原始财务凭证）等全部财务资料。

三、蓝某地公司抗辩称：业某公司委派至蓝某地公司的董事滕某某对蓝某地公司的财务状况知情，业某公司不再享有查阅财务资料的权利。

四、本案经南京市中院一审、江苏省高院二审，均支持了业某公司的诉讼请求。

核心要点

股东知情权是《公司法》规定的股东为获取公司经营、决策、管理的相关事项而享有的法定权利，包括对公司财务报告和公司账簿的查阅权。业某公司作为蓝某地公司的股东，其应依法享有知情权，可查阅公司财务报告和会计账簿。

业某公司向蓝某地公司委派董事的行为是其依据章程规定所享有的权利，滕某某作为业某公司委派至蓝某地公司的董事，其履行的是作为蓝某地公司董事之义务，董事对公司财务状况是否知情并不妨碍公司股东行使查阅账目的权利。蓝某地公司关于业某公司委派的董事滕某某在蓝某地公司已履行了董事职责，应已知晓蓝某地公司财务状况，业某公司不再享有查阅财务资料的权利的抗辩理由依法不能成立。

实务经验总结

前事不忘，后事之师。为避免未来发生类似败诉，提出如下建议：

第一，公司及股东一定要重视股东知情权这把利器。本书作者参与多起股东间纠纷的解决，此类案件的常见招数是：未参与公司实际经营的股东先提起行使

---

① 案件来源：江苏省高级人民法院，南京蓝某地房地产开发有限公司与业生有限公司股东知情权纠纷二审民事判决书［（2010）苏商外终字第0054号］。

知情权之诉；查账后逼迫对方予以妥协，或者双方签署和解协议结束股东争夺战；如不能和平解决，行使知情权的股东可能会以职务侵占罪或类似罪名追究另一方股东的刑事责任。

第二，股东自己在公司任职或委派人员在公司任职，并不影响股东向公司主张行使股东知情权。公司仅以此为由抗辩股东行使知情权，难以得到法院支持。

第三，职业经理人不可认为股东知情权诉讼只是股东之间的游戏，与己无关，甚至帮助一方股东销毁公司文件材料。对此，《公司法司法解释（四）》第十二条规定：公司董事、高级管理人员等未依法履行职责，导致公司未依法制作或者保存公司法第三十三条、第九十七条规定的公司文件材料，给股东造成损失，股东依法请求负有相应责任的公司董事、高级管理人员承担民事赔偿责任的，人民法院应当予以支持。

相关法律规定

《中华人民共和国公司法》（2018年修正，已被修订）

第三十三条　股东有权查阅、复制公司章程、股东会会议记录、董事会会议决议、监事会会议决议和财务会计报告。

股东可以要求查阅公司会计账簿。股东要求查阅公司会计账簿的，应当向公司提出书面请求，说明目的。公司有合理根据认为股东查阅会计账簿有不正当目的，可能损害公司合法利益的，可以拒绝提供查阅，并应当自股东提出书面请求之日起十五日内书面答复股东并说明理由。公司拒绝提供查阅的，股东可以请求人民法院要求公司提供查阅。

《中华人民共和国公司法》（2023年修订）

第五十七条　股东有权查阅、复制公司章程、股东名册、股东会会议记录、董事会会议决议、监事会会议决议和财务会计报告。

股东可以要求查阅公司会计账簿、会计凭证。股东要求查阅公司会计账簿、会计凭证的，应当向公司提出书面请求，说明目的。公司有合理根据认为股东查阅会计账簿、会计凭证有不正当目的，可能损害公司合法利益的，可以拒绝提供查阅，并应当自股东提出书面请求之日起十五日内书面答复股东并说明理由。公司拒绝提供查阅的，股东可以向人民法院提起诉讼。

股东查阅前款规定的材料，可以委托会计师事务所、律师事务所等中介机构进行。

股东及其委托的会计师事务所、律师事务所等中介机构查阅、复制有关材料，应当遵守有关保护国家秘密、商业秘密、个人隐私、个人信息等法律、行政法规的规定。

股东要求查阅、复制公司全资子公司相关材料的，适用前四款的规定。

《最高人民法院关于适用〈中华人民共和国公司法〉若干问题的规定（四）》（2020年修正）

第八条 有限责任公司有证据证明股东存在下列情形之一的，人民法院应当认定股东有公司法第三十三条第二款规定的"不正当目的"：

（一）股东自营或者为他人经营与公司主营业务有实质性竞争关系业务的，但公司章程另有规定或者全体股东另有约定的除外；

（二）股东为了向他人通报有关信息查阅公司会计账簿，可能损害公司合法利益的；

（三）股东在向公司提出查阅请求之日前的三年内，曾通过查阅公司会计账簿，向他人通报有关信息损害公司合法利益的；

（四）股东有不正当目的的其他情形。

第九条 公司章程、股东之间的协议等实质性剥夺股东依据公司法第三十三条、第九十七条规定查阅或者复制公司文件材料的权利，公司以此为由拒绝股东查阅或者复制的，人民法院不予支持。

第十条 人民法院审理股东请求查阅或者复制公司特定文件材料的案件，对原告诉讼请求予以支持的，应当在判决中明确查阅或者复制公司特定文件材料的时间、地点和特定文件材料的名录。

股东依据人民法院生效判决查阅公司文件材料的，在该股东在场的情况下，可以由会计师、律师等依法或者依据执业行为规范负有保密义务的中介机构执业人员辅助进行。

第十二条 公司董事、高级管理人员等未依法履行职责，导致公司未依法制作或者保存公司法第三十三条、第九十七条规定的公司文件材料，给股东造成损失，股东依法请求负有相应责任的公司董事、高级管理人员承担民事赔偿责任的，人民法院应当予以支持。

本案链接

以下为该案在法院审理阶段，判决书中"本院认为"就该问题的论述：

首先，股东知情权是《公司法》规定的股东为获取公司经营、决策、管理的相关事项而享有的法定权利，包括对公司财务报告和公司账簿的查阅权。业某公司作为蓝某地公司的股东，其应依法享有知情权，可查阅公司财务报告和会计账簿。其次，业某公司向蓝某地公司委派董事的行为是其依据章程规定所享有的权利，滕某某作为业某公司委派至蓝某地公司的董事，其履行的是作为蓝某地公司董事之义务，董事对公司财务状况是否知情并不妨碍公司股东行使查阅账目的权利，蓝某地公司关于业某公司委派的董事滕某某在蓝某地公司已履行了董事职责，应已知晓蓝某地公司财务状况，业某公司不再享有查阅财务资料的权利的抗辩理由依法不能成立。最后，根据法律规定，蓝某地公司拒绝股东行使查阅权需有合理根据认为股东查阅会计账簿有不正当目的，可能损害公司合法利益，蓝某地公司未能举证证明业某公司查阅会计账簿有不正当目的，业某公司要求查阅蓝某地公司的财务报告和会计账簿等财务资料的诉讼请求符合法律规定，予以支持。

延伸阅读

知情权诉讼中，被告提出原告在公司任职或已掌握公司的有关材料，以此拒绝原告行使知情权，与此抗辩理由相关的两条裁判规则。

裁判规则一：股东自己在公司任职或委派人员在公司任职，并不影响股东向公司主张行使股东知情权。

案例1：广东省高级人民法院，深圳市金色某湾房地产开发有限公司与姚某某股东知情权纠纷再审案民事裁定书〔（2013）粤高法民二申字第998号〕认为：金色某湾公司以公司会计是姚某某委派及公司营业地是租用姚某某房产为由，主张股东会会议记录等资料已在姚某某手中，其不必再提供给姚某某查阅，缺乏事实依据，本院不予支持。

案例2：北京市第一中级人民法院，北京加某地毯有限公司与刘某某股东知情权纠纷二审民事判决书〔（2013）一中民终字第11553号〕认为：本案系刘某某依据股东身份要求查阅加某公司相关财务资料，与刘某某所担任加某公司的职务以及杨某某是否为加某公司负责人无关。

案例3：北京市第一中级人民法院，北京睿某医院建设顾问有限责任公司与郭某股东知情权纠纷二审民事判决书〔（2013）一中民终字第9558号〕认为：郭某是否为睿某公司的会计，并不影响其依据股东身份行使股东知情权查阅睿某公司的财务会计报告,故睿某公司该上诉主张本院不予支持。

案例4:上海市第一中级人民法院,甲公司与钱某某股东知情权纠纷二审民事判决书〔(2013)沪一中民四(商)终字第1474号〕认为:不能因股东参与了公司的经营管理可能知晓公司的经营和财务状况,而免除公司保障股东知情权行使的义务。

裁判规则二:股东若作为清算组成员已经参与了公司的审计工作,就已经了解了公司的经营状况,其再次请求行使在此期间的知情权,法院不予支持。

案例5:辽宁省沈阳市中级人民法院,田某某与沈阳某某公司股东知情权纠纷二审民事判决书〔(2011)沈中民三终字第736号〕认为:作为清算小组成员,上诉人完全有能力和责任参与清算过程中最为重要的公司审计过程,而审计过程中必然涉及提供和查阅所有的相关会计账目,因此上诉人已作为清算组成员参与了公司全部审计过程,在此期间其股东知情权已得到充分行使,才使得公司解散按程序进行至注销工商登记的办理,上诉人的诉请主张没有事实依据。

024 管控公司证照印章需要走哪三步

裁判要旨

法定代表人作为公司法人的意思表示机关,对外有权以公司的名义从事法律行为,对内有权主持公司的经营管理工作。公司证照印章等作为公司财产和公司经营活动中进行意思表示的手段,在股东没有特别约定的情况下,公司法定代表人有权进行管理,并可代表公司要求他人返还证照印章。

案情简介[①]

一、滨州中某公司原股东为于某某、青岛中某公司。其中,于某某持股24%,青岛中某公司持股76%;司某某任执行董事和法定代表人,于某某任监事。

二、滨州中某公司的公章、财务章、合同章等各类印章,营业执照、税务登

---

① 案件来源:山东省高级人民法院,滨州市中某豪运置业有限责任公司、于某某与青岛中某实业股份有限公司、司某某公司证照返还纠纷二审民事判决书〔(2013)鲁商终字第145号〕。

记证、开户许可证、房产证、土地证、财务账簿等证照均由青岛中某公司掌控。

三、2012年，滨州中某公司股权结构变更为于某某持股75%，青岛中某公司持股25%。

四、于某某召集股东会，青岛中某公司派律师参会，但因无委托手续，未被允许进场。滨州中某公司作出股东会决议：免去司某某执行董事及法定代表人职务；选举于某某为执行董事及法定代表人。

五、此后，于某某要求青岛中某公司移交各类印章、财务账簿、营业执照正副本等资料。青岛中某公司以股东会决议应撤销，司某某仍为法定代表人为由，拒绝返还印章证照。

六、于某某代表滨州中某公司诉至滨州中院，滨州中院判决青岛中某公司将印章证照等资料返还给滨州中某公司。青岛中某公司不服，上诉至山东高院，山东高院判决：驳回上诉，维持原判。

核心要点

公司法定代表人有权代表公司要求他人返还公司印章证照。本案中，股东会决议已产生了新的法定代表人，其作为公司法人的意思表示机关，对外有权以公司的名义从事法律行为，对内有权主持公司的经营管理工作。公司证照印章等作为公司财产和公司经营活动中进行意思表示的手段，应当由公司法定代表人进行管理。公司印章证照等物品属于公司财产，不能作为大股东、公司法定代表人、公司董事等的私人财产，任何人也不得侵占。公司法定代表人可以依据《民法典》物权编、《民法典》总则编和《公司法》的相关规定，以物权返还为由要求非法占有人返还。

实务经验总结

前事不忘，后事之师。为避免未来发生类似败诉，提出如下建议：

第一，变更法定代表人、争夺公司印章证照三步走。

第一步：根据公司章程规定的法定代表人任免程序，分别召集股东会或董事会，选举新的公司法定代表人。根据新修订《公司法》第十条的规定，法定代表人由代表公司执行公司事务的董事或者经理担任，扩大了法定代表人的范围。2018年《公司法》规定公司章程应当载明的公司法定代表人，新修订《公司法》

第四十六条规定，公司应当在章程中载明"公司法定代表人的产生、变更办法"。这样一来，法定代表人记载方式更加科学，减少变更法定代表人后还应变更公司章程的繁琐程序。鉴于新《公司法》将法定代表人的选任方法赋予公司内部决定，故建议公司在章程中设计适合公司的机制。公司可以采用资本多数决的方式，规定"变更法定代表人需要经代表三分之二以上表决权的股东同意"，或将法定代表人产生的变更的权利授予董事会和不设董事会公司的董事行使。如果公司章程仍规定法定代表人由董事长、经理等特定职务的人担任，则继续采取之前的程序，需要召集董事会选任新的董事长或经理。若原章程中规定由不设董事会公司的董事担任法定代表人，则需要召集股东会。另外，如果原董事会没有新控股股东的代表董事或代表董事的人数不足，新控股股东需要先召集股东会，选任己方多数董事，改组董事会，然后再召开新的董事会，选任新的董事长或经理。

第二步，办理工商变更登记。新修订的《公司法》第三十五条第三款规定，公司变更法定代表人的，变更登记申请书由变更后的法定代表人签署。该新增的程序性规定能够避免实践中原法定代表人不签字、不配合，导致无法完成法定代表人变更登记的情况。

第三步：要求返还公司印章证照。新法定代表人在诉状中以签字的形式（之所以是签字的形式而不是盖章的形式，是因为公章在对方手上）代表公司作为原告，以原法定代表人为被告，提起证照返还诉讼，要求其返还公司的营业执照、公章。

第二，在公司章程中明确公司印章证照的掌管者。对于公司印章、证照到底由谁掌管，大股东指派的人、法定代表人、董事还是财务负责人，目前我国法律和司法解释并无明确规定。为了避免公司控制权争夺中出现"真空"，建议在章程中作出明确规定，例如规定由公司法定代表人（大股东）或其指定的人持有，避免产生分歧和诉讼。

第三，在公司控制权争夺战中，应严格按照《公司法》规定的法定程序召开股东会，特别是在股东会的召集、通知、表决等各关键环节建议使用公证的手段。公证的方式可以使股东会决议在程序上的瑕疵降到最低，保证股东会决议合法有效。

相关法律规定

《中华人民共和国公司法》（2018 年修正，已被修订）

第十三条　公司法定代表人依照公司章程的规定，由董事长、执行董事或者经理担任，并依法登记。公司法定代表人变更，应当办理变更登记。

第二十二条第二款　股东会或者股东大会、董事会的会议召集程序、表决方式违反法律、行政法规或者公司章程，或者决议内容违反公司章程的，股东可以自决议作出之日起六十日内，请求人民法院撤销。

第一百四十七条第二款　董事、监事、高级管理人员不得利用职权收受贿赂或者其他非法收入，不得侵占公司财产。

《中华人民共和国公司法》（2023 年修订）

第十条　公司的法定代表人按照公司章程的规定，由代表公司执行公司事务的董事或者经理担任。

担任法定代表人的董事或者经理辞任的，视为同时辞去法定代表人。

法定代表人辞任的，公司应当在法定代表人辞任之日起三十日内确定新的法定代表人。

第二十六条第一款　公司股东会、董事会的会议召集程序、表决方式违反法律、行政法规或者公司章程，或者决议内容违反公司章程的，股东自决议作出之日起六十日内，可以请求人民法院撤销。但是，股东会、董事会的会议召集程序或者表决方式仅有轻微瑕疵，对决议未产生实质影响的除外。

第一百八十一条第一项　董事、监事、高级管理人员不得有下列行为：

（一）侵占公司财产、挪用公司资金；

《中华人民共和国民法通则》（已失效）

第四十三条　企业法人对它的法定代表人和其他工作人员的经营活动，承担民事责任。

《中华人民共和国物权法》（已失效）

第三十四条　无权占有不动产或者动产的，权利人可以请求返还原物。

《中华人民共和国民法典》（2021 年 1 月 1 日施行）

第六十一条第二款　法定代表人以法人名义从事的民事活动，其法律后果由法人承受。

第二百三十五条　无权占有不动产或者动产的，权利人可以请求返还原物。

本案链接

以下为该案在法院审理阶段，判决书中"本院认为"就该问题的论述：

本案滨州中某公司起诉主张青岛中某公司返还公司证照，而青岛中某公司二审中主张股东会决议应予撤销，根据《中华人民共和国公司法》第二十二条第二款关于"股东会或者股东大会、董事会的会议召集程序、表决方式违反法律、行政法规或者公司章程，或者决议内容违反公司章程的，股东可以自决议作出之日起六十日内，请求人民法院撤销"之规定，青岛中某公司应在法律规定的期间内另行提起公司决议撤销之诉。至二审法庭辩论终结前，青岛中某公司并未提起公司决议撤销之诉。作为滨州中某公司的股东，青岛中某公司应受2012年8月29日股东会决议的约束。

本案股东会决议已产生了新的法定代表人田某某，其作为公司法人的意思表示机关，对外有权以公司的名义从事法律行为，对内有权主持公司的经营管理工作。公司证照印章等作为公司财产和公司经营活动中进行意思表示的手段，应当由公司法定代表人进行管理。本案青岛中某公司持有滨州中某公司的证照印章等，并利用持有的印章对案外人的借款提供担保，导致滨州中某公司的工商变更登记无法进行，公司活动无法正常开展，损害了滨州中某公司的利益，青岛中某公司应当将上述证照印章等予以返还。一审判决认定事实清楚，适用法律正确，依法应予维持。

延伸阅读

公司证照返还纠纷的八条裁判规则

一、证照返还纠纷的诉讼主体是公司而不是个人

案例1：北京市高级人民法院，张某与北京俊某房地产开发有限公司证照返还纠纷再审民事裁定书［（2015）高民（商）申字第168号］认为：北京盛某夏房地产开发有限公司依法对其印章、证照拥有所有权并可行使对其印章、证照的返还请求权，而本案申请人系以其个人名义提起诉讼，其无权要求被申请人向其个人返还北京盛某夏房地产开发有限公司的印章、证照，故申请人张某不是本案适格的诉讼主体。

案例2：葫芦岛市中级人民法院，陈某某与李某某公司证照返还纠纷二审民事裁定书［（2015）葫民终字第00867号］认为：《物权法》第三十四条规定：

"无权占有不动产或者动产的，权利人可以请求返还原物。"本案中，陈某某要求返还的公司全部证照、印章及其他资料，隶属于兴城市仁某青山石材有限公司，其作为本案的诉讼主体不适格。而陈某某作为兴城市仁某青山石材有限公司的股东，为公司利益而进行股东代表诉讼，依据《公司法》的相关规定，股东代表诉讼需要具备一定的前置程序。在公司的董事、高级管理人员给公司造成损失，而公司又怠于行使诉讼权利的情况下，有限责任公司的股东可以书面请求公司监事会（或者不设监事会的公司监事）向人民法院提起诉讼。监事会（或监事）拒绝提起诉讼，或者自收到请求之日起30日内未提起诉讼，或者情况紧急、不立即提起诉讼将会使公司利益受到难以弥补的损害的，公司股东才可以以自己的名义提起股东代表诉讼。本案中，陈某某不能提供其他证据证明其诉讼符合股东代表诉讼的相关要求。一审裁定认为陈某某诉讼主体资格不适格，并无不当之处。另外，有限责任公司的法定代表人变更需符合公司章程及我国《公司法》的有关规定，陈某某上诉主张其为兴城市仁某青山石材有限公司新任董事长、公司法定代表人缺乏事实依据。故陈某某上诉请求李某某将公司全部证照、印章及其他资料等返还给自己，没有事实依据及法律依据，本院不予支持。

二、公章证照属于公司财产

案例3：北京市第三中级人民法院，北京兴某顺达市政工程有限公司与唐某某公司证照返还纠纷二审民事判决书［（2015）三中民（商）终字第08974号］认为："公司是企业法人，有独立的法人财产，享有法人财产权。公司公章、证照是公司的合法财产，公司对其公章、证照的所有权受法律保护，任何单位和个人不得侵犯。当公司的公章、证照由他人无权控制、占有时，公司有权要求其返还……公司的相关公章、证照的所有权人为公司，其他人占有或控制公司的公章、证照应当有公司的授权。本案中，唐某某主张其持有公司公章、证照的依据为其是公司股东、办公室主任，但唐某某未能提交证据证明其对公章、证照的管理和控制有公司章程规定或公司决议等有效授权，且唐某某已于2014年10月25日离开兴某顺达公司，故唐某某无权继续持有相关公章和证照。兴某顺达公司作为上述公章、证照的所有权人主张唐某某予以返还，于法有据，应予支持。

案例4：新疆昌吉回族自治州中级人民法院，昌吉州金某农业生态有限责任公司与徐某某、方某、金某某公司证照返还纠纷二审民事判决书［（2014）昌中民一终字第367号］认为：被上诉人金某公司是依法成立的企业法人。上诉人徐某某保管的被上诉人金某公司的行政公章、财务公章、法定代表人私章、企业法人营业执照原件以及《土地租赁开发合同》原件均属于被上诉人金某公司的财产。双方当事人在二审庭审中均认可被上诉人金某公司自成立至今并未就公司证照、印章、合同的保管事宜召开股东会,以及公司章程对于公司证照、印章、合同等保管事宜未作规定,且被上诉人金某公司对上诉人徐某某保管上述证照、印章、合同的行为未予授权,故上诉人徐某某持有上述证照、印章、合同属于无权占有。《物权法》第三十四条规定:"无权占有不动产或者动产的,权利人可以请求返还原物"。按照上述法律规定,被上诉人金某公司有权要求上诉人徐某某返还公司证照、印章及合同。

案例 5:福州市中级人民法院,福建福某水电开发有限公司与黄某某公司证照返还纠纷二审民事判决书〔(2015)榕民终字第 891 号〕认为:讼争两枚印章属洪某公司的财产,因洪某公司更名为福某公司,根据国务院《关于国家行政机关和企业事业单位社会团体印章管理的规定》第二十四条关于"国家行政机关和企业事业单位、社会团体的印章,如因单位撤销、名称改变或换用新印章而停止使用时,应及时送交印章制发机关封存或销毁,或者按公安部会同有关部门另行制定的规定处理"的规定,福某公司作为讼争两枚印章的权利人,负有将该两枚印章送交制发机关封存或销毁的义务。上诉人黄某某无论是基于何人委托或何种原因保管该两枚讼争印章,均不能改变福某公司系两枚讼争印章权利人的事实。根据《物权法》第三十四条关于"无权占有不动产或者动产的,权利人可以请求返还原物"的规定,福某公司有权直接要求上诉人黄某某返还其所保管的洪某公司两枚印章。

案例 6:北京市朝阳区人民法院,北京日某印刷有限公司与盛某公司证照返还纠纷一审民事判决书〔(2014)朝民初字第 00920 号〕认为:日某公司系依法设立的有限责任公司,具有独立的法人资格,享有法人财产权。本案诉争的日某公司公章、财务专用章、合同专用章,2001 年至今的全部财务报表、会计账簿,企业法人营业执照正副本、组织机构代码证正副本、税务登记证正副本、印刷许可证、土地使用证、房屋所有权证、银行开户许可证均系日某公司的财产,为法人履行职责、行使职权、维护公司正常运营所需,公司当然拥有上述证照等物品的所有权。对于无权占有不动产或者动产的,权利人可以请求返还原物。

案例 7:成都市中级人民法院,林某某与英某耐(成都)假肢矫形器有限公司证照返还纠纷二审民事判决书〔(2014)成民终字第 1765 号〕认为:有限责任公司作为独立的法人,有独立的法人财产,享有法人财产权。法人财产不仅包括公司享有的货币、固定资产、债权、对外投资的股权、知识产权,还包括属于公司的各种证照、印章及依法建立的财务资料。如果公司上述经营资料遭非法占有,公司有权要求返还。林某某被解除总经理职务后,理应向公司返还其所占有的公司经营资料。

案例8:连云港市中级人民法院,连云港万某房地产开发有限公司与王某、王某某等公司证照返还纠纷二审民事判决书〔(2016)苏07民终字第1472号〕认为:公司的印鉴,是企业法人经相关法定机关登记备案确认的宣示性法律凭证,有代表公司对外进行意思表示的功能,是公司进行对外经营、对内管理的专有物品。公司印鉴不仅以其本身的物品属性体现了其有形财产的特性,更具有公司民事权利能力与行为能力标志的无形财产价值,属于公司专有的重要财产,公司印鉴的运用只能依附于公司的法人行为,其由何人、采取何种方法保管、使用虽属公司内部意思表示范畴,不属于人民法院民事诉讼受案的范围,但有限责任公司作为独立的企业法人,享有独立的法人财产权,公司印鉴与固定资产、货币等同属公司财产。

三、法定代表人有权代表公司向无权占有人要求返还印章证照

案例9:北京市高级人民法院,北京贝某德生物科技有限公司与吕某公司证照返还纠纷二审民事判决书〔(2013)二中民终字第17025号〕认为:公司证照及财务资料为公司经营所必需,对外代表着公司的意志。公司作为法人,尽管拥有证照及财务资料的所有权,但这些物品须由具体的自然人予以保管。在本案中,贝某德公司的章程并未规定公司证照及财务资料应由谁进行保管或控制。在王某某召开临时股东会并作出决议后,贝某德公司的法定代表人变更为王某某,而吕某在贝某德公司的职务被解除。此时,王某某作为贝某德公司的法定代表人及经理,其有权决定贝某德公司的证照和财务资料应由谁保管。贝某德公司有权要求吕某返还公司证照和财务资料,吕某也无权再占有贝某德公司的证照和财务资料。

案例10:北京市西城区人民法院,北京雷某投资管理顾问有限公司与李某甲公司证照返还纠纷一审民事判决书〔(2015)西民(商)初字第1752号〕认为:李某乙作为雷某投资公司的唯一股东,其以股东决议的形式将公司法定代表人由李某甲变更为俞某某,应为有效,故公司现任法定代表人应为俞某某,其有权代表公司提起诉讼。根据《中华人民共和国物权法》第三十四条规定:无权占有不动产或者动产的,权利人可以请求返还原物。本案所涉争议为公司证照返

还纠纷，公司印章是为法人履行职责、行使职权、维护公司正常运营所必需，公司当然拥有上述公章的所有权。且雷某投资公司已作出决议，原法定代表人李某甲应将公司的公章、财务章、合同章、发票章及财务账簿交由现任法定代表人俞某某收执，故对原告起诉要求被告李某甲将原告公司的公章、财务章、合同章归还原告，交由现任法定代表人俞某某收执的诉讼请求，本院予以支持。

案例11：北京市朝阳区人民法院，九某国际咨询（北京）有限公司与黄某公司证照返还纠纷一审民事判决书［（2013）朝民初字第37819号］认为：公司的法定代表人依法代表法人行使职权，宋某有权以九某咨询公司的名义提起诉讼。根据《物权法》第三十四条规定：无权占有不动产或者动产的，权利人可以请求返还原物。本案所涉争议为公司证照返还纠纷，公司营业执照、印章等证照为法人履行职责、行使职权、维护公司正常运营所需，公司当然拥有上述证照的所有权。九某咨询公司系依法设立的有限责任公司，其公司相关证照应当由公司持有，任何个人或单位均不得自行占有相关证照。黄某将持有的公司证照存放在保管公司并持有保险柜钥匙，但黄某不是公司的法定代表人，且股东之间亦未形成决议由黄某持有公司证照，故其应将持有的公司证照返还给九某咨询公司。宋某作为九某咨询公司的法定代表人依法代表公司行使职权，可以提起诉讼，代公司主张权利。九某咨询公司要求黄某返还公司公章、法定代表人印章、财务专用章、合同专用章、发票专用章、营业执照正副本、税务登记证正副本、组织机构代码证正副本、人力资源从业证正副本、开户许可证、人事相关资料（包括6名全职员工的劳动合同、年终评审报告）、支票（包括一本现金支票和两本转账支票）、一本空白地税新版发票的诉讼请求，于法有据，本院予以支持。

案例12：北京市石景山区人民法院，北京新某睿智艺术培训有限责任公司与杜某某公司证照返还纠纷一审民事判决书［（2014）石民（商）初字第9464号］认为：公司的法定代表人依法代表法人行使职权，徐某某有权以新某公司的名义提起诉讼。根据《物权法》第三十四条的规定，无权占有不动产或者动产的，权利人可以请求返还原物。公司营业执照、印章等证照为法人履行职责、行使职权、维护公司正常运营所需，公司当然拥有上述证照的所有权。徐某某系新某公司的法定代表人，有权掌握公司相关证照。杜某某占有公司证照的行为侵犯了新某公司及其法定代表人徐某某的合法权益，故新某公司主张杜某某返还公司营业执照、公司公章、财务公章、法人名章、组织机构代码、税务登记证、公司章程原件的诉讼请求，本院予以支持。

四、法定代表人签字可代表公司意志

案例 13：北京市第二中级人民法院，于某某与北京有某同创科技发展有限公司证照返还纠纷二审民事判决书［（2016）京 02 民终字第 8037 号］认为：有某公司作为独立民事权利主体，对公司的公章、发票专用章、营业执照副本、税务登记证副本、社保登记证副本、财务账簿及财务原始凭证依法享有保管、使用的权利，并且在上述权利受到侵害时，有权请求返还相关证照。本案中，有某公司登记在案的法定代表人为冯某，故冯某代表公司提起本案诉讼不违反法律规定，并无不当，在公司公章缺位时，法定代表人的签字可以代表公司意志。根据已查明的事实，于某某认可其作为有某公司股东及监事，自 2015 年 7 月开始实际控制和使用有某公司公章、发票专用章、营业执照副本、税务登记证副本、社保登记证副本、2010 年 4 月至 2016 年 1 月期间的财务账簿及财务凭证，现有某公司起诉要求于某某返还相关印章、证照及财务账簿、财务凭证的诉讼请求，于法有据，一审法院予以支持，处理并无不当。

案例 14：济南市中级人民法院，军某投资集团有限公司与彭某某、陈某公司证照返还纠纷二审民事裁定书［（2016）鲁 01 民终字第 5005 号］认为：代表军某公司提起本案诉讼、签署起诉状及授权委托书等相关诉讼材料的均系边某某，根据本案现有证据，边某某不能证明其作为军某公司法定代表人的身份得到了进一步确认，且在陈某二审提交的其他诉讼执行文书中关于军某公司的代表人亦多次出现不同的记载，现对于边某某是否具有军某公司合法的法定代表人的身份，本案双方当事人仍存有争议，故本院目前尚无法作出边某某是军某公司合法的法定代表人的认定，因而也无法确认由边某某签署起诉状、授权委托书等诉讼材料而提起的本案诉讼系军某公司的真实意思表示。根据《民事诉讼法》第四十八条第二款"法人由其法定代表人进行诉讼"、《最高人民法院关于适用民事诉讼法的解释》第五十条"法人的法定代表人以依法登记的为准，但法律另有规定的除外"的规定，目前边某某签署起诉状代表军某公司提起本案诉讼不符合法定条件。

五、在公章控制人与法定代表人不一致时，应当由法定代表人行使公司意志的代表权？

案例 15：北京市第三中级人民法院，盛某与北京日某印刷有限公司证照返还纠纷二审民事判决书［（2014）三中民终字第 08670 号］认为：关于公司意志代表权的问题，公司法定代表人有权代表公司提起诉讼。本案中，法定代表人与

公司公章控制人并非同一人，根据《民事诉讼法》第四十八条第二款的规定："法人由其法定代表人进行诉讼"，法定代表人是公司意志的代表机关，在公章控制人与法定代表人不一致时，应当由法定代表人行使公司意志的代表权。在无相反证据证明时，法定代表人以公司名义作出的行为应当视为公司的行为，詹某某作为日某公司法定代表人有权代表公司提起诉讼。詹某某作为日某公司的法定代表人有权代表日某公司诉请公司证照返还。公司的相关证照的所有权人为公司，其他人占有或控制公司的证照应当有公司的授权。盛某主张其系依据职权具有日某公司证照的管理和控制权，但盛某未能提交充分证据证明其对证照的管理和控制有章程规定或董事会决议等公司的有效授权。盛某虽主张其作为日某公司副总经理代行总经理职权，且依据公司文件有权对证照进行控制或管理，但是日某公司现并不认可盛某所提交的相关内部文件的真实性，且该文件并未经过董事会决议。现日某公司与盛某就证照返还问题产生纠纷且公司已处于非正常经营状态，盛某在没有明确章程或有效公司内部决议授权的情况下，无权继续控制或管理相关证照。公司作为相关证照的所有权人主张返还，盛某作为相关证照的实际控制人具有相关证照的返还义务。

六、在名义上法定代表人与实质法定代表人发生冲突时，应以实质的法定代表人作为公司的诉讼代表人，要求返还公司印章及证照？

案例16：宿迁市中级人民法院，苏某（沭阳）畜牧苗猪市场有限公司与郑某某公司证照返还纠纷二审民事判决书［（2015）宿中商终字第00185号］认为：苏某苗猪公司监事顾某某提前十五日通知了全体股东召开股东会，以三分之二有表决权的多数表决通过本案股东会决议，并将股东会决议内容书面通知了全体股东，无论是程序还是决议内容，均符合公司章程规定，不违反法律、行政法规的规定，合法有效，股东会决议对公司全体股东具有法律约束力。公司的诉讼代表权专属于公司法定代表人，在名义上法定代表人与实质法定代表人发生冲突时，应以实质的法定代表人作为公司的诉讼代表人。本案中，苏某苗猪公司原法定代表人郑某某被罢免法定代表人职务后，无权占有公司公章，拒不配合办理公司变更登记，影响公司正常经营管理，顾某某作为股东会决议新选任的法定代表人，方是代表公司真实且最高意思表示的实质的法定代表人，其当然有权签字以公司的名义提起诉讼，即本案原告主体资格适格。据此，本案中，郑某某在苏某苗猪公司2014年10月8日股东会作出决议并通知其本人后，已不再担任该公司的法定代表人，也不再有权持有公司的证照，其继续占有公司证照属于无权占有，公司作为证照的所有权人，有权要求其立即返还。郑某某应当根据股东会决议要求向公司移交营业执照原件、公章、财务章、合同专用章、税务登记证、组织机构代码证和财务资料等公司证照。

案例17：苏州市姑苏区人民法院，上海旺某企业发展有限公司与张某公司证照返还纠纷一审民事判决书［（2014）姑苏商初字第0583号］认为：公司意志包括诉讼活动的形成，由公司机关进行决策。根据《公司法》第三十八条规定，股东会是公司决策的权力机构，有权行使公司章程规定的职权。公司证照返还纠纷作为公司内部纠纷，应尊重公司章程和股东会的有效决议。公司法定代表人变更属于公司意志的变更与公司内部人事关系的变化，应遵从公司内部自治原则，只要公司内部形成了有效的变更决议，就应在公司内部产生法律效力，新选任的法定代表人可以代表公司的意志。公司作为商事主体，应受到商事登记制度的规范，但对法定代表人变更事项进行登记，目的是向社会公示公司代表权的基本状态，属于宣示性登记而非设权性登记，因此股东会决议变更法定代表人的，即使工商登记未变更，也不影响公司内部变更新法定代表人意志的确定。综上，在谁有权代表公司进行诉讼的问题上，应以公司章程、股东会决议等内部有效决议文件来确定公司意志代表。在本案中，原告上海旺某公司的章程对公司执行董事、股东权利、股东会职权等事项进行了明确规定，2014年1月13日，上海旺某公司股东黄某甲、黄某乙召开的临时股东会会议符合法律规定与公司章程，全体股东形成的选举黄某乙为公司法定代表人兼执行董事，张某不再担任公司法定代表人兼执行董事的决议合法有效。新产生的法定代表人黄某乙是原告公司意志与公司诉讼意志代表人，虽然工商登记的法定代表人未变更，但并不影响公司新选任法定代表人的资格和职权。因此，股东会决议选任的法定代表人黄某乙有权代表原告进行诉讼，被告张某认为黄某乙无权代表原告上海旺某公司对外进行诉讼的主张，本院不予支持。《物权法》第三十四条规定："无权占有不动产或者动产的，权利人可以请求返还原物。"本案所涉争议为公司证照返还纠纷，而公司证照对外代表着公司的意志，是公司的表象，公司当然拥有上述证照的所有权。原告上海旺某公司作为依法设立的有限责任公司，其公司相关证照应当由公司持有，任何个人或单位均不得自行占有相关证照。股东会决议作出张某不再担任公司法定代表人兼执行董事的决议后，被告张某已无权保管公司公章和营业执照，其负有返还上述公司证照的义务，原告的相应诉讼请求，本院予以支持。

案例18：沈阳市铁西区人民法院，原告沈阳家某乐超市有限公司与被告施某某公司证照返还纠纷一审民事判决书〔(2013)沈铁西民三初字第865号〕认为：原告股东会决议变更执行董事、法定代表人为叶某，不违反法律、行政法规，且该股东会决议未经依法撤销，应当认定有效。被告不再担任原告的法定代表人，由其控制的法人印鉴、营业执照、税务登记证、企业代码证、财务账簿等亦应交给原告保管，原告请求被告将公司证照返还，理由正当，有法律依据，本院予以支持。

案例19：张家口市中级人民法院，翟某某与宣化县祥某物流有限公司因公司证照返还纠纷一案二审民事判决书〔(2014)张民终字第464号〕认为：被上诉人祥某物流公司通过《章程修正案》对该公司的股东、出资方式和出资额进行了重新确认，并通过新的股东会选举袁某某为该公司的执行董事，同时在工商行政管理部门将该公司的法定代表人变更登记为袁某某。鉴于翟某某不再担任该公司的执行董事职务，故其对公司营业执照正本、公司印章、财务专章及公司财务账册就没有合法管理的依据，其应将该公司的证章账册移交给公司，由公司经过合法程序作出合理安排。祥某物流公司要求翟某某返还该公司的营业执照正本、公司印章、财务专章及公司财务账册应予支持。

七、公司可以通过董事会制定印章证照的管理制度，其对公司、股东均具有约束力

案例20：北京市第三中级人民法院，郭某某与兴某投资有限公司证照返还纠纷二审民事判决书〔(2016)京03民终字第6878号〕认为：物权是指权利人依法对特定的物享有直接支配和排他的权利，包括所有权、用益物权和担保物权；无权占有不动产或者动产的，权利人可以请求返还原物。公司是企业法人，有独立的法人财产，享有法人财产权。公司公章、证照等物是公司的合法财产，公司的公章、证照为他人无权占有和控制时，公司依法有权要求其返还。《公司法》第四十六条规定："董事会对股东会负责，行使下列职权：……（十）制定公司的基本管理制度……"上述法律规定不难看出，对于有限责任公司的组织构成和管理职责，法律均有明确规定，兴旺公司及其股东应当依法遵守……2015年7月22日，兴旺公司董事会2015年第二次会议审议并通过了《兴旺投资有限公司印章管理办法》。郭某某基于2012年5月29日的"股东协议"获得管理涉案的兴旺公司公章、证照的权利，但是该约定的有限期限是公司成立早期，虽然对于"早期"双方存在争议，但是在2014年至2015年期间，兴旺公司制定了公司章程，并成立了董事会依法行使管理公司之责。而公司章程明确赋予了董事会

"制定公司的基本管理制度"的权利,该公司章程对全体股东、董事会均具有约束力。兴旺公司董事会随后审议并通过了《兴旺投资有限公司印章管理办法》,因此,在《兴旺投资有限公司印章管理办法》和公司成立前的"股东协议"内容相冲突的情形下,公司章程和《兴旺投资有限公司印章管理办法》的效力明显优于"股东协议"的授权,故郭某某的该项抗辩意见,本院难以采纳。

八、公司可以通过股东会决议的方式确定印章证照的掌管者

案例21:北京市海淀区人民法院,赛某无线网络科技(北京)有限公司与付某某公司证照返还纠纷一审民事判决书[(2015)海民(商)初字第05813号]认为:赛某无线公司在本案中提起证照返还的诉请,此种诉请能否得到支持,主要在于在公司内部组织框架下,证照持有人是否享有相应的授权。判断证照持有人是否有权持有证照,主要依据为公司章程及与此有关的法律规定。根据《物权法》第三十四条规定:无权占有不动产或者动产的,权利人可以请求返还原物。根据赛某无线公司章程规定,公司股东会系公司权力机构,除重大事项需五分之四以上表决权的股东通过外,其余事项需二分之一以上表决权的股东通过。本案中,一方面,赛某无线公司已经召开了股东会,并就"同意公司营业执照、公章、合同章由公司法定代表人保管"进行了表决,持有75%股权的天某公司通过了上述提案,已达到公司章程约定的表决标准,此提案在公司层面已发生效力。另一方面,付某某作为公司总经理,具有掌握公司营业执照、公章、合同章的前提,在本案证据中亦能证明其实际持有上述公司物品。结合上述两方面,本院认为,赛某无线公司就付某某返还公司营业执照、公章、合同章的诉请,具有相应事实和法律上的依据,应当予以支持。

案例22:福州市中级人民法院,福建江某投资发展有限公司与许某某、丁某公司证照返还纠纷二审民事判决书[(2016)闽01民终字第1669号]认为:上诉人许某某在担任江某公司经理期间,公司印章、证照等均系由其控制使用,至于印章、证照等由其指定何人具体负责保管,并不改变上诉人许某某系返还印章、证照的义务主体。并且,《福建江某投资发展有限公司2014年度第一次临时股东会会议决议》明确要求许某某将公司印章印鉴、公司证照、资料等返还给公司,该决议亦经生效判决确认效力,对时任江某公司经理的许某某具有拘束力,其应当依照决议履行返还义务。

案例23:连云港市中级人民法院,连云港万某房地产开发有限公司与王某、王某某等公司证照返还纠纷二审民事判决书[(2016)苏07民终字第1472号]

认为：公司的相关经营管理人员，在经过公司的授权以后，可以保管相关印鉴，但其仅仅是暂时持有人和保管者，并不取得该印鉴的财产所有权。基于公司财产的独立性，任何人不得侵占公司印鉴，不论是股东、董事、经理或其他人员，在公司作出新的意思表示或法定代表人基于法定职权要求前期相关持有人返还印鉴后，相关人员应当立即返还，若持有人拒不返还，则构成民事侵权行为。本案中，万某公司已经通过股东会决议方式作出新的公司印鉴保管方案，王某在以该股东会决议无效而提起的诉讼被生效判决所驳回后，其即应当遵照公司决议向公司交还印鉴。万某公司虽在本案二审审理期间启用了公司新的印鉴，但不影响公司原有印鉴权属的财产属性，万某公司对公司财产的权利并不丧失，故王某仍对万某公司负返还责任。

025 股东会未作出分红决议，股东可否请求公司分红

一、关于股东会未作出分红决议，股东可否请求分红的立法现状。

《公司法》对于股东会未作出分红决议情况下股东可否请求分红的问题并未作出明确规定。但《公司法》规定，公司分配利润的，由董事会制定分配方案（新《公司法》第六十七条第四项），由股东会负责审批（新《公司法》第五十九条第四项）。从《公司法》的上述规定来看，公司利润分配应最终由股东会作出决定，并没有明确赋予股东、董事、监事、高级管理人员等作为个人向法院起诉请求分配公司利润的权利。

《公司法司法解释（四）》第十三条至第十五条，对股东请求公司分配利润的诉讼主体及请求分配利润是否应当由股东会作出决议等问题进行了明确。其中，第十三条规定：股东请求公司分配利润案件，应当列公司为被告。一审法庭辩论终结前，其他股东基于同一分配方案请求分配利润并申请参加诉讼的，应当列为共同原告。第十四条规定：股东提交载明具体分配方案的股东会或者股东大会的有效决议，请求公司分配利润，公司拒绝分配利润且其关于无法执行决议的抗辩理由不成立的，人民法院应当判决公司按照决议载明的具体分配方案向股东分配利润。第十五条规定：股东未提交载明具体分配方案的股东会或者股东大会决议，请求公司分配利润的，人民法院应当驳回其诉讼请求，但违反法律规定滥用股东权利导致公司不分配利润，给其他股东造成损失的除外。

二、关于股东会未作出分红决议，股东可否请求分红的裁判观点综述。

本书作者检索和梳理了 10 个最高人民法院及各省高级人民法院的案例，均认为公司是否进行利润分配，属于公司自治事项。在股东会未作出分红决议的情况下，股东无权向法院起诉要求分配利润。

案例 1：最高人民法院，上诉人陈某与山东省某集体企业联社企业出资人权益确认纠纷二审民事判决书［（2014）民二终字第 157 号］认为：关于某联社是否应按相应比例向陈某支付投资收益。陈某主张某联社应向其支付其享有股权比例下的投资收益，证据为东某公司年检报告及会计师事务所审计报告等显示东某公司有可供分配的股利和利润，但其未能提供证据证明东某公司实际对股东进行了分红，且东某公司在 1999 年 11 月 4 日已经明确告知山东省建行，因公司一直处于基建阶段，资金投入较大，未进行过利润分配，故陈某关于分配投资收益的主张因证据不充分，本院不予支持。

案例 2：最高人民法院，河南思某自动化设备有限公司与胡某公司盈余分配纠纷二审民事判决书［（2006）民二终字第 110 号］认为：根据修订前《公司法》第三十八条和第四十六条的规定，有限责任公司利润分配方案应由公司董事会制订并由公司股东会审议批准。2005 年 10 月 27 日修订后的《公司法》亦保留了上述内容。据此，在公司董事会、股东会未就公司利润分配方案进行决议之前，公司股东直接向人民法院起诉请求判令公司向股东分配利润缺乏法律依据。因此，本案中在思某公司董事会、股东会未就公司利润分配作出决议之前，胡某以股东身份直接向人民法院起诉请求分配公司利润，其诉讼请求本院不予支持。由于公司是否分配利润以及分配多少利润属公司董事会、股东会决策权范畴，原审判决认定思某公司有巨额利润而长期拒不向股东分配损害了占股比例较小的股东的利益，并据此径行判决公司向股东分配利润，不符合公司利润分配的法律规定，应当予以纠正。

案例 3：最高人民法院，再审申请人刘某甲、雷某某、刘某乙与被申请人河南某实业集团有限公司、一审被告洛阳某集团有限公司、一审第三人洛阳龙某宜电有限公司、一审第三人洛阳龙某山川钼业有限公司合同、无因管理、不当得利纠纷再审民事裁定书［（2014）民申字第 1166 号］认为：公司是否进行利润分配，属于公司自治事项。对于符合法律规定的分配利润条件但却连续五年不向股东分配利润的情形，《公司法》仅赋予股东请求公司以合理的价格回购股份的救济权利。而本案中，龙某山川公司章程虽然约定股东会有审议批准公司利润分配方案的职权，但并未约定股东会在公司盈利时必须每年审议批准公司利润分配方案并分配利润，该公司股东之间亦无相应约定。该公司虽然连续四年盈利，但在第五年即2010年年底为亏损，在此情形下，龙某山川公司股东会作出以前年度的利润弥补亏损，并不分配利润的决议并未违反《公司法》的规定及公司章程的约定，某实业公司参加股东会并对在表决时予以同意也未违反法律规定或者相关合同的约定。因此，二审判决认定东梁公司暂时不具备实现利润分配请求权的条件以及某实业公司行使股东表决权并未损害刘某甲、雷某某、刘某乙的权利并无不当。

案例4：山东省高级人民法院，上诉人苑某某与被上诉人张某某、无棣县秩某驾驶员培训有限公司及原审第三人孙某某、王某某侵害企业出资人权益纠纷二审民事判决书〔（2011）鲁商终字第107号〕认为：根据《公司法》第三十八条第一款第（六）项规定，股东会有权审议批准公司的利润分配方案和弥补亏损方案。公司是否分配红利，应由股东会决定。上诉人主张通过审计查明公司盈利，径行判决公司分配红利，没有法律依据。

案例5：河南省高级人民法院，沁阳沁某铝业有限公司与甘肃冶金兰某进出口有限公司、河南神某煤电股份有限公司知情权纠纷二审民事判决书〔（2011）豫法民一终字第26号〕认为：沁某公司作为独立法人，具有企业经营自主权，公司运行执行的是股东会、董事会决议，公司股利分配属于公司股东大会的决议事项，公司的盈余分配虽然是股东的本质权利，但是公司应否分配利润是公司的商业行为，属于公司自治范围，对于公司长期有可支配利润而不分配，根据《公司法》规定，公司连续五年不向股东分配利润，而公司该五年连续盈利，并且符合本法规定分配利润条件的，对股东会该项决议投反对票的股东可以请求公司按照合理的价格收购其股权。因此，公司已经对小股东提供了救济途径。

案例6：甘肃省高级人民法院，上诉人厉某、余某某、马某某、余某、兰州义某商贸有限公司、青海南某置业投资有限公司、浙江首某控股集团有限公司、原审被告安德利集团有限公司、祁某某、原审第三人西宁义某商贸有限公司股东资格确认纠纷二审民事判决书〔（2013）甘民二终字第152号〕认为：对于厉某应分配利润的主张，其未能提供证据证明西宁义某公司曾经向股东分配过利润，或西宁义某公司股东会形成过分配利润的决议，故对于该上诉请求本院不予支持。

案例7：浙江省高级人民法院，凌某某与浙江杭某湾电工合金材料科技有限公司盈余分配纠纷再审民事裁定书〔（2016）浙民申字第1952号〕认为：有限责任公司是否分配利润以及分配多少利润属于公司股东会决策范畴。股东虽基于投资关系取得利润分配的期待权,但能否转化为具体的利润分配请求权,取决于公司是否盈利以及股东会是否依法作出分配利润的决议等多项条件。故在股东会作出决议之前,股东直接向人民法院起诉请求判令公司向股东分配利润缺乏法律依据。本案中,杭某湾公司虽未设立股东会,但章程明确规定董事会是公司的最高权力机构,有权对公司利润分配方案作出决定。凌某某在一、二审中均未能举证证明杭某湾公司已经就公司盈余分配形成利润分配方案,并经过公司董事会的批准,故其诉讼请求不能得到支持。

案例8:安徽省高级人民法院,黄某某与安徽玄某房地产开发有限公司盈余分配纠纷二审民事裁定书[(2016)皖民终字第760号]认为:依据《公司法》第三十七条、第四十六条、第一百六十六条规定,有限责任公司是否分配利润以及分配多少利润属于公司股东会决议事项。股东基于投资关系取得公司利润分配的期待权,但能否转化为具体的利润分配请求权,取决于公司是否盈利以及股东会是否依法作出分配利润的决议等多项条件。在股东会就利润分配的具体方案作出决议之前,股东并不享有利润分配请求权,继而不具有相应的诉权。现黄某某主张其为玄某公司股东,但其并未举证证明玄某公司股东会已就公司利润分配方案形成决议或玄某公司章程包含利润分配具体方案,故其直接向人民法院起诉请求判令玄某公司分配利润缺乏事实和法律依据。

案例9:江苏省高级人民法院,金某国际有限公司与无锡百某织造股份有限公司股东大会决议效力确认纠纷二审民事判决书[(2010)苏商外终字第0015号]认为:《公司法》第一百六十七条第四款规定,除公司章程另有规定外,股份有限公司弥补亏损和提取公积金后所余税后利润,按照股东持有的股份比例分配。该款是对公司利润分配权的限制性规定,并非强制公司必须对弥补亏损和提取公积金后所余税后利润进行分配。即是否对弥补亏损和提取公积金后所余税后利润进行分配由公司根据其经营状况自行决定,法律一般并不进行强制干预。《公司法》只是在第七十五条规定,公司连续五年不向股东分配利润,而公司该五年连续盈利,并且符合本法规定的分配利润条件的,对股东会该项决议投反对票的股东可以请求公司按照合理的价格收购其股权。百某公司《关于2008年利润分配的议案》的股东会决议决定,对于2008年的利润,不进行分配,也不转增股本。该行为是百某公司对其财产进行处分的行为,是其行使自主经营权的表现,并未违反任何法律规定。因此,金某公司请求确认《关于2008年利润分配的议案》的股东会决议无效,没有依据,本院不予支持。

案例10：浙江省高级人民法院，刘某与衢州市衢江区银某水电有限公司盈余分配纠纷再审民事裁定书［（2016）浙民申字第1190号］认为：根据《公司法》以及银某公司的章程规定，公司是否分配盈余，应当由股东会通过决议。本案刘某作为公司股东，并未提供相关股东会决议作为利润分配的依据，而是通过2012年度及之前分配利润以及银兴公司提交了审计报告等行为，推断公司有分配利润的决定，缺乏法律和事实依据。

026 股东出资不实其分红权是否受影响

一、关于出资不实股东的利润分配请求权的立法现状

《公司法》第三十四条规定，股东按照实缴的出资比例分取红利。但是，全体股东可以约定不按照出资比例分取红利。《公司法司法解释（三）》第十六条规定："股东未履行或者未全面履行出资义务或者抽逃出资，公司根据公司章程或者股东会决议对其利润分配请求权、新股优先认购权、剩余财产分配请求权等股东权利作出相应的合理限制，该股东请求认定该限制无效的，人民法院不予支持。"

因此，从以上规定来看，股东出资不实并不当然丧失利润分配请求权，而是原则上按照实缴出资比例进行分红。但公司章程可以对其分红权予以限制，公司全体股东也可另行约定分配红利的比例。

特别提示的是：司法的原则是坚持"以股东之间约定优先"的原则，亦即只要股东之间就利润分配有特殊约定的，一般应该遵照执行股东之间的约定进行利润分配。新修订的《公司法》提出了股东失权制度，第五十二条第一款规定，股东未按照公司章程规定的出资日期缴纳出资，公司依照前条第一款规定发出书面催缴书催缴出资的，可以载明缴纳出资的宽限期；宽限期自公司发出催缴书之日起，不得少于六十日。宽限期届满，股东仍未履行出资义务的，公司经董事会决议可以向该股东发出失权通知，通知应当以书面形式发出。自通知发出之日起，该股东丧失其未缴纳出资的股权。根据股东失权制度，股东未按期履行公司章程规定的出资义务，经董事会催告后仍未缴纳的，公司可以向该股东发出失权通知，该股东自通知发出之日起丧失其未缴纳出资的股权，其不再享有未缴纳出资股权对应的表决权和财产性权利（包括分红权、剩余财产分配权等），有效规制股东对出资"认而不缴"的行为。

二、关于出资不实股东利润分配请求权的裁判观点综述

关于此问题，多数法院认为出资不实，除章程另有约定外，不影响股东的利润分配请求权，但应根据新《公司法》第二百一十条的规定，按照实缴出资比例分取红利。如果股东之间签署了相关合同，按照合同约定办理。

以下是三个人民法院关于出资瑕疵的案例：案例1认为应该以实际出资比例分配利润；案例2认为即便存在抽逃出资，但是股东之间有特别约定的还是按照特别约定的比例进行利润分配；案例3认为出资不足的股东同样享有股东资格，有权分配补偿款。

案例1：重庆市第五中级人民法院，重庆建工某建设有限公司与南某发展公司、重庆庆某混凝土工程有限公司盈余分配纠纷一审民事判决书[（2014）渝五中法民初字第00104号]认为："根据查明的事实，发起人某建公司、南某公司以及建工集团在设立庆某公司的过程中均存在出资不实的行为，亦即各方实缴出资与约定出资不符，原告某建公司请求按章程约定出资比例分配利润的证据不足。"该判决认为，出资不实时应按实缴出资比例分红。

案例2：最高人民法院，再审申请人徐州咪某房地产开发有限公司、徐某某与被申请人曾某某合资、合作开发房地产合同纠纷再审民事裁定书[（2016）最高法民申字第363号]认为：二审判决认定，咪某公司注册成立后仅数日该300万元借款即由咪某公司用房屋预售款返还给了任某某，构成抽逃出资，曾某某并未实际完成投资义务，徐某某对此知晓并予以认可，在《补充协议》中仍约定了对咪某公司账上存款及售房款五五分配，与之前《联合开发协议》的利润分配约定相符，此约定为当事人的真实意思表示，不违反法律、行政法规的强制性规定。双方合作期间，徐某某并未提出曾某某未出资不应享受利润分配。现咪某公司、徐某某主张曾某某没有投资不应享有利润分成，与双方的约定不符，二审判决对其主张不予支持，并无不当。咪某公司、徐某某关于应适用《最高人民法院关于审理涉及国有土地使用权合同纠纷案件适用法律问题的解释》第二十二、二十三条之规定，判决曾某某无权请求分配利润的再审申请理由，本院不予支持。

案例3：山西省高级人民法院，张某某、王某某诉巩某某公司盈余分配纠纷二审民事判决书[（2016）晋民终字第1号]认为：股东是否全额出资与股东资格的取得没有必然联系，不能仅以股东出资瑕疵否认其股东身份，法律并没有禁止未全额出资的出资人取得股东权，故巩某某认为王某某出资不足而不享有股权，不能参与分配补偿款的主张缺乏事实与法律依据，本院不予支持。

第三章 股东及高管义务

027 关联交易合法有效的三要素：信息披露、程序合法、对价公允

裁判要旨

《公司法》并未禁止关联交易，仅对"利用关联关系损害公司利益"的行为进行规范。合法有效的关联交易应当同时满足以下三个条件：交易信息披露充分、交易程序合法、交易对价公允。

案情简介①

一、真某夫公司于2007年7月19日成立，主要股东为蔡某甲、潘某某。蔡某甲与蔡某乙是兄妹关系，蔡某乙与王某某是夫妻关系。王某某是个体工商户志某源经营部的经营者。

二、志某源经营部与真某夫公司签订《采购合同》，约定志某源经营部向真某夫公司供应厨具、禽类等产品。同时，真某夫公司设立了采购审批制度，由采购委员决定供应商。

三、除志某源经营部之外，真某夫公司在类似产品上还存在数家供应商，志某源经营部的供货价格与其他供应商基本相当。

四、2008年，真某夫公司曾召开董事会，潘某某、蔡某甲均出席，并作出停止关联交易的董事会决议。虽然真某夫公司作出决议，但是由蔡某甲实际控制的志某源经营部并未停止与真某夫发生交易。

五、此后，潘某某与蔡某甲矛盾激化，潘某某通过行使股东知情权和司法审

---

① 案件来源：东莞市中级人民法院，东莞市真某夫餐料生产有限公司与蔡某甲、王某某公司关联交易损害责任纠纷二审民事判决书［（2015）东中法民二终字第1913号］。

计，发现蔡某甲犯罪线索，最终蔡某甲被判刑入狱。潘某某控制公司后，以蔡某甲存在关联交易侵害公司权益为由，要求其返还关联交易所得。

六、本案经东莞市第二人民法院一审、东莞市中级人民法院二审，判定关联交易合法，驳回真某夫公司的诉讼请求。

核心要点

我国《公司法》并未禁止关联交易，仅对"利用关联关系损害公司利益"的行为进行规范。合法有效的关联交易应当同时满足以下三个条件：交易信息披露充分、交易程序合法、交易对价公允。涉案交易是否属于合法有效的关联交易，主要从下述三个条件分析：首先，从2008年4月19日真某夫公司的董事会决议及记录载明的参加会议人员以及议案情况来看，真某夫公司各股东对于蔡某甲存在关联交易的行为是知晓的，没有证据显示蔡某甲隐瞒或未充分披露案涉交易信息。其次，真某夫公司采购货物由专门的采购委员会审核通过，无证据显示蔡某甲影响采购委员会选定供应商或采购货物的价格。最后，无证据显示案涉交易存在价格不公允的情况，且有证据显示志某源经营部最终供货价格比其他供应商还要便宜。综上，该案关联交易合法有效。另外，真某夫公司并未提供证据证明涉案关联交易损害了其利益，故不能要求蔡某甲承担赔偿责任。

实务经验总结

前事不忘，后事之师。为避免未来发生类似败诉，提出如下建议：

第一，我国《公司法》并非完全禁止关联交易，只是对于损害公司利益的关联交易予以禁止。从某种意义上讲，关联交易可以降低交易成本，提高资金的使用效率，加强企业间的合作，形成规模效应，也可通过某些价格安排，降低企业税负。

第二，公司控股股东、实际控制人、董事、监事、高级管理人员等若要保证关联交易合法有效，需要满足"交易信息披露充分、交易程序合法、交易对价公允"三个条件，交易信息充分披露需要将交易主体、交易内容、交易条件等内容真实、准确、及时、完整地披露给公司、股东等利益相关者；交易程序合法是指交易需要符合公司股东会或董事会制定的采购制度与流程，而不应受公司内部关联方的影响；交易对价公允是指交易价格公平合理，同等条件下不高于其他供应商，不存在侵害公司利益的情形。新《公司法》基于司法实践，对关联交易作出了更加完备的规定。第一，将关联交易适用的主体扩大至监事，并借鉴了上市公司董监高关联交易规则，列举了一些关联方：董事、监事、高级管理人员的近亲属，董事、监事、高级管理人员或者其近亲属直接或者间接控制的企业，以及与董事、监事、高级管理人员有其他关联关系的关联人。第二，规定了董事、监事、高管进行关联交易的信息披露义务，明确了相关程序，其应当就与订立合同或者进行交易有关的事项向董事会或者股东会报告，并按照公司章程的规定经董事会或者股东会决议通过。第三，将关联交易纳入表决权回避制度。新《公司法》第一百八十五条规定，董事会对关联交易决议时，关联董事不得参与表决，其表决权不计入表决权总数。出席董事会会议的无关联关系董事人数不足三人的，应当将该事项提交股东会审议。

相关法律规定

《中华人民共和国公司法》（2018年修正，已被修订）

第二十一条 公司的控股股东、实际控制人、董事、监事、高级管理人员不得利用其关联关系损害公司利益。

违反前款规定，给公司造成损失的，应当承担赔偿责任。

第二百一十六条 本法下列用语的含义：

（一）高级管理人员，是指公司的经理、副经理、财务负责人，上市公司董事会秘书和公司章程规定的其他人员。

（二）控股股东，是指其出资额占有限责任公司资本总额百分之五十以上或者其持有的股份占股份有限公司股本总额百分之五十以上的股东；出资额或者持有股份的比例虽然不足百分之五十，但依其出资额或者持有的股份所享有的表决权已足以对股东会、股东大会的决议产生重大影响的股东。

（三）实际控制人，是指虽不是公司的股东，但通过投资关系、协议或者其他安排，能够实际支配公司行为的人。

（四）关联关系，是指公司控股股东、实际控制人、董事、监事、高级管理人员与其直接或者间接控制的企业之间的关系，以及可能导致公司利益转移的其他关系。但是，国家控股的企业之间不仅因为同受国家控股而具有关联关系。

《中华人民共和国公司法》（2023年修订）

第二十一条 公司股东应当遵守法律、行政法规和公司章程，依法行使股东权利,不得滥用股东权利损害公司或者其他股东的利益。

公司股东滥用股东权利给公司或者其他股东造成损失的,应当承担赔偿责任。

第一百八十二条 董事、监事、高级管理人员,直接或者间接与本公司订立合同或者进行交易,应当就与订立合同或者进行交易有关的事项向董事会或者股东会报告,并按照公司章程的规定经董事会或者股东会决议通过。

董事、监事、高级管理人员的近亲属,董事、监事、高级管理人员或者其近亲属直接或者间接控制的企业,以及与董事、监事、高级管理人员有其他关联关系的关联人,与公司订立合同或者进行交易,适用前款规定。

第一百八十五条 董事会对本法第一百八十二条至第一百八十四条规定的事项决议时,关联董事不得参与表决,其表决权不计入表决权总数。出席董事会会议的无关联关系董事人数不足三人的,应当将该事项提交股东会审议。

第二百六十五条 本法下列用语的含义:

(一)高级管理人员,是指公司的经理、副经理、财务负责人,上市公司董事会秘书和公司章程规定的其他人员。

(二)控股股东,是指其出资额占有限责任公司资本总额超过百分之五十或者其持有的股份占股份有限公司股本总额超过百分之五十的股东;出资额或者持有股份的比例虽然低于百分之五十,但依其出资额或者持有的股份所享有的表决权已足以对股东会的决议产生重大影响的股东。

(三)实际控制人,是指通过投资关系、协议或者其他安排,能够实际支配公司行为的人。

(四)关联关系,是指公司控股股东、实际控制人、董事、监事、高级管理人员与其直接或者间接控制的企业之间的关系,以及可能导致公司利益转移的其他关系。但是,国家控股的企业之间不仅因为同受国家控股而具有关联关系。

本案链接

以下为该案在法院审理阶段,判决书中"本院认为"就该问题的论述:

本案为公司关联交易损害责任纠纷。蔡某甲为真某夫公司的股东,其与蔡某乙是兄妹关系,王某某和蔡某乙为夫妻关系,本案所涉个体工商户志某源经营部的经营者为王某某,基于蔡某甲、蔡某乙、王某某之间的亲属关系发生的案涉交易可能导致公司利益转移,依据《中华人民共和国公司法》(2013年修正)第二百一十六条第（四）项之规定，原审法院认定蔡某甲、蔡某乙、王某某之间的关系构成关联关系，东莞真某夫公司与志某源经营部之间的基于买卖合同存在的交易行为为关联交易正确。我国《公司法》并未禁止关联交易，依据《中华人民共和国公司法》（2013 年修正）第二十一条规定："公司的控股股东、实际控制人、董事、监事、高级管理人员不得利用其关联关系损害公司利益。违反前款规定，给公司造成损失的，应当承担赔偿责任。"《公司法》仅对"利用关联关系损害公司利益"的行为进行规范。原审法院对此认定正确。依照《中华人民共和国民事诉讼法》第一百六十八条的规定，本院针对上诉人东莞真某夫公司上诉请求的有关事实和适用法律进行审查，结合双方的诉辩意见，归纳本案二审的争议焦点在于：一、被上诉人有无利用关联关系损害上诉人的利益；二、上诉人的诉讼请求是否已经超过诉讼时效。

关于争议焦点一。如前所述，我国《公司法》并未禁止关联交易，仅对"利用关联关系损害公司利益"的行为进行规范。合法有效的关联交易应当同时满足以下三个条件：交易信息披露充分、交易程序合法、交易对价公允。案涉交易是否属于合法有效的关联交易，本院围绕上述三个条件审查分析如下：首先，从 2008 年 4 月 19 日的真某夫公司《2008 年第三次董事会记录》、2009 年 1 月 5 日《临时董事会纪要》载明的参加会议人员以及议案情况来看，真某夫公司的各股东对于蔡某甲存在关联交易的行为是知晓的，没有证据显示蔡某甲隐瞒或未充分披露案涉交易信息。其次，从《异动提议审批表》记录情况以及冼某某在《询问笔录》中的陈述可知，真某夫公司采购货物由专门的采购委员会审核通过，现无证据显示蔡某甲影响采购委员会选定供应商或采购货物的价格。最后，现无证据显示案涉交易存在价格不公允的情况，且编号为 PB0812012、采购委员会日期为 2009 年 4 月 20 日的《异动提议审批表》显示志某源经营部最终供货价格比其他供应商"温氏"还要便宜 0.1 元。综合以上三个交易条件分析，原审法院认定现有证据显示案涉交易均为合法有效的关联交易并无不当。东莞真某夫公司主张案涉关联交易损害了其利益，依据《中华人民共和国民事诉讼法》第六十四条第一款规定，东莞真某夫公司应举证证明案涉关联交易损害了其利益，否则东莞真某夫公司应自行承担举证不能的不利后果。

028 判断董事谋取公司商业机会的考量因素

裁判要旨

认定公司商业机会应当考虑以下几个方面的因素：一是商业机会与公司经营活动有关联；二是第三人有给予公司该商业机会的意愿；三是公司对该商业机会有期待利益，没有拒绝或放弃。

案情简介[①]

一、三某公司系一家环保设备工程公司，其经营范围为工程设备、机电设备的设计、开发、制造和技术咨询服务，以及工程设备、机电设备的安装施工，销售自产产品。

二、三某公司的股东之一为TNJ公司（日本企业），其主要义务是为三某公司开拓日本市场出口环保设备的相关业务，并成功介绍和引荐住某公司等其他日本企业向三某公司提供了相关环保设备的委托设计、委托制造业务。

三、邹某为三某公司的董事，其职责是为三某公司开拓日本市场，上述业务的产品设计、设备制造的业务操作流程主要有承接订单、技术消化或设计、发外加工、出口交货等环节，均由其全面负责。

四、同时，邹某与其妻子戴某某通过其二人全资控制的士某公司与世某之窗公司经营TNJ公司介绍和推荐的日本业务，且并没有将涉案业务带来的收益交给三某公司。

五、其中，三某公司与士某公司及世某之窗公司均未建立过技术服务等合同关系，三某公司也未放弃过TNJ公司介绍和推荐的日本业务。

六、此后，三某公司以邹某、戴某某、士某公司及世某之窗公司侵占公司商业机会为由，要求四方共同承担侵权责任。本案经常州中院一审、江苏高院二审，最终判定邹某、士某公司及世某之窗公司共同侵权。

---

① 案件来源：江苏省高级人民法院，常州三某环保设备工程有限公司与邹某、戴某某等损害公司利益责任纠纷二审民事判决书 [（2012）苏商外终字第0050号]。

核心要点

认定公司商业机会应当考虑以下几个方面的因素：一是商业机会与公司经营活动有关联；二是第三人有给予公司该商业机会的意愿；三是公司对该商业机会有期待利益，没有拒绝或放弃。本案中，三某公司提供的证据足以证明涉案来自日本企业的业务属于三某公司的商业机会。第一，涉案来自日本企业的业务与三某公司的经营活动存在关联。日本企业的业务主要是环保配套设备加工制造业务，属于三某公司的经营范围，且该业务由三某公司股东介绍。邹某作为三某公司的董事，其职责是为三某公司开拓日本市场，为三某公司承接涉案来自日本企业的业务是其履行职责的具体体现。第二，日本企业有给予三某公司该商业机会的意愿，其中 TNJ 公司曾明确表示将涉案的相关业务在中国仅给三某公司做。第三，三某公司从未放弃该商业机会，邹某不能提供证据证明三某公司将涉案的日本业务委托给邹某控制的公司去做。

根据《公司法》规定，董事、高级管理人员不得利用职务便利为自己或者他人谋取属于公司的商业机会，自营或者为他人经营与所任职公司同类的业务。但是，邹某作为三某公司的董事，违反忠实义务，明知涉案业务属于三某公司的商业机会，仍然将该业务交给其关联公司士某公司和世某之窗公司经营，拒不将涉案业务带来的收益交给三某公司，构成侵权，应当予以赔偿。新《公司法》在第一百八十三条中单独规定了公司机会规则，与2018年《公司法》相比有以下变化：第一，负有忠实义务，不得篡夺公司机会责任的主体范围的主体延伸至监事。第二，此前只有"经股东会或股东大会的同意"，利用公司机会才合法，新公司法增加了事由，"向董事会或者股东会报告，并经董事会或者股东会决议通过"和"根据法律、行政法规或者公司章程的规定，公司不能利用该商业机会"。也即董事会或股东会都有权对董监高利用公司商业机会作出审批。

新《公司法》在第一百八十四条中单独规定了竞业禁止义务，其变化与公司机会规则类似，同样将主体扩大至监事，并增加董事会作为予以许可的机关。

实务经验总结

前事不忘，后事之师。为避免未来发生类似败诉，提出如下建议：

第一，结合公司的实际情况定义商业机会，并将其列为公司的商业秘密，建立健全企业保护商业秘密的组织、制度以及措施，比如将商业秘密分成几个部分，由不同的人员分别掌握，这样被泄露或者窃取的概率就会低很多。

第二，与涉密员工签订保密协议、竞业限制协议，约定不能利用公司的商业秘密成立自己的企业，不能利用商业秘密为竞争企业工作等，而且保密协议在员工离职后的一定期限内仍然有效。同时，还要健全员工人事档案资料，这对员工有很好的约束作用，万一商业秘密被侵犯，追究其法律责任也有据可依。

相关法律规定

《中华人民共和国公司法》（2018年修正，已被修订）

第一百四十八条　董事、高级管理人员不得有下列行为：

（一）挪用公司资金；

（二）将公司资金以其个人名义或者以其他个人名义开立账户存储；

（三）违反公司章程的规定，未经股东会、股东大会或者董事会同意，将公司资金借贷给他人或者以公司财产为他人提供担保；

（四）违反公司章程的规定或者未经股东会、股东大会同意，与本公司订立合同或者进行交易；

（五）未经股东会或者股东大会同意，利用职务便利为自己或者他人谋取属于公司的商业机会，自营或者为他人经营与所任职公司同类的业务；

（六）接受他人与公司交易的佣金归为己有；

（七）擅自披露公司秘密；

（八）违反对公司忠实义务的其他行为。

董事、高级管理人员违反前款规定所得的收入应当归公司所有。

第一百四十九条　董事、监事、高级管理人员执行公司职务时违反法律、行政法规或者公司章程的规定，给公司造成损失的，应当承担赔偿责任。

《中华人民共和国公司法》（2023年修订）

第一百八十三条　董事、监事、高级管理人员，不得利用职务便利为自己或者他人谋取属于公司的商业机会。但是，有下列情形之一的除外：

（一）向董事会或者股东会报告，并按照公司章程的规定经董事会或者股东会决议通过；

（二）根据法律、行政法规或者公司章程的规定，公司不能利用该商业机会。

第一百八十六条　董事、监事、高级管理人员违反本法第一百八十一条至第一百八十四条规定所得的收入应当归公司所有。

第一百八十八条 董事、监事、高级管理人员执行职务违反法律、行政法规或者公司章程的规定，给公司造成损失的，应当承担赔偿责任。

《中华人民共和国侵权责任法》（已失效）

第八条 二人以上共同实施侵权行为，造成他人损害的，应当承担连带责任。

《中华人民共和国民法典》（2021年1月1日施行）

第一千一百六十八条 二人以上共同实施侵权行为，造成他人损害的，应当承担连带责任。

本案链接

以下为该案在法院审理阶段，判决书中"本院认为"就该问题的论述：

一、涉案来自日本企业的业务系三某公司的商业机会

在本案中，各方当事人争议的核心问题是涉案来自日本企业的业务是否属于三某公司的商业机会。我国《公司法》仅规定未经公司股东会同意，公司高管人员不得谋取属于公司的商业机会，并未对认定公司商业机会的标准作出明确规定。本院认为，认定公司商业机会应当考虑以下几个方面的因素：一是商业机会与公司经营活动有关联；二是第三人有给予公司该商业机会的意愿；三是公司对该商业机会有期待利益，没有拒绝或放弃。三某公司提供的证据足以证明涉案来自日本企业的业务属于三某公司的商业机会。

1. 涉案来自日本企业的业务与三某公司的经营活动存在关联

第一，涉案来自日本企业的业务属于三某公司的经营范围。涉案来自日本企业的业务主要是环保配套设备加工制造业务。三某公司系环保设备工程公司，其经营范围为工程设备、机电设备的设计、开发、制造和技术咨询服务及工程设备、机电设备的安装施工，销售自产产品。因此，涉案来自日本企业的业务属于三某公司的经营范围。第二，为三某公司承接涉案来自日本企业的业务系三某公司董事邹某的职责。邹某作为三某公司的董事，其职责是为三某公司开拓日本市场，为三某公司承接涉案来自日本企业的业务是其履行职责的具体体现。第三，提供涉案业务的日本企业系三某公司的股东和三某公司股东介绍给三某公司的客户。本院据此认定，涉案来自日本企业的业务与三某公司经营活动存在关联。

2. 日本企业有给予三某公司该商业机会的意愿

涉案业务主要来自 TNJ 公司和住某公司，这两家日本企业均有将其业务给予三某公司的意愿。首先，TNJ 公司是三某公司的股东，其在入股三某公司的出资经营合同中明确承诺，积极向三某公司提供委托设计、委托制造加工业务，对三某公司有能力做到的业务，杜绝出现中国其他公司与三某公司经营同类业务。其次，TNJ 公司原委派到三某公司的董事高桥某某，在 2009 年 4 月 15 日就 TNJ 公司股权转让事宜与三某公司法定代表人陈某某的谈话中确认，TNJ 公司入股三某公司以来，一直按照出资经营合同上的义务条款在履行。第三，包括 TNJ 公司在内的三某公司的股东在 2011 年 6 月 15 日的三某公司股东会决议中一致确认，在开拓日本市场出口环保设备的项目上，TNJ 公司向三某公司提供了大量的环保设备配套产品委托设计和委托制造业务，并介绍和引荐住某公司等其他日本企业向三某公司提供了相关环保设备的委托设计、委托制造业务。上述事实表明，日本企业有给予三某公司该商业机会的明确意愿。

虽然 TNJ 公司及高桥某某在本案一、二审中均称，TNJ 公司的业务是提供给世某之窗公司的，但本院认为，TNJ 公司及高桥某某的这一陈述系 TNJ 公司与三某公司发生矛盾即将退出三某公司之时以及退出三某公司之后所作，且与 TNJ 公司之前在涉案《出资经营合同》中的承诺、高桥某某关于 TNJ 公司一直按照《出资经营合同》约定履行的陈述，以及 2011 年 6 月 15 日三某公司股东会决议中关于 TNJ 公司向三某公司提供了大量委托制造业务的记载不符，不足采信。

3. 三某公司从未放弃该商业机会

如果邹某、戴某某、士某公司、世某之窗公司认为涉案业务不属于三某公司的商业机会，其应当提供证据证明三某公司放弃了该商业机会，但其并未提供证据予以证明。尽管邹某、戴某某、士某公司、世某之窗公司认为，三某公司与士某公司之间存在技术服务合同关系，并提供了部分技术服务费发票和技术服务合同为证，但本院认为，上述证据不足以证明三某公司与士某公司之间存在技术服务合同关系，也不足以证明三某公司放弃了该商业机会。首先，第一份技术服务合同只有简短的一句话，仅约定了士某公司向三某公司支付服务费的数额，并未约定具体的技术服务项目以及期限，且无签订时间。其次，其余五份技术服务合同签订时间是 2006 年 8 月至 2007 年 2 月，虽然内容较为完整，但有三份合同出现如下情况：首部的项目名称与其后出现的项目名称（均显示为 ONC 项目）不一致、付费义务主体系三某公司而不是士某公司。第三，三某公司对上述技术服务费发票和技术服务合同作出了合理解释。三某公司解释称，技术服务合同是根据发票制作的，当时由于日本客户的业务属于三某公司，但具体资金由士某公司掌握，所以相关款项支付给三某公司需要开具发票做账，之所以开具地税发票，对士某公司来说，增值税发票已经由第三方直接向士某公司开具，不需要三某公司再开具，开具增值税发票的税率高于地税发票，但三某公司是外商投资企业，不具备开具地税发票的资格，所以到地税部门进行代开，上述协议系为代开发票制作。因此，上述证据不能证明三某公司与士某公司之间是技术服务合同关系。本院据此认定，三某公司从未放弃该商业机会。

　　本案是一起损害公司利益责任纠纷，而不是委托加工合同纠纷，因此，审理本案应适用我国《公司法》而不是《合同法》。一审法院未能准确把握认定公司商业机会的标准，综合分析认定三某公司提供的证据是否足以证明涉案来自日本企业的业务系三某公司的商业机会，而是从《合同法》的角度出发，孤立地对待三某公司的各类证据，以三某公司提供的每一类证据都不足以证明其与日本企业之间存在委托加工合同关系为由，认定涉案业务不属于三某公司的商业机会，有失妥当。本院对此予以纠正。

　　综上，本院认定，涉案来自日本企业的业务属于三某公司的商业机会。

　　二、邹某、士某公司、世某之窗公司的行为构成对三某公司合法利益的侵害

　　我国《公司法》第一百四十九条第一款第（五）项规定，董事、高级管理人员未经股东会或者股东大会同意，不得利用职务便利为自己或者他人谋取属于公司的商业机会，自营或者为他人经营与所任职公司同类的业务。在本案中，邹某作为三某公司的董事，对三某公司负有忠实义务，不得谋取属于三某公司的商业机会是其履行该义务的具体体现。涉案业务属于三某公司的商业机会，邹某是明知的。三某公司2005年6月8日、2006年7月26日董事会通过的三某公司2004年、2005年年度公司运营总结报告均对涉案业务的运营情况进行了总结，邹某对该总结报告予以签字确认。在此期间，邹某从未对涉案业务属于三某公司提出异议，且从未主张涉案业务属于士某公司和世某之窗公司。邹某在明知涉案业务属于三某公司商业机会的情况下，仍然将该业务交给其关联公司士某公司和世某之窗公司经营，拒不将涉案业务带来的收益交给三某公司。本院据此认定，邹某的行为构成侵权。

　　我国《公司法》第一百五十条规定，董事、高级管理人员执行公司职务时，违反法律、行政法规或者公司章程的规定，给公司造成损失的，应当承担赔偿责

任。邹某利用其职务便利,未经三某公司股东会的同意,为士某公司和世某之窗公司谋取属于三某公司的商业机会,导致本应属于三某公司的业务收益被士某公司和世某之窗公司占有,给三某公司的利益造成损害,应当予以赔偿。

我国《侵权责任法》第八条规定,二人以上共同实施侵权行为,造成他人损害的,应当承担连带责任。士某公司、世某之窗公司是邹某与戴某某全资控股的公司,世某之窗公司的法定代表人是邹某,士某公司的法定代表人是戴某某,而戴某某与邹某系夫妻关系。本院据此认定,士某公司、世某之窗公司对涉案业务属于三某公司的商业机会应当是明知的。士某公司、世某之窗公司在此情况下,仍然将三某公司的商业机会据为己有,应认定其与邹某共同实施了涉案侵权行为。故邹某、士某公司、世某之窗公司应当对涉案侵权行为承担连带责任。戴某某是士某公司的法定代表人,其行为应当视为士某公司的行为,因此戴某某个人对三某公司不构成侵权。三某公司关于戴某某应当承担连带责任的主张缺乏法律依据,本院不予支持。

029 董监高违规与公司签订的合同无效

裁判要旨

董事、高级管理人员违反公司章程的规定或者未经股东会、股东大会同意,与本公司订立合同,合同无效。董事、高级管理人员因该合同取得的财产,应向公司返还。

案情简介[①]

一、鸿某公司由麻某村委会(后改为麻某居委会)出资80%、封某某出资20%,封某某于1998年至2006年担任公司董事长兼经理。鸿某公司章程中没有关于"允许董事同本公司订立合同或者进行交易"的规定。

二、1998年起,鸿某公司与鑫某公司共同开发麻某商场。1998年8月,鸿某公司作出《集资决议》,决定属于公司的营业用房、住房由公司内部职工集

---

① 案件来源:最高人民法院,封某某、罗某等与封某某、毕节市鸿某实业有限责任公司损害公司利益责任纠纷申请再审民事判决书[(2014)民提字第59号]。

资,并规定了集资价。但该决议上仅载有鸿某公司的公章,并无公司股东麻某村委会或封某某的签章。

三、在集资过程中,鸿某公司共出具88.8万元集资收条给封某某。

四、商场修建完毕后,鸿某公司与鑫某公司明确了各自的财产范围。2004年5月18日,封某某与鸿某公司签订《分割协议》,明确:根据《集资决议》,该商场一楼652.68平方米属封某某集资,分割给封某某。同日,封某某办理了房产登记手续,将652.68平方米房屋分别登记在封某某及其妻罗某名下。

五、后麻某居委会、鸿某公司提起诉讼,请求确认关于鸿某公司麻某商场一楼营业用房产权属封某某所有的内容无效,封某某退回该营业用房。毕节市中级人民法院、贵州省高级人民法院均支持了原告的诉讼请求。

六、封某某、罗某不服,向最高人民法院申请再审,最高人民法院维持原判。

核心要点

封某某作为鸿某公司的董事、董事长、经理,是公司的高管人员,在与鸿某公司进行集资交易时,理应受到《公司法》的约束。1999年《公司法》明确规定,"董事、经理除公司章程规定或者股东会同意外,不得同本公司订立合同或者进行交易",该规定是为了保障董事、经理对公司的忠实义务的有效履行,属于法律的效力性强制性规定,必须严格遵守,违反该规定的合同无效。

由于鸿某公司章程中没有允许董事、经理同本公司订立合同或者进行交易的明确规定,且封某某与鸿某公司进行集资交易、签订《分割协议》时均未得到股东会的同意,同时,尽管《集资决议》允许公司内部职工集资,但《集资决议》上仅载有鸿某公司的公章,并无公司股东麻某居委会或封某某的签章,即亦不能就此推断封某某与鸿某公司进行集资交易、签订《分割协议》的交易行为得到了股东会成员的同意。因此,法院判决封某某与鸿某公司签订《分割协议》中有关"一楼营业用房属封某某所有"的内容无效,封某某、罗某应将该房屋返还给鸿某公司。

实务经验总结

前事不忘,后事之师。为避免未来发生类似败诉,提出如下建议:

自我交易是特殊的关联交易。根据新修订《公司法》的规定,第一,董事、监事、高级管理人员如欲与本公司订立合同，一定要在公司章程中明确允许的情况或者股东会或董事会同意的情况，否则合同有无效的风险。董事、监事、高级管理人员因该合同取得的财产，应向公司返还，最终的结果就是竹篮打水一场空，白忙活一场，本案的教训非常惨重。

第二，结合相关司法案例，未经章程明确允许或未经股东会或董事会同意时，不仅董事、监事、高级管理人员不得以自己名义与公司订立合同，其配偶或者其实际控制的其他公司也不能与公司订立合同。新《公司法》以通过列举的方式将上述主体纳入关联方的范围。

第三，结合相关司法案例，被指控与公司订立合同、合同无效的董事、高级管理人员，从以下三个方面提出抗辩理由可以得到法院支持。

1. 名为高管，实际并非《公司法》意义上的高管。现实中很多公司为吸引劳动者，设定了种类繁多的公司职务，诸如"总监、部门负责人、大区经理、总设计师、厂长"。但实际上《公司法》规定的"高级管理人员"是一个专业术语，与实践中的"公司高层领导"绝非同一概念，根据《公司法》第二百一十六条的规定，"高级管理人员，是指公司的经理、副经理、财务负责人，上市公司董事会秘书和公司章程规定的其他人员"。因此，如公司章程无明确规定，以上种类繁多的职称，均非《公司法》意义上的高级管理人员，这些人员可以与公司订立合同。

2. 虽然章程未明确允许董事、高级管理人员与公司订立合同，股东会也未就相关事宜作出股东会决议，但如有其他证据证明其他股东对此知情且同意的，则不影响订立的合同的效力。

3. 董事、高级管理人员与公司订立的合同，如属公司纯获利益的交易行为，则不影响合同的效力。尤其需要注意的是，董事、高级管理人员向公司出借资金，并约定合理利息的，不影响合同的效力。

第四，针对以上董事、高级管理人员的三个有效抗辩理由，公司可事先在章程中就以下三个方面进行规定，完善董事、高级管理人员与公司订立合同的机制。

1. 章程中应根据本公司的实际特点，明确本公司的"高级管理人员"。如公司是生产制造型的企业，其厂长往往具有很大的权力，为了防止厂长与公司进行自我交易，有必要将该岗位列为本公司的"高级管理人员"。

2. 章程可以规定：董事、高级管理人员与公司订立合同，必须经过股东会讨论，并形成书面的股东会决议。

3. 章程可以规定：董事、高级管理人员向公司出借资金，如年利率在15%以下的，不必经过股东会的同意；年利率在15%以上的，应经过股东会决议。

相关法律规定

《中华人民共和国公司法》（1999年修正，已被修订）

第六十一条第二款　董事、经理除公司章程规定或者股东会同意外，不得同本公司订立合同或者进行交易。

《中华人民共和国公司法》（2018年修正，已被修订）

第一百四十八条　董事、高级管理人员不得有下列行为：

（一）挪用公司资金；

（二）将公司资金以其个人名义或者以其他个人名义开立账户存储；

（三）违反公司章程的规定，未经股东会、股东大会或者董事会同意，将公司资金借贷给他人或者以公司财产为他人提供担保；

（四）违反公司章程的规定或者未经股东会、股东大会同意，与本公司订立合同或者进行交易；

（五）未经股东会或者股东大会同意，利用职务便利为自己或者他人谋取属于公司的商业机会，自营或者为他人经营与所任职公司同类的业务；

（六）接受他人与公司交易的佣金归为己有；

（七）擅自披露公司秘密；

（八）违反对公司忠实义务的其他行为。

董事、高级管理人员违反前款规定所得的收入应当归公司所有。

第二百一十六条　本法下列用语的含义：

（一）高级管理人员，是指公司的经理、副经理、财务负责人，上市公司董事会秘书和公司章程规定的其他人员。

……

《中华人民共和国公司法》（2023年修订）

第一百八十二条　董事、监事、高级管理人员，直接或者间接与本公司订立合同或者进行交易，应当就与订立合同或者进行交易有关的事项向董事会或者股东会报告，并按照公司章程的规定经董事会或者股东会决议通过。

董事、监事、高级管理人员的近亲属，董事、监事、高级管理人员或者其近亲属直接或者间接控制的企业，以及与董事、监事、高级管理人员有其他关联关系的关联人，与公司订立合同或者进行交易，适用前款规定。

第一百八十五条　董事会对本法第一百八十二条至第一百八十四条规定的事项决议时，关联董事不得参与表决，其表决权不计入表决权总数。出席董事会会议的无关联关系董事人数不足三人的，应当将该事项提交股东会审议。

第二百六十五条　本法下列用语的含义：

（一）高级管理人员，是指公司的经理、副经理、财务负责人，上市公司董事会秘书和公司章程规定的其他人员。

（二）控股股东，是指其出资额占有限责任公司资本总额超过百分之五十或者其持有的股份占股份有限公司股本总额超过百分之五十的股东；出资额或者持有股份的比例虽然低于百分之五十，但依其出资额或者持有的股份所享有的表决权已足以对股东会的决议产生重大影响的股东。

（三）实际控制人，是指通过投资关系、协议或者其他安排，能够实际支配公司行为的人。

（四）关联关系，是指公司控股股东、实际控制人、董事、监事、高级管理人员与其直接或者间接控制的企业之间的关系，以及可能导致公司利益转移的其他关系。但是，国家控股的企业之间不仅因为同受国家控股而具有关联关系。

《中华人民共和国合同法》（已失效）

第五十二条　有下列情形之一的，合同无效：

（一）一方以欺诈、胁迫的手段订立合同，损害国家利益；

（二）恶意串通，损害国家、集体或者第三人利益；

（三）以合法形式掩盖非法目的；

（四）损害社会公共利益；

（五）违反法律、行政法规的强制性规定。

《中华人民共和国民法典》（2021年1月1日施行）

第一百五十三条　违反法律、行政法规的强制性规定的民事法律行为无效。但是，该强制性规定不导致该民事法律行为无效的除外。

违背公序良俗的民事法律行为无效。

本案链接

以下为该案在法院审理阶段，判决书中"本院认为"就该问题的论述：

……

（二）《分割协议》中关于一层商场产权属于封某某所有的内容是否无效

1998年8月，鸿某公司作出《集资决议》，决定麻某商场中属于鸿某公司的营业用房、住房由公司内部职工集资，如有剩余，外部的单位或个人也可集资，并对各层营业用房、住房的集资价格、办证税费的承担进行了约定。2004年5月18日，封某某与鸿某公司签订《分割协议》，载明"根据甲方（鸿某公司）1998年8月6日（关于麻某商场营业用房及住房集资的决议）该商场一楼建筑面积652.68平方米（使用面积592平方米）属乙方（封某某）集资……需把该一、二楼的产权分割清楚"而订立该《分割协议》。据此，应将《集资决议》、《分割协议》作为整体来梳理本案法律关系。

案涉集资行为实质上是集资人同鸿某公司之间的交易。封某某作为鸿某公司的董事、董事长、经理，是公司的高管人员，在与鸿某公司进行集资交易时，理应受到《公司法》的约束。封某某、罗某关于一、二审法院在本案中适用《公司法》属于适用法律错误的主张不能成立。在鸿某公司作出《集资决议》时，应适用1993年12月29日第八届全国人民代表大会常务委员会第五次会议通过的《中华人民共和国公司法》；在封某某与鸿某公司签订《分割协议》时，应适用1993年12月29日第八届全国人民代表大会常务委员会第五次会议通过、根据1999年12月25日第九届全国人民代表大会常务委员会第十三次会议《关于修改〈中华人民共和国公司法〉的决定》修正的《中华人民共和国公司法》。该两部《公司法》第六十一条第二款均明确规定，"董事、经理除公司章程规定或者股东会同意外，不得同本公司订立合同或者进行交易"，即董事、经理必须要有公司章程规定或者股东会同意作为依据，方能与公司进行交易。该规定是为了保障董事、经理对公司的忠实义务的有效履行，属于法律的强制性规定，必须严格遵守。由于鸿某公司章程中没有允许董事、经理同本公司订立合同或者进行交易的明确规定，且封某某与鸿某公司进行集资交易、签订《分割协议》时均未得到股东会这一公司权力机构以股东会名义作出的同意，同时，尽管《集资决议》允许公司内部职工集资，但《集资决议》上仅载有鸿某公司的公章，并无公司股东麻某社区居委会或封某某的签章，即亦不能就此推断封某某与鸿某公司进行集资交易、签订《分割协议》的交易行为得到了股东会成员的同意。

本院之所以在本案中对"公司章程规定或者股东会同意"进行强调，一是因为当时的《公司法》对此有明确强制性规定，二是因为封某某与鸿某公司进行交易时，既是公司的董事、法定代表人，又是公司仅有的两个股东中的一个股东本人和另一个股东的主要负责人，且另一个股东作为群众性自治组织，对涉及全体居/村民重大利益的问题作出表意行为时，还须提请居/村民会议讨论决定。因此，封某某、罗某关于麻某社区居委会从始至终均主导并知悉封某某集资行为的主张，不能补正封某某作为公司董事、经理，又兼具上述特殊身份而主要要有公司章程规定或者股东会同意作为依据，方能与鸿某公司进行集资交易、签订《分割协议》，但缺乏公司章程规定或者股东会同意作为依据的重大瑕疵。二审法院依据《中华人民共和国合同法》第五十二条第五项之规定，支持鸿某公司请求，判决《分割协议》中关于一楼营业用房（建筑面积 652.68 平方米，使用面积 592 平方米）产权属封某某所有的内容无效，并无不当。

（三）封某某、罗某获得的案涉一层商场产权应否返还鸿某公司

封某某主张其获得案涉一层商场产权是基于其就案涉房产向鸿某公司集资 88.8 万元。基于封某某的诉讼请求，一、二审法院未对封某某是否向鸿某公司集资 88.8 万元进行审理。即便经过审理，认定封某某向鸿某公司实际集资 88.8 万元，也如前所述，由于封某某作为董事、经理，与鸿某公司进行的集资交易和签订的《分割协议》缺乏公司章程规定或者股东会同意作为依据，违反了法律的强制性规定，交易行为归于无效，基于交易行为取得的财产，应当予以返还。故鸿某公司主张封某某返还案涉一层商场产权，本院予以支持。

封某某、罗某主张罗某作为第三人，根据《物权法》的规定，合法取得已登记于其名下的案涉房产。在封某某缺乏合法依据而与鸿某公司签订《分割协议》，约定案涉一层商场 652.68 平方米属封某某集资，分割给封某某的情况下，封某某到毕节市房产局申办房产登记手续，将 326.34 平方米房产登记在罗某名下，构成无权处分，封某某、罗某未提供证据证明，罗某是从封某某这一无处分权人处获得案涉房产支付了合理的对价。更何况封某某与罗某系夫妻关系，罗某对于房产权属变更亦难言善意。故在本案中，罗某取得案涉房产没有法律依据。

延伸阅读

一、在通常情况下，董事、高级管理人员违反公司章程的规定或者未经股东会、股东大会同意与本公司订立合同，合同无效

案例1：江苏省高级人民法院，南通天某电子新材料有限公司与范某某专利申请权权属纠纷二审知识产权判决书［（2016）苏民终字第1171号］认为：范

某某取得涉案专利申请权的行为应属无效,其上诉理由不能成立。理由为……《中华人民共和国公司法》第一百四十八条规定,"董事、高级管理人员不得有下列行为:……(四)违反公司章程的规定或者未经股东会、股东大会同意,与本公司订立合同或者进行交易。"范某某在2013年7月21日被免去公司总经理职务后,仍担任公司副董事长及总工程师。但是其提交的2013年7月25日天某公司同意将含涉案专利在内的5个专利归还给范某某的协议,并未经公司股东会、股东大会同意,违反了法律强制性规定。同时,范某某亦未提交充分证据证明,在上述归还协议及有关涉案专利的转让协议中,天某公司的印章系代表着该公司的真实意思表示。

案例2:四川省高级人民法院,刘某甲与江油市丰某特种带钢有限责任公司、刘某乙、任某某专利申请权转让纠纷二审知识产权判决书[(2014)川知民终字第17号]认为:根据《中华人民共和国公司法》第一百四十八条第一款第(四)项的规定,董事、高级管理人员不得违反公司章程的规定或者未经股东会、股东大会同意,与本公司订立合同或者进行交易。本案中,刘某甲于2012年4月16日与丰某公司签订《申请权转让协议》,约定丰某公司将其所有的"低温取向硅钢生产全工艺"专利申请权转让给刘某甲。因该协议系刘某甲担任丰某公司的法定代表人期间,未经本公司股东会、股东大会同意的情况下形成,违反了上述法律规定。《中华人民共和国合同法》第五十二条第一款第(五)项规定,违反法律、行政法规的强制性规定的合同无效。故原审判决认定"丰某公司于2012年4月16日与刘某甲签订的《申请权转让协议》无效"正确,刘某甲的上诉主张不能成立。

案例3:河南省高级人民法院,马某某与郑州怡某置业有限公司、郑州乐某置业有限公司合同纠纷二审民事判决书[(2010)豫法民二终字第55号]认为:马某某与郑州怡某签订的《协议书》是马某某任郑州怡某法定代表人期间与郑州怡某签订的,依照《中华人民共和国公司法》第一百四十九条的规定,董事、高级管理人员不得违反公司章程的规定或者未经股东会、股东大会同意,与本公司订立合同或者进行交易,董事、高级管理人员违反规定所得的收入应当归公司所有,该《协议书》应认定无效。

案例4:上海市第二中级人民法院,上海恒某电讯工程有限公司与上海恒某智达电子系统集成有限公司与公司有关的纠纷二审民事判决书[(2012)沪二中民四(商)终字第237号]认为:我国《公司法》明确规定董事、高级管理人员不得违反公司章程的规定或者未经股东会、股东大会同意，与本公司订立合同或者进行交易。恒某智达公司的章程亦规定董事、总经理除章程规定的事宜或股东会同意外，不得同本公司订立合同或者进行交易。本案中，田某某在无证据证明已召开股东会并形成公司股东会决议同意的情况下，作为恒某智达公司的董事及总经理，与恒某智达公司签订借款合同，该行为违反了公司章程及《公司法》的强制性规定，故应认定无效，原审法院据此判令田某某返还因该合同取得的财产并无不当。

案例5：岳阳市中级人民法院，湖南立某建生态农业开发有限公司与顾某某商标权转让合同纠纷一审知识产权判决书［（2014）岳中民三初字第56号］认为：顾某某受让前述商标时系立某建公司的法定代表人，即使其当时持有立某建公司大部分股份，但其将立某建公司的商标专用权转让给其本人，仍应当经过立某建公司股东会同意。顾某某提供的《商标转让声明》虽然经过了长沙市长沙公证处的公证，但公证文书只证明顾某某在《商标转让声明》上签名并加盖立某建公司印章的事实，不能说明涉案商标的转让经过了立某建公司股东会同意，也不能说明该声明是立某建公司的真实意思表示……顾某某在未经立某建公司股东同意的情形下，利用其担任立某建公司法定代表人的身份和掌握立某建公司印章的便利，通过私自制作《商标转让声明》的方式与公司订立合同，将公司所有的注册商标专用权无偿转让给其本人，违反了《公司法》的上述规定，损害了公司和其他股东利益。因此，顾某某将立某建公司所有的第11032077号、第11152592号、第11152643号注册商标专用权无偿转让给其本人的行为无效。

案例6：深圳市中级人民法院，深圳市麦某利投资有限公司与孙某某申请撤销仲裁裁决民事裁定书［（2015）深中法涉外仲字第149号］认为：《公司法》上述规定属于禁止性规定。作为麦某利公司的股东、执行董事、法定代表人，孙某某与麦某利公司签订《解除及返还股权协议》并进行股权交易未经股东会、股东大会或者董事会同意，违反了《公司法》上述规定，该协议（包括仲裁条款）不能视为麦某利公司的真实意思表示，对麦某利公司不具有法律效力，即孙某某与麦某利公司就涉案纠纷不存在合法有效的仲裁协议。

案例7：郑州市中级人民法院，仝某某诉被告濮阳三某电器有限公司专利实施许可合同纠纷一审知识产权判决书［（2013）郑知民初字第116号］认为：《中华人民共和国公司法》第一百四十九条规定，董事、高级管理人员不得有"违反公司章程的规定或者未经股东会、股东大会同意，与本公司订立合同或者进行交易"，董事、高级管理人员违反前款规定所得的收入应当归公司所有。本案中：第一，原告仝某某提交的2009年9月1日《技术转让（专利实施许可）合同》与三某公司2011年度科技型中小企业技术创新基金项目申报资料中所附《技术转让（专利实施许可）合同》内容一致，在三某公司签章处仅有三某公司的印章，并无三某公司法定代表人或其他股东的签字；第二，三某公司陈述仝某某是三某公司2011年度科技型中小企业技术创新基金项目申报工作的企业联系人，在申报该项目期间持有三某公司的印章，对该合同的真实性不予认可；第三，2010年12月20日三某公司董事会决议显示原告仝某某系三某公司董事，原告仝某某并未提交证据证明其与三某公司签订《技术转让（专利实施许可）合同》已经股东会同意。综合考虑以上因素，本院认为，原告仝某某提供的证据不足以证明本案所涉及的《技术转让（专利实施许可）合同》是三某公司的真实意思表示，仝某某依据该合同要求三某公司支付其专利使用费100万元的诉讼请求证据不足，本院不予支持。"

二、有效抗辩1：虽在公司任职，但不具有董事、高管身份，可以与公司订立合同，在公司任职不影响合同的效力

案例8：铜川市中级人民法院，原告李某某与被告陕西铜川益某置业有限公司破产清算组、陕西铜川益某置业有限公司、第三人许某某、杜某某、程某某普通破产债权确认纠纷一审民事判决书〔（2016）陕02民初字第56号〕认为：被告诉讼代理人在补充代理意见中称，原告李某某系益某公司总经理助理，主管销售工作，属于公司高级管理人员。《公司法》第一百四十八条规定："董事、高级管理人员不得有下列行为：……（四）违反公司章程的规定或者未经股东会、股东大会同意，与本公司订立合同或者进行交易……"原告李某某与益某公司签订的小吃城认购协议违反了《公司法》强制性规定，协议无效。应驳回原告的诉讼请求。本院认为，《公司法》第二百一十六条规定，"本法下列用语的含义：（一）高级管理人员，是指公司的经理、副经理、财务负责人，上市公司董事会秘书和公司章程规定的其他人员……"益某公司章程未对高级管理人员作出明确规定。原告李某某虽为益某公司总经理助理，负责益某公司铺位销售工作，但公司章程对其身份并未明确规定，故其不属《公司法》规定的高级管理人员，不受《公司法》第一百四十八条第一款第（四）项规定的约束。李某某与益某公司签订的《道上太阳城小吃城认购协议》不违反上述法律规定，应当按照协议约定予以结算。"

案例9：枣庄市中级人民法院，滕州市物某工贸有限公司、刘某某与滕州市裕某化工有限公司、史某某买卖合同纠纷二审民事判决书〔（2014）枣民四商终字第1号〕认为：被上诉人刘某某在与滕州市伟某化工有限公司、史某某签订买卖合同时，其为公司股东并担任监事职务，但股东、监事并不属于《公司法》第一百四十九条规定的董事和高级管理人员范畴，故本案不适用本规定。本院依法认定本案所涉买卖合同为有效合同，上诉人裕某公司的相关上诉主张于法无据，本院不予支持。

案例10：乌鲁木齐市中级人民法院，乌鲁木齐兰某管道汽车服务有限公司与吴某某车辆租赁合同纠纷二审民事判决书〔（2014）乌中民二终字第9号〕认为：《中华人民共和国公司法》第一百四十九条对董事、高级管理人员等公司高级职员的禁止行为作出明确规定，其第一款第（四）项规定"违反公司章程的规定或者未经股东会、股东大会同意，与本公司订立合同或者进行交易"。本案中，吴某某于2011年1月被聘为兰某公司生产副总经理，而吴某某与兰某公司之间的车辆租赁合同关系成立于2010年12月6日，届时吴某某的身份为兰某公司的普通职员，不是受任于兰某公司的高级管理人员，其与兰某公司之间的该项交易并非利益冲突当事人之间的交易，涉案《车辆租赁合同》具体由兰某公司法定代表人李某某与吴某某签订，合同双方对租赁费及支付方式等主要条款的约定形成于吴某某担任兰某公司生产副总经理之前，并非吴某某代表兰某公司与自己发生交易，不构成民法上的"双方代理"，因此，兰某公司依据《中华人民共和国公司法》第一百四十九条的规定对吴某某所主张车辆租赁费行使归入权的上诉请求不能成立，本院不予支持。

三、有效抗辩2：董事、高级管理人员与公司订立合同，虽未经股东会、股东大会决议，但有其他证据证明其他股东对此知情且同意的，不影响合同的效力

案例11：北海市中级人民法院，上诉人北海祥某物业开发有限责任公司与被上诉人符某某、一审第三人李某某土地使用权转让合同纠纷二审民事判决书〔（2011）北民一终字第166号〕认为：未经股东会或股东大会同意，作为具有公司法定代表人身份的个人是不能与本公司订立合同进行交易的。本案中，上诉人祥某公司第一任股东是符某某（占公司90%股权）及李某某（占公司10%股权），符某某作为公司法定代表人于2006年9月12日与自己签订了一份《土地使用权转让合同》，虽然公司没有正式召开股东会或股东大会作出决议，但另一股东李某某已明确表示其与符某某当时就转让涉案七亩土地给符某某一事已达成

口头协议，因此，双方于 2006 年 9 月 12 日签订的合同并没有损害公司及其他股东的利益，是双方当事人真实意思表示，也符合法律规定，应是合法有效之合同。

案例 12：青岛市中级人民法院，张某某与青岛昱某智能机器人有限公司租赁合同纠纷二审民事判决书［（2014）青民二商终字第 157 号］认为：本院认为《中华人民共和国公司法》如此规定的主旨是为了保护公司利益，因为董事、高级管理人员与本公司订立合同或者进行交易时，董事、高级管理人员个人在交易中处于与公司利益相冲突的地位。但本案中，被上诉人在与上诉人签订车辆租赁合同时，上诉人的控股股东杨某知晓并同意签订涉案合同，且进行该租赁交易不会损害上诉人及其股东的利益，故该合同依法有效。

四、有效抗辩 3：董事、高级管理人员与公司订立的合同，如属公司纯获利益的交易行为，不影响合同的效力；董事、高级管理人员向公司出借资金，并约定合理利息的，不影响合同的效力

案例 13：宜昌市中级人民法院，宜昌恒某建材贸易有限公司与吴某某损害公司利益责任纠纷一审民事判决书［（2015）鄂宜昌中民二初字第 00048 号］认为：该规定系为了防止公司的董事或高级管理人员利用职务形成的便利，通过与公司关联交易的方式，损害公司的利益。但公司纯获利益的交易行为，当不受此限。吴某某与九某担保公司签订的《债权转让协议》中并未约定九某担保公司因此需要支付对价，故九某担保公司为纯获利方。至于吴某某为什么将其享有的债权无偿转让给九某担保公司，不是本案审理的范围。恒某公司仅以吴某某系九某担保公司的股东为由，主张吴某某与九某担保公司签订的《债权转让协议》无效，无法律依据，本院不予支持。

案例 14：荆州市中级人民法院，刘某某与湖北佳某化工科技有限公司借款合同纠纷二审民事判决书［（2016）鄂 10 民终字第 307 号］认为：关于佳某公司称 40 万元系自我交易不应受法律保护的问题。《中华人民共和国公司法》第一百四十九条第一款第（四）项规定，董事、高级管理人员不得违反公司章程的规定或者未经股东会、股东大会同意，与本公司订立合同或者进行交易，其所得的收入应当归公司所有。该条款的立法目的是防止董事、高级管理人员在经营、掌控公司期间，利用自身职务的便利与本公司进行经营交易，以谋取自身利益，而损害了公司利益、股东权益。结合本案来看，刘某某向佳某公司出借借款，并不涉及佳某公司主营业务，不仅未与佳某公司的利益发生冲突，

未损害该公司及股东的权益,反而为佳某公司的经营发展提供了资金上的支持,其约定的月利率1.5%亦在我国法律允许的限额内,而且该40万元借款已转入佳某公司账上,佳某公司对此出具了借据并在借款账目明细上盖章予以认可,故本院认为该借款不属于我国《公司法》禁止的自我交易行为,而属于合法有效的借贷行为,应予保护。

案例15:安徽省高级人民法院,戴某与芜湖融某化工有限公司借款合同纠纷二审民事判决书[(2015)皖民二终字第00382号]认为:芜湖融某公司上诉认为案涉《借款协议》的签订未经芜湖融某公司股东会或董事会同意,违反了《中华人民共和国公司法》第一百四十八条第一款第(四)项关于限制高管自我交易行为的效力性强制性规定,也违反了周某与芜湖融某公司签订的《企业员工廉政及保密协议书》的约定,故协议无效。……《公司法》前述条款是关于董事、高级管理人员忠实义务的规定,目的在于避免董事、高级管理人员在以合同相对人的地位与其任职公司订立合同或进行其他交易时,牺牲公司利益而使其个人获益。本案案涉《借款协议》没有损害芜湖融某公司的利益,反而使芜湖融某公司因获取经营发展资金而受益,周某个人也并未因此获得不当收益,故不属于该条款所规制的行为。而周某与芜湖融某公司签订的《企业员工廉政及保密协议书》属公司内部管理方面当事人之间的协议,不能作为认定案涉《借款协议》效力的依据。故芜湖融某公司此节上诉理由不能成立,本院不予采纳。

五、公司与其董事、高级管理人员的配偶订立合同,或与其董事、高级管理人员所任职的其他公司订立合同,应分别判断合同效力

1. 公司与其董事、高级管理人员的配偶订立合同,未经股东会同意,合同无效。

案例16:上海市第二中级人民法院,黄某某与上海首某餐饮管理有限公司所有权纠纷二审民事判决书[(2015)沪二中民一(民)终字第2026号]认为:根据《公司法》的相关规定,公司的董事、监事、高级管理人员应当遵守法律、行政法规和公司章程,对公司负有忠实义务和勤勉义务。董事、高级管理人员不得违反公司章程的规定或者未经股东会、股东大会同意,与本公司订立合同或者进行交易。黄某某的配偶叶某某作为被上诉人的高级管理人员,保管被上诉人的公司印章,应当在管理公司的期间,对公司尽到忠实义务和勤勉义务,叶某某未经同意,以被上诉人名义擅自与自己的配偶签订劳动合同,不仅非为被上诉人的真实意思表示,而且叶某某的行为违反了其对被上诉人所应负担的法定义务,上诉人作为叶某某的配偶，不属于善意第三人，上诉人所持有的劳动合同不应对被上诉人发生法律约束力。综上所述，原审法院判令上诉人向被上诉人返还其已领取的钱款并无不当，本院予以维持。

2. 公司与其董事、高级管理人员所实际控制的其他公司订立合同，未经股东会同意，合同无效。

案例17：上海市第一中级人民法院，上海维某拉印刷器材有限公司与ANDREASALBERTUHLEMAYR损害公司利益责任纠纷一审民事判决书［（2009）沪一中民五（商）初字第33号］认为：安某某作为原告公司的董事及董事长，应当遵守法律、行政法规和公司章程，对公司负有忠实义务和勤勉义务，维护公司的利益。根据《中华人民共和国公司法》第一百四十九条第一款第（四）项规定：董事、高级管理人员不得违反公司章程的规定或者未经股东会、股东大会同意，与本公司订立合同或者进行交易。本案中，安某某既是原告的董事、董事长，也是钻某公司的大股东、法人代表及实际经营者，钻某公司通过与原告签订《服务协议》，提供有关咨询服务并获取报酬，安某某作为钻某公司的大股东及实际经营者则是该交易的主要获益人，其个人在该交易中处于与原告公司利益相冲突的地位，故该交易应该经原告公司股东会同意方可进行。但安某某未经上述程序直接代表原告与钻某公司签约，其行为违反了《中华人民共和国公司法》第一百四十九条第一款第四项的规定，构成对原告公司利益的损害。

3. 同一人分别在两家公司担任董事、高级管理人员，但非公司实际控制人的，如两家公司未经股东会同意订立合同，合同有效。

案例18：天津市高级人民法院，卡斯某尼精密金属（天津）有限公司、博某株式会社国际货物买卖合同纠纷二审民事判决书［（2012）津高民四终字第149号］认为：根据《中华人民共和国公司法》第一百四十九条第一款第（四）项规定，董事、高级管理人员不得违反公司章程的规定或者未经股东会、股东大会同意，与本公司订立合同或者进行交易。该条款是指除公司章程规定允许的或股东会认可的情况外，禁止公司的董事、经理个人作为一方，同本公司订立合同或者进行交易，这是由于董事、高级管理人员负责公司的经营决策和业务执行工作，当其以合同相对人的地位与其任职公司订立合同或进行其他交易时，就难免牺牲公司利益而使其个人获益，因此，《中华人民共和国公司法》对此作出了限制性规定。但本案中，尽管涉案《供货合同书》签订时，博览株式会社的法定代表人金某某同时担任了卡斯某尼公司的副董事长，但该合同双方是博览株式会社与卡斯某尼公司,而并非金某某个人与卡斯某尼公司之间的交易,且收货人也是卡斯某尼公司,故不属于《中华人民共和国公司法》第一百四十九条第一款第(四)项规定的情形。卡斯某尼公司的该项上诉理由不能成立,本院不予支持。

030 公司人格否认制度之横向刺破——"请求关联公司承担连带责任"

裁判要旨

关联公司的人员、业务、财务等方面交叉或混同,导致各自财产无法区分,丧失独立人格的,构成人格混同;关联公司人格混同,严重损害债权人利益的,关联公司对外部债务承担连带责任。

案情简介[①]

一、川某机械公司及瑞某公司股东均为王某某、倪某。川某工贸公司股东为张某某(王某某之妻,占90%股份)、吴某。

二、在公司人员方面,三个公司经理均为王某某,财务负责人均为凌某,出纳会计均为卢某,工商手续经办人均为张某;三个公司的其他管理人员也交叉任职。

三、在公司业务方面,三个公司经营范围重合,均从事相关业务,相互之间共用统一格式的《业务手册》、《经销协议》,并在对外宣传中区分不明。

四、在公司财务方面,三个公司共用结算账户,对外支付均为王某某的签字;开具收据时,三者的财务专用章混合使用;三公司所有债权债务、销售量、业绩、账务均计算在一个公司名下进行业务往来。

五、后因川某工贸公司拖欠某工机械公司货款未付,某工机械公司以川某机械公司、瑞某公司与川某工贸公司人格混同,三公司实际控制人王某某以及其他股东的个人资产与公司资产混同,请求三个公司及王某某等个人对欠款承担连带清偿

[①] 案件来源:最高人民法院指导案例15号,某工集团工程机械股份有限公司诉成都川某工贸有限责任公司等买卖合同纠纷案(最高人民法院审判委员会讨论通过,2013年1月31日发布)。

责任。

六、该案经徐州市中级人民法院、江苏省高级人民法院一审、二审，均判定三个公司对欠款承担连带清偿责任，但王某某等个人不承担责任。后该案被最高院选入指导性案例。

核心要点

第一，三个公司人格混同。首先，三公司人员混同。三公司的经理、财务负责人、出纳会计、工商手续经办人均相同，其他管理人员亦存在交叉任职的情形。其次，三公司业务混同。三公司实际经营中均涉及工程机械相关业务，经销过程中存在共用销售手册、经销协议的情形；对外进行宣传时信息混同。另外，三公司财务混同。三公司使用共同账户，以王某某的签字作为具体用款依据，对其中的资金及支配无法证明已作区分；三公司与某工机械公司之间的债权债务、业绩、账务及返利均计算在川某工贸公司名下。因此，三公司之间表征人格的因素（人员、业务、财务等）高度混同，导致各自财产无法区分，已丧失独立人格，构成人格混同。

第二，三公司应承担连带清偿责任。公司人格独立是其作为法人独立承担责任的前提。公司的独立财产是公司独立承担责任的物质保证，公司的独立人格也突出地表现在财产的独立上。当关联公司的财产无法区分，丧失独立人格时，就丧失了独立承担责任的基础。《公司法》第二十条第三款规定："公司股东滥用公司法人独立地位和股东有限责任，逃避债务，严重损害公司债权人利益的，应当对公司债务承担连带责任。"本案中，三个公司虽在工商登记部门登记为彼此独立的企业法人，但实际上相互之间界线模糊、人格混同，其中川某工贸公司承担所有关联公司的债务却无力清偿，又使其他关联公司逃避巨额债务，严重损害了债权人的利益。上述行为违背了法人制度设立的宗旨，违背了诚实信用原则，其行为本质和危害结果与《公司法》第二十条第三款规定的情形相当，故参照《公司法》第二十条第三款的规定，三公司应当承担连带清偿责任。

实务经验总结

前事不忘，后事之师。为避免未来发生类似败诉，提出如下建议：

第一，对于关联公司来讲，务必从细节着手，在人员、业务、财务、机构、对外宣传等多个方面做到相互独立，避免被认定为人格混同。例如在人员方面，对于法定代表人、总经理、财务负责人、会计、出纳、项目负责人等由各关联公司自行聘任，在股东方面也不要完全重合；在业务方面，各关联公司需要相互配合，特别是工商营业执照上的经营范围不要重合，经营的业务领域、目标客户等也要互相独立，对外做到独立宣传，特色明显；在财务方面，各公司建立独立的账户与账簿，资金来往需有合同依据，资金审批避免同一人经手，财务印章不可混合使用，各类债权债务、营业收入、业绩、账务均独立核算。

第二，对债权人来讲，若请求关联公司承担连带责任，不能仅仅从关联公司的股东及法定代表人为同一人、办公地点相同这些方面努力，重要的是要证明各关联公司财务混同，包括是否使用同一账户，使用同一账簿，是否为同一审批人，是否混用财务章等。另外，债权人还需对滥用公司法人人格、转移债务、严重损害其利益的情形进行举证。

相关法律规定

《中华人民共和国公司法》（2018年修正，已被修订）

第二十条　公司股东应当遵守法律、行政法规和公司章程，依法行使股东权利，不得滥用股东权利损害公司或者其他股东的利益；不得滥用公司法人独立地位和股东有限责任损害公司债权人的利益。

公司股东滥用股东权利给公司或者其他股东造成损失的，应当依法承担赔偿责任。

公司股东滥用公司法人独立地位和股东有限责任，逃避债务，严重损害公司债权人利益的，应当对公司债务承担连带责任。

《中华人民共和国公司法》（2023年修订）

第二十三条　公司股东滥用公司法人独立地位和股东有限责任，逃避债务，严重损害公司债权人利益的，应当对公司债务承担连带责任。

股东利用其控制的两个以上公司实施前款规定行为的，各公司应当对任一公司的债务承担连带责任。

只有一个股东的公司，股东不能证明公司财产独立于股东自己的财产的，应当对公司债务承担连带责任。

本案链接

以下为该案在法院审理阶段，判决书中"本院认为"就该问题的论述：

针对上诉范围，二审争议焦点为川某机械公司、瑞某公司与川某工贸公司是否人格混同，应否对川某工贸公司的债务承担连带清偿责任。

川某工贸公司与川某机械公司、瑞某公司人格混同。一是三个公司人员混同。三个公司的经理、财务负责人、出纳会计、工商手续经办人均相同，其他管理人员亦存在交叉任职的情形，川某工贸公司的人事任免存在由川某机械公司决定的情形。二是三个公司业务混同。三个公司实际经营中均涉及工程机械相关业务，经销过程中存在共用销售手册、经销协议的情形；对外进行宣传时信息混同。三是三个公司财务混同。三个公司使用共同账户，以王某某的签字作为具体用款依据，对其中的资金及支配无法证明已作区分；三个公司与某工机械公司之间的债权债务、业绩、账务及返利均计算在川某工贸公司名下。因此，三个公司之间表征人格的因素（人员、业务、财务等）高度混同，导致各自财产无法区分，已丧失独立人格，构成人格混同。

川某机械公司、瑞某公司应当对川某工贸公司的债务承担连带清偿责任。公司人格独立是其作为法人独立承担责任的前提。《中华人民共和国公司法》（以下简称《公司法》）第三条第一款规定："公司是企业法人，有独立的法人财产，享有法人财产权。公司以其全部财产对公司的债务承担责任。"公司的独立财产是公司独立承担责任的物质保证，公司的独立人格也突出地表现在财产的独立上。当关联公司的财产无法区分，丧失独立人格时，就丧失了独立承担责任的基础。《公司法》第二十条第三款规定："公司股东滥用公司法人独立地位和股东有限责任，逃避债务，严重损害公司债权人利益的，应当对公司债务承担连带责任。"本案中，三个公司虽在工商登记部门登记为彼此独立的企业法人，但实际上相互之间界线模糊、人格混同，其中川某工贸公司承担所有关联公司的债务却无力清偿，又使其他关联公司逃避巨额债务，严重损害了债权人的利益。上述行为违背了法人制度设立的宗旨，违背了诚实信用原则，其行为本质和危害结果与《公司法》第二十条第三款规定的情形相当，故参照《公司法》第二十条第三款的规定，川某机械公司、瑞某公司对川某工贸公司的债务应当承担连带清偿责任。

延伸阅读

关于要求关联公司承担责任，成功的三个案例及失败的四个案例

一、关联公司的人员、业务、财务等方面交叉或混同，导致各自财产无法区分，丧失独立人格的，构成人格混同，严重损害债权人利益的，关联公司相互之间对外部债务应承担连带责任（要求关联公司承担责任成功的案例）

案例1：河北省高级人民法院，中铁某局集团第四工程有限公司与揭阳市凤某路桥有限公司、广州市奎某建材有限公司建设工程施工合同纠纷二审民事判决书〔（2014）冀民一终字第208号〕认为：公司作为法人，其运行基础是人的组合，不同公司间一旦组织机构混同，极易导致公司财务、利益整体性混同，公司的独立性将不复存在。本案凤某公司与奎某公司在履行施工合同期间，法定代表人同为郑某某，郑某某同时在两公司各拥有90%股份，且两公司同时任用黄某某为该工程财务人员，两公司的工作人员存在重叠，因此可以认定两公司间组织机构混同。另，奎某公司以自己的名义对外发包凤某公司承包的本案工程，其行为也已表明两公司的实际经营内容一致，实际业务混同。奎某公司以自己的名义在某局四公司支取工程款，凤某公司对其支取款项予以确认，且两公司在该工程中均由财务人员黄某某对外办理业务，两公司亦存在财务混同的情形。总之，两公司在组织机构、财务及业务方面均存在混同现象，人格特征高度一致，两公司存在法人人格混同。对于吴某某诉凤某公司柴油买卖纠纷一案，揭东县人民法院认定了该柴油用于此工程施工。该判决生效后，揭东县人民法院在给某局四公司下发的执行通知书中载明，未发现凤某公司有可供执行的财产。故在关联公司利用人格混同逃避债务时，为维护债权人的正当利益，应参照《公司法》第二十条第三款的规定，由关联公司对债务承担连带清偿责任。原审以在该工程中凤某公司与奎某公司存在组织机构、财务及业务混同的情况下，判决两公司对某局四公司承担连带清偿责任并无不当。

案例2：深圳市中级人民法院，深圳市柯某亚电子有限公司与深圳桑某科技有限公司、桑某科技（重庆）有限公司买卖合同纠纷二审民事判决书〔（2014）深中法商终字第1696号〕认为："深圳桑某公司和重庆桑某公司在与柯某亚公司进行涉案交易期间，已构成公司人格混同，理由如下：一、两公司业务混同。深圳桑某公司和重庆桑某公司的经营范围均为生产经营汽车音响、影音显示系统、电子产品的贴片、插件、GPS导航系统、便携式多功能掌上电脑、车身总线控制模块及车载雷达。在实际经营中，深圳桑某公司和重庆桑某公司向柯某亚公司采购同类货品，并使用格式、内容相同的采购订单，电话、传真号码一致。送货地点均为深圳桑某公司的住所地。上述事实足以认定深圳桑某公司和重庆桑某公司存在业务混同的情形。二、两公司人员混同。在重庆桑某公司2009年7月成为持有深圳桑某公司100%股权的股东之前，深圳桑某公司和重庆桑某公司的股东均为桑某（香港）科技有限公司，且均持有100%股权。高级管理人员在两公司交叉任职，其中宋某某在担任重庆桑某公司的总经理期间，同时担任深圳桑某公司的执行董事。在与柯某亚公司进行交易时，深圳桑某公司和重庆桑某公司的采购人员均为严某某、批准人均为贾某某。上述事实足以认定深圳桑某公司和重庆桑某公司存在人员混同的情形。三、两公司财务混同。重庆桑某公司成立后不久即成为深圳桑某公司持股100%的股东，即深圳桑某公司为一人有限责任公司，根据《中华人民共和国公司法》第六十四条的规定，重庆桑某公司作为深圳桑某公司的股东，应当证明深圳桑某公司的财产独立于重庆桑某公司的财产，否则应当对深圳桑某公司的债务承担连带责任。本案中，重庆桑某公司虽然提交了其2010年至2012年的年度财务报表及审计报告，并据此主张两公司财务独立，但从一审法院查明的事实分析，重庆桑某公司的监事李某某，代表深圳桑某公司与柯某亚公司签订《货款支付协议》，确认深圳桑某公司未付柯某亚公司货款1255983.71元；重庆桑某公司原法定代表人李某某发出《致各位供应商朋友的一封信》，认可深圳桑某公司拖欠供应商货款的事实，上述事实足以认定深圳桑某公司和重庆桑某公司存在财务混同的情形，重庆桑某公司提交的年度财务报表及审计报告不足以推翻该认定。综合上述分析，本院认为在涉案的交易期间，深圳桑某公司和重庆桑某公司存在公司人格混同的情形，参照《中华人民共和国公司法》第二十条第三款的规定，重庆桑某公司应就深圳桑某公司对柯某亚公司的涉案货款债务承担连带清偿责任。

案例3：四会市人民法院，肇庆亚某铝厂有限公司与东莞市宝某建设工程有限公司、方某某承揽合同纠纷一审民事判决书〔（2015）肇四法大民初字第103号〕认为：针对被告深圳宝某股份公司、湖北宝某公司、什邡宝某公司、宝某（天津）公司、宝某（吉林）公司、宝某（南通）公司与被告东莞宝某公司之间是否人格混同，应否对被告东莞宝某公司的债务承担连带清偿责任的问题。首先，上述六被告之间确实存在公司人员混同，六被告的法定代表人均相同，被告方某某作为管理人员及法定代表人在上述六被告内存在交叉任职的情形。其次，上述六被告的公司业务存在混同，经营范围均涉及：塑钢门窗、铝门窗、幕墙、钢结构的生产、销售；建设工程设计、施工；公路交通工程、隧道工程的涉及与施工等内容，其中被告东莞宝某公司、湖北宝某公司、什邡宝某公司、宝某（天津）公司、宝某（吉林）公司、宝某（南通）公司的经营范围被被告深圳宝某股份公司的经营范围完全覆盖。最后，从被告深圳宝某股份公司向原告回函的内容也可以看出，被告深圳宝某公司主动承诺将全资子公司即被告东莞宝某公司的债务作为其债务一并处理，被告深圳宝某公司与被告东莞宝某公司之间并没有明确的财务区分，而2014年期间，六被告之间也存在大量资金往来，六被告在收到原告的起诉状及证据材料后均未到庭提出抗辩及举证证明上述资金往来的原因及用途，无法证明财务之间存在明确的区分，故本院采纳原告关于上述六被告的财务存在混同的观点。综上，上述六被告之间表征人格的因素（人员、业务、财务等）高度混同，导致各自的财产无法区分，已丧失独立人格，构成人格混同。《中华人民共和国公司法》第二十条第三款规定："公司股东滥用公司法人独立地位和股东有限责任，逃避债务，严重损害公司债权人利益的，应当对公司债务承担连带责任。"被告深圳宝某股份公司及其法定代表人方某某利用被告深圳宝某股份公司对被告东莞宝某公司、湖北宝某公司、什邡宝某公司、宝某（天津）公司、宝某（吉林）公司、宝某（南通）公司的控制权，无视各公司的独立人格，随意处置、混淆各个公司的财产及债权债务关系，造成各个公司的人员、财产等无法区分，有可能损害原告作为债权人的合法权益，故被告深圳宝某股份公司、湖北宝某公司、什邡宝某公司、宝某（天津）公司、宝某（吉林）公司、宝某（南通）公司应对被告东莞宝某公司的债务承担连带清偿责任。

二、人格否认制度须审慎使用，债权人需对人员、业务、财务等混同事实承担举证责任（要求关联公司承担责任失败的案例）

案例4：成都市中级人民法院，重庆爱某开沥青有限公司与成都利某行科技发展有限公司、甘肃海某石化有限公司加工合同纠纷二审民事判决书〔（2015）成民终字第7951号〕认为：公司法人人格否认制度作为民法的原则，应当审慎适用。上诉人称利某行公司与海某公司对货物不加区分，任意调取不加计算运费和利润、人员调配且不计算人力资金占用利息，且以上情况一直持续，并不加以清算、难以清算或者互不认可清算结果，使得其资产难以区分，构成混同。在企业财产混同的情况下，公司的营业场所、机器设备以及办公用品难分彼此，企业名下的财产可以被其他企业法人随意处分，公司的财会账簿不明晰，资金流向不知所终的情形下才构成财产混同。上诉人向法庭出示的证据只能证明双方有资金往来，并不能证明双方资金难以区分，两公司的账簿不明晰等问题。在本案中，虽然有人员交叉任职的情形，但并不是统一调配，无区分任用的，未达到一方对另一方控制导致损害债权人利益的程度，故对其该上诉理由不予支持。

案例5：宁波海事法院，玉某鸿某船舶燃料有限公司与南京海某船务有限公司、江苏都某海运有限公司船舶物料和备品供应合同纠纷一审民事判决书[（2016）浙72民初字第772号]认为：关联公司的人员、业务、财务等方面交叉或混同，导致各自财产无法区分，丧失独立人格的，构成人格混同；关联公司人格混同，严重损害债权人利益的，关联公司相互之间对外部债务承担连带责任。尽管海某公司与都某公司在2014年10月17日之前的法定代表人都是郭某某，且部分股东重合，经营范围也相同，但该两公司住所地不一，股东组成存在差异，账户各自独立。鸿某公司在本案中未能举证该两公司之间因人员、业务、财务等方面交叉或混同，导致各自财产无法区分，丧失独立人格，从而构成人格混同。因此，鸿某公司以海某公司与都某公司存在人格混同为由，认为涉案三艘船舶加油款由海某公司结算的主张，证据不足，理由不成立，不予采纳。

案例6：深圳市中级人民法院，中国电子科技集团公司某研究所与艾某尔电路（深圳）有限公司买卖合同纠纷二审民事判决书[（2016）粤03民终字第6701号]认为：按照最高人民法院指导案例15号"某工集团工程机械股份有限公司诉成都川某工贸有限责任公司等买卖合同纠纷案"所确定的裁判要旨，关联公司的人员、业务、财务等方面交叉或混同，导致各自财产无法区分，丧失独立人格的，构成人格混同；关联公司人格混同，严重损害债权人利益的，关联公司相互之间对外部债务承担连带责任。虽然本案张家港国某公司或靖江国某公司的共同法定代表人是某研究所的员工，某研究所也是张家港国某公司发起股东，具有关联关系，但是某研究所是国有事业法人企业，其注册地及经营地在南京市，张家港国某公司和靖江国某公司实际经营地点都在江苏靖江市，无证据证明某研究所与张家港国某公司、靖江国某公司在人员、业务和财务等方面交叉或混同，导致各自财产无法区分。因此，本案不应参照适用该指导性案例。

案例7：深圳市南山区人民法院，深圳市偶某环境艺术设计有限公司与深圳市迪某恒兴实业有限公司、深圳市迪某视讯股份有限公司建设工程设计合同纠纷一审民事案件判决书[（2016）粤0305民初字第8706号]认为：关于被告迪某视讯公司应否对被告迪某恒兴公司的涉案债务承担连带责任。从两公司的工商注册信息来看，原告提交的被告迪某恒兴公司的股东信息、被告迪某视讯公司关于控股股东质押公告、北京安某恒兴投资有限公司的工商登记和股东信息打印件显示北京安某恒兴投资有限公司系被告迪某恒兴公司出资比例93.2%的股东，系被告迪某视讯公司第一大股东；北京安某恒兴投资有限公司注册资本2300万元，季某出资额为2040万元；北京安某恒兴投资有限公司、两被告的法定代表人均为季某；两被告的住所地均在深圳集成电路设计应用产业园，仅能证明两被告存在关联关系，并不能由此推断两被告法人人格存在混同。"

031 董事损害公司利益由董事赔偿，委派的股东无赔偿责任

裁判要旨

公司董事与公司股东之间不存在管理与被管理的关系，公司股东没有管理公司董事的法定职责，公司董事只对公司承担忠诚义务和勤勉义务。如董事违反法律、行政法规或者公司章程的规定，给公司造成损失的，该董事应当承担赔偿责任，但委派该董事的股东不承担连带赔偿责任。

案情简介[①]

一、海某投资公司的股权结构为赵某某持股40%，海某控股公司持股60%。

二、皇某酒店公司系海某投资公司的子公司。该公司章程规定"公司设立董事会，董事会设成员七人，由股东委派或更换。董事长为公司法定代表人"。王某某、党某均由海某投资公司委派至皇某酒店公司担任董事，其中王某某为董事长。

三、在王某某担任皇某酒店公司董事长期间，存在自己长期占用酒店豪华套间、给他人安排免费住宿的问题。

四、在党某担任皇某酒店公司董事期间，存在安排他人在公司领取空饷的问题。

[①] 案件来源：陕西省高级人民法院，王某某、党某、海某控股集团有限公司与赵某某及陕西海某海盛投资有限公司、陕西皇某海某酒店有限公司损害公司利益责任纠纷二审民事判决书［（2016）陕民终字第255号］。

五、赵某某发现上述问题后，向海某投资公司监事会书面要求公司行使索赔权，但海某投资公司未提起诉讼。后赵某某提起股东代表诉讼，要求王某某、党某等赔偿公司损失，并要求委派其至皇某酒店公司担任董事的股东海某控股公司承担连带责任。西安市中级人民法院支持了其诉讼请求。

六、海某投资公司等不服，向陕西省高级人民法院提起上诉。陕西省高级人民法院改判：王某某、党某赔偿给皇某酒店公司造成的损失，海某控股公司不承担连带责任。

核心要点

依据皇某酒店公司的章程规定，皇某酒店公司的董事由股东委派，但该委派行为不能认定为股东的个人行为，公司董事与公司股东之间不存在管理与被管理的关系，公司股东没有管理公司董事的法定职责，公司董事亦没有向公司股东负责的法定义务，公司董事只对公司承担忠诚义务和勤勉义务。因此，陕西省高级人民法院认为：原审法院认定"被告海某控股公司作为海某投资公司的控股股东应对其委派的人员负有管理责任"没有法律依据，海某控股公司不应就王某某、党某给城酒店公司造成的损失承担连带责任。

实务经验总结

前事不忘，后事之师。为避免未来发生类似败诉，提出如下建议：

第一，公司董事、高级管理人员不得为所欲为、利用职权侵犯公司财产。本案被告在担任皇某酒店的董事长期间，自己占有豪华套间、安排他人免费住宿，这种情况现实中很常见，似乎是个小问题。但如被其他股东发现并留存证据，待股东间关系破裂时，这些司空见惯的小问题就会被拿出来，最终要自掏腰包买单（本案中王某某就是因为上述小问题最终被判决赔偿公司93万元）。

第二，对于上述情形，公司及公司各股东可以预先规定高管的职权范围，形成书面文件。没有书面文件，法院就可能认定为个人侵犯公司权益；有了书面文件，也很容易被认定为公务接待或公司行为，董事和高管个人不承担责任。

相关法律规定

《中华人民共和国公司法》（2018年修正，已被修订）

第三十七条　股东会行使下列职权：

……

（二）选举和更换非由职工代表担任的董事、监事，决定有关董事、监事的报酬事项；

（三）审议批准董事会的报告；

……

第四十六条　董事会对股东会负责，行使下列职权：

（一）召集股东会会议，并向股东会报告工作；

……

第一百四十七条　董事、监事、高级管理人员应当遵守法律、行政法规和公司章程，对公司负有忠实义务和勤勉义务。

董事、监事、高级管理人员不得利用职权收受贿赂或者其他非法收入，不得侵占公司的财产。

第一百四十九条　董事、监事、高级管理人员执行公司职务时违反法律、行政法规或者公司章程的规定，给公司造成损失的，应当承担赔偿责任。

第一百五十一条　董事、高级管理人员有本法第一百四十九条规定的情形的，有限责任公司的股东、股份有限公司连续一百八十日以上单独或者合计持有公司百分之一以上股份的股东，可以书面请求监事会或者不设监事会的有限责任公司的监事向人民法院提起诉讼；监事有本法第一百四十九条规定的情形的，前述股东可以书面请求董事会或者不设董事会的有限责任公司的执行董事向人民法院提起诉讼。

监事会、不设监事会的有限责任公司的监事，或者董事会、执行董事收到前款规定的股东书面请求后拒绝提起诉讼，或者自收到请求之日起三十日内未提起诉讼，或者情况紧急、不立即提起诉讼将会使公司利益受到难以弥补的损害的，前款规定的股东有权为了公司的利益以自己的名义直接向人民法院提起诉讼。

他人侵犯公司合法权益，给公司造成损失的，本条第一款规定的股东可以依照前两款的规定向人民法院提起诉讼。

第一百五十二条　董事、高级管理人员违反法律、行政法规或者公司章程的规定，损害股东利益的，股东可以向人民法院提起诉讼。

《中华人民共和国公司法》（2023年修订）

第五十九条 股东会行使下列职权：

（一）选举和更换董事、监事，决定有关董事、监事的报酬事项；

（二）审议批准董事会的报告；

……

第六十七条 有限责任公司设董事会，本法第七十五条另有规定的除外。

董事会行使下列职权：

（一）召集股东会会议，并向股东会报告工作；

……

第一百八十条 董事、监事、高级管理人员对公司负有忠实义务，应当采取措施避免自身利益与公司利益冲突，不得利用职权牟取不正当利益。

董事、监事、高级管理人员对公司负有勤勉义务，执行职务应当为公司的最大利益尽到管理者通常应有的合理注意。

公司的控股股东、实际控制人不担任公司董事但实际执行公司事务的，适用前两款规定。

第一百八十八条 董事、监事、高级管理人员执行职务违反法律、行政法规或者公司章程的规定，给公司造成损失的，应当承担赔偿责任。

第一百八十九条 董事、高级管理人员有前条规定的情形的，有限责任公司的股东、股份有限公司连续一百八十日以上单独或者合计持有公司百分之一以上股份的股东，可以书面请求监事会向人民法院提起诉讼；监事有前条规定的情形的，前述股东可以书面请求董事会向人民法院提起诉讼。

监事会或者董事会收到前款规定的股东书面请求后拒绝提起诉讼，或者自收到请求之日起三十日内未提起诉讼，或者情况紧急、不立即提起诉讼将会使公司利益受到难以弥补的损害的，前款规定的股东有权为公司利益以自己的名义直接向人民法院提起诉讼。

……

第一百九十条 董事、高级管理人员违反法律、行政法规或者公司章程的规定，损害股东利益的，股东可以向人民法院提起诉讼。

本案链接

以下为该案在法院审理阶段，判决书中"本院认为"就该问题的论述：

原审判决第三项："被告海某酒店控股集团有限公司对上列被告给第三人陕西海某海盛投资有限公司造成的损失承担连带责任"是否正确。

原审认为"被告王某某、党某由被告海某控股公司委派，被告海某控股公司作为海某投资公司的控股股东应对其委派的人员负有管理责任，但在原告赵某某对被告王某某、党某损害公司利益的行为多次向海某控股公司反映后，海某控股公司作为海某投资的控股股东应对此作出处理，海某控股对王某某、党某的侵权行为是明知的，但海某控股公司作为实际控制人不履行职责具有主观故意，被告王某某、党某、海某控股公司的共同侵权损害了海某投资公司的利益，故被告海某控股公司、王某某、党某应共同承担第三人海某投资公司的财产损失。"本院认为，依据皇某酒店公司的章程规定，皇某酒店公司的董事由股东委派，但该委派行为不能认定为股东的个人行为，公司董事与公司股东之间不存在管理与被管理的关系，公司股东没有管理公司董事的法定职责，公司董事亦没有向公司股东负责的法定义务，公司董事只对公司承担忠诚义务和勤勉义务，原审法院认定"被告海某控股公司作为海某投资公司的控股股东应对其委派的人员负有管理责任"，没有法律依据，其据此认定海某控股公司"作为实际控制人不履行职责具有主观故意，海某控股公司、王某某、党某应共同承担第三人海某投资公司的财产损失"的结论没有法律依据，应予纠正。

综上，原审判决认定事实清楚，判决由王某某、党某赔偿第三人陕西海某海盛投资有限公司损失、判决海某酒店控股集团有限公司对上列被告给第三人陕西海某海盛投资有限公司造成的损失承担连带责任属于适用法律错误且具体赔偿数额有误，本院依法应予纠正。

延伸阅读

股东与公司之间、股东与股东之间是否存在管理与被管理关系？

一、股东与公司之间是平等的民事主体，不存在管理与被管理的关系。如公司章程未另行规定，公司不能因股东犯错误而通过股东会对股东作出处罚决定。

案例1：吴川市人民法院，黄某某与吴川市某厂有限公司股东资格确认纠纷一审民事判决书［（2016）粤0883民初字第22号］认为：股东与公司之间是平等的民事主体，相互之间享有独立的人格，不存在管理与被管理的关系。被告通过股东会议作出对原告五年内不得参加公司的生产经营管理及利润分红和五年后只恢复干股份，其家属不得参加任何经营管理的处罚决定，已解除或限制了原告的股东资格，剥夺或限制了原告应享有的财产权利，根据《中华人民共和国公司法》第三十八条规定，股东会职权中并不包含对股东处以解除或限制股东资格和剥夺股东合法财产的权利。在公司章程未作另行约定的情况下，公司不能因股东犯错误而通过股东会议剥夺股东所固有的股权和应享有的财产权。故被告股东会对原告的处罚决定属超越法定职权，没有法律依据，其作出的处罚决定无效。

案例2：张家界市永定区人民法院，袁某与湖南绿某房地产有限公司决议撤销纠纷一审民事判决书［（2015）张定民二初字第73号］认为：股东履行出资义务后，其与公司之间是平等的民事主体，相互之间具有独立的人格，不存在管理与被管理的关系，公司的股东会原则上无权对股东施以任何处罚。这从《公司法》第三十八条第（一）至第（十）项所规定的股东会职权中并不包含对股东处罚的内容中亦能得到体现。有限公司的股东会无权对股东处以罚款，除非公司章程另有约定。因此，在公司章程未作另行约定的情况下，有限公司的股东会并无对股东处以罚款的法定职权，如股东会据此对股东作出处以罚款的决议，则属超越法定职权，决议无效。本案中，被告湖南绿某房地产有限公司对原告袁某处以罚款的依据是肖某某、毛某某、周某某、李某某、袁某签订的2010年4月26日《合作协议书》，该协议书不是被告湖南绿某房地产有限公司的公司章程，不能作为股东会处罚股东的依据。故被告湖南绿某房地产有限公司对原告袁某作出处以罚款的决议无效。

二、同一公司既有自然人股东又有法人股东的，即使自然人股东与法人股东有劳动关系，也不能据此认定自然人股东与法人股东在该公司股东会中具有支配与被支配、管理与被管理的依附关系。

案例3：北京市海淀区人民法院，北京海某文化发展中心诉北京城建某建设工程有限公司与公司纠纷一审民事判决书［（2016）京0108民初字第8471号］认为：海某中心主张，恒某达公司29位自然人股东均系城建某公司员工，城建某公司及其员工在恒某达公司股东会占股超过72%，已形成对公司股东会的绝对控制；恒某达公司董事会三位成员中由城建某公司委派的有两位，按照公司章程规定的表决规则，城建某公司对公司董事会亦形成实质控制，故城建某公司系恒某达公司实际控制人。本院认为，对公司具有支配权、控制权的主体，或者为公司控股股东，或者虽不是控股股东，但系可以实际支配公司行为的主体。关于城建某公司是否实际控制恒某达公司，首先，依照恒某达公司章程规定，股东会由全体股东组成，是公司最高权力机构，股东会会议由股东按照出资比例行使表决权，股东会会议决议由代表二分之一以上表决权的股东表决通过。而城建某公司出资份额仅占恒某达公司注册资本的 14.29%，按照其出资份额享有的表决权不足以对恒某达公司股东会的决议产生决定性影响，故城建某公司并非恒某达公司控股股东。其次，对于城建某公司能否实际支配恒某达公司的行为。本院认为，受劳动法律法规调整的用人单位与劳动者之间的权利义务关系与受公司法律法规调整的公司与股东之间的权利义务关系是两种不同性质的法律关系，恒某达公司含董事兼总经理李某某在内的 29 位自然人股东虽为城建某公司员工，在与城建某公司之间的劳动关系中，具有接受公司安排、服从公司管理的义务，但在恒某达公司中，城建某公司与 29 位自然人股东均为股东身份，按照各自出资份额享有股东权利、履行股东义务，并不具有支配与被支配、管理与被管理的依附关系，且海某中心亦未举证证明城建某公司具有通过控制其员工行使表决权进而形成控制恒某达公司股东会决议或董事会决议的实际行为，故以城建某公司与恒某达公司 29 位自然人股东具有劳动关系而主张城建某公司实际控制恒某达公司股东会和董事会，无法律和事实依据，本院对海某中心的该项主张不予支持。综上，城建某公司并未实际控制恒某达公司。

032 股东利用过桥贷款出资被认定抽逃出资，股东各自承担补充赔偿责任

裁判要旨

债权人虽未提供抽逃出资的直接证据，但对抽逃出资行为的事实及资金流向提供了线索，视为其提供了对股东履行出资义务产生合理怀疑的证明；被告股东应当就其已履行出资义务承担举证责任，提供相应的证据对抽逃出资进行反驳，举证不能的视为抽逃出资。抽逃出资的股东在抽逃出资本息范围内对公司债务不能清偿的部分承担补充赔偿责任。

案情简介[①]

一、新某地公司于 2006 年 12 月 4 日成立，股东为张某某（持股比例为

[①] 案件来源：最高人民法院，美某多有限公司与深圳市新某地数字网络技术有限公司、周某等借款合同纠纷再审民事判决书 [（2016）最高法民再字第 2 号]。

47%，出资额 47 万元）、周某（持股比例为 53%，出资额 53 万元）。

二、2011 年 5 月 6 日，新某地公司注册资本由 100 万元增加为 6100 万元，验资报告证明张某某、周某增资的事实，变更后股东为张某某（持股比例为 47%，出资额 2867 万元）、周某（持股比例为 53%，出资额 3233 万元）。

三、该笔 6000 万元的增资，在验资完成后当日即被转出，且一直未再回到公司账户。

四、后因新某地公司欠付美某多公司货款 1427000 美元，美某多公司诉至法院，要求新某地公司偿还欠款，张某某、周某承担连带责任。美某多公司申请法院调出了 6000 万元增资转出的银行转账记录；张某某、周某主张该款项用于购买设备，但未提供证据。

五、本案经深圳中院一审，广东高院二审，最高院再审，最终判定：张某某、周某在各自抽逃出资的范围内承担补充责任。

核心要点

债权人对抽逃资金的事实和流向提供了线索时，股东应对未抽逃出资的事实承担举证责任。该案中，美某多公司虽然未提供直接证据证明股东周某、张某某存在抽逃出资行为，但其就 6000 万元增资款到账当天就被转走的事实及资金流向提供了线索，指出该笔增资款转出公司账户而未转回。在美某多公司提供了对周某、张某某抽逃出资合理怀疑的证明后，只能通过法院调查或者由新某地公司及周某、张某某提供反驳证据，才能查清事实，因此，此时应将举证责任转移至周某、张某某，由其提供相应的证据反驳美某多公司关于周某、张某某抽逃出资的主张。然而，周某、张某某未予举证。在这种情况下，应当作出对周某、张某某不利的判断，即支持美某多公司的主张，认定周某、张某某构成抽逃出资。抽逃出资的股东在抽逃出资本息范围内对公司债务不能清偿的部分承担补充赔偿责任，而不是连带赔偿责任。

实务经验总结

前事不忘，后事之师。为避免未来发生类似败诉，提出如下建议：

第一，对于公司股东来讲，不要采取利用过桥贷款注资且在注资后立即将出资款转出的方式进行出资，因为该种行为实质上是抽逃出资的一种表现形式。若公司股东确属经济困难,迫于无奈需要通过该种方式注资,在将出资转出时也需要"师出有名",如让公司与相关人签订《借款协议》等合同,并在资金抽出后的一定时间内将资金归还公司,再如向公司提供与该资金等值的用于生产经营的产品或服务,并保留好还款或交付产品服务的凭证。即使股东没有抽逃出资的故意,股东也不应随意在公司提钱,若出钱必须有凭证,以免被认定为抽逃出资。

第二,对于公司债权人来讲,当其债权通过公司不能得到清偿,而公司股东有存在抽逃出资的重大嫌疑时,其可以要求股东对公司债务承担补充赔偿责任。根据本案可知,当债权人不能提供抽逃出资的直接证据时,可以申请法院调取公司和股东之间的转账记录,进而对抽逃出资的事实及资金流向提供线索。

相关法律规定

《中华人民共和国公司法》(2018年修正,已被修订)

第三十五条 公司成立后,股东不得抽逃出资。

《中华人民共和国公司法》(2023年修订)

第五十三条 公司成立后,股东不得抽逃出资。

违反前款规定的,股东应当返还抽逃的出资;给公司造成损失的,负有责任的董事、监事、高级管理人员应当与该股东承担连带赔偿责任。

《最高人民法院关于适用〈中华人民共和国公司法〉若干问题的规定(三)》(2020年修正)

第十二条 公司成立后,公司、股东或者公司债权人以相关股东的行为符合下列情形之一且损害公司权益为由,请求认定该股东抽逃出资的,人民法院应予支持:

(一)制作虚假财务会计报表虚增利润进行分配;

(二)通过虚构债权债务关系将其出资转出;

(三)利用关联交易将出资转出;

(四)其他未经法定程序将出资抽回的行为。

第十四条 股东抽逃出资,公司或者其他股东请求其向公司返还出资本息、协助抽逃出资的其他股东、董事、高级管理人员或者实际控制人对此承担连带责任的,人民法院应予支持。

公司债权人请求抽逃出资的股东在抽逃出资本息范围内对公司债务不能清偿的部分承担补充赔偿责任、协助抽逃出资的其他股东、董事、高级管理人员或者实际控制人对此承担连带责任的，人民法院应予支持；抽逃出资的股东已经承担上述责任，其他债权人提出相同请求的，人民法院不予支持。

第二十条 当事人之间对是否已履行出资义务发生争议，原告提供对股东履行出资义务产生合理怀疑证据的，被告股东应当就其已履行出资义务承担举证责任。

本案链接

以下为该案在法院审理阶段，判决书中"本院认为"就该问题的论述：

本案再审争议焦点为：周某、张某某是否存在抽逃出资行为，是否应就新某地公司对美某多公司负有的债务承担相应法律责任。

（一）关于周某、张某某是否存在抽逃出资行为的问题。《最高人民法院关于适用〈中华人民共和国公司法〉若干问题的规定（三）》第十二条规定："公司成立后，公司、股东或者公司债权人以相关股东的行为符合下列情形之一且损害公司权益为由，请求认定该股东抽逃出资的，人民法院应予支持：（一）制作虚假财务会计报表虚增利润进行分配；（二）通过虚构债权债务关系将其出资转出；（三）利用关联交易将出资转出；（四）其他未经法定程序将出资抽回的行为。"本案中，美某多公司虽然未提供直接证据证明新某地公司股东周某、张某某存在该规定所列举的抽逃出资行为，但二审期间美某多公司就新某地公司于2011年5月6日将注册资本从100万元增加至6100万元的当天即从公司账户转走6000万元的事实及资金流向提供了线索，指出张某某、周某的增资款6000万元于2011年5月6日当日又分成了两笔汇出，其中一笔3200万元汇入南昌市东湖区某贸易商行农行账户，另一笔2800万元汇入南昌市东湖区百某建材销售部农行账户，该两笔资金汇出后又转汇至其他账户，至今没有回到新某地公司的银行账户。对此，新某地公司、张某某、周某并未否认6000万元于2011年5月6日增资当日即被转出的事实，张某某仅辩称：增资后的款项用于购买设备了，但如何购买、去哪里买、是否有合同、发票等应在新某地公司的账目中有显示，均未提供相应的证据予以证明。《最高人民法院关于适用〈中华人民共和国公司法〉若干问题的规定（三）》第二十条规定：当事人之间对是否已履行出资义务发生争议，原告提供对股东履行出资义务产生合理怀疑证据的，被告股东应当就其已履行出资义务承担举证责任。根据该司法解释规定的精神，就股东是否抽逃出资的举证责任分配，由于美某多公司无法查询新某地公司及其股东周某、张某某的银行账户或财务账簿，在美某多公司提供了对周某、张某某抽逃出资合理怀疑的证明后，只能通过法院调查或者由新某地公司及周某、张某某提供反驳证据，才能查清事实，因此，此时应将举证责任转移至周某、张某某，由其提供相应的证据反驳美某多公司关于周某、张某某抽逃出资的主张。然而，周某、张某某未予举证。在这种情况下，应当作出对周某、张某某不利的判断，即支持美某多公司的主张，认定周某、张某某构成抽逃出资。一、二审判决没有支持美某多公司关于周某、张某某构成抽逃出资的主张错误，应予纠正。

（二）关于周某、张某某是否应就新某地公司对美某多公司负有的债务承担相应法律责任的问题。《中华人民共和国公司法》第三十六条规定：公司成立后，股东不得抽逃出资。《最高人民法院关于适用〈中华人民共和国公司法〉若干问题的规定（三）》第十四条第二款规定：公司债权人请求抽逃出资的股东在抽逃出资本息范围内对公司债务不能清偿的部分承担补充赔偿责任、协助抽逃出资的其他股东、董事、高级管理人员或者实际控制人对此承担连带责任的，人民法院应予支持；抽逃出资的股东已经承担上述责任，其他债权人提出相同请求的，人民法院不予支持。如上所述，周某、张某某构成抽逃出资，具体而言，周某抽逃出资 3233 万元，张某某抽逃出资 2867 万元。根据上述规定，周某、张某某作为新某地公司当时的股东，应当在其各自抽逃出资本息范围内对新某地公司的债务不能清偿的部分向美某多公司承担补充赔偿责任。美某多公司主张周某、张某某承担连带清偿责任，缺乏法律依据，不应予以支持。

延伸阅读

有关注资后又转出，是否构成抽逃出资的两则裁判规则

裁判规则一：股东注资后又转出，未提供合理说明及相关证据的，构成抽逃出资。

案例1：湖北省高级人民法院，湖北贤某面粉有限公司、熊某某借款合同纠纷二审民事判决书〔（2016）鄂民终字第1351号〕认为：本案中，熊某某、罗某某、王某、余某某、李某某、张某均系借款出资。中某小贷公司验资后将1亿元注册资金立即转出 99015050.50 元，谢某某通过申请法院调取证据证明其中 3600 余万元又最终回款至出资借款人账户。《最高人民法院关于适用〈中华人民共和国公司法〉若干问题的规定（三）》第二十条规定："当事人之间对是否已履行出资义务发生争议，原告提供对股东履行出资义务产生合理怀疑证据的，被告股东应当就其已履行出资义务承担举证责任。"在贤某面粉公司、熊某某、罗某某、王某、余某某、李某某、张某均未提交证据证明上述转款全部用于中某小贷公司业务经营、投资或1亿元全部实际补足的情况下,应承担举证不能的不利后果。一审法院认定熊某某、罗某某、王某、余某某、李某某、张某存在抽逃出资行为具有事实和法律依据。

案例2:日照市中级人民法院,中国某银行股份有限公司岚山支行与山东豪美贸易有限公司、山东诺某游艇制造有限公司等金融借款合同纠纷一审民事判决书〔(2016)鲁11民初字第41号〕认为:当事人之间对是否已履行出资义务发生争议,原告提供对股东履行出资义务产生合理怀疑证据的,被告股东应当就其已履行出资义务承担举证责任。本案中,根据原告提供证据材料,可以发现被告马某甲、马某乙作为诺某公司的股东及发起人,在出资后又在短期内将资金以借款或货款的名义转向了与诺某公司相关联的其他公司,上述行为符合股东抽逃出资的情形,在被告未到庭就其上述行为作出合理解释或提供反驳证据的情况下,根据上述法律规定,本院对原告关于马某甲、马某乙存在抽逃出资行为的主张予以采信。从原告提供的证据看,除以土地款名义转出以及转出资金流向不明的部分外,其余款项共计120850000元均在短期内转向了与诺某公司相关联的公司,上述资金应认定为被告马某甲、马某乙抽逃的资金,被告马某甲、马某乙应在其抽逃出资本息范围内对诺某公司不能清偿的债务承担补充赔偿责任。故对原告的该项诉讼请求,本院予以支持。

案例3:莱芜市中级人民法院,山东呈某新能源科技有限公司与陶某、无锡领某动力机械有限公司等买卖合同纠纷二审民事判决书〔(2016)鲁12民终字第160号〕认为:根据《最高人民法院关于适用〈中华人民共和国公司法〉若干问题的规定(三)》第二十条的规定,当事人之间对是否已履行出资义务发生争议,原告提供对股东履行出资义务产生合理怀疑证据的,被告股东应当就其已履行出资义务承担举证责任。由此可见,在案件审理过程中,只要债权人能举出对瑕疵出资产生合理怀疑的证据,股东就应当进一步举证证实其不存在抽逃出资的行为。本案中,陶某、钱某某作为领某公司的股东,在2012年2月28日将注册资金存入账户,验资通过后于2012年2月29日将注册资金全部转出,该情形视为债权人产生合理怀疑的基础。根据上述司法解释的规定,上诉人作为公司股东,应进一步举证证实上述转款是基于真实的交易关系,并不存在抽逃出资的情形。上诉人主张转出的款项系支付林龙公司的货款,但未提交与林龙公司之间的买卖合同，一审中提交的审计报告系对领某公司2011年的经营情况进行的审计，且对林龙公司的应付账款数额与本案涉及的数额不符，林龙公司出具的结算说明与增值税发票数额不完全一致，并且18000250元款项转出时间为2012年2月29日，增值税发票开具时间为2012年1月至9月，因此，该款项的支出明显与公司正常的生产经营活动不符，显系抽逃资金的行为。上诉人未提交资金转移是基于合法原因的书面证据，亦未对其资金的来源、流向及用途作出合理解释，应承担举证不能的后果。故上诉人在领某公司不能清偿债务时应在所抽逃出资本息范围内对领某公司不能清偿部分承担补充赔偿责任。

案例4：深圳市中级人民法院，洪某某、许某某与中国京某工程技术有限公司深圳分公司、深圳市广某房地产发展有限公司建设工程合同纠纷二审民事判决书〔（2016）粤03民终字第8088号〕认为：关于洪某某是否存在抽逃出资行为的问题。本案中，洪某某于2011年4月20日向广某公司增加出资4000万元，当日完成验资后该增资款项即从广某公司账户全部转出。洪某某上诉称京某深圳分公司应对抽逃出资承担举证责任且无证据证明该4000万元被转回至洪某某本人，本院对此认为，公司股东具备举证证明公司财产转移合法性的能力和条件，而没有参与公司经营管理和出资转移的公司债权人实则在客观上难以对此进行举证，在分配及确定抽逃出资举证责任时，则应参照适用《最高人民法院关于适用〈中华人民共和国公司法〉若干问题的规定（三）》第二十条关于股东对其履行出资义务承担举证责任的规定，由洪某某对前述资金转出不属于抽逃出资承担举证证明责任。而洪某某作为资金转出时广某公司的唯一股东，既不能举证证明增资款被转出已经过法定减资程序，也不能证明该款项支出系用于公司正常经营，故原审判决认定其构成抽逃出资符合《最高人民法院关于适用〈中华人民共和国公司法〉若干问题的规定（三）》第十二条第（四）项的规定，本院予以确认。

案例5：盐城市中级人民法院，东台市远某不锈钢制造有限公司与某市造船有限责任公司执行裁定书〔（2016）苏09执复字第64号〕认为：本案中，高某某向乳山市某兴小额贷款有限公司借款5500万元，借款时即明确该款为某造船公司增资需要。在高某某向某造船公司增资6000万元的同日，某造船公司即以转账的方式向乳山市某兴小额贷款有限公司归还了高某某的借款5500万元。上述行为应当认定为某造船公司股东高某某抽逃公司出资的行为。

案例6：莱芜市中级人民法院，莱芜市安某经贸有限公司与天津市程某建筑工程有限公司、程某某等买卖合同纠纷二审民事判决书［（2016）鲁12民终字第317号］认为：《公司法司法解释（三）》第二十条规定："当事人之间对是否已履行出资义务发生争议，原告提供对股东履行出资义务产生合理怀疑证据的，被告股东应当就其已履行出资义务承担举证责任。"根据原审法院调取的银行记录载明，2013年3月26日，吴某某向上诉人天津程某公司注入投资款500000元，程某某注入投资款200000元，但2013年3月27日该款即被转出，且上诉人程某某及原审被告吴某某未就该款转出提供合理说明和相关证据，因此，原审法院认定程某某、吴某某抽逃出资并无不当。

案例7：成都市中级人民法院，李某某与何某某股东损害公司债权人利益责任纠纷一案二审民事判决书［（2015）成民终字第8651号］认为：根据《公司法司法解释（三）》第十二条的规定："公司成立后，公司、股东或者公司债权人以相关股东的行为符合下列情形之一且损害公司权益为由，请求认定该股东抽逃出资的，人民法院应予支持：……（二）通过虚构债权债务关系将其出资转出。"卢某、刘某未到庭，未举证证明世某公司与金牛区华某建材经营部之间存在债权债务关系，且从世某公司2006年度年检报告中也未反映出与金牛区华某建材经营部该笔交易，故何某某请求认定卢某、刘某抽逃出资，具有相应的事实依据，本院予以支持。卢某、刘某于2006年11月9日将公司股份转让给毛某某、徐某，故上诉人提供的世某公司2008年、2010年、2011年的年检报告与卢某、刘某抽逃出资行为不具有关联性，本院不予采信。

案例8：湖南省高级人民法院，上诉人张某某与被上诉人常德市美某房地产开发有限公司等民间借贷纠纷二审民事判决书［（2015）湘高法民一终字第9号］认为：张某某提供的托某卡纳公司工商档案资料，证明陈某某、黄某先是将美某房产的2100余万元实物资产注册到托某卡纳公司，然后又通过股份转让的方式将美某房产的全部股份转移至自己名下。这些证据足以构成对陈某某、黄某抽逃资金的合理怀疑。《最高人民法院关于适用〈中华人民共和国公司法〉若干问题的规定（三）》第二十条规定："当事人之间对是否已履行出资义务发生争议，原告提供对股东履行出资义务合理怀疑证据的，被告应当就其已履行出资义务承担举证责任。"根据这一规定，陈某某、黄某在本案中应当举证证明其已履行出资义务，且未抽逃出资。但陈某某、黄某没有举证证明已足额出资，也未举证证明其受让美某房产在托某卡纳公司的股份已支付对价，因此应承担举证不能的法律后果。

裁判规则二：股东注资后又转出，但能够提供合理说明及相关证据证明非抽逃出资的，不构成抽逃出资。

案例9：河南省高级人民法院，中国华某资产管理股份有限公司河南省分公司与姬某某、张某某金融借款合同纠纷二审民事判决书[（2016）豫民终字第796号]认为：2014年2月17日修改后的《最高人民法院关于适用〈中华人民共和国公司法〉若干问题的规定（三）》虽将原第十二条第（一）项"出资款项转入公司账户验资后又转出"的条款从认定股东抽逃出资情形条款中予以删除，但并非该情形不再作为抽逃出资而予以禁止，而是将该情形纳入该条第（四）项"其他未经法定程序将出资抽回的行为"。瑞某公司、宏某公司在公司成立及增资后，随即将股东出资款项全额转出，根据《最高人民法院关于适用〈中华人民共和国公司法〉若干问题的规定（三）》第二十条"当事人之间对是否已履行出资义务发生争议，原告提供对股东履行出资义务产生合理怀疑证据的，被告股东应当就其已履行出资义务承担举证责任"的规定，瑞某公司的股东姬某某、张某某，宏某公司的股东皇甫某某、刘某某、赵某某应当对上述行为未造成公司资本减少承担举证责任。瑞某公司的股东姬某某、张某某提供了某岭公司的借据原件及偿还款项的转账支票复印件，转账支票以瑞某公司购买岳某心猪场支付对价的方式背书转让给岳某心，有瑞某公司与岳某心签订的某岭公司已经分多次将款项偿还完毕，宏某公司收回了款项，不构成抽逃出资。收购合同、转账支票收据予以印证，可以证实瑞某公司收取了某岭公司开出的转账支票，即某岭公司偿还了600万元款项。瑞某公司已将款项收回，未造成公司资本减少，股东姬某某、张某某已完成举证责任，不能认定其抽逃出资。宏某公司与某岭公司之间的资金往来，虽无借款合同，但某岭公司偿还款项转账用途多数载明为借款，双方开具的付款凭单、收据也注明还借款，可以认定双方存在借款关系。宏某公司增资后，将增资资本1400万元支付给王某某、赵某某，其与王某某签订了借款合同，赵某某亦证实200万元经其账户转付给王某某是借用账户，且该200万元已由王某某实际收取，故宏某公司与王某某形成1400万元的借款关系。宏某公司向王某某、赵某某转款用途虽书写为还款，其解释为会计水平不高、财务管理不规范，但王某某出具的收据载明为借款，在王某某已经分次偿还了1400万元及不能证实宏某公司与王某某之间还有其他债权债务关系的情况下，宏某公司的股东皇甫某某、刘某某、赵某某提供的证据已形成证据链，其未抽逃出资的待定事实已达到高度可能性，应认定其未抽逃出资。

案例10：湖北省高级人民法院，宜昌市大某小额贷款有限公司、王某某民间借贷纠纷二审民事判决书［（2015）鄂民一终字第00015号］认为：本案中，大某小贷公司主张步某升小贷公司的股东存在抽逃出资行为的主要依据是2014年1月25日及1月26日《谈话记录》和步某升小贷公司实际控制人曹某某出具的《关于枝江步某升小贷公司的情况说明》，认为步某升小贷公司是曹某某以廖某某等六个自然人名义（各占10%股份）与步某升布艺公司（占40%股份）共同设立，曹某某为实际出资人及实际控制人，在验资后该公司股东抽逃了出资。但上述由大某小贷公司制作的谈话记录，其对象是步某升小贷公司的经理和顾问，其陈述并不能当然证明步某升小贷公司上述股东未履行出资义务，不足以对步某升小贷公司股东存在抽逃出资的行为产生合理怀疑，需大某小贷公司进一步提交相关证据证明。而曹某某在其出具的《关于枝江步某升小贷公司的情况说明》中，表述的是其在注资后，系以个人名义将资金全部借走，与大某小贷公司之间形成的是借款合同关系，与作为法定义务的股东出资义务属于不同法律关系，并不能当然证明存在抽逃出资的行为。故，对于大某小贷公司的该项上诉主张，本院不予支持。

033 股东是否可用已设定抵押权的财产出资

裁判要旨

如以办理了抵押登记的财产作为出资标的，即使股东向公司交付了该财产，一旦债权人主张优先受偿，法院仍可对该财产强制执行，公司提出的执行异议之诉不会得到支持。

案情简介[①]

一、三门峡湖某公司于2005年9月至2006年3月向某行湖某支行借款共计3660万元。2005年9月19日，双方签订《最高额抵押合同》，三门峡湖某公司以其所有的319台机器设备向工行湖某支行提供担保。

[①] 案件来源：河南省高级人民法院，山西临猗湖某果汁有限公司与中国某银行股份有限公司三门峡湖某支行案外人执行异议纠纷二审民事判决书［（2011）豫法民三终字第127号］。

二、2005年9月21日，双方在三门峡市工商局办理了该319台机器设备的抵押登记。

三、2005年9月29日，三门峡湖某公司与另两家公司共同签订关于设立临猗湖某公司的合同，约定：三方共同出资设立临猗湖某公司，其中三门峡湖某公司认缴2000万元，以其所拥有的临猗分公司的全部生产设备、厂房及在建工程出资。

四、2006年1月14日，三门峡湖某公司将其在临猗分公司拥有的全部生产设备、厂房及在建工程交付给临猗湖某公司，其中交付的部分机器在其与工行湖某支行签订的《最高额抵押合同》中用以担保的319台机器的范围内。但三门峡湖某公司既未将转让财产已抵押的事实告知临猗湖某公司，也未将财产转让的事实通知某行湖某支行。

五、三门峡湖某公司向某行湖某支行所借款项到期后未予偿还，经仲裁裁决，某行湖某支行申请强制执行，三门峡中院对三门峡湖某公司为本案借款抵押登记的财产进行了拍卖，被百某公司竞拍买受。

六、2009年6月3日，三门峡中院通知临猗湖某公司，要求其将319台机器设备中存放在临猗湖某公司处的72台机器设备交付给百佳公司。

七、临猗湖某公司向三门峡中院提出异议，认为涉案财产系其所有。三门峡中院驳回其异议。临猗湖某公司遂以工行湖某支行为被告，就前述标的提起确认之诉。

八、本案经三门峡中院一审、河南高院二审，均判决驳回临猗湖某公司的诉讼请求。

核心要点

本案案涉的机器设备抵押权设立在先并办理了抵押登记，三门峡湖某公司以其作为出资，并向临猗湖某公司实际交付。在财产抵押合法有效登记后，法院依据生效的相关法律文书及按照法定程序对三门峡湖某公司抵押登记的财产依法进行执行，并无不妥。

实务经验总结

前事不忘，后事之师。为避免未来发生类似败诉，提出如下建议：

第一，股东可以用实物出资，但该实物必须未设定担保物权。

第二，股东以实物出资时，公司及其他股东应当核查该实物是否设定抵押权。如果是不动产，可直接到有关部门查询是否存在抵押登记，因为只有经过抵押登记的不动产抵押才发生效力。如果是动产，也应到工商部门查询是否存在抵押登记，另外还应特别注意，动产的抵押权自抵押合同生效时即设立，未经登记，只是不得对抗善意第三人。因此对于动产而言，即使没有抵押登记，也不代表没有设定抵押，建议公司及其他股东要求该出资股东出具关于用以出资的实物未设定抵押权的承诺，以证明公司善意。

第三，股东以不动产实物出资的，应当及时办理变更登记；以动产实物出资的，应当及时向公司交付动产。

第四，如股东向公司出资的实物存在抵押权，一旦抵押权人主张优先受偿，将导致公司章程及营业执照上记载的注册资本不真实，构成对公司的虚假出资，公司及其他股东有权要求该股东全面履行出资义务。

相关法律规定

《中华人民共和国公司法》（2018年修正，已被修订）

第二十七条 股东可以用货币出资，也可以用实物、知识产权、土地使用权等可以用货币估价并可以依法转让的非货币财产作价出资；但是，法律、行政法规规定不得作为出资的财产除外。

对作为出资的非货币财产应当评估作价，核实财产，不得高估或者低估作价。法律、行政法规对评估作价有规定的，从其规定。

《中华人民共和国公司法》（2023年修订）

第四十八条 股东可以用货币出资，也可以用实物、知识产权、土地使用权、股权、债权等可以用货币估价并可以依法转让的非货币财产作价出资；但是，法律、行政法规规定不得作为出资的财产除外。

对作为出资的非货币财产应当评估作价，核实财产，不得高估或者低估作价。法律、行政法规对评估作价有规定的，从其规定。

《最高人民法院关于适用〈中华人民共和国公司法〉若干问题的规定（三）》（2020年修正）

第九条 出资人以非货币财产出资，未依法评估作价，公司、其他股东或者公司债权人请求认定出资人未履行出资义务的，人民法院应当委托具有合法资格的评估机构对该财产评估作价。评估确定的价额显著低于公司章程所定价额的，人民法院应当认定出资人未依法全面履行出资义务。

第十三条 股东未履行或者未全面履行出资义务，公司或者其他股东请求其向公司依法全面履行出资义务的，人民法院应予支持。

公司债权人请求未履行或者未全面履行出资义务的股东在未出资本息范围内对公司债务不能清偿的部分承担补充赔偿责任的，人民法院应予支持；未履行或者未全面履行出资义务的股东已经承担上述责任，其他债权人提出相同请求的，人民法院不予支持。

……

《中华人民共和国公司登记管理条例》（已失效）

第十四条 股东的出资方式应当符合《公司法》第二十七条的规定，但股东不得以劳务、信用、自然人姓名、商誉、特许经营权或者设定担保的财产等作价出资。

《公司注册资本登记管理规定》（已失效）

第五条 股东或者发起人可以用货币出资，也可以用实物、知识产权、土地使用权等可以用货币估价并可以依法转让的非货币财产作价出资。

股东或者发起人不得以劳务、信用、自然人姓名、商誉、特许经营权或者设定担保的财产等作价出资。

《中华人民共和国市场主体登记管理条例》（2022年3月1日施行）

第十三条 除法律、行政法规或者国务院决定另有规定外，市场主体的注册资本或者出资额实行认缴登记制，以人民币表示。

出资方式应当符合法律、行政法规的规定。公司股东、非公司企业法人出资人、农民专业合作社（联合社）成员不得以劳务、信用、自然人姓名、商誉、特许经营权或者设定担保的财产等作价出资。

《中华人民共和国担保法》（已失效）

第四十九条第一款 抵押期间，抵押人转让已办理登记的抵押物的，应当通知抵押权人并告知受让人转让物已经抵押的情况；抵押人未通知抵押权人或者未告知受让人的，转让行为无效。

《中华人民共和国民法典》（2021年1月1日施行）

第四百零六条 抵押期间，抵押人可以转让抵押财产。当事人另有约定的，按照其约定。抵押财产转让的，抵押权不受影响。

抵押人转让抵押财产的，应当及时通知抵押权人。抵押权人能够证明抵押财产转让可能损害抵押权的，可以请求抵押人将转让所得的价款向抵押权人提前清偿债务或者提存。转让的价款超过债权数额的部分归抵押人所有，不足部分由债务人清偿。

本案链接

以下为该案在法院审理阶段，判决书中"本院认为"就该问题的论述：

关于原审法院通知临猗湖某公司移交的财产是否归该公司所有的问题。《中华人民共和国公司法》（1999年修订）第二十四条第一款、二十五条第一款、二十七条第一款规定：股东以实物出资的，必须进行评估作价，核实财产，不得高估或低价作价，依法办理其财产权的转移手续。股东的全部出资经法定的验资机构验资后，由全体股东指定的代表或者共同委托的代理人向公司登记机关申请设立登记。本案一审程序中山西临猗公司提交的《资产评估报告书摘要》证明，三门峡湖某公司和新湖某公司于2005年12月5日才经评估公司作出拟出资资产的评估报告，该报告形成于2005年9月19日、2005年11月18日两次抵押登记之后。并且，没有足够证据证明三门峡湖某公司和新湖某公司在出资资产评估之前，特别是两次抵押登记之前已经完成了出资财产的所有权转移。另外，三门峡湖某公司和新湖某公司也是在出资财产评估之后，于2006年1月14日对其在临猗分公司的资产进行盘点并交付给山西临猗公司。因此，临猗湖某公司提出的抵押效力不溯及上述财产，以及该财产已于2005年9月29日向山西临猗公司交付的上诉理由均不成立，本院不予支持。财产抵押合法有效登记后，原审法院依据生效的相关法律文书及按照法定程序对三门峡湖某公司、新湖某公司抵押登记的财产依法进行执行，并无不妥。临猗湖某公司要求确认位于山西省临猗县的财产所设定的抵押不生效，请求停止对上述财产执行的依据不足，本院予以驳回。

延伸阅读

本书作者注意到，最高人民法院法官王林清、杨心忠所著的《公司纠纷裁判精要与规则适用》一书对本案例进行了精彩点评。虽然《民法典》第四百零六条对《担保法》第四十九条作出了修改，规定抵押人可以在抵押期间对抵押财产自由处分，但是仍有参考意义。现将该书中的主要观点摘抄如下：

本案的争议焦点在于公司设立时，能否用抵押物出资。一方面，《担保法》

第四十九条的规定，抵押期间，抵押人转让已办理抵押登记的抵押物的，应当通知抵押权人并告知受让人转让物已抵押的情况；抵押人未通知抵押权人或者未告知受让人的，转让行为无效。但是，临猗湖某公司转让抵押物时未按上述规定通知抵押权人即工行湖某支行和受让人即临猗湖某公司，故该转让行为无效，不产生抵押财产所有权转移的效力。

另一方面，"抵押人有权转让抵押物"只是"抵押人可以用抵押物出资"的必要条件，而非充分条件。因为转让抵押物仅涉及到抵押人、受让人、抵押权人三方利益，而用抵押物出资设立公司，还需考虑到对公司债权人、公司其他股东等主体的利益保护。以设有抵押权的财产作为出资标的，该财产的自由转让将受到抵押权的限制，一旦抵押权人主张优先受偿，将会危及公司财产的完整性，从而有违公司资本确定原则。因此，用以出资的实物必须未设定担保物权。

034 冒充高官、虚构公司项目骗取股权转让款，股权转让协议可撤销

裁判要旨

公司股东采取欺诈手段虚构公司拥有的项目及资质，使他人相信公司具有股权投资价值，并据此签订股权转让协议、支付股权转让价款的，股权转让合同可撤销，已支付的股权转让价款应予返还。

案情简介[①]

一、先某坛公司成立于2003年4月，法定代表人为刘某某，股东为：然某中心持股60%，江某公司持股40%。然某中心为股份合作制企业，注册资金288万元，法定代表人也为刘某某。

二、2006年，然某中心、江某公司、先某坛公司先后作出股东会决议：股东一致同意将然某中心持有的先某坛公司60%的股权转让给黄某公司，江某公司

[①] 案件来源：最高人民法院，广东黄某实业集团有限公司与北京然某中医药科技发展中心一般股权转让侵权纠纷二审民事判决书〔（2008）民二终字第62号〕，《最高人民法院公报》2009年第1期（总第147期）。

放弃优先购买权。随后，然某中心与黄某公司签订股权转让协议，约定黄某公司以2.6亿元人民币购买然某公司持有的60%股权，合同签订之日交付1000万元定金。协议附件附有虚构的项目开发文件。

三、签约前，刘某某称其为某局局长，曾任某军区司令员，并称其拥有大厂县46800亩土地的一级开发权，用于开发中国中医药科学城，且已经国家发改委、国土资源部立案审批。因其身份特殊，不能直接卖项目，但可以通过出让然某中心60%股权的方式来实现，使黄某公司实质取得项目土地的一级开发权。

四、随后，黄某公司向然某中心支付了1000万元定金。但是，该款汇出后，黄某公司经向某局了解其局长并不是刘某某，某军区也从未有过叫刘某某的司令，中医药科学城项目也从未经过国家发改委及国土资源部审批。黄某公司立即以诈骗罪向公安局报案，随后检察院对刘某某批准逮捕。

五、此后，然某中心向黄某公司提起诉讼要求支付股权转让款，黄某公司则提起反诉，以欺诈为由要求撤销股权转让协议，要求返还1000万元定金。

六、该案经北京市高院一审、最高院二审，最终认定股权转让协议因欺诈而被撤销，然某中心返还1000万定金。

核心要点

然某中心与黄某公司签订《股权转让协议书》之前，然某中心法定代表人刘某某虚构特殊身份，以及拥有土地一级开发权的事实，采用欺诈手段，使黄某公司误以为真，作出错误的意思表示，在违背真实意思表示的情况下签订了协议书。双方在签订协议书时，黄某公司的目的是取得46800亩土地的开发权，双方是以高于所转让股权的价格转让的，且协议书附件已经对在大厂县境内开发中国中医药科学城有所体现，可见股权转让协议的真正目的是取得所谓的46800亩土地的一级开发权，但实际上然某中心根本不具有该土地开发权。刘某某以虚假身份采用欺诈的手段骗取了黄某公司的信任，签订了协议书，使然某中心从黄某公司获得1000万元的股权转让款，所以《股权转让协议书》的性质应确定为可撤销合同。因可撤销合同被撤销后自始没有法律约束力，故然某中心已经收取黄某公司的1000万元股权转让款，应当返还给黄某公司。

《最高人民法院关于在审理经济纠纷案件中涉及经济犯罪嫌疑若干问题的规定》第十条规定："人民法院在审理经济纠纷案件中，发现与本案有牵连，但与本案不是同一法律关系的经济犯罪嫌疑线索、材料，应将犯罪嫌疑线索、材料移送有关公安机关或检察机关查处，经济纠纷案件继续审理。"据此，该案中关于刘某某涉嫌犯罪的部分，不影响本案然某中心与黄某公司股权转让民事部分的审理。

实务经验总结

前事不忘，后事之师。为避免未来发生类似败诉，提出如下建议：

第一，转让双方在订立股权转让协议之时，应当遵循诚实信用的原则，不得实施欺诈行为，特别是关于己方主体身份及关乎合同目的的相关条件，否则将可能被认定为可撤销的合同，合同被撤销后需返还已通过合同获得的财产。另外，通过欺诈的手段签订股权转让合同，还有可能触犯刑律，被判入狱。

第二，对于受骗一方来讲，其可以通过民事与刑事两条途径来维护自己的合法权益。《最高人民法院关于在审理经济纠纷案件中涉及经济犯罪嫌疑若干问题的规定》第十条规定："人民法院在审理经济纠纷案件中，发现与本案有牵连，但与本案不是同一法律关系的经济犯罪嫌疑线索、材料，应将犯罪嫌疑线索、材料移送有关公安机关或检察机关查处，经济纠纷案件继续审理。"据此可知，对于与经济犯罪相关联的经济纠纷案件，法院应将涉及犯罪嫌疑人的相关线索、材料等移送至公安或检察机关进行查处，法律关系并不同一的经济纠纷案件不因此中止审理，而应继续审理。

相关法律规定

《中华人民共和国合同法》（已失效）

第五十四条第二款 一方以欺诈、胁迫的手段或者乘人之危，使对方在违背真实意思的情况下订立的合同，受损害方有权请求人民法院或者仲裁机构变更或者撤销。

第五十八条 合同无效或者被撤销后，因该合同取得的财产，应当予以返还；不能返还或者没有必要返还的，应当折价补偿。有过错的一方应当赔偿对方因此所受到的损失，双方都有过错的，应当各自承担相应的责任。

《中华人民共和国民法典》（2021年1月1日施行）

第一百四十八条 一方以欺诈手段，使对方在违背真实意思的情况下实施的民事法律行为，受欺诈方有权请求人民法院或者仲裁机构予以撤销。

第一百五十七条 民事法律行为无效、被撤销或者确定不发生效力后，行为人因该行为取得的财产，应当予以返还；不能返还或者没有必要返还的，应当折价补偿。有过错的一方应当赔偿对方由此所受到的损失；各方都有过错的，应当各自承担相应的责任。法律另有规定的，依照其规定。

《最高人民法院关于在审理经济纠纷案件中涉及经济犯罪嫌疑若干问题的规定》（法释〔2020〕17号）

第十条 人民法院在审理经济纠纷案件中，发现与本案有牵连，但与本案不是同一法律关系的经济犯罪嫌疑线索、材料，应将犯罪嫌疑线索、材料移送有关公安机关或检察机关查处，经济纠纷案件继续审理。

本案链接

以下为该案在法院审理阶段，判决书中"本院认为"就该问题的论述：

黄某公司向原审法院提起诉讼，请求撤销其与然某中心签订的《股权转让协议书》，理由是该协议系受然某中心的法定代表人刘某某欺诈而为，违背了黄某公司的真实意思表示。为查明该事实，原审法院向侦查刘某某涉嫌犯罪的朝阳公安分局进行了调查。朝阳公安分局根据刘某某的供述以及对相关部门的调查，确认刘某某在为然某中心与黄某公司签订《股权转让协议书》时，虚构身份和事实。原审法院依据现有证据，作出关于刘某某以虚假身份采用欺诈的手段骗取了黄某公司的信任，签订了协议书，使然某中心从黄某公司获得1000万元股权转让款的认定，并无不当。然某中心上诉主张认为本案认定事实证据不足，但其并不能提供否定上述事实的证据。故其上诉主张不能成立，本院不予支持。

根据本案查明的事实，刘某某作为然某中心的法定代表人，以然某中心的名义，采取欺诈手段与黄某公司签订民事合同，所获取的款项被然某中心占有。上述事实产生的法律后果是除刘某某个人涉嫌诈骗犯罪外，然某中心与黄某公司之间亦因合同被撤销形成了债权债务关系，然某中心依法应当承担相应的民事责任。故原审法院依据本院《关于在审理经济纠纷案件中涉及经济犯罪嫌疑若干问题的规定》第十条的规定，将刘某某涉嫌犯罪的部分移送公安机关，而继续审理本案民事纠纷部分并无不当，本院予以维持。然某中心以本案与公安机关认为的犯罪嫌疑基于同一法律关系，应当裁定驳回黄某公司起诉的上诉理由没有法律依据，本院不予支持。

035 未经股东会决议或决议存在瑕疵，公司为大股东对外签订的担保合同是否有效

裁判要旨

《公司法》规定，"公司为公司股东或者实际控制人提供担保的，必须经股东会或者股东大会决议"。该规定立法本意在于限制公司主体行为，防止公司的实际控制人或者高级管理人员损害公司、小股东或其他债权人的利益，故其实质是内部控制程序，不能以此约束交易相对人。该规定宜理解为管理性强制性规范。对违反该规范的，原则上不宜认定合同无效。

案情简介[①]

一、大连振某氟涂料股份有限公司（以下简称"振某公司"）有大连振某集团有限公司（以下简称"振某集团"）、天津环某海创业投资管理有限公司、王某某等8个股东，其中振某集团占总股本的61.5%，系振某公司的控股股东。

二、某银行股份有限公司大连东港支行（以下简称"某行东港支行"）与振某集团签订借款合同约定：振某集团向招行东岗支行借款1496.5万元人民币、子公司振某公司以房产和土地提供担保，并提供了《股东会担保决议》、《担保合同》等担保材料。

三、《股东会担保决议》未经过振某公司股东大会的同意，振某公司也未就此事召开过股东大会。该担保决议虽有8个股东的签章，但经鉴定为假，实际上由振某公司单方制作。但是，振某公司提供给某行东港支行的股东会决议上的签字及印章与其提供给某行东港支行的签字及印章样本一致。

四、因振某集团未能正常还款，招行东岗支行向法院起诉要求振某集团还款，要求振某公司承担担保责任。振某公司则以《股东会担保决议》无效为由，拒绝承担担保责任。

[①] 案件来源：最高人民法院，某银行股份有限公司大连东港支行与大连振某氟涂料股份有限公司、大连振某集团有限公司借款合同纠纷再审民事判决书［（2012）民提字第156号］，《最高人民法院公报》2015年第2期（总第220期）。

五、辽宁高院终审判决认定，《股东会担保决议》事项并未经过股东大会的同意，缺乏真实性，担保合同无效，振某公司依法对不能清偿部分的债务承担二分之一的赔偿责任。

六、某行东港支行不服辽宁高院的终审判决，向最高人民法院提起再审申请。最高人民法院判决认定，某行东港支行已尽善意审查义务，担保决议瑕疵并不导致担保合同无效，振某公司对全部债务承担担保责任。

核心要点

虽然《公司法》规定公司为公司股东或者实际控制人提供担保的，必须经股东会或者股东大会决议，但该规定的实质是内部控制程序，不能以此约束交易相对人。该规定性质上宜理解为管理性强制性规范，违反该规定不属于违反《合同法》的"效力性强制性规定"，并不造成合同无效。

因此，只要公司在《股东会担保决议》、《担保合同》上面盖章，哪怕关于该担保事项的内部董事会决议或者股东会决议存在瑕疵，法院也不会据此认定担保合同无效，公司仍需要承担担保责任。

实务经验总结

前事不忘，后事之师。为避免未来发生类似败诉，我们建议：

第一，公司不要轻易在担保合同上面盖章，一旦盖章就不要再试图以公司内部决议存在瑕疵而抵赖承担担保责任。

第二，作为接受担保的银行必须尽到审查义务，否则可能面临担保合同无效的情况。当然这种审查只是一种形式的审查。正如本案中最高人民法院认为：某行东港支行在接受担保人担保行为过程中的审查义务已经完成，其有理由相信作为担保公司法定代表人的周某某本人代表行为的真实性。《股东会担保决议》中存在的相关瑕疵必须经过鉴定机关的鉴定方能识别，必须经过查询公司工商登记才能知晓，必须谙熟《公司法》相关规范才能避免因担保公司内部管理不善导致的风险，如若将此全部归属于担保债权人的审查义务范围，未免过于严苛，亦有违《合同法》、《担保法》等保护交易安全的立法初衷。担保债权人基于对担保人法定代表人身份、公司法人印章真实性的信赖，基于担保人提供的股东会担保决议盖有担保人公司真实印章的事实，完全有理由相信该《股东会担保决议》

的真实性，无需也不可能进一步鉴别担保人提供的《股东会担保决议》的真伪。

相关法律规定

《中华人民共和国公司法》（2018年修正，已被修订）

第十六条　公司向其他企业投资或者为他人提供担保，依照公司章程的规定，由董事会或者股东会、股东大会决议；公司章程对投资或者担保的总额及单项投资或者担保的数额有限额规定的，不得超过规定的限额。

公司为公司股东或者实际控制人提供担保的，必须经股东会或者股东大会决议。

前款规定的股东或者受前款规定的实际控制人支配的股东，不得参加前款规定事项的表决。该项表决由出席会议的其他股东所持表决权的过半数通过。

《中华人民共和国公司法》（2023年修订）

第十五条　公司向其他企业投资或者为他人提供担保，按照公司章程的规定，由董事会或者股东会决议；公司章程对投资或者担保的总额及单项投资或者担保的数额有限额规定的，不得超过规定的限额。

公司为公司股东或者实际控制人提供担保的，应当经股东会决议。

前款规定的股东或者受前款规定的实际控制人支配的股东，不得参加前款规定事项的表决。该项表决由出席会议的其他股东所持表决权的过半数通过。

《中华人民共和国合同法》（已失效）

第五十条　法人或者其他组织的法定代表人、负责人超越权限订立的合同，除相对人知道或者应当知道其超越权限的以外，该代表行为有效。

第五十二条　有下列情形之一的，合同无效：

（一）一方以欺诈、胁迫的手段订立合同，损害国家利益；

（二）恶意串通，损害国家、集体或者第三人利益；

（三）以合法形式掩盖非法目的；

（四）损害社会公共利益；

（五）违反法律、行政法规的强制性规定。

《中华人民共和国民法典》（2021年1月1日施行）

第一百四十三条　具备下列条件的民事法律行为有效：

（一）行为人具有相应的民事行为能力；

（二）意思表示真实；

（三）不违反法律、行政法规的强制性规定，不违背公序良俗。

第五百零四条 法人的法定代表人或者非法人组织的负责人超越权限订立的合同，除相对人知道或者应当知道其超越权限外，该代表行为有效，订立的合同对法人或者非法人组织发生效力。

《最高人民法院关于适用〈中华人民共和国担保法〉若干问题的解释》（已失效）

第七条 主合同有效而担保合同无效，债权人无过错的，担保人与债务人对主合同债权人的经济损失，承担连带赔偿责任；债权人、担保人有过错的，担保人承担民事责任的部分，不应超过债务人不能清偿部分的二分之一。

第十一条 法人或者其他组织的法定代表人、负责人超越权限订立的担保合同，除相对人知道或者应当知道其超越权限的以外，该代表行为有效。

《最高人民法院关于适用〈中华人民共和国民法典〉有关担保制度的解释》（法释〔2020〕28号）

第七条 公司的法定代表人违反公司法关于公司对外担保决议程序的规定，超越权限代表公司与相对人订立担保合同，人民法院应当依照民法典第六十一条和第五百零四条等规定处理：

（一）相对人善意的，担保合同对公司发生效力；相对人请求公司承担担保责任的，人民法院应予支持；

（二）相对人非善意的，担保合同对公司不发生效力；相对人请求公司承担赔偿责任的，参照适用本解释第十七条的有关规定。

法定代表人超越权限提供担保造成公司损失，公司请求法定代表人承担赔偿责任的，人民法院应予支持。

第一款所称善意，是指相对人在订立担保合同时不知道且不应当知道法定代表人超越权限。相对人有证据证明已对公司决议进行了合理审查，人民法院应当认定其构成善意，但是公司有证据证明相对人知道或者应当知道决议系伪造、变造的除外。

第十七条 主合同有效而第三人提供的担保合同无效，人民法院应当区分不同情形确定担保人的赔偿责任：

（一）债权人与担保人均有过错的，担保人承担的赔偿责任不应超过债务人不能清偿部分的二分之一；

（二）担保人有过错而债权人无过错的，担保人对债务人不能清偿的部分承担赔偿责任；

（三）债权人有过错而担保人无过错的，担保人不承担赔偿责任。

主合同无效导致第三人提供的担保合同无效，担保人无过错的，不承担赔偿责任；担保人有过错的，其承担的赔偿责任不应超过债务人不能清偿部分的三分之一。

本案链接

以下为该案在法院审理阶段，判决书中"本院认为"就该问题的论述：

本案各方争议的焦点是担保人振某股份公司承担责任的界定。鉴于案涉借款合同已为一二审法院判定有效，申请再审人对此亦无异议，故本院对案涉借款合同的效力直接予以确认。案涉《抵押合同》及《不可撤销担保书》系担保人振某股份公司为其股东振某集团公司之负债向债权人某行东港支行作出的担保行为。作为公司组织及公司行为当受《公司法》调整，同时其以合同形式对外担保行为亦受《合同法》及《担保法》的制约。案涉公司担保合同效力的认定，因其并未超出平等商事主体之间的合同行为的范畴，故应首先从《合同法》相关规定出发展开评判。关于合同效力，《中华人民共和国合同法》（以下简称《合同法》）第五十二条规定"有下列情形之一的，合同无效：……（五）违反法律、行政法规的强制性规定"。关于前述法律中的"强制性"，最高人民法院《关于适用〈中华人民共和国合同法〉若干问题的解释（二）》（以下简称《合同法解释（二）》）第十四条则作出如下解释规定："合同法第五十二条第（五）项规定的"强制性规定"是指效力性强制性规定"。因此，法律及相关司法解释均已明确了将违反法律或行政法规中效力性强制性规范作为合同效力的认定标准之一。公司作为不同于自然人的法人主体，其合同行为在接受《合同法》规制的同时，当受作为公司特别规范的《公司法》的制约。《公司法》第一条开宗明义规定"为了规范公司的组织和行为，保护公司、股东和债权人的合法权益，维护社会经济秩序，促进社会主义市场经济的发展，制定本法"。《公司法》第十六条第二款规定"公司为公司股东或者实际控制人提供担保的，必须经股东会或者股东大会决议"。上述《公司法》规定已然明确了其立法本意在于限制公司主体行为，防止公司的实际控制人或者高级管理人员损害公司、小股东或其他债权人的利益，故其实质是内部控制程序，不能以此约束交易相对人。故此上述规定宜理解为管理性强制性规范。对违反该规范的，原则上不宜认定合同无效。另外，如作为效力性规范认定将会降低交易效率和损害交易安全。譬如股东会何时召开，以什么样的形式召开，何人能够代表股东表达真实的意志，均超出交易相对人的判断和控制能力范围，如以违反股东决议程序而判令合同无效，必将降低交易效率，同时也给公司以违反股东决议主张合同无效的不诚信行为留下了制度缺口，最终危害交易安全，不仅有违商事行为的诚信规则，更有违公平正义。故本案一、二审法院以案涉《股东会担保决议》的决议事项并未经过振某股份公司股东会的同意，振某股份公司也未就此事召开过股东大会为由，根据《公司法》第十六条规定，作出案涉不可撤销担保书及抵押合同无效的认定，属于适用法律错误，本院予以纠正。

在案事实和证据表明，案涉《股东会担保决议》确实存在部分股东印章虚假、使用变更前的公司印章等瑕疵，以及被担保股东振某集团公司出现在《股东会担保决议》中等违背公司法规定的情形。振某股份公司法定代表人周某某超越权限订立抵押合同及不可撤销担保书，是否构成表见代表，某行东港支行是否善意，亦是本案担保主体责任认定的关键。《合同法》第五十条规定："法人或者其他组织的法定代表人、负责人超越权限订立的合同，除相对人知道或者应当知道超越权限的以外，该代表行为有效"。本案再审期间，某行东港支行向本院提交的新证据表明，振某股份公司提供给某行东港支行的股东会决议上的签字及印章与其为担保行为当时提供给某行东港支行的签字及印章样本一致。而振某股份公司向某行东港支行提供担保时使用的公司印章真实，亦有其法人代表真实签名。且案涉抵押担保在经过行政机关审查后也已办理了登记。至此，某行东港支行在接受担保人担保行为过程中的审查义务已经完成，其有理由相信作为担保公司法定代表人的周某某本人代表行为的真实性。《股东会担保决议》中存在的相关瑕疵必须经过鉴定机关的鉴定方能识别，必须经过查询公司工商登记才能知晓、必须谙熟《公司法》相关规范才能避免因担保公司内部管理不善导致的风险，如若将此全部归属于担保债权人的审查义务范围，未免过于严苛，亦有违《合同法》、《担保法》等保护交易安全的立法初衷。担保债权人基于对担保人法定代表人身份、公司法人印章真实性的信赖，基于担保人提供的股东会担保决议盖有担保人公司真实印章的事实，完全有理由相信该《股东会担保决议》的真实性，无需也不可能进一步鉴别担保人提供的《股东会担保决议》的真伪。因此，某行东港支行在接受作为非上市公司的振某股份公司为其股东提供担保过程中，已尽到合理的审查义务，主观上构成善意。本案周某某的行为成表见代表，振某股份公司对案涉保证合同应承担担保责任。

036 担保权人需对公司担保是否经过内部决议尽到形式审查义务

裁判要旨

1. 新修订的《公司法》第十五条第一款规定："公司向其他企业投资或者为他人提供担保，按照公司章程的规定，由董事会或者股东会决议。"司法实践中，对于本条规定存在两种裁判观点。第一种裁判观点认为，该条规定是公司内部管理性规范，是否违反不影响公司对外合同的效力。第二种裁判观点认为，该条规定具有相应的外部效力，根据该条规定合同相对人负有对公司内部决议进行形式审查的义务，即合同相对方应当要求公司提供内部决议书。

2. 无论持以上哪种裁判观点，均认为：只要公司提供的内部决议书符合公司法与公司章程的形式要求，无论该决议的真伪或是否存在其他瑕疵，均不影响担保合同的效力，担保人应承担保证责任。

案情简介[①]

一、浩某公司章程规定：公司为他人提供担保，由股东大会三分之二有表决权的股东决议通过。

二、2010年10月8日，浩某公司与中国某银行股份有限公司仙游县支行（以下简称仙游某行）签订《最高额抵押合同》，约定浩某公司为德某公司因贷款形成的最高额1000万元债务，以土地使用权提供抵押担保。浩某公司向仙游某行出具了关于同意此次担保的股东会决议。当日，该土地使用权进行了抵押登记。

三、2012年10月25日，仙游某行与德某公司签订《流动资金借款合同》，约定：德某公司向仙游某行借款1000万元，借款期限11个月。

四、上述借款期满后，德某公司仅偿还部分借款本金。仙游某行向法院起诉，请求德某公司还本付息；如果德某公司未按期偿还上述款项，对其不能清偿部分，仙游某行以浩某公司抵押的土地使用权的拍卖、变卖或折价款在人民币

[①] 案件来源：最高人民法院，中国某银行股份有限公司仙游县支行与福建省浩某房地产开发有限公司、福建省德某古典家具有限公司等金融借款合同纠纷再审民事裁定书〔（2015）民申字第1558号〕。

1000万元最高限额内优先受偿。莆田中院、福建省高院均支持了其诉请。

五、浩某公司不服该判决，以浩某公司对外提供担保未真正召开股东会为由，向最高人民法院申请再审，最高人民法院驳回其再审申请。

核心要点

新修订的《公司法》第十五条第一款规定："公司向其他企业投资或者为他人提供担保，按照公司章程的规定，由董事会或者股东会决议。"对于这一规定存在两种理解：一种观点认为，该条规定是公司内部管理性规范，是否违反不影响公司对外合同的效力。另一种观点认为，该条规定具有相应的外部效力，根据该条规定合同相对人负有对公司内部决议的形式审查义务，即合同相对方应当要求公司提供内部决议书。此处的注意义务是形式审查义务，即只要公司提供的内部决议书符合公司法与公司章程的形式要求，相对人即完成了注意义务，而无需对公司是否真正召开了股东会负责。

本案中，农行仙游支行向二审法院提交了浩某公司的《内资企业登记基本情况表》及《股东会决议书》，即使按照上述第二种理解，农行仙游支行也尽到了相应的注意义务。浩某公司关于《最高额抵押合同》违反《公司法》强制性规定而无效的申请理由不能成立。

实务经验总结

前事不忘，后事之师。为避免未来发生类似败诉，提出如下建议：

第一，公司章程应对公司对外提供担保的决策机构、担保数额作出规定。新修订的《公司法》第十五条第一款规定："公司向其他企业投资或者为他人提供担保，按照公司章程的规定，由董事会或者股东会决议；公司章程对投资或者担保的总额及单项投资或者担保的数额有限额规定的，不得超过规定的限额。"

第二，接受公司提供担保的债权人，应当要求提供按照章程的规定履行决策程序形成的股东会决议或董事会决议，避免公司日后以未经过股东会或董事会决议为由主张担保合同无效。

相关法律规定

《中华人民共和国公司法》(2018 年修正,已被修订)

第十六条　公司向其他企业投资或者为他人提供担保,依照公司章程的规定,由董事会或者股东会、股东大会决议;公司章程对投资或者担保的总额及单项投资或者担保的数额有限额规定的,不得超过规定的限额。

公司为公司股东或者实际控制人提供担保的,必须经股东会或者股东大会决议。

前款规定的股东或者受前款规定的实际控制人支配的股东,不得参加前款规定事项的表决。该项表决由出席会议的其他股东所持表决权的过半数通过。

第一百四十八条　董事、高级管理人员不得有下列行为:

……

(三)违反公司章程的规定,未经股东会、股东大会或者董事会同意,将公司资金借贷给他人或者以公司财产为他人提供担保;

……

《中华人民共和国公司法》(2023 年修订)

第十五条　公司向其他企业投资或者为他人提供担保,按照公司章程的规定,由董事会或者股东会决议;公司章程对投资或者担保的总额及单项投资或者担保的数额有限额规定的,不得超过规定的限额。

公司为公司股东或者实际控制人提供担保的,应当经股东会决议。

前款规定的股东或者受前款规定的实际控制人支配的股东,不得参加前款规定事项的表决。该项表决由出席会议的其他股东所持表决权的过半数通过。

《中华人民共和国合同法》(已失效)

第五十条　法人或者其他组织的法定代表人、负责人超越权限订立的合同,除相对人知道或者应当知道其超越权限的以外,该代表行为有效。

第五十二条　有下列情形之一的,合同无效:

(一)一方以欺诈、胁迫的手段订立合同,损害国家利益;

(二)恶意串通,损害国家、集体或者第三人利益;

(三)以合法形式掩盖非法目的;

(四)损害社会公共利益;

(五)违反法律、行政法规的强制性规定。

《中华人民共和国民法典》（2021年1月1日施行）

第一百四十三条　具备下列条件的民事法律行为有效：

（一）行为人具有相应的民事行为能力；

（二）意思表示真实；

（三）不违反法律、行政法规的强制性规定，不违背公序良俗。

第五百零四条　法人的法定代表人或者非法人组织的负责人超越权限订立的合同，除相对人知道或者应当知道其超越权限外，该代表行为有效，订立的合同对法人或者非法人组织发生效力。

本案链接

以下为该案在法院审理阶段，判决书中"本院认为"就该问题的论述：

关于本案《最高额抵押合同》的效力问题。《公司法》第十六条规定："公司向其他企业投资或者为他人提供担保，依照公司章程的规定，由董事会或者股东会、股东大会决议；公司章程对投资或者担保的总额及单项投资或者担保的数额有限额规定的，不得超过规定的限额。"对于本条规定存在两种理解。一种观点认为，该条规定是公司内部管理性规范，是否违反不影响公司对外合同的效力。另一种观点认为，该条规定具有相应的外部效力，根据该条规定合同相对人负有对公司内部决议的形式审查义务，即合同相对方应当要求公司提供内部决议书。此处的注意义务是形式审查义务，即只要公司提供的内部决议书符合公司法与公司章程的形式要求，相对人即完成了注意义务，而无需对公司是否真正召开了股东会负责。本案中，二审卷宗材料显示，农行仙游支行向二审法院提交了浩某公司的《内资企业登记基本情况表》及《股东会决议书》，即使按照上述关于《公司法》第十六条的第二种理解，农行仙游支行也尽到了相应的注意义务。浩某公司关于《最高额抵押合同》违反《公司法》强制性规定而无效的申请理由不能成立。

延伸阅读

司法审判实践中基于对《公司法》第十五条不同的理解，产生的不同的裁判规则。

如本案最高人民法院判决所指出的，司法实践中对于《公司法》第十五条的规定存在两种理解。本书作者分别查询了支持该两种理解的案例。

一、认为《公司法》第十五条是公司内部管理性规范，违反不影响公司对外担保合同的效力。即使担保人未向债权人出具股东会或董事会决议，担保合同也为有效。

这种观点认为：该条规定是公司内部管理性规范，是否违反不影响公司对外合同的效力。根据该种理解，债权人不具有要求担保人出具股东会或董事会决议的义务，法院不需要对债权人是否要求担保人提供公司决议进行审查。换而言之，即使担保人未向债权人出具股东会或董事会决议，担保合同也为有效。

案例1：广州市中级人民法院，广东银某融资担保投资集团有限公司与广州钜某置业发展有限公司、广州市锦某服饰辅料有限公司等追偿权纠纷二审民事判决书[（2016）粤01民终字第5091号]认为：根据公司管理的经验法则，公司何时以何种形式召开股东会是公司内部管理事务，其已超出了交易相对人的判断和控制范围，如以未召开股东会作为合同无效的依据，会给公司动辄以未召开股东会等理由主张合同无效的不诚信行为提供机会，不利于市场秩序的维护和完善。

案例2：甘肃省高级人民法院，上诉人马某某、上诉人甘肃宏某房地产开发有限公司与被上诉人安某某民间借贷纠纷二审民事判决书[（2016）甘民终字第212号]认为：上诉人马某某、甘肃宏某房地产开发有限公司认为担保合同没有经过股东会议的同意应属无效。《公司法》第十六条规定："公司向其他企业投资或者为他人提供担保，依照公司章程的规定，由董事会或者股东会、股东大会决议"，该条规定了公司为他人提供担保时应遵循的程序，并未规定未经股东会、股东大会决议的担保合同的效力为无效，甘肃宏某房地产开发有限公司在《保证合同》、《企业法人及董事（股东）担保承诺书》中盖章，马某某认可公司印章的真实性，二审中也认可盖章是经过其同意的，出借人有权相信甘肃宏某房地产开发有限公司承担无限连带保证责任是该公司的真实意思表示，至于公司或股东认为法定代表人违反《公司法》规定未经股东会、股东大会同意为他人或法定代表人自己提供担保给公司造成损失可依相关法律规定向法定代表人主张权利。

案例3：重庆市第五中级人民法院，殷某与李某某、重庆市永某房地产开发有限公司等民间借贷纠纷二审民事判决书[（2014）渝五中法民终字第04024号]认为：至于永某公司称依照《中华人民共和国公司法》规定，公司对外担保需要股东会决议或董事会决议，而本案中殷某并未出示以上决议的问题。本院认为，债权人殷某并非永某公司股东，其对永某公司的担保只应尽形式审查义务，不应要求其进行实质审查。现永某公司在担保人处盖章，殷某即有理由相信永某公司的担保是其真实意思表示。且永某公司系封闭性公司，股东并非不特定的多数人，如果其法定代表人持公章对外担保而其他股东不知晓，说明其公司内部的管理不规范，但不能以此对抗无过错的债权人。因此，公司对外担保即使未经股东会决议，其担保也不当然无效。

案例4：泰安市中级人民法院，毕某某与山东阳某盛华集团有限公司、山东大某玻纤有限公司保证合同纠纷一审民事判决书〔（2015）泰商初字第23号〕认为：债权人在接受担保时，应审查担保方公司章程及有关决议，但仅限于形式审查。庭审中，原告陈述在阳某盛华公司加盖公章时已经询问了其股东是否同意的情况，原告已经尽到了审查义务，被告阳某盛华公司的担保行为应属有效，其以未经股东会决议抗辩不能成立，本院不予采纳。

案例5：辽宁省高级人民法院，辽宁中某房地产开发有限公司、海南军某建设有限公司与沈阳华某经贸有限公司、李某某、中国某冶集团有限公司买卖合同纠纷民事判决书〔（2014）辽审一民抗字第62号〕认为：虽然2005年修订的《中华人民共和国公司法》（以下简称《公司法》）第一百四十九条规定："公司董事、高级管理人员不得违反公司章程的规定，未经股东会、股东大会或者董事会同意，将公司资金借贷给他人或者以公司财产为他人提供担保。"但该条款并未明确规定公司违反上述规定对外提供担保导致担保合同无效。最高人民法院《关于适用〈中华人民共和国合同法〉若干问题的解释（二）》第十四条关于"合同法第五十二条第（五）项规定的'强制性规定'，是指效力性强制性规定"的规定，在《合同法》的基础上进一步明确缩小了合同因违反法律、行政法规的强制性规定而无效的情形。因此，《公司法》第一百四十九条的规定并非效力性强制性的规定。在没有明确规定公司违反《公司法》第一百四十九条对外提供担保无效的情形下，对公司对外担保的效力应予确认。

案例6：内江市中级人民法院，四川荣某矿业集团有限责任公司与董某某等民间借贷纠纷一审民事判决书〔（2014）内民初字第87号〕认为：虽然《公司法》第一百四十九条第（三）项规定"董事、高级管理人员不得有下列行为：……违反公司章程的规定，未经股东会、股东大会或者董事会同意，将公司资金借贷给他人或者以公司财产为他人提供担保"，但该规定是从内部管理角度规范公司董事、高级管理人员的行为，禁止有损于公司利益的行为发生，并且该条隶属于《公司法》第六章公司董事、监事、高级管理人员的资格和义务，该章是对违反禁止性规定的董事、高管对公司责任承担的规定，属管理性规定，效力不及于对外的交易行为。故对于被告依据此条规定主张合同无效，本院不予支持。

案例7：瑞安市人民法院，夏某某与洪泽银某房地产开发有限公司保证合同纠纷一审民事判决书［（2016）浙0381民初8200号］认为：《公司法》第十六条第二款规定："公司为公司股东或者实际控制人提供担保的，必须经股东会或者股东大会决议。"第一百四十九条第一款第三项规定："董事、高级管理人员不得违反公司章程的规定，未经股东会、股东大会或者董事会同意，将公司资金借贷给他人或者以公司财产为他人提供担保"。该些规定均系公司内部管理性的规范，不是效力强制性规范，违反这些法律规定，并不会影响公司对外担保的效力，而利益受损的公司、股东可依照《公司法》第一百五十条、一百五十三条进行救济，故原告夏某某与被告洪泽银某房地产开发有限公司之间的保证合同关系合法有效，应受法律保护，被告认为担保无效的理由不能成立，不予支持。

案例8：浙江省高级人民法院，东某巨龙投资发展（杭州）有限公司与郑某某、余某民间借贷纠纷二审民事判决书［（2013）浙商外终字第131号］认为：东某公司认为本案担保违反我国《公司法》第十六条、第一百四十九条的规定，担保无效。《中华人民共和国公司法》第十六条第一款规定："公司向其他企业投资或者为他人提供担保，依照公司章程的规定，由董事会或者股东会、股东大会决议。"第二款规定："公司为公司股东或者实际控制人提供担保的，必须经股东会或者股东大会决议。"第一百四十九条规定了公司董事、高级管理人员的禁止行为，其中第一款第（三）项规定："违反公司章程的规定，未经股东会、股东大会或者董事会同意，将公司资金借贷给他人或者以公司财产为他人提供担保。"本院认为，首先，前述已经阐明东某公司章程中未作出对外担保必须经股东决议的规定，本案担保未违反东某公司的章程规定。其次，即使东某公司章程中有类似规定，我国《公司法》第十六条规定对非上市的东某公司而言，不属效力性强制性规定，并不导致本案担保无效的法律后果。

二、认为《公司法》第十五条具有相应的外部效力，根据该条规定合同相对人负有对公司内部决议的形式审查义务，即合同相对方应当要求公司提供内部决议书。

这种观点认为：担保人未向债权人提供公司决议的，担保合同无效或担保人不承担保证责任。

案例9：山东省高级人民法院，吴某某与山东聊城鑫某置业有限公司、北京枫某博凌国际投资担保有限公司等民间借贷纠纷二审民事判决书［（2013）鲁民一终字第414号］认为：吴某某的代理人作为专业的法律工作者，对公司担保的有关法律规定应当熟悉，在未见到鑫某公司董事会或者股东会准许赵某某实施担保的决议，并且在亲身经历了鑫某公司拒绝担保的情况下，对赵某某不能代表鑫某公司签订"五方协议"，至少应当知道。在此情形下，其仍然接受赵某某以鑫某公司的资产提供担保的行为，对赵某某损害鑫某公司利益采取了放任的态度，因而具有共同的故意。根据《中华人民共和国合同法》第五十二条第二款之规定，应认定"五方协议"中有关鑫某公司担保的条款无效。

案例10：浙江省高级人民法院，赵某与太湖县新某汽车城有限责任公司、张某某民间借贷纠纷再审民事裁定书［（2015）浙民申字第2988号］认为：新某公司未在对账单中加盖公章，赵某亦未要求其加盖公章，也未要求其出示授权或董事会、股东会决定，故赵某未尽审慎的注意义务，涉案担保行为应认定无效。

案例11：江西省高级人民法院，南昌市青云谱区汇某小额贷款股份有限公司与九江周某生实业有限公司、九江东某房地产开发有限公司小额借款合同纠纷再审民事裁定书［（2016）赣民申字第436号］认为：根据保证合同第5.1条的约定，甲方（九江周某生公司）保证签订本合同是经过甲方（九江周某生公司）董事会、股东会等有权机构的批准，并取得所有必要授权。上述约定是九江周某生公司应当履行的义务，同时该义务也是《公司法》规定的公司法人对外签订保证合同的必经程序。汇某公司作为经过政府金融主管部门批准设立并持有金融贷款业务经营牌照、专门从事贷款发放的非金融机构法人，应当对保证合同约定条款的履行和法律规定的程序尽到基本的审查义务，但本案汇某公司并未审查九江周某生公司是否经过董事会或者股东会决议批准担保，也未审查刘某是否取得公司授权订立合同。因此，汇某公司对于九江周某生公司法定代表人刘某超越权限订立保证合同的无效代表行为未尽到基本审查义务，存在合同履行不当，不构成善意第三人。二审判决九江周某生公司对本案借款不承担保证责任，认定事实和适用法律均无不当。

案例12：广东省高级人民法院，深圳市百某投资有限公司与潍坊亚某化学股份有限公司、潍坊亚某集团有限公司借款合同纠纷二审民事判决书［（2013）粤高法民二终字第35号］认为：本案中，亚某化学公司系上市公司，亚某集团公司系亚某化学公司的股东为公开信息，百某公司应当知晓，尽管亚某化学公司承诺"经过了其适当的法定程序,经授权提供本保证",根据《中华人民共和国公司法》第十六条第二款的规定,公司为股东或者实际控制人提供担保的,必须经股东会或者股东大会决议,亚某化学公司并未向百某公司出具其股东大会同意提供担保的证明文件,百某公司亦未要求亚某化学公司提供股东大会决议,《保证合同》应当无效,故百某公司关于《保证合同》有效的上诉主张依据不足,本院不予支持。"

三、若担保人已向债权人提供公司决议,即使公司决议不真实或者存在瑕疵,不影响担保合同的效力。

案例13:最高人民法院,浙江长兴金某阳电源有限公司、江苏金某投资担保有限公司与浙江长兴金某阳电源有限公司、江苏金某投资担保有限公司等追偿权纠纷再审民事裁定书〔(2015)民申字第2785号〕认为:根据一审、二审庭审查明的事实以及司某某、肖某某等人的陈述,本院有理由相信金某阳公司知晓其公司存在192章,并放任该印章使用的情形。虽然《反担保函》上仅加盖有金某阳公司的192章,无法定代表人开某某的签字,且该担保函系肖某某交付金某公司。但金某公司作为债权人,其审查义务仅在于形式审查,无需核实公章的真伪。《反担保函》内容系金某阳公司为安某公司向江苏盱眙某合作银行(后变更为江苏盱眙某商业银行)借款300万元提供反担保,金某阳公司作为安某公司股东为该借款提供反担保也在情理之中。且肖某某向金某公司出示了加盖192章、有金某阳公司法定代表人开某某、其他两位股东肖某某和李某签字的《盱眙安某工贸有限公司股东会(董事会)决议》,上述证据足以使金某公司相信金某阳公司同意为安某公司的借款提供反担保。在金某公司善意且无过错的情况下,金某阳公司主张不承担反担保责任,没有事实及法律依据,本院不予支持。

案例14:浙江省高级人民法院,浙江爱某宏达汽车零部件有限公司、中国光某银行股份有限公司台州支行、台州中某机电有限公司、江西经某矿业发展有限公司、陈某某金融借款合同纠纷二审民事判决书〔(2010)浙商终字第73号〕认为:商业银行接受担保时对股东会或董事会的决议仅负形式审查的义务,不应要求其进行实质审查。原审法院对当事人申请的对《董事会同意担保决议书》上"川田某某"等人的签名真实性进行司法鉴定不予准许,有其合理性。

案例15:广西壮族自治区高级人民法院,鑫某公司诉桂东某合行、伟某公司、福某公司、潘某某、彭某抵押借款合同纠纷二审民事判决书〔(2011)桂民一终字第57号〕认为:桂东某合行对鑫某公司提交的《桂林鑫某锡业有限公司股东会决议》只负有形式审查义务，在鑫某公司对外加盖公章真实的情形下，本案讼争合同的效力不受鑫某公司内部的法律关系影响，应当认定鑫某公司与桂东某合行签订的抵押担保合同及为抵押物办理了抵押登记手续的行为均合法有效。鑫某公司应当承担抵押担保责任。

案例16：山东省高级人民法院，中某银行股份有限公司青岛分行与青岛迪某集团有限公司、青岛义某利行销有限公司等金融借款合同纠纷二审民事判决书［（2016）鲁民终字第2156号］认为：上诉人迪某公司称，因其董事会决议缺少董事顾某某签字，董事李某某签字非其本人所签，认为该决议并非上诉人迪某公司的真实意思表示，因此其作出的对外担保事项无效。本院认为，首先，根据《中华人民共和国公司法》第十六条第一款的规定，公司为他人提供担保，依照公司章程的规定，由董事会或者股东会、股东大会决议。但该项规定的内容主要指的是对公司在提供担保前进行内部决策时的权力配置和审议程序，只是属于对担保人单方的公司内部关系的管理性规定。即使上诉人迪某公司的董事会决议存在瑕疵，也并不违反法律、行政法规的效力性强制性规定，并不因此当然导致抵押担保合同无效。

案例17：陕西省高级人民法院，瀚某担保股份有限公司陕西分公司与陕西豪某太阳光能实业有限公司、陕西豪某国际酒店有限公司、三原明某亭大酒店有限责任公司、郭某某、陈某某、陈甲、陈乙担保追偿权纠纷二审民事判决书［（2015）陕民一终字第00267号］认为：明某亭酒店公司在与上诉人签订《最高额保证反担保合同》时向上诉人提交了公司的股东会决议，上诉人对明某亭公司提交的股东会决议只负有形式审查义务。

案例18：天津市第二中级人民法院，盛某银行股份有限公司天津分行与天津市兆某源商贸有限责任公司、天津立某集团有限公司等金融借款合同纠纷一审民事判决书［（2015）二中民二初字第448号］认为：关于保证责任的承担问题，被告立某公司抗辩称，其与原告之间的保证合同系无效合同，因为没有经过立某公司的董事会的有效决议并提供了相应的证据，对此原告亦提供了《关于王某某等同志任免职的通知》、《关于李某某等同志任免职的通知》、立某公司《董事会签字样本》、立某集团董事会决议等证据予以佐证其已经尽到了形式审查义务。本院认为，因被告立某公司的董事成员情况不断发生变化，被告立某公司未能举出充分证据证明涉案保证合同签订时该公司确切的董事会成员情况，且在2014年7月7日召开的立某集团董事会决议中，明确写明"本次应参加会议的董事（股东）为3人，实际参加会议董事（股东）3人，符合《中华人民共和国公司法》及本公司章程中有关董事会（股东会）有效召开的规定，其决议内容也符合法律及本公司章程中规定的权利范围"，以上内容对外产生公示效力，故原告已经尽到了形式审查义务。被告立某公司、殷某、张某某应按照保证合同的约定，对兆福源公司拖欠的垫款本金、利息等承担连带保证责任。

案例19：嘉兴市中级人民法院，嘉某银行股份有限公司与嘉兴市福某特化工有限公司、嘉兴市旺某物资有限公司等金融借款合同纠纷二审民事判决书［（2011）浙嘉商终字第158号］认为：福某特公司为旺某公司提供担保时，嘉某银行要求保证人福某特公司提供股东会决议，该股东会决议记载的担保金额为1500000元，该公司股东在上面签字确认，并加盖了公司印章，因此，嘉某银行对股东会决议已尽了形式审查义务。

案例20：上海市第二中级人民法院，上海创某建筑材料有限公司与上海某商业银行股份有限公司吴淞支行借款合同纠纷二审民事判决书［（2008）沪二中民三（商）终字第182号］认为：现从某商行吴淞支行提供的上诉人股东会决议内容看，决议中不仅记载了上诉人股东会明确同意为宝某公司借款提供担保的意思表示，而且公司股东也在决议上盖章和签字。虽然，上诉人对某商行吴淞支行提交的上诉人股东会决议上的股东签字或者盖章的真实性还有异议，但是基于某商行吴淞支行不可能参与上诉人的内部整个决策过程，也不具备审查决议实质真伪的能力，因此，应当认定某商行吴淞支行对决议形式真实性已作审查。在某商行吴淞支行既对保证合同中上诉人的公章及法定代表人签字真实性进行了实质审查，又对上诉人股东会决议进行了形式审查的情况下，股东签字或盖章实质上是否真实已不具有对抗某商行吴淞支行作为担保债权人的效力，据此，本院认定某商行吴淞支行与上诉人签订的保证合同有效，上诉人应当对宝某公司的借款承担连带保证。"

案例21：广州市中级人民法院，平某银行股份有限公司广州丰乐路支行与福建南平锦某汽车贸易有限公司、黎某某、杨某某金融借款合同纠纷二审民事判决书［（2014）穗中法金民终字第257号］认为：平某银行丰乐支行只需要对上述合同和股东会决议进行形式审查，无需实质审查上述合同及股东会决议中的签名是否真实，锦某公司在上述合同及股东会决议上盖章确认，其应对合同上其法定代表人的签名及股东会决议上的签名负责。据此，上述合同合法有效，对锦某公司有约束力，锦某公司应对骏某公司的涉案债务承担连带清偿责任。

案例22：衢州市中级人民法院，永州某投资开发有限公司与郑甲民间借贷纠纷一审民事判决书［（2011）浙衢商外初字第1号］认为：被告侨海公某在《担保借款协议》上盖章，确认公某为被告陈某某向原告郑甲借款提供担保的事实；被告陈某某向原告郑甲提供的《股东会决议》上除盖有被告侨海公某的印章外，还载有股东陈某某、孙某某及詹某某的签名。在此情况下，原告郑甲仅应对《股东会决议》承担形式审查的义务，不能苛责其对《股东会决议》进行实质性审查，讼争担保合同成立。被告陈某某及侨海公某认为讼争担保无效的抗辩主张不能成立，本院不予采信，被告侨海公某应按照《担保借款协议》的约定承担相应的保证责任。

案例23：广州市中级人民法院，广州市陆某有限公司与中国某银行股份有限公司广州经济技术开发区支行、黄某某、何某甲保证合同纠纷二审民事判决书［（2016）粤01民终字第2335号］认为：《股东会决议》中的相关瑕疵必须经过查询公司工商登记才能知晓、必须谙熟《公司法》相关规范才能避免因担保公司内部管理不善导致的风险，如若将此全部归属于担保债权人的审查义务范围，未免过于苛刻，亦有违《合同法》、《担保法》等保护交易安全的立法初衷。工行开发区支行基于对何某乙的陆某公司法定代表人身份和公司法人印章真实性的信赖，基于陆某公司提供的《股东会决议》盖有其公司真实印章的事实，完全有理由相信该《股东会决议》的真实性，无需也不可能进一步对《股东会决议》做更为详尽的实质性审查。

案例24：绍兴市中级人民法院，新昌县赛某纺织有限公司与浙江省新昌县兴某投资担保有限公司保证合同纠纷二审民事判决书［（2009）浙绍商终字第172号］认为：上诉人系为其股东以外的第三人提供担保，作为相对方仅是对股东会意见书进行形式审查，而对实质真伪不负审查义务，虽然上诉人提出出具股东（董事）会意见书时王乙尚不是股东，另一股东应为王某，但王甲、王某也出具了同意反担保的股东（董事）会意见书，故可以认定上诉人为新昌兴利某某制造有限公司向被上诉人提供反担保属合法有效，上诉人应按反担保书的约定承担连带保证责任，现被上诉人单独起诉上诉人要求承担保证责任符合法律规定。

037 公司法定代表人越权对外签署担保协议是否有效

裁判要旨

法定代表人未经公司股东会决议，以公司名义为公司股东或实际控制人提供担保，对于担保行为是否对公司有效这一问题，司法实践中存在两种不同裁判观点。

1. 本文引用的案例（以及延伸阅读部分引用的案例1-2）认为：法定代表人未经股东会决议，以公司名义为公司股东或实际控制人提供担保构成越权代表，债权人应当知道其代表越权，不属于受法律保护的善意相对人，进而认为担保合同无效。

2. 另外一些案例（延伸阅读部分引用的案例3-8）认为：法定代表人以公司名义为公司股东或实际控制人提供担保，债权人有理由相信法定代表人的行为系公司的真实意思表示，即使未经股东会决议债权人也为善意，因此担保合同有效。

案情简介[①]

一、王某与刘某某为夫妻关系。钢材公司的股东为王某（出资13260万元）、陈某某（出资12740万元），王某于2012年7月11日起任公司法定代表人。

二、钢材公司的公司章程中对公司担保事项没有作出规定，但在第十九条规定：本章程未尽事宜，依据《公司法》及有关法律法规执行。

三、2012年8月9日王某、刘某某向蒋某出具一张借条，载明：王某、刘某某借到蒋某2850万元，用于钢材公司的资金周转，期限一个半月，担保人对借款人承担连带责任。借款人王某、刘某某在借条上签名。王某还在借条上担保人处加盖了钢材公司印章并以法定代表人身份签名。事实上，在借条上加盖的钢材公司印章系王某私刻，并非工商登记备案的印章。

四、钢材公司未向蒋某出具关于同意为王某、刘某某债务担保的股东会

[①] 案件来源：江苏省高级人民法院，蒋某与某市钢材物流有限公司、王某等民间借贷纠纷二审民事判决书［（2015）苏民终字第00606号］。

决议。

五、后因王某、刘某某未偿还全部债务，蒋某提起诉讼，请求判令王某、刘某某归还尚未偿还的本金及利息，钢材公司对上述款项承担保证责任。

六、常州中院判决：钢材公司的保证行为无效，但债权人、担保人均具有过错，故钢材公司应向蒋某承担王某、刘某某不能清偿蒋某债务部分的二分之一的赔偿责任。

七、蒋某、钢材公司均不服一审判决，提起上诉。江苏省高院判决：钢材公司的保证行为无效，且钢材公司无过错，钢材公司不承担保证责任。

核心要点

王某在2850万元的借条担保人处加盖钢材公司印章并以法定代表人身份签名，虽然工商登记材料显示王某系钢材公司法定代表人，但王某的上述代表行为应属越权担保，且蒋某应当知道王某已超越代表权限，故该代表行为对钢材公司不产生效力，其法律后果应由行为人王某自行承担，钢材公司不承担责任。理由是：

首先，根据《公司法》的规定，钢材公司为股东王某提供担保必须经公司股东会决议，且王某本人没有表决权。因此在公司没有形成股东会决议的情况下，王某代表公司为本人借款提供担保的行为已超越其代表权限，应属越权担保。

其次，王某越权担保行为对钢材公司是否有效，取决于担保权人蒋某是否知道或者应当知道王某已超越了代表权限。而《公司法》第十五条第三款关于"公司为公司股东或者实际控制人提供担保的，应当经股东会决议"的规定不仅调整公司内部管理事务，亦规范公司外部交往事务。因为法律既已将公司为股东担保的行为予以明文规定即具有公开宣示效力，蒋某理应知晓并遵守该规定，不得以不知法律有规定或宣称对法律有不同理解而免于适用该法律。因此，钢材公司为股东王某借款提供担保是否经股东会决议，理应成为蒋某"应当知道"的内容。

再次，结合本案证据，无法证明该借款为钢材公司所用，在王某不能提供钢材公司股东会决议的情况下，蒋某理应知道王某代表钢材公司为其本人借款提供担保的行为损害了钢材公司的利益。因此蒋某未尽审慎注意义务，不构成对王某越权代表行为的善意，不属于受法律所保护的善意相对人。而钢材公司对王某代表公司为其本人向蒋某的借款提供担保的行为并不知情，王某加盖的钢材公司印章也非备案印章而是王某私刻印章，钢材公司对王某私刻钢材公司单位印章的行为亦不具有管理上的失职，故钢材公司不承担保证责任。

实务经验总结

前事不忘，后事之师。为避免未来发生类似败诉，提出如下建议：

第一，公司法定代表人对外从事的行为不可超越其职权范围，否则如法院认定相对人非善意（善意的标准是相对人对法定代表人超越职权知道或者应当知道），则公司不承担相应责任。因此法定代表人以公司名义对外提供担保时（包括为公司股东或实际控制人担保），均应按照《公司法》及公司章程的规定履行经股东会决议或经董事会决议的程序。

第二，即使是法定代表人对外签订担保合同，债权人也一定要审查担保人的公司章程，并按其公司章程的规定要求担保人提供股东会决议或董事会决议，否则担保合同就有被法院认定为无效、担保人不承担责任或者只承担部分责任的可能。

相关法律规定

《中华人民共和国公司法》（2018年修正，已被修订）

第十六条 公司向其他企业投资或者为他人提供担保，依照公司章程的规定，由董事会或者股东会、股东大会决议；公司章程对投资或者担保的总额及单项投资或者担保的数额有限额规定的，不得超过规定的限额。

公司为公司股东或者实际控制人提供担保的，必须经股东会或者股东大会决议。

前款规定的股东或者受前款规定的实际控制人支配的股东，不得参加前款规定事项的表决。该项表决由出席会议的其他股东所持表决权的过半数通过。

《中华人民共和国公司法》（2023年修订）

第十五条 公司向其他企业投资或者为他人提供担保，按照公司章程的规定，由董事会或者股东会决议；公司章程对投资或者担保的总额及单项投资或者担保的数额有限额规定的，不得超过规定的限额。

公司为公司股东或者实际控制人提供担保的，应当经股东会决议。

前款规定的股东或者受前款规定的实际控制人支配的股东，不得参加前款规定事项的表决。该项表决由出席会议的其他股东所持表决权的过半数通过。

《中华人民共和国合同法》（已失效）

第五十条 法人或者其他组织的法定代表人、负责人超越权限订立的合同，除相对人知道或者应当知道其超越权限的以外，该代表行为有效。

《中华人民共和国民法典》（2021年1月1日施行）

第五百零四条 法人的法定代表人或者非法人组织的负责人超越权限订立的合同，除相对人知道或者应当知道其超越权限外，该代表行为有效，订立的合同对法人或者非法人组织发生效力。

《最高人民法院关于适用〈中华人民共和国担保法〉若干问题的解释》（已失效）

第七条 主合同有效而担保合同无效，债权人无过错的，担保人与债务人对主合同债权人的经济损失，承担连带赔偿责任；债权人、担保人有过错的，担保人承担民事责任的部分，不应超过债务人不能清偿部分的二分之一。

第十一条 法人或者其他组织的法定代表人、负责人超越权限订立的担保合同，除相对人知道或者应当知道其超越权限的以外，该代表行为有效。

《最高人民法院关于适用〈中华人民共和国民法典〉有关担保制度的解释》（法释〔2020〕28号）

第七条 公司的法定代表人违反公司法关于公司对外担保决议程序的规定，超越权限代表公司与相对人订立担保合同，人民法院应当依照民法典第六十一条和第五百零四条等规定处理：

（一）相对人善意的，担保合同对公司发生效力；相对人请求公司承担担保责任的，人民法院应予支持。

（二）相对人非善意的，担保合同对公司不发生效力；相对人请求公司承担赔偿责任的，参照适用本解释第十七条的有关规定。

法定代表人超越权限提供担保造成公司损失，公司请求法定代表人承担赔偿责任的，人民法院应予支持。

第一款所称善意，是指相对人在订立担保合同时不知道且不应当知道法定代表人超越权限。相对人有证据证明已对公司决议进行了合理审查，人民法院应当认定其构成善意，但是公司有证据证明相对人知道或者应当知道决议系伪造、变造的除外。

第十七条 主合同有效而第三人提供的担保合同无效,人民法院应当区分不同情形确定担保人的赔偿责任:

(一)债权人与担保人均有过错的,担保人承担的赔偿责任不应超过债务人不能清偿部分的二分之一;

(二)担保人有过错而债权人无过错的,担保人对债务人不能清偿的部分承担赔偿责任;

(三)债权人有过错而担保人无过错的,担保人不承担赔偿责任。

主合同无效导致第三人提供的担保合同无效,担保人无过错的,不承担赔偿责任;担保人有过错的,其承担的赔偿责任不应超过债务人不能清偿部分的三分之一。

本案链接

以下为该案在法院审理阶段,判决书中"本院认为"就该问题的论述:

王某在2850万元的借条担保人处加盖钢材公司印章并以法定代表人身份签名,虽然工商登记材料显示王某系钢材公司法定代表人,但王某的上述代表行为应属越权担保,且蒋某应当知道王某已超越代表权限,故该代表行为对钢材公司不生效力,其法律后果应由行为人王某自行承担。理由是:

首先,钢材公司章程对公司担保事项没有规定,但章程中载明章程未尽事宜,依据《公司法》及相关法律法规执行。根据《中华人民共和国公司法》第十六条第二款关于"公司为公司股东或者实际控制人提供担保的,必须经股东会或者股东大会决议"及第三款"前款规定的股东或者受前款规定的实际控制人支配的股东,不得参加前款规定事项的表决。该项表决由出席会议的其他股东所持表决权的过半数通过"的规定,钢材公司为股东王某提供担保必须经公司股东会决议,且王某本人没有表决权。根据已查明的事实,王某代表钢材公司为其本人向蒋某借款提供担保,公司没有形成股东会决议,故王某虽为钢材公司法定代表人,但其代表公司为本人借款提供担保的行为已超越代表权限,该代表行为应属越权担保。

其次,《最高人民法院关于适用〈中华人民共和国担保法〉若干问题的解释》第十一条规定:"法人或者其他组织的法定代表人、负责人超越权限订立的担保合同,除相对人知道或者应当知道其超越权限的以外,该代表行为有效。"根据上述规定,王某越权担保行为对钢材公司是否有效,取决于担保权人蒋某是否知道或者应当知道王某已超越了代表权限。从蒋某在一、二审庭审中的陈述来看，王某向其出具2850万元借条时，蒋某知道王某系钢材公司的股东，其只是基于王某系钢材公司法定代表人的身份及加盖钢材公司单位印章的事实而信赖其有代表权，但王某系代表公司为其本人借款提供担保，如其本人不能偿还2850万元借款，其行为后果将直接导致公司利益转移给其本人，故王某的代表行为具有明显的超越代表权的外观，而公司为其股东提供担保这种无对价的特殊关联交易的行为，《中华人民共和国公司法》第十六条第二款已作出限制性规定，即必须经股东会或者股东大会决议。该规定不仅调整公司内部管理事务，亦规范公司外部交往事务。因为法律既已将公司为股东担保的行为予以明文规定即具有公开宣示效力，蒋某理应知晓并遵守该规定，不得以不知法律有规定或宣称对法律有不同理解而免于适用该法律。因此，钢材公司为股东王某借款提供担保是否经股东会决议，理应成为蒋某"应当知道"的内容。

第三，虽然涉案借条中载明借款用于钢材公司经营性流动资金周转，但蒋某与王某均明知涉案借条所载明的款项在此之前已交付，实际系结欠款，蒋某提交的王某此前借款时出具的小借条上并未载明借款用于钢材公司经营，现亦无证据证明该借款为钢材公司所用。蒋某向王某出借款项2850万元，在借款已实际交付王某后，王某出具涉案借条表示该借款由钢材公司提供担保，在王某不能提供钢材公司股东会决议或同意证明的情况下，蒋某理应知道王某代表钢材公司为其本人借款提供担保的行为，不是为钢材公司正常经营活动所从事的职务行为，而是违反《中华人民共和国公司法》强制性规定损害公司利益的行为。故蒋某仅以王某系钢材公司法定代表人及加盖钢材公司单位印章即信赖钢材公司的担保行为，未尽审慎注意义务，不构成对王某越权代表行为的善意，不属于受法律所保护的善意相对人。钢材公司对王某代表公司为其本人向蒋某的借款提供担保的行为并不知情，王某加盖的钢材公司印章也非备案印章而是王某私刻印章，钢材公司对王某私刻钢材公司单位印章的行为亦不具有管理上的失职，故蒋某关于钢材公司应按照借条中有关钢材公司担保的约定承担连带责任的诉讼请求，于法无据，本院不予支持。

综上所述，原审判决认定基本事实清楚，但关于保证行为无效，双方均有过错，钢材公司应向蒋某承担王某、刘某某不能清偿债务部分二分之一赔偿责任的认定不当，应予纠正。钢材公司关于其不是涉案借款的担保人，在本案中亦并无过错，故不应承担责任的上诉请求及理由成立，本院予以支持。

延伸阅读

法定代表人未经公司股东会决议，以公司名义为公司股东或实际控制人提供担保，对于担保行为是否对公司有效这一问题，司法实践中存在两种不同裁判观点。

第一种裁判观点与本文引用的裁判观点相同，认为：法定代表人未经股东会决议、以公司名义为公司股东或实际控制人提供担保构成代表越权，债权人应当知道其代表越权的，不属于受法律保护的善意相对人，进而认为担保合同无效。（即使认定担保合同无效，也不等于担保人不承担赔偿责任，这一点本书作者将在后续文章中专题探讨。）

第二种裁判观点则认为：法定代表人以公司名义为公司股东或实际控制人提供担保，债权人有理由相信法定代表人的行为系公司的真实意思表示，即使未经股东会决议、债权人也为善意，因此担保合同有效。

一、支持第一种裁判观点，认为担保合同无效的案例

案例1：最高人民法院，宁波绣某彩印实业有限公司、浙江某汽配机电市场经营服务有限公司、慈溪逍某投资咨询有限公司、慈溪逍某汽配贸易有限公司、慈溪市一某工贸有限公司以及孙某某合同纠纷再审民事判决书〔（2012）民提字第208号〕认为：关于孙某某无权代表行为的对外效力。我国《合同法》第五十条规定："法人或者其他组织的法定代表人、负责人超越权限订立的合同，除相对人知道或者应当知道其超越权限的以外，该代表行为有效。"相对人是否知道或者应当知道法定代表人越权，应当结合法律规定、交易的性质和金额以及具体交易情境予以综合判定。假定孙某某作为法定代表人以机电公司名义转让房产，绣某公司向机电公司支付相应转让款，此属于公司正常的经营活动，即使机电公司内部章程对孙某某代表权有限制性规定，也不具有对抗外部相对人的效力。然而本案所涉的协议条款使机电公司只承担巨额债务而不能获得任何对价，不属于公司正常的经营活动，且孙某某同时代表公司和个人签约，行为后果是将公司利益转移给个人，具有明显的超越代表权的外观。《中华人民共和国公司法》第十六条第二款规定："公司为公司股东或者实际控制人提供担保的，必须经股东会或者股东大会决议。"该条款说明《公司法》对关联担保这种无对价的特殊交易，对代表权做了限制性规定，必须经股东会同意。为股东及法定代表人清偿债务的性质较关联担保更为严重，公司直接对外承担债务而不能取得经营利

益，如未经股东会同意，将构成侵占公司财产的行为。绣某公司知晓机电公司由几名股东组成，并专门聘请律师草拟协议，在孙某某不能提供股东会同意证明的情形下，绣某公司根据协议内容理应知道孙某某的行为不是为机电公司经营活动所从事的职务行为，而是违反《公司法》强制性规定的侵占公司财产行为。绣某公司以协议和委托书加盖了机电公司公章为由主张善意信赖孙某某代表权的理由不能成立。综合考虑本案的交易过程和事实，绣某公司应当知道孙某某的签约超越代表权限，绣某公司不属于《合同法》第五十条保护的善意相对人，浙江高院认定孙某某代表行为无效、房地产转让协议不能约束机电公司并无不当。机电公司对本案协议的签订并不知情，对孙某某私刻公章的行为也不具有管理上的失职，绣某公司要求机电公司依据房地产转让协议承担责任的诉请于法无据，本院不予支持。

案例2：广东省高级人民法院，深圳市国某股份有限公司与黄某某、深圳市中某环投资有限公司股权转让纠纷二审民事判决书［（2013）粤高法民二终字第34号］认为：《中华人民共和国合同法》第五十条规定："法人或者其他组织的法定代表人、负责人超越权限订立的合同，除相对人知道或者应当知道其超越权限的以外，该代表行为有效。"《中华人民共和国公司法》第十六条第二、三款规定："公司为公司股东或者实际控制人提供担保的，必须经股东会或者股东大会决议。前款规定的股东或者受前款规定的实际控制人支配的股东，不得参加前款规定事项的表决。该项表决由出席会议的其他股东所持表决权的过半数通过。"2010年6月7日，中某环公司向国某公司出具担保书，为黄某某所负本案债务提供连带责任保证。国某公司明知黄某某是中某环公司的实际控制人，应依法要求中某环公司就该担保事项征求中某环公司另一股东宝某公司的同意。中某环公司未经股东宝某公司同意，为黄某某提供担保，系中某环公司相关负责人员超越权限订立的合同，国某公司对此是明知的，故在该保证合同关系中，国某公司不是善意相对人，该担保应认定为无效。中某环公司应否担责问题。中某环公司未经股东宝某公司同意为黄某某提供担保，系中某环公司相关负责人员超越权限订立的合同，中某环公司具有过错，根据《中华人民共和国担保法》第五条及《最高人民法院关于适用〈中华人民共和国担保法〉若干问题的解释》第七条规定，在本案主合同有效而担保合同无效且债权人、保证人均有过错的情形下，中某环公司承担的赔偿责任，不应超过黄某某不能清偿部分的1/2。故宝某公司提出的中某环公司没有过错及不应对黄某某所负债务不能清偿部分承担1/2的赔偿责任，缺乏事实和法律依据，本院不予支持。"

二、支持第二种裁判观点，认为担保合同有效的案例

案例3：最高人民法院，李某与海南中某旅游产业开发有限公司、海南中某实业发展有限公司等企业借贷纠纷二审民事判决书〔（2016）最高法民终字第271号〕认为：《公司法》第十六条第二款关于"公司为公司股东或者实际控制人提供担保的，必须经股东会或者股东大会决议"的规定，不属于效力性的强制性规定。根据《担保法司法解释》第十一条关于"法人或者其他组织的法定代表人、负责人超越权限订立的担保合同，除相对人知道或者应当知道其超越权限的以外，该代表行为有效"的规定，徐某某作为中某旅游公司的原法定代表人以保证人的身份在《借贷协议》上签字盖章，而中某旅游公司又未能举证证明徐某某超越权限订立担保合同且李某作为相对人知道或者应当知道徐某某超越权限，因此，徐某某以中某旅游公司法定代表人的身份对第五笔借款做出的担保行为，对中某旅游公司发生法律效力。中某旅游公司该项上诉理由不能成立。

案例4：北京市高级人民法院审理的中某材集团进出口公司诉北京大某恒通经贸有限公司、北京天元某唐投资有限公司、天某盛世科技发展（北京）有限公司、江苏银某科技有限公司、四川宜宾俄某工程发展有限公司进出口代理合同纠纷上诉案（载《最高人民法院公报》2011年第2期）认为：对于公司法定代表人越权对外提供担保的情形，公司对外仍应对善意第三人承担民事责任，故本案银某公司的担保责任不能免除。被上诉人中某材公司应为善意第三人。有限责任公司的公司章程不具有对世效力，有限责任公司的公司章程作为公司内部决议的书面载体，它的公开行为不构成第三人应当知道的证据。强加给第三人对公司章程的审查义务不具有可操作性和合理性，第三人对公司章程不负有审查义务。第三人的善意是由法律所推定的，第三人无须举证自己善意；如果公司主张第三人恶意，应对此负举证责任。因此，不能仅凭公司章程的记载某备案就认定第三人应当知道公司的法定代表人超越权限，进而断定第三人恶意。故在上诉人银某公司不能举证证明中某材公司存在恶意的情形下，应当认定中某材公司为善意第三人，中某材公司已经尽到合理的审查义务。可见，上诉人银某公司出具的《承诺书》担保形式完备，内容不违反法律、法规有关效力性的强制性法律规定，应认定为构成合法有效的第三人保证，银某公司应承担连带保证责任。故银某公司上诉关于其法定代表人何某某对外提供担保，其行为违反公司章程的规定，并没有经过股东会、股东大会或者董事会同意，故何某某对外担保因违反《公司法》

第十六条的强制性法律规定,应为无效担保的上诉请求以及被上诉人中某材公司未能尽到审慎的审查义务,不能作为善意的第三人要求银某公司承担保证责任的上诉请求,不予支持。

案例5:台州市中级人民法院,陈某与浙江天台永某房地产开发有限公司、梁某甲等被继承人债务清偿纠纷二审民事判决书〔(2016)浙10民终字第1081号〕认为:《最高人民法院关于适用〈中华人民共和国担保法〉若干问题的解释》第十一条规定:"法人或者其他组织的法定代表人、负责人超越权限订立的担保合同,除相对人知道或者应当知道其超越权限的以外,该代表行为有效。"本案中,梁某某作为上诉人的法定代表人,在担保人处签名并加盖公章,上诉人在一、二审中也没有提供足以证实被上诉人知道或者应当知道梁某某超越权限的证据,且被上诉人在本案中也无从知晓身为上诉人的法定代表人是否超越权限,故不论公章真伪均不影响对上诉人在本案中系担保人这一事实的认定。

案例6:重庆市第三中级人民法院,丰都县崇某花炮制造有限公司与万某、余某某等民间借贷纠纷二审民事判决书〔(2016)渝03民终字第1711号〕认为:本案中,崇某花炮公司、余某某均未提供证据证明:万某在提供借款时知晓崇某花炮公司关于对外担保的相关规定。本案的《借款合同》明确载明崇某花炮公司为该笔借款的担保人,崇某花炮公司的法定代表人余某某在该《借款合同》中签名,崇某花炮公司也在该《借款合同》担保方负责人处加盖公章,万某有理由相信崇某花炮公司为本案借款提供担保是该公司的真实意思表示。故崇某花炮公司未经该公司股东会决定为本案借款提供担保具有法律效力。

案例7:舟山市定海区人民法院,王某某与丁某某、浙江舟山锦某大酒店有限公司等民间借贷纠纷二审民事判决书〔(2016)浙09民终字第291号〕认为:根据《合同法》第五十条关于"法人或者其他组织的法定代表人、负责人超越权限订立的合同,除相对人知道或者应当知道其超越权限的以外,该代表行为有效",以及《最高人民法院关于适用〈中华人民共和国担保法〉若干问题的解释》第十一条关于"法人或者其他组织的法定代表人、负责人超越权限订立的担保合同,除相对人知道或者应当知道其超越权限的以外,该代表行为有效"的规定,公司的法定代表人违反公司章程的规定对外提供担保应认定为有效。故被告丁某某当时作为被告锦某大酒店的法定代表人,且向原告披露了其妻子杨某亦系公司经理,夫妻俩的股份占比48.302%,相对其他二个股东而言属于控股大股东,还随带了公司营业执照和税务执照以及公司印章,足以使作为普通债权人的原告相信其行为可以代表公司……因有限责任公司的公司章程不具有对世效力，有限责任公司的公司章程作为公司内部决议的书面载体，它的公开行为不构成第三人应当知道的证据。强加给第三人对公司章程的审查义务不具有可操作性和合理性，第三人对公司章程不负有审查义务。第三人的善意是由法律所推定的，第三人无须举证自己善意；如果公司主张第三人恶意，应对此负举证责任。因此，不能仅凭公司章程的记载某备案就认定第三人应当知道公司的法定代表人超越权限，进而断定第三人恶意。故，即使被告丁某某作为公司法定代表人越权对外提供担保，被告锦某大酒店对外仍应对原告承担民事责任。

案例8：贵州省高级人民法院，贵州中某恒泰合矿业有限公司与上海某发展银行股份有限公司贵阳分行及一审被告贵州省纳雍县泰某精煤有限公司、贵州中某恒泰合矿业有限公司钟山区老鹰山镇石板河煤矿、六盘水方某房地产开发有限公司、六盘水鑫某诚投资发展有限公司、杨某、王某某金融借款合同纠纷二审民事判决书〔（2016）黔民终字第29号〕认为：根据《中华人民共和国民法通则》第四十三条"企业法人对它的法定代表人和其他工作人员的经营活动，承担民事责任"的规定，杨某作为中某恒泰合公司时任法定代表人，其于2013年7月15日与浦某银行贵阳分行签订《最高额保证合同》时，还加盖了中某恒泰合公司的印章，中某恒泰合公司应当对此承担相应的责任，中某恒泰合公司上诉主张该担保行为没有得到公司股东会的批准，因此应当根据《中华人民共和国公司法》（以下简称《公司法》）第十六条第一款之规定认定为无效。本院认为，《公司法》第十六条第一款之规定并非效力性强制性规定，而是管理性规定，是对公司内设机构如何行使权利的规定。根据《中华人民共和国合同法》第五十条"法人或者其他组织的法定代表人、负责人超越权限订立的合同，除相对人知道或者应当知道其超越权限的除外，该代表行为有效"之规定，中某恒泰合公司并未举证证明浦某银行贵阳分行在签订《最高额保证合同》时，明知或者应知杨某的行为超越了该公司内部对法定代表人的授权，其有理由相信杨某的代表行为，中某恒泰合公司主张该合同无效，没有事实和法律依据，对其上诉请求，本院不予支持。

根据以上案例可以看出：法定代表人未经公司股东会决议、以公司名义为公司股东或实际控制人提供担保，对于担保行为是否对公司有效这一问题，司法实践中的争议很大，甚至是最高人民法院也曾经作出过截然不同的判决。

本书作者认为，尽管现阶段支持第二种观点，认为即使未经公司决议担保合同仍然有效的裁判观点似乎是司法实践中的主流意见，但是第一种观点也有其合理性，不排除未来第一种观点后来居上、成为主流意见的可能。因此债权人应当充分认识到这种风险，切不可以认为担保人是否作出股东会决议仅属于担保人的内部决策程序，与债权人无关。债权人一定要审查担保人的公司章程并按其公司章程的规定要求担保人提供股东会决议或董事会决议，否则担保合同就有被法院认定为无效、担保人不承担责任或者只承担部分责任的可能。

038 伪造印章被判犯罪，但所签担保合同合法有效

裁判要旨

他人伪造公司印章对外签订合同构成表见代理的，即使该伪造印章的行为后被认定为伪造印章罪，也不影响所签合同对公司的约束力。

案情简介①

一、翁某某为万某公司董事长，但非法定代表人。翁某某因投资武平县平川镇夹子背房地产开发，从2009年8月开始向游某某融资，游某某于2009年8月至2010年2月间分4次向翁某某投入资金总计245万元，翁某某也分别向游某某出具4张借条，华某公司、万某公司作为担保人在该4张借条上盖章表示担保。相关款项已按照借条约定，实际支付给翁某某。

二、2014年4月30日，游某某、翁某某就上述借款事宜又签订《协议书》一份，该《协议书》对以上四笔借款计利息进行了结算，重新约定了还款期限，同时，翁某某承诺，如不能按期还款，"乙方（翁某某）同意甲方（游某某）选择其开发的房地产中的店面折抵借款本息，店面转让的价格予以优惠，按相邻店面成交价的90%计算"。华某公司、万某公司亦作为担保人在《协议书》上盖章进行担保。《协议书》签订后，翁某某未及时按约还款付息，也未将店面提供给游某某抵作借款本息。

三、游某某向福建龙岩中院起诉，要求翁某某还本付息，华某公司、万某公

---

① 案件来源：最高人民法院，游某某与福建省万某房地产开发有限公司、翁某某等民间借贷纠纷再审民事裁定书 [（2016）最高法民申字第733号]。

司承担连带保证责任。龙岩中院一审判决支持了游某某的诉请。万某公司不服，上诉至福建高院，福建高院判决驳回上诉，维持原判。

四、万某公司仍不服，向最高人民法院申请再审。再审期间，万某公司提交了武平县法院刑事判决，确认：2014年下半年翁某某私刻万某公司印章，并在向游某某出具的借条、协议书上加盖了该枚印章。但最高人民法院仍裁定驳回了万某公司的再审申请。

核心要点

翁某某虽然不是万某公司的法定代表人，但他是该公司的董事长，最高人民法院据此认为已构成表见代理。

虽然有翁某某伪造印章在借条、协议书上使用构成伪造印章罪的判决书，但结合翁某某在万某公司所任特殊职务以及股东身份等权利外观，已经足以让交易相对人游某某产生合理信赖，让其负有对公章真实性进行实质审查的义务，对于相对人要求过于严苛，不利于保护交易安全。综上，法院认为翁某某的行为已构成表见代理，万某公司应对翁某某的涉案债务承担担保责任。

实务经验总结

前事不忘，后事之师。为避免未来发生类似败诉，提出如下建议：

第一，严重误解一：只要证明当事人私刻公章、构成犯罪，公司就可对合同不认账。实际上伪造印章构成犯罪，并不当然导致合同无效。《最高人民法院关于在审理经济纠纷案件中涉及经济犯罪嫌疑若干问题的规定》第五条第二款规定：行为人私刻单位公章或者擅自使用单位公章、业务介绍信、盖有公章的空白合同书以签订经济合同的方法进行的犯罪行为，单位有明显过错，且该过错行为与被害人的经济损失之间具有因果关系的，单位对该犯罪行为所造成的经济损失，依法应当承担赔偿责任。

第二，严重误解二：只要能够证明合同上盖的章是假的，公司就可以不认账。岂不知，公司相关人员如果构成表见代理的，即便私刻公章构成犯罪了，其签订的合同在民事上还是有效的。在以下几种情况下，即使印章系伪造，公司也不能够否认其效力：（1）伪造印章对外签订合同的人构成表见代理；（2）法定代表人或者授权委托人伪造公司印章对外签订合同；（3）公司用章不具有唯一性；(4) 公司在其他的场合承认过该印章的效力；(5) 公司明知他人使用伪造印章而未向公安机关报案的。

第三，严重误解三：在涉及伪造印章等刑民交叉案件中，以为通过假公章刑事案件判刑就可以达到"一击致命"，彻底摆脱民事责任的目的。实际上应重点着眼于民事案件的处理，切勿重点着眼于刑事案件的处理。因为根据《最高人民法院关于在审理经济纠纷案件中涉及经济犯罪嫌疑若干问题的规定》第一条的规定："同一公民、法人或其他经济组织因不同的法律事实，分别涉及经济纠纷和经济犯罪嫌疑的，经济纠纷案件和经济犯罪嫌疑案件应当分开审理。"因此，利用伪造印章签订合同和伪造印章在事实层面上往往是两个不同的问题，千万不能因为紧盯刑事案件而疏忽民事案件，最终导致败诉。

第四，公司对外的代表人应尽量避免出现"真假孙悟空"，董事长和法定代表人各有其人。公司对外的代表人出现了"真假孙悟空"，容易导致公司对外被表见代理的风险增加。应当在保证公司治理结构完整的同时，尽量保证决策权及代表权的集中，降低公司对外被表见代理和出现决策僵局的风险。

相关法律规定

《中华人民共和国民法总则》（已失效）

第七十四条　法人可以依法设立分支机构。法律、行政法规规定分支机构应当登记的，依照其规定。

分支机构以自己的名义从事民事活动，产生的民事责任由法人承担；也可以先以该分支机构管理的财产承担，不足以承担的，由法人承担。

第一百七十二条　行为人没有代理权、超越代理权或者代理权终止后，仍然实施代理行为，相对人有理由相信行为人有代理权的，代理行为有效。

《中华人民共和国合同法》（已失效）

第四十九条　行为人没有代理权、超越代理权或者代理权终止后以被代理人名义订立合同，相对人有理由相信行为人有代理权的，该代理行为有效。

《中华人民共和国民法典》（2021年1月1日施行）

第七十四条　法人可以依法设立分支机构。法律、行政法规规定分支机构应当登记的，依照其规定。

分支机构以自己的名义从事民事活动，产生的民事责任由法人承担；也可以先以该分支机构管理的财产承担，不足以承担的，由法人承担。

第一百七十二条 行为人没有代理权、超越代理权或者代理权终止后，仍然实施代理行为，相对人有理由相信行为人有代理权的，代理行为有效。

《最高人民法院关于在审理经济纠纷案件中涉及经济犯罪嫌疑若干问题的规定》（法释〔1998〕7号）

第一条 同一公民、法人或其他经济组织因不同的法律事实，分别涉及经济纠纷和经济犯罪嫌疑的，经济纠纷案件和经济犯罪嫌疑案件应当分开审理。

第四条 个人借用单位的业务介绍信、合同专用章或者盖有公章的空白合同书，以出借单位名义签订经济合同，骗取财物归个人占有、使用、处分或者进行其他犯罪活动，给对方造成经济损失构成犯罪的，除依法追究借用人的刑事责任外，出借业务介绍信、合同专用章或者盖有公章的空白合同书的单位，依法应当承担赔偿责任。但是，有证据证明被害人明知签订合同对方当事人是借用行为，仍与之签订合同的除外。

第五条 行为人盗窃、盗用单位的公章、业务介绍信、盖有公章的空白合同书，或者私刻单位的公章签订经济合同，骗取财物归个人占有、使用、处分或者进行其他犯罪活动构成犯罪的，单位对行为人该犯罪行为所造成的经济损失不承担民事责任。

行为人私刻单位公章或者擅自使用单位公章、业务介绍信、盖有公章的空白合同书以签订经济合同的方法进行的犯罪行为，单位有明显过错，且该过错行为与被害人的经济损失之间具有因果关系的，单位对该犯罪行为所造成的经济损失，依法应当承担赔偿责任。

第十条 人民法院在审理经济纠纷案件中，发现与本案有牵连，但与本案不是同一法律关系的经济犯罪嫌疑线索、材料，应将犯罪嫌疑线索、材料移送有关公安机关或检察机关查处，经济纠纷案件继续审理。

第十一条 人民法院作为经济纠纷受理的案件，经审理认为不属经济纠纷案件而有经济犯罪嫌疑的，应当裁定驳回起诉，将有关材料移送公安机关或检察机关。

第十二条 人民法院已立案审理的经济纠纷案件，公安机关或检察机关认为有经济犯罪嫌疑，并说明理由附有关材料函告受理该案的人民法院的，有关人民法院应当认真审查。经过审查，认为确有经济犯罪嫌疑的，应当将案件移送公安机关或检察机关，并书面通知当事人，退还案件受理费；如认为确属经济纠纷案件的，应当依法继续审理，并将结果函告有关公安机关或检察机关。

《最高人民法院关于审理民间借贷案件适用法律若干问题的规定》（2015 年修正，已被修订）

第七条　民间借贷的基本案件事实必须以刑事案件审理结果为依据，而该刑事案件尚未审结的，人民法院应当裁定中止诉讼。

《最高人民法院关于审理民间借贷案件适用法律若干问题的规定》（2020 年第二次修订）

第七条　民间借贷纠纷的基本案件事实必须以刑事案件的审理结果为依据，而该刑事案件尚未审结的，人民法院应当裁定中止诉讼。

本案链接

以下为该案在法院审理阶段，判决书中"本院认为"就该问题的论述：

构成表见代理必须符合两个条件：一是代理人表现出了其具有代理权的外观；二是相对人相信其具有代理权且善意无过失。虽然 2005 年修订后的《公司法》第十三条规定公司法定代表人可以由董事长、执行董事或者经理担任，但从实践情况看，在公司设有董事长的情况下，由董事长担任公司法定代表人的情况是普遍现象。并且，董事长虽不一定同时担任公司法定代表人，但根据《公司法》的有关规定，其相较于公司其他管理人员显然享有更大的权力，故其对外实施的行为更能引起交易相对人的合理信赖。同时，翁某某还是万某公司的股东，且在签订涉案担保合同时持有万某公司的公章，尽管刑事判决已经认定该公章为翁某某私刻，但结合翁某某在万某公司所任特殊职务以及股东身份等权利外观，已经足以让交易相对人游某某产生合理信赖，让其负有对公章真实性进行实质审查的义务，对于相对人要求过于严苛，不利于保护交易安全。综上，本院认为，翁某某的行为已构成表见代理，万某公司应对翁某某的涉案债务承担担保责任。万某公司关于翁某某并非万某公司法定代表人并存在私刻公章行为，故其不应承担担保责任等主张不能成立。

延伸阅读

与伪造印章相关的十个刑民交叉判例

裁判观点一：伪造印章构成刑事犯罪，并不当然导致所签合同无效。

案例1：最高人民法院，湛江市第某建筑工程公司与湛江市第某建筑工程公司、白某某租赁合同纠纷申请再审民事裁定书［（2015）民申字第 3402 号］认为：湛江某建主张《租赁合同》上湛江某建及600mw项目部的印章均系梁某某私刻，不代表其真实意思表示，合同应无效。但因梁某某与湛江某建之间存在挂靠关系，足以使白某某有理由相信印章的真实性以及梁某某得到了湛江某建的授权，故梁某某的行为构成表见代理，其行为后果应由湛江某建承担。湛江某建主张租赁合同无效、其不应承担相应法律后果无法律依据，本院不予支持。梁某某的询问笔录不属于新证据，亦不足以推翻原审判决。梁某某私刻印章涉嫌犯罪与本案租赁合同纠纷不属于同一法律关系，本案审理也不以刑事案件的结果为依据，因而本案无需中止审理或驳回起诉。

案例2：最高人民法院，靖江市润某农村小额贷款有限公司、陆某、江苏天某工程设备制造有限公司与潘某某借款合同纠纷申请再审民事裁定书［（2014）民申字第1544号］认为：案涉借款合同是否有效，应当依照《中华人民共和国合同法》的规定进行判断，并不因为陆某构成骗取贷款罪而必然导致其与润某公司签订的借款合同无效。陆某以加盖伪造印章的方式，提供虚假证明文件，骗取润某公司贷款的行为，在刑法上，构成骗取贷款罪，应当据此承担刑事责任；但在合同法上，其行为构成单方欺诈。根据《中华人民共和国合同法》第五十四条第二款"一方以欺诈、胁迫的手段或者乘人之危，使对方在违背真实意思的情况下订立的合同，受损害方有权请求人民法院或者仲裁机构变更或者撤销"之规定，润某公司享有撤销权。因润某公司未按照该条规定主张撤销案涉借款合同，故二审判决认定借款合同有效并无不当。

案例3：湖北省高级人民法院，北京瑞某科技发展有限公司与宜昌博某科工贸有限公司不当得利纠纷二审民事判决书［（2015）鄂民一终字第00163号］认为：虽然宋某某因伪造潞某集团印章的犯罪行为而被新疆维吾尔自治区伊宁县人民法院以"伪造印章罪"判处拘役6个月，但该事实只是证明宋某某伪造潞某集团印章行为是应受刑罚处罚的行为，并没有确认宋某某以潞某集团名义所实施的民事行为不受法律保护，也没有否定宋某某作为实际施工人所享有的民事权利。宋某某以潞某集团的名义实施涉案工程的施工行为属实，宋某某对其以潞某集团的名义施工的工程有权向瑞某公司主张工程款。

案例4：河北省高级人民法院，张家口市景某商贸有限公司与河南兴某建筑工程公司买卖合同纠纷二审民事判决书［（2014）冀民二终字第102号］认为：关于上诉人主张的张某某、王某某、路某某等人涉嫌使用伪造印章签订购销合同并构成犯罪的问题，根据《最高人民法院关于在审理经济纠纷案件中涉及经济犯罪嫌疑若干问题的规定》第三条："单位直接负责的主管人员和其他直接责任人员，以该单位的名义对外签订经济合同，将取得的财物部分或全部占为己有构成犯罪的，除依法追究行为人的刑事责任外，该单位对行为人因签订、履行该经济合同造成的后果，依法应当承担民事责任。"王某某、路某某、张某某的身份符合上述规定的情形，三人的行为如构成犯罪，应依法追究其刑事责任，但不能免除北京工程处的民事责任。北京工程处为上诉人的分支机构，分支机构的法律责任应由其法人承担。原判兴某公司承担责任并无不当。

案例5：福建省高级人民法院，九江周某生实业有限公司与邱某某、刘某、廖某某、福建省虹盛电器有限公司民间借贷纠纷再审民事裁定书〔（2014）闽民申字第309号〕认为：刘某作为周某生公司的法定代表人，其使用公章代表公司从事民事行为，行为的相对方没有义务和责任对其公章的真伪进行辨认。根据《最高人民法院关于适用〈中华人民共和国担保法〉若干问题的解释》第十一条"法人或者其他组织的法定代表人、负责人超越权限订立的担保合同，除相对人知道或者应当知道其超越权限的以外，该代表行为有效"。因此，刘某使用伪造的公司印章在2011年6月10日向邱某某借款700万元及2011年11月10日借款260.6万元的二张借条上盖章担保，只要没有证据证明债权人邱某某知道或者应当知道刘某超越权限，或者邱某某与刘某存在恶意串通的情形，担保合同的效力就不应受到影响，周某生公司仍应承担保证责任。况且，（2012）庐刑初字第144号刑事判决根据《中华人民共和国刑法》第二百八十条第二款的规定判决的刘某犯伪造公章罪，该罪属于妨害社会管理的犯罪，而非判决刘某利用伪造公章进行诈骗等其他经济犯罪，故本案不能适用《最高人民法院关于审理经济纠纷案件中涉及经济犯罪嫌疑若干问题的规定》。故周某生公司称已生效的（2012）庐刑初字第144号刑事判决足以推翻原生效判决的理由不能成立。

裁判观点二：伪造印章涉嫌犯罪，并不当然需移送侦查机关立案侦查，案件民事部分可以继续审理

案例6：山东省高级人民法院，宋某某、王某某与江苏八某园林股份有限公司、吴某某民间借贷纠纷申请再审民事裁定书〔（2014）鲁民申字第715号〕认为：关于本案应否驳回起诉并移送公安机关。八某公司主张，吴某某伪造印章的行为已超出民事行为范畴，不能适用《合同法》第四十九条的规定，应适用最高人民法院《关于在审理经济纠纷案件中涉及经济犯罪嫌疑若干问题的规定》第五条第一款及第十一条的规定予以认定和处理。该《规定》第十一条的内容

为："人民法院作为经济纠纷受理的案件，经审理认为不属于经济纠纷案件而有经济犯罪嫌疑的，应当裁定驳回起诉，将有关材料移送公安机关或检察机关。"从该规定来看，驳回起诉将有关材料移送公安机关或检察机关需要具备两个条件，一是经法院审理认为不属于经济纠纷案件，二是有经济犯罪嫌疑。根据原审查明的事实，本案应属于经济纠纷，吴某某有关私刻印章的行为可以另案处理，不影响本案民事法律关系的审理和认定。且前已述及，二审将吴某某在本案中借款行为认定为表见代理并无不当，因此，对八某公司关于本案应适用最高人民法院《关于在审理经济纠纷案件中涉及经济犯罪嫌疑若干问题的规定》第五条第一款及第十一条的主张，本院不予支持。

案例7：四川省高级人民法院，成都龙某旅游资源开发有限公司与成都市彭州龙某小额贷款有限责任公司等借款合同纠纷二审民事判决书〔（2015）川民终字第592号〕认为：虽然杨某某在案涉《保证合同》、《股东会决议》中加盖的龙某旅游公司印章经鉴定为私刻，但根据其时任骑龙山长某公司、龙某旅游公司法定代表人的身份，以及在《流动资金贷款合同》、《保证合同》上亲笔签字的行为，结合骑龙山长某公司基本账户接受15000000元贷款，及成检公刑诉（2014）306号《起诉书》提及杨某某将部分贷款转至龙某旅游公司基本账户用于缴纳骑龙山2号土地款的事实，足以认定杨某某签订以上合同的行为，均属代表贷款人、担保人履行职务的行为，据此，就可对本案所涉合同关系、效力及民事责任进行认定。因此，杨某某私刻公章签订合同涉嫌合同诈骗犯罪刑事案件所涉及的事实，虽与本案借款合同纠纷涉及的事实存在关联，但并非同一事实，根据最高人民法院《关于在审理经济纠纷案件中涉及经济犯罪嫌疑若干问题的规定》第一条"同一公民、法人或其他经济组织因不同的法律事实，分别涉及经济纠纷和经济犯罪嫌疑的，经济纠纷案件和经济犯罪嫌疑案件应当分开审理"的规定，本案不应当裁定驳回起诉。其次，根据最高人民法院《关于审理民间借贷案件适用法律若干问题的规定》第五条"人民法院立案后，发现民间借贷行为本身涉嫌非法集资犯罪的，应当裁定驳回起诉，并将涉嫌非法集资犯罪的线索、材料移送公安或者检察机关"的规定，人民法院受理的民间借贷案件，只有当民间借贷行为本身涉嫌非法集资犯罪的，案件才应当裁定驳回起诉，本案杨某某仅涉嫌合同诈骗犯罪，并非非法集资犯罪，据此，本案也不应当裁定驳回起诉。

案例8：四川省高级人民法院，眉山市东某新城建设有限公司与眉山市东坡区某镇人民政府借款合同纠纷二审民事判决书〔（2016）川民终字第280号〕认为：至于东某公司上诉称本案涉嫌韦某某伪造公章罪，应中止审理或将本案移送公安机关侦查的问题。本院认为，韦某某是否伪造东某公司公章不影响其表见代理行为性质的认定，故本案不存在须等待刑事案件终结后再行处理的情形，不应中止审理。

案例9：山东省高级人民法院，苏某某与菏泽市海某房地产开发有限公司（原菏泽怡某房地产开发有限公司）、山东宝某金属材料有限公司民间借贷纠纷二审民事判决书［（2016）鲁民终字第868号］认为：关于刘某某签订合同的行为是否涉嫌犯罪，一审未将该案移送公安机关立案侦查或中止本案诉讼，审理程序是否违法的问题。本案中上诉人上诉称"刘某某私刻公章，并秘密保留之行为已构成伪造公章罪；其利用该枚公章，冒用上诉人之名义为了自己的利益与他人签订一系列担保协议和借款协议，已构成合同诈骗罪。"本院认为，本案是刘某某表见代理行为而引发的借贷行为，根据现有证据，本案不具备《最高人民法院关于在审理经济纠纷案件中涉及经济犯罪嫌疑若干问题的规定》规定的向公安移送的条件，一审法院依法对本案进行审理并无不当，本案无需中止审理。

案例10：湖南省高级人民法院，中某建设股份有限公司与湖南助某投资担保有限公司等保证合同纠纷二审民事判决书［（2015）湘高法民三终字第123号］认为：上诉人主张孙某某涉嫌伪造公章，本案应驳回起诉并移送公安机关。经审查上诉人提交的孙某某伪造公章的证据，系天心区人民法院在审理案外人湖南某某钢结构工程有限公司诉中某公司建设施工合同纠纷一案中发现的项目部印章经鉴定为伪造印章的犯罪线索，但上述证据中涉嫌被伪造的项目部公章与涉案借款合同上的项目部公章是否为同一枚，缺乏其他证据证明，而本案中的项目部公章是否系伪造并未经鉴定。另，孙某某是否涉嫌伪造公章，除助某公司知道或应当知道之外，不影响本案的审理，故本案不属于必须移送的范围。

第四章 公司章程

039 有限公司约定出资比例与持股比例不一致是否有效

裁判要旨

有限责任公司的股东出资比例和持股比例是否一致属于股东意思自治范畴，可自由约定。但为了防止大股东或多数股东欺压小股东或者少数股东，只有公司全体股东同意才可约定股东的持股比例和出资比例不一致。

案情简介[①]

一、刘某某与张某成立科某公司，用于创办民营大学。其中，刘某某以教育资本（包括教育理论与理念、教育资源整合与引入、教育经营与管理团队、教育项目的策划与实施）入股，占股70%；张某以7000万元现金入股，占股30%。刘某某控制的启某公司、豫某公司与张某控制的国某公司实际作为科某公司的股东。

二、启某公司、豫某公司、国某公司协议约定：三者分别以现金出资，各占公司注册资本的55%、15%、30%。但是，7000万元现金实际上均由国某公司投入。后国某公司依约将相应金额的资金先转账至启某公司和豫某公司账户，再由二者账户转入科某公司。

三、三方股东约定：在国某公司7000万元资金没有收回完毕之前，公司利润按照启某公司16%、豫某公司4%、国某公司80%分配；在国某公司7000万元资金收回完毕后，三方股东按照出资比例分配，即启某公司55%、豫某公司15%、国某公司30%。

---

① 案件来源：最高人民法院，深圳市启某信息技术有限公司与郑州国某投资有限公司、开封市豫某企业管理咨询有限公司、珠海科某教育投资有限公司股权确认纠纷再审民事判决书［（2011）民提字第6号］。

四、科某公司运行过程中三方产生矛盾。国某公司向开封市中级人民法院诉称：其履行了所有出资义务，但启某公司与豫某公司未出资无权占有股权，出资比例与股权比例不一致的约定无效。故请求判令：科某公司的全部股权归国某公司所有。

五、开封市中级人民法院、河南省高级人民法院均认定出资比例与股权比例不一致的约定条款无效，判决国某公司占股为80%，启某公司与豫某公司占股20%。

六、启某公司与豫某公司不服向最高人民法院提出再审。经最高人民法院提审，判决驳回国某公司的诉讼请求（认定出资比例与股权比例不一致的约定条款有效）。

核心要点

国某公司起诉主张出资比例与股权比例不一致的约定条款无效，实际上，有限公司股东一致同意的情况下，内部对各自出资比例和股权比例不一致的约定有效。在注册资本符合法定要求的情况下，我国法律并未禁止股东内部对各自的实际出资数额和占有股权比例作出自由约定，这样的约定并不影响公司资本对公司债权担保等对外基本功能实现，并非规避法律的行为，应属于公司股东意思自治的范畴，合法有效。

其次，股东内部对各自利润分配比例及方式作出约定有效。启某公司、国某公司、豫某公司约定对科某公司的全部注册资本由国某公司投入，而各股东分别占有科某投资公司约定份额的股权，对公司盈利分配也作出特别约定。这是各方对各自掌握的经营资源、投入成本及预期收入进行综合判断的结果，是各方当事人的真实意思表示，并未损害他人的利益，不违反法律和行政法规的规定，属有效约定，当事人应按照约定履行。

实务经验总结

前事不忘，后事之师。为避免未来发生类似败诉，我们建议：

第一，一般情况下出资比例与持股比例是一致的。但是有限责任公司的股东之间，完全可以作出出资比例与持股比例不一致的约定。这种情况下必须经全体股东一致同意，否则可能发生以大欺小、恃强凌弱的情形，如大股东凭借多数的投票权作出大股东多分利润而小股东少分利润的决议。

第二，出资比例与持股比例不一致的约定形式，应在公司设立的股东协议中进行明确约定，必要时可写入公司章程。

第三，很多地方市场监督管理局要求使用统一的公司章程范本，不允许记载出资比例与持股比例不一致。这个行政管理障碍是：很多地方市场监督管理局对这个特殊的约定很可能会非常不解、不予登记。对于出资比例和持股比例约定不一致的公司章程，要想得到市场监督管理局的登记，我们估计需要非同一般的说服能力。因此目前比较可行的办法就是在股东协议进行约定：各股东可以通过股东会对该分配方式进行决议，全体通过后，由各方股东各执一份股东会决议，该决议合法有效，对各股东均具有约束力。

特别需要注意的是，本案提供了一个将难以量化的经营资源进行出资的投资模式。这种以"经营资源"作为出资的模式，是否符合《公司法》关于出资的规定，值得深入探讨。

相关法律规定

《中华人民共和国公司法》（2018年修正，已被修订）

第二十七条　股东可以用货币出资，也可以用实物、知识产权、土地使用权等可以用货币估价并可以依法转让的非货币财产作价出资；但是，法律、行政法规规定不得作为出资的财产除外。

对作为出资的非货币财产应当评估作价，核实财产，不得高估或者低估作价。法律、行政法规对评估作价有规定的，从其规定。

第二十八条　股东应当按期足额缴纳公司章程中规定的各自所认缴的出资额。股东以货币出资的，应当将货币出资足额存入有限责任公司在银行开设的账户；以非货币财产出资的，应当依法办理其财产权的转移手续。

股东不按照前款规定缴纳出资的，除应当向公司足额缴纳外，还应当向已按期足额缴纳出资的股东承担违约责任。

第三十四条　股东按照实缴的出资比例分取红利；公司新增资本时，股东有权优先按照实缴的出资比例认缴出资。但是，全体股东约定不按照出资比例分取红利或者不按照出资比例优先认缴出资的除外。

《中华人民共和国公司法》（2023年修订）

第四十八条　股东可以用货币出资，也可以用实物、知识产权、土地使用权、股权、债权等可以用货币估价并可以依法转让的非货币财产作价出资；但是，法律、行政法规规定不得作为出资的财产除外。

对作为出资的非货币财产应当评估作价，核实财产，不得高估或者低估作价。法律、行政法规对评估作价有规定的，从其规定。

第四十九条 股东应当按期足额缴纳公司章程规定的各自所认缴的出资额。

股东以货币出资的，应当将货币出资足额存入有限责任公司在银行开设的账户；以非货币财产出资的，应当依法办理其财产权的转移手续。

股东未按期足额缴纳出资的，除应当向公司足额缴纳外，还应当对给公司造成的损失承担赔偿责任。

第二百二十七条 有限责任公司增加注册资本时，股东在同等条件下有权优先按照实缴的出资比例认缴出资。但是，全体股东约定不按照出资比例优先认缴出资的除外。

股份有限公司为增加注册资本发行新股时，股东不享有优先认购权，公司章程另有规定或者股东会决议决定股东享有优先认购权的除外。

本案链接

以下为该案在法院审理阶段，判决书中"本院认为"就该问题的论述：

本案当事人争议的焦点是，以启某公司名义对科某投资公司 500 万元出资形成的股权应属于国某公司还是启某公司。

股东认缴的注册资本是构成公司资本的基础，但公司的有效经营有时还需要其他条件或资源，因此，在注册资本符合法定要求的情况下，我国法律并未禁止股东内部对各自的实际出资数额和占有股权比例做出约定，这样的约定并不影响公司资本对公司债权担保等对外基本功能实现，并非规避法律的行为，应属于公司股东意思自治的范畴。《10.26 协议》约定科某投资公司 1000 万元的注册资本全部由国某公司负责投入，而该协议和科某投资公司的章程均约定股权按照启某公司 55%、国某公司 35%、豫某公司 15%的比例持有。《10.26 协议》第十四条约定，国某公司 7000 万元资金收回完毕之前，公司利润按照启某公司 16%，国某公司 80%，豫某公司 4%分配，国某公司 7000 万元资金收回完毕之后，公司利润按照启某公司 55%，国某公司 30%，豫某公司 15%分配。根据上述内容，启某公司、国某公司、豫某公司约定对科某投资公司的全部注册资本由国某公司投入，而各股东分别占有科某投资公司约定份额的股权，对公司盈利分配也做出特别约定。这是各方对各自掌握的经营资源、投入成本及预期收入进行综合判断的结果，是各方当事人的真实意思表示，并未损害他人的利益，不违反法律和行政法规的规定，属有效约定，当事人应按照约定履行。该 1000 万元已经根据《10.26 协议》约定足额出资，依法进行了验资，且与其他变更事项一并经工商行政机关核准登记，故该 1000 万元系有效出资。以启某公司名义对科某投资公司的 500 万元出资最初是作为保证金打入科某咨询公司账户，并非注册资金，后转入启某公司账户，又作为投资进入科某投资公司账户完成增资，当时各股东均未提出任何异议，该 500 万元作为 1000 万元有效出资的组成部分，也属有效出资。按照《10.26 协议》的约定，该 500 万元出资形成的股权应属于启某公司。启某公司作为科某投资公司的股东按照《10.26 协议》和科某投资公司章程的约定持有的科某投资公司 55% 股权应当受到法律的保护。

040 工商备案章程与公司内部章程对股东表决权作出不同规定，应以哪份为准

裁判要旨

有限责任公司股东就表决权的行使先后制定两个意思冲突的章程，而工商备案的章程签订时间在后，股东未就备案章程仅为工商备案、对内不代表股东真实意思表示共同达成合意，应以备案章程确定股东表决权。

案情简介[①]

一、2004 年 6 月 5 日，东某公司与朱某甲、刘某甲等 10 名自然人召开红某棉公司股东会，通过公司章程（6.5 章程）。该章程规定，10 名自然人股东总共出资 394.3 万元，股东享有所有权、分配权和表决权；东某公司以土地使用权出资 605.7 万元，只享有所有权和分配权，放弃表决权。该章程另规定，公司登记事项以公司登记机关核定的为准。

[①] 案件来源：广西壮族自治区南宁市中级人民法院，朱某甲、刘某甲、朱某乙、陈某某、苏某某、胡某某与南宁市红某棉运输公司、南宁市东某运输公司、刘某乙、许某某、李某某、莫某某、刘某丙公司决议撤销纠纷一案二审民事判决书 [（2014）南市民二终字第 339 号]。

二、2004年6月8日，红某棉公司全体股东又签署一份公司章程（6.8章程）。该章程规定的各股东的出资比例与6.5章程相同，但规定股东会由股东按照出资比例行使表决权。红某棉公司进行工商备案的章程为6.8章程。

三、2012年8月，红某棉公司召开股东会，免去朱某乙董事职务，并增补莫某某为董事。东某公司与刘某乙、许某某投赞成票，分别占股60.57%、3%、1%；李某某、刘某丙投弃权票，共占股5.43%，其他股东投反对票。红某棉公司以赞成票超过50%占多数通过决议，并到工商部门办理了变更登记。

四、投反对票的朱某甲等六股东诉至法院，请求撤销股东会决议。南宁市兴宁区法院、南宁市法院均驳回其诉讼请求。

核心要点

本案的争议焦点在于东某公司对所持红某棉公司60.57%的股份是否具有表决权。如依6.5章程东某公司不具有表决权，则该股东会决议未经代表二分之一以上表决权的股东通过；如依6.8章程东某公司具有表决权，则该股东会决议已经代表二分之一以上表决权的股东通过。

对此问题，法院认为：出资与表决权可以适度分离，股东表决权如何行使可归于公司自治权。6.8章程的签订时间在后，且6.5章程亦规定"公司登记事项以公司登记机关核定的为准"，故6.8章程为红某棉公司各股东最终合意的结果，是当事人的真实意思表示，不违反法律和行政法规的规定，亦未损害他人的利益，应属有效。根据6.8章程，东某公司出资605.7万元，占注册资本比例为60.57%，享有根据出资份额行使表决权的股东权利。因此，本案股东会决议已经过代表二分之一以上表决权的股东通过，六原告要求撤销股东会决议的诉讼请求，法院依法不应予以支持。

实务经验总结

前事不忘，后事之师。为避免未来发生类似败诉，提出如下建议：

第一，出资与表决权可以适度分离，因此可以在章程中约定不按照出资比例行使表决权，如公司章程可以约定部分股东放弃行使表决权。

第二，股东应特别关注不同章程形成的时间顺序。如股东先按照真实意愿签订了第一份章程，后因工商备案等需要又签订了第二份章程，股东应当另行书面约定第二份章程仅为工商备案、对内不代表股东真实意思表示，对内仍应以第一份章程为准。

相关法律规定

《中华人民共和国公司法》（2018年修正，已被修订）

第四十二条 股东会会议由股东按照出资比例行使表决权；但是，公司章程另有规定的除外。

第四十三条第一款 股东会的议事方式和表决程序，除本法有规定的外，由公司章程规定。

《中华人民共和国公司法》（2023年修订）

第六十五条 股东会会议由股东按照出资比例行使表决权；但是，公司章程另有规定的除外。

第六十六条第一款 股东会的议事方式和表决程序，除本法有规定的外，由公司章程规定。

本案链接

以下为该案在法院审理阶段，判决书中"本院认为"就该问题的论述：

有限责任公司具有人合性的特点，《公司法》允许有限责任公司以公司章程的方式确定表决权行使方法。根据《中华人民共和国公司法》第四十二条"股东会会议由股东按照出资比例行使表决权；但是，公司章程另有规定的除外"、第四十三条第一款"股东会的议事方式和表决程序，除本法有规定的外，由公司章程规定"的规定，出资与表决权可以适度分离，股东表决权如何行使可归于公司自治权。而公司章程是公司内部契约，是股东就公司重大事项的预想，并根据实际情况通过多轮反复协商达成的，其应当得到充分的尊重。在当事人自愿订立的前提下，股东基于彼此的信赖进行合作、组建公司、制定章程。在制定章程时，发起人有机会进行反复的磋商，以更能实现其利益最大化。当公司章程并不违反《公司法》的规定，即使股东在签订章程的过程中对自己的权利有所放弃，也非为法律所禁止。本案中，红某棉公司在工商备案的2004.6.8章程规定"股东会议由股东按照出资比例行使表决权"，而红某棉公司2004.6.5章程则规定"土地使用权身份股605.7万股，股东有所有权和分配权，放弃表决权；普通股股东现金出资认购394.3万股，股东有所有权、分配权和表决权"，两者不相一致。朱某甲、刘某甲、朱某乙、陈某某、苏某某、胡某某和第三人刘某乙、许某某、李某某、刘某丙、东某公司在两个版本的章程上均签名盖章，而 2004.6.8 章程的签订时间在后，且 2004.6.5 章程亦规定"公司登记事项以公司登记机关核定的为准"，故 2004.6.8 章程为红某棉公司各股东最终合意的结果，是当事人的真实意思表示，不违反法律和行政法规的规定，亦未损害他人的利益，应属有效。根据 2004.6.8 章程，东某公司出资 605.7 万元，占注册资本比例 60.57%，享有根据出资份额行使表决权的股东权利。

041 公司章程规定公司重大事项需经全体股东一致通过是否有效

裁判要旨

对于修改公司章程等公司重大事项，《公司法》规定必须经代表三分之二以上表决权的股东通过，系对该类事项赞成票的最低限制。公司章程约定"修改公司章程等重大事项需经全体股东通过"，属当事人意思自治的范畴，具有法律效力。违反该章程规定、未经全体股东通过的修改公司章程的决议应为无效。

案情简介[①]

一、中某会计师事务所有限公司（以下简称"中某公司"）共有杨某某、郑某、赵某某、雷某某、于某某、阴某某、曾某某、史某某等 8 位股东。

二、中某公司章程第二十五条规定，"对以下事项需经全体股东表决通过：（一）公司合并、分立、变更形式；（二）公司解散；（三）修改章程；（四）股东退出或加入；（五）应当由董事会提请股东大会作出决议的其他重要事项"。

三、2008 年 1 月 4 日，中某公司召开股东会，形成修改公司章程的公司决议，将章程第二十五条"对以下事项需经全体股东表决通过"修改为"对以下事项需经代表三分之二以上表决权的股东通过"。对此项决议，杨某某投反对票、郑某未参会，其他股东以总计 75% 的表决权通过该决议。

---

① 案件来源：北京市海淀区人民法院，杨某某与中某会计师事务所有限公司及赵某某、雷某某、于某某、阴某某、曾某某、史某某股东会决议撤销纠纷一案民事判决书 [（2008）海民初字第 10313 号]。

四、杨某某向法院提起诉讼，以该修改章程的决议未经全体股东通过为由，请求确认决议无效。中某公司及其他股东则认为：章程规定的"全体股东表决通过"不能理解为股东一致同意通过，否则将可能导致因一人反对，股东会决议无法通过，这不符合《公司法》立法的本意。

五、北京市海淀区法院认为：中某公司原章程第二十五条的规定具有法律效力，案涉股东会决议没有经过全体股东表决通过，该决议无效。

核心要点

中某公司章程第二十五条规定，修改公司章程等事项需经全体股东表决通过。对于该规定，海淀区法院认为：对于修改公司章程等公司重大事项，《公司法》规定必须经代表三分之二以上表决权的股东通过，系对该类事项赞成票的最低限制，公司章程规定高于这一规定的，属当事人意思自治的范畴，应当具有法律效力。因此，中某公司章程第二十五条的规定，表明了修改该章程应当由全体股东一致同意，否则表决不能通过。案涉股东会决议未经全体股东表决通过，该决议无效。

实务经验总结

前事不忘，后事之师。为避免未来发生类似败诉，提出如下建议：

第一，公司股东有权自主在章程中适当提高公司重大事项的表决权通过比例。《公司法》虽规定修改公司章程、增加或者减少注册资本的决议，以及公司合并、分立、解散或者变更公司形式的决议，必须经代表三分之二以上表决权的股东通过。但《公司法》规定的"三分之二"仅是最低限制，原则上股东可以在三分之二以上提高表决权通过比例，如四分之三、五分之四，甚至是如本案直接约定需经全体股东表决通过。

第二，虽然有法院裁判观点认为公司章程可以约定"公司重大事项需经全体股东表决通过"，但本书作者建议原则上不要如此约定。一方面，部分司法案例认为该约定违反了资本多数决原则，属无效条款；另一方面，该约定很容易致使公司就重大事项无法作出股东会决议，导致股东会决策机制失灵，情况严重的还可能导致公司解散。股东内部在一些问题上发生分歧是很正常的，"资本多数决"的原则可以很好地管控分歧，帮助公司快速作出决策，但如果要求公司决议必须经全体股东通过，公司僵局在所难免。这个本来试图保护小股东利益的规则，很可能成为小股东在特定场合下要挟大股东的重要砝码。

相关法律规定

《中华人民共和国公司法》（2018年修正，已被修订）

第四十三条 股东会的议事方式和表决程序，除本法有规定的外，由公司章程规定。

股东会会议作出修改公司章程、增加或者减少注册资本的决议，以及公司合并、分立、解散或者变更公司形式的决议，必须经代表三分之二以上表决权的股东通过。

《中华人民共和国公司法》（2023年修订）

第六十六条 股东会的议事方式和表决程序，除本法有规定的外，由公司章程规定。

股东会作出决议，应当经代表过半数表决权的股东通过。

股东会作出修改公司章程、增加或者减少注册资本的决议，以及公司合并、分立、解散或者变更公司形式的决议，应当经代表三分之二以上表决权的股东通过。

本案链接

以下为该案在法院审理阶段，判决书中"本院认为"就该问题的论述：

关于修改公司章程的决议的效力。中某公司章程第二十五条规定："对以下事项需经全体股东表决通过：（一）公司合并、分立、变更形式；（二）公司解散；（三）修改章程；（四）股东退出或加入；（五）应当由董事会提请股东大会作出决议的其他重要事项。"原告杨某某认为，既然修改章程"需经全体股东表决通过"，那么在杨某某的代理人明确反对修改公司章程的情况下，章程不得修改。在法庭上，赵某某等第三人的意见是，"需经全体股东表决通过"的不能理解为"需经全体股东表决一致同意"，而应按公司章程规定由董事会解释为"经代表三分之二以上表决权的股东通过"。本院认为，首先从文义上看，"需经全体股东表决通过"与"需经代表三分之二以上表决权的股东通过"的意思明显不一致，所以赵某某等股东才通过2008年1月4日股东会第五项决议对章程第二十五条进行修改；其次从逻辑结构上看，章程第二十四条明确股东大会作出决议必须经出席会议的股东所持出资额半数以上通过,其后第二十五条规定特殊情形下"需经全体股东表决通过",上下文之间已经使"全体"之意十分明确;最后从《公司法》的角度看,章程第二十五条规定事项均为公司重大事项,《公司法》规定必须经代表三分之二以上表决权的股东通过,系对该类事项赞成票的最低限制,公司章程规定高于这一规定的,属当事人意思自治的范畴,应当具有法律效力。因此,中某公司章程第二十五条的规定,表明了修改该章程应当由全体股东一致同意,否则表决不能通过。表决没有通过的事项,不是股东会会议的有效决议事项。

延伸阅读

除本案外,另有一些公司的章程中约定了"公司重大事项需经全体股东通过"条款的案例。本书作者检索和梳理了以下四个判例,发现裁判观点有所不同。

一、多数裁判观点认为:公司章程规定"公司重大事项需经全体股东通过",属当事人意思自治的范畴,应当具有法律效力,但是该约定极易导致公司决策机制出现僵局。

案例1:东莞市中级人民法院,钟某某、游某某、张某某、东莞市新某乐房地产开发有限公司与公司有关的纠纷二审民事判决书〔(2015)东中法民二终字第1746号〕认为:《中华人民共和国公司法》第四十三条规定,股东会的议事方式和表决程序,除本法有规定的外,由公司章程规定。股东会会议作出修改公司章程、增加或者减少注册资本的决议,以及公司合并、分立、解散或者变更公司形式的决议,必须经代表三分之二以上表决权的股东通过。此处的三分之二以上表决权,是《中华人民共和国公司法》对于上述情况下最低份额表决权的限定,该条款并未否定公司章程为上述情况设定更高份额的表决权,原审法院依据该四十三条的规定,宣告案涉章程第十八条第二款无效不当,本院依法予以纠正。

案例2:北京市高级人民法院,北京金某汽车服务有限公司与东某科技有限公司董事会决议撤销纠纷二审民事判决书〔(2009)高民终字第1147号〕认为:金某公司董事会决议的表决通过方式采用的并非通常意义上的资本多数决方式,而是董事人数的三分之二多数且应包含各方至少1名董事。此举意味着对于金某公司重大事项的表决方式,金某公司的三方股东派驻的董事必须做到每方股东派驻的董事至少有1名董事参加并同意才具备通过的可能，此为金某公司的股东在金某公司设立时的自愿约定并已通过中华人民共和国商务部的批准而生效。因此，此为衡量本案争议的董事会决议通过方式是否合法的唯一依据，上诉人关于决议事项的紧急性或决议结果合理性的上诉理由，均不能作为衡量董事会决议通过方式合法性的依据。由于本案争议的董事会决议缺乏股东一方东某公司董事的参与及事后同意，根据公司章程第二十五条的规定，该董事会决议在法律上属于可撤销的范畴。毋庸置疑，金某公司章程的此种规定，导致只要有一方股东不同意公司的经营决策时，公司的决议决策机制易陷于僵局，但是此为金某公司各方股东的自愿约定，本院无权干预。

特别注明：本案中金某公司系中外合资经营企业，依据《中华人民共和国中外合资经营企业法》的规定，该公司的最高权力机构为董事会。

案例3：北京市第一中级人民法院，北京西某国家森林公园有限责任公司、北京新某实经济发展有限责任公司与北京市西某试验林场公司解散纠纷二审民事判决书［（2009）一中民终字第4745号］认为：森林公园公司章程规定股东会对所议事项由代表五分之四以上表决权的股东表决通过，对公司解散等事项由全体股东一致表决通过，虽然该章程规定并不违反法律规定，但新某实公司、西某林场在森林公园公司的股权比例分别为70%和30%，该股权比例表明在股东产生矛盾无法达成一致意见的情况下，必然会因各执己见而无法产生有效的股东会决议，进而对公司经营产生阻碍。新某实公司关于森林公园公司章程对资本多数决及全体股东一致决的规定符合法律规定，并没有导致森林公园公司的经营管理出现严重困难的上诉理由，证据不足，本院不予支持。

二、也有裁判观点认为：公司章程规定"公司重大事项需经全体股东通过"，应理解为全体股东均有权参加股东会决议的表决，而不应理解为全体股东都同意该事项才能通过决议，否则违反了"少数服从多数"的基本原则。

案例4：滁州市中级人民法院，王某某与刘某某、上海商某投资管理有限公司等董事会决议效力纠纷再审民事判决书［（2013）滁民二再终字第00014号］认为：有限责任公司不具有自然人的生命特征，不能独立作出意思表示，有限责任公司的意思形成应由其权力机关股东会作出。"少数服从多数"是保证股东会能够作出决议、形成公司意思的基本制度。因股东会系由公司全体股东组成，股东会表决时存在股东会成员多数和股东所代表的出资资本多数之分，即"成员多数"与"资本多数"之分。根据《中华人民共和国公司法》第四十三条"股东会会议由股东按照出资比例行使表决权；但是，公司章程另有规定的除外"的规定，在确立"资本多数决"这一基本原则的同时，允许公司章程以"成员多数决"的方式作出另行规定。但公司章程所作的另行规定不应违反"少数服从多数"这一基本原则，否则，公司将无法形成决议，导致公司陷入僵局。全椒商景公司设立时的公司章程第十四条"股东会会议由股东按照出资比例行使表决权"的规定，说明该公司的股东会实行"资本多数决"的决议通过方式。该公司章程第十七条、第二十九条所规定的"应由全体股东表决通过"，应当是指全体股东均有权参加股东会决议的表决，但决议是否通过仍应按照该公司章程第十四条规定的"资本多数决"的方式进行判定。全椒商景公司2008年9月16日的临时股东会决议已经该公司代表91.44%表决权的股东表决通过，符合该公司章程规定的通过比例，为有效决议。王某某、全椒商景公司认为，全椒商景公司临时股东会决议未达到公司章程规定通过的比例、该决议无效的上诉理由不成立，不予支持。

042 变更将姓名记载于章程的法定代表人必须要代表三分之二以上表决权股东同意吗

裁判要旨

法定代表人姓名记载于公司章程，变更法定代表人不必经股东会代表三分之二以上表决权的股东通过。

案情简介[①]

一、祥某公司的股权结构为：实业公司持股51%、张某某持股39%、豪某公司持股10%。张某某是豪某公司的法定代表人。

二、祥某公司的公司章程第十四条规定：股东会对修改公司章程，对公司增加或减少注册资本、分立、合并、解散或者变更公司形式须经代表三分之二以上

[①] 案件来源：新疆维吾尔自治区高级人民法院，新疆豪某贸易有限公司、张某某与乌鲁木齐市祥某实业有限公司、乌鲁木齐市祥某房地产开发有限公司决议撤销纠纷再审民事判决书［（2014）新民再终字第1号］。

表决权的股东通过。其他事项，须经代表二分之一以上表决权的股东通过。章程第十八条规定，张某某担任执行董事、总经理，为公司法定代表人。

三、2010年3月25日，祥某公司形成股东会决议：免去张某某祥某公司总经理、法定代表人职务；林某某担任总经理、法定代表人。大股东实业公司同意该决议内容，豪某公司、张某某反对该决议，同意比例为51%。

四、豪某公司、张某某向法院起诉称，张某某系公司章程记载的法定代表人，股东会决议解除其职务系修改章程，应经三分之二以上表决权同意方可通过。但实际赞成比例仅有51%，因此请求撤销股东会决议。

五、本案一审乌鲁木齐中院、二审新疆高院均认为：案涉股东会决议经代表二分之一以上表决权的股东通过即可生效，因此驳回了豪某公司、张某某的诉讼请求。豪某公司、张某某不服二审判决，向新疆高院申请再审。

六、再审期间，祥某公司邀请江某、赵某某、王某某、石某某、史某某等公司法专家对本案进行研究。专家们认为：公司章程中记载的事项包括描述性事项和效力性事项；祥某公司作出免除张某某法定代表人职务的事项属于描述性事项，不属于《公司法》第四十四条"修改公司章程"，不须经代表三分之二以上表决权的股东通过。

七、新疆高院再审判决：维持该院的二审判决，驳回原告的诉讼请求。公司法定代表人的变更须经代表三分之二以上表决权的股东签署通过的理由不能成立。

核心要点

本案公司原法定代表人认为其名字已经写在公司章程，股东会决议解除其职务需要修改章程，因此需经三分之二以上表决权同意方可通过，但实际只有51%表决权通过，因此请求撤销股东会决议。最终法院未采信该理由而败诉。

从立法本意来说，只有对公司经营造成特别重大影响的事项才需要经代表三分之二以上表决权的股东通过。公司法定代表人一项虽属公司章程中载明的事项，但对法定代表人名称的变更在章程中体现出的仅是一种记载方面的修改，形式多于实质。公司内部治理中由谁担任法定代表人应由股东会决定，只要不违背法律法规的禁止性规定就应认定有效。

从公司治理的效率原则出发，倘若对于公司章程制订时记载的诸多事项的修改、变更均需代表三分之二以上表决权的股东通过，则反而是大股东权利被小股东限制，若无特别约定，是有悖于确立的资本多数决原则的。若更换法定代表人必须经代表三分之二以上表决权的股东通过，那么张某某、豪某公司只要不同意就永远无法更换法定代表人，这既不公平合理，也容易造成公司僵局。因此，张某某及豪某公司申请再审认为祥某公司法定代表人的变更须经代表三分之二以上表决权的股东签署通过的理由不能成立。

实务经验总结

前事不忘，后事之师。为避免未来发生类似败诉，提出如下建议：

第一，法定代表人对外具有代表公司的能力，是争夺公司控制权的关键性职位，是公司控制权战争中关键性阵地和必争之地。法定代表人以公司名义在合同上签字，即使公司未在合同上盖章，这份合同对公司而言也是有效的。因此，法定代表人对外的效力就相当于公章的效力，非常重要，大股东应委派己方人员担任法定代表人，不可轻易将该职位拱手送人。

第二，在公司的经营过程中，大股东往往需要融资，导致股权被稀释。为了防止日后法定代表人的职位落入他人之手，应提高更换法定代表人的表决权的比例。

第三，仅仅在公司章程中把法定代表人的姓名写进去是不够的。根据本案的判决，即使法定代表人的姓名白纸黑字地写在公司章程里，日后更换法定代表人也不构成对公司章程的修改，形成有效股东会决议、更换法定代表人的表决权无需经股东会经代表三分之二以上表决权的股东通过。只有在公司章程中明确规定"法定代表人的任免需经代表三分之二以上的股东的同意"才能达到三分之二以上多数票任免法定代表人的效果。

相关法律规定

《中华人民共和国公司法》（2018年修正，已被修订）

第十三条 公司法定代表人依照公司章程的规定，由董事长、执行董事或者经理担任，并依法登记。公司法定代表人变更，应当办理变更登记。

第四十二条 股东会会议由股东按照出资比例行使表决权；但是，公司章程另有规定的除外。

第四十三条 股东会的议事方式和表决程序，除本法有规定的外，由公司章程规定。

股东会会议作出修改公司章程、增加或者减少注册资本的决议，以及公司合并、分立、解散或者变更公司形式的决议，必须经代表三分之二以上表决权的股东通过。

《中华人民共和国公司法》（2023年修订）

第十条　公司的法定代表人按照公司章程的规定，由代表公司执行公司事务的董事或者经理担任。

担任法定代表人的董事或者经理辞任的，视为同时辞去法定代表人。

法定代表人辞任的，公司应当在法定代表人辞任之日起三十日内确定新的法定代表人。

第六十五条　股东会会议由股东按照出资比例行使表决权；但是，公司章程另有规定的除外。

第六十六条　股东会的议事方式和表决程序，除本法有规定的外，由公司章程规定。

股东会作出决议，应当经代表过半数表决权的股东通过。

股东会作出修改公司章程、增加或者减少注册资本的决议，以及公司合并、分立、解散或者变更公司形式的决议，应当经代表三分之二以上表决权的股东通过。

本案链接

以下为该案在法院审理阶段，判决书中"本院认为"就该问题的论述：

根据再审中诉辩双方意见，双方目前争议的主要是有限责任公司法定代表人变更是否须经代表三分之二以上表决权的股东通过的法律适用问题。祥某房地产公司2009年9月9日章程第十四条第一款规定"股东会议由股东按照出资比例行使表决权。股东会对修改公司章程、对公司增加或减少注册资本、分立、合并、解散或者变更公司形式须经代表三分之二以上表决权的股东通过。"该内容与《公司法》规定一致。我国《公司法》虽然规定股东会会议作出修改公司章程、增加或者减少注册资本的决议，以及公司合并、分立、解散或者变更公司形式的决议，必须经代表三分之二以上表决权的股东通过。但对于法定代表人变更事项的决议，并无明确规定，而祥某房地产公司的章程对此也未作出特别约定。

从立法本意来说，只有对公司经营造成特别重大影响的事项才需要经代表三分之二以上表决权的股东通过。公司法定代表人一项虽属公司章程中载明的事项，但对法定代表人名称的变更在章程中体现出的仅是一种记载方面的修改，形式多于实质，且变更法定代表人时是否需修改章程是工商管理机关基于行政管理目的决定的，而公司内部治理中由谁担任法定代表人应由股东会决定，只要不违背法律法规的禁止性规定就应认定有效。此外，从公司治理的效率原则出发，倘若对于公司章程制订时记载的诸多事项的修改、变更均需代表三分之二以上表决权的股东通过，则反而是大股东权利被小股东限制，若无特别约定，是有悖于确立的资本多数决原则的。若更换法定代表人必须经代表三分之二以上表决权的股东通过，那么张某某、豪某公司只要不同意就永远无法更换法定代表人，这既不公平合理，也容易造成公司僵局。因此，公司股东会按照股东出资比例行使表决权所形成的决议，理应得到尊重。公司更换法定代表人，只要股东会的召集程序、表决方式不违反公司章程的规定，即可多数决。张某某及豪某公司申请再审认为祥某房地产公司法定代表人的变更须经代表三分之二以上表决权的股东签署通过的理由不能成立。

延伸阅读

除本文引用的新疆高院审理的这个案件外，上海市第二中级人民法院审理的徐某与上海谷某实业有限公司决议撤销纠纷［（2015）沪二中民四（商）终字第536号］，也涉及了本案所讨论的问题，并且该案的论述部分与新疆高院审理的案件的裁判观点有所出入。

该案的基本案情是：谷某公司共有徐某、刘某某两名股东，但两人对持股比例有异议，刘某某认为自己持股96%，徐某则认为刘某某仅持股60.5%。公司法定代表人原为徐某，但公司章程未记载法定代表人的姓名。后刘某某召集股东会：免除徐某的执行董事、法定代表人职务，刘某某担任执行董事、法定代表人。

徐某向法院起诉称：涉案股东会决议的内容涉及修改公司章程，应当由三分之二以上表决权的股东一致通过，而非刘某某一人签字即能通过，请求判令撤销谷某公司的股东会决议。

上海市第二中级人民法院认为："现有生效判决已确认刘某某持有谷某公司96%的股权，故本案所涉股东会决议以超过三分之二以上表决权的比例作出的变更公司法定代表人的内容并无违反章程之处，应属有效。且即便如徐某所述，刘某某实际持有谷某公司60.5%的股权,此持股比例也已超过谷某公司二分之一以上表决权。鉴于谷某公司章程中并未明确公司法定代表人的具体人选,故涉案股东会决议作出的变更公司法定代表人的内容并不涉及公司章程的修改,仅需二分之一以上的表决权通过即可。故涉案股东会决议的内容也不存在违反公司章程之处。基于此,原审法院作出的驳回徐某要求撤销涉案股东会决议的判决无误,本院予以支持。"

该案虽然是针对法定代表人未登记在公司章程的情况下,变更法定代表人表决权数的案件,但论述涉及了"鉴于谷某公司章程中并未明确公司法定代表人的具体人选,故涉案股东会决议作出的变更公司法定代表人的内容并不涉及公司章程的修改,仅需二分之一以上的表决权通过即可"。言外之意是,如谷某公司章程中明确了公司法定代表人的具体人选,则股东会决议作出的变更公司法定代表人的内容涉及公司章程的修改,需经三分之二以上的表决权方能通过。因此,该案的上述论述与本文引用的新疆高院审理的案件的裁判观点有所出入。

本书作者认为:对于法律未明确规定的情形,各地法院审理的案件裁判观点有所出入属正常现象。更关键的是,通过这两个案子,我们希望公司的大股东、实际控制人明白:为了日后能持续地保住法定代表人这一关键职位,制定章程时仅仅把法定代表人的名字写入公司章程还是不够的,还要明确地写上"变更法定代表人需经三分之二以上股东表决权的同意"才可以达到目的。

043 "股东轮流担任法定代表人"的轮流坐庄约定是否有效

裁判要旨

公司全体股东关于"股东轮流担任公司法定代表人"的约定,具有股东会决议性质,该约定不违反法律规定,应为有效。一方股东任期届满但不配合办理工商变更登记的,其他股东可以起诉要求公司办理法定代表人变更登记。

案情简介[①]

一、云某公司共有徐某某、王某某两名股东,各占50%股权。公司原执行董

---

① 案件来源:上海市松江区人民法院,徐某某与上海云某商贸有限公司请求变更公司登记纠纷一审民事判决书〔(2016)沪0117民初字第12253号〕。

事及法定代表人均为徐某某。

二、2015年2月9日，徐某某、王某某签署新的公司章程，载明：执行董事由股东会选举产生，任期三年，任期届满前股东会不得无故解除其职务；执行董事为公司法定代表人。

三、2015年5月8日，徐某某、王某某签订合同，约定双方轮流担任公司法定代表人一年，王某某任法定代表人时间为2015年5月8日至2016年5月7日，徐某某任法定代表人时间为2016年5月8日至2017年5月7日，依此类推，后续每人各担任法定代表人一年。

四、同日，徐某某、王某某作出股东会决议：选举王某某担任公司执行董事、法定代表人，后云某公司办理了法定代表人变更登记。

五、在王某某担任法定代表人的期限届满后（按合同约定，至2016年5月7日届满），王某某拒绝将法定代表人变更为徐某某。徐某某遂以云某公司为被告、王某某为第三人提起诉讼，请求判令将法定代表人变更为徐某某。

六、王某某抗辩称：按公司章程规定，公司法定代表人由执行董事担任，任期三年，任期届满前股东会不得无故解除其职务。王某某自2015年5月8日担任法定代表人任期不足3年，因此不应被解除执行董事、法定代表人职务。

七、上海市松江区人民法院判决：云某公司办理法定代表人变更登记，由王某某变更登记为徐某某。

核心要点

云某公司股东为徐某某、王某某两人，分别享有公司50%股权，均不能单独控制云某公司，两人作出轮流担任法定代表人的约定符合常理。该约定具有股东会决议性质，不违反法律规定，应为有效。且双方于2015年5月8日签订系争合同，又于同日作出股东会决议，将法定代表人变更为王某某并办理了变更登记，也可说明王某某对该合同的效力是认可的。

尽管公司章程规定，法定代表人由执行董事担任，执行董事三年任期届满之前，股东会不得解除其职务。但系争合同形成于章程之后，因合同具有公司决议性质，且获得股东一致同意，可以变更章程规定事项。且在王某某担任法定代表人之前徐某某担任法定代表人的任期亦未届满三年，可见在双方协商一致的情况下，可以变更公司执行董事暨法定代表人，而不受公司章程的约束。

实务经验总结

前事不忘，后事之师。为避免未来发生类似败诉，提出如下建议：

第一，公司全体股东签订的合同等文件，虽在名义上不是股东会决议，但具有公司决议的性质，如没有无效、可撤销情形，该文件同样对于全体股东具有约束力。

第二，全体股东签订合同等文件时，应注意文件内容不要与公司章程的规定出现矛盾，如有矛盾之处，应同时修正公司章程，避免日后出现不必要的争议。如本案中，章程规定法定代表人的任期是三年，但股东签订的合同却约定每一年轮换一次法定代表人，致使合同签订后一方以合同约定违反公司章程为由拒绝履行。诉至法院，法院还要对合同与章程的关系问题加以解释，由此带来了不必要的争议和风险。

第三，公司创立之初，就不要设计 50∶50 的股权结构。双方各占 50% 是较差的股权结构，不仅将出现如本案双方在执行董事、法定代表人等关键职位人选的矛盾，还将导致任何一方都无法单独作出有效的股东会决议，如果股东会机制长期失灵，最终的结果只能是司法解散。

相关法律规定

《中华人民共和国合同法》（已失效）

第八条 依法成立的合同，对当事人具有法律约束力。当事人应当按照约定履行自己的义务，不得擅自变更或者解除合同。

依法成立的合同，受法律保护。

《中华人民共和国民法典》（2021 年 1 月 1 日施行）

第四百六十五条 依法成立的合同，受法律保护。

依法成立的合同，仅对当事人具有法律约束力，但是法律另有规定的除外。

《中华人民共和国公司法》（2018 年修正，已被修订）

第十三条 公司法定代表人依照公司章程的规定，由董事长、执行董事或者经理担任，并依法登记。公司法定代表人变更，应当办理变更登记。

第三十七条第二款 对前款所列事项股东以书面形式一致表示同意的，可以不召开股东会会议，直接作出决定，并由全体股东在决定文件上签名、盖章。

《中华人民共和国公司法》（2023年修订）

第十条 公司的法定代表人按照公司章程的规定，由代表公司执行公司事务的董事或者经理担任。

担任法定代表人的董事或者经理辞任的，视为同时辞去法定代表人。

法定代表人辞任的，公司应当在法定代表人辞任之日起三十日内确定新的法定代表人。

第五十九条第三款 对本条第一款所列事项股东以书面形式一致表示同意的，可以不召开股东会会议，直接作出决定，并由全体股东在决定文件上签名或者盖章。

本案链接

以下为该案在法院审理阶段，判决书中"本院认为"就该问题的论述：

依据我国《公司法》第十三条的规定："公司法定代表人依照公司章程的规定，由董事长、执行董事或者经理担任，并依法登记。公司法定代表人变更，应当办理变更登记。"被告公司章程规定，执行董事为公司法定代表人，执行董事由股东会选举产生，任期三年，任期届满前，股东会不得无故解除其职务。现原告依据双方所签《合同》的约定，主张被告变更登记法定代表人为原告。本案的争议焦点在于系争合同的性质，以及原告是否有权根据该合同约定变更公司章程的规定。

本院分析如下：一、被告股东为原告与第三人两人，两人就系争合同所约定内容是被告经营有关的公司法定代表人选任事项，两人所达成合意具有被告股东会决议性质。公司股东在决定文件上签章即可视为形成公司决议，并不必须要召开形式上的股东会。而且系争合同不存在违反法律法规禁止性规定或损坏社会公共利益等情形，该合同应为有效。再从被告股权结构来看，原告与第三人分别享有公司50%股权，均不能单独控制被告，两人作出轮流担任法定代表人的决定符合常理。

二、被告于2013年12月至2015年5月8日期间登记的法定代表人为原告，因双方于2015年5月8日签订系争合同，又于同日作出被告股东会决议，变更被告法定代表人为第三人，并办理了变更登记。说明第三人对该合同效力是认可，并实际执行的。根据被告及第三人提供的《财务管理协议》记载，双方亦约定过轮流担任被告法定代表人，只是期限为两年。

三、系争合同形成于被告章程之后，因合同具有公司决议性质，且获得股东一致同意，可以变更章程规定事项。第三人辩称，按章程规定，公司执行董事三年任期届满之前，股东会不得解除其职务，但在第三人担任被告法定代表人之前原告为被告执行董事、法定代表人，原告三年任期亦未届满。可见作为被告股东的原告与第三人均同意在双方协商一致的情况下，可以变更公司执行董事暨法定代表人，而不受公司章程的约束。

由上分析，本院裁断，原告有权依据具有公司决议性质的系争合同主张被告变更登记法定代表人。原告的诉讼请求于法有据，本院予以支持。据此，依照《中华人民共和国合同法》第八条，《中华人民共和国公司法》第十三条、第三十七条的规定，判决如下：

被告上海云某商贸有限公司于本判决生效之日起十日内向公司登记机关办理公司变更登记，将公司法定代表人由第三人王某某变更登记为原告徐某某。

延伸阅读

50∶50 的股权结构，可能引发哪些诉讼类型？

第一种诉讼类型："轮流坐庄"引发的工商变更登记纠纷。

本文所引用的案件，即属于非常典型的因"轮流坐庄"而引发的诉讼案件。尽管两股东各占 50% 股权、轮流担任法定代表人的约定看似十分公平，但能否妥善地完成权力交接，还取决于对方的配合程度。一旦对方拒不配合，也只能如本案一样，通过司法程序解决。

第二种诉讼类型："强行表决"引发的公司决议效力纠纷。

公司章程通常会规定：对于一般的股东会决议事项，须经全体股东二分之一以上表决权通过。在 50∶50 的股权结构下，如一方股东试图在另一方股东反对的情况下强行通过某个股东会决议，肯定会引发该份股东会决议是否有效的争论。对此问题，不同法院审理的案件的裁判结果亦有不同。

1. 认为 50% 表决权所作决议有效的案例。

案例1：上海市第一中级人民法院，上海凯某建设工程有限公司诉赵某某公司决议效力确认纠纷二审民事判决书［（2016）沪01民终字第10409号］认为：根据凯某公司公司章程规定，凯某公司所作出免去赵某某监事职务内容并非属于须经三分之二以上股东表决通过的内容，属于仅须经全体股东二分之一以上表决权通过的事项。根据民法通则相关规定，民法所称的"以上"、"以下"、"以内"

均包括本数。王某持有凯某公司50%股权，其表决通过的股东会决议符合章程约定的表决通过比例，因此该决议内容应属有效。

案例2：上海市闵行区人民法院，蒋某某与上海港某投资管理有限公司公司决议纠纷一审民事判决书［(2014)闵民二(商)初字第189号］认为：邵某占公司50%的股份，根据被告公司章程的约定，股东会会议由股东按照出资比例行使表决权，一般事项须经代表全体股东二分之一以上表决权的股东通过。根据民法通则规定，民法所称的"以上"包括本数，而现并无证据表明双方对被告公司章程所指"二分之一以上"是否包含本数存在分歧、误解和争议，并且原告在庭审中将2014年1月27日由原告蒋某某一人签名的股东会决议作为原告的证据，用以确认蒋某某依旧是被告公司的法定代表人，表明了原告也认可经持有公司50%股份的股东表决即可通过公司一般事项的决议。

2. 认为50%表决权所作决议无效的案例。

案例3：北京市朝阳区人民法院，北京鑫某运通信息技术有限公司与中某全国产品与服务统一代码管理中心有限公司其他股东权纠纷一审民事判决书［(2007)朝民初字第28543号］认为：《公司法》规定的股东会决议采取的是"资本多数决"原则，则必然要体现出多数的效果。就一个整体而言，二分之一不是多数。股东会议的表决环节中，极容易出现二分之一对二分之一的僵局。因此，既然公司章程规定简单多数是代表二分之一以上的表决权的股东表决通过，则应当理解为超过二分之一以上的表决权的股东表决通过，这样才是"资本多数决"原则的体现。虽然《民法通则》第一百五十五条规定：民法所称的"以上"、"以下"、"以内"、"届满"，包括本数；所称的"不满"、"以外"，不包括本数。但是，民法是普通法，公司法相对民法而言是特别法。根据"特别法优于普通法"的精神，在公司法已有相关规定的情况下，应当适用公司法的规定。因此，仅由代表中某公司二分之一表决权的鑫某运通公司通过的股东会议决议，不满足章程所规定的"代表二分之一以上的表决权的股东表决通过"的条件，不是符合《公司法》及中某公司章程规定的股东会议决议。"

本书作者认为，根据"资本多数决"原则，仅有50%表决权的股东所作出的股东会决议应认定为未达到"二分之一表决权"，进而倾向于认为未形成有效决议。退一步而言，即使认为该决议是有效的，也必然会导致另一方持股50%的股东亦可以自行作出与之前决议相反的公司决议，这样就会陷入新决议不断推翻之前旧决议的恶性循环，最终造成公司股东会机制失灵、公司经营管理发生严重困难。

第三种诉讼类型:"瞒天过海"引发的公司决议效力纠纷。

除一方股东不同意、另一方股东强行通过股东会决议的情况外,实践中更常发生的情况是:一方股东直接在股东会决议上伪造另一方股东的签名,采取"瞒天过海"的方式达到形成股东会决议的目的。但是,被伪造签名的一方股东发现相关事实后,可以向法院起诉,法院会判决该决议无效。

案例4:台州市中级人民法院,蔡某某与温岭市骏某汽车销售有限公司公司决议效力确认纠纷二审民事判决书〔(2016)浙10民终字第2523号〕认为:原告江某某、被告蔡某某均系原告骏某公司的股东,两人各拥有公司50%的股份,原告江某某原担任公司的法定代表人。2015年4月7日,温岭市骏某汽车销售有限公司依据2015年4月3日的"股东会决议"及章程修正案向工商管理部门变更了相关工商登记,而该"股东会决议"中"江某某"的签字并非原告江某某本人所签,故该"股东会决议"无效。

案例5:桂林市中级人民法院,胡某某与桂林福某戒农牧业发展有限公司公司决议效力确认纠纷二审民事判决书〔(2015)桂市民二终字第86号〕认为:该案的基本案情是胡某某、黄某某各占福八戒公司50%的股权,后黄某某伪造胡某某签名,形成"由黄某某担任公司法定代表人"的股东会决议,并办理了工商变更登记。胡某某向法院起诉,要求办理确认股东会决议无效。对此,法院认为:股东会决议上的"胡某某"签名笔迹不是原告所写,在原告拒绝认可该"决议"的情况下,可以认定公司法定代表人非经股东选举产生,不符合公司章程的规定,违反了《公司法》第十三条的规定,并据此判令案涉股东会决议无效。

第四种诉讼类型:股东"忍无可忍"引发的公司解散纠纷。

1. 认为50:50股权比例导致"公司经营管理发生严重困难",进而支持解散公司的案例:

案例6:最高人民法院指导案例8号,江苏省高级人民法院,林某清诉常熟市凯某实业有限公司、戴某明公司解散纠纷二审民事判决书〔(2010)苏商终字第0043号〕认为:"公司经营管理发生严重困难"的侧重点在于公司管理方面存有严重内部障碍,如股东会机制失灵、无法就公司的经营管理进行决策等,不应片面理解为公司资金缺乏、严重亏损等经营性困难。本案中,凯某公司仅有戴某明与林某清两名股东,两人各占50%的股份,凯某公司章程规定"股东会的决议须经代表二分之一以上表决权的股东通过",且各方当事人一致认可该"二分之一以上"不包括本数。因此，只要两名股东的意见存有分歧、互不配合，就无法形成有效表决，显然影响公司的运营。凯某公司已持续4年未召开股东会，无法形成有效股东会决议，也就无法通过股东会决议的方式管理公司，股东会机制已经失灵。执行董事戴某明作为互有矛盾的两名股东之一，其管理公司的行为，已无法贯彻股东会的决议。林某清作为公司监事不能正常行使监事职权，无法发挥监督作用。由于凯某公司的内部机制已无法正常运行、无法对公司的经营作出决策，即使尚未处于亏损状况，也不能改变该公司的经营管理已发生严重困难的事实。且由于凯某公司的内部运营机制早已失灵，林某清的股东权、监事权长期处于无法行使的状态，其投资凯某公司的目的无法实现，利益受到重大损失，且凯某公司的僵局通过其他途径长期无法解决。据此，江苏省高院判决解散凯某公司。特别需要指出的是，本案件系最高人民法院发布的指导案例，各级人民法院在审理相同的案件时应当参照指导案例的裁判观点。

案例7：大连市中级人民法院，毛某与大连嘉某宏方商贸有限公司公司解散纠纷二审民事判决书［（2015）大民三终字第161号］认为：嘉某宏方公司仅有于某某和毛某两名股东，两人各占50%的股份，公司章程规定"股东会议按照出资比例行使表决权"，在于某某和毛某各占50%表决权情况下，只要股东之间的意见存有分歧、互不配合，就无法形成有效表决，同样影响公司的运营，股东之间紧张关系始终无法调和，已经丧失了公司的人和性及信任基础。本案纠纷开始至今已两年有余，两股东始终未能共同协商一致并发现避免公司解散的出路，公司继续存续只能逐渐吞噬现有资产，扩大损害股东利益。至此，应当认定为通过其他途径不能解决。

2. 认为50：50股权比例未导致"公司经营管理发生严重困难"，进而未支持解散公司的案例：

案例8：百色市中级人民法院，吴某某与隆林全某市场开发有限公司公司解散纠纷二审民事判决书［（2015）百中民二终字第21号］认为：全某公司有苏某某与吴某某两名股东，各占50%股份，股东按照出资比例行使表决权，并没有哪个股东因占股比例而取得表决优势，亦没有弱势股东。公司章程规定苏某某任公司董事长、法定代表人兼出纳，吴某某任公司总经理兼财务，任职互相监督互相制约，且公司仍在正常经营，并对股东进行分红，公司运行并未失灵，并未形成公司僵局。因此全某公司的股东纠纷并未造成公司经营管理发生严重困难，吴某某可以通过其他途径对自己的股东权益寻求救济……本案中，全某公司章程规定了股东退股转股及同等条件下的优先购买权,在本案审理过程中两股东亦提出愿意购买对方股权。故吴某某可通过行使股东知情权、利益分配请求权、参与经营决策权、公司回购股份请求权、退股、转股等途径行使股东权利保护自身权利和公司利益,一审法院出于慎用司法手段强制解散公司的考虑判决驳回吴某某解散公司的诉讼请求正确。

由以上案例可以看出,在股权比例为50∶50的情况下,任何一方股东都难以在对方股东反对或不知情的情况下形成合法有效的股东会决议。因此,如两方股东长期不合,很可能被认定为股东会机制失灵、公司经营管理发生严重困难,如又无股权转让、增资扩股、公司回购股权等调整股权比例的机制,在万不得已的情况下,一方股东只能选择司法途径解散公司。司法解散,是股东被逼无奈情况下的最后的办法,也是司法实践中50∶50股权类型最易引发的诉讼案件类型。

其实,无论是"轮流坐庄"引发的工商变更登记纠纷、"强行表决"或"瞒天过海"引发的公司决议效力纠纷还是"忍无可忍"引发的公司解散纠纷,究其根源,罪魁祸首都是这看似公平的50∶50的股权结构。早知今日,何必当初,本书作者希望各位创业者从上述案例中有所感悟,在创业时尽量不要设计50∶50的股权结构。

044 侵害小股东章程规定的提名权的股东会决议无效

裁判要旨

对公司董事、经理等重要职位,公司章程可赋予小股东人事提名权。大股东不可利用表决权的优势地位形成股东会决议剥夺该提名权,否则股东会决议无效。

案情简介[1]

一、湖南胜某公司共有山东胜某(持股51%)、钢某集团(持股40%)、盛某公司(持股9%)三方股东。

---

[1] 案件来源:湘潭中级人民法院,上诉人湖南胜某湘钢钢管有限公司与被上诉人湖南盛宇高新材料有限公司决议纠纷一案二审民事判决书[(2015)潭中民三终字第475号]。

二、《公司章程》规定：1. 公司董事会由7名董事组成，董事候选人名额分配为，山东胜某4名，钢某集团2名，盛某公司1名。股东推选的董事候选人未获得股东会选举为公司董事时，该股东应另推举其他董事候选人，直至董事会七名董事全部当选为止。2. 公司设总经理1名，副总经理4名，总经理由山东胜某提名，副总经理由山东胜某提名2人，钢某集团及盛某公司各提名1人。

三、2012年9月17日，湖南胜某公司三方股东一致同意减资，出资比例调整为山东胜某54.96%，钢某集团43.10%，盛某公司1.94%。

四、2013年6月25日，湖南胜某公司再次召开股东会，三方股东均参加，股东会修改了《公司章程》：（1）董事会由5名董事组成，董事候选人名额分配为：山东胜某3名，钢某集团2名；（2）公司设总经理1人，副总经理若干人，总经理由山东胜某提名，董事会聘任或解聘。副总经理由总经理提名，董事会聘任或解聘。

在表决时，山东胜某及钢某集团同意，同意比例为98.06%，盛某公司反对，反对比例为1.94%，该股东会以少数服从多数的理由通过了上述决议。

五、盛某公司认为上述股东会决议侵害了小股东的权利，请求法院判决无效。湘潭市岳塘区法院判决驳回盛某公司的诉讼请求。盛某公司不服，向湘潭中院上诉，湘潭中院裁定撤销原判，发回重审。

六、岳塘区法院再次审理后判决案涉股东会决议无效。湖南胜某公司不服，向湘潭中级人民法院上诉，湘潭中级人民法院判决驳回上诉、维持原判。

核心要点

资本多数决是公司运作的重要原则，但多数股东行使表决权时，不得违反禁止权利滥用和诚实信用原则，形成侵害小股东利益的决议。滥用资本多数决原则作出的决议无效。本案中，原章程规定盛某公司安排董事及副总经理各一人。通过这种方式，盛某公司可以对湖南胜某公司的经营状况进行了解并参与公司经营管理，行使股东权利。虽然湖南胜某公司曾经减少注册资本，盛某公司的出资比例由9%减至1.84%，但持股比例的下降并不能导致提名权产生变化。湖南胜某公司的两名大股东通过公司决议的方式随意剥夺盛某公司提名董事及副总经理各一人的权利，是一种滥用股东权利损害其他股东利益的行为，因此涉案股东会决议无效。

实务经验总结

前事不忘，后事之师。为避免未来发生类似败诉，提出如下建议：

第一，公司小股东可以借鉴本案中盛某公司的做法，在章程中"提前抢占"公司某些重要职位的名额。公司设立时，大股东和小股东往往哥俩好，小股东的相关权利能够得到保障。但公司经营中，局势难免会发生变化，为了避免大股东日益骄纵、为所欲为，小股东应提前在制度层面保障好自己的权利，掌控一些公司的重要职位。

第二，一旦公司章程中制定了相关条款，大股东就不可以肆意妄为，否则相关公司决议会被撤销。即使如本案中持股98%的大股东都要修改章程，但只要持股2%的小股东不同意，这个条款就改不掉。特别需要注意的是，公司的决议内容侵犯小股东的提名权，不仅仅违反了公司章程，更因在实质上侵犯了小股东的经营管理权而违反了《公司法》的规定，因此股东会决议是无效而不是可撤销。决议撤销与决议无效在诉讼程序上最大的区别在于：决议撤销必须在决议作出之日起60日内提起，否则撤销权消灭。而提起决议无效之诉不受时间限制，小股东随时都可以要求确认公司决议无效。

第三，本书作者在写作本文时也为大股东感到委屈，明明小股东的持股比例从9%减至不到2%，但大股东还是不能按照自己的意愿调整事先在公司章程里面设定好的人事任免权。从大股东的立场来看，这似乎有些不公平。为了避免这种情况发生，本书作者建议在公司章程加入相关的调整机制，如规定：如某股东出资比例维持在5%以上时，该股东可推举一名董事。

第四，如各方股东希望保证在董事会席位分配问题上最大程度上的公正（即董事会的席位按照股东的持股比例分配），本书作者建议在公司章程规定采用累积投票制选举董事。鉴于《公司法》未强制要求董事会选举适用累积投票制（只有上市公司有此强制要求），因此应将累积投票制写在章程中，具体条款为，"股东会选举董事时，每一股份拥有与应选董事或者监事人数相同的表决权，股东拥有的表决权可以集中使用"。

相关法律规定

《中华人民共和国公司法》（2018年修正，已被修订）

第二十条 公司股东应当遵守法律、行政法规和公司章程，依法行使股东权利，不得滥用股东权利损害公司或者其他股东的利益；不得滥用公司法人独立地位和股东有限责任损害公司债权人的利益。

公司股东滥用股东权利给公司或者其他股东造成损失的，应当依法承担赔偿责任。

公司股东滥用公司法人独立地位和股东有限责任，逃避债务，严重损害公司债权人利益的，应当对公司债务承担连带责任。

第二十二条 公司股东会或者股东大会、董事会的决议内容违反法律、行政法规的无效。

股东会或者股东大会、董事会的会议召集程序、表决方式违反法律、行政法规或者公司章程，或者决议内容违反公司章程的，股东可以自决议作出之日起六十日内，请求人民法院撤销。

股东依照前款规定提起诉讼的，人民法院可以应公司的请求，要求股东提供相应担保。

公司根据股东会或者股东大会、董事会决议已办理变更登记的，人民法院宣告该决议无效或者撤销该决议后，公司应当向公司登记机关申请撤销变更登记。

第一百零五条 股东大会选举董事、监事，可以依照公司章程的规定或者股东大会的决议，实行累积投票制。

本法所称累积投票制，是指股东大会选举董事或者监事时，每一股份拥有与应选董事或者监事人数相同的表决权，股东拥有的表决权可以集中使用。

《中华人民共和国公司法》（2023年修订）

第二十一条 公司股东应当遵守法律、行政法规和公司章程，依法行使股东权利，不得滥用股东权利损害公司或者其他股东的利益。

公司股东滥用股东权利给公司或者其他股东造成损失的，应当承担赔偿责任。

第二十五条 公司股东会、董事会的决议内容违反法律、行政法规的无效。

第一百一十七条 股东会选举董事、监事，可以按照公司章程的规定或者股东会的决议，实行累积投票制。

本法所称累积投票制，是指股东会选举董事或者监事时，每一股份拥有与应选董事或者监事人数相同的表决权，股东拥有的表决权可以集中使用。

本案链接

以下为该案在法院审理阶段，判决书中"本院认为"就该问题的论述：

上诉人主张原审判决否认了"资本多数决"原则，涉案决议合法有效。资本多数决是公司运作的重要原则，但多数股东行使表决权时，不得违反禁止权利滥用和诚实信用原则，形成侵害小股东利益的决议。滥用资本多数决原则作出的决议无效。《中华人民共和国公司法》第二十二条第一款规定，公司股东会或者股东大会、董事会的决议内容违反法律、行政法规的无效。本案中，上诉人湖南胜某公司修改公司章程的决议，经出席会议的股东所持表决权的三分之二以上通过，程序上符合法律规定。但公司决议是否有效，不仅要求程序合法，还要求内容合法。本案中，对于被上诉人而言，其通过安排的副总经理和董事各一人，对公司的经营状况进行了解并参加公司经营管理，行使股东权利。上诉人的两名大股东通过公司决议的方式随意剥夺被上诉人提名副总经理和董事各一人的权利，是一种滥用股东权利损害其他股东利益的行为。涉案公司决议系滥用资本多数决作出，因此，该决议内容因违反法律、行政法规无效。原审法院并没有否认资本多数决原则，原审判决涉案公司决议无效正确。

上诉人还主张被上诉人持股比例下降导致其提名权基础发生变化。从三名股东的持股比例上看，被上诉人出资比例从9%减至1.94%，属于少数股东。另外两名股东山东胜某公司出资比例从51%增至54.96%，湘潭钢某集团出资比例从40%增至43.1%，属于多数股东。由于被上诉人无论出资比例是9%还是1.94%均属于少数股东。被上诉人持股比例下降并不能导致提名权产生变化。因此，上诉人的该上诉理由不成立，本院不予支持。

综上，原审判决认定事实清楚，适用法律正确，审判程序合法。依据《中华人民共和国民事诉讼法》第一百七十条第一款（一）项之规定，判决如下：驳回上诉，维持原判。

延伸阅读

我们写作过程中检索到相关小股东起诉公司大股东滥用股东权利给其造成损失、要求确认股东会决议无效的两个案例，其中一个判决认定股东会决议无效、一个未判决认定股东会决议无效。

一、大股东形成的股东会决议为小股东增设义务或限制权利，股东会决议被判无效

案例1：山东省高级人民法院，周某某与裕某投资控股集团有限公司、吕某某等公司决议效力确认纠纷一审民事判决书［（2014）鲁商初字第23号］认为：公司大股东如果为了追求自己的利益，形成的股东会决议影响小股东的个人利益，为小股东增设义务或限制权利，应得到小股东的同意……被告吕某某及裕某公司其他被告股东在本案六次股东会议分别召开时明知周某某未参加会议，不可能在股东会决议上签字，仍表决通过了相关股东会决议，应视为被告吕某某及裕某公司其他被告股东构成恶意串通的行为。根据《中华人民共和国公司法》第二十二条第一款之规定，"公司股东会或者股东大会、董事会的决议内容违反法律、行政法规的无效"，因本案六次股东会决议违反了法律强制性规定，故应认定为无效。

二、即使大股东滥用股东权利给小股东造成损失，也只能提起损害赔偿之诉，不能诉请确认股东会决议内容无效

案例2：重庆市第一中级人民法院，深圳市国某投资咨询有限公司与西某航空有限责任公司决议效力确认纠纷二审民事判决书［（2015）渝一中法民终字第00865号］认为：国某公司认为股东会决议存在大股东滥用股东权利，损害小股东利益的行为，对此，本院认为，首先，即使国某公司能够证明公司股东滥用股东权利给其造成损失，根据《中华人民共和国公司法》第二十条第二款的规定："公司股东滥用股东权利给公司或者其他股东造成损失的，应当依法承担赔偿责任"，国某公司也只能提起损害赔偿之诉，而不能依据该条规定确认股东会决议内容无效；其次，股东会决议施行多数决机制，即少数服从多数，此种机制是保证公司治理正常进行和保证公司利益最大化的前提，投反对票的少数股东必然认为决议不符合其利益需求，如果人民法院都将此种情形判定决议无效，一是将导致公司无法正常经营，二是与公司多数决的治理机制不符，三是存在司法干预公司自主经营权的问题，因此，不能以损害小股东利益为理由确认股东会决议无效；第三，股东会决议是否无效只涉及决议内容是否违法的问题，不涉及商业判断，人民法院应尊重股东作出的选择。因此，国某公司的该项上诉理由不成立。

045 股东会和董事会的职权是固定不变，还是可以自由切换

裁判要旨

董事会、股东会均有法定职权和章程规定职权两类，但无论是法定职权还是章程规定职权，强调的都是权利，在没有法律明确禁止的情况下，股东可以通过公司章程调节股东会和董事会的权利边界。虽然新修订《公司法》强化了董事会的职权，但是，修改公司章程、增加或者减少注册资本的决议，以及公司合并、分立、解散的决议有且只有公司股东会才有决定权，这是股东会的法定权利，公司章程将股东会的法定权利规定由董事会行使，违反了《公司法》强制性规定，该类条款无效。

案情简介①

一、2009年10月19日，报某公司与徐某某共同设立报某宾馆公司（以下简称"宾馆"、"公司"），注册资本为250万元，报某公司占51%（127.5万元），徐某某占49%（122.5万元）。

二、公司章程第七条规定：宾馆设董事会，行使下列权利：（一）决定宾馆的经营方针和投资计划；（二）决定总经理、副总经理的报酬事项；（三）选择和更换由股东派出的监事；（四）审议批准宾馆总经理的报告；（五）审议批准宾馆监事会的报告；（六）审议批准宾馆的年度财务预算方案、决算方案；（七）审议批准宾馆的利润分配方案和弥补亏损方案；（八）对宾馆增加或者减少注册资本作出决议；（九）对股东向股东以外的人转让出资作出决议；（十）对宾馆合并、分立、变更、解散和清算等事项作出决议；（十一）修改宾馆章程；（十二）制定宾馆的基本管理制度。

三、公司章程第三十二条规定：宾馆有下列情况之一，可以解散：（一）宾馆章程规定的营业期限届满；（二）董事会决议解散；（三）宾馆合并或者分立需要解散；（四）宾馆违反法律、行政法规被依法责令关闭；（五）因不可抗力事件致使宾馆无法继续经营；（六）宣告破产。

---

① 案件来源：贵州省高级人民法院，徐某某与安顺绿某报某宾馆有限公司、第三人贵州黔某报某发展有限公司决议效力确认纠纷上诉案民事判决书[（2015）黔高民商终字第61号]。

四、此后，徐某某认为上述公司章程第七条及第三十二条将应由股东行使的权利赋予了董事会，违反公司法强制性规定，侵犯了股东合法权益，理应无效，诉至法院。

五、本案经安顺市中级人民法院一审，贵州高院二审，最终判定：公司章程第七条第（八）、（十）、（十一）项、第三十二条第（二）项无效，其他有效。

核心要点

股东会和董事会均包括法定职权和章定职权。无论是法定职权还是章程规定职权，强调的都是权利，在没有法律明确禁止的情况下，权利可以行使、可以放弃，也可以委托他人行使。其实这也就意味着公司章程可以将股东会与董事会的部分职权进行调整。

但是，《公司法》第四十三条规定"股东会会议作出修改公司章程、增加或者减少注册资本的决议，以及公司合并、分立、解散或者变更公司形式的决议，必须经代表三分之二以上表决权的股东通过"。从此条规定中的法律表述用语"必须"可以看出，修改公司章程、增加或者减少注册资本的决议，以及公司合并、分立、解散的决议有且只有公司股东会才有决定权，这是股东会的法定权利。报某宾馆章程第七条第（八）、（十）、（十一）项，第三十二条第（二）项将股东会的法定权利规定由董事会行使，违反了上述强制性法律规定，应属无效。

实务经验总结

前事不忘，后事之师。为避免未来发生类似败诉，提出如下建议：

一、除《公司法》第四十三条第二款规定的情形外，股东可以制定符合自己意志的公司章程，利用公司章程将某些事项的决策权上调至股东会或下调至董事会。进行职权调整的过程中，需要结合公司法的强制性规定和决策事项的具体情况，对各类事项的决策权作出合理的分配。

二、切忌股东会与董事会权限边界模糊。股东应该充分利用关于股东会或董事会职权分配的兜底条款，将一些重大事项的决策写入公司章程。例如公司对外投资、担保、转让受让重大资产等事项的决策权，到底是由股东会还是董事会行使，一定要在公司章程中作出明确规定，以免发生股东会与董事会权限边界模糊的情况。

相关法律规定

《中华人民共和国公司法》（2018年修正，已被修订）

第十六条 公司向其他企业投资或者为他人提供担保，依照公司章程的规定，由董事会或者股东会、股东大会决议；公司章程对投资或者担保的总额及单项投资或者担保的数额有限额规定的，不得超过规定的限额。

公司为公司股东或者实际控制人提供担保的，必须经股东会或者股东大会决议。

前款规定的股东或者受前款规定的实际控制人支配的股东，不得参加前款规定事项的表决。该项表决由出席会议的其他股东所持表决权的过半数通过。

第三十七条第一款 股东会行使下列职权：

（一）决定公司的经营方针和投资计划；

（二）选举和更换非由职工代表担任的董事、监事，决定有关董事、监事的报酬事项；

（三）审议批准董事会的报告；

（四）审议批准监事会或者监事的报告；

（五）审议批准公司的年度财务预算方案、决算方案；

（六）审议批准公司的利润分配方案和弥补亏损方案；

（七）对公司增加或者减少注册资本作出决议；

（八）对发行公司债券作出决议；

（九）对公司合并、分立、解散、清算或者变更公司形式作出决议；

（十）修改公司章程；

（十一）公司章程规定的其他职权。

第四十三条 股东会的议事方式和表决程序，除本法有规定的外，由公司章程规定。

股东会会议作出修改公司章程、增加或者减少注册资本的决议，以及公司合并、分立、解散或者变更公司形式的决议，必须经代表三分之二以上表决权的股东通过。

第四十六条 董事会对股东会负责，行使下列职权：

（一）召集股东会会议，并向股东会报告工作；

（二）执行股东会的决议；

（三）决定公司的经营计划和投资方案；

（四）制订公司的年度财务预算方案、决算方案；

（五）制订公司的利润分配方案和弥补亏损方案；

（六）制订公司增加或者减少注册资本以及发行公司债券的方案；

（七）制订公司合并、分立、解散或者变更公司形式的方案；

（八）决定公司内部管理机构的设置；

（九）决定聘任或者解聘公司经理及其报酬事项，并根据经理的提名决定聘任或者解聘公司副经理、财务负责人及其报酬事项；

（十）制定公司的基本管理制度；

（十一）公司章程规定的其他职权。

第一百零四条 本法和公司章程规定公司转让、受让重大资产或者对外提供担保等事项必须经股东大会作出决议的，董事会应当及时召集股东大会会议，由股东大会就上述事项进行表决。

第一百四十八条 董事、高级管理人员不得有下列行为：

……

（三）违反公司章程的规定，未经股东会、股东大会或者董事会同意，将公司资金借贷给他人或者以公司财产为他人提供担保；

（四）违反公司章程的规定或者未经股东会、股东大会同意，与本公司订立合同或者进行交易；

（五）未经股东会或者股东大会同意，利用职务便利为自己或者他人谋取属于公司的商业机会，自营或者为他人经营与所任职公司同类的业务；

……

第一百六十九条 公司聘用、解聘承办公司审计业务的会计师事务所，依照公司章程的规定，由股东会、股东大会或者董事会决定。

公司股东会、股东大会或者董事会就解聘会计师事务所进行表决时，应当允许会计师事务所陈述意见。

《中华人民共和国公司法》（2023年修订）

第十五条 公司向其他企业投资或者为他人提供担保，按照公司章程的规定，由董事会或者股东会决议；公司章程对投资或者担保的总额及单项投资或者担保的数额有限额规定的，不得超过规定的限额。

公司为公司股东或者实际控制人提供担保的，应当经股东会决议。

前款规定的股东或者受前款规定的实际控制人支配的股东，不得参加前款规定事项的表决。该项表决由出席会议的其他股东所持表决权的过半数通过。

第五十九条第一款　股东会行使下列职权：

（一）选举和更换董事、监事，决定有关董事、监事的报酬事项；

（二）审议批准董事会的报告；

（三）审议批准监事会的报告；

（四）审议批准公司的利润分配方案和弥补亏损方案；

（五）对公司增加或者减少注册资本作出决议；

（六）对发行公司债券作出决议；

（七）对公司合并、分立、解散、清算或者变更公司形式作出决议；

（八）修改公司章程；

（九）公司章程规定的其他职权。

第六十六条　股东会的议事方式和表决程序，除本法有规定的外，由公司章程规定。

股东会作出决议，应当经代表过半数表决权的股东通过。

股东会作出修改公司章程、增加或者减少注册资本的决议，以及公司合并、分立、解散或者变更公司形式的决议，应当经代表三分之二以上表决权的股东通过。

第六十七条　有限责任公司设董事会，本法第七十五条另有规定的除外。

董事会行使下列职权：

（一）召集股东会会议，并向股东会报告工作；

（二）执行股东会的决议；

（三）决定公司的经营计划和投资方案；

（四）制订公司的利润分配方案和弥补亏损方案；

（五）制订公司增加或者减少注册资本以及发行公司债券的方案；

（六）制订公司合并、分立、解散或者变更公司形式的方案；

（七）决定公司内部管理机构的设置；

（八）决定聘任或者解聘公司经理及其报酬事项，并根据经理的提名决定聘任或者解聘公司副经理、财务负责人及其报酬事项；

（九）制定公司的基本管理制度；

（十）公司章程规定或者股东会授予的其他职权。

公司章程对董事会职权的限制不得对抗善意相对人。

第二百一十五条 公司聘用、解聘承办公司审计业务的会计师事务所，按照公司章程的规定，由股东会、董事会或者监事会决定。

公司股东会、董事会或者监事会就解聘会计师事务所进行表决时，应当允许会计师事务所陈述意见。

本案链接

以下为该案在法院审理阶段，判决书中"本院认为"就该问题的论述：

公司章程是由公司发起人或全体股东共同制定的公司基本文件，也是公司成立的必备性法律文件，主要体现股东意志。《中华人民共和国公司法》第十一条规定："设立公司必须依法制定公司章程"，表明公司章程具有法定性，即它不仅是体现股东的自由意志，也必须遵守国家的法律规定。只要公司章程不违反国家强制性的、禁止性的法律规定，司法一般不应介入公司章程这种公司内部事务，即使司法要介入，也应保持适当的限度，即适度干预。

本案所涉公司章程规定了包括股东在内相应人员的权利和义务，对相应人员具有约束力，从有权利即有救济的角度看，如果股东认为公司章程的内容有违法或侵犯股东权利的情形，股东应有权通过诉讼维护自己的合法权利。因此，上诉人请求确认公司章程部分内容无效的权利是存在的，被上诉人报某宾馆和第三人报某公司认为"上诉人诉请确认公司章程部分无效没有法律依据"的理由不成立。在确认上诉人徐某某享有相关的诉权后，本案的争议焦点在于报某宾馆章程内容是否部分无效。《中华人民共和国公司法》第三十八条、第四十七条分别以列举的形式规定了股东会和董事会的职权，从两条法律规定来看，董事会、股东会均有法定职权和章程规定职权两类。无论是法定职权还是章程规定职权，强调的都是权利，在没有法律明确禁止的情况下，权利可以行使、可以放弃，也可以委托他人行使。

但《中华人民共和国公司法》第四十四条第二款规定"股东会会议作出修改公司章程、增加或者减少注册资本的决议，以及公司合并、分立、解散或者变更公司形式的决议，必须经代表三分之二以上表决权的股东通过。"从此条规定中的法律表述用语"必须"可以看出，修改公司章程、增加或者减少注册资本的决议，以及公司合并、分立、解散的决议有且只有公司股东会才有决定权，这是股东会的法定权利。报某宾馆章程第七条第（八）、（十）、（十一）项，第三十二条第（二）项将股东会的法定权利规定由董事会行使，违反了上述强制性法律规定，应属无效。因此，被上诉人报某宾馆和第三人报某公司关于"该授权不违反《公司法》的强制性规范"的辩解理由不成立，上诉人的上诉请求部分应予支持。

046 公司章程可规定股东会有权对股东罚款，但应明确罚款的标准、幅度

裁判要旨

公司章程关于股东会对股东处以罚款的规定，系公司全体股东所预设的对违反公司章程股东的一种制裁措施，符合公司的整体利益，不违反《公司法》的禁止性规定，应合法有效。但公司章程在赋予股东会对股东处以罚款的职权时，应明确规定罚款的标准、幅度，股东会在没有明确标准、幅度的情况下处罚股东，属法定依据不足，相应决议无效。

案情简介[①]

一、安某公司为一家财务会计公司，祝某为安某公司员工，从事审核会计工作；同时，祝某为安某公司的股东，出资2万元，持股1.11%。

二、安某公司《公司章程》载明：股东身份必须首先是员工身份，新加入的股东若三年内离开公司，其股份由公司强行回购。股东若利用在公司的地位和职权为自己谋私利的，必须全部转让其股份，由股东会强制取消其股东身份，股东会有权决议对其罚款。祝某在公司章程上进行了签名，但该章程中未明确记载罚款的标准及幅度。

三、2008年7月23日，祝某向安某公司提交书面辞职报告，双方的劳动关系解除。

四、2009年1月5日，安某公司召开股东会，决议：因祝某在公司不满三年即离职，在职期间以个人名义为与公司存有业务关系的公司提供私下服务，利用

[①] 案件来源：南京市鼓楼区人民法院，南京安某财务顾问有限公司诉祝某股东会决议罚款纠纷一审案，《最高人民法院公报》2012年第10期。

职务之便为与公司没有任何服务协议的企业提供过相同类型的服务业务，决定如下：由公司强行回购祝某在公司的全部股权，且处以人民币5万元的罚款。经法院审查，祝某存在上述违反公司章程的行为。

五、安某公司因与祝某就罚款事宜发生纠纷，向南京市鼓楼区人民法院提起诉讼。

六、鼓楼区法院认定股东会决议无效。此后，该案被选入《最高人民法院公报》案例（2012年第10期）。

核心要点

公司章程是公司自治的载体，既赋予股东权利，亦使股东承担义务，是股东在公司的行为准则，股东必须遵守公司章程的规定。本案中，安某公司章程明确记载有"股东会决议罚款"，根据章程本身所使用的文义进行解释，能够得出在出现以权谋私的情形下，股东会可以对当事股东进行罚款。鉴于上述约定是安某公司的全体股东所预设的对违反公司章程股东的一种制裁措施，符合公司的整体利益，体现了有限公司的人合性特征，不违反《公司法》的禁止性规定，被告祝某亦在章程上签字予以认可，故包括祝某在内的所有股东都应当遵守。据此，股东会享有对违反公司章程的股东处以罚款的职权。

但是，公司章程在赋予股东会对股东处以罚款职权的同时，应明确规定罚款的标准和幅度，股东会在没有明确标准和幅度的情况下处罚股东，属法定依据不足，相应决议无效。安某公司章程规定的"罚款"是一种纯惩罚性的制裁措施，虽与行政法等公法意义上的罚款不能完全等同，但在罚款的预见性及防止权力滥用上具有可比性。而根据我国《行政处罚法》的规定，对违法行为给予行政处罚的规定必须公布；未经公布的，不得作为行政处罚的依据，否则该行政处罚无效。本案中，安某公司在修订公司章程时，虽规定了股东会有权对股东处以罚款，但却未在公司章程中明确记载罚款的标准及幅度，使得祝某对违反公司章程行为的后果无法作出事先预料，安某公司股东会对祝某处以5万元的罚款已明显超出了祝某的可预见范围。故安某公司临时股东会所作出对祝某罚款的决议明显属法定依据不足，应认定为无效。

实务经验总结

前事不忘，后事之师。为避免未来发生类似败诉，提出如下建议：

第一，公司章程可以约定股东会有权决议对违反公司章程约定的股东进行罚款。公司章程不但是股东之间的一种协议，也是公司治理的一种规则，其中预设的罚款措施，应视为对违反公司章程股东的一种制裁措施，符合公司的整体利益，体现了有限公司的人合性特征，不违反《公司法》的禁止性规定，合法有效。

第二，公司章程规定对股东进行罚款应遵循比例原则。在公司章程中明确规定罚款的标准和幅度，不仅需要对股东进行罚款的各种情形进行明确列举，而且需要根据股东的违约情形的轻重程度，对应不同类型的处罚标准，不可杀鸡用牛刀，明显地处罚过重；另外，罚款的标准和幅度需要明确透明，并且要告知到股东，使罚款相关事项具有可预测性。

相关法律规定

《中华人民共和国公司法》（2018年修正，已被修订）

第十一条 设立公司必须依法制定公司章程。公司章程对公司、股东、董事、监事、高级管理人员具有约束力。

第二十条第一款 公司股东应当遵守法律、行政法规和公司章程，依法行使股东权利，不得滥用股东权利损害公司或者其他股东的利益；不得滥用公司法人独立地位和股东有限责任损害公司债权人的利益。

第三十七条 股东会行使下列职权：
（一）决定公司的经营方针和投资计划；
（二）选举和更换非由职工代表担任的董事、监事，决定有关董事、监事的报酬事项；
（三）审议批准董事会的报告；
（四）审议批准监事会或者监事的报告；
（五）审议批准公司的年度财务预算方案、决算方案；
（六）审议批准公司的利润分配方案和弥补亏损方案；
（七）对公司增加或者减少注册资本作出决议；
（八）对发行公司债券作出决议；
（九）对公司合并、分立、解散、清算或者变更公司形式作出决议；
（十）修改公司章程；
（十一）公司章程规定的其他职权。

对前款所列事项股东以书面形式一致表示同意的，可以不召开股东会会议，直接作出决定，并由全体股东在决定文件上签名、盖章。

《中华人民共和国公司法》（2023年修订）

第五条 设立公司应当依法制定公司章程。公司章程对公司、股东、董事、监事、高级管理人员具有约束力。

第二十一条第一款 公司股东应当遵守法律、行政法规和公司章程，依法行使股东权利，不得滥用股东权利损害公司或者其他股东的利益。

第五十九条 股东会行使下列职权：

（一）选举和更换董事、监事，决定有关董事、监事的报酬事项；

（二）审议批准董事会的报告；

（三）审议批准监事会的报告；

（四）审议批准公司的利润分配方案和弥补亏损方案；

（五）对公司增加或者减少注册资本作出决议；

（六）对发行公司债券作出决议；

（七）对公司合并、分立、解散、清算或者变更公司形式作出决议；

（八）修改公司章程；

（九）公司章程规定的其他职权。

股东会可以授权董事会对发行公司债券作出决议。

对本条第一款所列事项股东以书面形式一致表示同意的，可以不召开股东会会议，直接作出决定，并由全体股东在决定文件上签名或者盖章。

本案链接

以下为该案在法院审理阶段，判决书中"本院认为"就该问题的论述：

一、有限公司的股东会无权对股东处以罚款，除非公司章程另有约定。

《中华人民共和国公司法》（以下简称《公司法》）第三十七条规定，有限责任公司股东会由全体股东组成，股东会是公司的权力机构，依照本法行使职权。第三十八条规定，股东会行使下列职权：（一）决定公司的经营方针和投资计划；（二）选举和更换非由职工代表担任的董事、监事，决定有关董事、监事的报酬事项；……（十）修改公司章程；（十一）公司章程规定的其他职权。由上可见，有限公司的股东会作为权力机构，其依法对公司事项所作出决议或决定是代表公司的行为，对公司具有法律约束力。股东履行出资义务后，其与公司之间是平等的民事主体,相互之间具有独立的人格,不存在管理与被管理的关系,公司的股东会原则上无权对股东施以任何处罚。这从《公司法》第三十八条第（一）至第（十）项所规定的股东会职权中并不包含对股东处以罚款的内容中亦能得到体现。因此,在公司章程未作另行约定的情况下,有限公司的股东会并无对股东处以罚款的法定职权,如股东会据此对股东作出处以罚款的决议,则属超越法定职权,决议无效。

《公司法》第十一条规定,设立公司必须依法制定公司章程。公司章程对公司、股东、董事、监事、高级管理人员具有约束力。第二十条规定,公司股东应当遵守法律、行政法规和公司章程,依法行使股东权利。由此可见,公司章程是公司自治的载体,既赋予股东权利,亦使股东承担义务,是股东在公司的行为准则,股东必须遵守公司章程的规定。本案中,原告安某公司章程第三十六条虽主要是关于取消股东身份的规定,但该条第二款明确记载有"股东会决议罚款",根据章程本身所使用的文义进行解释,能够得出在出现该条第一款所列八种情形下,安某公司的股东会可以对当事股东进行罚款。鉴于上述约定是安某公司的全体股东所预设的对违反公司章程股东的一种制裁措施,符合公司的整体利益,体现了有限公司的人合性特征,不违反《公司法》的禁止性规定,被告祝某亦在章程上签字予以认可,故包括祝某在内的所有股东都应当遵守。据此,安某公司的股东会依照《公司法》第三十八条第（十一）项之规定,享有对违反公司章程的股东处以罚款的职权。

二、有限公司的公司章程在赋予股东会对股东处以罚款职权的同时,应明确规定罚款的标准和幅度,股东会在没有明确标准和幅度的情况下处罚股东,属法定依据不足,相应决议无效。

被告祝某在原告安某公司和瑞某尔公司委托记账合同关系停止后,仍作为瑞某尔公司的经办人向税务部门申请取消一般纳税人资格业务,该行为属于《安某同业禁止规定》第一条及公司章程第三十六条第一款第（六）项的约定范畴,应认定祝某违反了公司章程,安某公司股东会可以对祝某处以罚款。安某公司章程第三十六条第二款所规定"罚款"是一种纯惩罚性的制裁措施,虽与行政法等公法意义上的罚款不能完全等同,但在罚款的预见性及防止权力滥用上具有可比性。而根据我国《行政处罚法》的规定,对违法行为给予行政处罚的规定必须公布;未经公布的,不得作为行政处罚的依据,否则该行政处罚无效。本案中,安某公司在修订公司章程时,虽规定了股东在出现第三十六条第一款的八种情形时，股东会有权对股东处以罚款，但却未在公司章程中明确记载罚款的标准及幅度，使得祝某对违反公司章程行为的后果无法做出事先预料，况且，安某公司实行"股东身份必须首先是员工身份"的原则，《安某员工手册》的《奖惩条例》第七条所规定的五种处罚种类中，最高的罚款数额仅为2000元，而安某公司股东会对祝某处以5万元的罚款已明显超出了祝某的可预见范围。故安某公司临时股东会所作出对祝某罚款的决议明显属法定依据不足，应认定为无效。

047 股东违反章程将主营业务交其他公司经营，应赔偿公司营业损失

裁判要旨

股东违反股东间约定将公司主营业务交由其他公司经营，致使公司经营基础丧失，有违正常的商业道德和商业伦理，侵害了公司的权利，应当赔偿公司因此遭受的营业损失。

案情简介[①]

一、根据税务总局相关文件，航某信息公司为防伪税控业务的特许方，有权授权其他公司防伪税控业务服务单位资格。

二、2003年，航某信息公司与金某祺公司等共同设立金某公司。经股权转让，航某信息公司、金某祺公司持股比例分别为51%、49%。金某公司的公司章程约定航某信息公司授权金某公司为青岛市防伪税控系统唯一的省级服务单位。

三、2005年11月28日，航某信息公司向金某祺公司提出组建青岛航某信息公司，由航某信息公司、金某祺公司、运某公司、金某公司四方共同出资，持股比例分别为51%、19%、19%和11%。该公司设立后专门从事青岛市范围内防伪税控系统业务，其他方均不再从事相关业务。金某祺公司对该提议予以拒绝。

四、2006年3月，航某信息公司与运某公司、金某公司设立青岛航某信息公司，三方分别持股61%、25%、14%。

[①] 案件来源：最高人民法院，青岛金某祺科技开发有限公司与航某信息股份有限公司、青岛航某信息有限公司与公司有关的纠纷再审民事判决书[（2015）民提字第123号]。

五、2006 年 4 月 3 日，航某信息公司向法院起诉，要求解散青岛金某公司，后被法院驳回。

六、2006 年 4 月 25 日，航某信息公司向金某公司发函，称其存在诸多严重违规行为，决定取缔其省级服务单位资格。当日，航某信息公司向青岛市国税局发函，称取缔金某公司省级服务单位资格，上述职能由青岛航某信息公司承担。后相关业务均由青岛航某信息公司经营，金某公司再没有产生营业收入。

七、后金某祺公司向金某公司董事会和监事发函，提出因航某信息公司将主营业务交给青岛航某信息公司，侵害了金某公司的权益，请求提起诉讼。在董事会和监事拒绝起诉的情况下，金某祺公司向法院起诉，请求判令航某信息公司及青岛航某信息公司赔偿金某公司 1457.92 万元。

八、本案历经北京市一中院一审、北京市高院二审，均判决航某信息公司赔偿金某公司 277.696 万元，金某祺公司向最高人民法院申请再审，最高人民法院判决航某信息公司赔偿金某公司 846.9728 万元。

核心要点

在航某信息公司与金某祺公司等共同设立金某公司且航某信息公司已授权金某公司为青岛市防伪税控系统唯一的省级服务单位的情况下，航某信息公司又径行撇开金某祺公司，直接与运某公司、金某公司合作设立了与金某公司经营相同业务的青岛航某信息公司，并实施了通过司法诉讼意图解散青岛金某公司、取缔青岛金某公司的防伪税控服务单位资格、将青岛金某公司的员工推荐到青岛航某信息公司就业等一系列的行为，使得青岛金某公司的经营基础丧失，其行为有违正常的商业道德和商业伦理，系故意实施侵权行为以侵害他人权利。金某公司因航某信息公司的上述侵权行为遭受了营业损失。

关于航某信息公司对青岛金某公司承担的损失赔偿数额，最高人民法院认为：在青岛航某信息公司成立之前，青岛地区的防伪税控业务是由青岛金某公司、运某公司、金某公司共同经营。考虑到青岛金某公司与航某信息公司所从事的业务均具有特许经营的同质性，可以将航某信息公司在青岛航某信息公司中所占的 61% 的股权比例作为确定青岛金某公司、运某公司和金某公司此前所占市场份额的参考依据，即在青岛航某信息公司所获得的经营利润中，有 61% 的经营利润是原本应该由青岛金某公司获得的。据此，最高人民法院判决航某信息公司赔偿金某公司 846.9728 万元。

实务经验总结

前事不忘，后事之师。为避免未来发生类似败诉，提出如下建议：

第一，商事主体进行商事活动、从事商业行为，应当遵守商业道德和伦理，信守诚实信用的基本原则。与商业合作伙伴发生分歧、争议时，应当通过商业谈判、诉讼仲裁等手段解决，不可实施故意的侵权行为，否则应当承担由此而产生的法律责任。

第二，股东协议、公司章程应对限制或禁止股东经营（包括自营，或者与他人合作、另行设立公司等方式经营）与公司同类的业务作出规定，或明确写明公司是从事相关业务的唯一主体。实践中很常见的现象是，在公司设立时或股权转让时一方股东口头承诺有关业务都放在公司中经营，其他股东信以为真，却没有将该承诺落实到纸面上。当该股东进入公司后，又没有履行承诺，其他股东也无可奈何。《公司法》仅对公司董事、高级管理人员"自营或者为他人经营与所任职公司同类的业务"作出了限制性规定，即必须经过股东会或者股东大会同意，否则所得的收入归公司所有。但《公司法》并未明确限制或禁止股东另行经营与公司同类的业务，因此当事人的约定尤为重要。

相关法律规定

《中华人民共和国公司法》（2018年修正，已被修订）

第一百五十一条 董事、高级管理人员有本法第一百四十九条规定的情形的，有限责任公司的股东、股份有限公司连续一百八十日以上单独或者合计持有公司百分之一以上股份的股东，可以书面请求监事会或者不设监事会的有限责任公司的监事向人民法院提起诉讼；监事有本法第一百四十九条规定的情形的，前述股东可以书面请求董事会或者不设董事会的有限责任公司的执行董事向人民法院提起诉讼。

监事会、不设监事会的有限责任公司的监事，或者董事会、执行董事收到前款规定的股东书面请求后拒绝提起诉讼，或者自收到请求之日起三十日内未提起诉讼，或者情况紧急、不立即提起诉讼将会使公司利益受到难以弥补的损害的，前款规定的股东有权为了公司的利益以自己的名义直接向人民法院提起诉讼。

他人侵犯公司合法权益，给公司造成损失的，本条第一款规定的股东可以依照前两款的规定向人民法院提起诉讼。

《中华人民共和国公司法》（2023 年修订）

第一百八十九条　董事、高级管理人员有前条规定的情形的，有限责任公司的股东、股份有限公司连续一百八十日以上单独或者合计持有公司百分之一以上股份的股东，可以书面请求监事会向人民法院提起诉讼；监事有前条规定的情形的，前述股东可以书面请求董事会向人民法院提起诉讼。

监事会或者董事会收到前款规定的股东书面请求后拒绝提起诉讼，或者自收到请求之日起三十日内未提起诉讼，或者情况紧急、不立即提起诉讼将会使公司利益受到难以弥补的损害的，前款规定的股东有权为公司利益以自己的名义直接向人民法院提起诉讼。

他人侵犯公司合法权益，给公司造成损失的，本条第一款规定的股东可以依照前两款的规定向人民法院提起诉讼。

公司全资子公司的董事、监事、高级管理人员有前条规定情形，或者他人侵犯公司全资子公司合法权益造成损失的，有限责任公司的股东、股份有限公司连续一百八十日以上单独或者合计持有公司百分之一以上股份的股东，可以依照前三款规定书面请求全资子公司的监事会、董事会向人民法院提起诉讼或者以自己的名义直接向人民法院提起诉讼。

《中华人民共和国民法通则》（已失效）

第一百零六条　公民、法人违反合同或者不履行其他义务的，应当承担民事责任。

公民、法人由于过错侵害国家的、集体的财产，侵害他人财产、人身的，应当承担民事责任。

没有过错，但法律规定应当承担民事责任的，应当承担民事责任。

《中华人民共和国民法典》（2021 年 1 月 1 日施行）

第一千一百六十五条第一款　行为人因过错侵害他人民事权益造成损害的，应当承担侵权责任。

本案链接

以下为该案在法院审理阶段，判决书中"本院认为"就该问题的论述：

本案中，航某信息公司为整合青岛市防伪税控服务体系，将青岛金某公司、运某公司、金某公司这三家业已存在的服务单位整合为一个服务平台，拟新设青岛航某信息公司统一运营青岛市的增值税防伪税控服务业务。其在 2005 年 11 月

28日提出的《组建协议》和章程中所提出的方案是航某信息公司、青岛金某祺科技公司、运某公司、金某公司在新设公司中各占股51%、19%、19%和11%。青岛金某祺科技公司认为该方案扩大了航某信息公司的权益，侵害了青岛金某祺科技公司的权益，主张按照之前青岛金某公司和运某公司、金某公司所占的市场份额，运某公司和金某公司在新公司中占比30%，其余70%由航某信息公司和青岛金某祺科技公司按照双方在青岛金某公司中51%和49%的持股比例相应划定。本院认为，根据本案的实际情况，青岛金某祺科技公司的这一利益诉求，有其相应的事实依据和正当理由。但面对这一分歧，航某信息公司没有选择通过商业谈判来加以解决，而是径行撇开青岛金某祺科技公司，直接与运某公司、金某公司合作设立了与青岛金某公司经营相同业务的青岛航某信息公司，并实施了通过司法诉讼意图解散青岛金某公司、取缔青岛金某公司的防伪税控服务单位资格、将青岛金某公司的员工推荐到青岛航某信息公司就业等一系列的行为，使得青岛金某公司的经营基础丧失。《中华人民共和国公司法》规定：有限责任公司合法权益受到他人侵犯，给公司造成损失的，股东在公司、董事会、监事会收到其提交的书面请求后拒绝提起诉讼的，有权为了公司的利益以自己的名义直接向人民法院提起诉讼。本案中，青岛金某祺科技公司于2008年2月14日分别向青岛金某公司董事会和两名监事发出《关于依法维护公司权益的函》，提出因航某信息公司将公司主营业务交其控股公司青岛航某信息公司，致使青岛金某公司无法按照公司章程正常经营，系航某信息公司利用关联公司侵害了青岛金某公司的权益，请求依法提起诉讼。在公司董事会和监事拒绝提起诉讼的情况下，青岛金某祺公司向一审法院提起本案诉讼，符合法律规定。原审判决将本案案由认定为股东代表诉讼纠纷正确，本院予以确认。《中华人民共和国合同法》第一百二十二条规定："因当事人一方的违约行为，侵害对方人身、财产权益的，受损害方有权选择依照本法要求其承担违约责任或者依照其他法律要求其承担侵权责任"。虽然航某信息公司与青岛金某公司之间存在着合同关系，但从青岛金某祺科技公司的一审诉讼请求及其理由来看，其核心诉求是主张航某信息公司实施的设立青岛航某信息公司经营同类业务、取缔青岛金某公司的防伪税控服务单位资格系侵权行为并应承担相应的赔偿责任，故原审判决以当事人之间的合同关系为依据对本案进行审理，偏离了当事人的诉讼请求，本院予以纠正。

关于航某信息公司取缔青岛金某公司的防伪税控服务单位资格是否构成侵权行为并应承担相应的赔偿责任的问题。航某信息公司与青岛金某公司于2005年

12月27日签订的《开票金税卡加密加载软件及设备安全保管与使用协议》约定：青岛金某公司必须在加载工作完成后的10个工作日内将加密加载设备如数返还航某信息公司，自该协议签订之日起，青岛金某公司负责区域内发生任何违反该协议规定的行为时，航某信息公司有权对青岛金某公司采取相应的惩罚措施，包括取消服务单位资格等。在本案诉讼过程中，航某信息公司主张其系因青岛金某公司没有返还加密加载设备这一违约行为而取消其服务资格。对此，本院认为，首先，根据相关规章的要求，撤销青岛金某公司防伪税控服务单位资格必须符合一定的条件。《增值税防伪税控系统服务监督管理办法》第十六条规定了取消服务单位资格的条件，明确该资格的取消必须符合两个条件：在实体方面，必须有违反该办法规定的行为；在程序方面，必须由当地税务机关向上一级税务机关报告，由上一级税务机关会同授权单位进行联合调查，经调查属实的，才能由授权单位进行严肃处理，直至终止其服务资格。由此可见，航某信息公司并没有随意解除青岛金某公司授权单位服务资格的权力。故原审判决关于国家税务总局赋予航某信息公司对防伪税控系统省级服务单位和省内服务网络负责建立和管理的权力后，没有对航某信息公司授权及取消服务单位资格的方式予以限制的认定不当，本院予以纠正。其次，航某信息公司于2006年4月25日作出的关于取缔青岛金某公司的省级服务单位资格的通知中，只是笼统地指称青岛金某公司存在"诸多严重违规行为"，并未具体指明青岛金某公司系因没有依约返还加密加载设备而被取消服务单位资格，且本案中并无证据表明青岛金某公司股东之间的内部分歧已直接影响到该公司对外业务的开展及服务的提供。本院注意到，自2005年8月8日开始，青岛金某公司的董事长和总经理分别由航某信息公司委派的龚某某和王某某出任，在这种管理和控制格局下，即便发生未按时返还加密设备的问题，正常情况下控股股东不会对子公司采用取消服务单位资格这种使其无法正常经营和存续的极端措施。故航某信息公司在诉讼中提出的青岛金某公司系因未依约返还加密加载设备而被取消服务资格的抗辩理由，难以令人信服，本院不予采信。第三，从航某信息公司实施系列行为的时间顺序来看，取缔青岛金某公司的服务资格是其故意实施的侵权行为。本案中，航某信息公司在其2005年11月28日提出的《组建协议》和章程被青岛金某祺科技公司拒绝后，因2006年2、3月份双方因为总经理王某某的任职等事宜发生分歧及青岛金某祺科技公司不同意其关于设立新公司统一开展青岛地区的防伪税控业务的方案内容，航某信息公司于2006年3月22日与运某公司、金某公司共同设立青岛航某信息公司，于同年 4 月 3 日即向法院提起诉讼要求解散青岛金某公司，继而于 4 月 25 日发文取缔青岛金某公司的服务资格，将其所有业务交由青岛航某信息公司承担。从航某信息公司实施的一系列行为来看，其之所以终止青岛金某公司的服务单位资格，是在与青岛金某祺科技公司就新设公司中的股权比例划分不能达成一致意见的情况下，利用其垄断经营防伪税控系统企业专用设备的发售管理，负责管理和建立省级服务单位和相应服务网络的优势地位，单方、恣意配置其所掌控的垄断资源，无视青岛金某公司及其另一股东青岛金某祺科技公司的正当利益诉求，另行设立青岛航某信息公司经营同类业务，并对青岛金某公司的经营业务资格予以剥夺，其行为有违正常的商业道德和商业伦理，系故意实施侵权行为以侵害他人权利。《中华人民共和国民法通则》第一百零六条第二款规定："公民、法人由于过错侵害国家的、集体的财产，侵害他人财产、人身的，应当承担民事责任"。根据青岛金某公司章程的规定，该公司的唯一经营范围是防伪税控业务，且该业务具有专营的特殊性，在服务资格被终止后，青岛金某公司的业务无法开展，公司继续存续难以为继，故应当认定航某信息公司的侵权行为给青岛金某公司所造成的损失即为该公司因此所受的营业损失。

关于航某信息公司对青岛金某公司承担的损失赔偿数额问题。本案的实际情况表明，在青岛航某信息公司成立之前，青岛地区的防伪税控业务是由青岛金某公司、运某公司、金某公司共同经营。对三方各自占有的市场份额，青岛金某祺科技公司虽然主张青岛金某公司占有 70% 的市场份额，但未能提供相应的证据加以证明。考虑到青岛金某公司与航某信息公司所从事的业务均具有特许经营的同质性，本院认为，可以将航某信息公司在青岛航某信息公司中所占的 61% 的股权比例作为确定青岛金某公司、运某公司和金某公司此前所占市场份额的参考依据。由此，本院认定，在青岛航某信息公司所获得的经营利润中，有 61% 的经营利润是原本应该由青岛金某公司获得的。故对青岛金某祺科技公司所主张的青岛航某信息公司所取得的全部利润即为青岛金某公司的损失这一诉讼理由，本院部分予以支持。根据本案查明的事实，青岛航某信息公司 2006 年度的经营利润为 500.79 万元，2007 年度的经营利润为 887.69 万元，合计为 1388.48 万元，扣除运某公司和金某公司按股权比例应得的 39% 的份额之后，航某信息公司的应得利润为 846.9728 万元，因本案纠纷系航某信息公司故意实施侵权行为所致，故本院认定该 846.9728 万元利润即为青岛金某公司 2006 和 2007 年度的经营利润损失，不再考虑是否实际参与经营管理等其他因素加以酌减。

048 公司章程规定退休或离职即退股的条款有效吗

裁判要旨

"股东离职即退股"的回购条款，若不违反公司资本维持的原则，不损害第三人的合法权益，经全体股东决议通过，则合法有效，但公司需按照合理价格向被回购股东支付转让款。

案情简介[①]

一、2004年建筑设计院改制成立有限责任公司，谢某原系设计室主任，持9万股，占比3%；邓某某为普通员工，原持6000股，占比0.2%。

二、建筑设计院全体股东签名通过的《公司章程》及《股权管理办法》规定：持股人辞职或辞退的必须自事由发生之日起30日内转让其全部股权，未在30天内转让股权，停止分红；如30天内无受让人，由董事会按公司上一年度末账面净资产结合股权比例确定股本受让价格接受股权，但不高于股本原始价格（一元一股）。董事会受让股权后，可由董事会成员分摊或转为技术股。技术股由工会持有，用以派送给一级注册人员及有重大贡献的技术骨干以分红权。被派送者在岗享受分红权，离岗则取消。股份转让在未确定受让人前，先由公司垫付转让金。

三、谢某2008年辞职，建筑设计院通知其向公司转让股权遭拒。此后，谢某与邓某某签订了《股权转让协议》，以每股6元的价格转让9万股股份，邓某某支付了全部价款54万元。邓某某受让谢某股权时，尚在劳动合同期内。

四、建筑设计院在得知后向株洲中院起诉，要求谢某将9万股股权按原始价格9万元转让给建筑设计院，邓某某以第三人的身份参加了庭审。株洲中院支持了建筑设计院的请求，判决生效后建筑设计院又溢价将该股权转让给其他股东。

五、邓某某不服，经再审及抗诉程序，湖南省高院经审理判定：谢某以每股6元向建筑设计院转让其该公司股份9万股；建筑设计院将该项转让款54万元直接支付给邓某某。

[①] 案件来源：湖南省高级人民法院，邓某某与某市建筑设计院有限公司、谢某股权转让纠纷再审民事判决书 [（2016）湘民再字第1号]。

核心要点

2004年10月24日,建筑设计院全体股东签名通过了《公司章程》,第二十条规定:"当发生下列事由时,持股人必须自事由发生之日起30日内转让其全部股权:……(3)辞职或辞退的;……上述事由发生后持股人未在30天内转让股权,30天期限届满停止分红;如30天内无受让人,由董事会按下列规定接受股权:……(2)辞职、辞退或其他事项离开本公司的,按公司上一年度末账面净资产结合股权比例确定股本受让价格,但不高于股本原始价格。董事会受让股权后,可由董事会成员分摊或转为技术股。"建筑设计院《公司章程》关于股份回购的具体内容,不违反《公司法》中有关注册资本维持的基本原则,也不损害第三人的合法权益,是有效条款。

实务经验总结

前事不忘,后事之师。为避免未来发生类似败诉,提出如下建议:

第一,有限责任公司章程可以在法定情形外设置公司股权回购条款,该类条款在同时满足以下条件的情况下,合法有效:1. 不违反公司资本维持原则;2. 不侵害第三人合法权益;3. 所有股东签字同意;4. 股权回购(转让)价格的计算方式公平合理。

第二,对于依靠股东的人力资本作为公司运营基础的公司来讲(设计院、会计师事务所等),为激励人才为公司奉献青春,并防止其离开公司与公司展开同业竞争,可以在公司章程中规定股东因退休、解聘、调动等原因离开公司时应将股权转让给其他股东,无法协商一致时,股东会确认的股东有权受让该股权。

相关法律规定

《中华人民共和国公司法》(2018年修正,已被修订)

第十一条 设立公司必须依法制定公司章程。公司章程对公司、股东、董事、监事、高级管理人员具有约束力。

第七十一条 有限责任公司的股东之间可以相互转让其全部或者部分股权。

股东向股东以外的人转让股权,应当经其他股东过半数同意。股东应就其股权转让事项书面通知其他股东征求同意,其他股东自接到书面通知之日起满三十日未答复的，视为同意转让。其他股东半数以上不同意转让的，不同意的股东应当购买该转让的股权；不购买的，视为同意转让。

经股东同意转让的股权，在同等条件下，其他股东有优先购买权。两个以上股东主张行使优先购买权的，协商确定各自的购买比例；协商不成的，按照转让时各自的出资比例行使优先购买权。

公司章程对股权转让另有规定的，从其规定。

第七十四条 有下列情形之一的，对股东会该项决议投反对票的股东可以请求公司按照合理的价格收购其股权：

（一）公司连续五年不向股东分配利润，而公司该五年连续盈利，并且符合本法规定的分配利润条件的；

（二）公司合并、分立、转让主要财产的；

（三）公司章程规定的营业期限届满或者章程规定的其他解散事由出现，股东会会议通过决议修改章程使公司存续的。

自股东会会议决议通过之日起六十日内，股东与公司不能达成股权收购协议的，股东可以自股东会会议决议通过之日起九十日内向人民法院提起诉讼。

《中华人民共和国公司法》（2023年修订）

第五条 设立公司应当依法制定公司章程。公司章程对公司、股东、董事、监事、高级管理人员具有约束力。

第八十四条 有限责任公司的股东之间可以相互转让其全部或者部分股权。

股东向股东以外的人转让股权的，应当将股权转让的数量、价格、支付方式和期限等事项书面通知其他股东，其他股东在同等条件下有优先购买权。股东自接到书面通知之日起三十日内未答复的，视为放弃优先购买权。两个以上股东行使优先购买权的，协商确定各自的购买比例；协商不成的，按照转让时各自的出资比例行使优先购买权。

公司章程对股权转让另有规定的，从其规定。

第八十九条 有下列情形之一的，对股东会该项决议投反对票的股东可以请求公司按照合理的价格收购其股权：

（一）公司连续五年不向股东分配利润，而公司该五年连续盈利，并且符合本法规定的分配利润条件；

（二）公司合并、分立、转让主要财产；

（三）公司章程规定的营业期限届满或者章程规定的其他解散事由出现，股东会通过决议修改章程使公司存续。

自股东会决议作出之日起六十日内，股东与公司不能达成股权收购协议的，股东可以自股东会决议作出之日起九十日内向人民法院提起诉讼。

公司的控股股东滥用股东权利，严重损害公司或者其他股东利益的，其他股东有权请求公司按照合理的价格收购其股权。

公司因本条第一款、第三款规定的情形收购的本公司股权，应当在六个月内依法转让或者注销。

本案链接

以下为该案在法院审理阶段，判决书中"本院认为"就该问题的论述：

本院补充查明：2004年10月24日，建筑设计院全体股东签名通过了《公司章程》，第二十条规定："当发生下列事由时，持股人必须自事由发生之日起30日内转让其全部股权：……（3）辞职或辞退的；……上述事由发生后持股人未在30天内转让股权，30天期限届满停止分红；如30天内无受让人，由董事会按下列规定接受股权：……（2）辞职、辞退或其他事项离开本公司的，按公司上一年度末账面净资产结合股权比例确定股本受让价格，但不高于股本原始价格。董事会受让股权后，可由董事会成员分摊或转为技术股。"

本院再审认为，建筑设计院系有限责任公司，其《公司章程》和《股权管理办法》经过股东代表大会表决通过，对建筑设计院以及全体股东具有法律约束力。《中华人民共和国公司法》第七十四条是关于有限责任公司中异议股东股份回购请求权的规定，具有该条规定的三项法定事由之一，公司即有义务回购异议股东的股份，而并非规定公司只能回购异议股东的股份以及除此之外不得回购公司其他股东的股份。法律对有限责任公司回购股权并无禁止性规定。建筑设计院的《公司章程》及《股权管理办法》关于股份回购的具体内容，不违反《公司法》中有关注册资本维持的基本原则，也不损害第三人的合法权益，是有效条款。检察机关抗诉提出有限责任公司除《中华人民共和国公司法》第七十四条规定的异议股东回购权外，不得回购股份，建筑设计院《公司章程》和《股权管理办法》关于股份回购的条款因违反法律规定而无效的理由，本院不予采纳。原审被告谢某2008年底从建筑设计院辞职，其持有的9万股建筑设计院股份未在《公司章程》、《股权管理办法》规定的时限即30日内协议转让给建筑设计院的内部股东，建筑设计院有权依照《公司章程》、《股权管理办法》的规定回购该股份，谢某无权再自行转让。在建筑设计院诉张某某股权转让纠纷一案二审当庭调解过程中，建筑设计院的委托代理人虽提出依然给30天时间由张某某自己向其他股东转让股份的方案，但双方并未达成调解协议，不能以此作为建筑设计院同意谢某自行转让的依据。谢某与当时的建筑设计院股东之一邓某某于2011年11月15日签订《股权转让协议》，将其股份以每股6元的价格转让给第三人邓某某，该协议虽然不违反法律的强制性规定，但不得对抗原审原告的股权回购主张。检察机关抗诉提出邓某某与谢某的《股权转让协议》合法有效的理由，虽可予采纳，但不能因此否定原判对谢某所持股份由建筑设计院受让的处断。邓某某虽向谢某支付了股份转让款54万元，但谢某所持股份因受建筑设计院回购权的限制而不能交付，事实上也没有办理股权变更登记，故检察机关抗诉提出谢某的股份已经合法转移给了邓某某，生效判决判令谢某将股份转让给建筑设计院于法无据的理由，本院不予采纳。建筑设计院《公司章程》第二十条规定辞职或辞退离开公司的，持股人必须自事由发生之日起30天内转让其全部股权，未在30天内转让股权，30天期限届满停止分红，如30天内无受让人，由董事会接受股权，按公司上一年度末账面净资产结合股权比例确定股本受让价格，但不高于股本原始价格。董事会受让股权后，可由董事会成员分摊或转为技术股。第二十二条规定，技术股作为集体股由工会代表集体持有。技术股经董事会提出方案报股东大会批准，用以派送给一级注册人员及有重大贡献的技术骨干或聘用人才以分红权。被派送者在岗享受分红权，离岗则取消。《股权管理办法》第二十条规定，股份转让在未确定受让人前，先由公司垫付转让金。第二十五条第三项规定，因辞职、辞退、受刑事处罚或其他事由离职而转让股权的，如内部转让不成或在离职后30天内没有确定受让人的，由公司回购股权，按公司上一年度末账面净资产结合股权比例确定股本受让价格，但不高于股本原始价格。综上，作为股东之间协议的《公司章程》、《股权管理办法》，约定了当股东辞职离开公司后30天内未能自主完成内部转让股份的，由公司垫付转让金，依账面净资产和股份比例按不高于股本原值回购其股份的准则，其间包含了为实现公司宗旨、保证公司存续和发展而将高于股本原值部分的股份价值在离职时予以让渡的意思表示，但从《公司章程》约定的内容来看，其让渡的受益对象是明确具体的，董事会受让股权后，要由董事会成员分摊或转为技术股。除此之外，《公司章程》和《股权管理办法》没有规定可以溢价转让于其他股东。对离职股东的股份进行回购，目的在于维持公司"生命"，公司的"生命"高于股东利益，但公司将按不高于股本原值回购的股份溢价盈利，则势必违背股权平等原则，显然也违背股东会议设定回购规则的初衷与真实意思。建筑设计院将强制回购的谢某所持有9万股股份溢价转让给公司其他股东，不符合《公司章程》的规定，不属于谢某应当让渡自己利益的范围，其收益应归谢某享有。结合本案谢某与邓某某协议按每股6元转让以及建筑设计院回购后再转让的溢价幅度等具体情况，以含股本原值在内按每股6元确定支付较为公平、妥当。邓某某以有独立请求权的第三人地位参加本案诉讼，在原一审诉讼中主张自己受让谢某的股份合法有效，符合公司对离职股东的股权收购惯例且支付了全部转让款，请求驳回原审原告的诉讼请求。如前所述，邓某某关于由自己受让谢某股份的诉求未获支持，但其支付的股份转让款也应得到返还。本院再审当中，原审被告谢某明确承诺将其原持有股权在本案中的权益处分给邓某某，本院应予准许。据此，建筑设计院应支付给谢某的54万元股本原值及转让收益可直接返还给邓某某。

延伸阅读

一、人民法院认为公司章程强制股权转让的规定有效的判例。

案例1：南京市中级人民法院，上诉人戴某某与被上诉人南京扬某信息技术有限责任公司与公司有关的纠纷一案二审民事判决书［（2016）苏01民终字第1070号］认为：根据扬某信息公司股东会决议通过的《扬某信息公司章程》第二十六条的规定，公司股东因故（含辞职、辞退、退休、死亡等）离开公司，其全部出资必须转让。此后，该公司股东会决议通过的《股权管理办法》也规定，公司股东因故（含辞职、辞退、退休、死亡等）离开公司，亦应转让其全部出资。虽然戴某某主张第一次股东会决议中的签名并非其所签，但章程系经过股东会决议通过，其不仅约束对该章程投赞成票的股东，亦同时约束对该章程投弃权票或反对票的股东。反之，如公司依照法定程序通过的章程条款只约束投赞成票的股东而不能约束投反对票的股东，既违背了股东平等原则，也动摇了资本多数决的公司法基本原则。且本案中，第二次股东会决议中所通过的股权管理办法，戴某某亦签字确认。故上述《扬某信息公司章程》及《股权管理办法》中的规定，体现了全体股东的共同意志，是公司、股东的行为准则，对全体股东有普遍约束力。本案中，戴某某于2013年11月30日退休，故从该日起，戴某某不再具有扬某信息公司出资人身份，也不应再行使股东权利。

案例2：威海市中级人民法院，威海新某方钟表有限公司与郭某某股东资格确认纠纷二审民事判决书［（2015）威商终字第358号］认为：根据公司章程的规定，人事关系或劳资关系已经脱离公司的，股东资格自然灭失，并按章程规定办理股权转让手续。因各种原因离开公司的股东，须在一个月内将全部出资，经公司转让给其他股东或符合条件的本企业在职职工。未能及时转让的，将不再参加公司红利的分配，由公司财务部门转为个人备用金。上诉人郭某某自2011年3月份调离被上诉人，且收取了被上诉人退股款35000元。根据上述章程的规定，上诉人的股东资格自然灭失，上诉人应按照公司章程的规定将股权转让。被上诉人通过董事会决议将郭某某持有的股份转让给刘某，上诉人理应协助被上诉人和原审第三人刘某办理股权变更登记手续。

案例3：桂林市中级人民法院，何某某与桂林力某粮油食品集团有限公司工会委员会、桂林力某粮油食品集团有限公司盈余分配纠纷二审民事判决书［（2016）桂03民终字第608号］认为：2004年2月5日，被上诉人力某公司召开股东大会，并做出修改公司章程条款决议，将力某公司章程第二章第三条修改为"本公司股本，全部由内部职工认购，但改制后因调离、辞职、除名及职工本人不愿意与企业续签劳动合同离开本企业的职工，已不具备本企业改制后企业内部职工身份的，应转让原本人所持有的股份给企业。如当事人不按规定要求转让原股份给企业的，企业每年按银行同期壹年存款利率付给其原股本额利息，不再享受企业股利分红后待遇"，被上诉人力某工会职工持股会章程第二十八条亦规定"会员因调离、辞职、判刑、被企业辞退、除名、开除及本人不愿意与企业续签劳动合同离开公司，已不具备本企业改制后企业内部职工身份的，其所持出资（股份）应该转让给公司持股会，由公司持股会同意收购"。2014年3月29日至今，上诉人何某某不再到被上诉人力某公司下属的临某公司上班，双方已不存在劳动合同关系，上诉人何某某理应依据力某公司章程和力某工会职工持股会章程的规定，将其持有股份或内部转让或转让给公司持股会。

二、公司章程规定强制股权转让的价格需合理

案例4：成都市中级人民法院，边某某与丁某某股权转让纠纷二审民事判决书［（2015）成民终字第5778号］认为：根据美某项目公司的公司章程第十六条规定，"……股权转让，其转让价格自公司设立之日起至该股东与成都美某不再具有劳动关系为止，按转让方股东原始出资额每年10%的单利计算。"可以看出，股权转让价格仅为单利，不包含原始出资额。上诉人认为如按单利计算对其有失公平，本院认为，公司章程是股东共同一致的意思表示，章程中对于股权转让款价格

的约定亦合法有效，不论公司目前经营状况是盈利还是亏损，如无相反约定，股权转让价格均应按公司章程规定的方式计算，原审法院计算方式正确。且原审法院根据查明的事实，即边某某并未提供以其自有资金出资的证据、《备忘录》的签署以及转账的过程等，综合认定边某某并未以自有资金出资正确。而丁某某将借条原件返还给边某某的行为亦表明丁某某认可边某某对美某项目公司的出资由其支付，故股权转让价格按单利计算对边某某而言具有合理性，不存在不公平。上诉人要求丁某某支付利息的诉讼请求亦无依据。综上，边某某的上诉主张不能成立，其上诉请求本院不予支持。

049 未经工商局登记备案的公司章程修正案合法有效吗

裁判要旨

经法定程序修改的公司章程，如未约定生效时间或约定不明，则公司章程自股东达成修改章程的合意后即发生法律效力，工商登记并非章程的生效要件。

案情简介[1]

一、丽江宏某水电开发有限公司（以下简称宏某公司）原注册资本1200万元，股东为博某晟公司、双某电站、唐某某、张某某。

二、2008年6月，唐某某、张某某拟增资扩股，遂与万某某协商，由万某某出资510万元，占宏某公司30%股权。后万某某将510万元打入了宏某公司账户，宏某公司会计凭证记载为"实收资本"。

三、2008年8月10日，宏某公司全体股东签署《公司章程》，其中载明万某某出资510万元，占公司注册资本的30%。《公司章程》第六十四条规定"本章程经公司登记机关登记后生效"，第六十六条规定"本章程于二〇〇八年八月十日订立生效"。宏某公司后未将该《公司章程》在工商登记部门备案。

四、后万某某向法院起诉请求判令：确认其系宏某公司股东。本案的案件焦

---

[1] 案件来源：最高人民法院，丽江宏某水电开发有限公司与永胜县六德乡双某电站、北京博某晟科技发展有限公司、张某某、唐某某、万某某的其他股东权纠纷审判监督民事判决书［（2014）民提字第00054号］。

点之一是《公司章程》是否生效，被告宏某公司主张因《公司章程》未在工商部门登记，因而没有生效，不能作为万某某具备股东身份的依据。

五、最高人民法院再审认为：虽然《公司章程》未在工商部门登记，但是《公司章程》已生效，可以作为确认万某某具有股东身份的依据之一，判决确认万某某为宏某公司的股东。

核心要点

《公司章程》第六十四条规定"本章程经公司登记机关登记后生效"，第六十六条同时规定"本章程于二〇〇八年八月十日订立生效"。这就出现了同一章程对其生效时间的规定前后不一致的情形，此时根据章程本身已经无法确定生效的时间，而只能根据相关法律规定和法理，对《公司章程》的生效问题作出判断认定。公司章程是股东在协商一致的基础上所签订的法律文件，具有合同的某些属性，在股东对公司章程生效时间约定不明，而《公司法》又无明确规定的情况下，可以参照适用《合同法》的相关规定来认定章程的生效问题。

参照合同生效的相关规定，经法定程序修改的章程，自股东达成修改章程的合意后即发生法律效力，工商登记并非章程的生效要件，这与公司设立时制定的初始章程应报经工商部门登记后才能生效有所不同。本案中，宏某公司的股东在2008年8月10日即按法定程序修改了原章程，修订后的《公司章程》合法有效，因此应于2008年8月10日开始生效，宏某公司关于《宏某公司章程》并未生效的主张，本院不予支持。

实务经验总结

前事不忘，后事之师。为避免未来发生类似败诉，提出如下建议：

第一，公司设立时的初始章程必须在工商部门登记，否则不生效。正如本案中最高人民法院所指出的，"经法定程序修改的章程，自股东达成修改章程的合意后即发生法律效力，工商登记并非章程的生效要件，这与公司设立时制定的初始章程应报经工商部门登记后才能生效有所不同"。

第二，公司章程是公司最重要的法律文件，建议公司制定、修改章程时委托律师参与，避免公司章程对同一问题作出相互矛盾的约定。

第三，公司章程修改后，也应在工商部门登记。因客观原因致使无法在工商部门登记的，应保证公司章程的修订程序严格遵守《公司法》的规定。具体包括：（1）按照《公司法》规定的程序召开股东会；（2）修改章程需经代表三分之二以上表决权的股东通过（有限公司的公司章程中另有规定的除外）；（3）确保股东在相应股东会决议、公司章程的签字真实。

相关法律规定

《中华人民共和国公司法》（2018年修正，已被修订）

第三十二条　有限责任公司应当置备股东名册，记载下列事项：

（一）股东的姓名或者名称及住所；

（二）股东的出资额；

（三）出资证明书编号。

记载于股东名册的股东，可以依股东名册主张行使股东权利。

公司应当将股东的姓名或者名称向公司登记机关登记；登记事项发生变更的，应当办理变更登记。未经登记或者变更登记的，不得对抗第三人。

第四十三条　股东会的议事方式和表决程序，除本法有规定的外，由公司章程规定。

股东会会议作出修改公司章程、增加或者减少注册资本的决议，以及公司合并、分立、解散或者变更公司形式的决议，必须经代表三分之二以上表决权的股东通过。

《中华人民共和国公司法》（2023年修订）

第五十六条　有限责任公司应当置备股东名册，记载下列事项：

（一）股东的姓名或者名称及住所；

（二）股东认缴和实缴的出资额、出资方式和出资日期；

（三）出资证明书编号；

（四）取得和丧失股东资格的日期。

记载于股东名册的股东，可以依股东名册主张行使股东权利。

第六十六条　股东会的议事方式和表决程序，除本法有规定的外，由公司章程规定。

股东会作出决议，应当经代表过半数表决权的股东通过。

股东会作出修改公司章程、增加或者减少注册资本的决议，以及公司合并、分立、解散或者变更公司形式的决议，应当经代表三分之二以上表决权的股东通过。

本案链接

以下为该案在法院审理阶段，判决书中"本院认为"就该问题的论述：

股东身份的确认，应根据当事人的出资情况以及股东身份是否以一定的形式为公众所认知等因素进行综合判断。根据本案查明的事实，本院认为万某某已经取得了宏某公司的股东身份。

……

其次，万某某的股东身份已经记载于《宏某公司章程》，万某某也以股东身份实际参与了宏某公司的经营管理。2008年8月10日，唐某某、张某某和万某某共同修订并签署了新的《宏某公司章程》。虽然在《宏某公司章程》上签字的自然人股东只有唐某某、张某某两人，但由于唐某某同时还代表宏某公司的另一法人股东博某晟公司，故宏某公司章程的修改经过了代表三分之二以上表决权的股东通过，符合法定的修改程序，宏某公司的另一股东双某电站在本案二审中也明确表示认可修订后的《宏某公司章程》，故其应为合法有效。《宏某公司章程》中载明，万某某于2008年8月10日认缴出资510万元，占宏某公司注册资本的30%。其后，万某某以宏某公司董事长的身份，出席了双某电站的复工典礼，并多次参加宏某公司的股东会，讨论公司经营管理事宜，实际行使了股东权利。

宏某公司主张，《宏某公司章程》第六十四条规定："本章程经公司登记机关登记后生效"，但该章程事实上并未在工商部门登记，因而没有生效。本院认为，该章程除第六十四条规定了章程的生效问题外，还在第六十六条同时规定："本章程于二〇〇八年八月十日订立生效"。这就出现了同一章程对其生效时间的规定前后不一致的情形，此时根据章程本身已经无法确定生效的时间，而只能根据相关法律规定和法理，对《宏某公司章程》的生效问题作出判断认定。公司章程是股东在协商一致的基础上所签订的法律文件，具有合同的某些属性，在股东对公司章程生效时间约定不明，而《公司法》又无明确规定的情况下，可以参照适用《合同法》的相关规定来认定章程的生效问题。参照合同生效的相关规定，本院认为，经法定程序修改的章程，自股东达成修改章程的合意后即发生法律效力，工商登记并非章程的生效要件，这与公司设立时制定的初始章程应报经工商部门登记后才能生效有所不同。本案中，宏某公司的股东在2008年8月10日即按法定程序修改了原章程，修订后的《宏某公司章程》合法有效，因此应于2008年8月10日开始生效，宏某公司关于《宏某公司章程》并未生效的主张，本院不予支持。宏某公司章程的修改，涉及公司股东的变更，宏某公司应依法向工商机关办理变更登记，宏某公司未办理变更登记，应承担由此产生的民事及行政责任，但根据《公司法》（2005年10月27日修订）第三十三条的规定，公司股东变更未办理变更登记的，变更事项并非无效，而仅是不具有对抗第三人的法律效力。综上，宏某公司关于《宏某公司章程》未生效、无效的主张，无法律及事实依据，本院不予采信。

第五章 公司决议

050 如何利用公司章程"含蓄"表达董事会议题

裁判要旨

公司章程某条规定董事会有权任免法定代表人,董事会召集通知中未直接载明议题,但载明将对该条事项作出决议的,视为议题明确。股东以会议通知不明确为由主张撤销决议的,法院不予支持。

案情简介[①]

一、2009年2月17日,兆某公司成立,其股东分别为某瓦公司、范某某、姚某某、闻某某、张某、邵某;其董事会成员为范某某、姚某某、张某、邵某、孔某某、孙某等六人,其中范某某担任公司总经理及法定代表人。

二、兆某公司章程第十六条第九项规定:"董事会的职权包括召集股东会会议、决定公司法定代表人";第十一项规定"根据董事长的提名决定聘任或者解聘公司总经理和公司财务负责人"。

三、兆某公司董事会议事规则规定:董事会会议须由过半数董事出席方可举行;董事如不能出席董事会会议的,可以书面委托其他董事代为出席;董事未出席董事会会议,亦未委托代表出席的,视为放弃在该次会议上的投票权;董事会决议的表决,实行一人一票,董事会对所议事项作出的决定由全体董事人数二分之一以上的董事表决通过方为有效;公司设总经理一名,由董事长提名,董事会决定聘任或者解聘;公司的法定代表人由总经理担任。

四、2013年7月31日,孔某某向全体董事发送董事会会议通知,该通知除

[①] 案件来源:上海市第二中级人民法院,范某某与上海兆某云计算科技有限公司决议撤销纠纷二审民事判决书[(2013)沪二中民四(商)终字第1498号]。

时间地点外，其会议议题包括：对董事会行使章程第十六条第（九）、第（十一）项职权作出决议；制定公司印章、证照、银行印鉴管理基本制度。其中，范某某签收了该通知，但因有急事未参加该董事会，亦未委托他人参会。

五、2013年8月4日，兆某公司召开董事会会议并形成董事会决议一份，该决议记载的参会董事人员为：孔某某、姚某某、朱某、孙某，未到会董事为范某某和张某。其中，董事会决议：1.免去范某某所担任的兆某公司总经理及法定代表人职务；2.聘任孔某某担任兆某公司总经理及法定代表人；3.责成范某某向孔某某移交兆某公司印章、证照、财务账簿。到会四位董事均签字赞成该决议。

六、此后，范某某以董事会通知议题不明确为由要求撤销董事会决议，本案经上海市宝山区人民法院一审，上海市二中院二审最终驳回范某某的诉讼请求。

核心要点

董事会的召集通知中应当载明召集的事由、议题和议案概要。本案中，公司董事会召开之前，孔某某向全体董事发送董事会会议通知，通知记载会议议题包括对董事会行使章程第十六条第（九）、第（十一）项职权作出决议等内容，原告范某某也对会议通知予以签收。另外，根据公司章程的记载：第十六条第（九）项规定董事会的职权包括召集股东会会议、决定公司法定代表人，第（十一）项规定董事会有权根据董事长的提名决定聘任或者解聘公司总经理和公司财务负责人。也即，本次董事会决议将对公司的法定代表人、总经理任免相关事项作出决议。原告范某某之所以主张通知不明确，是因为其没有将董事会决议通知与本公司的章程结合在一起看，在不了解公司章程具体内容的前提下，不能够清晰地了解董事会决议的内容，所以才轻易地放弃参加董事会的机会。但是，对法官来讲，其一般将公司的董事视为了解公司章程内容的人，董事不得以自己未阅读公司章程为由主张董事会召集通知的内容不明确。所以，法院认定孔某某所发出的召集通知合法有效。

实务经验总结

前事不忘，后事之师。为避免未来发生类似败诉，提出如下建议：

第一，一般来讲，董事会的召集通知中应当载明召集的事由、议题和议案概要。公司在发出董事会会议通知时一定要明确记载上述通知的内容，否则董事会决议就可能被撤销。

第二，作为接收通知的董事，一定要注意认真阅读董事会会议通知的内容，了解董事会的议题，如果通知中载明的相关内容与公司章程相关，一定要结合章程的规定，搞懂会议通知的真实含义，以免发生本案中"看似清楚明白，实则暗藏杀机"的情形，造成受害董事哑巴吃黄连有苦说不出的悲剧。

相关法律规定

《中华人民共和国公司法》（2018 年修正，已被修订）

第二十二条　公司股东会或者股东大会、董事会的决议内容违反法律、行政法规的无效。

股东会或者股东大会、董事会的会议召集程序、表决方式违反法律、行政法规或者公司章程，或者决议内容违反公司章程的，股东可以自决议作出之日起六十日内，请求人民法院撤销。

……

第四十七条　董事会会议由董事长召集和主持；董事长不能履行职务或者不履行职务的，由副董事长召集和主持；副董事长不能履行职务或者不履行职务的，由半数以上董事共同推举一名董事召集和主持。

第四十八条　董事会的议事方式和表决程序，除本法有规定的外，由公司章程规定。

董事会应当对所议事项的决定作成会议记录，出席会议的董事应当在会议记录上签名。

董事会决议的表决，实行一人一票。

《中华人民共和国公司法》（2023 年修订）

第二十六条第一款　公司股东会、董事会的会议召集程序、表决方式违反法律、行政法规或者公司章程，或者决议内容违反公司章程的，股东自决议作出之日起六十日内，可以请求人民法院撤销。但是，股东会、董事会的会议召集程序或者表决方式仅有轻微瑕疵，对决议未产生实质影响的除外。

第七十二条　董事会会议由董事长召集和主持；董事长不能履行职务或者不履行职务的，由副董事长召集和主持；副董事长不能履行职务或者不履行职务的，由过半数的董事共同推举一名董事召集和主持。

第七十三条 董事会的议事方式和表决程序，除本法有规定的外，由公司章程规定。

董事会会议应当有过半数的董事出席方可举行。董事会作出决议，应当经全体董事的过半数通过。

董事会决议的表决，应当一人一票。

董事会应当对所议事项的决定作成会议记录，出席会议的董事应当在会议记录上签名。

本案链接

以下为该案在法院审理阶段，判决书中"本院认为"就该问题的论述：

对于范某某主张的董事会会议通知未明确议题的撤销事由，法院认为：系争董事会会议为临时会议，姚某某发给范某某的会议通知中明确载明会议议题包括：对董事会行使章程第十六条第（九）、第（十一）项职权作出决议；制定公司印章、证照、银行印鉴管理基本制度；召集股东会临时会议事宜。兆某公司章程第十六条第（九）项规定董事会的职权包括召集股东会会议、决定公司法定代表人，第（十一）项规定董事会有权根据董事长的提名决定聘任或者解聘公司总经理和公司财务负责人，再结合2013年8月4日董事会决议的实际内容，可以得出2013年8月4日董事会会议的召集者已就会议议题向范某某进行完整明确告知的结论，范某某回复的电子邮件中提到的临时有急事参加不了会议以及公司公章暂由其保管的说法也能印证上述结论。

对于范某某主张的出席会议及行使表决权的董事人数违反董事会议事规则的撤销事由，法院认为：首先，董事会议事规则明确制定规则的目的是规范公司董事会的工作秩序和行为方式，保证公司董事依法行使权力，履行职责，承担义务，制定的依据是我国《公司法》和兆某公司章程，所以董事会议事规则应属公司章程的一部分。其次，董事会议事规则规定法律专门列举规定的特别决议以外的普通决议要求出席会议的董事表决权超过全体董事人数的半数同意方为有效，特别决议必须由三分之二以上董事出席会议，而我国《公司法》未就董事会特别决议作出规定。即便如范某某所言，该处特别决议类比适用我国《公司法》关于必须经代表三分之二以上表决权的股东通过的包括诸如修改公司章程的股东会决议事项，但兆某公司章程及董事会议事规则均明确任免法定代表人及总经理属董事会职权范围，而兆某公司章程并未载明法定代表人或总经理具体人选，只规定公司法定代表人由总经理担任，因此涉案董事会决议未涉及对兆某公司章程的变更，故 2013 年 8 月 4 日的兆某公司董事会决议内容并未超出我国《公司法》、兆某公司章程及董事会议事规则所规定的董事会职权范围，且不属于董事会议事规则规定的特别决议，由二分之一以上的董事出席并经全体董事人数的半数以上通过即为有效。再次，范某某提交落款日期为 2013 年 8 月 3 日的邵某委托书明确载明受托人为朱某及董事孙某，范某某所称该委托书为事后补充形成只是其合理怀疑，目前并无证据佐证，从邵某在本案审理中的表态来看，兆某公司 2013 年 8 月 4 日董事会决议的内容符合邵某本人的真实意思表示，故对邵某关于委托朱某及孙某二人参加会议并表决的说法予以采信。最后，范某某目前并无确切证据证明姚某某及孙某存在不适合出任公司董事的情形，而且即使姚某某负债及孙某挪用公司资金情况属实，在未经过法定程序解除二人董事职务前，姚某某与孙某仍系兆某公司董事，有权出席兆某公司 2013 年 8 月 4 日的董事会会议，鉴于二人的表决权未受到任何限制，故依法有权行使各自的董事表决权。由此，兆某公司 2013 年 8 月 4 日的董事会会议应到董事人数为六人，实到四人，而到会的四人均对决议事项投了赞成票，故出席兆某公司 2013 年 8 月 4 日董事会会议及行使表决权的董事人数未违反兆某公司章程及董事会议事规则的规定。

综上所述，原审法院认为范某某所主张的兆某公司 2013 年 8 月 4 日董事会决议的撤销事由均不成立，故对于范某某要求撤销兆某公司 2013 年 8 月 4 日董事会决议的诉请难予支持。

051 未被通知参加股东会，没机会投反对票股东可否要求公司回购股份

裁判要旨

非因自身过错未能参加股东会的股东，虽未对股东会决议投反对票，但对公司转让主要财产明确提出反对意见的，请求公司以公平价格收购其股权，法院应予支持。

案情简介①

一、长某置业公司共有沈某、钟某某、袁某某三位股东。

二、长某置业公司对主要资产进行了转让，该资产转让从定价到转让，均未取得袁某某的同意，沈某、钟某某也未通知其参加股东会。

三、袁某某申请召开临时股东会，明确表示反对公司主要资产转让。长某置业公司驳回了袁某某的申请，并继续对公司主要资产进行转让。

四、袁某某请求法院判令：长某置业公司回购其持有的20%股权，湖南省高院支持了袁某某的诉讼请求。

五、长某置业公司向最高人民法院申请再审，最高人民法院驳回其再审申请。

核心要点

《公司法》第八十九条规定，对股东会转让公司主要资产的决议投反对票的股东可以请求公司按照合理的价格收购其股权。尽管本案从形式上看，袁某某未参加股东会，未通过投反对票的方式表达对股东会决议的异议，但是《公司法》第八十九条的立法精神在于保护异议股东的合法权益，之所以对投反对票作出规定，意在要求异议股东将反对意见向其他股东明示。本案中袁某某未被通知参加股东会，无从了解股东会决议，并针对股东会决议投反对票。况且，袁某某在2010年8月19日申请召开临时股东会时，明确表示反对二期资产转让，要求立即停止转让上述资产，长某置业公司驳回了袁某某的申请，并继续对二期资产进行转让，已经侵犯了袁某某的股东权益。因此，法院依照《公司法》第八十九条之规定，认定袁某某有权请求长某置业公司以公平价格收购其股权。

实务经验总结

前事不忘，后事之师。为避免未来发生类似败诉，提出如下建议：

第一，公司回购请求权是《公司法》赋予小股东的一把利器。如公司决议事项属于《公司法》第八十九条规定的事项，且小股东持反对意见时，要敢于

---

① 案件来源：最高人民法院，袁某某与长某置业（湖南）发展有限公司请求公司收购股份纠纷再审民事裁定书［（2014）民申字第2154号］，载《最高人民法院公报》2016年第1期。

说不。只有投反对票的股东才可以请求公司回购股权，投弃权票甚至是同意票的股东无权请求公司回购股权。

第二，非因自身过错未能参加股东会的股东，可在知晓公司决议事项后明确表达反对意见，反对意见应以书面形式表达。本书作者认为，非因自身过错包括未召开股东会、未收到会议通知、提前发出会议通知的期限不符合《公司法》及公司章程的规定（如《公司法》规定提前15天发送通知，实际只提前1天，致使该股东无法协调时间参会）、会议通知的时间或地点与实际开会的时间或地点不符、公司决议的事项超出会议通知的事项等。

相关法律规定

《中华人民共和国公司法》（2018年修正，已被修订）

第七十四条　有下列情形之一的，对股东会该项决议投反对票的股东可以请求公司按照合理的价格收购其股权：

（一）公司连续五年不向股东分配利润，而公司该五年连续盈利，并且符合本法规定的分配利润条件的；

（二）公司合并、分立、转让主要财产的；

（三）公司章程规定的营业期限届满或者章程规定的其他解散事由出现，股东会会议通过决议修改章程使公司存续的。

自股东会会议决议通过之日起六十日内，股东与公司不能达成股权收购协议的，股东可以自股东会会议决议通过之日起九十日内向人民法院提起诉讼。

《中华人民共和国公司法》（2023年修订）

第八十九条　有下列情形之一的，对股东会该项决议投反对票的股东可以请求公司按照合理的价格收购其股权：

（一）公司连续五年不向股东分配利润，而公司该五年连续盈利，并且符合本法规定的分配利润条件；

（二）公司合并、分立、转让主要财产；

（三）公司章程规定的营业期限届满或者章程规定的其他解散事由出现，股东会通过决议修改章程使公司存续。

自股东会决议作出之日起六十日内，股东与公司不能达成股权收购协议的，股东可以自股东会决议作出之日起九十日内向人民法院提起诉讼。

公司的控股股东滥用股东权利，严重损害公司或者其他股东利益的，其他股东有权请求公司按照合理的价格收购其股权。

公司因本条第一款、第三款规定的情形收购的本公司股权，应当在六个月内依法转让或者注销。

本案链接

以下为该案在法院审理阶段，判决书中"本院认为"就该问题的论述：

关于袁某某是否有权请求长某置业公司回购股权的问题。2010年3月5日，长某置业公司形成股东会决议，明确由沈某、钟某某、袁某某三位股东共同主持工作，确认全部财务收支、经营活动和开支、对外经济行为必须通过申报并经全体股东共同联合批签才可执行，对重大资产转让要求以股东决议批准方式执行。但是，根据长某置业公司与袁某某的往来函件，在实行联合审批办公制度之后，长某置业公司对案涉二期资产进行了销售，该资产转让从定价到转让，均未取得股东袁某某的同意，也未通知其参加股东会。根据《公司法》第七十四条之规定，"对股东会决议转让公司主要财产投反对票的股东有权请求公司以合理价格回购其股权。"本案从形式上看，袁某某未参加股东会，未通过投反对票的方式表达对股东会决议的异议。但是，《公司法》第七十四条的立法精神在于保护异议股东的合法权益，之所以对投反对票作出规定，意在要求异议股东将反对意见向其他股东明示。本案中袁某某未被通知参加股东会，无从了解股东会决议，并针对股东会决议投反对票，况且，袁某某在2010年8月19日申请召开临时股东会时，明确表示反对二期资产转让，要求立即停止转让上述资产，长某置业公司驳回了袁某某的申请，并继续对二期资产进行转让，已经侵犯了袁某某的股东权益。因此，二审法院依照《公司法》第七十四条之规定，认定袁某某有权请求长某置业公司以公平价格收购其股权，并无不当。

同时，长某置业公司《公司章程》中规定，股东权利受到公司侵犯，股东可书面请求公司限期停止侵权活动，并补偿因被侵权导致的经济损失。如公司经法院或公司登记机关证实：公司未在所要求的期限内终止侵权活动，被侵权的股东可根据自己的意愿退股，其所拥有的股份由其他股东协议摊派或按持股比例由其他股东认购。本案中，长某置业公司在没有通知袁某某参与股东会的情况下，于2010年5月31日作出股东会决议，取消了袁某某的一切经费开支，长某置业公司和其股东会没有保障袁某某作为股东应享有的决策权和知情权，侵犯了袁某某的股东权益，符合长某置业公司《公司章程》所约定的"股东权利受到公司侵犯"的情形。因此，袁某某有权根据《公司章程》的规定，请求公司以回购股权的方式让其退出公司。

从本案实际处理效果看，长某置业公司股东之间因利益纠纷产生多次诉讼，有限公司人合性已不复存在，通过让股东袁某某退出公司的方式，有利于尽快解决公司股东之间的矛盾和冲突，从而保障公司利益和各股东利益。

052 占股1%小股东如何成功把占股99%的大股东除名

裁判要旨

有限责任公司的股东未履行出资义务或者抽逃全部出资，经公司催告缴纳或者返还，在合理期间内仍未缴纳或者返还出资的，公司可以以股东会决议解除该股东的股东资格。股东会就解除股东资格事项进行表决时，该股东不得就其持有的股权行使表决权，经其他股东1/2以上表决权同意即可通过该股东会决议。

案情简介[①]

一、万某公司成立于2009年，股东为宋某某、高某。

二、2012年8月，万某公司召开股东会会议作出决议：增加公司注册资本、吸收新股东豪某公司。增资后股东的出资及股权比例为：宋某某60万元（占0.6%）、高某40万元（占0.4%）、豪某公司9900万元（占99%）。

三、2012年9月，豪某公司向万某公司缴纳注册资本9900万元，但验资后第二日即抽逃了全部出资。

四、2013年12月27日，万某公司向豪某公司邮寄"催告返还抽逃出资函"，称豪某公司已抽逃其全部出资9900万元，望其返还全部抽逃出资。

五、2014年3月25日，万某公司召开股东会，全体股东均出席。股东会会议记录载明："……5. 到会股东就解除豪某公司作为万某公司股东资格事项进行表决。6. 表决情况：同意2票，占总股数1%，占出席会议有效表决权100%；反对1票，占总股数99%，占出席会议有效表决权的0%。表决结果：提案通

[①] 案件来源：上海市第二中级人民法院，上海万某国际贸易有限公司与宋某某、杭州豪某贸易有限公司决议效力确认纠纷二审民事判决书［（2014）沪二中民四（商）终字第1261号］。

过。"各股东在会议记录尾部签字，其中豪某公司代理人注明，豪某公司不认可第6项中"占出席会议有效表决权的100%"及"占出席会议有效表决权的0%"的表述。

六、同日，万某公司出具股东会决议，载明：因豪某公司抽逃全部出资，且经合理催告后仍未及时归还，故经其他所有股东协商一致，决议解除其作为万某公司股东的资格。以上事项表决结果：同意的，占总股数1%；不同意的，占总股数99%。宋某某、高某在该股东会决议尾部签字。豪某公司代理人拒绝签字。

七、由于豪某公司对上述股东会决议不认可，故宋某某作为万某公司股东，诉至法院，请求确认股东会决议有效。上海市黄浦区法院认为，即便豪某公司作为股东违反出资义务，抽逃出资，其表决权并不因此受到限制，因此案涉股东会决议未如实反映资本多数决原则，驳回了宋某某的诉讼请求。

八、宋某某不服，上诉至上海市第二中级人民法院。上海市第二中级人民法院判决案涉股东会决议有效。

核心要点

豪某公司虽系持有万某公司99%股权的大股东，但对解除其股东资格的公司决议不得行使表决权。股东除名权是公司为消除不履行义务的股东对公司和其他股东所产生不利影响而享有的一种法定权能，是不以征求被除名股东的意思为前提和基础的。在特定情形下，股东除名决议作出时，会涉及被除名股东可能操纵表决权的情形。故当某一股东与股东会讨论的决议事项有特别利害关系时，该股东不得就其持有的股权行使表决权。本案中，豪某公司是持有万某公司99%股权的大股东，万某公司召开系争股东会会议前通知了豪某公司参加会议，并由豪某公司委托的代理人在会议上进行申辩和提出反对意见，已尽到了对拟被除名股东权利的保护，故万某公司2014年3月25日作出的股东会决议应属有效。

实务经验总结

前事不忘，后事之师。为避免未来发生类似败诉，提出如下建议：

第一，公司股东可以借鉴本案的裁判要旨，将"公司就解除股东资格进行表决时，拟被解除股东资格的股东不得行使表决权"明确写入公司章程，避免股东间就股东会决议的效力产生争议。

第二，在现行的法律框架下，只有未履行出资义务或者抽逃全部出资才构成法定的解除股东资格的事由。如公司章程无特殊规定，对于股东未全面履行出资义务或者抽逃部分出资的行为，并不得以此为由解除股东资格。这导致股东除名制度极易被规避，从理论上而言，认缴100万元的股东只要出资1元钱，其他股东就无权解除该股东的股东资格。

第三，为解决上述问题，公司股东可在公司章程中规定不同于《公司法》司法解释规定的解除股东资格的条件，例如规定股东未按时缴纳50%以上认缴资本时，股东会可解除该股东的股东资格。尽管这一问题在学术上有所争议（部分学者从立法本意的角度考虑，认为公司章程在未履行出资义务和抽逃全部出资之外另行规定股东除名事由的效力有待商榷），司法实践中尚无针对该种规定是否有效的相关判决，但我们认为只要公司章程另行规定的除名事由没有违反法律强制性规定和基本原则，未侵害股东的固有权利，且该除名事由是经全体股东同意的，则公司以此类事由为依据作出除名决定应属合法有效行为。

第四，全体股东应在出资协议中对股东及时实缴出资设置违约条款，通过由违约股东向守约股东支付违约金的方式督促全体股东履行出资义务，增强对信守出资义务股东利益的保护。

相关法律规定

《最高人民法院关于适用〈中华人民共和国公司法〉若干问题的规定（三）》（2014年修正）

第十七条 有限责任公司的股东未履行出资义务或者抽逃全部出资，经公司催告缴纳或者返还，其在合理期间内仍未缴纳或者返还出资，公司以股东会决议解除该股东的股东资格，该股东请求确认该解除行为无效的，人民法院不予支持。

在前款规定的情形下，人民法院在判决时应当释明，公司应当及时办理法定减资程序或者由其他股东或者第三人缴纳相应的出资。在办理法定减资程序或者其他股东或者第三人缴纳相应的出资之前，公司债权人依照本规定第十三条或者第十四条请求相关当事人承担相应责任的，人民法院应予支持。

本案链接

以下为该案在法院审理阶段，判决书中"本院认为"就该问题的论述：

《公司法司法解释（三）》第十七条第一款规定，"有限责任公司的股东未履行出资义务或者抽逃全部出资，经公司催告缴纳或者返还，其在合理期间内仍未缴纳或者返还出资，公司以股东会决议解除该股东的股东资格，该股东请求确认该解除行为无效的，人民法院不予支持。"根据本院审理查明的事实和对前述第一个争议焦点的认定，万某公司以股东会决议形式解除豪某公司股东资格的核心要件均已具备，但在股东会决议就股东除名问题进行讨论和决议时，拟被除名股东是否应当回避，即是否应当将豪某公司本身排除在外，各方对此意见不一。《公司法司法解释（三）》对此未作规定。本院认为，《公司法司法解释（三）》第十七条中规定的股东除名权是公司为消除不履行义务的股东对公司和其他股东所产生不利影响而享有的一种法定权能，是不以征求被除名股东的意思为前提和基础的。在特定情形下，股东除名决议作出时，会涉及被除名股东可能操纵表决权的情形。故当某一股东与股东会讨论的决议事项有特别利害关系时，该股东不得就其持有的股权行使表决权。本案中，豪某公司是持有万某公司99%股权的大股东，万某公司召开系争股东会会议前通知了豪某公司参加会议，并由其委托的代理人在会议上进行了申辩和提出反对意见，已尽到了对拟被除名股东权利的保护。但如前所述，豪某公司在系争决议表决时，其所持股权对应的表决权应被排除在外。本院认为，本案系争除名决议已获除豪某公司以外的其他股东一致表决同意系争决议内容，即以100%表决权同意并通过，故万某公司2014年3月25日作出的股东会决议应属有效。本院对原审判决予以改判。此外需要说明的是，豪某公司股东资格被解除后，万某公司应当及时办理法定减资程序或者由其他股东或者第三人缴纳相应的出资。

延伸阅读

一、解除股东资格的事由：股东未履行出资义务或者抽逃全部出资

案例1：新疆生产建设兵团第六师中级人民法院，刘某某与孙某公司决议效力确认纠纷二审民事判决书[（2016）兵06民终字第406号]认为：本案中，华某公司因孙某未履行出资义务而召开股东会，决议解除孙某的股东资格，是公司为消除不履行义务的股东对公司和其他股东产生不利影响而享有的一种法定权能。被解除股东资格的股东请求人民法院确认该解除行为无效的，人民法院不予支持。

案例2：广西壮族自治区高级人民法院，徐某某与藤县米某房地产开发有限

公司、刘某某公司决议效力确认纠纷二审民事判决书［（2015）桂民四终字第36号］认为：股东在公司中的合法权益受法律保护。解除股东资格只应用于严重违反出资义务的情形，即未出资和抽逃全部出资，未完全履行出资义务和抽逃部分出资的情形不应包括在内……徐某某成为米某公司的股东，并非原始取得，而是通过受让曾某某持有的米某公司股权的形式取得股权及股东资格的。据此，米某公司主张徐某某存在未履行出资义务的情形，与事实不符"。广西壮族自治区高级人民法院据此认定案涉股东会决议无效。

案例3：贵州省高级人民法院，贵州省凯里市利某食品有限责任公司与杨某公司决议效力确认纠纷二审民事判决书［（2015）黔高民商终字第18号］认为：解除股东资格、剥夺股东权利这种严厉的措施只应用于严重违反出资义务的情形。因此，利某责任公司在杨某足额缴纳出资，履行了法定程序的情况下，通过董事会决议剥夺杨某的股东权利，在程序和实体上均违反了《公司法》的规定，该决议应为无效。

案例4：广东省高级人民法院，倪某与广东国某新能源投资有限公司股东出资纠纷再审民事裁定书［（2013）粤高法民二申字第662号］认为：股东除名作为对股东最严厉的一种处罚，是对失信股东的放弃……因倪某没有足额缴纳首期出资款，且经国某公司催缴仍未履行其出资义务。二审法院据此认定国某公司通过公司股东会决议的形式，对倪某进行除名，该决议程序合法，内容未违反法律、法规的强制性规定，亦符合上述（《公司法司法解释（三）》第十八条）规定。

案例5：成都市中级人民法院，成都安某捷电气有限公司与何某某股东知情权纠纷二审民事判决书［（2013）成民终字第5185号］认为：《公司法司法解释（三）》第十八条系对股东除名的规定，对股东除名行为这种严厉的措施旨在督促股东尽快出资，保证公司资本的确定和充实。鉴于股东除名行为的后果是使股东丧失股东资格，这种严厉的措施只应用于严重违反出资义务的情形，即"未出资"和"抽逃全部出资"，未完全履行出资义务和抽逃部分出资的情形不应包括在内。而该条适用条件显然与本案情况不符。

案例6：南京市中级人民法院，上诉人南京悦某五金制品有限公司与赵某某股东资格确认纠纷二审民事判决书［（2016）苏01民终字第302号］认为：《最高人民法院关于适用〈中华人民共和国公司法〉若干问题的规定（三）》第十七条第一款中对解除股东资格作出了严格的规定，即股东除名仅限于未履行出资义务和抽逃全部出资两种情形。本案中，赵某某系从悦某公司原股东吴某处受让了股权，验资报告证明吴某已于公司成立时及2009年3月3日分别履行了15万元出资、85万元增资义务，悦某公司提供的证据仅能证明2009年3月3日的425万元增资款次日被转出，但不能证明上述转款系由吴某所为或指示，而悦某公司在此后长达六年的时间内对此从未提出过异议，故原股东吴某并不存在未履行出资义务和抽逃全部出资的情形。据此，悦某公司以受让股东赵某某未补缴增资款为由要求解除其股东资格，缺乏事实根据及法律依据，本院不予支持。

案例7：咸阳市中级人民法院，陕西德某信息技术有限公司与陕西信某实业有限公司决议撤销纠纷二审民事判决书〔（2015）咸中民终字第00430号〕认为：股东的出资义务是指股东按期足额缴纳其所认缴的出资额的义务，包括公司设立时股东的出资义务和公司增资时股东的出资义务。本案中被上诉人德某公司并非信某公司设立之时的股东，故德某公司并不承担公司设立之时的股东出资义务；德某公司成为信某公司股东后，信某公司并未进行过增资，因此德某公司亦不承担公司增资的出资义务……本案中上诉人信某公司未经裁判即自行认定被上诉人德某公司应履行出资义务与法相悖。综上，被上诉人德某公司作为上诉人信某公司的受让股东，并不具有法律规定的出资义务，亦不存在人民法院裁决的出资义务，故上诉人信某公司的股东会以德某公司拒绝出资为由解除德某公司股东资格的行为应属无效。

二、股东会就解除股东资格事项进行表决时，该股东不得就其持有的股权行使表决权

案例8：武威市中级人民法院，赵某某与孙某、蔡某、郑某、刘某、甘肃西某肥业有限公司决议效力确认纠纷二审民事判决书〔（2016）甘06民终字第451号〕认为：为了防止控股股东或多数股东损害公司利益和少数股东利益，股东会能有效作出对拒不出资的股东除名的决议，被除名的股东对该表决事项不应具有表决权。本案中，由于孙某、蔡某、郑某、刘某四人未按公司通知的期限参加股东会，且四人对解除自己股东身份的表决事项不具有表决权，作为已实际出资的另一股东赵某某以100%的表决权同意并通过解除孙某、蔡某、郑某、刘某四人西某肥业公司股东资格的决议，该决议符合法律规定和公司章程，应认定有效。

案例9：厦门市中级人民法院，陈某某、厦门华某兴业房地产开发有限公司与叶某某一案二审民事判决书〔（2015）厦民终字第3441号〕认为：因股东未履行出资义务而被公司股东会除名的决议，可以适用表决权排除，被除名股东对该股东会决议没有表决权。股东表决权例外规则最主要的功能是防止大股东滥用资本多数决损害公司和小股东利益。按法律规定和章程约定履行出资义务是股东最基本的义务，只有在出资的基础上才有股东权。根据公司契约理论，有限公司是股东之间达成契约的成果。如果股东长时间未履行出资义务，构成对其他股东的根本违约，违约方对是否解除其股东资格无选择权。基于公司契约和根本违约的理论，在因股东未出资而形成的股东除名决议中，只有守约股东有表决权，违约股东没有表决权。华某兴业公司 2014 年 5 月 26 日股东会议内容是对是否解除叶某某股东资格作出决议，故应排除叶某某表决权的行使。

案例 10：武汉市中级人民法院，湖北武汉国某大酒店股份有限公司与严某甲、严某乙与公司有关的纠纷一审民事判决书［(2015) 鄂武汉中民商初字第 00342 号］认为：鉴于严某甲、严某乙、刘某某、唯某公司虚假出资的行为，虽然公司章程、行政管理登记部门记载严某甲、严某乙、刘某某、唯某公司为国某酒店的股东，但其对国某酒店的资产并不实际享有股权。对此，国某酒店召开股东大会形成的《股东大会决议》，该决议的内容未违反法律、行政法规的禁止性规定，为有效。本案中，除严某甲、严某乙、刘某某、唯某公司之外，仅有武汉军供站一个股东，在严某甲、严某乙、刘某某、唯某公司未出资且不同意退出公司的情况下，通过召开股东会决定将严某甲、严某乙、刘某某、唯某公司除名，确认公司注册资金为 2000 万元，依法修改公司章程的决议，并无不当，亦符合权利义务相一致原则和公平原则。

三、公司解除股东资格，应催告股东缴纳或者返还出资，并作出股东会决议

案例 11：重庆市第四中级人民法院，雷某某、钟某某等与某县农业特色产业发展中心、某县财政局股东出资纠纷二审民事判决书［(2016) 渝 04 民终字第 393 号］认为：公司在对未履行出资义务或者抽逃全部出资的股东除名前，应当催告该股东在合理期间内缴纳或者返还出资，公司解除该股东资格，应当依法召开股东会，作出股东会决议。未有证据证明富某公司催告某县辣椒办在合理期间内缴纳出资以及召开股东会决议解除某县辣椒办的股东资格。因此，某县辣椒办股东资格并未丧失。

案例 12：北京市第三中级人民法院，辜某与北京宜某英泰工程咨询有限公司决议效力确认纠纷二审民事判决书［(2015) 三中民（商）终字第 10163 号］认为：首先，解除股东资格这种严厉的措施只应用于严重违反出资义务的情形，即未出资和抽逃全部出资，未完全履行出资义务和抽逃部分出资不应包括在内。

其次，公司对未履行出资义务或者抽逃全部出资的股东除名前，应给该股东补正的机会，即应当催告该股东在合理期间内缴纳或者返还出资。最后，解除未履行出资义务或者抽逃全部出资股东的股东资格，应当依法召开股东会，作出股东会决议，如果章程没有特别规定，经代表1/2以上表决权的股东通过即可。

四、公司不可以直接提起诉讼，请求法院解除某股东的股东资格，也不可以在被解除股东资格的股东不存在异议的情况下，请求确认股东会决议有效

案例13：内蒙古自治区高级人民法院，陆某某、四子王旗阿某乌素矿业有限责任公司股东资格确认纠纷二审民事裁定书〔（2013）内商终字第14号〕认为：当事人提起民事诉讼，应当符合人民法院受理民事诉讼的条件和范围。本案是阿某乌素矿业公司以陆某某构成虚假出资，并已召开股东会解除陆某某股东资格等为由，请求人民法院确认陆某某不具备阿某乌素矿业公司的股东资格。对于出资瑕疵的股东，公司有权向该股东提出全面履行出资义务的主张，或可提起诉讼，但是如果公司以此为由解除其股东资格，根据《最高人民法院关于适用〈中华人民共和国公司法〉若干问题的规定（三）》第十八条的规定，应属公司自治权范围，人民法院无权以此为由解除股东的股东资格。同理，对于公司已形成的相关股东会决议，人民法院亦无权根据公司的主张以民事诉讼方式作公司法确认。综上，阿某乌素矿业公司提起的陆某某不具备公司股东资格的确认之诉，不属人民法院受理的民事诉讼的范围。

案例14：惠州市中级人民法院，麦某特集团精密有限公司与麦某特集团有限公司股东出资纠纷二审民事裁定书〔（2014）惠中法民二终字第364号〕认为：股东除名权是形成权和固有权，（除其内容违反法律、行政法规强制性规定自始至终无效外）其一经作出决定即生效力，不需要征求被除名股东的意见。同时，《中华人民共和国公司法》第二十二条规定，公司股东会或者股东大会、董事会的决议内容违反法律、行政法规的无效。股东会或者股东大会、董事会的会议召集程序、表决方式违反法律、行政法规定或者公司章程，或者决议内容违反公司章程的，股东可以自决议作出之日起六十日内，请求人民法院撤销。该法条是关于股东大会、董事会决议无效和撤销的规定。根据该条第一款规定，股东（大）会、董事会决议内容违反法律、行政法规的强制性规定的无效，且自始至终无效；根据该条第二款规定，股东（大）会、董事会决议在程序上存在瑕疵或者决议内容违反公司章程的，股东可以提起撤销之诉。根据该条规定，股东对公司决议提起确认效力之诉，应由不服公司决议的股东以公司为被告提起无效或

者撤销之诉。公司股东或公司以公司其他股东为被告,请求确认公司决议有效,不符合上述《公司法》的规定,亦无诉的利益。本案中,麦某特集团精密有限公司于2013年10月17日形成股东会决议,除去麦某特集团有限公司股东资格,麦某特集团有限公司对此明确表示没有异议,并未作为被除名股东提出确认股东会决议无效之诉,双方之间不存在诉的争议,根据上述法律和司法解释的规定,麦某特集团精密有限公司的诉讼请求不属于人民法院民事诉讼审理范围,对其起诉应当予以驳回。

五、未履行出资义务的股东解除其他未出资股东的股东资格,法院可能不会支持

案例15：上海市第一中级人民法院,上海凯某建设工程有限公司诉赵某某公司决议效力确认纠纷二审民事判决书〔(2016)沪01民终字第10409号〕认为：凯某公司称其对赵某某除名的理由是赵某某抽逃全部出资,但现有证据并不足以证明其主张,更不能证明另一股东王某已履行出资义务。鉴此,一审基于查明事实,并结合凯某公司股东情况及实际经营状况等各种因素,在未有法院生效判决确认赵某某存在未履行出资义务或者抽逃全部出资的情况下,认定凯某公司作出的股东会决议中"对股东赵某某除名"及修改相关公司章程的决议内容无效,于法有据。

案例16：南京市中级人民法院,胡某某与南京通某文化传播有限公司、徐某等公司决议效力确认纠纷二审民事判决书〔(2013)宁商终字第822号〕认为：关于本案第三个争议焦点通某公司召开股东会作出解除胡某某股东资格的决议是否出于正当目的、是否符合法定条件的问题。股东除名权是公司为消除特定股东对公司和其他股东的共同利益所产生的不利影响而享有的一项权能。当股东违反义务,其存在对公司继续经营的利益有所妨害,致使公司股东共同目的无法实现时,应允许将该股东驱离公司,使公司和其他股东不受影响……就本案而言,首先,通某公司明确表示在要求胡某某补资及作出股东会决议时,公司的税务登记证被注销、银行账户被撤销,已无经营场所,且不再实际经营,可见通某公司已无正常的经营活动。通某公司称其欲恢复经营,但未见其为此作相应准备。其次,通某公司其他三名股东一致表示在公司成立后抽逃了全部出资,且至今未按照公司章程及法律规定完成补资手续,本身亦非诚信股东。最后,根据通某公司审计报告及工商年检资料的记载,其对外并不负有债务,公司歇业以来也无债权人向公司主张权利,不存在为保护债权人的利益作出股东除名决议的情况。结合该股东会决议是在双方当事人的公司解散之诉期间作出的，胡某某关于该决议的作出是为了阻止公司解散诉讼的陈述有其合理性。可见，案涉股东会决议的作出背离了《公司法司法解释（三）》创设股东除名权的宗旨，故通某公司召开股东会作出解除胡某某股东资格的决议目的不正当。《公司法司法解释（三）》确认了股东资格解除规则，由于这种解除股东资格的方式相较于其他方式更为严厉，也更具有终局性，故《公司法司法解释（三）》也对此设定了严格的适用规则。而本案中，通某公司未能提供充分证据证明胡某某抽逃了全部出资，且公司的其他股东也无证据证明其依法完成了补资手续。即便胡某某存在抽逃出资的行为，通某公司也未能证明由此对公司及公司其他股东的权利造成了损害，故通某公司关于解除胡某某股东资格的股东会决议不符合法定条件。现通某公司已被吊销了营业执照，依法应予清算，股东与公司之间的相关事宜可在清算程序中予以解决。

六、解除股东资格的其他裁判要旨

1. 被解除股东资格的股东是否不可以再要求行使股东权利。

案例17：重庆市高级人民法院，敬某某与重庆市顺某地产发展有限公司、张某某公司决议效力确认纠纷再审民事裁定书［（2013）渝高法民申字第00738号］认为：尽管敬某某未实际出资，但顺某公司在合法解除敬某某股东资格之前，敬某某确有权依据《中华人民共和国公司法》第三十三条第二款"记载于股东名册的股东，可以依股东名册主张行使股东权利"的规定行使股东权利，但由于敬某某股东资格被股东会决议解除，且该股东会决议合法有效，此后敬某某已经无权再行主张行使股东权利。

2. 未出资的股东可否要求公司解除其股东资格，进而拒绝承担继续出资的法律责任。

案例18：株洲市中级人民法院，过某某与株洲市和某贸易有限公司、曾某某股权纠纷二审民事判决书［（2014）株中法民二终字第47号］认为：公司可以对未履行出资义务或者抽逃全部出资的股东以股东会决议的形式解除其股东资格。但这是公司拥有的一项自主权利，公司对是否行使该项权利具有选择权，解除股东资格并不是公司对抽逃出资行为的唯一救济途径。在本案中，被上诉人株洲市和某贸易有限公司要求上诉人过某某返还出资本息于法有据，应得到支持。

053 解除股东资格需要满足哪三个要件

裁判要旨

股东会决议解除股东资格,应当符合三个要件:第一,股东具有未出资或抽逃全部出资的情形,未完全履行出资义务和抽逃部分出资不应包括在内;第二,公司给予该股东补正机会,即应当催告该股东在合理期间内缴纳或者返还出资;第三,公司应当依法召开股东会,作出股东会决议,如果章程没有特别规定,经代表1/2以上表决权的股东通过即可。

案情简介[①]

一、宜某英泰公司成立于2010年6月23日,注册资本为20万元。股东辜某认缴出资12万元,占股60%,设立时实缴出资2.4万元;赵某某认缴出资8万元,占股40%,设立时实缴出资1.6万元。公司章程规定二者应在2012年6月3日前缴足剩余出资。

二、2010年11月18日,宜某英泰公司向莱某创科公司转账4万元,转账凭证记载为"其他借款"。2011年4月2日,宜某英泰公司收到莱某创科公司支付的款项2万元。其中,莱某创科公司由赵某某实际控制。辜某认为赵某某抽逃出资,赵某某则认为系企业正常拆借。

三、宜某英泰公司于2014年3月21日和2014年4月10日书面要求赵某某返还抽逃的出资并履行第二期出资义务。2014年4月22日和2014年4月29日,宜某英泰公司又向赵某某发送了召开股东会的通知函。上述通知赵某某均未签收。

四、宜某英泰公司于2014年5月8日形成股东会决议,决议以赵某某经催缴未按期缴纳第二期出资6.4万元为由解除其股东资格。该决议经过合法程序,但仅有辜某的签字,而没有赵某某签字。

五、此后,辜某向法院提起确认股东会决议有效之诉,本案经北京朝阳区人民法院一审,北京市第三中级人民法院二审,最终判定决议无效。

[①] 案件来源:北京市第三中级人民法院,辜某与北京宜某英泰工程咨询有限公司决议效力确认纠纷二审民事判决书[(2015)三中民(商)终字第10163号]。该案曾由二审法官巴晶焱、张濚元在《人民司法》上发表文章《股东除名决议的效力》进行详细解读。

核心要点

公司以股东会决议解除未履行出资义务或者抽逃出资股东的股东资格，应当符合三个要件：第一，解除股东资格这种严厉的措施只应用于严重违反出资义务的情形，即未出资和抽逃全部出资，未完全履行出资义务和抽逃部分出资不应包括在内。第二，公司对未履行出资义务或者抽逃全部出资的股东除名前，应给该股东补正的机会，即应当催告该股东在合理期间内缴纳或者返还出资。第三，解除未履行出资义务或者抽逃全部出资股东的股东资格，应当依法召开股东会，作出股东会决议，如果章程没有特别规定，经代表 1/2 以上表决权的股东通过即可。本案中，赵某某在公司设立时实际出资 1.6 万元，其已经履行了部分出资，不属于未完全出资，另外，也无充足证据证明赵某某抽逃全部出资，故不满足上述第一个要件，股东会决议无效。

实务经验总结

前事不忘，后事之师。为避免未来发生类似败诉，提出如下建议：

第一，对于严重违反出资义务的股东，公司可以通过股东会决议的形式解除其股东资格。需要注意的是解除股东资格需要满足本文中的三个要件：首先，股东未出资或抽逃全部出资；其次，公司给予该股东补正机会，进行了合理催告；最后，按照法定程序召开股东会，过半数表决权股东通过，且根据相关司法实践裁判观点，拟被除名股东就其除名事项不具有表决权。

第二，对于认缴出资的股东来讲，务必要按照章程规定的期间足额缴纳出资，尤其是首期出资一定要实缴，以免日后公司以其未缴纳出资为由解除股东资格。对于已实缴出资的股东来讲，禁止抽逃全部出资，对于企业间的拆借行为一定要有合同依据，并在转账记录上注明用途，并按照合同依据及时归还，以免被认定为抽逃出资。

相关法律规定

《最高人民法院关于适用〈中华人民共和国公司法〉若干问题的规定（三）》（2014 年修正）

第十二条 公司成立后，公司、股东或者公司债权人以相关股东的行为符合下列情形之一且损害公司权益为由，请求认定该股东抽逃出资的，人民法院应予支持：

（一）制作虚假财务会计报表虚增利润进行分配；

（二）通过虚构债权债务关系将其出资转出；

（三）利用关联交易将出资转出；

（四）其他未经法定程序将出资抽回的行为。

第十七条第一款 有限责任公司的股东未履行出资义务或者抽逃全部出资，经公司催告缴纳或者返还，其在合理期间内仍未缴纳或者返还出资，公司以股东会决议解除该股东的股东资格，该股东请求确认该解除行为无效的，人民法院不予支持。

本案链接

以下为该案在法院审理阶段，判决书中"本院认为"就该问题的论述：

……

股东抽逃出资是指在公司成立后，股东非经法定程序从公司抽回相当于已缴纳出资数额的财产，同时继续持有公司股份。对此，《公司法司法解释（三）》第十二条规定："公司成立后，公司、股东或者公司债权人以相关股东的行为符合下列情形之一且损害公司权益为由，请求认定该股东抽逃出资的，人民法院应予支持：（一）制作虚假财务会计报表虚增利润进行分配；（二）通过虚构债权债务关系将其出资转出；（三）利用关联交易将出资转出；（四）其他未经法定程序将出资抽回的行为。"本案中，辜某主张赵某某于2010年11月18日将宜某英泰公司账户中的4万元转入莱某创科公司构成抽逃出资，并为此提交了转账记账凭证。对此，本院认为，上述4万元转账凭证记载的摘要明确写明为"其他借款"，且莱某创科公司于2011年4月2日向宜某英泰公司支付2万元，可以证明宜某英泰公司与莱某创科公司之间存在资金往来，故辜某提供的证据不足以证明赵某某抽逃出资4万元。

三、涉案股东会决议的效力认定。

《公司法司法解释（三）》第十七条第一款规定："有限责任公司的股东未履行出资义务或者抽逃全部出资，经公司催告缴纳或者返还，其在合理期间内仍未缴纳或者返还出资，公司以股东会决议解除该股东的股东资格，该股东请求确认该解除行为无效的，人民法院不予支持。"根据上述条款，公司以股东会决议解除未履行出资义务或者抽逃出资股东的股东资格，应当符合下列条件和程序：首先，解除股东资格这种严厉的措施只应用于严重违反出资义务的情形，即未出资和抽逃全部出资，未完全履行出资义务和抽逃部分出资不应包括在内。其次，公司对未履行出资义务或者抽逃全部出资的股东除名前，应给该股东补正的机会，即应当催告该股东在合理期间内缴纳或者返还出资。最后，解除未履行出资义务或者抽逃全部出资股东的股东资格，应当依法召开股东会，作出股东会决议，如果章程没有特别规定，经代表 1/2 以上表决权的股东通过即可。具体到本案而言：第一，根据宜某英泰公司的验资报告及各方当事人陈述，赵某某在公司设立时实际出资 1.6 万元，其已经履行了部分出资义务，故不应当认定赵某某完全未履行出资义务；第二，如前所述，辜某的现有证据不足以证明赵某某抽逃全部出资。因此，宜某英泰公司于 2014 年 5 月 8 日作出股东会决议并未满足公司可以解除赵某某股东资格的前提条件，辜某主张涉案股东会决议有效，于法无据，本院不予支持。

054 未按期缴足出资的股东表决权是否可以打折计算

裁判要旨

公司可自主决定股东表决权的行使依据是出资比例还是股权比例。股东表决权实质上为一种控制权，兼有保障自益权行使和实现的功能，具有工具性质；公司可通过公司章程或股东会决议对瑕疵出资股东的表决权进行合理限制。

案情简介[①]

一、云某公司原注册资本为 88 万元，其中股东俞某某投入 48 万元、华某某投入 12 万元、范某投入 8 万元、李某某投入 20 万元。

二、2010 年 3 月，云某公司作出增资扩股的股东会决议：梁某某增资 300 万元，持股比例为 51%，郑某增资 20 万元，持股比例为 5.39%。云某公司股权结构变更为：俞某某持股 26.166%；梁某某持股 51%；李某某持股 10.9025%，郑

[①] 案件来源：南京市中级人民法院，梁某某与南京云某科技实业有限公司、俞某某等股东会决议效力纠纷二审民事判决书［（2012）宁商终字第 991 号］。

某持股 5.39%，华某某持股 4.361%；范某持股 2.1805%。

三、2010 年 5 月，云某公司变更工商备案登记，为适应工商部门持股比例和出资比例相一致的原则，股权结构登记为：俞某某、梁某某、李某某、郑某、华某某、范某各出资 48 万元、300 万元、20 万元、20 万元、12 万元、8 万元，出资比例分别为：11.77%、73.53%、4.9%、4.9%、2.94%、1.96%。

四、工商变更后，云某公司又作出股权结构按照 2010 年 3 月股东会决议内容执行的股东会决议，并决议梁某某首期出资 130 万元，剩余 170 万元在 24 个月内缴足。随后，梁某某注资 130 万元，范某注资 20 万元，云某公司实收资本 228 万元。

五、此后，云某公司股东会决议俞某某为执行董事和法定代表人，梁某某为总经理。但是，因财务等问题，二者矛盾激化，梁某某召开股东会，决议免去俞某某执行董事及法定代表人职务，选举梁某某为执行董事和法定代表人，该决议经过了梁某某、李某某、范某签字同意。

六、俞某某提起诉讼认为，梁某某认缴出资 300 万元，占总股权比例 51%，实际出资 130 万元，故梁某某只能行使 22.1%（130/300×51%）的表决权，加上其他同意股东的股权比例，股东会决议未达到 2/3 以上表决权通过，应当无效。

七、梁某某则认为，无论按出资比例 73.53% 还是按股权比例 51% 计算，三名同意股东的表决权均已经超过了 2/3。即便按实际出资计算，其实际出资 130 万元，占公司实收资本 238 万元的 54.62%，加上其他两位同意股东各占实际出资比例 8.4%，股东会决议也超过了 2/3 表决权通过，应当有效。

八、本案经南京市玄武区人民法院一审、南京中级人民法院二审最终认定，股东会决议有效。

核心要点

首先，《公司法》第六十五条规定："股东会会议由股东按照出资比例行使表决权；但是，公司章程另有规定的除外。"也即，是依据出资比例还是依据股权比例来确定股东表决权，属于公司自治范围。本案中，云某公司股东会决议"股东依据股权比例行使股东权利，而非依出资比例"，梁某某虽出资 300 万元，出资比例占 73.53%，但其股权比例为 51%，所以其依据股权比例行使表决权。

其次，股东表决权是股东通过股东大会上的意思表示，可按所持股份参加股东共同的意思决定的权利。表决权应否因股东未履行或未全面履行出资义务而受到限制，《公司法》对此并未作出明确规定。《公司法司法解释（三）》第十六条虽明确规定公司可对瑕疵出资股东的利润分配请求权、新股优先认购权、剩余财产分配请求权等股东权利进行限制，但限制的权利范围只明确为股东自益权，并未指向股东共益权。自益权是股东获取财产权益的权利，共益权是股东对公司重大事务参与管理的权利。表决权作为股东参与公司管理的经济民主权利，原则上属于共益权，但又具有一定的特殊性。股东通过资本多数决的表决权机制选择或罢免董事、确立公司的运营方式、决策重大事项等，借以实现对公司的有效管理和控制，其中也包括控制公司财产权，故表决权实质上是一种控制权，同时亦兼有保障自益权行使和实现之功能，具有工具性质。如果让未尽出资义务的股东通过行使表决权控制公司，不仅不符合权利与义务对等、利益与风险一致的原则，也不利于公司的长远发展。因此，公司可通过公司章程或股东会决议对瑕疵出资股东的表决权进行合理限制，例如，可规定股东按照已缴出资占应缴出资的比例行使表决权。但是，本案中梁某某行使表决权时还未逾期出资，不属于瑕疵出资。另外，云某公司的公司章程和公司决议均无按实际出资比例折算股权比例来行使表决权等类似规定，故无权限制梁某某的表决权。

实务经验总结

前事不忘，后事之师。为避免未来发生类似败诉，提出如下建议：

第一，公司可以自主决定股东行使表决权的依据是出资比例还是股权比例，公司章程可以规定"同钱不同股"，也即出资比例不一定等于股权比例。

第二，公司章程或股东会决议可以对未按期缴足出资的股东的表决权进行合理的限制，例如规定股东表决权按照已缴出资占应缴出资的比例行使表决权，该规定可以遏制某些股东通过认缴公司大部分出资霸占多数表决权却又不按期缴足出资的现象，倒逼股东按期足额缴纳出资。

相关法律规定

《中华人民共和国公司法》（2018年修正，已被修订）

第四条 公司股东依法享有资产收益、参与重大决策和选择管理者等权利。

第四十二条 股东会会议由股东按照出资比例行使表决权；但是，公司章程另有规定的除外。

第一百零三条第一款 股东出席股东大会会议，所持每一股份有一表决权。但是，公司持有的本公司股份没有表决权。

《中华人民共和国公司法》（2023年修订）

第四条 有限责任公司的股东以其认缴的出资额为限对公司承担责任；股份有限公司的股东以其认购的股份为限对公司承担责任。

公司股东对公司依法享有资产收益、参与重大决策和选择管理者等权利。

第六十五条 股东会会议由股东按照出资比例行使表决权；但是，公司章程另有规定的除外。

第一百一十六条 股东出席股东会会议，所持每一股份有一表决权，类别股股东除外。公司持有的本公司股份没有表决权。

股东会作出决议，应当经出席会议的股东所持表决权过半数通过。

股东会作出修改公司章程、增加或者减少注册资本的决议，以及公司合并、分立、解散或者变更公司形式的决议，应当经出席会议的股东所持表决权的三分之二以上通过。

《最高人民法院关于适用〈中华人民共和国公司法〉若干问题的规定（三）》（2014年修正）

第十六条 股东未履行或者未全面履行出资义务或者抽逃出资，公司根据公司章程或者股东会决议对其利润分配请求权、新股优先认购权、剩余财产分配请求权等股东权利作出相应的合理限制，该股东请求认定该限制无效的，人民法院不予支持。

本案链接

以下为该案在法院审理阶段，判决书中"本院认为"就该问题的论述：

本案是一起股东会决议效力纠纷案件，双方争议的焦点问题是云某公司2011年1月26日的股东会决议是否经过了有2/3以上表决权的股东表决通过。上诉人俞某某认为，梁某某认缴出资300万元，占总股权比例51%，实际出资130万元，故梁某某只能行使22.1%（130/300×51%）的表决权，加上其他同意股东的股权比例，股东会决议未达到2/3以上表决权，应当无效；被上诉人梁某某认为，无论按出资比例73.53%还是按股权比例51%计算，三名同意股东的表决权均已经超过了2/3；即便按实际出资计算，其实际出资130万，占公司实收资本238万元的54.62%，加上其他两位同意股东各占实际出资比例8.4%，股东会决议也超过了 2/3 表决权，应当有效。对此，本院认为，本案双方争议的股东会决议效力问题主要围绕两个方面展开：一是如何确定梁某某享有的表决权数；二是梁某某在未足额出资前其表决权的行使应否受到限制。

关于如何确定梁某某享有的表决权数的问题。本院认为，《公司法》第四十三条规定："股东会会议由股东按照出资比例行使表决权；但是，公司章程另有规定的除外。"该规定在允许出资与表决权适度分离的同时赋予了公司更大的自治空间，换言之，是依据出资比例还是依据股权比例来确定股东表决权，可归于公司自治权。本案中，经工商备案的 2010 年 4 月 25 日公司章程载明 "梁某某出资比例为 73.53%"、"股东会会议按股东出资比例行使表决权"，而经各股东签名确认的 2010 年 4 月 25 日股东会决议和俞某某提供的 2010 年 4 月 5 日公司章程却载明 "梁某某出资货币 300 万元，占公司股权 51%"。虽然工商备案的公司章程与股东会决议之间以及两个版本的公司章程之间出现部分内容不一致，但结合俞某某、梁某某等股东于 2010 年 5 月 20 日签名确认的《股东会协议书》的有关内容，如 "股东依据股权比例行使股东权力，而非依出资比例"，"工商备案的公司章程中部分内容（例如：股权比例）与我公司实际情况不同，于此共同声明公司章程以 2010 年 4 月 5 日股东签署的云某公司章程为准" 等，可以确认，关于梁某某出资 300 万元、按股权比例 51% 行使股东权利的约定应是云某公司各股东的真实意思表示，符合《公司法》第四十三条规定，应当作为确定梁某某的股权比例及表决权的依据。依据《公司法》第一百零四条之规定："股东出席股东大会会议，所持每一股份有一表决权"，梁某某在云某公司享有的表决权数应为 51%。

关于梁某某在未足额出资前其表决权的行使应否受到限制的问题。本院认为，股东表决权是股东通过股东大会上的意思表示，可按所持股份参加股东共同的意思决定的权利。表决权是股东的一项法定权利，《公司法》第四条规定："公司股东依法享有资产收益、参与重大决策和选择管理者等权利。"但表决权应否因股东未履行或未全面履行出资义务而受到限制，《公司法》对此并未作出明确规定。《最高人民法院关于适用〈中华人民共和国公司法〉若干问题的规定（三）》第十七条规定："股东未履行或者未全面履行出资义务或者抽逃出资，公司根据公司章程或者股东会决议对其利润分配请求权、新股优先认购权、剩余财产分配请求权等股东权利作出相应的合理限制，该股东请求认定该限制无效的，人民法院不予支持。"该条司法解释虽然明确规定公司可对瑕疵出资股东的利润分配请求权、新股优先认购权、剩余财产分配请求权等股东权利进行限制，但限制的权利范围只明确为股东自益权，并未指向股东共益权。自益权是股东获取财产权益的权利，共益权是股东对公司重大事务参与管理的权利。表决权作为股东参与公司管理的经济民主权利，原则上属于共益权，但又具有一定的特殊性，股东通过资本多数决的表决权机制选择或罢免董事、确立公司的运营方式、决策重大事项等，借以实现对公司的有效管理和控制，其中也包括控制公司财产权，故表决权实质上是一种控制权，同时亦兼有保障自益权行使和实现之功能，具有工具性质。如果让未尽出资义务的股东通过行使表决权控制公司，不仅不符合权利与义务对等、利益与风险一致的原则，也不利于公司的长远发展。因此，公司通过公司章程或股东会决议对瑕疵出资股东的表决权进行合理限制，更能体现法律的公平公正，亦符合《公司法》和司法解释有关规定之立法精神，可以得到支持。

就本案而言，上诉人俞某某主张被上诉人梁某某51%股权只能行使22.1%表决权，剩余28.9%因未实际出资而应受到限制，因缺乏限制的前提和依据，故本院难以支持。首先，梁某某在行使表决权时尚不属于瑕疵出资股东，不具备限制其表决权的前提。梁某某认缴出资300万元，分两期缴纳，第一期130万元已实际出资，第二期170万元的缴纳期限是2011年5月9日，本案争议的股东会决议作出之日是2011年1月26日，即梁某某在行使其表决权时第二期出资期限尚未届满，其分期出资的行为具有合法性，亦不违反约定的出资义务。其次，无论是工商备案或者俞某某提供的云某公司章程，还是股东会决议或者股东会协议书，均未作出有关梁某某在第二期出资期限届满前应按其实际出资折算股权比例来行使表决权等类似规定，不具有限制其表决权的依据。最后，即便按俞某某主张依据实际出资计算，梁某某实缴出资130万元，占公司实收资本238万元的54.6%，加上李某某、郑某的实际出资比例各8.4%，同意股东的表决权也已超过2/3。据此，本院认为，云某公司2011年1月26日的股东会决议经过了梁某某51%、李某某10.9025、郑某5.39%的表决通过，已超过了有2/3以上表决权的股东同意，应当有效。至于诉讼中梁某某在第二期出资期限届满后仍未出资的问题，俞某某可另行主张权利。

055 股东会可否决议解除抽逃部分出资股东抽逃部分对应的股权份额

裁判要旨

有限责任公司股东抽逃出资且在公司催告后并未补足的，即使该股东未抽逃全部出资，公司股东会亦可在保留其股东资格的前提下，解除与其抽逃出资额相对应的股权。

案情简介①

一、君某公司原注册资本为1000万元，王某某出资729.65万元，占72.965%，徐某某出资119.65万元，占11.965%，尹某某出资150.7万元，占15.07%。

二、2004年5月，君某公司股东会决议增资2190万元，其中尹某某增资1300万元，徐某某增资760万元，王某出资130万元成为新股东，王某某出资额不变。尹某某增资的1300万元，验资后即从公司账户转出。

三、徐某某和王某某、王某系母女关系，尹某某和王某某系夫妻关系。自2010年起，尹某某与王某某发生夫妻矛盾，尹某某起诉离婚，但法院判决不离。

四、2010年10月13日，君某公司召开股东会，王某、王某某、徐某某出席，尹某某未参加。经公证处公证的股东会决议为：要求尹某某在2010年10月18日前补足欠缴的增资款1300万元，并在当日当场向尹某某送达了股东会决议。

五、2011年11月29日，君某公司召开股东会，王某、王某某、徐某某出席，尹某某未参加。股东会决议：确认尹某某无权享有和行使与1300万元出资额对应股权相关的股东权利，包括利润分配权、剩余财产分配权、对应表决权等与该股权相关的一切股东权利。欠缴1300万元由王某和徐某某分别履行该650万元欠缴出资的认缴义务，并享有相应权利。

六、2013年5月，徐某某、王某各向君某公司转入650万元，共计1300万

---

① 最高人民法院，尹某某、王某等与日照君某房地产（集团）有限公司股东资格确认纠纷再审民事裁定书［（2016）最高法民申字第237号］；山东省高级人民法院，王某、徐某某与日照君某房地产（集团）有限公司股东资格确认纠纷二审民事判决书［（2015）鲁商终字第210号］。

元。此后，徐某某、王某向法院起诉要求确认各增资650万元的股权，要求公司变更工商登记。尹某某抗辩称股东会决议无效，其仍享有1300万元出资份额的股权。

七、该案经日照中院一审，山东高院二审，最高院再审，最终认定：股东会决议有效，徐某某、王某各自享有650万元出资的股权，君某公司应协助办理股东名册及工商变更登记。

核心要点

在股东抽回出资且经催缴拒不补足的情况下，股东会有权通过公司自治取消其相应股权。《公司法司法解释（三）》第十七条第一款的规定，"有限责任公司的股东未履行出资义务或者抽逃全部出资，经公司催告缴纳或者返还，其在合理期间内仍未缴纳或者返还出资，公司以股东会决议解除该股东的股东资格，该股东请求确认该解除行为无效的，人民法院不予支持"。本案中，尹某某抽逃增资款事实存在，在公司催讨后并未补足，公司股东会可以解除其相应股权，而且尹某某也没有证据证明股东会程序以及决议内容存在违反法律法规禁止性规定的情形，故股东会决议的效力应予认可。

实务经验总结

前事不忘，后事之师。为避免未来发生类似败诉，提出如下建议：

第一，虽然《公司法司法解释（三）》规定，只有未履行出资义务或者抽逃全部出资才构成法定的解除股东资格的事由。但是，根据本案可知，只要股东抽逃增资款事实存在，在公司催讨后并未补足，即使该股东未抽逃全部出资，公司股东会也可在保留其股东资格的前提下，解除与其抽逃出资额相应的股权。

第二，为避免股东对"在股东抽逃部分出资经催缴而未补缴时解除其相应部分股权"的决议效力产生争议，同时督促股东及时足额出资，公司股东可将"在股东抽逃部分出资或未全面出资，经公司催缴在合理期限内（如60日内）未补缴的，公司股东会可以决议将该股东欠缴出资对应的股权解除，由公司办理法定减资程序或者由其他股东或者第三人缴纳相应的出资"之类的条款写入公司章程。该条款没有违反法律强制性规定和基本原则，未侵害股东的固有权利，且该解除相应股权的条款是经全体股东同意的，此时公司以此类事由为由作出解除股东相应股权的决议应属合法有效行为。

第三,全体股东应在出资协议中对股东及时实缴出资设置违约条款,通过由违约股东向守约股东支付违约金的方式督促全体股东履行出资义务,增强对信守出资义务股东利益的保护。在新《公司法》确立股东失权制度的背景下,抽逃出资是否适用股东失权制度?笔者认为,抽逃出资的本质就是未出资或者瑕疵出资,而且与未按期缴纳出资相比,抽逃出资的行为更隐秘、主观过错更严重,抽逃出资应当属于股东失权制度的适用范围。

相关法律规定

《中华人民共和国公司法》(2023年修订)

第五十二条 股东未按照公司章程规定的出资日期缴纳出资,公司依照前条第一款规定发出书面催缴书催缴出资的,可以载明缴纳出资的宽限期;宽限期自公司发出催缴书之日起,不得少于六十日。宽限期届满,股东仍未履行出资义务的,公司经董事会决议可以向该股东发出失权通知,通知应当以书面形式发出。自通知发出之日起,该股东丧失其未缴纳出资的股权。

依照前款规定丧失的股权应当依法转让,或者相应减少注册资本并注销该股权;六个月内未转让或者注销的,由公司其他股东按照其出资比例足额缴纳相应出资。

股东对失权有异议的,应当自接到失权通知之日起三十日内,向人民法院提起诉讼。

《最高人民法院关于适用〈中华人民共和国公司法〉若干问题的规定(三)》(2014年修正)

第十六条 股东未履行或者未全面履行出资义务或者抽逃出资,公司根据公司章程或者股东会决议对其利润分配请求权、新股优先认购权、剩余财产分配请求权等股东权利作出相应的合理限制,该股东请求认定该限制无效的,人民法院不予支持。

第十七条 有限责任公司的股东未履行出资义务或者抽逃全部出资,经公司催告缴纳或者返还,其在合理期间内仍未缴纳或者返还出资,公司以股东会决议解除该股东的股东资格,该股东请求确认该解除行为无效的,人民法院不予支持。

在前款规定的情形下,人民法院在判决时应当释明,公司应当及时办理法定减资程序或者由其他股东或者第三人缴纳相应的出资。在办理法定减资程序或者其他股东或者第三人缴纳相应的出资之前，公司债权人依照本规定第十三条或者第十四条请求相关当事人承担相应责任的，人民法院应予支持。

本案链接

以下为该案在法院审理阶段，判决书中"本院认为"就该问题的论述：

本案是股东资格确认纠纷，围绕当事人申请再审的事由分析如下：

一、关于尹某某抽逃1300万元增资款认定的问题。根据原审查明的事实，2004年5月28日君某公司出具的00×××252号转账支票可以证明1300万元增资款在验资后即被转出，该转账支票出具期间尹某某为君某公司的法定代表人、执行董事和经理，当事人对该款项转出无合理解释，尹某某抽逃出资的事实是存在的，原审法院认定增资款被抽逃并无不当。尹某某并没有足够证据推翻原审认定，其关于未抽逃出资的主张缺乏事实依据，本院不予支持。

二、关于原判决认定涉案股东会决议有效是否缺乏证据证明和法律依据的问题。《最高人民法院关于适用〈中华人民共和国公司法〉若干问题的规定（三）》第十七条第一款规定，有限责任公司的股东未履行出资义务或者抽逃全部出资，经公司催告缴纳或者返还，其在合理期间内仍未缴纳或者返还出资，公司以股东会决议解除该股东的股东资格，该股东请求确认该解除行为无效的，人民法院不予支持。本案中，尹某某抽逃增资款事实存在，在公司催讨后并未补足，公司股东会可以解除其相应股权。公司股东会决议的效力应予认可。现尹某某没有证据证明涉案股东会程序以及决议内容存在法律法规禁止性规定的情形，故其相应主张本院亦不予支持。

056 股东代理人超越代理权限投票，股东会决议侵犯股东法定权利的，决议无效

裁判要旨

股东委托代理人参加股东会，代理人超越授权委托书记载的授权事项所作出的行为，不能视为股东的行为。代理人超越委托权限投票作出的股东会决议侵犯

股东法定权利的，该股东会决议无效。

案情简介①

一、黔某交通公司原注册资本6万元，股东为夏某某（持股比例93.33%）、潘某某（持股比例5%）、何某某（持股比例1.67%）。

二、2010年3月起，大股东夏某某因涉嫌犯罪被羁押于黔某县看守所，人身自由受到限制。

三、6月14日，夏某某向代某某出具授权委托书，委托代某某"代表夏某某将其93.33%股权处理转让60%，并代表该项事务的民事行为"。

四、6月24日，黔某交通公司召开由何某某主持，潘某某、代某某等人参加的股东扩大会议，作出"公司注册资本6万元变更为76万元，三股东的出资比例为何某某87.63%，夏某某7.37%，潘某某5%"的股东会决议，并制定公司章程修正案。代某某在股东会决议上签字，但"因对股份比例计算有意见未在章程修正案上签字"。

五、夏某某认为上述股东会决议侵犯了其对新增注册资本的优先认缴权，向法院诉请确认涉案的股东会决议无效。

六、一审毕节中院、二审贵州高院判决：夏某某的代理人代某某在公司新增资本时未主张认缴出资，因此驳回了夏某某的诉讼诉请求。

七、夏某某不服贵州高院的终审判决，向最高人民法院提出再审申请。最高人民法院裁定认为股东会决议侵犯了夏某某认缴增资的法定权利而无效。

核心要点

夏某某向代某某出具的授权委托书委托权限仅包括处理股权转让事宜，并不包括代其参加股东会并对决议内容发表意见，故黔某交通公司召开的股东会所作出的关于增加注册资本以及修改公司章程的股东会决议内容，没有经过当时仍持有公司93.33%股权的夏某某的同意，也没有证据证明夏某某就公司的该次增资已知悉并明确放弃了优先认缴权，故上述决议内容违反了《公司法》（2005年修订版）第三十五条关于"股东有权优先按照实缴的出资比例认缴出资"的规定，

---

① 案件来源：贵州省高级人民法院，夏某某与贵州省黔某交通运输联合有限公司、何某某、潘某某公司决议效力确认纠纷案二审民事判决书［（2015）黔高民商终字第10号］。最高人民法院，夏某某与贵州省黔某交通运输联合有限公司、何某某等公司决议效力确认纠纷再审民事裁定书［（2016）最高法民申字第334号］。

侵犯了夏某某认缴增资的合法权益，依据《公司法》（2005年修订版）第二十二条第一款规定，应认定无效。

实务经验总结

前事不忘，后事之师。为避免未来发生类似败诉，提出如下建议：

第一，股东授权代表人参加股东会或董事会的，董事会秘书应审查参会代表的授权权限（授权事项、授权期限、投票意愿），避免代理人无权参与公司会议，或超越其代理权限参与公司会议及对公司决议事项进行投票的情形。

第二，股东（董事）委托他人参加会议，《授权委托书》应明当委托事项，避免授权不明造成代理人超越代理权限。如"授权事项：1. 代为选举公司董事；2. 代为选举公司监事。除上述授权事项外，被委托人无权代表委托人作出任何行为或决定"。切忌概括填写委托事项，如"被委托人代表委托人参加股东会决议，并代为投票"，或"被委托人有权代表委托人就与公司有关的事项作出决定"等。

第三，授权委托还应明确载明授权期限，避免授权期限过长、授权期限无截止时间。如委托人因出国、被羁押等原因长期无法参加公司会议的，原则上还是建议每次股东会（董事会）召开前分别作出授权，客观条件确实无法允许每次单独出具授权委托书的，也应尽量缩短授权期限。

第四，为避免因代理人不忠实履行股东或董事本人的投票意愿，本书作者强烈建议《授权委托书》应尽可能载明投票意愿，如"代为对本次股东会的《议案×》投赞成票""代为对本次股东会的《议案×》投反对票"；再如"代为选举张三为公司董事长"等，避免因代理人不忠实履行其投票意愿而产生的纠纷。

相关法律规定

《中华人民共和国公司法》（2018年修正，已被修订）

第二十二条 公司股东会或者股东大会、董事会的决议内容违反法律、行政法规的无效。

股东会或者股东大会、董事会的会议召集程序、表决方式违反法律、行政法规或者公司章程，或者决议内容违反公司章程的，股东可以自决议作出之日起六十日内，请求人民法院撤销。

股东依照前款规定提起诉讼的，人民法院可以应公司的请求，要求股东提供相应担保。

公司根据股东会或者股东大会、董事会决议已办理变更登记的，人民法院宣告该决议无效或者撤销该决议后，公司应当向公司登记机关申请撤销变更登记。

第三十四条 股东按照实缴的出资比例分取红利；公司新增资本时，股东有权优先按照实缴的出资比例认缴出资。但是，全体股东约定不按照出资比例分取红利或者不按照出资比例优先认缴出资的除外。

《中华人民共和国公司法》（2023年修订）

第二十五条 公司股东会、董事会的决议内容违反法律、行政法规的无效。

第二十六条 公司股东会、董事会的会议召集程序、表决方式违反法律、行政法规或者公司章程，或者决议内容违反公司章程的，股东自决议作出之日起六十日内，可以请求人民法院撤销。但是，股东会、董事会的会议召集程序或者表决方式仅有轻微瑕疵，对决议未产生实质影响的除外。

未被通知参加股东会会议的股东自知道或者应当知道股东会决议作出之日起六十日内，可以请求人民法院撤销；自决议作出之日起一年内没有行使撤销权的，撤销权消灭。

第二十八条 公司股东会、董事会决议被人民法院宣告无效、撤销或者确认不成立的，公司应当向公司登记机关申请撤销根据该决议已办理的登记。

股东会、董事会决议被人民法院宣告无效、撤销或者确认不成立的，公司根据该决议与善意相对人形成的民事法律关系不受影响。

第二百二十七条 有限责任公司增加注册资本时，股东在同等条件下有权优先按照实缴的出资比例认缴出资。但是，全体股东约定不按照出资比例优先认缴出资的除外。

股份有限公司为增加注册资本发行新股时，股东不享有优先认购权，公司章程另有规定或者股东会决议决定股东享有优先认购权的除外。

本案链接

以下为该案在法院审理阶段，判决书中"本院认为"就该问题的论述：

案涉股东会决议作出于2010年，本案应适用2005年修订版《中华人民共和国公司法》。根据一审、二审查明的案件事实，夏某某向代某某出具的授权委托书并不包括代其参加股东会并对决议内容发表意见的内容，故2010年3月30

日、6月20日、6月24日、6月29日黔某交通公司召开的股东会所作出的关于增加注册资本以及修改公司章程的股东会决议内容，没有经过当时仍持有公司93.33%股权的夏某某的同意，也没有证据证明夏某某就公司的该次增资已知悉并明确放弃了优先认缴权，故上述决议内容违反了《中华人民共和国公司法》（2005年修订版）第三十五关于"股东有权优先按照实缴的出资比例认缴出资"的规定，侵犯了夏某某认缴增资的合法权益，依据《中华人民共和国公司法》（2005年修订版）第二十二条第一款规定，应认定无效。二审判决关于是否侵害夏某某优先认购权的认定缺乏证据证明。同时，根据《中华人民共和国公司法》（2005年修订版）第四十四条第二款规定，无论公司章程如何规定，股东会会议作出修改公司章程、增加或者减少注册资本的决议，以及公司合并、分立、解散或者变更公司形式的决议，必须经代表三分之二以上表决权的股东通过，故二审判决认定"上述股东会决议内容经潘某某、何某某二位股东通过，符合《公司法》及黔某交通公司章程的相关规定"为适用法律错误。

综上，本院认为，夏某某的再审申请符合《中华人民共和国民事诉讼法》第二百条第二项、第六项规定的情形。本院依照《中华人民共和国民事诉讼法》第二百零四条、第二百零六条之规定，裁定如下：指令贵州省高级人民法院再审本案。

057 签名被伪造的股东会决议是否必然无效

裁判要旨

股东会决议法定无效的情形是指其内容的违法性，其形式上的瑕疵不具有对抗善意第三人的绝对效力，在未被撤销的情形下依然有效。而股东会决议只是公司注销登记的法定程序性文件，工商机关对相关文件的审查仅限于形式上的审查，在没有证据证明工商机关的形式审查存在重大过错的情况下，股东以股东会决议签名系伪造为由，要求重新清算的请求法院将不予支持。

案情简介[①]

一、1999年7月1日，陈某甲与龚某某、陈某乙、苏某某共同设立东莞美某奇公司，注册资本380万元，四个股东平均占25%的股份。公司章程约定，股东会决议须经代表三分之二以上表决权股东通过方可作出。

二、2008年2月25日，东莞美某奇公司作出《关于同意注销公司的股东会决议》，该决议上具有四股东的签名，但是陈某甲的签名系伪造。

三、2008年2月27日，东莞美某奇公司报刊上发布《清算公告》，公告公司决定解散、成立清算组事宜，通知债权人申报债权。同年5月15日东莞美某奇公司作出《清算报告》；6月16日，东莞美某奇公司注销。

四、此后，陈某甲以其对东莞美某奇公司被注销一事并不知情，股东会决议及《清算报告》上签名系伪造为由，要求确认股东会决议无效，并对公司进行重新清算。

五、本案经东莞中院一审、广东高院二审，最终判定股东会决议存在程序瑕疵，未在法定期间内撤销的，合法有效，驳回了陈某甲的诉讼请求。

核心要点

公司股东会的决议只有在其内容违反法律、行政法规的情况下，才可认定为无效。而对于股东会的会议召集程序、表决方式违反法律、行政法规或公司章程的情形，《公司法》仅规定股东可在法定期限内行使撤销权。本案中，陈某甲主张股东会决议上签名系伪造，属于股东会的会议召集程序、表决方式上存在瑕疵的问题，陈某甲以此为由请求确认该股东会决议无效无法律依据，不予支持。另外，从实质上讲，陈某甲的股权比例仅占25%，在其他三位股东均同意的情形下，股东会的表决比例（75%）也已超过三分之二，在此情形下，因程序瑕疵而确认股东会决议无效于法不符。

工商机关对公司注销登记的相关文件仅有形式上的审查义务，提交人应对文件的真实性负有保证义务，在没有证据证明工商行政机关履行该义务存在重大过错的情况下，工商机关依照法定的要求对公司办理注销登记手续并无不当。

[①] 案件来源：广东省高级人民法院，陈某甲与龚某某等与公司有关的纠纷二审民事判决书［(2009)粤高法民二终字第8号］。

实务经验总结

前事不忘，后事之师。为避免未来发生类似败诉，提出如下建议：

第一，对于股东会决议有异议的股东，务必要选择好诉讼请求，根据决议是内容违法还是程序瑕疵选择是要求法院确认合同无效，还是要求撤销决议，且撤销权要在自知道或者应当知道决议存在瑕疵之日起 60 天内行使。

第二，对于对公司决议的形成具有绝对控制力的股东来讲，其务必要按照《公司法》及公司章程规定的程序召开股东会，严格履行"召集程序"和"表决方式"，包括股东会或者股东大会、董事会会议的通知、股权登记、提案和议程的确定、主持、投票、计票、表决结果的宣布、决议的形成、会议记录及签署等事项，以免在己方具有绝对表决权的情况下由于程序瑕疵而导致决议被撤销。

相关法律规定

《中华人民共和国公司法》（2018 年修正，已被修订）

第二十二条　公司股东会或者股东大会、董事会的决议内容违反法律、行政法规的无效。

股东会或者股东大会、董事会的会议召集程序、表决方式违反法律、行政法规或者公司章程，或者决议内容违反公司章程的，股东可以自决议作出之日起六十日内，请求人民法院撤销。

股东依照前款规定提起诉讼的，人民法院可以应公司的请求，要求股东提供相应担保。

公司根据股东会或者股东大会、董事会决议已办理变更登记的，人民法院宣告该决议无效或者撤销该决议后，公司应当向公司登记机关申请撤销变更登记。

《中华人民共和国公司法》（2023 年修订）

第二十五条　公司股东会、董事会的决议内容违反法律、行政法规的无效。

第二十六条　公司股东会、董事会的会议召集程序、表决方式违反法律、行政法规或者公司章程，或者决议内容违反公司章程的，股东自决议作出之日起六十日内，可以请求人民法院撤销。但是，股东会、董事会的会议召集程序或者表决方式仅有轻微瑕疵，对决议未产生实质影响的除外。

未被通知参加股东会会议的股东自知道或者应当知道股东会决议作出之日起

六十日内，可以请求人民法院撤销；自决议作出之日起一年内没有行使撤销权的，撤销权消灭。

第二十八条 公司股东会、董事会决议被人民法院宣告无效、撤销或者确认不成立的，公司应当向公司登记机关申请撤销根据该决议已办理的登记。

股东会、董事会决议被人民法院宣告无效、撤销或者确认不成立的，公司根据该决议与善意相对人形成的民事法律关系不受影响。

第二百二十七条 有限责任公司增加注册资本时，股东在同等条件下有权优先按照实缴的出资比例认缴出资。但是，全体股东约定不按照出资比例优先认缴出资的除外。

股份有限公司为增加注册资本发行新股时，股东不享有优先认购权，公司章程另有规定或者股东会决议决定股东享有优先认购权的除外。

《最高人民法院关于适用〈中华人民共和国公司法〉若干问题的规定（四）》（2017年施行，已被修订）

第一条 公司股东、董事、监事等请求确认股东会或者股东大会、董事会决议无效或者不成立的，人民法院应当依法予以受理。

第二条 依据公司法第二十二条第二款请求撤销股东会或者股东大会、董事会决议的原告，应当在起诉时具有公司股东资格。

第三条 原告请求确认股东会或者股东大会、董事会决议不成立、无效或者撤销决议的案件，应当列公司为被告。对决议涉及的其他利害关系人，可以依法列为第三人。

一审法庭辩论终结前，其他有原告资格的人以相同的诉讼请求申请参加前款规定诉讼的，可以列为共同原告。

第四条 股东请求撤销股东会或者股东大会、董事会决议，符合公司法第二十二条第二款规定的，人民法院应当予以支持，但会议召集程序或者表决方式仅有轻微瑕疵，且对决议未产生实质影响的，人民法院不予支持。

第五条 股东会或者股东大会、董事会决议存在下列情形之一，当事人主张决议不成立的，人民法院应当予以支持：

（一）公司未召开会议的，但依据公司法第三十七条第二款或者公司章程规定可以不召开股东会或者股东大会而直接作出决定，并由全体股东在决定文件上签名、盖章的除外；

（二）会议未对决议事项进行表决的；

（三）出席会议的人数或者股东所持表决权不符合公司法或者公司章程规定的；

（四）会议的表决结果未达到公司法或者公司章程规定的通过比例的；

（五）导致决议不成立的其他情形。

第六条 股东会或者股东大会、董事会决议被人民法院判决确认无效或者撤销的，公司依据该决议与善意相对人形成的民事法律关系不受影响。

《最高人民法院关于适用〈中华人民共和国公司法〉若干问题的规定（四）》（2020年修正）

第一条 公司股东、董事、监事等请求确认股东会或者股东大会、董事会决议无效或者不成立的，人民法院应当依法予以受理。

第二条 依据民法典第八十五条、公司法第二十二条第二款请求撤销股东会或者股东大会、董事会决议的原告，应当在起诉时具有公司股东资格。

第三条 原告请求确认股东会或者股东大会、董事会决议不成立、无效或者撤销决议的案件，应当列公司为被告。对决议涉及的其他利害关系人，可以依法列为第三人。

一审法庭辩论终结前，其他有原告资格的人以相同的诉讼请求申请参加前款规定诉讼的，可以列为共同原告。

第四条 股东请求撤销股东会或者股东大会、董事会决议，符合民法典第八十五条、公司法第二十二条第二款规定的，人民法院应当予以支持，但会议召集程序或者表决方式仅有轻微瑕疵，且对决议未产生实质影响的，人民法院不予支持。

第五条 股东会或者股东大会、董事会决议存在下列情形之一，当事人主张决议不成立的，人民法院应当予以支持：

（一）公司未召开会议的，但依据公司法第三十七条第二款或者公司章程规定可以不召开股东会或者股东大会而直接作出决定，并由全体股东在决定文件上签名、盖章的除外；

（二）会议未对决议事项进行表决的；

（三）出席会议的人数或者股东所持表决权不符合公司法或者公司章程规定的；

（四）会议的表决结果未达到公司法或者公司章程规定的通过比例的；

（五）导致决议不成立的其他情形。

第六条 股东会或者股东大会、董事会决议被人民法院判决确认无效或者撤销的，公司依据该决议与善意相对人形成的民事法律关系不受影响。

本案链接

以下为该案在法院审理阶段，判决书中"本院认为"就该问题的论述：

本案是与公司有关的纠纷。根据《中华人民共和国公司法》第二十二条的规定，公司股东会的决议只有在其内容违反法律、行政法规的情况下，才可认定为无效。而对于股东会的会议召集程序、表决方式违反法律、行政法规或公司章程的情形，公司法仅规定股东可在法定期限内行使撤销权。本案中，陈某甲主张2008年2月25日召开的东莞美某奇公司股东会未通知其参加、其也未在该股东会决议上签名，属于股东会的会议召集程序、表决方式上是否存在瑕疵的问题，即使其主张属实，陈某甲以此为由请求确认该股东会决议无效也缺乏法律依据，本院不予支持。鉴于涉案股东会决议上陈某甲签名的真伪不影响本案的认定，本院对陈某甲有关对上述股东会决议上陈某甲的签名进行笔迹鉴定的申请不予准许。

在上述股东会决议的内容不违反法律和行政法规的规定，且未因程序瑕疵问题被依法撤销的情况下，东莞美某奇公司依据该决议于2008年2月27日在《东莞日报》上刊登《清算公告》，公告东莞美某奇公司决定解散、成立清算组事宜，通知债权人申报债权，并于2008年5月15日作出《清算报告》。在未有相反证据的情况下，应认定东莞美某奇公司已经依法进行了清算。而且，现行法律和行政法规并未规定公司清算报告必须经所有股东签字方才生效。因此，陈某甲以《清算报告》上陈某甲的签名不真实为由主张确认2008年5月15日的清算报告无效并对东莞美某奇公司重新清算缺乏法律依据，本院不予支持。鉴于涉案清算报告上陈某甲签名的真伪不影响本案的认定，本院对陈某甲有关对清算报告上陈某甲的签名进行笔迹鉴定的申请不予准许。

058 未实际召开股东会，持股90%的大股东单方作出的股东会决议并无决议效力

裁判要旨

未经依法召开股东会或董事会并作出会议决议，而是由实际控制公司的股东

单方召开或虚构公司股东会、董事会及其会议决议的，即使该股东实际享有公司绝大多数的股份及相应的表决权，其单方形成的会议决议也不能具有相应效力。

案情简介[①]

一、海南省三亚保某房地产投资开发有限公司（以下简称"保某公司"）股东为海南天某置业有限公司（以下简称"天某公司"）和宝某投资有限公司（以下简称"宝某公司"），各自出资比例为90%和10%。后保某公司通过邮寄方式通知召开股东会、董事会和监事会，却未能有效送达被通知对象。

二、保某公司提交邮寄快递单，拟证明其已通知股东宝某公司参加股东会临时会。但该邮寄快递单显示无人签收，既无法显示该通知已有效送达至宝某公司，也无法显示邮寄的内容。

三、保某公司主张其已经以邮寄的方式通知董事参加董事会，但其提交的三份邮寄单上均注明为退回，既无法显示该通知已有效送达董事，也无法显示邮寄的内容。

四、2014年1月，保某公司以在《西藏日报》刊登通知的方式向股东、董事、监事发出董事会、监事会、股东会通知，落款时间为1月4日，会议时间定为1月17日（距会议召开日期不足法定的十五日）。

五、宝某公司向法院诉请撤销保某公司涉案的临时股东会决议、董事会决议、董事会临时会议决议、股东会临时会议决议。

六、海南省高级人民法院终审判决：撤销保某公司涉案的临时股东会决议、董事会决议、董事会临时会议决议、股东会临时会议决议。

七、保某公司不服海南高院的终审判决，向最高人民法院提出再审申请。最高人民法院裁定再审理由不成立，驳回再审申请。

核心要点

保某公司通过邮寄方式通知召开股东会和董事会、监事会，却未能有效送达被通知对象。通过登报的方式通知召开会议，又不足法定的最少提前15日通知的期限，因此该公司会议召集程序违反法律规定。保某公司只有天某公司与宝某公司两个股东，且天某公司为持有90%股份的大股东，在宝某公司方面未参加临

[①] 案件来源：最高人民法院，三亚保某房地产投资开发有限公司与宝某投资有限公司决议撤销纠纷再审民事裁定书[（2016）最高法民申字第300号]。

时股东会和董事会的情形下，临时股东会和董事会的召集程序和表决方式应认为存在重大瑕疵。

形式上虽有临时股东会决议和董事会决议存在，实质上的临时股东会决议和董事会决议应认为不存在。即未经依法召开股东会或董事会并作出会议决议，而是由实际控制公司的股东单方召开或虚构公司股东会、董事会及其会议决议的，即使该股东实际享有公司绝大多数的股份及相应的表决权，其单方形成的会议决议也不能具有相应效力。

实务经验总结

前事不忘，后事之师。为避免未来发生类似败诉，提出如下建议：

第一，公司召开股东会、董事会、监事会，应该严格按照《公司法》的规定和公司章程的约定办理。尤其是当股东之间出现不友好合作的状态时，公司召开股东会、董事会、监事会更加要慎重对待。本案中以邮寄方式寄出的会议通知被退回，不能认为公司已经适当地履行了会议通知的义务。而且，即使邮寄通知没有退回，如何证明邮寄的确实是会议通知而不是其他材料？本案原告就主张"所举证寄件单记载既不能反映邮寄物品内容亦不能反映已投递妥当"。这个问题需要专业律师给董事会秘书支招。

第二，在无法邮寄送达的情况下，可以以登报的方式通知召开公司股东会、董事会、监事会。但是一定要注意按照《公司法》的规定和公司章程的约定的办理，尤其是注意登报时距离通知的开会时间的期限，要超过《公司法》和公司章程规定的会议需要提前通知的期限。会议通知中的拟决议事项也必须描述清晰。本案中登报通知的落款时间为1月4日，而会议时间定为1月17日，通知时间距会议召开日期不足法定的十五日，因此被认定会议召集程序不合法。

第三，股东会必须真实召开而不能"虚拟召开"，大股东切记不可"任性"。股东会决议除符合第五十九条第三款"对本条第一款所列事项股东以书面形式一致表示同意的，可以不召开股东会会议，直接作出决定，并由全体股东在决定文件上签名或者盖章"外，其余情况均应通过股东会会议表决形成。本案宝某公司并未出席会议，保某公司仅有股东二人，在其中一人未到的情况下，股东会会议不能召开，临时股东会实际并未召开。

第四，本来持股90%的大股东完全可以通过正常程序，支持目标公司召开股东会和董事会并作出合法有效的决议。可是本案中目标公司作出的一系列股东会决议和董事会决议均最终被撤销。大股东在这种股东控制权争夺战中本应稳操胜券，但是如果操作手法不当也可能失利。

我们提醒所有的股东们，只要是持股超过67%的股东，在公司控制权争夺过程中的正确做法应该是：学习伏尔泰先生的名言"我不同意你的观点，但是我誓死捍卫你说话的权利"，严格按照《公司法》和公司章程的规定召开股东会，让小股东充分表达意见，然后凭借手上的股东投票权，促使公司股东会作出符合大股东意志的股东会决议。公司股东控制权争夺，要一步一步地"收网"，而不能操之过急，犯下类似本案的低级错误：登报通知会议的落款时间为1月4日，而会议时间定为1月17日，距会议召开日期不足法定的十五日，因此被认定会议召集程序不合法。这正如二审判决书所指出的"天某公司出资占保某公司出资总额的90%，具有股东会会议表决权的优势，但此种表决权优势基于股东会会议表决得以实现，在未召开股东会会议时并不存在，更不能因此而剥夺宝某公司行使表决权"。

第五，只会打官司、不会提前预防法律风险的律师不是好律师。我们在此提请所有投资者：为了避免出现公司召开会议的"通知难"，可以在公司章程中约定会议通知的送达地址，将股东接收相关通知和法律文件的送达地址写入章程，并且约定"公司任何通知以邮寄方式寄送到上述地址即视为送达，寄出后×日视为送达。股东变更送达地址的，应及时以书面形式通知公司"。

第六，关于公司股东会和董事会会议提前通知期限的问题。考虑到现代社会的商业竞争日趋激烈，早已不是"快马加鞭"送鸡毛信的年代，我们强烈建议律师们在起草公司章程时，向公司股东提出依法缩短公司召开会议提前通知期限的建议，确保公司在竞争日益激烈的情况下，能够根据市场竞争情况及时作出重大经营决策，立于不败之地。根据《公司法》的规定，有限公司章程可自由规定股东会、董事会的通知期限；股份公司章程可自由规定董事会临时会议的提前通知期限。

相关法律规定

《中华人民共和国公司法》（2018年修正，已被修订）

第二十二条 公司股东会或者股东大会、董事会的决议内容违反法律、行政法规的无效。

股东会或者股东大会、董事会的会议召集程序、表决方式违反法律、行政法规或者公司章程，或者决议内容违反公司章程的，股东可以自决议作出之日起六十日内，请求人民法院撤销。

股东依照前款规定提起诉讼的，人民法院可以应公司的请求，要求股东提供相应担保。

公司根据股东会或者股东大会、董事会决议已办理变更登记的，人民法院宣告该决议无效或者撤销该决议后，公司应当向公司登记机关申请撤销变更登记。

《中华人民共和国公司法》（2023年修订）

第二十五条 公司股东会、董事会的决议内容违反法律、行政法规的无效。

第二十六条 公司股东会、董事会的会议召集程序、表决方式违反法律、行政法规或者公司章程，或者决议内容违反公司章程的，股东自决议作出之日起六十日内，可以请求人民法院撤销。但是，股东会、董事会的会议召集程序或者表决方式仅有轻微瑕疵，对决议未产生实质影响的除外。

未被通知参加股东会会议的股东自知道或者应当知道股东会决议作出之日起六十日内，可以请求人民法院撤销；自决议作出之日起一年内没有行使撤销权的，撤销权消灭。

第二十八条 公司股东会、董事会决议被人民法院宣告无效、撤销或者确认不成立的，公司应当向公司登记机关申请撤销根据该决议已办理的登记。

股东会、董事会决议被人民法院宣告无效、撤销或者确认不成立的，公司根据该决议与善意相对人形成的民事法律关系不受影响。

第二百二十七条 有限责任公司增加注册资本时，股东在同等条件下有权优先按照实缴的出资比例认缴出资。但是，全体股东约定不按照出资比例优先认缴出资的除外。

股份有限公司为增加注册资本发行新股时，股东不享有优先认购权，公司章程另有规定或者股东会决议决定股东享有优先认购权的除外。

《最高人民法院关于适用〈中华人民共和国公司法〉若干问题的规定（四）》（2017年施行，已被修订）

第一条 公司股东、董事、监事等请求确认股东会或者股东大会、董事会决议无效或者不成立的，人民法院应当依法予以受理。

第二条 依据公司法第二十二条第二款请求撤销股东会或者股东大会、董事会决议的原告，应当在起诉时具有公司股东资格。

第三条　原告请求确认股东会或者股东大会、董事会决议不成立、无效或者撤销决议的案件，应当列公司为被告。对决议涉及的其他利害关系人，可以依法列为第三人。

一审法庭辩论终结前，其他有原告资格的人以相同的诉讼请求申请参加前款规定诉讼的，可以列为共同原告。

第五条　股东会或者股东大会、董事会决议存在下列情形之一，当事人主张决议不成立的，人民法院应当予以支持：

（一）公司未召开会议的，但依据公司法第三十七条第二款或者公司章程规定可以不召开股东会或者股东大会而直接作出决定，并由全体股东在决定文件上签名、盖章的除外；

（二）会议未对决议事项进行表决的；

（三）出席会议的人数或者股东所持表决权不符合公司法或者公司章程规定的；

（四）会议的表决结果未达到公司法或者公司章程规定的通过比例的；

（五）导致决议不成立的其他情形。

《最高人民法院关于适用〈中华人民共和国公司法〉若干问题的规定（四）》（2020年修订）

第一条　公司股东、董事、监事等请求确认股东会或者股东大会、董事会决议无效或者不成立的，人民法院应当依法予以受理。

第二条　依据民法典第八十五条、公司法第二十二条第二款请求撤销股东会或者股东大会、董事会决议的原告，应当在起诉时具有公司股东资格。

第三条　原告请求确认股东会或者股东大会、董事会决议不成立、无效或者撤销决议的案件，应当列公司为被告。对决议涉及的其他利害关系人，可以依法列为第三人。

一审法庭辩论终结前，其他有原告资格的人以相同的诉讼请求申请参加前款规定诉讼的，可以列为共同原告。

第四条　股东请求撤销股东会或者股东大会、董事会决议，符合民法典第八十五条、公司法第二十二条第二款规定的，人民法院应当予以支持，但会议召集程序或者表决方式仅有轻微瑕疵，且对决议未产生实质影响的，人民法院不予支持。

第五条　股东会或者股东大会、董事会决议存在下列情形之一，当事人主张决议不成立的，人民法院应当予以支持：

（一）公司未召开会议的，但依据公司法第三十七条第二款或者公司章程规定可以不召开股东会或者股东大会而直接作出决定，并由全体股东在决定文件上签名、盖章的除外；

（二）会议未对决议事项进行表决的；

（三）出席会议的人数或者股东所持表决权不符合公司法或者公司章程规定的；

（四）会议的表决结果未达到公司法或者公司章程规定的通过比例的；

（五）导致决议不成立的其他情形。

延伸阅读

《公司法司法解释（四）》关于公司决议撤销之诉和决议不存在之诉的规定：

本案三亚中院判决保某公司涉案的临时股东会决议、董事会决议、董事会临时会议决议、股东会临时会决议"不成立"，海南省高级人民法院则判决"撤销"保某公司涉案的临时股东会决议、董事会决议、董事会临时会议决议、股东会临时会决议。到底是"不成立"还是"撤销"？

本案原告诉讼请求是"撤销"相关公司决议，三亚市中级人民法院判决涉案公司决议"不成立"，确实超越了原告的诉讼请求。对此，海南省高级人民法院的理由是"原审法院认定的基本事实清楚，但判决确认该六份决议不成立，判非所诉。而且，法律只赋予了股东请求确认股东会或董事会决议无效或请求撤销股东会或董事会决议的权利，原审法院判决该六份决议不成立，缺乏法律依据"。但是《公司法司法解释（四）》第五条规定："股东会或者股东大会、董事会决议存在下列情形之一，当事人主张决议不成立的，人民法院应当予以支持：（一）公司未召开会议的，但依据公司法第三十七条第二款或者公司章程规定可以不召开股东会或者股东大会而直接作出决定，并由全体股东在决定文件上签名、盖章的除外；（二）会议未对决议事项进行表决的；（三）出席会议的人数或者股东所持表决权不符合公司法或者公司章程规定的；（四）会议的表决结果未达到公司法或者公司章程规定的通过比例的；（五）导致决议不成立的其他情形。"因此，再碰到类似案件时，当事人可以依法诉讼请求确认涉案公司决议"不成立"。

059 多数股东决定公司不按实缴出资比例分红的股东会决议是否有效

裁判要旨

除非全体股东另有约定，股东应按照实缴的出资比例分取红利。未经全体股东一致同意，股东会作出不按实缴的出资比例分红或变相分红的股东会决议，该股东会决议无效。

案情简介[①]

一、游某某原系开发总公司职工，后开发总公司国企改制，由原公司职工自愿出资组建了开发集团。在此过程中，游某某出资146669元，成为开发集团的隐名股东（开发集团工商备案的股东仅为公司工会及自然人邱某）。

二、2007年5月18日，开发集团形成两份股东会决议，开发集团以出资额10倍的价格回购了38名股东持有的股份，并支付了38491250元的股权转让款。

三、2007年11月9日，开发集团董事会形成了《关于认购部分股本的方案》，规定将回购股份以3849125元的金额（即回购价格的10%）进行认购分配，其中50%分配给邱某及另外54名股东，另外50%分配给3个董事会成员、10个公司中层干部以及其他在岗的31名股东，全部按一比一的价格进行购买。

四、2007年11月27日，开发集团召开临时股东大会，全部55名股东中共有54人参加，投票表决《关于认购部分股本的方案》，同意的有47人，不同意的有7人。当天，开发集团形成了《关于认购部分股本的方案》股东会决议。

五、后游某某诉至法院，主张开发集团不顾游某某等股东的强烈反对，强行通过了损害小股东利益的《关于认购部分股本的方案》股东会决议，请求判令该股东会决议无效。

六、昆明中院一审驳回了游某某的诉讼请求，游某某不服，向云南高院提起上诉，云南高院改判，支持了其诉讼请求。

[①] 案件来源：云南省高级人民法院，游某某与昆明西某土地房屋开发经营（集团）有限公司股权确认纠纷二审民事判决书［（2008）云高民二终字第197号］。

核心要点

开发集团为回购股份支出了公司的公积金 38491250 元，之后又以仅 10% 的价格将股份分配给股东，且分配比例并未按照股东的实际出资比例，有明显的倾斜。如此分配方案势必导致部分股东在公司全部出资中所占的比例降低，而由于回购股份使用的是公司的公积金，不仅违反了开发集团公司章程对公积金用途的规定，还直接触动了全体股东的财产积累，从而深刻影响到相关股东的经济利益和经营管理权利。由此可见，开发集团以低股价分配股份的行为，究其实质就是变相分红，但分红又不按实际出资比例，显然损害了部分中小股东的利益。

根据《公司法》关于"股东按照实缴的出资比例分取红利；公司新增资本时，股东有权优先按照实缴的出资比例认缴出资。但是，全体股东约定不按照出资比例分取红利或者不按照出资比例优先认缴出资的除外"之规定，该股份认购方案除非全体股东一致认可，否则应为无效。而前述事实表明，有 7 名股东已经当场表示不认可，故在此情况下，开发集团强行通过《关于认购部分股本的方案》并形成股东会决议，该股东会决议应当确定为无效。虽然开发集团辩称是为了建立奖励机制，但既然奖励内容已经损害了其他股东的利益，就必须获得其许可，否则也应无效。

实务经验总结

前事不忘，后事之师。为避免未来发生类似败诉，提出如下建议：

第一，除非全体股东一致同意，否则公司必须按照实缴的出资比例分红。未经全体股东一致同意，未按实缴的出资比例分红或变相分红，会导致有关分红的公司决议无效。

第二，并非只有工商登记的股东才能诉请公司决议无效，实际出资人（隐名股东）在公司内部可享有与正常股东相同的权利义务，其股东地位依法应予保护，可提起公司决议效力诉讼。因此，本案中游某某作为开发集团的隐名股东，可就开发集团内部与其相关的纠纷提起诉讼，依法具备本案的主体资格。

相关法律规定

《中华人民共和国公司法》（2018年修正，已被修订）

第二十二条　公司股东会或者股东大会、董事会的决议内容违反法律、行政法规的无效。

股东会或者股东大会、董事会的会议召集程序、表决方式违反法律、行政法规或者公司章程，或者决议内容违反公司章程的，股东可以自决议作出之日起六十日内，请求人民法院撤销。

股东依照前款规定提起诉讼的，人民法院可以应公司的请求，要求股东提供相应担保。

公司根据股东会或者股东大会、董事会决议已办理变更登记的，人民法院宣告该决议无效或者撤销该决议后，公司应当向公司登记机关申请撤销变更登记。

第三十四条　股东按照实缴的出资比例分取红利；公司新增资本时，股东有权优先按照实缴的出资比例认缴出资。但是，全体股东约定不按照出资比例分取红利或者不按照出资比例优先认缴出资的除外。

《中华人民共和国公司法》（2023年修订）

第二十五条　公司股东会、董事会的决议内容违反法律、行政法规的无效。

第二十六条　公司股东会、董事会的会议召集程序、表决方式违反法律、行政法规或者公司章程，或者决议内容违反公司章程的，股东自决议作出之日起六十日内，可以请求人民法院撤销。但是，股东会、董事会的会议召集程序或者表决方式仅有轻微瑕疵，对决议未产生实质影响的除外。

未被通知参加股东会会议的股东自知道或者应当知道股东会决议作出之日起六十日内，可以请求人民法院撤销；自决议作出之日起一年内没有行使撤销权的，撤销权消灭。

第二十八条　公司股东会、董事会决议被人民法院宣告无效、撤销或者确认不成立的，公司应当向公司登记机关申请撤销根据该决议已办理的登记。

股东会、董事会决议被人民法院宣告无效、撤销或者确认不成立的，公司根据该决议与善意相对人形成的民事法律关系不受影响。

第二百二十七条　有限责任公司增加注册资本时，股东在同等条件下有权优先按照实缴的出资比例认缴出资。但是，全体股东约定不按照出资比例优先认缴出资的除外。

股份有限公司为增加注册资本发行新股时,股东不享有优先认购权,公司章程另有规定或者股东会决议决定股东享有优先认购权的除外。

本案链接

以下为该案在法院审理阶段,判决书中"本院认为"就该问题的论述:

2007年5月18日以及2007年11月27日,开发集团形成的两份股东会决议表明,开发集团以出资额10倍的价格回购了38名股东持有的股份,并支付了38491250元的股权转让款。2007年11月9日,开发集团董事会形成了《关于认购部分股本的方案》,规定将回购股份以3849125元的金额进行认购分配,其中50%分配给邱某及另外54名股东,另外50%分配给3个董事会成员、10个公司中层干部以及其他在岗的31名股东,全部按一比一的价格进行购买。2007年11月27日,开发集团召开临时股东大会,全部55名股东(包括邱某在内的全部职工)共有54人参加,投票表决《关于认购部分股本的方案》。唱票记录表明,54名股东以记名方式同意的有47人,不同意的有7人。当天,开发集团形成了《关于认购部分股本的方案》股东会决议。

从以上事实可以看出,开发集团为回购股份支出了公司的公积金38491250元,之后又以仅10%的价格将股份分配给股东,且分配比例并未按照股东的实际出资比例,有明显的倾斜。如此分配方案势必导致部分股东在公司全部出资中所占的比例降低,而由于回购股份使用的是公司的公积金,不仅违反了开发集团公司章程对公积金用途的规定,还直接触动了全体股东的财产积累,从而深刻影响到相关股东的经济利益和经营管理权利。由此可见,开发集团以低股价分配股份的行为,究其实质就是变相分红,但分红又不按实际出资比例,显然损害了部分中小股东的利益。

根据《公司法》第三十五条"股东按照实缴的出资比例分取红利;公司新增资本时,股东有权优先按照实缴的出资比例认缴出资。但是,全体股东约定不按照出资比例分取红利或者不按照出资比例优先认缴出资的除外",以及《公司法》第二十二条"公司股东会或者股东大会、董事会的决议内容违反法律、行政法规的无效……"之规定,该股份认购方案除非全体股东一致认可,否则应为无效。而前述事实表明,有7名股东已经当场表示不认可,故在此情况下,开发集团强行通过《关于认购部分股本的方案》并形成股东会决议,该股东会决议应当确定为无效。虽然开发集团辩称是为了建立奖励机制,但既然奖励内容已经损害了其他股东的利益，就必须获得其许可，否则也应无效。

060 董事会可否任意无理由撤换总经理

裁判要旨

人民法院在审理公司决议撤销纠纷案件时应当审查：会议召集程序、表决方式是否违反法律、行政法规或者公司章程，以及决议内容是否违反公司章程。只要董事会没有违反上述规定，解聘总经理职务的决议所依据的事实是否属实，理由是否成立，不属于司法审查范围。

案情简介[①]

一、佳某力公司股权结构为：葛某某持股40%，李某某持股46%，王某某持股14%。三位股东组成董事会，由葛某某担任董事长，李某某、王某某为董事，李某某担任总经理。

二、公司章程规定：董事会行使包括聘任或者解聘公司经理等职权；董事会须由三分之二以上的董事出席方才有效；董事会对所议事项作出的决定应由占全体股东三分之二以上的董事表决通过方才有效。

三、2009年7月18日，佳某力公司董事长葛某某召集并主持董事会，三位董事均出席，会议形成了"鉴于总经理李某某不经董事会同意私自动用公司资金在二级市场炒股，造成巨大损失，现免去其总经理职务，即日生效"等内容的决议。该决议由葛某某、王某某同意且签名，李某某不同意且未签名。

四、李某某认为佳某力公司免除其总经理职务的决议所依据的事实和理由不成立，且董事会的召集程序、表决方式及决议内容均违反了《公司法》的规定，请求法院依法撤销该董事会决议，佳某力公司则认为董事会决议有效。

五、上海市黄浦区人民法院经审理判决，判决撤销董事会决议。宣判后，佳某力公司提出上诉。上海市第二中级人民法院经审理认为：董事会决议有效，撤销原判。

[①] 案件来源：最高人民法院指导案例10号；上海市第二中级人民法院，李某某诉上海佳某力环保科技有限公司决议撤销纠纷二审民事判决书[（2010）沪二中民四（商）终字第436号]。

核心要点

只要董事会决议程序合法，内容不违反公司章程，解聘总经理职务的决议所依据的事实是否属实，理由是否成立，不属于司法审查范围。

第一，本案董事会决议程序合法，内容不违反公司章程。根据《公司法》第二十二条第二款的规定，董事会决议可撤销的事由包括：1. 召集程序违反法律、行政法规或公司章程；2. 表决方式违反法律、行政法规或公司章程；3. 决议内容违反公司章程。

本案从召集程序看，佳某力公司召开的董事会由董事长葛某某召集，三位董事均出席董事会，该次董事会的召集程序未违反法律、行政法规或公司章程的规定。从表决方式看，根据佳某力公司章程规定，对所议事项作出的决定应由占全体股东三分之二以上的董事表决通过方才有效，上述董事会决议由三位股东（兼董事）中的两名表决通过，故在表决方式上未违反法律、行政法规或公司章程的规定。从决议内容看，佳某力公司章程规定董事会有权解聘公司经理，董事会决议内容中"总经理李某某不经董事会同意私自动用公司资金在二级市场炒股，造成巨大损失"的陈述，仅是董事会解聘李某某总经理职务的原因，而解聘李某某总经理职务的决议内容本身并不违反公司章程。

第二，董事会决议解聘李某某总经理职务的原因如果不存在，并不导致董事会决议撤销。首先，公司法尊重公司自治，公司内部法律关系原则上由公司自治机制调整，司法机关原则上不介入公司内部事务；其次，佳某力公司的章程中未对董事会解聘公司经理的职权作出限制，并未规定董事会解聘公司经理必须要有一定原因，该章程内容未违反《公司法》的强制性规定，应认定有效，因此佳某力公司董事会可以行使公司章程赋予的权力作出解聘公司经理的决定。故法院应当尊重公司自治，无需审查佳某力公司董事会解聘公司经理的原因是否存在。

实务经验总结

前事不忘，后事之师。公司股东如何撤换总经理才能既符合《公司法》的规定又符合《劳动法》的规定？公司控制权争夺战中如何避免突袭进来的新大股东迅速更换总经理？

第一，公司董事会有权"无理由"解聘总经理。《公司法》第四十六条明确列举的有限公司董事会职权的第九项为：决定聘任或者解聘公司经理及其报酬事项，并根据经理的提名决定聘任或者解聘公司副经理、财务负责人及其报酬事项（一般情况下的公司章程亦会对该问题作出与《公司法》完全相同的规定）。《公司法》并没有规定只有在经理"犯错误"时董事会才能解聘（例如违反了忠实义务、勤勉义务或者是经营不善）。相反，《公司法》规定聘任或者解聘经理是董事会理所应当的职权，纵使经理之前的表现足够好，董事会也有权予以撤换，此时无论董事会是否给出了充分的理由，或者这个理由是不是能够站得住脚，都不影响董事会决议的效力。公司董事会以一个"莫须有"的借口解聘经理并不是法定的造成公司决议无效或可撤销的情形（公司章程另有规定的除外），而是属于公司决议的合理性和公平性的范畴。

第二，"无理由"解聘总经理的前提是公司章程没有另行规定。例如章程中可以规定"经理任期五年，任期届满前董事会不能随意更换，除非公司连续三年亏损或者经理丧失行为能力"，此时公司章程就给予了经理很大的保护，董事会难以"无理由"解聘总经理，强行解聘的董事会决议将因为违反公司章程而可撤销。如果公司的经理由实际控制人亲自或委派极其信任的人担任，公司章程中有类似条款，可以避免日后因公司股权被稀释或丧失董事会的多数席位时轻易丧失对公司的实际管理权。

第三，"无理由"解聘总经理，只是解除了总经理职务，但是总经理并不丧失公司员工身份，如公司欲与其解除劳动关系，还必须按照《劳动法》的有关规定办理。在总经理主动辞职或双方经协商一致的情况下，公司可不支付支付经济补偿金；若公司主动提出解除劳动关系且总经理同意的话，公司需要支付经济补偿金；若公司主动提出解除，而总经理不同意的，公司在员工手册民主告知程序完备，总经理严重违纪的情形下，可以单方解除劳动合同，否则公司可能还需支付更高的赔偿金以解除与总经理的劳动合同。

相关法律规定

《中华人民共和国公司法》（2018年修正，已被修订）

第四十六条　董事会对股东会负责，行使下列职权：

……

（九）决定聘任或者解聘公司经理及其报酬事项，并根据经理的提名决定聘任或者解聘公司副经理、财务负责人及其报酬事项；

......

第四十九条 有限责任公司可以设经理,由董事会决定聘任或者解聘。经理对董事会负责,行使下列职权:

......

(六)提请聘任或者解聘公司副经理、财务负责人;

(七)决定聘任或者解聘除应由董事会决定聘任或者解聘以外的负责管理人员;

......

《中华人民共和国公司法》(2023年修订)

第六十七条 有限责任公司设董事会,本法第七十五条另有规定的除外。

董事会行使下列职权:

......

(八)决定聘任或者解聘公司经理及其报酬事项,并根据经理的提名决定聘任或者解聘公司副经理、财务负责人及其报酬事项;

......

本案链接

以下为该案在法院审理阶段,判决书中的"本院认为"就该问题的论述:

根据《中华人民共和国公司法》第二十二条第二款的规定,董事会决议可撤销的事由包括:一、召集程序违反法律、行政法规或公司章程;二、表决方式违反法律、行政法规或公司章程;三、决议内容违反公司章程。从召集程序看,佳某力公司于2009年7月18日召开的董事会由董事长葛某某召集,三位董事均出席董事会,该次董事会的召集程序未违反法律、行政法规或公司章程的规定。从表决方式看,根据佳某力公司章程规定,对所议事项作出的决定应由占全体股东三分之二以上的董事表决通过方才有效,上述董事会决议由三位股东(兼董事)中的两名表决通过,故在表决方式上未违反法律、行政法规或公司章程的规定。从决议内容看,佳某力公司章程规定董事会有权解聘公司经理,董事会决议内容中"总经理李某某不经董事会同意私自动用公司资金在二级市场炒股,造成巨大损失"的陈述,仅是董事会解聘李某某总经理职务的原因,而解聘李某某总经理职务的决议内容本身并不违反公司章程。

董事会决议解聘李某某总经理职务的原因如果不存在,并不导致董事会决议撤销。首先,《公司法》尊重公司自治,公司内部法律关系原则上由公司自治机制调整,司法机关原则上不介入公司内部事务;其次,佳某力公司的章程中未对董事会解聘公司经理的职权作出限制,并未规定董事会解聘公司经理必须要有一定原因,该章程内容未违反公司法的强制性规定,应认定有效,因此佳某力公司董事会可以行使公司章程赋予的权力作出解聘公司经理的决定。故法院应当尊重公司自治,无需审查佳某力公司董事会解聘公司经理的原因是否存在,即无需审查决议所依据的事实是否属实,理由是否成立。综上,原告李某某请求撤销董事会决议的诉讼请求不成立,依法予以驳回。

061 股东未在股东会决议上签字但事后实际履行决议的视为决议有效

裁判要旨

虽然股东未在股东会决议上签字,但从其行为看,其对该决议的内容是知晓且明确接受、同意的,事后股东再以该决议未经其签字确认为由主张决议无效的,有违诚实信用原则和禁反言原则,法院不予支持。

案情简介[①]

一、陈某某与天某通北京公司、林某某、王某等人设立浙江天某通公司,其中陈某某占股10%。

二、2012年7月14日,陈某某向其他股东发送邮件,通知各股东参加公司第一次股东大会,其中决议的第七条议案为"讨论并通过向北京天某公司购买知识产权的议案"。

三、2012年7月28日,公司全体股东召开股东会并形成《股东会决议一》。《股东会决议一》中未有向北京天某公司购买知识产权的内容,全体股东签字。

四、2012年7月29日,公司补签了《股东会议决议二》,其内容为:"同意公司用309万元人民币购买北京天某的知识产权。"天某通北京公司、林某某等

[①] 案件来源:最高人民法院,浙江天某通科技股份有限公司与陈某某、陈某甲等损害公司利益责任纠纷再审民事裁定书[(2015)民申字第2724号]。

股东在该《股东会议决议二》上签字或盖章确认,这些股东拥有公司股份总数的70%,陈某某却未在该决议上签字。

五、2012年8月16日,浙江天某通公司向北京天某公司汇付人民币309万元,用于购买北京天某公司的知识产权。

六、2012年8月16日,陈某某向方某某发送邮件称其已安排公司向北京天某公司付清全款;2012年8月22日,北京天某公司负责人方某某向陈某某发送邮件称已收到309万元款项,并支付给陈某某14.5万元佣金。

七、2013年,浙江天某通公司进入强制清算程序。陈某某于2014年以《股东会决议二》未开会、未签字为由向法院提起诉讼,要求确认股东会决议无效。本案经湖州中院一审、浙江高院二审、最高院再审,最终判定股东会决议有效。

核心要点

虽然陈某某未在落款时间为2012年7月29日的《股东会议决议二》上签字,但从其行为看,其对该决议的内容是知晓且明确接受、同意的,现陈某某以该决议系天某通北京公司、林某某等股东联合编造为由要求确认无效,显与事实不符,且有违诚实信用原则和禁反言原则。另外,该决议的内容系向其他公司购买知识产权,本身并不违法,且签章确认的天某通北京公司、林某某等股东持有浙江天某通公司股份总数的70%,故陈某某主张股东会决议无效的理由不能成立。

另外,依照《公司法》第二十二条之规定,股东会或者股东大会、董事会的会议召集程序、表决方式违反法律、行政法规或者公司章程,或者决议内容违反公司章程的,股东可以自决议作出之日起六十日内,请求法院撤销。案涉《股东会议决议二》系2012年作出,陈某某于2014年3月6日向法院起诉,已超出法定期限。综上,《股东会决议二》合法有效。

实务经验总结

前事不忘,后事之师。为避免未来发生类似败诉,提出如下建议:

第一,小股东虽未在股东会决议上签字,但该股东会决议经公司多数股东签字确认的情况下,该小股东已知情且亲自己实际履行该决议的,不得再主张该决议无效。所以,对小股东来讲,对于有异议的决议事项务必及时表达自己的反对意见，并且不能在自己明知该决议且实际履行该决议的情形下，再次主张决议无效。

第二，股东会的程序性事项（"召集程序"和"表决方式"）违法，涉及股东会或者股东大会、董事会会议的通知、股权登记、提案和议程的确定、主持、投票、计票、表决结果的宣布、决议的形成、会议记录及签署等事项，股东需要在 60 日的除斥期间内向法院提起撤销之诉。

相关法律规定

《中华人民共和国公司法》（2018 年修正，已被修订）

第二十二条　公司股东会或者股东大会、董事会的决议内容违反法律、行政法规的无效。

股东会或者股东大会、董事会的会议召集程序、表决方式违反法律、行政法规或者公司章程，或者决议内容违反公司章程的，股东可以自决议作出之日起六十日内，请求人民法院撤销。

……

《中华人民共和国公司法》（2023 年修订）

第二十五条　公司股东会、董事会的决议内容违反法律、行政法规的无效。

第二十六条　公司股东会、董事会的会议召集程序、表决方式违反法律、行政法规或者公司章程，或者决议内容违反公司章程的，股东自决议作出之日起六十日内，可以请求人民法院撤销。但是，股东会、董事会的会议召集程序或者表决方式仅有轻微瑕疵，对决议未产生实质影响的除外。

……

本案链接

以下为该案在法院审理阶段，判决书中"本院认为"就该问题的论述：

二审法院未采信陈某某的观点并无不妥，其主张《股东会议决议》是伪造的观点不成立。陈某某再审主张其对开会事项不知情，但其在此前向公司其他股东发送邮件时涉及了相关内容，其参与了涉及事项的往来汇款等，其陈述对会议涉及内容完全不知情的主张不合理。其关于公司没有股东会议记录及董事长未主持参加会议等属于召集股东会的程序事项，依法其可以在决议作出之日起六十日内请求撤销决议。由于陈某某起诉时已经超过《公司法》规定的起诉期间，故二审法院以超过起诉期间为由未支持其关于撤销决议的主张，适用法律正确。

062 实质上可拆分的公司决议应分别判断效力

裁判要旨

对于一份公司决议中的一项决议事项，如在实质上可拆分为彼此独立的两项决议内容，应分别判断其决议内容的效力。违反法律、行政法规的决议内容无效，不违反法律、行政法规的决议内容有效。

案情简介[①]

一、蒋某、红某公司均为科某公司股东。其中蒋某出资67.6万元，出资比例14.22%；红某公司出资27.6万，出资比例5.81%。

二、2003年12月16日，科某公司召开股东会，通过"关于吸纳陈某某为新股东"的决议（75.49%同意，20.03%反对，4.48%弃权）。蒋某及红某公司投反对票，并要求行使股东对新增注册资本的优先认缴权。

三、2003年12月18日，科某公司、陈某某签订《入股协议书》，约定由陈某某出资800万元，以每股1.3元认购科某公司新增的615.38万股。

四、2003年12月22日，红某公司向科某公司递交报告，主张蒋某和红某公司对新增资本享有优先认缴出资的权利。

五、2003年12月25日，科某公司完成注册资本及出资比例的工商变更，蒋某、红某公司的出资比例分别降低至6.20%及2.53%。次日，红某公司向工商局递交了《请就新增资本、增加新股东作不予变更登记的报告》。

六、2005年12月，蒋某和红某公司向法院提起诉讼，请求确认科某公司2003年12月16日股东会通过的"吸纳陈某某为新股东"的决议无效。绵阳中院判决驳回其诉讼请求。红某公司、蒋某不服，提起上诉，四川省高院改判案涉股东会决议中"吸纳陈某某为新股东"的内容无效。

[①] 案件来源：最高人民法院，绵阳市红某实业有限公司、蒋某诉绵阳高新区科某实业有限公司股东会决议效力及公司增资纠纷再审民事判决书［（2010）民提字第48号］，载《最高人民法院公报》2011年第3期。

七、科某公司、陈某某等不服二审判决，向最高人民法院申请再审。最高人民法院判决：股东会决议中由陈某某出资 800 万元认购科某公司新增 615.38 万股股份的决议内容中，涉及新增股份 20.03%（增资前蒋某及红某公司出资比例总计为 20.03%）的部分无效，涉及新增股份 79.97% 的部分有效。

核心要点

最高人民法院认为，2003 年 12 月 16 日科某公司作出的"吸纳陈某某为新股东"的股东会决议，实际包含增资 800 万元和由陈某某认缴新增出资两方面的内容，由陈某某认缴新增出资的内容又可以进一步划分为涉及新增股份 20.03% 的部分（增资前蒋某及红某公司出资比例总计为 20.03%）及涉及新增股份 79.97% 的部分。

对于涉及新增股份 20.03% 的部分，科某公司在其股东红某公司、蒋某明确表示反对的情况下，未给予红某公司和蒋某优先认缴出资的选择权，侵犯了其按照各自的出资比例优先认缴新增资本的权利，因此该决议内容中涉及新增股份 20.03% 的部分归于无效。对于涉及新增股份中 79.97% 的部分，因其他股东以同意或弃权的方式放弃行使优先认缴权而发生法律效力。

另外，由于该股东会决议中实际包含增资 800 万元和由陈某某认缴新增出资两方面的内容，由陈某某认缴新增出资的决议内容部分无效并不影响增资决议的效力。

实务经验总结

前事不忘，后事之师。为避免未来发生类似败诉，提出如下建议：

第一，公司决议的表述应当明确、具体、严谨，一个决议事项说清一个事，不要把不同的决议内容放在一个决议事项中表述。

第二，如股东认为股东会决议事项侵犯了自己的法定权利，除应明确投反对票外，还可要求在会议记录中记载反对意见，或在会议后以书面形式表达反对意见，并提起公司决议无效之诉。

第三，股东提起公司决议无效之诉时，既可以要求确认整份股东会决议无效，也可确认股东会决议中的某个决议事项无效；公司作为被告，对于在实质上独立可分的决议内容，可以以"部分无效的决议内容不影响其他部分决议内容的效力"为由抗辩。

相关法律规定

《中华人民共和国公司法》（1999 年修正）

第三十三条　股东按照出资比例分取红利。公司新增资本时，股东可以优先认缴出资。

《中华人民共和国公司法》（2018 年修正，已被修订）

第二十二条第一款　公司股东会或者股东大会、董事会的决议内容违反法律、行政法规的无效。

第三十四条　股东按照实缴的出资比例分取红利；公司新增资本时，股东有权优先按照实缴的出资比例认缴出资。但是，全体股东约定不按照出资比例分取红利或者不按照出资比例优先认缴出资的除外。

《中华人民共和国公司法》（2023 年修订）

第二十五条　公司股东会、董事会的决议内容违反法律、行政法规的无效。

第二百二十七条第一款　有限责任公司增加注册资本时，股东在同等条件下有权优先按照实缴的出资比例认缴出资。但是，全体股东约定不按照出资比例优先认缴出资的除外。

本案链接

以下为该案在法院审理阶段，判决书中"本院认为"就该问题的论述：

2003 年 12 月 16 日科某公司作出股东会决议时，现行《公司法》尚未实施，根据最高人民法院《关于适用〈中华人民共和国公司法〉若干问题的规定（一）》第二条的规定，当时的法律和司法解释没有明确规定的，可参照适用现行《公司法》的规定。1999 年《公司法》第三十三条规定："公司新增资本时，股东可以优先认缴出资。"根据现行《公司法》第三十五条的规定，公司新增资本时，股东的优先认缴权应限于其实缴的出资比例。2003 年 12 月 16 日科某公司作出的股东会决议，在其股东红某公司、蒋某明确表示反对的情况下，未给予红某公司和蒋某优先认缴出资的选择权，径行以股权多数决的方式通过了由股东以外的第三人陈某某出资 800 万元认购科某公司全部新增股份 615.38 万股的决议内容，侵犯了红某公司和蒋某按照各自的出资比例优先认缴新增资本的权利，违反了上述法律规定。现行《公司法》第二十二条第一款规定："公司股东会或者股东大会、董事会的决议内容违反法律、行政法规的无效。"根据上述规定，科某公司 2003 年 12 月 16 日股东会议通过的由陈某某出资 800 万元认购科某公司新增 615.38 万股股份的决议内容中，涉及新增股份中 14.22% 和 5.81% 的部分因分别侵犯了蒋某和红某公司的优先认缴权而归于无效，涉及新增股份中 79.97% 的部分因其他股东以同意或弃权的方式放弃行使优先认缴权而发生法律效力。四川省绵阳市中级人民法院（2006）绵民初字第 2 号民事判决认定决议全部有效不妥，应予纠正。该股东会将吸纳陈某某为新股东列为一项议题，但该议题中实际包含增资 800 万元和由陈某某认缴新增出资两方面的内容，其中由陈某某认缴新增出资的决议内容部分无效不影响增资决议的效力，科某公司认为上述两方面的内容不可分割缺乏依据，本院不予支持。

延伸阅读

公司决议部分有效、部分无效的裁判规则

一、对于一份公司决议中彼此独立的决议事项，应分别判断其决议内容的效力，违反法律、行政法规的决议内容无效；不违反法律、行政法规的决议内容有效。

案例 1：海南省第二中级人民法院，乐东某浩仙乐园开发有限公司、蔡某某、周某某与被上诉人曾某某、袁某某公司决议效力确认纠纷二审民事判决书〔（2015）海南二中民一终字第 73 号〕认为：据此，《决议二》、《修正案》关于蔡某某担任副董事长、法定代表人的内容无效……据此，《决议二》、《修正案》第五条规定周某某和由曾某某指定的人员担任监事并未违反法律规定，应为有效。

案例 2：威海市中级人民法院，王某某与荣成市金某通轴承有限公司决议效力确认纠纷二审民事判决书〔（2016）鲁 10 民终字第 709 号〕认为：上诉人以股东大会决议的形式收回王某某的股权，于法无据，不应支持。上诉人主张被上诉人收到退股款形成事实退股，理由不足，不应采纳。但该股东会决议同时对王某某予以除名，王某某在二审中也表示同意除名决定，故确认股东会决议除名部分有效，收回股份部分无效。

案例 3：北京市第三中级人民法院，王某某等公司决议效力确认纠纷二审民事判决书〔（2016）京 03 民终字第 8811 号〕认为：王某某主张其提供的工商备案的股东会决议无效，该决议涉及两方面内容：执行董事变更为崔某某，监事变更为魏某。关于监事变更为魏某部分。华某盈丰公司认可工商备案的决议中股东签名系崔某某代签,而其提交的《监事会提案》仅有五名人员签字,且该证据属提案性质,并非正式股东会决议内容,故华某盈丰公司提交的证据不能证明监事变更为魏某之内容系公司股东的真实意思,该部分决议内容应属无效。关于执行董事变更为崔某某部分。工商备案的股东会决议,虽为崔某某代签,但华某盈丰公司提交的公司内部留存的股东会决议及投票页显示,华某公司法定代表人变更为崔某某系经相关程序后,公司股东行使股东自身权利的结果。依据华某盈丰公司章程之规定,公司的执行董事即为法定代表人,故华某盈丰公司的执行董事与法定代表人具有一致性。因此,工商备案的股东会决议中关于执行董事变更为崔某某部分,与股东真实意思表示同质,在此情形下,一审法院认定该部分有效,并无不当,本院予以确认。

二、对于一份公司决议中的一项决议事项,虽在形式上仅体现为一项公司决议,但如在实质上可拆分为彼此独立的两项决议内容,也应分别判断其决议内容的效力,违反法律、行政法规的决议内容无效,不违反法律、行政法规的决议内容有效。除本文引用的案例外,以下案例也可体现此裁判规则。

案例4:韩城市人民法院,雷某某与陕西华某敏感电子元件有限责任公司、牛某某、杨某某及第三人万某某公司决议效力确认纠纷一审民事判决书[(2013)韩民初字第01084号]。

2006年10月6日,韩城市华某电子有限责任公司召开股东会,决议将公司股东雷某某、杨某某、万某某、薛某某的股权转让给牛某某。其中雷某某未参与股东会,也未在股东会决议上签字。后雷某某起诉至法院,请求确认股东会决议无效。

对此,韩城市人民法院认为:韩城市华某电子有限责任公司在原告雷某某未参与、未签字的情况下,于2006年10月6日通过召开股东会、伪造原告签字形成股东会决议的方式,将原告雷某某持有的该公司20%的股权擅自转让给被告牛某某,且事后亦未得到原告的追认,其决议内容违背了原告雷某某的意志,非法剥夺了原告的股权,侵犯了原告合法的财产权,违反了法律的强制性规定,鉴于原告对其他股东的转让无异议,故该决议内容部分无效,即该决议中涉及到原告雷某某股权转让给牛某某的部分无效。

三、对于一份公司决议中的不同项决议事项,虽在形式上体现为不同项公司决议,但如在实质上决议内容不可分割,则应一并判断公司决议的效力,不可确认为部分有效、部分无效。

案例5:上海市虹口区人民法院,曾某与上海澹某贸易有限公司、第三人上海科某投资控股集团有限公司决议效力确认纠纷一审民事判决书［（2016）沪0109民初字第17837号］。

2015年12月31日形成的澹某公司（本案被告）股东会决议载明，全体股东于2015年12月31日首次召开股东会，会议一致同意设立被告，同时形成决议如下：通过澹某公司章程；选举曾某（本案原告）为执行董事；选举万某为监事。同日形成的澹某公司章程载明，曾某及科某公司（本案第三人）为股东。股东会决议及章程下方均签有"曾某"字样，并盖有科某公司公章。事实上，澹某公司的出资人仅系科某公司，曾某并非澹某公司的股东，股东会决议上及章程上的签名亦非曾某所签。因此曾某请求法院判决案涉股东会决议、章程无效。澹某公司则主张，股东会决议仅涉及曾某的部分无效，其他部分有效。

对此，上海市虹口区人民法院认为：2015年12月31日形成的被告股东会决议上"曾某"的签名不是原告所签，原告没有作出上述决议的真实意思表示，其后果系剥夺了原告表达是否同意设立被告的权利，也使原告因不知晓决议的存在而无法及时主张权利救济，该行为系对《公司法》的违反，应直接以否定方式评判，故应确认系争股东会决议无效。公司章程是公司活动的行为准则，也是确定股东权利义务的依据，因此制定章程应当符合民事法律行为的基本条件，应当是章程制定者的真实意思表示，而系争章程上"曾某"字样不是原告所签，并非原告的真实意思表示，因此章程尚不成立。对于被告所提出的股东会决议仅涉及原告的部分无效，本院认为，就涉案股东会决议及章程内容分析，原告为其中不可分割的一部分，仅确认涉及原告的部分内容无效或不成立，不具有法律层面的可操作性，故对于被告的辩称意见不予采纳。

第六章 股权转让合同效力

063 约定特定时间签订股权转让协议的意向书为预约合同

裁判要旨

明确约定在一定期限内签订本约的意向书,即使载明内容以本约为准,也应当定性为预约合同;预约合同具有一定法律约束力,但是一旦签订本约,预约合同效力即因签订本约义务已履行完毕而终止。

案情简介①

一、2012年10月30日,载某公司与蓝某公司签订《意向书》,约定:载某公司向蓝某公司转让其所持载某矿业公司51%股权,总价8.466亿元。付款方式为:2012年11月30日,蓝某公司支付3亿元预付款;在意向书签署之日起45日内完成股权转让正式协议的签署,并于签署当日支付1.233亿元;工商注册变更后支付余款4.233亿元,意向书未尽事宜经双方协商,在股权转让协议中约定。

二、同日,蓝某公司与载某公司签订《谅解备忘录一》,约定:《意向书》仅作为双方合作意向,其最终的履行,双方将另行签订正式股权转让协议作为依据,意向书与正式股权转让协议书有悖之处,以正式股权转让协议书为准。

三、2013年4月13日,蓝某公司与载某公司签订《股权转让协议》,约定:载某公司转让载某矿业公司51%股权,转让价款为8.466亿元等内容,并确认蓝某公司已于2012年10月底前向载某公司支付了1亿元。

四、2013年4月15日,蓝某公司与载某公司签订《谅解备忘录二》,内容

---

① 案件来源:最高人民法院,安徽蓝某控股集团有限公司与上海载某实业投资有限公司股权转让纠纷二审民事判决书〔(2015)民二终字第143号〕。

为：2013年4月13日版《股权转让协议》对双方不具有法律效力，不构成对对方的制约，均承诺不依据《股权转让协议》内容要求对方承担任何法律责任。

五、此后，双方未再另行签订正式股权转让协议，蓝某公司要求返还1亿元预付款及利息；载某公司则称双方仍存在股权转让合同关系，要求继续履行付款义务，不同意返还并支付利息。后蓝某公司诉至法院。

六、安徽高院认为：《意向书》为意向性文件，不具有法律约束力，判决载某公司返还1亿元预付款及利息。载某公司不服，上诉至最高院。

七、最高院二审认为：《意向书》为预约合同，但随着2013年4月13日版《股权转让协议》的签订而效力终止，维持原判。

核心要点

本案的《意向书》是预约合同。《意向书》约定在签署之日起45日内，双方完成股权转让正式协议的签署。且双方同日签订的《谅解备忘录》中约定，该意向书仅作为合作意向，其最终的履行，双方将另行签订正式的股权转让协议作为依据，故该意向书为预约合同。

《意向书》作为预约，其法律约束力主要体现在双方当事人应当基于诚实信用的原则，协商订立本约。《意向书》签订后，双方签订了《股权转让协议》，应当认定双方已经履行了《意向书》约定的签订本约的义务。依据《合同法》第九十一条第（一）项规定：债务已经按照约定履行的，合同的权利义务终止。据此，应当认定本案中《意向书》的效力已经终止。

之后双方依据意向书签订的《股权转让协议书》又因《谅解备忘录》而解除。此后双方不存在任何法律关系，因此载某公司收取的1亿元预付款不再有合同依据，故而应当返还。

实务经验总结

前事不忘，后事之师。为避免未来发生类似败诉，提出如下建议：

意向书的法律含义并不明确，法律性质也呈多样化，可能是磋商性文件、预约合同或者本约合同。如果只是磋商性文件，则一般无法律约束力；如果构成预约合同，若违反则应承担预约合同违约责任或者损害赔偿责任；如果构成本约合同，则应按《合同法》等有关规定承担违约责任。对该意向书的性质和效力，应从约定形式是否典型、内容是否确定以及是否有受约束的意思表示等方面出发，根据有关法律和司法解释的规定具体审查认定。如标的、数量不确定，缺少当事人受其约束的意思表示的，一般应认定为磋商性文件。所以签订该类文件务必谨慎，根据自己的交易目的，合理设置合同条款，选择不同法律效力的法律文件。

第一，只想表达交易意愿，促进下一步协商，可以明确载明该意向书对双方没有法律约束力，并且不要在文件中明确在某一确定日期签订正式协议，进而将法律性质锁定为磋商性的、没有法律约束力的意向文件。

第二，拟确定已谈妥的交易条件，但又对某些合同条款不能确定，建议在意向书中明确在某一具体日期签订正式合同，并约定在已确定的交易条件的基础上签订正式协议。为能够依据新情况制定新条款，双方可约定以正式签订的本约合同为准，进而将法律性质锁定为预约合同。

第三，合同条款都已谈妥，没有必要再以意向书作为合同名称，可直接命名为某某合同，以免发生歧义。合同中对合同标的、对价、支付方式等主要内容在合同中明确约定，进而将法律性质锁定为本约合同。

第四，意向书中约定的保密条款及争议解决等程序性条款，法律性质无论是被定为磋商性文件还是预约合同，对于各方均具有约束力。所以，重大交易事项的意向性文书也需谨慎，必要时聘请专业律师把关。

意向书、预约合同、本约合同族谱关系表

类型 特征	意向书	预约合同	本约合同
阶段	要约承诺过程之前的磋商阶段	要约承诺过程之中，确定在某一时刻订立本约	要约承诺阶段完毕，本约合同已成立
性质	表达交易意愿的磋商性文件	合同	合同
目的	表达交易意愿，继续诚信磋商	在确定的时间订阅本约	建立具体的法律关系，履行完所有合同内容
确定性	交易内容不确定	对于交易对象、何时订立本约已定，对其他内容尚有不确定之处	各类合同内容均已确定
约束力	无约束力	有约束力，但本约成立后即终止	有约束力
义务	诚信磋商的义务	在确定时间订立本约的义务	履行完毕所有合同内容的义务
责任承担	缔约过失责任	违约责任，但一般不能强制缔约	违约责任

续 表

类型 特征	意向书	预约合同	本约合同
关键区分点	1. 看是否明确约定了订立本约的时间点； 2. 看是否明确表达或排除具有约束力的意思表示； 3. 看记载内容是否具体明确，包括价金、支付方式、数量、标的、违约责任等。		

（备注：本表格系本书作者依据学界的观点予以汇总，供读者参考）

相关法律规定

《合同法解释（二）》（已失效）

第一条 当事人对合同是否成立存在争议，人民法院能够确定当事人名称或者姓名、标的和数量的，一般应当认定合同成立。但法律另有规定或者当事人另有约定的除外。

对合同欠缺的前款规定以外的其他内容，当事人达不成协议的，人民法院依照合同法第六十一条、第六十二条、第一百二十五条等有关规定予以确定。

《最高人民法院关于适用〈中华人民共和国民法典〉合同编通则若干问题的解释》（法释〔2023〕13号）

第三条 当事人对合同是否成立存在争议，人民法院能够确定当事人姓名或者名称、标的和数量的，一般应当认定合同成立。但是，法律另有规定或者当事人另有约定的除外。

根据前款规定能够认定合同已经成立的，对合同欠缺的内容，人民法院应当依据民法典第五百一十条、第五百一十一条等规定予以确定。

……

《最高人民法院关于审理买卖合同纠纷案件适用法律问题的解释》（2012年修正，已被修订）

第二条 当事人签订认购书、订购书、预订书、意向书、备忘录等预约合同，约定在将来一定期限内订立买卖合同，一方不履行订立买卖合同的义务，对方请求其承担预约合同违约责任或者要求解除预约合同并主张损害赔偿的，人民法院应予支持。

《中华人民共和国民法典》（2021年1月1日施行）

第四百九十五条 当事人约定在将来一定期限内订立合同的认购书、订购书、预订书等，构成预约合同。

当事人一方不履行预约合同约定的订立合同义务的，对方可以请求其承担预约合同的违约责任。

第五百五十七条 有下列情形之一的，债权债务终止：

（一）债务已经履行；

（二）债务相互抵销；

（三）债务人依法将标的物提存；

（四）债权人免除债务；

（五）债权债务同归于一人；

（六）法律规定或者当事人约定终止的其他情形。

合同解除的，该合同的权利义务关系终止。

第五百六十六条 合同解除后，尚未履行的，终止履行；已经履行的，根据履行情况和合同性质，当事人可以请求恢复原状或者采取其他补救措施，并有权请求赔偿损失。

合同因违约解除的，解除权人可以请求违约方承担违约责任，但是当事人另有约定的除外。

主合同解除后，担保人对债务人应当承担的民事责任仍应当承担担保责任，但是担保合同另有约定的除外。

《中华人民共和国合同法》（已失效）

第九十一条 有下列情形之一的，合同的权利义务终止：

（一）债务已经按照约定履行；

（二）合同解除；

（三）债务相互抵销；

（四）债务人依法将标的物提存；

（五）债权人免除债务；

（六）债权债务同归于一人；

（七）法律规定或者当事人约定终止的其他情形。

第九十七条 合同解除后，尚未履行的，终止履行；已经履行的，根据履行情况和合同性质，当事人可以要求恢复原状、采取其他补救措施，并有权要求赔偿损失。

本案链接

以下为该案在法院审理阶段,判决书中"本院认为"就该问题的论述:

一、关于《股权转让意向书》的效力问题。就安徽蓝某公司受让怀宁矿业公司的股权一事,2012 年 10 月 30 日双方签订的《股权转让意向书》约定在意向书签署之日起 45 日内,双方按照意向书约定条款完成股权转让正式协议的签署,意向书未尽事宜经双方协商,在股权转让协议中约定。且双方于同日签订的《谅解备忘录》中约定,该意向书仅作为合作意向,其最终的履行,双方将另行签订正式的股权转让协议作为依据。因此,《股权转让意向书》的法律性质依法应当认定为预约合同。一审判决未能正确界定该《股权转让意向书》的法律性质并在此基础上认定其与本案其他协议之间的关系,系适用法律错误,本院予以纠正。上诉人上海载某公司关于《股权转让意向书》和《谅解备忘录》中的相关约定是对本约和预约适用先后顺序的约定的上诉理由,并无相应的法律依据,本院不予采信。《股权转让意向书》作为预约,是当事人之间约定将来订立本约的合同,其法律约束力主要体现在双方当事人应当基于诚实信用的原则,协商订立本约。对预约的效力评价,应当适用《合同法》总则的相关规定。本案中,《股权转让意向书》签订后,双方当事人于 2013 年 4 月 13 日正式签订了《股权转让协议》,应当认定双方已经履行了 2013 年 10 月 30 日签订的《股权转让意向书》及《谅解备忘录》中约定的签订本约的义务。《中华人民共和国合同法》第九十一条第一项规定:"债务已经按照约定履行的,合同的权利义务终止。"据此,应当认定本案中《股权转让意向书》的效力已经终止。一审判决关于该《股权转让意向书》亦仅是双方签约的意向性文件,对双方当事人不具有正式合同的法律约束力的认定不当,本院予以纠正。上诉人上海载某公司关于《股权转让意向书》应当作为双方股权转让权利义务关系的依据,双方之间的股权转让合同关系仍然存续且具有法律效力的上诉理由,无事实和法律依据,本院不予采信。本案中,安徽蓝某公司根据双方于 2012 年 9 月 26 日签订的《谅解备忘录》的约定,在 2012 年 9 月底之前已经向上海载某公司预支付股权转让价款 1 亿元。虽然双方嗣后在《股权转让意向书》中约定安徽蓝某公司应当于 2012 年 11 月 30 日之前向上海载某公司支付 3 亿元股权预付款,但在 2013 年 4 月 13 日双方签订的《股权转让协议》中,上海载某公司并未就安徽蓝某公司的付款金额问题提出异议,而是在确认已付款 1 亿元的基础上,就剩余价款分期付款的金额和期限作出了重新约定。根据双方当事人于2012年10月30日签订的《股权转让意向书》及《谅解备忘录》的约定，应当认定双方当事人在意向书中关于价款支付的约定已经被《股权合作协议》所更新。上诉人上海载某公司关于根据《股权转让意向书》的约定，安徽蓝某公司负有于2012年11月30日前向其支付3亿元合同义务的上诉理由，无事实和法律依据，本院不予支持。二、关于安徽蓝某公司是否有权要求赔偿利息损失的问题。本案中，双方在2013年4月13日签订《股权转让协议》后，又于同年4月15日签订《谅解备忘录》，约定《股权转让协议》对合作各方不具有法律效力。一审判决据此认定双方之间的股权转让关系解除，符合法律规定，本院予以确认。上诉人上海载某公司关于《股权转让协议》的签订并不影响双方此前签订的《股权转让意向书》的效力的上诉理由，系对预约与本约之间关系的错误理解，在本约签订后，预约合同即因约定义务已经履行而终止，故本院对其此点上诉理由不予采信。《中华人民共和国合同法》第九十七条规定："合同解除后，尚未履行的，终止履行；已经履行的，根据履行情况和合同性质，当事人可以要求恢复原状、采取其他补救措施、并有权要求赔偿损失"。本案中，因双方已经协商解除《股权转让协议》，故上海载某公司依法应当承担返还已经收取的价款的责任。关于利息损失的赔偿问题，安徽蓝某公司在2012年9月底向上海载某公司支付了一亿元股权转让预付款之后，双方之间就股权转让事宜签订过多项协议或备忘录，且在本案中，上海载某公司并未举证证明双方之间的股权转让未能完成系因安徽蓝某公司违反诚信原则所导致，故安徽蓝某公司主张上海载某公司应当自2014年9月17日起按同期银行贷款利率支付利息的诉讼请求，符合法律规定，依法应当予以支持。故一审判决关于上海载某公司应当向安徽蓝某公司赔偿利息损失的认定正确，本院予以维持。上诉人上海载某公司关于安徽蓝某公司违约在先、其不应承担利息损失的主张，无事实及法律依据，本院不予支持。

延伸阅读

为了探索各级法院对"意向书"法律效力的裁判规则，我们在写作过程中检索了9个涉及"意向书"法律效力认定的判例。其中，3个判例认为意向书被认定为磋商性文件，无法律约束力；3个判例认为意向书合法有效，具有法律约束力；2个判例认为意向书为预约合同，应据此签署本合同；1个判例认定意向书为"对双方当事人有一定约束力，但并不等同于正式合同"。

一、意向书被认定为磋商性文件，无法律约束力

案例1：最高人民法院，某经济开发区管理委员会与澳某资产管理有限公司建设用地使用权纠纷二审民事裁定书［（2013）民一终字第107号］认为：（一）关于《投资意向书》的性质及效力。本院认为，实践中，意向书的形式具有多样性，其性质及效力不能一概而论，而是应当结合具体交易情形判断意向书内容是否具体确定、当事人是否有受约束的意思，进而认定其效力。《最高人民法院关于适用〈中华人民共和国合同法〉若干问题的解释（二）》第一条第一款规定："人民法院能够确定当事人名称或者姓名、标的和数量的，一般应当认定合同成立。"本案中，从《投资意向书》的内容看，首先，《投资意向书》的当事人虽然是确定和明确的，但对于合同的标的和数量，《投资意向书》则只是在描述了澳某公司所称的从光某公司处受让土地的情况的基础上，对澳某公司拟置换土地的意向及某开发区管理局表示同意协调置换进行了约定，而对于是否必须置换成功以及置换土地的具体位置和面积均未作出明确约定。因此，该《投资意向书》不具备合同的主要条款，不构成正式的土地置换合同。其次，双方在《投资意向书》中虽然对签订《投资意向书》的背景进行了描述，但并未明确约定某管委会在置换土地过程中的权利和义务，当事人也未表明受其约束的意思，故该《投资意向书》并非相关土地使用权人就在将来进行土地置换或者在将来签订土地置换合同达成的合意。因此，案涉《投资意向书》的性质为磋商性、谈判性文件，不具备合同的基本要素，没有为双方设定民事权利义务，双方当事人之间并未形成民事法律关系，一审判决对《投资意向书》的性质认定错误，本院予以纠正。

案例2：最高人民法院，某经济开发区管理委员会与澳某资产管理有限公司的其他房地产开发经营合同纠纷申请再审民事裁定书［（2014）民申字第263号］认为：本案关键在于对《投资意向书》的法律定性。一般而言，从一方发出愿意签订合同的意思表示（要约或要约邀请）到合同的正式成立，期间会经历一个协商过程，并对合同的主要内容达成初步合意，最终以口头或书面方式订立合同。《最高人民法院关于适用〈中华人民共和国合同法〉若干问题的解释（二）》第一条第一款规定："人民法院能够确定当事人名称或者姓名、标的和数量的，一般应当认定合同成立。"本案《投资意向书》并不具备合同的基本要素。从标题看，该文件明确为"意向书"，并非常用的"合同"、"协议"等名称；从内容看，该文件对于双方的权利义务以及法律责任约定并不明确，只是表

明为了澳某公司能够在相应的地块进行商业投资开发，某管委会有为其协调置换土地的意愿，但并未约定置换土地的具体位置和面积及履行期限等；从具体措辞看，双方明确约定某管委会"协调置换土地"，表明从"协调"到真正"置换"还是需要经过再协商、再约定。因此，本院生效判决认定《投资意向书》的性质为磋商性、谈判性文件，符合法律规定和当事人真实意思表示。

案例3：浙江省高级人民法院，温州市大某房地产开发有限公司与温州市某城区广化街道双桥村村民委员会国有土地使用权转让合同纠纷二审民事判决书〔（2009）浙民终字第94号〕认为：关于本案《联合开发意向书》是否属于依法成立的合同及其效力问题。一般地，意向书是指合同双方在缔结正式协议之前就协商程序本身或就未来合同的内容所达成的各种约定。根据《中华人民共和国合同法》关于合同订立的规定，意向书可以认定为依法成立的合同，必须具备两个基本要件：一是内容具体确定；二是当事人必须有受约束的意思表示。关于内容确定问题，根据《最高人民法院〈关于适用中华人民共和国合同法〉若干问题的解释（二）》第一条第一款规定，合同成立必须至少具备当事人名称或者姓名、标的和数量三个条款。就本案而言，虽然《联合开发意向书》第四条规定"过境公路拓宽拆迁安置房和联合开发项目征用土地劳力安置房、村自用建设项目征地的劳力安置房，根据政策规定的面积，按照建设成本价供应有关村民"，但《联合开发意向书》对劳力安置房的数量（包括户数、面积）未作出明确约定。上诉人大某公司在上诉状中也自认"双方尚未开展商议确定劳力安置房户数、总面积的工作"，且二审中双方也未能就安置房的套数、面积、价格协商一致。故本案《联合开发意向书》约定的内容和双方当事人的权利义务均不具体明确。因此，本案《联合开发意向书》不属于依法成立的合同，只是双方当事人就合作开发房地产项目所达成的意向性文件，不具有合同的法律约束力。

二、意向书合法有效、具有法律约束力

案例4：最高人民法院，某市住房和城乡建设局与辽宁茂某置业有限公司合同纠纷申请再审民事裁定书〔（2015）民申字第2556号〕认为：关于《意向书》的效力以及双方是否约定了定金的问题。双方当事人于2008年7月21日签订的《意向书》是某住建局与茂某公司就某市万年里棚户区改造项目今后摘牌或订立有关协议而达成的协议，双方约定了茂某公司在缴付280万元后，某住建局可通过协调的方式给予其"优先摘牌"。据此，该《意向书》是双方真实意思表示，不存在《中华人民共和国合同法》第五十二条规定的合同无效的情形，应当有效。

案例5：北京市高级人民法院，北京南某星投资管理公司等与北京惠某农业观光有限责任公司等股权转让纠纷一审民事判决书[（2013）丰民初字第04147号]认为：南某星公司与益某利公司之间签订的合作意向书，虽然名义上为意向书，但该意向书中明确约定了双方的权利义务，以及合同履行的先后顺序、时间、金额，合同条款明确具体，该意向书已经符合合同成立的要件，可以认定为双方当事人之间签订了合作合同。该合作合同未违反有关法律法规的强制性规定，且系双方当事人真实意思表示，各方均应按约履行……按照意向书的约定，在郑某公司接手惠某园后，应与南某星公司签订承包经营合同，但其至今未依约履行，始终未签订承包经营合同，造成意向书的合同目的无法实现，其行为已构成违约，应承担相应的违约责任。因此，南某星公司要求与益某利公司解除意向书，南某星公司、绿某缘公司要求与郑某公司解除股权转让协议，返还股权的诉讼请求，理由正当，本院予以支持。南某星公司、绿某缘公司应将股权转让款返还给益某利公司、郑某公司，惠某股东相应变更为南某星公司、绿某缘公司。郑某公司接手惠某园后，进行了经营，但未依约向南某星公司支付任何费用，故南某星公司要求其归还财产、给付房屋使用费的请求，理由正当，本院亦予以支持。房屋使用费计算标准本院参考合作意向书的约定，酌定为每年250万元。南某星公司、绿某缘公司要求惠某园公司、益某利公司对返还股权、财产承担连带责任的请求，于法无据，本院不予支持。

案例6：广东省高级人民法院，广州德某实业有限公司、李某某等与司徒某某股东资格确认纠纷再审民事裁定书[（2013）粤高法民二申字第411号]认为：关于涉案《合作意向书》的效力问题。经查，涉案《合作意向书》是各方当事人的真实意思表示，其内容没有违反法律、行政法规的强制性规定，故一、二审法院认定涉案《合作意向书》是合法有效的协议，对当事人具有约束力正确。

三、意向书为预约合同，应据此签署本合同

案例7：广西壮族自治区高级人民法院，宾某某因与博白县华某物业贸易有限责任公司建设用地使用权纠纷再审民事裁定书[（2013）桂民申字第1号]认为：关于《转让土地意向书》的性质与效力问题。宾某某申请再审认为，双方签订的土地转让意向书是独立的预约合同，具有法律约束力，二审不认定预约合同的法律效力显系错误。根据最高人民法院《关于审理买卖合同纠纷案件适用法律问题的解释》（法释〔2012〕8号）第二条"当事人签订认购书、订购书、预订书、意向书、备忘录等预约合同，约定在将来一定期限内订立买卖合同，一方不履行订立买卖合同的义务，对方请求其承担预约合同违约责任或者要求解除预约合同并主张损害赔偿的，人民法院应予支持"的规定，《转让土地意向书》是独立的预约合同，具有法律约束力。预约合同，一般指当事人双方为将来订立确定性本合同而达成的合意。根据本案查明的事实，宾某某与华某公司签订《转让土地意向书》是双方当事人的真实意思表示，不违背法律、法规的强制性规定，其效力应予认定。在双方签订意向书之前，二审已查明，华某公司已取得所转让土地的土地使用权权属证，意向书也明确了双方当事人的基本情况及所转让土地的地址、四至及面积、价格等，这表明双方当事人经过磋商，就条件成就时实际进行土地转让的主要内容达成了合意，对将来正式签订土地转让合同进行了预先的安排，并以书面形式确定，因此，该《转让土地意向书》是具有法律效力的预约合同。二审判决认定该《转让土地意向书》对双方无法律约束力是不当的。

案例8：海南省高级人民法院，海南中某房地产开发有限公司与王某某商品房预约合同纠纷再审民事裁定书［（2016）琼民申437号］认为：关于《认购意向书》的法律性质和效力问题。判断双方当事人之间签订的《认购意向书》为预约合同还是商品房买卖合同，应当审查协议的内容并探究当事人的意思表示，即当事人是否有意在将来重新订立一个新的合同，以确定双方之间最终形成的法律关系。本案中，双方当事人虽然在《认购意向书》中就王某某认购房屋的房号、面积、总价款、付款时间、交付房屋时间、逾期付款、逾期交房等内容进行了约定，但依照《商品房销售管理办法》第十六条规定的商品房买卖合同应当明确的内容来看，仍然欠缺了供水、供电、燃气、通讯、道路、绿化等配套基础设施和公共设施的交付承诺和有关权益、责任，公共配套建筑的产权归属，面积差异的处理方式，办理产权登记有关事宜等内容。更为重要的是，《认购意向书》第三条约定：甲方必须保证该商品房在2014年12月31日前签订正规的商品房买卖合同，为国家正规、合法、达到可出售状态的商品房，并负责办理国家普通商品产权证书及土地使用证书。第八条约定：乙方逾期不签订认购书及《商品房买卖合同》的，本意向书自动解除，甲方将乙方缴纳的意向金及房款无息退还。可见，双方在2014年12月31日前须正式签订一份商品房买卖合同，这一意思表示非常明确。因此，二审判决关于该《认购意向书》仅是双方对签订正式商品房买卖合同的预约合同的认定是正确的。中某公司申请再审称《认购意向书》名为预约合同实为商品房买卖合同的依据不足，本院不予支持。

四、意向书被认定为"对双方当事人有一定约束力,但并不等同于正式合同"

案例9:最高人民法院,湖南达某劳务有限公司与某省公路桥梁建设有限公司劳务合同纠纷申请再审民事裁定书[(2015)民申字第164号]认为:关于《意向书》的性质问题。根据原审中及审查期间查明的事实,达某公司主张该《意向书》即为双方当事人订立的正式工程施工合同,事实和法律依据不足。第一,从合同目的看,该《意向书》本为双方当事人在签订正式施工合同前,为明确双方的责任和义务,根据招标邀请书内容订立,虽有一定约束性,但不能等同于正式的施工合同。第二,从《意向书》的内容看,该《意向书》虽约定了甲乙双方的工作内容、工程量清单等,但缺乏正式施工合同的必要条款,没有约定具体的施工路段、质量标准、履行期限,也未对双方的权利、义务及有关违约责任等作出明确约定;达某公司在向本院反映本案情况中也自认该意向书约定的工程量及合计价款与投标及自行计算的不符。第三,根据路桥公司向达某公司发出的补交履约保证金并签订正式合同的通知,双方尚未按照招标、投标文件签订正式的施工合同。据此,案涉《意向书》虽对双方当事人有一定约束力,但并不等同于正式的工程施工合同。

064 一股三卖,花落谁家?股权善意取得的裁判规则

裁判要旨

股权既非动产也非不动产,但可类推适用《物权法》第一百零六条之善意取得制度,以维护善意第三人对权利公示之信赖,保障交易秩序的稳定与安全。

案情简介[①]

一、三某湖公司、刘某某首先与京某公司签订《股权转让协议一》,约定:三某湖公司、刘某某将持有的锦某公司、思某公司各100%的股权转让给京某公司,股权转让总价款1.7亿元。京某公司依约交付5400万元转让款后,因故未能及时交付剩余款项,但是三某湖公司与刘某某均未行使解除权解除合同,也未

[①] 案件来源:最高人民法院,四川京某建设集团有限公司与简阳三某湖旅游快速通道投资有限公司等及深圳市合某万家房地产投资顾问有限公司等股权确认纠纷二审民事判决书[(2013)民二终字第29号]。

办理工商变更登记。

二、三某湖公司、刘某某又与合某公司签订《股权转让协议二》，约定：三某湖公司、刘某某将持有的锦某公司、思某公司各100%的股权转让给合某公司，股权转让总价款仅为1.41亿元。其中，众合公司股东刘某甲也是锦某和思某公司的高管人员，其知道该股权在众合公司受让前已由京某公司受让的事实。后众合公司办理了工商变更登记。

三、合某公司又与华某公司签订《股权转让协议三》，约定：合某公司将其持有的锦某公司和思某公司各100%的股权转让给华某公司，股权转让总价为3.17亿元。华某公司依约交付全部款项后，合某公司分别将锦某公司、思某公司各100%的股权转让给华某公司，并修改了锦某公司、思某公司章程，办理了工商变更登记。

四、京某公司在知道刘某某、三某湖公司再次转让锦某公司、思某公司股权后，向四川高院提起诉讼，请求：1.三某湖公司、刘某某继续履行《股权转让协议一》；2.确认《股权转让协议二》和《股权转让协议三》无效，判决该转让股权恢复至刘某某和三某湖公司持有。同时，三某湖公司、刘某某向该院提出反诉，请求确认其与京某公司签订的《股权转让协议一》已经解除。

五、四川省高级人民法院判定：《股权转让协议二》合法有效，驳回京某公司将锦某公司、思某公司100%的股权恢复至三某湖公司、刘某某持有的请求。

六、最高人民法院经审理判定：《股权转让协议二》无效，《股权转让协议三》合法有效，华某公司善意取得锦某与思某公司股权。

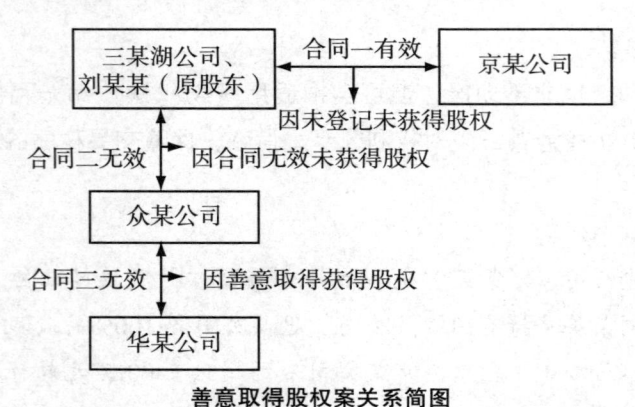

善意取得股权案关系简图

核心要点

首先，合某公司与三某湖公司、刘某某签订的《股权转让协议二》属于无效合同。合某公司在知道三某湖公司、刘某某与京某公司的股权转让合同尚未解除的情况下，又就该股权与二者达成股权转让协议，且受让价格均显著低于京某公司的受让价格，并将受让股权过户到合某公司名下，而三某湖公司、刘某某在未解除与京某公司之间的合同的情形下将目标公司股权低价转让给关联公司，损害了京某公司根据股权转让协议可以获取的利益，根据《合同法》第五十二条第（二）项有关"恶意串通，损害国家、集体或者第三人利益"的合同属于无效合同之规定，该合同无效。

其次，华某公司因善意取得股权。（1）合某公司与华某公司签订的《股权转让协议三》，主体合格，意思表示真实，亦不违反法律、行政法规的强制性规定，合法有效；（2）合某公司因合同无效不能取得股权，故其将股权转让给华某公司的行为属于无权处分行为；（3）因股权登记在合某公司名下，华某公司也已委托会计师事务所、律师事务所对二公司的财务状况、资产状况、负债情况、所有者权益情况、银行查询情况等事项进行尽职调查并提供尽职调查报告，故其在取得股权时系善意；（4）华某公司已支付了合理对价，且将股权由合某公司过户到华某公司名下，并实际行使了股东权利，满足了《物权法》有关善意取得的条件。

实务经验总结

前事不忘，后事之师。为避免未来发生类似败诉，我们建议：

第一，确保股权转让协议合法有效。股权转让协议应满足主体合格、意思表示真实，不违反法律、行政法规的强制性规定的一般要件，特殊情况下还需满足评估报批等手续才能合法有效，签字盖章前需请专业法律人士审查。

第二，聘请专业团队做尽职调查。客户应委托会计师事务所、律师事务所对目标公司的财务状况、资产状况、负债情况、所有者权益情况、银行查询情况等事项进行尽职调查并提供尽职调查报告、法律意见书等资料，以确保股权的价值，并且证明自己满足了善意标准。

第三，不要贪图便宜，以明显不合理的低价买入。股权善意取得需满足无权处分、善意、合理价格买入、交付或登记等要件，其中价格是否合理是最易衡量的一个标准，故一定要合理定价。

第四，股权转让协议设计分批支付条款，倒逼对方配合完成过户手续。股权的善意取得也需满足股权已变更登记在自己名下的条件，但在实践中，经常遇到出卖人在签订股权转让协议且收到全部转让款后，仍迟迟不配合变更登记、待价而沽的情况，所以在股权转让协议中务必将变更登记约定为股权转让款的支付条件。

相关法律规定

《中华人民共和国物权法》（已失效）

第一百零六条 无处分权人将不动产或者动产转让给受让人的，所有权人有权追回；除法律另有规定外，符合下列情形的，受让人取得该不动产或者动产的所有权：

（一）受让人受让该不动产或者动产时是善意的；

（二）以合理的价格转让；

（三）转让的不动产或者动产依照法律规定应当登记的已经登记，不需要登记的已经交付给受让人。

受让人依照前款规定取得不动产或者动产的所有权的，原所有权人有权向无处分权人请求赔偿损失。

当事人善意取得其他物权的，参照前两款规定。

《中华人民共和国民法典》（2021年1月1日施行）

第三百一十一条 无处分权人将不动产或者动产转让给受让人的，所有权人有权追回；除法律另有规定外，符合下列情形的，受让人取得该不动产或者动产的所有权：

（一）受让人受让该不动产或者动产时是善意；

（二）以合理的价格转让；

（三）转让的不动产或者动产依照法律规定应当登记的已经登记，不需要登记的已经交付给受让人。

受让人依据前款规定取得不动产或者动产的所有权的，原所有权人有权向无处分权人请求损害赔偿。

当事人善意取得其他物权的，参照适用前两款规定。

《中华人民共和国公司法》（2018年修正，已被修订）

第三十二条 有限责任公司应当置备股东名册，记载下列事项：

（一）股东的姓名或者名称及住所；

（二）股东的出资额；

（三）出资证明书编号。

记载于股东名册的股东，可以依股东名册主张行使股东权利。

公司应当将股东的姓名或者名称及其出资额向公司登记机关登记；登记事项发生变更的，应当办理变更登记。未经登记或者变更登记的，不得对抗第三人。

《中华人民共和国公司法》（2023年修订）

第三十四条　公司登记事项发生变更的，应当依法办理变更登记。

公司登记事项未经登记或者未经变更登记，不得对抗善意相对人。

第五十六条　有限责任公司应当置备股东名册，记载下列事项：

（一）股东的姓名或者名称及住所；

（二）股东认缴和实缴的出资额、出资方式和出资日期；

（三）出资证明书编号；

（四）取得和丧失股东资格的日期。

记载于股东名册的股东，可以依股东名册主张行使股东权利。

《最高人民法院关于适用〈中华人民共和国公司法〉若干问题的规定（三）》（2014年修正）

第二十七条　股权转让后尚未向公司登记机关办理变更登记，原股东将仍登记于其名下的股权转让、质押或者以其他方式处分，受让股东以其对于股权享有实际权利为由，请求认定处分股权行为无效的，人民法院可以参照物权法第一百零六条的规定处理。

原股东处分股权造成受让股东损失，受让股东请求原股东承担赔偿责任、对于未及时办理变更登记有过错的董事、高级管理人员或者实际控制人承担相应责任的，人民法院应予支持；受让股东对于未及时办理变更登记也有过错的，可以适当减轻上述董事、高级管理人员或者实际控制人的责任。

《最高人民法院关于适用〈中华人民共和国公司法〉若干问题的规定（三）》（2020年修正）

第二十七条　股权转让后尚未向公司登记机关办理变更登记，原股东将仍登记于其名下的股权转让、质押或者以其他方式处分，受让股东以其对于股权享有实际权利为由，请求认定处分股权行为无效的，人民法院可以参照民法典第三百一十一条的规定处理。

原股东处分股权造成受让股东损失，受让股东请求原股东承担赔偿责任、对于未及时办理变更登记有过错的董事、高级管理人员或者实际控制人承担相应责任的，人民法院应予支持；受让股东对于未及时办理变更登记也有过错的，可以适当减轻上述董事、高级管理人员或者实际控制人的责任。

本案链接

以下为该案在法院审理阶段，判决书中"本院认为"就该问题的论述：

一、关于鼎某公司、合某公司能否取得案涉目标公司股权的问题。

鼎某公司与三某湖公司签订的《锦某和星某公司股权转让协议》，合某公司与三某湖公司、刘某某签订的《锦某公司和思某公司股权转让协议》，此两份合同均系当事人之间的真实意思表示。因刘某甲系鼎某公司的股东及法定代表人、合某公司股东，同时也是受让目标公司星某公司监事、锦某公司总经理、思某公司执行董事和法定代表人；刘某乙系合某公司的股东及法定代表人、鼎某公司股东；刘某乙、刘某甲共同持有鼎某公司、合某公司100%的股权，且三某湖公司、刘某某系将天某公司、星某公司、锦某公司、锦某公司、思某公司的股权整体转让给京某公司，一审判决根据《公司法》第五十条、第五十一条、第五十四条的规定及星某公司、锦某公司、思某公司的公司章程所载明的执行董事、总经理、监事的职权的规定，认定刘某甲作为目标公司的高管人员，知道或应当知道三某湖公司、刘某某已将案涉五家目标公司的股权转让给京某公司，鼎某公司、合某公司在作出受让案涉转让股权决议之时，刘某甲应当参与了鼎某公司、合某公司的股东会议及对决议的表决，故认定鼎某公司和合某公司在受让案涉股权时，就已经知道或应当知道该股权在其受让前已由京某公司受让的事实，并无不当。

鼎某公司受让星某公司、锦某公司各10%股权的价格1000万元显著低于京某公司受让同比股权的价格24713145元；合某公司受让锦某公司、思某公司全部股权的价格141901125元显著低于京某公司受让全部股权的价格170281350元。因鼎某公司和合某公司在知道三某湖公司、刘某某与京某公司的股权转让合同尚未解除的情况下，分别就星某公司和锦某公司、锦某公司和思某公司与三某湖公司、刘某某达成股权转让协议，且受让价格均显著低于京某公司的受让价格，并将受让公司过户到鼎某公司、合某公司名下，而三某湖公司、刘某某在未解除与京某公司之间的合同的情形下将目标公司股权低价转让给关联公司，损害了京某公司根据《股权转让协议》及其《补充协议》可以获取的利益，根据

《合同法》第五十二条第（二）项有关"恶意串通，损害国家、集体或者第三人利益"的合同属于无效合同之规定，鼎某公司与三某湖公司签订的《锦某和星某公司股权转让协议》、合某公司与三某湖公司、刘某某签订的《锦某公司和思某公司股权转让协议》属于无效合同。

三某湖公司、刘某某以低价转让目标公司股权系为解决资金紧缺问题为由，主张鼎某公司、合某公司受让目标公司股权不构成恶意，但三某湖公司、刘某某在接受京某公司逾期支付的股权转让款后，既未催促京某公司交纳合同所涉全部价款，也未行使合同解除权，而在其与鼎某公司的股权交易中，在2010年11月24日即为鼎某公司办理了工商变更登记，但直至本案一审诉讼开始后的2011年4月20日才支付股权转让价款，与三某湖公司、刘某某所主张的系为解决资金紧缺问题而提供的低价转让优惠的主张相矛盾，故对鼎某公司、合某公司低价受让目标公司股权系为解决资金紧缺问题而提供的优惠，不构成恶意的主张，本院不予支持。

根据《合同法》第五十八条"合同无效或者被撤销后，因该合同取得的财产，应当予以返还"之规定，鼎某公司应当将受让的星某公司、锦某公司各10%的股权返还给三某湖公司，合某公司亦应将受让的锦某公司、思某公司的股权分别返还给三某湖公司、刘某某。鼎某公司、合某公司明知京某公司受让目标公司股权在先，且未支付合理对价，故亦不能依据有关善意取得的法律规定取得目标公司股权。

二、关于华某公司能否善意取得案涉目标公司股权的问题

合某公司与华某公司于2010年9月8日签订的《锦某和思某公司股权转让协议1》，主体合格、意思表示真实，亦不违反法律、行政法规的强制性规定，属合法有效的合同。京某公司主张该合同因恶意串通损害其利益而无效，但华某公司受让目标公司的股权价格高于京某公司受让价格、华某公司的付款方式及付款凭证、目标公司股权变更的时间及次数的事实并不能证明华某公司有与合某公司串通、损害京某公司利益的恶意，京某公司亦未能提供其他证据证明华某公司存在此恶意，故对京某公司有关合某公司与华某公司于2010年9月8日签订的《锦某和思某公司股权转让协议1》因恶意串通损害第三人利益而无效的主张，本院不予支持。

因合某公司与三某湖公司、刘某某所签订的《锦某公司和思某公司股权转让协议》无效，合某公司不能依法取得锦某公司、思某公司的股权，其受让的锦某

公司、思某公司的股权应当返还给三某湖公司、刘某某。故合某公司将锦某公司、思某公司的股权转让给华某公司的行为属于无权处分行为。

对华某公司能否依据善意取得制度取得锦某公司、思某公司的全部股权问题，根据本院《关于适用〈公司法〉若干问题的规定（三）》第二十八条第一款有关"股权转让后尚未向公司登记机关办理变更登记，原股东将仍登记于其名下的股权转让、质押或者以其他方式处分，受让股东以其对于股权享有实际权利为由，请求认定处分股权行为无效的，人民法院可以参照物权法第一百零六条的规定处理"的规定，受让股东主张原股东处分股权的行为无效应当以支付股权转让价款并享有实际股东权利为前提。但本案中，京某公司既未向三某湖公司、刘某某支付锦某公司、思某公司的股权转让价款，也未对锦某公司、思某公司享有实际股东权利，且合某公司系在京某公司之后的股权受让人，而非原股东，故本案情形并不适用该条规定。我国《公司法》并未就股权的善意取得制度作出明确的法律规定，但《物权法》第一百零六条规定了动产及不动产的善意取得制度，其立法意旨在于维护善意第三人对权利公示之信赖，以保障交易秩序的稳定及安全。股权既非动产也非不动产，故股权的善意取得并不能直接适用《物权法》第一百零六条之规定。股权的变动与动产的交付公示及不动产的登记公示均有不同。根据《公司法》第三十三条第三款有关"公司应当将股东的姓名或者名称及其出资额向公司登记机关登记；登记事项发生变更的，应当办理变更登记。未经登记或者变更登记的，不得对抗第三人"之规定，股权在登记机关的登记具有公示公信的效力。本案中锦某公司及思某公司的股权已变更登记在合某公司名下，华某公司基于公司股权登记的公示方式而产生对合某公司合法持有锦某公司及思某公司股权之信赖，符合《物权法》第一百零六条所规定的维护善意第三人对权利公示之信赖，以保障交易秩序的稳定及安全之意旨。故本案可类推适用《物权法》第一百零六条有关善意取得之规定。

因华某公司与合某公司进行股权交易时，锦某公司、思某公司均登记在合某公司名下，且华某公司已委托会计师事务所、律师事务所对锦某公司、思某公司的财务状况、资产状况、负债情况、所有者权益情况、银行查询情况等事项进行尽职调查并提供尽职调查报告，京某公司亦无证据证明华某公司在交易时明知其与三某湖公司、刘某某之间的股权交易关系的存在，故可以认定华某公司在受让锦某公司、思某公司股权时系善意。京某公司以目标公司股权在一个月内两次转手、华某公司对股权交易项下所涉土地缺乏指标的事实属于明知、华某公司在明知目标公司的债权人无合法票据证明的情况下仍为目标公司偿还 59480830.42 元债务、华某公司委托的会计师事务所及律师事务所所作的尽职调查存在明显虚假和瑕疵为由，主张华某公司不构成善意。但股权转让的次数与频率、目标公司财产权益存在的瑕疵、华某公司为目标公司代偿债务的行为，均不能证明华某公司明知京某公司与三某湖公司、刘某某的交易情况。京某公司虽主张此两份尽职调查报告存在明显虚假和瑕疵，但亦未提供证据证明，故对京某公司有关华某公司受让目标公司股权不构成善意的主张，本院不予支持。

京某公司认为华某公司受让目标公司股权的价格既高于京某公司的受让价格，也远高于同期同一地域位置的地价，且交易仅有手写的普通收据，开具时间是 2010 年 9 月 13 日，而银行付款时间是 9 月 14 日，内容为业务往来款而非股权转让款，无有效的付款凭证，故不符合以合理价格受让的条件。但对善意取得受让价格是否合理的认定，系为防止受让人以显著低价受让，而高于前手的交易价格，则常为出卖人一物再卖之动因，并不因此而当然构成受让人的恶意。华某公司的付款时间与付款形式并不影响对华某公司支付股权转让价款的事实认定，故对京某公司有关华某公司未以合理价格受让目标公司股权的主张，本院不予支持。

因京某公司无证据证明华某公司在受让目标公司股权时系恶意，且华某公司已支付了合理对价，锦某公司、思某公司的股权也已由合某公司实际过户到华某公司名下，华某公司实际行使了对锦某公司、思某公司的股东权利，符合《物权法》第一百零六条有关善意取得的条件，故应当认定华某公司已经合法取得了锦某公司、思某公司的股权。对京某公司有关确认合某公司转让锦某公司、思某公司股权的行为无效，并判决将锦某公司、思某公司股权恢复至三某湖公司、刘某某名下的诉讼请求，本院不予支持。

综上，一审判决三某湖公司将其持有的星某公司、锦某公司各10%的股权转让给鼎某公司的处分行为无效，鼎某公司应将受让股权返还给三某湖公司，驳回京某公司将锦某公司、思某公司 100%的股权恢复至三某湖公司、刘某某持有的请求并无不当，但判决认定鼎某公司与三某湖公司签订的《锦某和星某公司股权转让协议》合法有效、合某公司与三某湖公司及刘某某签订的《锦某公司和思某公司股权转让协议》合法有效有误，本院予以纠正。本院依照《中华人民共和国民事诉讼法》第一百七十条第一款第（一）项之规定，判决如下：驳回上诉，维持原判决。

065 未经配偶同意即转让股权的股权转让合同是否有效

裁判要旨

股权属于商法规范内的私权范畴，其各项具体权能应由股东本人独立行使，不受他人干涉。股权转让主体是股东本人，而不是其所在的家庭，并非必须要征得其配偶的同意。未经配偶同意签订的股权转让协议，并非无效。

案情简介[①]

一、艾某、张某某系夫妻关系，张某某名下拥有工贸公司54.93%的股权，该股权在夫妻关系存续期间取得。

二、2011年10月26日，张某某与刘某某签订一份《股权转让协议》，约定：张某某自愿将其工贸公司的54.93%的股权以32160万元转让给刘某某。刘某某支付前期股权转让款7600万元后，工贸公司为刘某某办理了股权变更登记。

三、2011年12月26日，张某某将7600万元付款全部退回刘某某，并要求返还股权。

四、2012年5月23日，艾某、张某某向陕西高院提起诉讼，以张某某未经艾某同意无权处分夫妻共有的股权为由，请求确认张某某与刘某某签订的股权转让协议无效并要求刘某某返还工贸公司54.93%的股权。

五、陕西高院经审理认为：《股权转让协议》合法有效，刘某某无需返还股权。艾某、张某某不服，上诉至最高院。最高院经审理判决：维持原判，驳回上诉请求。

核心要点

首先，股权作为一项特殊的财产权，除其具有的财产权益内容外，还具有与股东个人的社会属性及其特质、品格密不可分的人格权、身份权等内容。对于夫妻关系存续期间夫妻一方所取得的股权，如依法确认具有夫妻共同财产性质，则非股东配偶所应享有的是股权所带来的价值利益，而非股权本身。股权属于商法

[①] 案件来源：最高人民法院，艾某、张某某与刘某某、王某、武某某、张某某、折某某股权转让纠二审民事判决书［（2014）民二终字第48号］。

规范内的私权范畴，其各项具体权能应由股东本人独立行使，不受他人干涉。

其次，股东转让股权必须征得过半数股东的同意，并非必须征得其配偶的同意。且我国现行法律和行政法规没有关于配偶一方转让其在公司的股权须经另一方配偶同意的规定。

另外，因夫妻之间存在着特殊的身份关系，故夫妻之间相互享有家事代理权，受让方有理由相信股权转让协议系出让方夫妻的共同意思表示，在价格合理且无其他无效理由的情形下，股权转让协议有效。

实务经验总结

前事不忘，后事之师。为避免未来发生类似败诉，提出如下建议：

第一，受让自然人在股权交易过程中，为避免在协议签订后出让方配偶主张合同效力瑕疵，建议签署股权转让协议前要求转让方配偶出具同意转让的书面文件或者授权委托书。

第二，出让夫妻共有股权有必要征得配偶同意。股权之中的财产权益属于夫妻共同财产，不宜由一方私自处置。

第三，当事各方签订的股权转让协议约定的转让价款一定要合理，不要造成恶意串通、转移夫妻共有财产的表象，否则有可能被法院认定恶意转移夫妻共同财产、股权转让协议无效。

相关法律规定

《中华人民共和国公司法》（2018年修正，已被修订）

第七十一条 有限责任公司的股东之间可以相互转让其全部或者部分股权。

股东向股东以外的人转让股权，应当经其他股东过半数同意。股东应就其股权转让事项书面通知其他股东征求同意，其他股东自接到书面通知之日起满三十日未答复的，视为同意转让。其他股东半数以上不同意转让的，不同意的股东应当购买该转让的股权；不购买的，视为同意转让。

经股东同意转让的股权，在同等条件下，其他股东有优先购买权。两个以上股东主张行使优先购买权的，协商确定各自的购买比例；协商不成的，按照转让时各自的出资比例行使优先购买权。

公司章程对股权转让另有规定的，从其规定。

《中华人民共和国公司法》（2023年修订）

第八十四条 有限责任公司的股东之间可以相互转让其全部或者部分股权。

股东向股东以外的人转让股权的，应当将股权转让的数量、价格、支付方式和期限等事项书面通知其他股东，其他股东在同等条件下有优先购买权。股东自接到书面通知之日起三十日内未答复的，视为放弃优先购买权。两个以上股东行使优先购买权的，协商确定各自的购买比例；协商不成的，按照转让时各自的出资比例行使优先购买权。

公司章程对股权转让另有规定的，从其规定。

《最高人民法院关于适用〈中华人民共和国婚姻法〉若干问题的解释（一）》（已失效）

第十七条 婚姻法第十七条关于"夫或妻对夫妻共同所有的财产，有平等的处理权"的规定，应当理解为：

（一）夫或妻在处理夫妻共同财产上的权利是平等的。因日常生活需要而处理夫妻共同财产的，任何一方均有权决定。

（二）夫或妻非因日常生活需要对夫妻共同财产做重要处理决定，夫妻双方应当平等协商，取得一致意见。他人有理由相信其为夫妻双方共同意思表示的，另一方不得以不同意或不知道为由对抗善意第三人。

《中华人民共和国民法典》（2021年1月1日施行）

第一千零五十五条 夫妻在婚姻家庭中地位平等。

第一千零六十条 夫妻一方因家庭日常生活需要而实施的民事法律行为，对夫妻双方发生效力，但是夫妻一方与相对人另有约定的除外。

夫妻之间对一方可以实施的民事法律行为范围的限制，不得对抗善意相对人。

《最高人民法院关于适用〈中华人民共和国婚姻法〉若干问题的解释（二）》（已失效）

第十六条 人民法院审理离婚案件，涉及分割夫妻共同财产中以一方名义在有限责任公司的出资额，另一方不是该公司股东的，按以下情形分别处理：

（一）夫妻双方协商一致将出资额部分或者全部转让给该股东的配偶，过半数股东同意、其他股东明确表示放弃优先购买权的，该股东的配偶可以成为该公司股东；

（二）夫妻双方就出资额转让份额和转让价格等事项协商一致后，过半数股东不同意转让，但愿意以同等价格购买该出资额的，人民法院可以对转让出资所得财产进行分割。过半数股东不同意转让，也不愿意以同等价格购买该出资额的，视为其同意转让，该股东的配偶可以成为该公司股东。

用于证明前款规定的过半数股东同意的证据，可以是股东会决议，也可以是当事人通过其他合法途径取得的股东的书面声明材料。

本案链接

以下为该案在最高人民法院审理阶段，判决书中"本院认为"就该问题的论述：

本案二审的争议焦点是：关于张某某与刘某某签订的股权转让协议的效力认定问题。原审判决驳回艾某、张某某主张股权转让协议无效的诉讼请求，艾某、张某某为此向本院提起上诉，其理由之一是：夫妻一方擅自转让其名下的股权，另一方诉请确认无效，实际是家庭财产纠纷，首先应当适用《民法通则》、《婚姻法》的规定，作为调整商事行为的《公司法》处于适用的次要地位。本院认为，艾某、张某某提起本案诉讼，所依据的是张某某与刘某某签订的两份股权转让协议，并提出确认协议无效、返还股权的诉讼请求。因此，在双方当事人之间形成的是股权转让合同法律关系，本案案由亦确定为股权转让纠纷。故对本案的处理应当适用我国《合同法》、《公司法》的相关调整股权转让交易的法律规范，而不应适用调整婚姻及其财产关系的法律规定。艾某、张某某的该项上诉理由不能成立，本院不予支持。

关于艾某、张某某提出的股权转让未经艾某同意，股权转让协议无效的上诉理由，本院认为，股权作为一项特殊的财产权，除其具有的财产权益内容外，还具有与股东个人的社会属性及其特质、品格密不可分的人格权、身份权等内容。如无特别约定，对于自然人股东而言，股权仍属于商法规范内的私权范畴，其各项具体权能应由股东本人独立行使，不受他人干涉。在股权流转方面，我国《公司法》确认的合法转让主体也是股东本人，而不是其所在的家庭。本案中，张某某因转让其持有的工贸公司的股权事宜，与刘某某签订了股权转让协议，双方从事该项民事交易活动，其民事主体适格，意思表示真实、明确，协议内容不违反我国《合同法》、《公司法》的强制性规定，该股权转让协议应认定有效。艾某、张某某的该项上诉理由没有法律依据，本院不予支持。

关于艾某、张某某提出的本案所涉合同"名为股权转让实为矿权转让"，应当认定无效的上诉理由,本院认为,根据本案查明的事实,2011年10月26日、12月16日,张某某与刘某某分别签订股权转让协议,约定张某某将其在工贸公司的原始股份额660万元、500万元,以13200万元、18960万元转让给刘某某。协议中约定了部分股权转让款的支付时间,同时约定余款在刘某某进入榆林市常某堡煤矿、张某某将财务和资产证件等手续移交完毕、刘某某变更为常某堡矿业公司董事等事项后支付。此后,刘某某依约向张某某支付股权转让款7600万元,工贸公司进行了股东变更登记,法定代表人亦由张某某变更为刘某某。上述约定及履行情况表明,双方就转让工贸公司的股权达成了一致的意思表示,刘某某作为受让方依照约定向张某某支付了部分股权转让款,双方亦在工商管理部门进行了股东变更登记。协议中虽有刘某某进入榆林市常某堡煤矿、刘某某变更为常某堡矿业公司董事等相关约定,但该约定属双方为履行股权转让协议而设定的条件,并不改变刘某某受让工贸公司股权的交易性质及事实。工贸公司系常某堡矿业公司的股东,采矿权也始终登记在常某堡矿业公司的名下,因此,本案的股权转让协议不存在转让采矿权的内容,实际履行中亦没有实施转让采矿权的行为,艾某、张某某的该项上诉理由没有事实和法律依据,本院不予支持。

延伸阅读

"股权转让应由股东本人独立行使,并非必须征得配偶同意"裁判规则的九个判决。

案例1:辽宁省高级人民法院,谷某与赵某某股权转让纠纷二审民事判决书[(2015)辽民二终字第00341号]认为:夫妻间没有特别约定的情况下,该出资款项应属夫妻共同财产,但在出资行为转化为股权形态时,现行法律没有规定股权为夫妻共同财产,其也不具有"夫妻对共同所有的财产,有平等的处理权"这样的属性……本案宏某公司股东谷某某、天某集团均同意向谷某及陶某某转让其持有的股权并已经股东会决议确定。而现没有法律规定股东转让股权需经股东配偶的同意,所以,谷某转让其持有的宏某公司股权,即使未经其配偶赵某某同意,也没有法律依据确认其转让无效。

案例2:福建省高级人民法院,陈某甲与郑某某、陈某乙确认合同无效纠纷二审民事判决书[(2014)闽民终字第299号]认为:《婚姻法》规定夫妻对共有财产有平等处理权,但该夫妻内部法律关系仍应受制于股权转让外部法律关系。《公司法》并未赋予股东配偶在股东转让股权时的同意权与优先购买权。且根据《最高人民法院关于适用〈中华人民共和国婚姻法〉若干问题的解释（一）》第十七条的规定，夫或妻非因日常生活需要对夫妻共同财产做重要处理决定，他人有理由相信其为夫妻双方共同意思表示的，另一方不得以不同意或不知道为由对抗善意第三人。本案股权系郑某某以个人名义受让，并将股份登记在郑某某个人名下。在此情况下，陈某乙有理由相信郑某某有权对诉争股权进行处分，上诉人陈某甲的诉请于法无据。综上所述，本院认为，陈某甲以郑某某对案涉股权没有处分权为由，诉请确认本案诉争《股份转让协议》及《补充协议书》无效，该主张不能成立。

案例3：西安市中级人民法院，夏某某与李某某股权转让纠纷二审民事判决书［（2015）西中民四终字第00473号］认为：股东转让股权必须征得过半数股东的同意，并非必须征得其配偶的同意。即使在有限责任公司的出资系夫妻共同财产，但非公司股东的配偶，要成为公司的股东，还须征得其他股东的同意，只有在其他股东明确表示放弃优先购买权的情况下，股东的配偶才可以成为该公司的股东。在过半数股东不同意转让，但愿意以同等价格购买该出资额的情况下，只能对转让出资所得财产进行分割。股东的配偶虽对夫妻共有的股权享有财产权利，但没有参与公司重大决策和选择管理者等权利。综上，公司股东转让股权可以独立行使，并非必须要征得其配偶的同意。因联某公司已召开股东会，并形成决议同意股东李某甲转让部分股权，其他公司股东亦未提出异议，且协议内容不违反法律法规的强制性规定，故本案李某甲与上诉人李某某签订的股权转让协议应为有效转让协议。

案例4：钦州市中级人民法院，何某某与易某某、颜某某确认合同无效纠纷二审民事判决书［（2015）钦民二终字第82号］认为：股权既包括资产收益权，也包括参与重大决策和选择管理者的权利。所以，股权并非单纯的财产权，应为综合性的民事权利。因此，《中华人民共和国公司法》第七十二条规定了股东转让股权必须征得过半数股东的同意，并非必须征得其配偶的同意。且我国现行法律和行政法规没有关于配偶一方转让其在公司的股权需经另一方配偶同意的规定。因此，在本案中，上诉人易某某、颜某某上诉提出本案应适用《中华人民共和国公司法》的规定，颜某某转让其持有的煌某公司股权时无需其配偶同意的主张符合法律规定，本院予以确认。

案例5：南京市中级人民法院，许某与张某某、陈某某等股权转让协议效力确认纠纷二审民事判决书［（2013）宁商终字第655号］认为：公司股东依法享有资产收益、参与重大决策和选择管理者等权利，据此，股权系股东基于其股东资格而享有的权利，非股东不享有上述权利，即便是股东的配偶。股东的配偶对于股权的共有财产体现在基于股权所对应的财产性收益，如公司分红或者转让股权所取得的对价均应视为股东与配偶的共同财产。张某某系原苏某交家电（集团）有限公司的股东，依据我国《公司法》的规定其有权对股权进行转让。上诉人依据其与张某某系夫妻关系，主张案涉股权系夫妻共同财产，张某某无权转让的上诉理由，于法无据，本院不予采纳。

案例6：北京市第一中级人民法院，金某某与张某等确认合同无效纠纷二审民事判决书〔（2016）京01民终字第3393号〕认为：股权作为一项特殊的财产权，除其具有财产权益内容外，还具有与股东个人的社会属性及其特质、品格密不可分的人格权、身份权等内容。如无特别约定，对于自然人股东而言，股权仍属于商法规范内的私权范畴，其各项具体权能应由股东本人行使，不受他人干预。在股权流转方面，我国《公司法》亦确认股权转让的主体为股东个人，而非其家庭。故张某作为际某新兴公司股东，有权决定是否转让其所持股份。本院对于金某某主张张某转让涉案股权系无权处分的上诉意见不予支持⋯⋯因股权转让主体系股东个人而非其所在的家庭，故张某有权转让涉案股权，金某某作为张某的配偶，无论其对于股权转让同意与否，对于《股权转让协议》的效力均不构成影响。

案例7：杭州市中级人民法院，夏某某与江某、江某某确认合同无效纠纷二审民事判决书〔（2015）浙杭商终字第56号〕认为：股权为综合性权利，不仅具有财产属性，还具有人身属性。就夫妻关系存续期间登记在配偶一方名下的股权，另一方虽就由该股权产生的分红、转让价款等财产性收益有共有权，但其并不享有该股权的处分权能。包括转让在内的股权的各项权能应由股东本人行使，不受他人干涉。在股权流转方面，我国《公司法》确认的合法转让主体也是股东本人，并非其家庭成员。故配偶一方与受让人签订的股权转让协议，并不因未经另一方的同意而无效，除非该股权转让协议存在《中华人民共和国合同法》第五十二条所规定的应确认为无效的情形。本案中，夏某某以江某未与其协商而擅自向江某某转让股权为由，主张股权转让协议无效，该主张不能成立，本院不予支持。

案例8：北京市朝阳区人民法院，张某诉胡某等股权转让纠纷一审民事判决书〔（2016）京0105民初字第6721号〕认为：股东转让股权必须征得过半数股东的同意,并非必须征得其配偶的同意。即使在有限责任公司的出资系夫妻共同财产,但非公司股东的配偶,要成为公司的股东,还须征得其他股东的同意,只有在其他股东明确表示放弃优先购买权的情况下,股东的配偶才可以成为该公司的股东。在过半数股东不同意转让,但愿意以同等价格购买该出资的情况下,只能对转让出资所得财产进行分割。综上,股东转让股权必须征得过半数股东的同意,并非必须征得其配偶的同意。上述法律规定,体现了有限责任公司人合性的法律特征。虽然股权的本质为财产权,但股东依法享有资产收益、参与重大决策和选择管理者等权利。据此,股权既包括资产收益权,也包括参与重大决策和选择管理者的权利,所以,股权并非单纯的财产权,应为综合性的民事权利。且我国现行法律和行政法规并没有关于配偶一方转让其在公司的股权须经另一方配偶同意的规定。

案例9:南京市鼓楼区人民法院,原告许某与被告张某某、陈某某等股权转让协议效力确认纠纷一审民事判决书〔(2012)鼓商初字第878号〕认为:股权是一种综合性权利,是以身份权、管理权、财产权为主要内容,集身份、财产与管理等权利于一体的独立的权利形态。股权不能等同于一般财产,股东配偶仅能对因股权所得的财产收益按约定或法律规定享有共有权利,而不能与股东共同行使股权。案涉股权转让时系有限责任公司之股权。有限责任公司具有人合性兼具资合性,人合性系指股东之间的信任合作特性,并不包括股东之配偶。法律亦未赋予股东配偶对股权的共同处分权。股东有权按《公司法》的规定自行转让股权,受让人亦无需审查股权转让是否取得了股东配偶的同意。故许某主张因张某某无权处分其名下股权而致转让协议无效的意见,无法律依据,本院不予采纳。

066 转让方是否可以将预期取得的股权进行转让

裁判要旨

无权处分的股权转让协议并不当然无效,此类协议只要系双方真实意思表示,其股权转让协议的债权行为即为有效,但转让方向受让方转移标的物"股权"的物权行为处于效力待定状态,在经权利人追认或事后取得处分权时,物权行为生效。

案情简介[①]

一、2007年6月21日,富某公司与运销总公司签订《股权转让协议书一》,约定运销总公司将其所有粮食储备库的股权转让给富某公司。因该粮食库属于国有资产,须经运销总公司的上级单位吉粮集团批准生效。

二、此后,富某公司支付了200万元预付款,吉粮集团批准按评估价以拍卖的方式出让粮食库股权。

三、2007年12月9日,拍卖公司拍卖该股权,但是富某公司未能交付3000万元的拍卖款,导致该股权重新拍卖。

四、2008年7月15日,富某公司与王某某、付某某签订《股权转让协议二》,协议约定:富某公司将预期取得的粮食库全部股权以3600万元转让给王某某、付某某,王某某与付某某直接自行缴纳拍卖款3000万元,富某公司协助办理证照后向其支付600万元。

五、2008年7月18日,王某某、付某某拍得涉案股权,且在富某公司的协助下,办理了相关证照,直接由运销总公司过户到二者名下。

六、后来,粮食库改制成有限责任公司,股东王某某、付某某分别持股51%、49%。但是,王某某、付某某并未按照《股权转让协议二》的要求,另行向富某公司支付600万股权转让款。

七、富某公司索要600万股权转让款未果,诉至法院。本案经大连中院一审、辽宁高院二审均认为《股权转让协议二》无效,最高院再审认定《股权转让协议二》有效。

核心要点

无权处分的合同并不当然无效,此类合同只要系双方真实意思表示,其买卖合同的债权行为即为有效,但卖方向买方转移标的物所有权的物权行为处于效力待定状态,在经权利人追认或事后取得处分权时,物权行为生效。无权处分一般物品的买卖合同有效,同理无权处分股权的股权转让协议同样有效。本案中富某公司虽未取得协议涉及的国有股权的所有权,但王某某、付某某在签订合同时即已经知晓富某公司仅以协议(预期)的方式受让粮食储备库的股权和资产,且

---

① 案件来源:最高人民法院,王某某、付某某等与大连富某船舶工程有限公司股权转让纠纷再审民事判决书[(2016)最高法民再字第75号]。

在转让方式的约定中也明确了王某某、付某某需通过直接参加拍卖合法取得，故该协议的签订是双方真实意思表示，并不存在《合同法》第五十二条规定的合同无效的情形，自成立时生效。

实务经验总结

前事不忘，后事之师。为避免未来发生类似败诉，提出如下建议：

第一，无权处分的股权转让协议并非无效。因此，转让方与受让方均不得以无权处分的股权转让协议无效为由，逃避合同义务。

第二，转让方在签订股权转让协议后，应当取得股权的处分权或有处分权主体的追认，否则其将不能完成股权转让协议的主义务（交付股权），受让方有权要求其承担赔偿责任。

第三，对于受让方来讲，即使其并非在转让方的手中直接获得股权，但是当转让方依据约定完成了主管批复、证照办理等附属义务时，受让方仍应按照合同的约定支付相应款项。

相关法律规定

《中华人民共和国合同法》（已失效）

第五十一条　无处分权的人处分他人财产，经权利人追认或者无处分权的人订立合同后取得处分权的，该合同有效。

《最高人民法院关于审理买卖合同纠纷案件适用法律问题的解释》（已失效）

第三条　当事人一方以出卖人在缔约时对标的物没有所有权或者处分权为由主张合同无效的，人民法院不予支持。

出卖人因未取得所有权或者处分权致使标的物所有权不能转移，买受人要求出卖人承担违约责任或者要求解除合同并主张损害赔偿的，人民法院应予支持。

《中华人民共和国民法典》（2021年1月1日施行）

第五百九十七条　因出卖人未取得处分权致使标的物所有权不能转移的，买受人可以解除合同并请求出卖人承担违约责任。

法律、行政法规禁止或者限制转让的标的物，依照其规定。

本案链接

以下为该案在法院审理阶段，判决书中"本院认为"就该问题的论述：

（一）关于双方签订的《产权转让协议书》的效力问题。

根据一、二审及本院再审查明事实，富某公司与王某某、付某某于2008年7月15日签订《产权转让协议书》，该协议书系双方真实意思表示，一、二审根据其内容中涉及的转让产权不属于富某公司所有而认定该合同属于无权处分，并认定该协议无效。本院认为，《中华人民共和国合同法》第五十一条规定："无处分权的人处分他人财产，经权利人追认或者无处分权的人订立合同后取得处分权的，该合同有效。"《最高人民法院关于审理买卖合同纠纷案件适用法律问题的解释》第三条规定：当事人一方以出卖人在缔约时对标的物没有所有权或者处分权为由主张合同无效的，人民法院不予支持。出卖人因未取得所有权或者处分权致使标的物所有权不能转移，买受人要求出卖人承担违约责任或者要求解除合同并主张损害赔偿的，人民法院应予支持。根据前述规定，无权处分的合同并不当然无效，此类合同只要系双方真实意思表示，其买卖合同的债权行为即为有效，但卖方向买方转移标的物所有权的物权行为处于效力待定状态，在经权利人追认或事后取得处分权时，物权行为生效。本案中富某公司虽未取得协议涉及的国有资产所有权，但王某某、付某某在签订合同时即已经知晓富某公司仅以协议（预期）的方式受让粮食储备库的股权和资产，且在转让方式的约定中也明确了王某某、付某某需通过直接参加拍卖合法取得，故，该协议的签订是双方真实意思表示，并不存在《合同法》第五十二条规定的合同无效的情形，根据《合同法》第四十四条依法成立的合同，自成立时生效的规定，本案涉案《产权转让协议书》在签订时已经生效，一、二审法院因无权处分而认定该协议无效，属于适用法律错误，应予纠正。

067 未足额出资的股东对外转让全部股权，仍应承担对公司的出资责任

裁判要旨

股东应当按期足额缴纳公司章程中规定的各自所认缴的出资额，即使股东已对外转让了其全部股权，但其出资不实的责任不应随着股权的转让而免除，该股东仍应当依法向公司补足出资。

案情简介[①]

一、甲公司系有限责任公司，原注册资本为人民币 2500 万元，金某集团认缴出资 125 万元，持股 5%；马某某认缴出资 2250 万元，持股 90%；陈某某认缴出资 125 万元，持股 5%。

二、2005 年 6 月 25 日，甲公司股东会决议公司增资 3750 万元，马某某追加出资 3375 万元，陈某某追加出资 375 万元。其中，马某某以票据号码为"09210329"、金额为 3375 万元的本票出资，陈某某以票据号码为"09210330"、金额为 375 万元的本票出资。

三、此后，甲公司的注册资本变更为 6250 万元，其中陈某某出资 500 万元，持股 8%。但是，甲公司农行账户显示：2005 年 8 月 10 日，虹某公司分两次向甲公司的验资账户转账划款 3375 万元、375 万元。当日，该笔划入的 3750 万元又由甲公司账户划入到虹某公司账户。

四、本案审理期间，上述银行向法院出具书面证明称，编号 09210329、09210330 的两张本票未解入甲公司验资账户。诉讼前，陈某某已将其所持甲公司股权转让给案外人。

五、此后，甲公司向法院提起诉讼要求陈某某支付未缴纳的出资款 375 万元。本案经浦东区法院一审、上海一中院二审，最终判定陈某某需要补缴出资款 375 万元。

核心要点

我国《公司法》第二十八条明确规定，股东应当按期足额缴纳公司章程中规定的各自所认缴的出资额；股东以货币出资的，应当将货币出资足额存入有限责任公司在银行开设的账户；股东不按照前款规定缴纳出资的，除应当向公司足额缴纳外，还应当向已按期足额缴纳出资的股东承担违约责任。陈某某作为甲公司的股东，在公司增资 3750 万元的过程中，理应依法履行其缴纳增资款 375 万元的出资义务。陈某某虽以票据号码为"09210330"、金额为 375 万元的银行本票进账单证明其已履行了相应的增资出资义务，但上述本票并未进入甲公司验资账户。实际上，3750 万元增资验资款来源于案外人虹某公司的划款，而该款项

[①] 案件来源：上海市第一中级人民法院，陈某某与甲公司股东出资纠纷一案二审民事判决书〔（2010）沪一中民四（商）终字第 2036 号〕。

旋即被转出。故陈某某未履行出资义务。股东的出资义务系法律所规定的股东基本义务，即使其已对外转让了其全部股权，但其出资不实的责任不应随着股权的转让而免除。陈某某仍应当依法向甲公司补足出资。

实务经验总结

前事不忘，后事之师。为避免未来发生类似败诉，提出如下建议：

第一，股东应当按照公司章程或股东会决议的规定及时足额缴纳出资。出资义务是股东的基本义务，公司以及债权人均有权向法院起诉要求股东履行出资义务。另外，股东出资务必要用自己的账户向公司指定账户注资，避免通过他人账户间接注资，以免混淆出资主体和出资用途。

第二，股权转让并不能免除原股东的出资义务，即使其已经转让了全部股权，其仍应当对未出资或出资不实的部分承担责任。原股东切不可以为对外转让了股权，就摆脱掉了出资义务。

第三，对于股权的受让方来讲，其在受让股权之前务必要做尽职调查，核查转让方是否已经足额缴纳了出资，以房产、土地、设备、知识产权等出资的是否已经履行了评估、交付、登记等手续，否则受让人极有可能与转让人承担连带责任。

相关法律规定

《中华人民共和国公司法》（2018年修正，已被修订）

第二十八条 股东应当按期足额缴纳公司章程中规定的各自所认缴的出资额。股东以货币出资的，应当将货币出资足额存入有限责任公司在银行开设的账户；以非货币财产出资的，应当依法办理其财产权的转移手续。

股东不按照前款规定缴纳出资的，除应当向公司足额缴纳外，还应当向已按期足额缴纳出资的股东承担违约责任。

《中华人民共和国公司法》（2023年修订）

第四十九条 股东应当按期足额缴纳公司章程规定的各自所认缴的出资额。

股东以货币出资的，应当将货币出资足额存入有限责任公司在银行开设的账户；以非货币财产出资的，应当依法办理其财产权的转移手续。

股东未按期足额缴纳出资的，除应当向公司足额缴纳外，还应当对给公司造成的损失承担赔偿责任。

《最高人民法院关于适用〈中华人民共和国公司法〉若干问题的规定（三）》（2014年修正）

第十八条　有限责任公司的股东未履行或者未全面履行出资义务即转让股权，受让人对此知道或者应当知道，公司请求该股东履行出资义务、受让人对此承担连带责任的，人民法院应予支持；公司债权人依照本规定第十三条第二款向该股东提起诉讼，同时请求前述受让人对此承担连带责任的，人民法院应予支持。

受让人根据前款规定承担责任后，向该未履行或者未全面履行出资义务的股东追偿的，人民法院应予支持。但是，当事人另有约定的除外。

本案链接

以下为该案在法院审理阶段，判决书中"本院认为"就该问题的论述：

我国《公司法》第二十八条明确规定，股东应当按期足额缴纳公司章程中规定的各自所认缴的出资额；股东以货币出资的，应当将货币出资足额存入有限责任公司在银行开设的账户；股东不按照前款规定缴纳出资的，除应当向公司足额缴纳外，还应当向已按期足额缴纳出资的股东承担违约责任。上诉人陈某某作为被上诉人甲公司的股东之一，在公司增资3750万元的过程中，理应依法履行其缴纳增资款375万元的出资义务。原审审理过程中，上诉人陈某某以票据号码为"09210330"、金额为375万元的银行本票进账单证明其已履行了相应的增资出资义务，但甲公司验资账户的开户银行已向原审法院证实，上述本票并未进入甲公司验资账户，3750万元增资验资款实际来源于案外人虹某公司的划款，而上述验资款又已于划款当日及次日由甲公司返还给了虹某公司，该款项中包含了陈某某应当认缴出资的375万元。上诉人陈某某又于二审审理过程中称，其系于增资当时已将系争款项交给原公司法定代表人马某某，但未能提供相应的付款凭据，由于马某某已经去世，陈某某称其已付款的事实缺乏证据证明，本院难以认定。同样没有证据证明陈某某于此后向甲公司补足出资375万元，原审法院据此认定，在甲公司增资过程中，上诉人陈某某未实际出资，并无不当。鉴于股东的出资义务系法律所规定的股东基本义务，陈某某的行为违反了公司章程的约定和《公司法》的规定，故其应向甲公司履行相关的出资义务，该项义务不适用诉讼时效的规定。上诉人陈某某虽已对外转让了其全部股权，但其出资不实的责任不应随着股权的转让而免除。上诉人陈某某应当依法向被上诉人甲公司补足出资。原审法院查明事实清楚，适用法律正确，依法应予维持。

068 禁售期内签订股权转让合同但约定禁售期满后办理转让手续的有效

裁判要旨

在《公司法》规定的股份禁止转让期内，股份有限公司的发起人与他人订立股份转让协议，约定在股份禁止转让期后转让股份的，并不违反原《公司法》第一百四十七条关于"发起人持有的本公司股份，自公司成立之日起三年内不得转让"的禁止性规定，应认定为合法有效。

案情简介[①]

一、南京浦某建设发展股份有限公司（以下简称"浦某公司"）成立于2002年9月，张某某、王某均为浦某公司的发起人、股东。

二、2004年10月，王某与张某某签订《股份转让协议》，约定王某将其持有的全部浦某公司的17%股份转让给张某某，股份转让款总计8300万元。《股份转让协议》还约定：自《股份转让协议》签订之日起至双方办理完毕股份变更手续止的期间为过渡期，过渡期内张某某代王某行使股东权利（包括表决权、收益权、股权转让权等）。

三、截止至2004年12月31日，张某某累计向王某支付股份转让款8100万元，尚有200万元未支付。

四、2005年1月8日，王某向张某某发出《关于收回股份的通知》，以"迟延支付200万元构成根本性违约"为由终止《股份转让协议》，并宣称王某仍持有浦某公司17%的股份。

五、张某某认为王某在收取8100万元后毁约的行为有失诚信，向法院诉请判令王某继续履行双方签订的《股份转让协议》。王某辩称：依据《公司法》的

[①] 案件来源：江苏省高级人民法院，张某某诉王某股权转让合同纠纷一审民事判决书［(2005)苏民二初字第0009号］，载《最高人民法院公报》2007年第5期。

规定，股份有限公司的发起人持有的本公司股份，自公司成立之日起三年内不得转让。《股份转让协议》签订时，尚在股份禁止转让期内，《股份转让协议》规避了法律强制性规定，属无效协议。

六、江苏省高级人民法院判决《股份转让协议》有效，双方应继续履行。宣判后，双方均未上诉，一审判决已经发生法律效力。

核心要点

张某某和王某作为浦某公司的发起人，在浦某公司成立两年后签订《股份转让协议》，约定"过渡期"后王某将所持的标的股份转让于张某某名下。上述约定并不违反原《公司法》第一百四十七条关于"发起人持有的本公司股份，自公司成立之日起三年内不得转让"的规定。

《公司法》该规定所禁止的发起人转让股份的行为，是指发起人在自公司成立之日起三年内禁止转让股份，立法目的在于防范发起人利用公司设立谋取不当利益，并通过转让股份逃避发起人可能承担的法律责任。法律并不禁止发起人为公司成立三年后转让股份而预先签订合同。只要不实际交付股份，就不会引起股东身份和股权关系的变更，即拟转让股份的发起人仍然是公司的股东，其作为发起人的法律责任并不会因签订转让股份的协议而免除。因此，发起人与他人订立合同约定在公司成立三年之后转让股权的，并不违反原《公司法》第一百四十七条的禁止性规定，应认定为合法有效。

实务经验总结

前事不忘，后事之师。为避免未来发生类似败诉，提出如下建议：

第一，股份有限公司的股东在禁止转让期内转让股份，要注意协议内容的特殊约定，避免股份转让协议无效。根据《公司法》规定，股份禁止转让期包括以下六种：

1. 发起人持有的本公司股份，自公司成立之日起一年内不得转让。

2. 公司公开发行股份前已发行的股份，自公司股票在证券交易所上市交易之日起一年内不得转让。

3. 公司董事、监事、高级管理人员在任职期间每年转让的股份不得超过其所持有本公司股份总数的百分之二十五。

4. 公司董事、监事、高级管理人员所持本公司股份自公司股票上市交易之日起一年内不得转让。

5. 公司董事、监事、高级管理人员离职后半年内，不得转让其所持有的本公司股份。

6. 公司章程可以对公司董事、监事、高级管理人员转让其所持有的本公司股份作出其他限制性规定。

为避免股份禁止转让期订立《股份转让协议》被认定无效，可以约定由股份受让人在股份禁止转让期内行使股东权（包括表决权、收益权、股权转让权等），待股份禁止转让期满后办理股权转让变更手续。

第二，股份受让人签订受让股份仍在禁止转让期内的《股份转让协议》时，应采取审慎态度，尽量约定在股份禁止转让期满后再支付股份转让价款或者有其他担保措施。因为在股份禁止转让期满前无法办理股份转让变更手续，出让人持有的公司股份仍是出让人的合法财产，这意味着当出让人与任何第三人出现法律争议并可能承担法律责任时，该股权作为出让人名下的财产随时都有可能被第三人申请保全，甚至是执行。如出现此种局面，股权受让人支付了股份转让价款，却最终无法取得股份，将是"赔了夫人又折兵"。

第三，对于股份出让人而言，签订上述《股份转让协议》也存在重大风险，即股份受让人可能利用股东身份从事损害公司利益等不正当行为，由此产生的法律责任也将由股份出让人承担。如本案"本院认为"部分所指出的，"尽管双方在协议中约定过渡期内王某作为浦某公司股东的一切义务和责任由张某某承担，但这种约定只在双方当事人之间内部有效，而对第三人并不具有法律约束力"。

第四，由于上述《股份转让协议》的签署日期与股权变更日期存在一定的时间间隔，双方都应当设置相应的违约条款以保证合同的履行。对于股份出让人而言，应当设置对方不支付股份转让价款时的违约条款；对于股份受让人而言，应当设置对方不办理股份变更时的违约条款。

相关法律规定

《中华人民共和国公司法》（1999年修正，已被修订）

第一百四十七条 发起人持有的本公司股份，自公司成立之日起三年内不得转让。

公司董事、监事、经理应当向公司申报所持有的本公司的股份，并在任职期间内不得转让。

《中华人民共和国公司法》（2013年修正，已被修订）

第一百四十一条 发起人持有的本公司股份，自公司成立之日起一年内不得转让。公司公开发行股份前已发行的股份，自公司股票在证券交易所上市交易之日起一年内不得转让。

公司董事、监事、高级管理人员应当向公司申报所持有的本公司的股份及其变动情况，在任职期间每年转让的股份不得超过其所持有本公司股份总数的百分之二十五；所持本公司股份自公司股票上市交易之日起一年内不得转让。上述人员离职后半年内，不得转让其所持有的本公司股份。公司章程可以对公司董事、监事、高级管理人员转让其所持有的本公司股份作出其他限制性规定。

《中华人民共和国公司法》（2023年修订）

第一百六十一条 有下列情形之一的，对股东会该项决议投反对票的股东可以请求公司按照合理的价格收购其股份，公开发行股份的公司除外：

（一）公司连续五年不向股东分配利润，而公司该五年连续盈利，并且符合本法规定的分配利润条件；

（二）公司转让主要财产；

（三）公司章程规定的营业期限届满或者章程规定的其他解散事由出现，股东会通过决议修改章程使公司存续。

自股东会决议作出之日起六十日内，股东与公司不能达成股份收购协议的，股东可以自股东会决议作出之日起九十日内向人民法院提起诉讼。

公司因本条第一款规定的情形收购的本公司股份，应当在六个月内依法转让或者注销。

特别提示：本案审判时适用1999年版《公司法》，尽管2013年版《公司法》第一百四十一条将限制发起人转让股份的期限由三年缩短为一年，但本案的裁判要旨在《公司法》修改后仍然具有指导意义。

本案链接

以下为该案在法院审理阶段，判决书中"本院认为"就该问题的论述：

关于本案《股份转让协议》及《过渡期经营管理协议》是否有效、能否撤销的问题。

（一）本案原告、反诉被告张某某和本案被告、反诉原告王某作为浦某公司的发起人，在浦某公司成立两年后，于 2004 年 10 月 22 日签订《股份转让协议》及《过渡期经营管理协议》，约定"过渡期"后王某将所持的标的股份转让于张某某名下。上述约定并不违反《公司法》第一百四十七条关于"发起人持有的本公司股份，自公司成立之日起三年内不得转让。公司董事、监事、经理应当向公司申报所持有的本公司的股份，并在任职期内不得转让"的规定，不违反《浦某公司章程》的相关规定，亦不违反社会公共利益，应认定为合法有效。

首先，股份有限公司发起人的主要职责在于设立公司，发起人需要对公司设立失败的后果负责，在公司设立过程中因发起人的过错造成公司损失的，发起人也需要承担相应的责任。公司成功设立后，发起人的身份就被股东的身份所替代，其对公司的权利义务与其他非发起人股东相同。考虑到有些不当发起行为的法律后果和法律责任的滞后性，如果发起人在后果实际发生前因转让股份退出了公司，就很难追究其责任，不利于保护他人或社会公众的合法权益，因此，需要在一定时期内禁止发起人转让其持有的公司股份。《公司法》第一百四十七条第一款的立法目的即在于防范发起人利用公司设立谋取不当利益，并通过转让股份逃避发起人可能承担的法律责任。该条第二款关于"公司董事、监事、经理应当向公司申报所持有的本公司的股份，并在任职期内不得转让"的规定，也是基于相同的立法目的。

其次，《公司法》第一百四十七条所禁止的发起人转让股份的行为，是指发起人在自公司成立之日起三年内实际转让股份。法律并不禁止发起人为公司成立三年后转让股份而预先签订合同。只要不实际交付股份，就不会引起股东身份和股权关系的变更，即拟转让股份的发起人仍然是公司的股东，其作为发起人的法律责任并不会因签订转让股份的协议而免除。因此，发起人与他人订立合同约定在公司成立三年之后转让股权的，并不违反《公司法》第一百四十七条的禁止性规定，应认定为合法有效。本案中，根据双方当事人所签订的《股份转让协议》第五条、第六条关于过渡期的规定、第七条关于"办理股份变更手续"的规定、第十条关于"依照《中华人民共和国公司法》的规定，合法有效地将甲方所持有的股份转让于乙方名下"和"如遇法律和国家政策变化，修改了股份有限公司发起人股份的转让条件和限制，将依照新的法律和政策的规定相应调整合同的生效时间"的规定等协议内容，可以确定双方对公司发起人转让股份的限制有着清醒的认识，故双方虽然在公司成立后三年内签订股份转让协议，但明确约定股份在"过渡期"届满即浦某公司成立三年之后再实际转让。同时，双方签订《股份转让协议》和《过渡期经营管理协议》后,本案被告、反诉原告王某即签署了向浦某公司董事会提出辞去该公司董事职务的申请,不再担任公司董事。综上,双方当事人的上述约定显然并不违反《公司法》第一百四十七条的规定,亦不违反《浦某公司章程》的相关规定,应认定为合法有效的合同。

第三,本案原告、反诉被告张某某和本案被告、反诉原告王某未在公司成立后三年内实际转让股份,不存在违反《公司法》第一百四十七条的行为。本案中,王某所持有的是记名股票,根据《公司法》第一百四十五条关于"记名股票,由股东以背书方式或者法律、行政法规规定的其他方式转让。记名股票的转让,由公司将受让人的姓名或者名称及住所记载于股东名册"的规定,判断记名股票转让与否应当以股东名册和工商登记的记载为依据。本案中,根据浦某公司股东名册及该公司工商登记的记载,王某仍是浦某公司的股东和发起人,涉案标的股份至今仍属于王某所有。

第四,根据本案原告、反诉被告张某某和本案被告、反诉原告王某所签订的《过渡期经营管理协议》和《授权委托书》,王某在过渡期内作为股东的全部权利和义务都授权张某某行使。该《过渡期经营管理协议》的性质属于股份或股权的托管协议,双方形成事实上的股份托管关系,即法律上和名义上的股东仍是王某,而实际上王某作为浦某公司股东的权利和义务由张某某享有、承担。由于我国《公司法》对公司股份的托管行为和托管关系并无禁止性规定,因此,本案当事人所签订的《过渡期经营管理协议》合法有效。尽管双方在协议中约定过渡期内王某作为浦某公司股东的一切义务和责任由张某某承担,但这种约定只在双方当事人之间内部有效,而对第三人并不具有法律约束力。正因为该《过渡期经营管理协议》并不能免除王某作为发起人、股东的责任,故王某与张某某签订《过渡期经营管理协议》和《授权委托书》的行为应确认为合法有效。

第五,上述《股份转让协议》和《过渡期经营管理协议》不存在以合法形式掩盖非法目的情形。如上所述,双方订立合同的根本目的是公司成立三年后转让股份,过渡期内由本案原告、反诉被告张某某代行本案被告、反诉原告王某的股权,这一目的并不违法。上述协议形式、内容均合法有效,也不违反《浦某公司章程》第二十八条关于"发起人持有的公司股票自公司成立之日起三年以内不得转让"的规定。王某关于上述协议的签订和履行,使张某某实际取得王某在浦某公司的股份项下的全部权利和利益,王某不再承担其作为股东的风险和义务,双方已实质性转让股份,故上述协议违反《公司法》和《浦某公司章程》

有关公司发起人转让股份的禁止性规定,应确认为无效协议的反诉主张,没有事实和法律依据,不予采纳。

069 未经证监会豁免要约批准即收购上市公司 30% 以上股权的合同是否有效

裁判要旨

要约收购豁免批准是法律赋予证券监管部门的行政审批权,但股权收购双方是否取得豁免要约,并不影响收购双方的合同成立及生效,也即豁免要约不是合同生效的必要条件,而是收购双方以什么方式对抗上市公司其他股东的法律条件。

案情简介[①]

一、2006 年 6 月 28 日,南某公司与太某洋公司签订股权转让协议,约定:南某公司将持有的中纺机 29% 的 10355 万股股份,以 2595 万元的价格转让给太某洋公司。中纺机为上市公司,太某洋公司若收购该 29% 的股权,其总持股比例将超过 30%。

二、协议约定:协议签订后成立,但自证监会未对股权收购而提交的收购报告书在法律、法规规定的期限内提出异议、豁免要约收购义务之日生效;协议成立后太某洋公司首期支付 778 万元定金,余款在股权过户完毕当日支付,南某公司承诺目标股权不会遭遇被质押、查封、冻结的潜在威胁。

三、2006 年 7 月,太某洋公司依约支付了定金,并向证监会提交了豁免要约收购的申请。同时,南某公司因欠第三人款未还,其所持有的中纺织 7200 万股被法院查封,因此证监会未明确作出是否批准豁免要约收购的申请。

四、因股权迟迟未能过户,太某洋公司诉至法院,要求判令南某公司继续履行合同,完成过户义务;南某公司则表示未获得证监会的批准,协议未生效,不同意继续履行。

[①] 案件来源:最高人民法院,江苏南某高科技风险投资有限公司与太某洋机电(集团)有限公司股权转让纠纷案再审民事判决书〔(2009)民提字第 51 号〕。

五、一审中，太某洋公司明确表示愿意代南某公司向第三人偿还全部债务，以解除7200万股股权的查封，但南某公司予以拒绝。且太某洋公司已将剩余股权转让款全部交一审法院提存。

六、本案经上海二中院一审、上海高院二审、最高院提审，最终判定：证监会的批准并非合同生效的法定条件，协议已生效，南某公司需继续履行合同，待证监会批准后，完成过户手续。

核心要点

要约收购豁免的批准并非股权转让合同的法定生效条件，仅是当事人双方约定的合同生效条件，一方当事人恶意阻止生效条件成就时，视为条件已成就。要约收购豁免批准是法律赋予证券监管部门的行政审批权，但股权收购双方是否取得豁免要约，并不影响收购双方的合同成立及生效，也即豁免要约不是合同生效的必要条件，而是收购双方以什么方式对抗上市公司其他所有股东的法律条件。2006年7月，证监会受理了太某洋公司提交的中纺机股权收购文件以及豁免要约收购的申请，因标的股权被南某公司的案外债权人追索而被南京中院冻结，客观上导致证监会豁免要约收购批准审查程序无法继续进行。南某公司在股权转让协议中承诺"目标股权不会遭遇被质押、查封、冻结的潜在威胁"。然而，南某公司未能履行其承诺，而且还拒绝太某洋公司为实现解除查封标的股权而提出的代其偿还债务的方案，直接导致标的股权一直处于被冻结状态，证监会受理的要约豁免申请审查程序被迫中止。基于此，南某公司为自己的利益设置障碍的行为显而易见。根据《合同法》第四十五条第二款的规定，南某公司为自己的利益不正当地阻止协议生效的条件成就，应视为条件已成就。故，《股权转让协议》虽未经证监会批准，但已经生效。

实务经验总结

前事不忘，后事之师。为避免未来发生类似败诉，提出如下建议：

第一，协议收购上市公司股权达到该上市公司已发行股份的30%，继续收购的，需要向该上市公司所有股东发出邀约或向证监会申请批准豁免要约收购。

第二，是否取得豁免要约，并不影响股权转让协议的成立及生效，也即豁免要约并不是合同生效的必要条件，而是收购双方以什么方式对抗上市公司其他所有股东的法律条件。也即，收购双方均无权以该协议未取得证监会的批准为由，主张股权转让协议无效或未生效，进而拒绝履行合同。

第三，对于收购方来讲，在出让方中途反悔拒绝履行合同时，为最终能够取得股权，可以向法院申请将股权转让款进行提存，以确保在保证资金安全的前提下，依法依约履行合同义务，确保最终能够取得股权。

相关法律规定

《中华人民共和国合同法》（已失效）

第四十五条 当事人对合同的效力可以约定附条件。附生效条件的合同，自条件成就时生效。附解除条件的合同，自条件成就时失效。

当事人为自己的利益不正当地阻止条件成就的，视为条件已成就；不正当地促成条件成就的，视为条件不成就。

《中华人民共和国民法典》（2021年1月1日施行）

第一百五十八条 民事法律行为可以附条件，但是根据其性质不得附条件的除外。附生效条件的民事法律行为，自条件成就时生效。附解除条件的民事法律行为，自条件成就时失效。

第一百五十九条 附条件的民事法律行为，当事人为自己的利益不正当地阻止条件成就的，视为条件已经成就；不正当地促成条件成就的，视为条件不成就。

《中华人民共和国证券法》（2014年修正，已被修订）

第九十六条第一款 采取协议收购方式的，收购人收购或者通过协议、其他安排与他人共同收购一个上市公司已发行的股份达到百分之三十时，继续进行收购的，应当向该上市公司所有股东发出收购上市公司全部或者部分股份的要约。但是，经国务院证券监督管理机构免除发出要约的除外。

《中华人民共和国证券法》（2019年修订）

第七十三条第一款 采取协议收购方式的，收购人收购或者通过协议、其他安排与他人共同收购一个上市公司已发行的有表决权股份达到百分之三十时，继续进行收购的，应当依法向该上市公司所有股东发出收购上市公司全部或者部分股份的要约。但是，按照国务院证券监督管理机构的规定免除发出要约的除外。

《上市公司收购管理办法》（2014年修订，已被修订）

第四十七条 收购人通过协议方式在一个上市公司中拥有权益的股份达到或

者超过该公司已发行股份的 5%，但未超过 30% 的，按照本办法第二章的规定办理。

收购人拥有权益的股份达到该公司已发行股份的 30% 时，继续进行收购的，应当依法向该上市公司的股东发出全面要约或者部分要约。符合本办法第六章规定情形的，收购人可以向中国证监会申请免除发出要约。

收购人拟通过协议方式收购一个上市公司的股份超过 30% 的，超过 30% 的部分，应当改以要约方式进行；但符合本办法第六章规定情形的，收购人可以向中国证监会申请免除发出要约。收购人在取得中国证监会豁免后，履行其收购协议；未取得中国证监会豁免且拟继续履行其收购协议的，或者不申请豁免的，在履行其收购协议前，应当发出全面要约。

第四十八条　以协议方式收购上市公司股份超过 30%，收购人拟依据本办法第六章的规定申请豁免的，应当在与上市公司股东达成收购协议之日起 3 日内编制上市公司收购报告书，提交豁免申请，委托财务顾问向中国证监会、证券交易所提交书面报告，通知被收购公司，并公告上市公司收购报告书摘要。

收购人自取得中国证监会的豁免之日起 3 日内公告其收购报告书、财务顾问专业意见和律师出具的法律意见书；收购人未取得豁免的，应当自收到中国证监会的决定之日起 3 日内予以公告，并按照本办法第六十一条第二款的规定办理。

第六十一条第二款　未取得豁免的，投资者及其一致行动人应当在收到中国证监会通知之日起 30 日内将其或者其控制的股东所持有的被收购公司股份减持到 30% 或者 30% 以下；拟以要约以外的方式继续增持股份的，应当发出全面要约。

《上市公司收购管理办法》（2020 年修订）

第四十七条　收购人通过协议方式在一个上市公司中拥有权益的股份达到或者超过该公司已发行股份的 5%，但未超过 30% 的，按照本办法第二章的规定办理。

收购人拥有权益的股份达到该公司已发行股份的 30% 时，继续进行收购的，应当依法向该上市公司的股东发出全面要约或者部分要约。符合本办法第六章规定情形的，收购人可以免于发出要约。

收购人拟通过协议方式收购一个上市公司的股份超过 30% 的，超过 30% 的部分，应当改以要约方式进行；但符合本办法第六章规定情形的，收购人可以免于发出要约。符合前述规定情形的，收购人可以履行其收购协议；不符合前述规定情形的，在履行其收购协议前，应当发出全面要约。

第四十八条 以协议方式收购上市公司股份超过30%，收购人拟依据本办法第六十二条、第六十三条第一款第（一）项、第（二）项、第（十）项的规定免于发出要约的，应当在与上市公司股东达成收购协议之日起3日内编制上市公司收购报告书，通知被收购公司，并公告上市公司收购报告书摘要。

收购人应当在收购报告书摘要公告后5日内，公告其收购报告书、财务顾问专业意见和律师出具的法律意见书；不符合本办法第六章规定的情形的，应当予以公告，并按照本办法第六十一条第二款的规定办理。

第六十一条第二款 不符合本章规定情形的，投资者及其一致行动人应当在30日内将其或者其控制的股东所持有的被收购公司股份减持到30%或者30%以下；拟以要约以外的方式继续增持股份的，应当发出全面要约。

本案链接

以下为该案在法院审理阶段，判决书中"本院认为"就该问题的论述：

本案争议焦点为本案股权转让协议是否生效、是否合法有效以及是否继续履行等问题。

关于股权转让协议是否生效问题。本案股权转让协议约定："生效日"是指"本协议经双方签字盖章并报上海证券交易所，以及证监会未对本次目标股权收购而提交的收购报告书在法律、法规规定的期限内提出异议，豁免受让方的要约收购义务之日"。《证券法》第九十六条第一款规定，"采取协议收购方式的，收购人收购或者通过协议、其他安排与他人共同收购一个上市公司已发行的股份达到百分之三十时，继续进行收购的，应当向该上市公司所有股东发出收购上市公司全部或者部分股份的要约。但是，经国务院证券监督管理机构免除发出要约的除外。"本院认为，要约收购豁免批准是法律赋予证券监管部门的行政审批权，但股权收购双方是否取得豁免要约，并不影响收购双方的合同成立及生效，也即豁免要约不是合同生效的必要条件，而是收购双方以什么方式对抗上市公司其他所有股东的法律条件。2006年7月26日，证监会受理了太某洋公司提交的中纺机股权收购文件以及豁免要约收购的申请，因标的股权被南某公司的案外债权人追索而被南京中院冻结，客观上导致证监会豁免要约收购批准审查程序无法继续进行。对此事实，本案双方当事人均予认可。南某公司在股权转让协议中承诺"目标股权在转让完成之日前系转让方合法所有，其上未存在任何质押、债务负担或任何形式的第三者权益，权利或限制或任何索赔，也不会遭遇被质押、查封、冻结的潜在威胁，同时承诺本协议一经签署即构成对转让方合法有效并可依法强制执行的义务"。然而，南某公司未能履行其承诺，而且还拒绝太某洋公司为实现解除查封标的股权而提出的代其偿还债务的方案，直接导致标的股权被冻结至今，证监会受理的要约豁免申请审查程序被迫中止。基于以上事实，南某公司为自己的利益设置障碍的行为显而易见。根据《中华人民共和国合同法》第四十五条第二款的规定，南某公司为自己的利益不正当地阻止协议生效的条件成就的，应视为条件已成就。故原审法院认定《股权转让协议》已经生效正确，应予维持。

关于股权转让协议是否合法有效以及可否解除问题。南某公司申诉主张，本案《股权转让协议》签订时，太某洋机电及其上级单位领导胁迫南某公司实际控制人签订本协议，价格显失公平。本案经一审、二审及再审调查，南某公司未能提交受胁迫导致不得已而签约的事实及证据，故其此点申诉理由不能成立。关于转让价格显失公平问题，本案股权转让协议第4.1条、4.2条约定，"本协议项目下的目标股权转让的对价将依据上海众华沪银会计师事务所出具的沪众会字2006第0227号《审计报告》所反映的账面净资产价格为基础协商确定。"该约定明确、具体。而且本案争议的股权，是2002年太某洋公司以0.14元/股的价格转让给南某公司，当时的股票二级市场价格已达到10.5元/股。2006年，南某公司同意以0.25元/股的价格向太某洋公司出让股权时，股票二级市场价格只有7.50元/股。鉴于中纺机法人股属于非流通股，所以双方转让股权的价格并不以二级市场价格为测算依据，而是买卖双方从多种因素考虑的结果。现在，随着非流通股可以在股权分置改革后流通，市场价格存在上升预期的情况下，南某公司仅以"转让价格过低"为由主张解除协议，因无诸如双方当事人地位不平等、交易能力不平等以及无交易经验等事实佐证，故南某公司关于显失公平、协议应予解除的申诉理由不能成立，本院不予支持。

关于协议是否已终止履行问题。股权转让协议约定，"如果在2006年12月29日下午5时前（或太某洋公司另行书面同意的较长期限），任何先决条件未被太某洋公司接受、豁免或放弃，则协议将立即终止。"依此约定，南某公司主张在约定期限内太某洋公司没有以约定形式主张权利，故协议因逾履行期限而终止。在实际履行过程中，太某洋公司于2006年8月以诉讼方式要求南某公司继续履行股权转让协议，通过司法机关向南某公司送达了相关法律文书。本院认为,在股权转让协议期限届满前,太某洋公司已经用诉讼方式明确表达了其继续履行协议的意愿,且提起诉讼的日期没有超过双方在股权转让协议中约定的最后期限,无论在形式要件上和主观意思表示上都满足了协议的约定,故南某公司的此点申诉理由亦不能成立。因证监会已受理太某洋公司提交的要约豁免申请,且太某洋公司已将股权转让款交法院提存,故本案股权转让协议能够继续履行。

070 公司与股东约定公司未按时完成投产任务须向股东赔偿,该约定是否有效

裁判要旨

股东延迟出资是未全面履行出资义务的一种情形,股东未全面履行出资义务,公司可以根据股东会决议对其剩余财产分配请求权作出相应的合理限制。在股东于公司预备解散清算阶段补足全部出资的情形下,如果该股东补足的出资款项并未实际应用于公司的运作以及为公司产生利润,则其仍无权获得以实缴出资比例分配公司剩余财产的权利。

案情简介[①]

一、平湖根某公司由安徽根某公司和兴某公司设立,注册资本5000万元,其中安徽根某公司出资1000万元,占股20%;兴某公司出资4000万元,占股80%。

二、合资协议中约定:兴某公司协助筹集平湖根某公司发展所需要的资金,安徽根某公司负责向平湖根某公司有偿提供生产的全部技术以及后续升级技术。

三、2011年6月15日,平湖根某公司股东会决议增资至15000万元,由两股东按出资比例认缴,两年内缴清。其中,安徽根某公司认缴2000万元,兴某公司保证由其母公司借款给安徽根某公司专用于支付增资。

四、截至2012年8月2日,尚有5000万元未到位,其中安徽根某公司尚欠

[①] 案件来源:浙江省高级人民法院,安徽省根某光大节能建材有限公司与平湖根某光大节能建材有限公司合同纠纷再审民事判决书〔(2015)浙商提字第29号〕,再审法官詹巍、汤玲丽在《人民司法》2016年第20期上发文《股东滥用权利与公司签订的合同无效》,描述了此案。

注册资本1000万元，兴某公司尚欠注册资本4000万元。兴某公司保证其母公司提供给安徽根某公司的2000万元借款，尚有1000万元未到位。

五、2012年10月17日，双方签订补充协议约定：平湖根某公司年产300万平方米项目设备于2012年12月份前必须全部到位，2012年12月12日正式投产；如因资金的问题致年产300万平方米项目设备不能全部到位，不能如期投产的，平湖根某公司自愿按每天15万元赔偿安徽根某公司经济损失。

六、此后，安徽根某公司以兴某公司未按约定及时、足额地缴纳出资和借款、筹集资金导致平湖根某公司没有资金添置必要的机器设备，不能如期投产为由向法院起诉要求平湖根某公司赔偿安徽根某公司经济损失2250万元。

七、本案经平湖法院一审，嘉兴中院二审，浙江高院再审，最终认定补充协议无效，但因平湖根某公司存在过错，仍需赔偿900万元。

核心要点

股东既享有资产收益的法定权利，也以出资为限对公司债务承担责任，同时也是公司经营风险的最终承担者。但是，本案中关于公司未按时完成投产任务需向股东支付赔偿金的约定，使得公司债权人的利益处于过度风险之中，诱发了过高的道德风险，即可能存在通过股东的有限责任而外化道德风险，进而产生过高的代理成本。因为股东为实现自身利益的最大化，存在着从事高风险活动的冲动，一旦成功便可获得暴利，同时在风险爆发之前将风险利益以红利方式分配殆尽。即便失败，股东也无需承担很大的损失。该约定人为制造了股东与公司之间的利益冲突，扭曲了激励机制和公司治理。换言之，即公司风险行为的真正承担者，不是风险收益的领受者（股东），而是与风险利益无关且经常无法控制风险行为的第三人（公司及债权人）。故该约定与股东出资人的地位相悖，实质上损害了公司和债权人的利益，属于滥用股东权利之情形，当属无效。

为平衡各方利益，实现个案公正，再审法院在认定讼争条款无效的同时，以平湖根某公司和安徽根某公司对合同无效均存有过错为由，令平湖根某公司承担部分缔约过失责任。并结合双方当事人在履约过程中的诚信及过错程度，参照一审损失计算，酌情判令平湖根某公司赔偿安徽根某公司损失900万元。

实务经验总结

前事不忘，后事之师。为避免未来发生类似败诉，提出如下建议：

第一，股东应当正视自己出资人的地位，依法合规地行使股东权利，认识到权利、责任及风险的一致性。因为股东作为公司的出资人，既享有资产收益的法定权利，也以出资为限对公司债务承担责任，同时股东作为剩余索取权人，更是公司经营风险的最终承担者。违反权利、责任与风险相一致的原则，实质损害公司及债权人利益的约定无效。

第二，各股东之间在安排各自的权利义务和责任时可以直接在合资协议中约定，当某一股东违约时由股东承担违约责任，而不是股东违约却由公司来承担责任。

相关法律规定

《中华人民共和国公司法》（2018年修正，已被修订）

第三条 公司是企业法人，有独立的法人财产，享有法人财产权。公司以其全部财产对公司的债务承担责任。

有限责任公司的股东以其认缴的出资额为限对公司承担责任；股份有限公司的股东以其认购的股份为限对公司承担责任。

第四条 公司股东依法享有资产收益、参与重大决策和选择管理者等权利。

第二十条 公司股东应当遵守法律、行政法规和公司章程，依法行使股东权利，不得滥用股东权利损害公司或者其他股东的利益；不得滥用公司法人独立地位和股东有限责任损害公司债权人的利益。

公司股东滥用股东权利给公司或者其他股东造成损失的，应当依法承担赔偿责任。

公司股东滥用公司法人独立地位和股东有限责任，逃避债务，严重损害公司债权人利益的，应当对公司债务承担连带责任。

《中华人民共和国公司法》（2023年修订）

第三条 公司是企业法人，有独立的法人财产，享有法人财产权。公司以其全部财产对公司的债务承担责任。

公司的合法权益受法律保护，不受侵犯。

第四条 有限责任公司的股东以其认缴的出资额为限对公司承担责任；股份有限公司的股东以其认购的股份为限对公司承担责任。

公司股东对公司依法享有资产收益、参与重大决策和选择管理者等权利。

第二十一条 公司股东应当遵守法律、行政法规和公司章程，依法行使股东权利，不得滥用股东权利损害公司或者其他股东的利益。

公司股东滥用股东权利给公司或者其他股东造成损失的，应当承担赔偿责任。

第二十三条 公司股东滥用公司法人独立地位和股东有限责任，逃避债务，严重损害公司债权人利益的，应当对公司债务承担连带责任。

股东利用其控制的两个以上公司实施前款规定行为的，各公司应当对任一公司的债务承担连带责任。

只有一个股东的公司，股东不能证明公司财产独立于股东自己的财产的，应当对公司债务承担连带责任。

本案链接

以下为该案在法院审理阶段，判决书中"本院认为"就该问题的论述：

根据安徽根某公司和平湖根某公司的抗辩，本案争议的焦点是：

一、关于本案协议书第一条的效力。经查，本案协议书系由安徽根某公司与平湖根某公司签订，而平湖根某公司系由安徽根某公司持有20%股份的股东和兴某公司持有80%股份的股东设立的有限公司。因此本案双方当事人的法律关系除了应受《中华人民共和国合同法》的调整，也应受《中华人民共和国公司法》的规制。本案协议书系公司与公司股东签订，从协议书第一条约定的内容看，系公司对另一股东可能存有的违约行为而承担的违约责任。而公司股东系以其认缴的出资额或认购的股份为限对公司承担责任。安徽根某公司作为平湖根某公司的一方股东，只需对平湖根某公司的债务承担有限责任，但因平湖根某公司对另一股东的违约行为承担违约责任，使得平湖根某公司债权人的利益处于过度风险之中，诱发了过高的道德风险，即可能存在通过股东的有限责任而外化道德风险，进而产生过高的代理成本。因此股东为实现自身利益的最大化，存在着从事高风险活动的冲动，一旦成功便可获得暴利，同时在风险爆发之前将风险利益以红利方式分配殆尽。即便失败，股东也无需承担很大的损失。换言之，即公司风险行为的真正承担者，不是风险收益的领受者，而是与风险利益无关且经常无法控制风险行为的第三人。结合本案，平湖根某公司承担公司股东的违约责任，实质上损害了平湖根某公司和平湖根某公司债权人的利益。本案协议书第一条的内容，属于滥用股东权利之情形。二审法院根据《中华人民共和国公司法》第二十条的规定，认定本案第一条协议书无效得当，但二审法院以《中华人民共和国公法》第一百六十七条认定协议书第一条无效，属于适用法律不当。应予纠正。

二、关于平湖根某公司应否赔偿安徽根某公司的经济损失。平湖根某公司与安徽根某公司签订的协议书第一条内容，因违反了《中华人民共和国公司法》第二十条的规定，依法确认无效。但安徽根某公司基于该协议书，于2012年10月17日起至本案诉讼履行了协议书第二条约定的义务，因平湖根某公司未能在约定的时间内将300平方米项目设备全部到位及2012年12月12日正式生产，造成了安徽根某公司的信赖利益损失。平湖根某公司明知签订案涉合同其为大股东兴茂公司承担违约责任，有可能损害公司或其他股东或债权人利益，仍与安徽根某公司签订合同。对此平湖根某公司存有过错。而安徽根某公司明知该条款违反法律的强制性规定仍与平湖根某公司签订协议书。鉴于双方对协议书第一条无效均存有过错，应承担相应的过错责任。安徽根某公司主张由平湖根某公司承担2250万元的经济损失，依据不充分。结合双方当事人在本案履约过程中的诚信及过错程度，本院酌情确定由平湖根某公司赔偿安徽根某公司损失900万元。

071 职工辞职、除名、死亡后其股权由公司回购的约定合法有效

裁判要旨

有限责任公司可以与股东约定《公司法》第七十四条规定之外的其他股权回购情形。约定公司回购的内容在不违背《公司法》及相关法律的强行性规范的情形下，应属有效。

案情简介[①]

一、杨某某等人原为鸿某水产公司股东，合计持有鸿某水产公司7.425%的股权。

二、鸿某水产公司曾与所有股东书面约定"入股职工因调离本公司，被辞退、除名、自由离职、退休、死亡或公司与其解除劳动关系的，其股份通过计算

[①] 案件来源：最高人民法院，杨某某、山东鸿某水产有限公司请求公司收购股份纠纷申诉、申请民事裁定书 [（2015）民申字第2819号]。

确定价格后由公司回购"。

三、杨某某、江某某、丛某甲、丛某乙四人退休后，鸿某水产公司对其股权进行了回购，并通过了减少注册资本和变更股东姓名、出资额和持股比例的公司章程修正案。随后，鸿某水产公司发布减资公告，公告期满后在工商行政管理部门办理了上述变更登记手续。

四、杨某某等人以鸿某水产公司自 2004 年成立至今从未召开股东会、股东权利无法实现为由，请求鸿某水产公司以合理价格（2376 万元）收购杨某某等股东的股权。鸿某水产公司则认为杨某某等人已丧失股东资格，无权提起诉讼，要求驳回起诉。

五、该案经威海中院一审，山东高院二审，最高院再审，均判定公司与股东约定的回购条款有效，杨某某等人已丧失股东资格，驳回起诉。

核心要点

一、最高人民法院认为有限责任公司可以与股东约定《公司法》第七十四条规定之外的其他回购情形。《公司法》第七十四条并未禁止有限责任公司与股东达成股权回购的约定。该案中公司与所有股东关于在股东退休等情况下股权由公司回购的约定，经公司及全体股东签字，属于真实的意思表示，内容上未违背《公司法》及相关法律的强行性规范，应属有效。

二、鸿某公司提供了由退股股东本人签字的退股金领取凭条。各股东虽主张该退股金领取凭条属于变造，内容虚假，但未能提供直接证据包括司法鉴定结论等予以证明。鸿某公司还提供了杨某某等人退股后公司关于减资的股东会决议、减资公告、工商变更登记记载事项等，鸿某公司提供的证据证明效力要大于申请人提供的证据证明效力，故对杨某某等人已经退股的事实应予以认定，进而确认其无股东资格，驳回起诉。

实务经验总结

前事不忘，后事之师。为避免未来发生类似败诉，提出如下建议和提示：

第一，有以下三种法定情形之一的，对股东会该项决议投反对票的股东可请求公司回购股权：1. 公司连续五年不向股东分配利润，而公司该五年连续盈利，并且符合公司法规定的分配利润条件的；2. 公司合并、分立、转让主要财产的；

3. 公司章程规定的营业期限届满或者章程规定的其他解散事由出现，股东会会议通过决议修改章程使公司存续的。

第二，有限责任公司及股东间可另行约定公司回购股权的情形。例如，可以约定在公司侵犯股东权利、股东离职等情形下，公司可以回购股东股权（或股东可以请求公司回购其股权）。

第三，请求公司收购股权的价格需合理。基于既有判例的经验总结，可以参照审计报告、资产价值、事前约定的回购价格、全体股东决议认可价格来确定股权回购的合理价格。

相关法律规定

《中华人民共和国公司法》（2018年修正，已被修订）

第七十四条　有下列情形之一的，对股东会该项决议投反对票的股东可以请求公司按照合理的价格收购其股权：

（一）公司连续五年不向股东分配利润，而公司该五年连续盈利，并且符合本法规定的分配利润条件的；

（二）公司合并、分立、转让主要财产的；

（三）公司章程规定的营业期限届满或者章程规定的其他解散事由出现，股东会会议通过决议修改章程使公司存续的。

自股东会会议决议通过之日起六十日内，股东与公司不能达成股权收购协议的，股东可以自股东会会议决议通过之日起九十日内向人民法院提起诉讼。

《中华人民共和国公司法》（2023年修订）

第八十九条　有下列情形之一的，对股东会该项决议投反对票的股东可以请求公司按照合理的价格收购其股权：

（一）公司连续五年不向股东分配利润，而公司该五年连续盈利，并且符合本法规定的分配利润条件的；

（二）公司合并、分立、转让主要财产的；

（三）公司章程规定的营业期限届满或者章程规定的其他解散事由出现，股东会通过决议修改章程使公司存续。

自股东会决议作出之日起六十日内，股东与公司不能达成股权收购协议的，股东可以自股东会决议作出之日起九十日内向人民法院提起诉讼。

公司的控股股东滥用股东权利，严重损害公司或者其他股东利益的，其他股东有权请求公司按照合理的价格收购其股权。

公司因本条第一款、第三款规定的情形收购的本公司股权,应当在六个月内依法转让或者注销。

本案链接

以下为该案在法院审理阶段,判决书中"本院认为"就该问题的论述:

本案争议焦点有:一、再审申请人的股权是否已经被鸿某公司回购;二、鸿某公司对再审申请人的股权进行回购是否合法。

一、关于申请人的股权是否已经被鸿某公司回购的问题。2004年1月申请人因企业改制,成为鸿某公司的股东。鸿某公司为了证明申请人已经退股,提供了由申请人本人签字的退股金领取凭条。申请人主张该退股金领取凭条属于变造,内容虚假,但未能提供直接证据包括司法鉴定结论等予以证明。鸿某公司还提供了申请人退股后公司关于减资的股东会决议、减资公告、工商变更登记记载事项等,鸿某公司提供的证据证明效力要大于申请人提供的证据证明效力,故申请人已经退股的事实应予以认定。

二、关于鸿某公司对再审申请人的股权进行回购是否合法的问题。申请人于2004年1月成为鸿某公司股东时签署了"公司改制征求意见书",该"公司改制征求意见书"约定"入股职工因调离本公司,被辞退、除名、自由离职、退休、死亡或公司与其解除劳动关系的,其股份通过计算价格后由公司回购。"有限责任公司可以与股东约定《公司法》第七十四条规定之外的其他回购情形。《公司法》第七十四条并未禁止有限责任公司与股东达成股权回购的约定。本案的"公司改制征求意见书"由申请人签字,属于真实的意思表示,内容上未违背《公司法》及相关法律的强行性规范,应属有效。故鸿某公司依据公司与申请人约定的"公司改制征求意见书"进行回购,并无不当。

延伸阅读

请求公司收购股权的法定及约定条件

一、请求公司收购股权的三种法定条件

1. 连续五年盈利但未分配利润的,可以请求公司回购股份

案例1:山东省高级人民法院、周某某、辛某某等与山东鸿某水产有限公司请求公司收购股份纠纷二审民事判决书〔(2016)鲁民终字第791号〕认为:当

事人在本案中争议的焦点问题是：周某某等十一人是否有权请求鸿某公司收购其股权。依照《公司法》第七十四条规定，"有下列情形之一的，对股东会该项决议投反对票的股东可以请求公司按照合理的价格收购其股权：（一）公司连续五年不向股东分配利润，而公司该五年连续盈利，并且符合本法规定的分配利润条件的；……"该法第一百六十六条第四款规定，"公司弥补亏损和提取公积金所余税后利润，有限责任公司依照本法第三十五条的规定分配……"上述规定表明，公司股东请求公司收购股权必须符合下列条件：1. 公司连续五年不向股东分配利润；2. 公司连续五年盈利；3. 符合《公司法》规定的分配利润条件：公司盈利扣除企业所得税，之后仍有盈余的弥补公司亏损和提取公积金，尚有盈余的才能向股东分配。本案中，根据税务机关出具的纳税证明、完税证明和纳税申报材料可以证明鸿某公司在2012年、2013年度没有产生企业所得税，鸿某公司不可能产生税后利润。因此，虽然鸿某公司在2009年至2013年连续五年没有向股东分配利润，但鸿某公司在该五年内并没有连续盈利。故周某某等十一人请求鸿某公司收购其股权不符合法律规定，本院不予支持，原审法院判决驳回其诉讼请求并无不当。

2. 公司合并、分立、转让主要财产，投反对票的股东可以请求公司回购股份

案例2：赤峰市中级人民法院，彭某某与宁城四某矿业有限责任公司请求公司收购股份纠纷二审民事判决书［（2013）赤商终字第62号］认为：《公司法》第七十五条规定公司股东会决议公司合并的，对该项决议投反对票的股东可以在决议通过之日起60日内请求公司按照合理价格收购其股权，与公司不能达成股权收购协议的，可以在决议通过之日起90日内向法院提起诉讼。本案中，四某矿业公司与其他三家煤矿企业签订兼并重组协议，约定兼并重组后保留四某矿业公司，三家煤矿其中一家具备法人资格，其余两家不具备法人资格，被并入的三家煤矿均予以注销，分别成立四某矿业公司的分公司。虽然各方在协议中约定四某矿业公司不负担其他三家煤矿的债权债务，分公司独立核算、自负盈亏，但依照法律规定分公司不具有企业法人资格，不具有独立的法律地位，并不独立承担民事责任。四某矿业公司股东会在彭某某投反对票的情况下依然做出了有效的决议，彭某某请求四某矿业公司按照合理的价格收购其股权符合《公司法》第七十四条的规定，应允许其退出公司。

案例3：湖北省高级人民法院，宜昌三某矿业有限公司与徐某某公司收购股

份纠纷二审民事判决书［（2014）鄂民二终字第00037号］认为：《公司法》第七十四条规定，公司转让主要资产，对股东会该项决议投反对票的股东可以请求公司按照合理的价格收购其股权。本案中，徐某某投出反对票的决议为三某矿业公司作出的"湖北恒某石墨集团（系三某矿业公司子公司，以下简称石某集团）有关资产处置方案"、"石某集团慈溪分公司整体转让方案"、"金某石墨矿（系三某矿业公司子公司）50%股权转让方案"。上述决议涉及多处石墨矿及子公司的资产转让，从三某矿业公司的经营范围包含石墨矿销售的内容看，该部分资产转让应涉及三某矿业公司的重要资产。徐某某投出反对票后，向三某矿业公司提出公司收购其股权的请求……故徐某某提出的三某矿业公司收购股权的诉讼请求既符合法律规定，又符合双方的约定。

案例4：常州市中级人民法院，仇某某、许某某与常州市某区危积陋房屋改造开发有限公司请求公司收购股份纠纷一审民事判决书［（2011）常商初字第59号］认为：原告仇某某、许某某是否享有股份回购请求权？原告仇某某、许某某目前尚不具备行使股份回购请求权的条件。理由如下：原告主张的公司分立或转让主要财产的情形并未出现且实际不可能发生。虽然2011年6月30日股东会决议存在转让公司主要财产安阳里项目的意向，但实际上无法从危积陋开发公司处转走该财产。……根据常州市国土资源局的要求，成立的项目公司必须为危积陋开发公司的全资子公司，同时安阳里二期项目的土地使用权必须以转让方式转入新的项目公司，由于该转让行为发生在母公司与全资子公司之间，故不应属于对外转让公司主要财产。

案例5：北京市第二中级人民法院，薛某与京某医药科技集团有限公司请求公司收购股份纠纷二审民事判决书［（2012）二中民终字第02333号］认为：关于京某公司转让其持有的国某公司51%的股权是否为京某公司的主要财产的问题。公司转让的财产是否为主要财产，取决于公司转让该财产是否影响了公司的正常经营和盈利，导致公司发生了根本性变化。京某公司的经营范围为销售医用高分子材料及制品、卫生材料及敷料、医用电子仪器设备、包装食品，自营和代理各类商品及技术的进出口业务等，从现有证据表明，京某公司转让其持有的国某公司51%的股权的行为并未影响公司的正常经营和盈利，亦没有证据表明公司发生了根本性变化，故法院认为京某公司转让其持有的国某公司51%的股权不能视为京某公司的主要财产。……薛某有权依据《中华人民共和国公司法》第七十五条的规定提起诉讼，但由于京某公司转让的财产并非京某公司的主要财产，故对于其要求京某公司以人民币 23158287.72 元的价格收购其持有的京某公司 9% 的股权的诉讼请求，缺乏依据，法院不予支持。

案例 6：运城市中级人民法院，刘某某与运城市八某化工有限公司请求收购股份纠纷二审民事判决书〔（2014）运中民终字第 312 号〕认为：公司股东要求公司收购的条件，在《公司法》第七十五条规定得非常具体明确，上诉人认为其请求符合该条规定第一款第二项的情形，即"公司合并、分立、转让主要财产的"。经本院审理查明，上诉人主张的八某公司转让主要财产的事实并无相关证据证实，其提出的八某公司土地使用权，经本院核实仍然登记在该公司名下，并未发生变更，而土地使用权的权属证明在我国法律上均是以国土资源部门的登记和权利证书来确定的，上诉人认为八某公司持有土地证不能说明土地使用权权属没有发生变更的理由依据不足。

3. 公司决议延长经营期限，投反对票的股东可以请求公司回购股份

案例 7：最高人民法院，中国信某资产管理股份有限公司与太某集团有限责任公司请求公司收购股份纠纷二审民事判决书〔（2016）最高法民终字第 34 号〕认为：信某公司在太某集团三个股东中有两个股东于 2011 年 8 月 28 日形成了《关于太某集团有限责任公司延长经营期限股东会决议》的情况下，于 2011 年 9 月 13 日向太某集团发出《关于对太某集团有限责任公司临时股东会议题表决的函》，表示不同意延长太某集团经营期限，并在法定期限内向原审法院提起诉讼，请求太某集团以合理的价格收购其在太某集团的股份，符合《中华人民共和国公司法》第七十四条第一款第三项规定的"公司章程规定的营业期限届满或者章程规定的其他解散事由出现，股东会会议通过决议修改章程使公司存续的"法定收购股权条件，信某公司对太某集团关于延长经营期限的股东会决议书面提出反对意见，当然有权依法请求太某集团按照合理的价格收购其股权，且符合相应程序规定。

案例 8：常州市中级人民法院，李某某与常州市创某生活用品有限公司请求公司收购股份纠纷二审民事裁定书〔（2014）常商终字第 133 号〕认为：公司章程规定的营业期限届满或者章程规定的其他解散事由出现，股东会会议通过决议修改章程使公司存续的，对股东会该项决议投反对票的股东可以请求公司按照合理的价格收购其股权自股东会会议决议通过之日起六十日内，股东与公司不能达成股权收购协议的，股东可以自股东会会议决议通过之日起九十日内向人民法院提起诉讼。第一，虽然李某某提供的落款时间是 2011 年 4 月 28 日的股东会决议

复印件，客观上不持有公司股东会决议原件，但是创某公司的三位股东对公司召开第十三次股东会并通过延长公司经营期限的股东会决议是明知的。李某某于2011年7月25日向法院递交诉状，要求创某公司回购股权时，创某公司关于公司经营期限延长的第十三次股东会决议已形成并通过，李某某对决议投反对票。李某某提起创某公司回购股权之诉，符合法律规定的条件，即股东投反对票且在90天之内起诉。

案例9：舟山市定海区人民法院，海某集团有限公司与孙某一案一审民事判决书〔（2015）舟定商初字第525号〕认为：原告的回购请求是否符合法律规定。根据《公司法》第七十四条规定，公司章程规定的营业期限届满，股东会会议通过决议修改章程使公司存续的，对股东会该项决议投反对票的股东可以请求公司按照合理的价格收购其股权。自股东会会议决议通过之日起六十日内，股东与公司不能达成股权收购协议的，股东可以自股东会会议决议通过之日起九十日内向人民法院提起诉讼。本案中原告在2015年1月9日就公司是否持续经营的股东会投票表决中投反对票，而股东会会议通过决议继续经营二十年，现公司的工商登记也作了相应变更，故原告要求公司回购股权的请求符合相应法律规定的情形。且原告书面要求被告回购其股份，在未能接受2.5倍收购价的情况下，于4月3日向本院提起诉讼，亦符合程序性规定。综上，原告要求被告收购其股份的请求于法有据，本院予以支持。

案例10：福州市仓山区人民法院，林某某与福州安某汽车电器有限公司请求公司收购股份纠纷一审民事判决书〔（2011）仓民初字第2410号〕认为：被告福州安某公司于2011年6月14日召开临时股东会并决议通过延长营业期限5年，使公司存续经营，因原告林某某投反对票，其于2011年7月10日委托律师向被告福州安某公司致函，要求被告福州安某公司以合理价格收购其股权，但原、被告无法就收购价格达成协议，原告林某某于2011年9月8日向本院起诉。根据《公司法》第七十五条规定："有下列情形之一的，对股东会该项决议投反对票的股东可以请求公司按照合理的价格收购其股权：（一）公司连续五年不向股东分配利润，而公司该五年连续盈利，并且符合本法规定的分配利润条件的；（二）公司合并、分立、转让主要财产的；（三）公司章程规定的营业期限届满或者章程规定的其他解散事由出现，股东会会议通过决议修改章程使公司存续的。自股东会会议决议通过之日起六十日内，股东与公司不能达成股权收购协议的，股东可以自股东会会议决议通过之日起九十日内向人民法院提起诉讼。"原告的起诉符合法律规定的要件。

案例11：上海市青浦区人民法院，唐某某与上海叠某园艺工程有限公司请求公司收购股份纠纷一审民事判决书［（2015）青民二（商）初字第1873号］认为：根据《公司法》规定，公司章程规定的营业期限届满或者章程规定的其他解散事由出现，股东会会议通过决议修改公司章程使公司存续的，对该项决议投反对票的股东可以请求公司按照合理的价格收购其股权。股东如未能在决议通过之日起六十日内与公司就股权收购达成协议的，股东可以自决议通过之日起九十日内向人民法院提起诉讼。被告于2015年6月14日通过股东会决议，决定延长公司营业期限，原告对此予以反对，并在九十日内提起本案诉讼，故原告要求被告收购其持有的被告股份的主张符合法律规定。

案例12：常州市中级人民法院，李某与常州市某区城乡建设开发有限公司请求公司收购股份纠纷二审民事判决书［（2014）常商终字第129号］认为：根据《公司法》第七十四条规定，公司章程规定的营业期限届满或者章程规定的其他解散事由出现，股东会会议通过决议修改章程使公司存续的，投反对票的股东有权行使股份回购请求权。李某要行使异议股份回购请求权，应当在章程规定的2024年3月30日经营期限届满前，在某城建公司通过股东会决议修改章程使公司存续，因不同意某城建公司存续而影响其利益的情况下，在对该决定存续的股东会决议投反对票时，才享有异议股份回购请求权。

二、公司章程可另行规定公司回购股权的情形

1. 公司《章程》可将公司侵犯股东权利作为回购股东股权的约定条件

案例13：最高人民法院，袁某某与长某置业（湖南）发展有限公司请求公司收购股份纠纷再审民事裁定书［（2014）民申字第2154号］认为：长某置业公司《公司章程》中规定，股东权利受到公司侵犯，股东可书面请求公司限期停止侵权活动，并补偿因被侵权导致的经济损失。如公司经法院或公司登记机关证实：公司未在所要求的期限内终止侵权活动，被侵权的股东可根据自己的意愿退股，其所拥有的股份由其他股东协议摊派或按持股比例由其他股东认购。本案中，长某置业公司在没有通知袁某某参与股东会的情况下，于2010年5月31日作出股东会决议，取消了袁某某的一切经费开支，长某置业公司和其股东会没有保障袁某某作为股东应享有的决策权和知情权，侵犯了袁某某的股东权益，符合长某置业公司《公司章程》所约定的"股东权利受到公司侵犯"的情形。因此，袁某某有权根据《公司章程》的规定，请求公司以回购股权的方式让其退出公司。

2. 公司《章程》可将股东离职（辞职、被辞退、除名、退休、死亡或公司与其解除劳动关系）作为约定股权回购的条件，这类约定在不违背《公司法》及相关法律的强行性规范的情形下，应属合法有效

案例 14：北京市高级人民法院，刘某某与北京市新某运输有限公司请求公司收购股份纠纷再审民事裁定书〔（2014）高民申字第 02728 号〕认为：新某公司章程第六章第九条约定，"股东之间可以相互转让其部分或全部出资。凡因退休、调出、辞职、死亡或被公司辞退、除名、开除而离开本企业的职工，其所持股份应在本企业内部进行转让。当出现职工争要或都不要的情况时，由董事会决定解决办法，可用任意盈余公积金或未分配利润回购，并按股东比例分配给其他股东"，该条款表明，在出现职工都不要的情况时，由董事会决定，未规定新某公司必须收购的义务。刘某某单方要求新某公司以截止到 2010 年 12 月 31 日的公司净资产的 3% 收购其所持股份，而新某公司不同意收购刘某某所持股份，一、二审法院判决驳回刘某某的诉讼请求并无不当，本院予以支持。

案例 15：吴忠市利通区人民法院，原告刘某某诉被告吴忠市盛兴工贸有限责任公司请求公司收购股份纠纷一案一审民事判决书〔（2014）吴利民商初字第 185 号〕认为：被告盛某公司是经过改制的股份制合作企业，原告即是被告公司的职工也是被告公司的股东。根据被告公司的章程第十条规定，一般职工入股后，如遇退休、调离、辞职、被告解除劳动合同、死亡等情况，其股份由公司一次性收购。原告在被告公司成立时是公司职工也是公司股东，2013 年 10 月原告已经办理退休手续，不再是被告公司职工。原告的股份按照公司章程的规定应当由公司一次性收购，被告也同意收购原告的股份，原告主张由被告收购其股份的诉讼请求，符合被告公司章程的规定，其诉讼请求本院予以支持。

072 为规避行政审批签署两份内容不同的股权转让合同（黑白合同）被法院判决无效

裁判要旨

在公司并购过程中，当事人为了规避行政审批，签订两份内容不同的股权转让合同（黑白合同），在签署真实的《股权转让协议》同时，恶意串通签订虚假

内容的《股权转让协议》，破坏了国家对外商投资、对外投资的监管秩序和外汇管理秩序，属于双方恶意串通，损害国家利益；也属于以合法形式掩盖规避更严格审批要求的非法目的，应依照《合同法》第五十二条第二项、第三项的规定，认定该协议无效。

案情简介①

一、股权收购方某农产品交易有限公司（以下简称"农产品公司"）与目标公司武汉白某洲农副产品大市场有限公司（以下简称"白某洲公司"）原股东王某某签订了一份《关于武汉白某洲农副产品大市场有限公司70%股权之股权买卖协议》；农产品公司与武汉天某工贸发展有限公司（以下简称"天某公司"）签订了一份《关于武汉白某洲农副产品大市场有限公司30%股权之股权买卖协议》。两协议所涉股权转让价款为港币11.56亿元。

二、为规避商务部较为严格的专项审查和避税，在农产品公司的认可和默许下，目标公司白某洲公司相关人员通过套印印鉴、模仿签字等方式，炮制出一份虚假的《关于武汉白某洲农副产品大市场有限公司的股权转让协议》（以下称《0.89亿股权转让协议》）。

三、股权交易款项支付情况：（1）农产品公司已将价值港币3.6亿元的可换股票据支付给王某某；（2）诉讼中王某某承认收到了现金港币335579575元。（3）《70%股权买卖协议》中应付给王某某的港币1.2亿元和《30%股权买卖协议》中应付给天某公司的港币2.56亿元，因发生本案诉讼，港币3.76亿元的承付票据款项尚未支付。

四、商务部在不知情的情况下，收到《0.89亿股权转让协议》等申报文件后批复同意该项并购，并颁发了《外商投资企业批准证书》。

五、农产品公司在白某洲公司的配合下又以同样方式，变换文件制作方法，依据《0.89亿股权转让协议》在湖北省工商行政管理局办理了白某洲公司的股权、公司性质等事项的变更登记。

六、原股东王某某、天某公司诉称：《0.89亿股权转让协议》是一份以规避法律、损害国家利益、骗取审批机关审批为目的的虚假协议，请求法院宣告无效。

---

① 案件来源：最高人民法院，王某某、武汉天某工贸发展有限公司与某农产品交易有限公司股权转让纠纷二审民事判决书［（2014）民四终字第33号］。

七、农产品公司和白某洲公司则辩称:《0.89亿股权转让协议》是三方真实意思表示,不具有法定无效情形。(1)签订该协议是为了便于审批,并非偷梁换柱。(2)不存在恶意串通,损害国家利益和他人利益的情形。农产品公司并非纳税义务人,不存在恶意串通的利益动机。王某某、天某公司是否依法纳税,也不影响协议的效力。(3)不存在以合法形式掩盖非法目的情形。(4)两份协议均已履行,不属于"黑白合同"。如果"白合同"仅违反了部门规章《关于外国投资者并购境内企业的规定》,也不应被认定为无效。

八、最高人民法院判决讼争《股权转让协议》无效。

核心要点

最高人民法院认为,本案股权转让系外国投资者并购境内企业,农产品公司以发行可换股票据方式支付部分转让价款,实质上是外国投资者以股权作为支付手段并购境内公司,即"股权并购"。商务部等部门联合发布的《关于外国投资者并购境内企业的规定》(2006年)对"股权并购"的文件申报与程序有更严格的要求。当事人串通签订《0.89亿股权转让协议》,目的是规避必要的较为严格的行政审批要求,破坏了国家对外商投资、对外投资的监管秩序和外汇管理秩序,属于双方恶意串通,损害国家利益;也属于以合法形式掩盖规避更严格审批要求的非法目的,应依照《合同法》第五十二条第二项、第三项的规定,认定该协议无效。

实务经验总结

前事不忘,后事之师。为避免未来发生类似败诉,提出如下建议:

在公司并购过程中千万不要为了规避审批、"避税"而自作聪明地签署"黑白合同",使重大交易游走在合法与非法、有效和无效之间,使重要的股权并购交易走向存在重大不确定性,影响公司发展战略的实施。

律师作为股权并购交易的重要智囊团成员,切忌作出此类交易方案设计,以避免不必要的执业风险。如果该交易方案是律师设计的,最终被法院认定无效,律师将面临非常难堪的局面。

在建设工程施工合同和二手房买卖领域也存在大量的黑白合同。

第一,在建设工程施工合同纠纷领域存在大量的黑白合同。

当事人就建设工程签订两份不同的黑白合同的，在结算时以备案的白合同作为依据。《最高人民法院关于审理建设工程施工合同纠纷案件适用法律问题的解释（一）》第二条第一款规定："招标人和中标人另行签订的建设工程施工合同约定的工程范围、建设工期、工程质量、工程价款等实质性内容，与中标合同不一致，一方当事人请求按照中标合同确定权利义务的，人民法院应予支持。"

第二，在二手房买卖领域存在更加大量的"黑白合同"。

买卖二手房的交易过程中，当事人为了"避税"，往往在签订一份真实价格的《存量房屋买卖合同》，同时另行签署一份比真实合同成交价格更低的《存量房屋买卖合同》，用于向税务局交税和向房管局办理房屋权属变更登记。当房屋价格上涨迅速时，往往发生大量卖家以此要求确认合同无效的诉讼案件。

基于诚实信用的原则，《北京高院关于审理房屋买卖合同纠纷案件若干疑难问题的会议纪要》对该类问题作出"房屋买卖合同原则上有效、该规避税收的价格条款无效"的裁判规则，"当事人在房屋买卖合同中为规避国家税收监管故意隐瞒真实的交易价格，该价格条款无效，但该条款无效不影响合同其他部分的效力。当事人以逃避国家税收为由，要求确认买卖合同全部无效的，不予支持"。

虽然北京作出了这个规定，在北京签署避税的黑白合同最终在如实纳税后能够如愿买到心仪的房子，但是北京之外的其他省市法院对此问题的判决规则可能不同，签署避税的黑白合同最终能否如愿买到心仪的房子，就要看当地法院对此问题是如何判定的。

总之，如果不希望自己重要的交易事项处于不确定的状态、出现纷争甚至被法院认定为合同无效，建议在签署"黑白合同"时一定要三思。正所谓：人间正道是沧桑，平安驶得万年船。

第七章　股权转让合同的履行与解除

073 公司并购中股权转让方应充分披露，受让方应审慎尽职调查

裁判要旨

公司并购中，转让方应如实披露资产及审计评估基准日之前目标公司完整的财务状况，包括完整版资产评估、审计评估报告及相关附件。在资产评估、审计基准日之后至公开挂牌交易之前，目标公司资产的重大变化情况也应及时进行补充披露。

受让方作为案涉股权的竞买者和独立商事主体，在作出交易标的高额的商业决定前，理应认真研读公告和公告中列明的资产评估报告、审计报告及其附件，以便在对交易标的有了充分了解后再作出理性的商业判断。

案情简介[①]

一、2010年11月15日，鑫某公司委托产权交易所公开挂牌转让其持有的城某公司70%国有股权，并由产权交易所发布股权转让公告。

二、该公告除披露转让标的基本情况外，还公布了以2010年4月30日为基准日的资产评估报告及审计报告，并特别注明：1. 评估基准日起至《产权转让合同》签订之日止期间，转让标的企业产生的经营损益由转让方按其对转让标的企业的持股比例承担或者享有。2. 不在审计报告、资产评估报告范围内容的以及报告中未披露转让标的企业资产、负债由转让方按其对转让标的企业的持股比例享有或者承担。3. 意向受让方应充分关注、调查、研究与本次产权转让标

[①] 案件来源：最高人民法院，合肥鑫某国有资产经营有限公司与安徽实某房地产开发有限公司、安徽蓝某控股集团有限公司股权转让纠纷二审民事判决书［（2013）民二终字第67号］。

的相关的所有事宜、信息、或有风险、不确定因素及可能对转让标的企业资产及企业经营管理造成的影响，转让方不对转让标的企业是否存在或有风险提供保证。

三、实某公司参与竞买并出具《承诺函》，承诺"已仔细阅读并研究了贵方的城某公司股权转让文件及其附件"，"完全熟悉其中的要求、条款和条件，并充分了解标的情况"，且最终以33827.56万元竞价获得70%国有股权。股权转让协议约定，付款50%后办理股权变更登记，剩余款项在首笔款支付后12个月内支付完毕，如有逾期按贷款利率的两倍支付利息。

四、签约后，实某公司支付了首笔50%股权转让款16913.78万元，鑫某公司协助其办理股权变更登记。后实某公司提出"鑫某公司向意向受让人交付的产权转让文件不包括《审计报告》及《资产评估报告》，其也从未告知产权转让文件附件的名称、内容、份数、页数等信息，资产披露文件不完整"，以评估、审计不实及信息披露不完整为由，要求扣除11519.06万元股权转让款。

五、后鑫某公司诉至安徽省高院，要求支付股权转让款及利息，安徽省高院经审理判决实某公司支付剩余50%价款16913.78万元，并按一倍贷款利率支付利息。

六、实某公司不服诉至最高人民法院，最高人民法院经审理裁定：维持原判，驳回上诉。

核心要点

本案中，公告在描述"转让标的的基本情况"和"转让标的企业资产评估或备案情况"时，明确表述了资产评估报告和审计报告的作出机构，并直接引述了资产评估报告和审计报告的文号。同时，在竞买过程中，实某公司向合肥市产权交易中心出具了《履行合同义务的承诺函》，承诺"已仔细阅读并研究了贵方的城某公司股权转让文件及其附件"，"完全熟悉其中的要求、条款和条件，并充分了解标的情况"。因此，实某公司上诉提出的有关"鑫某公司向意向受让人交付的产权转让文件不包括《审计报告》及《资产评估报告》，其也从未告知产权转让文件附件的名称、内容、份数、页数等信息，资产披露文件不完整"等主张，法院未予采纳。

同时，鑫某公司对城某公司资产的重大变化情况没有及时进行补充披露，存在的上述瑕疵，在一定程度上增加了竞买者产生模糊认识的可能性。据此，原审法院根据公平原则,对实某公司向鑫某公司支付利息损失作出了本案判决。

实务经验总结

前事不忘,后事之师。为避免未来发生类似败诉,提出如下建议:

第一,公司并购中,转让方务必对目标公司的情况进行完整的信息披露,否则可能承担违约责任。

一般公司并购的《股权转让协议》中都会有"陈述与保证"条款、作为交易附件的对公司现状进行如实描述的《资产负债表》、《公司重大合同清单》等。如果最终股权受让人发现股权转让方未能全面披露(比如隐瞒了给企业造成不利影响的某份合同),可以根据《股权转让协议》追究转让方违约责任。

第二,受让方应进行尽职调查及完备的《股权转让协议》条款设置:

1. 受让前务必委托专业的律师事务所、会计师事务所等中介机构做尽职调查,将信息不对称的问题降低到最低限度。

2. 对相关公司文件进行认真研究,发现交易风险并提前做出预防。例如本案中,应研读公告和公告中列明的资产评估报告、审计报告及其附件,以便在对交易标的有了充分了解后再作出理性的商业判断,若发现转让方未完整提交并公开相应文号的资产评估报告、审计报告及其附件,务必要求其在参与竞拍之前完整公开,并索要完整版的资产评估报告、审计报告及其附件。

3. 在股权转让协议中设置完备的陈述与保证条款、违约责任条款、协议附件等。

相关法律规定

《企业国有产权交易操作规则》(国资发产权〔2009〕120号)

第九条 转让方应当在产权转让公告中披露转让标的基本情况、交易条件、受让方资格条件、对产权交易有重大影响的相关信息、竞价方式的选择、交易保证金的设置等内容。

第十条 产权转让公告应当对转让方和转让标的企业基本情况进行披露,包括但不限于:

(一)转让方、转让标的及受托会员的名称;

(二)转让标的企业性质、成立时间、注册地、所属行业、主营业务、注

资本、职工人数;

（三）转让方的企业性质及其在转让标的企业的出资比例;

（四）转让标的企业前十名出资人的名称、出资比例;

（五）转让标的企业最近一个年度审计报告和最近一期财务报表中的主要财务指标数据，包括所有者权益、负债、营业收入、净利润等;

（六）转让标的（或者转让标的企业）资产评估的备案或者核准情况，资产评估报告中总资产、总负债、净资产的评估值和相对应的审计后账面值;

（七）产权转让行为的相关内部决策及批准情况。

第十一条　转让方在产权转让公告中应当明确为达成交易需要受让方接受的主要交易条件，包括但不限于：

（一）转让标的挂牌价格、价款支付方式和期限要求;

（二）对转让标的企业职工有无继续聘用要求;

（三）产权转让涉及的债权债务处置要求;

（四）对转让标的企业存续发展方面的要求。

第十二条　转让方可以根据标的企业实际情况，合理设置受让方资格条件。受让方资格条件可以包括主体资格、管理能力、资产规模等，但不得出现具有明确指向性或者违反公平竞争的内容。产权交易机构认为必要时，可以要求转让方对受让方资格条件的判断标准提供书面解释或者具体说明，并在产权转让公告中一同公布。

第十三条　转让方应当在产权转让公告中充分披露对产权交易有重大影响的相关信息，包括但不限于：

（一）审计报告、评估报告有无保留意见或者重要提示;

（二）管理层及其关联方拟参与受让的，应当披露其目前持有转让标的企业的股权比例、拟参与受让国有产权的人员或者公司名单、拟受让比例等;

（三）有限责任公司的其他股东或者中外合资企业的合营他方是否放弃优先购买权。

本案链接

以下为该案在法院审理阶段，判决书中"本院认为"就该问题的论述：

……

鑫某公司委托合肥市产权交易中心通过公开挂牌方式转让其持有的城某公司

70%国有股权，并由合肥市产权交易中心发布《城某公司 70%国有股权转让公告》，对转让标的、转让标的企业的基本情况、转让底价及转让价款支付方式等内容进行了说明，初步履行了披露转让标的基本情况的义务。该公告在描述"转让标的的基本情况"和"转让标的企业资产评估或备案情况"时，明确表述了资产评估报告和审计报告的作出机构，并直接引述了资产评估报告和审计报告的文号。该公告同时载明了资产评估、审计的基准日是 2010 年 4 月 30 日，并在"特别事项说明"部分指出：评估基准日至《产权转让合同》签订之日止期间的城某公司产生的经营损益，由鑫某公司按其持股比例承担或享有，具体数额由鑫某公司与案涉股权受让方在《产权转让合同》签订之日起 10 日内，共同委托会计师事务所进行审计确认。一审中，鑫某公司提交的证据十一中包括资产评估报告、审计报告和合肥市产权交易中心出具的函等证据，用以证明其信息披露材料包含了审计报告、资产评估报告及所附内容。对此，实某公司在原审质证过程中表示，对该组证据的真实性、关联性并无异议，只是不认可其合法性和证明目的，但并未提交否定其合法性的相关证据。因此，实某公司上诉提出的有关"鑫某公司向意向受让人交付的产权转让文件不包括《审计报告》及《资产评估报告》，其也从未告知产权转让文件附件的名称、内容、份数、页数等信息，资产披露文件不完整"等主张，因证据不足，本院不予采纳。

案涉公告"特别事项说明"部分第（八）项指出，"资产评估报告书载明"紫蓬山、康城商业中心、皖江厂等项目在评估基准日前的相关情况和项目进一步发展可能对城某公司资产产生的影响。案涉审计报告"其他事项说明部分"分别对紫蓬山、康城商业中心、康城水云间、皖江厂等项目进行了特别说明，相关内容与案涉公告相同。该审计报告正文末尾载明，报告附件包括资产负债表、会计事项调整表及各项资产负债明细审定表。其中，各项资产负债明细审定表预收款项目栏对康城水云间项目预收房款的情况进行了记载。同时，根据原审法院查明事实，在资产评估、审计基准日之后，城某公司已将此前预售的康城水云间项目住宅、门面房交付业主；已按照与合肥恒某投资有限公司的约定，向城某公司为康城商业中心项目设立的账户汇款；合肥新站综合开发试验区管委会通过该区财政局退还了 3000 万元保证金。鑫某公司对上述相关交易事项在资产评估、审计基准日之前的情况均进行了如实披露；在基准日之后，相关交易活动如约进行，目前也并无证据证明相关交易活动存在违法之处。由此可见，鑫某公司虽未将资产评估、审计基准日之后至公开挂牌交易之前城某公司的上述相关资产的变化进行披露，但其已明确所披露的内容均为"基准日之前目标公司的情况"，并在公告中提示意向受让方充分关注、调查与本次产权转让标的相关的所有事宜、信息、或有风险、不确定因素及可能对转让标的企业资产及企业经营管理造成的影响。故实某公司关于鑫某公司披露转让标的信息不真实、不准确的主张不能成立。

另一方面，作为案涉股权的竞买者和独立商事主体，实某公司在作出交易标的额高达数亿元的商业决定前，理应认真研读公告和公告中列明的资产评估报告、审计报告及其附件，以便在对交易标的有了充分了解后作出理性的商业判断。公告中已列明资产评估报告、审计报告的作出机构和具体文号，审计报告正文末尾也注明了报告所包含的附件名称。若鑫某公司如实某公司所称未完整提交并公开相应文号的资产评估报告、审计报告及其附件，实某公司亦有权在参与竞拍之前，要求其予以完整公开。同时，在竞买过程中，实某公司向合肥市产权交易中心出具了《履行合同义务的承诺函》，承诺"已仔细阅读并研究了贵方的城某公司股权转让文件及其附件"，"完全熟悉其中的要求、条款和条件，并充分了解标的情况"。因此，原审判决关于"实某公司作为房地产开发企业，在竞买过程中负有审慎审查义务，且其未能全面履行竞买者的审慎审查义务"的认定得当，实某公司应对其所作的商业决定自行承担相应的市场风险及法律后果。

实某公司与鑫某公司签订《产权转让合同》，系双方当事人的真实意思表示，不违反法律、行政法规的强制性规定，合法有效，当事人均应依约履行各自义务。签订合同后，城某公司完成股东工商登记变更手续，实某公司成为该公司股东，持股比例为70%，鑫某公司已履行了合同约定义务，结合前述关于披露转让标的相关情况的分析，本院对实某公司主张由鑫某公司承担违约责任的请求不予支持。

按照案涉《产权转让合同》的约定，实某公司需向鑫某公司支付33827.56万元对价。现实某公司支付了50%的价款，鑫某公司主张其依约支付剩余16913.78万元价款，该请求具有事实和法律依据，本院予以支持。

（二）关于原审判定"实某公司自2011年1月1日起，以16913.78万元为基数，按照中国人民银行公布的同期同类贷款基准利率为标准向鑫某公司支付利息损失"是否恰当的问题。

鑫某公司在公开挂牌出让案涉股权时，基本完成了披露转让标的基本情况的义务。但在资产评估、审计基准日之后至公开挂牌交易之前，鑫某公司对城某公司资产的重大变化情况没有及时进行补充披露。另外，从本案现有证据看，信息披露材料没有直接明确康城水云间项目的存量房产总面积与处于预售状态的存量房面积之间的关系。鑫某公司信息披露过程中存在的上述瑕疵，在一定程度上增加了竞买者产生模糊认识的可能性。原审法院依据鑫某公司信息披露瑕疵可能对竞买者认识造成的客观影响，以及对实某公司未支付案涉股权剩余转让款给鑫某公司造成的损失仅为资金占用损失的认定，判决由实某公司自 2011 年 1 月 1 日起，以 16913.78 万元为基数，按照中国人民银行公布的同期同类贷款基准利率向鑫某公司支付利息损失，符合公平原则的适用情形；同时判定实某公司已支付的 1000 万元保证金可以冲抵上述利息，亦无不妥。

延伸阅读

一、安徽省高级人民法院判决中关于转让方满足信息披露要求的更全面的论述：

案涉城某公司 70%国有股权系通过公开挂牌方式出让，为让参与竞买者全面、客观、真实地了解转让标的，鑫某公司作为股权转让方负有全面、完整、如实披露转让标的全部情况的义务，即其既负有在《城某公司 70%国有股权转让公告》及相关文件中如实披露审计、评估基准日转让标的全部情况的义务，还应负有在公开挂牌出让时对审计、评估基准日后发生的重大资产变化情况进行如实披露的义务。同时，实某公司作为参与案涉股权竞买方，亦负有认真阅读并研究《城某公司 70%国有股权转让公告》及相关附件、充分了解转让标的的义务。该案中，鑫某公司在《城某公司 70%国有股权转让公告》中披露了转让标的 2010 年 4 月 30 日审计、评估基准日的情况，但没有披露审计、评估基准日后至 2010 年 11 月 15 日公开拍卖日期间转让标的的相关情况，如城某公司康城水云间项目 16136.50 ㎡存量房已经实际交付业主，城某公司已于 2010 年 10 月 14 日与合肥恒某投资有限公司就康城商业中心项目设立专门账户，并注入 100 万元开办费用等相关事实，客观上对转让标的信息披露存在瑕疵，一定程度上增加了包括实某公司在内竞买者产生模糊认识的可能性。对于实某公司一方，其作为房地产开发企业，在参与竞买案涉股权时，对于案涉转让标的情况的审查核实，负有高于普通竞买者的一般注意义务，理应在更加全面、缜密和谨慎地审查案涉股权转让所有材料后，作出商业判断，但其未能全面履行竞买者的审慎审查义务，具体如下：1.关于康城水云间项目的存量房。《审计报告》、《资产评估报告》在披露康城水云间项目存量房产总面积为34100.97㎡的同时，也披露了该项目有16136.50㎡存量房处于预售状态，尽管没有明确两者之间是否存在包含或递减关系，但实某公司在参与竞买前应仔细核实了解相关情况，确定存量房具体面积，并在没有疑义的情况下参与竞买。2.关于康城商业中心项目权益问题。《城某公司70%国有股权转让公告》对于康城商业中心项目的相关情况进行特别说明，详细披露了城某公司与合肥恒某投资有限公司签订《项目合作开发协议书》共同开发该项目以及各方权利义务的约定，《资产评估说明》第17页亦对于该部分项目涉及土地使用权价值的评估方法进行了举例说明，不论合作项目是否实际实施，实某公司应对该部分土地使用权的价值及相关收益有较为正确的权益预期。且其计入资产亦为该部分土地使用权的价值，并非整个项目的全部收益。3.关于皖江厂项目保证金问题。《城某公司70%国有股权转让公告》第十六条特别事项说明部分，《审计报告》第三条其他事项说明部分，《资产评估报告》第十一条特别事项部分，对此款项的形成、处置方案以及期后影响等均作了详细说明，但没有鑫某公司承诺该3000万元保证金由其联系收回的内容。故鑫某公司《关于城某公司股权转让相关问题的回复》的内容符合法律规定，且不损害实某公司利益，不属于单方变更转让条件。况且，在该案诉讼期间，合肥新站综合开发试验区管委会已经退还了该项目保证金3000万元。4.关于紫蓬山风景园项目问题。《城某公司70%国有股权转让公告》、《审计报告》及《资产评估报告》均对此作了特别说明，明确了此部分应收款的组成，并明确提示"由于该事项可能产生的法律诉讼尚未得到最终处理，对上述事项处理结果可能对本次评估的净资产有影响"。另外，案涉股权通过公开竞买的方式出让，《产权转让合同》虽约定"该股权对应的资产、负债及相关情况详见《资产评估报告》"，但并非表示案涉股权转让款完全依据上述财务报表的数字确定，而是将其作为确定股权转让款的参考依据。实某公司此项异议仅涉及价款177.26万元，与案涉股权转让价款33827.56万元相比，尚不足以成为影响实某公司参与竞买的关键因素，亦不会对通过竞价形成的股权转让款构成实质性影响。

综合以上分析，《审计报告》、《资产评估报告》对于转标的的情况的披露并无明显不实之处，虽然鑫某公司在《城某公司70%国有股权转让公告》中披露的信息存在一定瑕疵，但该瑕疵并不足以影响通过公开竞价机制形成的股权转让价款。实某公司在未全面履行竞买者审慎审查义务的情况下，却承诺其已经仔细阅读并研究《城某公司 70%国有股权转让公告》及相关附件，充分了解标的情况，并参与竞买，在经过多轮竞价后最终中标，亦应当承担相应责任。因此，实某公司关于减少或不支付股权转让价款的抗辩不能成立；其主张以案涉 1000 万元保证金直接抵扣股权转让款的抗辩，因《产权转让合同》约定该款项不能直接抵扣股权转让款，该院亦不予采信。鑫某公司在《城某公司 70%国有股权转让公告》中披露的信息存在一定瑕疵，虽未对通过公开竞价机制形成的股权转让价款产生实质性影响，但对该案纠纷的发生存在一定过错，同时鉴于实某公司未支付案涉股权转让款给鑫某公司造成的损失仅为资金占用损失，故该院根据公平原则和诚实信用原则，酌定实某公司自 2011 年 1 月 1 日起，以 16913.78 万元为基数，按照中国人民银行公布的同期同类贷款基准利率向鑫某公司支付利息损失，实某公司已支付的 1000 万元保证金可以冲抵上述利息。

二、出让方未如实披露需要承担违约责任

最高人民法院，海某地产控股集团有限公司与中国房地产开发某有限公司股权转让纠纷二审民事判决书〔（2015）民一终字第 82 号〕认为：由于中房合肥公司存在未披露及披露不实行为，导致海某地产公司损失，因此中房合肥公司需承担相应的赔偿责任。1. 关于清源路修建费用的承担责任问题。根据中房置业公司与政府相关部门的约定，清源路建设费用由中房置业公司全额承担，但《评估报告》对此未予披露；虽然期间审计报告提及了此事，但该事项发生在评估基准日之前，故期间审计报告仅是对该事项的事后说明，不发生信息披露的作用，故一审判令中房合肥公司承担清源路修建费用 13909835 元并无不当。2. 关于广德"水岸阳光城"所补缴的 2400 万元土地出让金的承担责任问题。广德"水岸阳光城"容积率调整时间系在评估基准日之前，《评估报告》对此未予披露；虽然期间审计报告提及了此事，但该事项发生在评估基准日之前，故期间审计报告仅是对该事项的事后说明，不发生信息披露的作用，故一审法院判令中房合肥公司承担该项费用并无不当。3. 关于合肥"颐和花园"所欠 3849204 元工程款的承担责任问题。海某地产公司受让股权后向他人支付了 3849204 元工程款，经查上述工程款发生在评估基准日之前，《评估报告》对此未予披露；虽然期间审计报告提及了此事，但期间审计报告仅是对该事项的事后说明，不发生信息披露的作用。因此，上述工程款应由中房某公司承担。4. 关于广德"水岸阳光城"项目所补缴的税款、滞纳金及支付的逾期交房违约金等费用承担责任问题。欠缴税款行为及逾期交房行为均发生在评估基准日之前，《评估报告》对此未予披露，而期间审计报告又不发生信息披露的作用,故一审法院判令中房合肥公司承担上述费用符合双方的约定。

074 股权转让后前股东仍可依股权转让协议取得公司收入

裁判要旨

在股权转让方已足额履行了出资义务且目标公司无应向债权人履行的债务的前提下,前股东根据股权转让协议,从公司分得公司的部分收入,经全体新旧股东及公司一致同意,没有损害公司、公司股东、公司债权人的合法权益,没有违反法律、行政法规的禁止性规定的,不宜否定其效力。

案情简介[①]

一、奥某克公司股东为陶某某、孙某,分别持有公司66.7%和33.3%股权。

二、根据奥某克公司与县政府签订的《投资协议》,县政府应返还奥某克公司"二号地块"土地出让金溢价分成8640.24万元。

三、陶某某、孙某与许某某、吴某签订《股权转让合同》,约定陶某某、孙某将其所持有的奥某克公司100%股权转让给许某某、吴某,其中股权转让价款约定:除许某某、吴某向陶某某、孙某支付4446万元外,许某某、吴某在股权转让后,将县政府返还给奥某克公司的土地溢价分成的40%共计34560960元返还给陶某某、孙某。

四、此后,县政府向奥某克公司返还了土地溢价分成款8205.12万元,但是奥某克公司并没有将其中的40%支付给陶某某、孙某。

五、陶某某、孙某将许某某及吴某诉至法院请求其支付土地溢价分成款,安徽省高院驳回了陶某某及孙某的诉讼请求;陶某某及孙某不服,向最高人民法院上诉,最高人民法院改判支持了其诉讼请求。

[①] 案件来源:最高人民法院,陶某某、孙某与许某某、吴某等股权转让纠纷二审民事判决书[(2016)最高法民终字第264号]。

核心要点

最高人民法院认为：本案《股权转让协议》中关于土地出让金溢价分成的约定没有损害公司、公司股东、公司债权人的合法权益，没有违反法律、行政法规的禁止性规定，不宜否定其效力。因此支持前股东有权在股权转让后取得"土地出让金溢价分成"。

实务经验总结

前事不忘，后事之师。为避免未来发生类似败诉，提出如下建议：

第一，起草股权转让协议的律师或法务切记：股权转让过程中，转让方与受让方不得约定以公司的资产支付股权转让款。理由是：股东直接从公司取回财产，有抽逃出资之嫌，违反股东不得抽逃出资的效力性强制规定，应属无效条款。

第二，如果要约定前股东从公司取得部分资产，应定性为取得利润。如果协议对此款项作出的定性为分配利润而非股东从公司取回资金（财产），且确实符合《公司法》和公司章程关于分配利润的规定，而非"简单粗暴"地从公司取回资金（财产），应不会产生抽逃出资嫌疑、产生如此艰难的诉讼过程。

相关法律规定

《中华人民共和国公司法》（2018年修正，已被修订）

第三条 公司是企业法人，有独立的法人财产，享有法人财产权。公司以其全部财产对公司的债务承担责任。

有限责任公司的股东以其认缴的出资额为限对公司承担责任；股份有限公司的股东以其认购的股份为限对公司承担责任。

第二十条第一款 公司股东应当遵守法律、行政法规和公司章程，依法行使股东权利，不得滥用股东权利损害公司或者其他股东的利益；不得滥用公司法人独立地位和股东有限责任损害公司债权人的利益。

第三十五条 公司成立后，股东不得抽逃出资。

《中华人民共和国公司法》（2023年修订）

第三条 公司是企业法人，有独立的法人财产，享有法人财产权。公司以其全部财产对公司的债务承担责任。

公司的合法权益受法律保护，不受侵犯。

第四条 有限责任公司的股东以其认缴的出资额为限对公司承担责任；股份有限公司的股东以其认购的股份为限对公司承担责任。

公司股东对公司依法享有资产收益、参与重大决策和选择管理者等权利。

第二十一条 公司股东应当遵守法律、行政法规和公司章程，依法行使股东权利，不得滥用股东权利损害公司或者其他股东的利益。

公司股东滥用股东权利给公司或者其他股东造成损失的，应当承担赔偿责任。

第五十三条第一款 公司成立后，股东不得抽逃出资。

本案链接

以下为该案在法院审理阶段，判决书中"本院认为"就该问题的论述：

关于土地出让金溢价分成条款的效力问题。

首先，土地出让金溢价分成的约定是陶某某、孙某向许某某、吴某转让奥某克公司100%股权的股权转让款组成部分，许某某、吴某作为奥某克公司的新股东是同意和认可的。因此，土地出让金溢价分成的约定不会损害许某某、吴某作为公司股东的合法权益，更不会涉及损害其他股东权益的问题。其次，2016年1月7日安徽辰星会计师事务所出具的《奥某克公司验资报告》载明，未有债权人要求奥某克公司清偿债务或对债务提供相应担保。故该项约定亦不会损害奥某克公司债权人的权益。再次，土地出让金溢价分成的约定是陶某某、孙某与许某某、吴某、奥某克公司达成的一致意思表示，不存在陶某某、孙某滥用股东权利损害公司利益的情形，不会因此动摇公司的独立法人地位，并未违反《公司法》第三条和第二十条的规定。最后，在《股权转让合同》签订之前的2010年12月2日，陶某某、孙某已向奥某克公司实际出资4446万元，履行了作为原股东对奥某克公司的全部出资义务。在陶某某、孙某向许某某、吴某转让奥某克公司股权时，奥某克公司通过公开拍卖取得了二号地块土地出让金溢价分成的权利。该项权利是陶某某、孙某经营奥某克公司期间预期获得的收入，对于该笔收入进行分配是双方当事人的意思自治行为，且已经过奥某克公司确认，不构成陶某某、孙某抽逃出资的事实。

综上事实分析，本案《股权转让协议》中关于土地出让金溢价分成的约定没有损害公司、公司股东、公司债权人的合法权益，没有违反法律、行政法规的禁止性规定，不宜否定其效力。根据《股权转让协议》关于陶某某、孙某应当自行承担土地溢价分成款"相应的税金"的约定，许某某、吴某应当向陶某某、孙某支付土地出让金溢价款 8205.12 万元的 40%共计 3282.048 万元，按照陶某某、孙某的持股比例 66.68：33.32 分别予以支付，相应税金由陶某某、孙某自行向税务机关缴纳。《股权转让合同》还约定，"如果奥某克公司延误支付分成款，每天应加收滞纳金千分之一。"陶某某、孙某起诉时请求按照第一笔溢价分成款到达奥某克公司的 2011 年 10 月 18 日起算滞纳金，并将滞纳金的利率调整为按照中国人民银行同期贷款利率的四倍计算。因土地出让金溢价分成款系分期逐笔划拨，本院认定以最后一笔溢价款到账日的 2014 年 5 月 15 日为滞纳金的起算点，并按照中国人民银行同期贷款利率计算至实际给付之日止。综上，陶某某、孙某关于许某某、吴某应当向其支付土地出让金溢价款的上诉理由成立，除滞纳金部分本院依法作出调整之外，予以支持。

075 股东事先约定股权回购价款，后公司资产发生重大变化可否要求调整价款

裁判要旨

在公司全体股东已事先约定股权回购价款的计算方式的情况下，任何一方不得以公司资产发生变化为由主张调整股权回购价款的计算方式。

案情简介[①]

一、2000 年 5 月 29 日，信某公司、华某公司与石某井矿务局签订《石某井矿务局债权转股权协议》，三方共同设立太某集团，其中债权方信某公司、华某公司以其对石某井矿务局的债权按照 1∶1 的比例折合为对太某集团的出资。信某公司出资 6193 万元，占注册资本的 4.62%。协议还约定，华某公司、信某公司所持有太某集团的股权可采取太某集团公司回购、股权转让和石某井矿务局收

[①] 案件来源：最高人民法院，中国信某资产管理股份有限公司与太某集团有限责任公司请求公司收购股份纠纷二审民事判决书 [（2016）最高法民终字第 34 号]。

购三种退出方式。退出的期间为7年，从2000年开始退出，2007年前全部退出。

二、2000年6月9日，三方签订《补充协议》，约定信某公司、华某公司的股权通过太某集团公司回购方式退出时，股权退出价格为债权方转股债权原值。

三、2001年12月，太某集团支付信某公司股权回购款35万元，信某公司持股比例由4.68%减少为4.65%，出资额由6193万元减少为6158万元。

四、2011年8月28日，太某集团通过关于延长经营期限的股东会决议，信某公司表示反对，并要求太某集团回购信某公司的股权，但双方未能达成一致意见。

五、信某公司向法院提起诉讼，请求判令：太某集团回购信某公司持有的4.65%的股份，回购价款为：（1）信某公司的出资额6158万元；（2）按清算、审计及评估后确定的股权价值，两种价款计算方式中较高的价款。

六、贵州省高院判决：股权回购价款为6158万元加6158万元，自2007年1月1日起的利息。

七、信某公司与太某集团均向最高人民法院提起上诉。最高人民法院驳回双方上诉，维持原判。

核心要点

本案中，各方约定股权退出价格为债权方转股债权原值，该约定为当事人真实意思表示，不违反法律、行政法规的强制性规定，对当事人具有法律约束力。尽管《公司法》第八十九条规定有关股东可以请求公司以合理的价格收购其股权，但在股东之间对股权回购价格已有明确约定的情况下，不能够脱离原协议约定而另行确定股权回购价格。

至于太某集团后来资产发生了变化，在已有约定的情况下，并不是股权回购时企业财产的实际状况已经发生减少（或增加），约定的股权收购价值就必须相应减少（或增加）。

因此法院对于"按清算、审计及评估后确定的股权价值"两种价款计算方式中较高的价款的诉讼请求未予支持，而是判决按照约定的股权回购价款金额支付。

实务经验总结

前事不忘，后事之师。为避免未来发生类似败诉，提出如下建议：

第一，先小人后君子，公司全体股东应事先在公司设立之初就约定股权回购价款的计算方式。通常情况下，股东只有在公司重大决策事项上出现重大分歧且通过其他和平手段难以解决时，才会请求回购股权。此时，股东之间已"撕破脸"，很难再通过协商的方式确定各方均可接受的股权回购价款，因此最好的办法就是事先确定好股权回购价款的计算方式。

第二，一旦约定股权回购价款的计算方式，就不要再试图反悔，主张约定的价款过高或过低。即使如本案各方在2000年就确定了回购价款，2011年才发生股权回购事由，双方也应信守当初的协议，不得以公司资产发生重大变化为由请求调整回购价款。

第三，为避免因公司资产发生重大变化、事先约定的回购价款过高或过低致使对于股东一方或公司一方明显不公，本书作者建议：应约定动态的股权回购价款的计算方式及调整机制（如约定一个最低回购价款，并约定在此基础上根据公司的净资产变化而相应调整最终的股权回购价款），避免像本案一样，约定一个完全静态、固定、无法调整的股权回购价款。

相关法律规定

《中华人民共和国公司法》（2018年修正，已被修订）

第七十四条 有下列情形之一的，对股东会该项决议投反对票的股东可以请求公司按照合理的价格收购其股权：

（一）公司连续五年不向股东分配利润，而公司该五年连续盈利，并且符合本法规定的分配利润条件的；

（二）公司合并、分立、转让主要财产的；

（三）公司章程规定的营业期限届满或者章程规定的其他解散事由出现，股东会会议通过决议修改章程使公司存续的。

自股东会会议决议通过之日起六十日内，股东与公司不能达成股权收购协议的，股东可以自股东会会议决议通过之日起九十日内向人民法院提起诉讼。

本案链接

以下为该案在法院审理阶段，判决书中"本院认为"就该问题的论述：

在股东之间对股权回购有明确约定的情况下，《中华人民共和国公司法》第七十四条有关股东请求公司以合理的价格收购其股权的规定，并非能够完全脱离原出资协议约定而另行确定。太某集团章程第七十一条规定资产管理公司所持股权按《债权转股权协议》和《债权转股权补充协议》实施。信某公司于2000年5月29日及6月9日与石某井矿务局及华某公司三方签订的《债权转股权协议》和《债权转股权补充协议》，不仅对上述三方股东共同设立太某集团的出资形式和比例作了约定，亦对各股东股权的退出及收购方式作了特别约定。2000年5月29日《债权转股权协议》第十章股权退出，约定信某公司以及华某公司所持有太某集团的股权，可以采取新公司回购、债权方向第三方转让和丙方石某井矿务局收购三种退出方式，退出的时间为7年，从2000年开始退出，在2007年前全部退出。且对太某集团股权回购或者丙方石某井矿务局收购计划约定了每年的股权退出比例、股权退出数以及按照溢价率计算的每年股权退出的总价款。2000年6月9日，信某公司与石某井矿务局、华某公司三方股东就股权退出问题及分取红利、股权退出价款支付计划调整等签订《债权转股权补充协议》作了进一步约定，其中第二条针对股权退出补充约定：债权方的股权通过新公司回购方式退出时，股权退出价格为债权方转股债权原值，不采取溢价方式计算，即当事人实际取消原协议中关于股权退出按照一定股权溢价率支付回购价款的约定。对此约定，并不违反国务院办公厅2003年2月23日国办发〔2003〕8号《关于进一步做好国有企业债权转股权工作的意见》第三条第五项对债转股协议和方案中"要求原企业全部购买金融资产管理公司股权的有关条款"予以废止的规定，上述规定中"原企业"是指当时的丙方石某井矿务局，本案当事人争议的是信某公司是否有权请求由石某井矿务局、华某公司及信某公司三方股东共同出资设立的新公司太某集团收购或回购其股权以及以何种价格收购或回购，而并非要求原出资一方购买股权，二者有本质区别。至于原出资人石某井矿务局主体资格演变如何认定，并不影响对本案中由原出资一方购买股权和新设立的公司购买股权两种性质的判断。当事人约定由三方股东设立的新公司太某集团回购股份，回购方式也非一次性全部回购，而是约定分期分批进行，并没有加大新公司的负担。原审判决认定本案《债权转股权协议》及《债权转股权补充协议》为当事人意思表示真实，内容形式不违反法律、行政法规的强制性规定，协议合法有效，并无不当。信某公司上诉关于本案《债权转股权协议》、《债权转股权补充协议》约定的回购方式，因违反国务院办公厅国办发〔2003〕8号《关于进一步做好国有企业债权转股权工作的意见》第三条第五项有关规定，对当事人已不再具有效力的理由，不能成立，本院不予支持。太某集团主张原审判决不应该按照太某集团

2002 年股份账面原值计算收购股权价值，原审没有考虑太某集团资产因所属单位政策性破产而带来的股权价值变化的上诉理由，亦不能成立。对于股权退出方式及价格，是三方股东根据自愿原则自由商定的，对当事人具有法律约束力。至于成立的新公司后来资产发生了变化，并非必然导致股权价值的变化，股权价值还取决于公司其他因素。并非股权回购时企业财产的实际状况已经发生减少，约定的股权收购价值就必须相应减少，当事人对此亦没有明确约定。况且信某公司债权转为股权作为对太某集团的出资，为太某集团减负，支持其经营，所起作用是显然的，要求相应减少股权回购款，对信某公司亦有不公。太某集团关于原审判决其承担 2007 年 1 月 1 日至判决生效之日的利息无事实和法律依据的上诉主张，本院认为，鉴于双方当事人在《债权转股权协议》、《债权转股权补充协议》约定信某公司股权必须在 2007 年前退出完毕，但太某集团并没有按照约定履行其义务，太某集团迟延履行支付回购股权的款项，相应地给予利息，属法定孳息，具有合法依据。

076 股权转让约定审计确定价款，实际履行时对账明确相关金额，系变更原合同约定，一方不应再主张审计定价

裁判要旨

股权转让协议中虽约定合同价款以双方共同委托的会计师事务所出具的审计报告确定，但合同履行中双方并未委托会计师事务所出具审计报告，且经对账确认应付款数额的，股权出让方可以依据对账的数额请求股权受让方支付价款，股权受让方不得以未经审计、尚未达到付款条件为由拒绝支付合同价款。

案情简介[①]

一、万某公司的股东为郁某（持股 85%）、赵某某（持股 15%）；桦某公司的股东为张某某、张某。

二、2007 年 3 月 22 日，万某公司作为甲方与桦某公司（乙方）签订《股权

[①] 案件来源：最高人民法院，张某某、张某、天津万某科技发展股份有限公司、天津开发区桦某实业发展有限公司与郁某、赵某某股权转让合同纠纷二审民事判决书［（2014）民二终字第 36 号］。

转让合同》，约定：(1) 郁某、赵某某将其持有的万某公司全部股权转让给乙方及乙方股东，转让价款3000万元；(2) 乙方承担并清偿原万某公司部分债务和科技广场项目已垫付的工程款3.1亿元，其中垫付款以甲乙双方共同委托的北洋会计师事务所出具的《资产审计报告》为准；(3) 以上共计3.4亿元，付款方式为至2008年12月30日前分十期付清。

三、合同签订后，双方未委托会计师事务所出具审计报告。后郁某将万某公司35%股权转让给张某某，但桦某公司未按合同约定支付价款。

四、2009年3月17日，各方签订《补充合同》，确认了桦某公司所欠合同价款的数额，桦某公司、万某公司、张某某、张某向郁某、赵某某承诺，共同承担此次股权转让的债务。同日，郁某、赵某某将所持万某公司剩余65%股权转让给了张某某、张某。

五、桦某公司等仍未按《补充合同》约定的时间和金额付款。2012年4月5日，双方再次对账，确认桦某公司一方尚欠郁某、赵某某一方股权转让合同款的金额。

六、2013年6月25日，郁某、赵某某提起诉讼，请求按照双方于2012年4月5日对账确认的金额，由张某某、张某、万某公司、桦某公司承担本金及违约金。张某某、张某、万某公司、桦某公司则提出"本案付款的前提应以北洋会计师事务所出具的《资产审计报告》确定的数额为准，而该金额尚不确定，所以付款条件尚未成就"的抗辩理由。

七、天津市高院的判决支持了原告方的诉讼请求，按照双方对账的数额确定本金及违约金；被告方不服，上诉至最高人民法院，最高人民法院就该争议焦点维持原判。

核心要点

本案中，尽管2007年3月22日签订的《股权转让合同》约定，桦某公司承担万某公司垫付的工程款，数额以甲乙双方共同委托的北洋会计师事务所出具的《资产审计报告》为准，但在股权转让合同实际履行过程中，双方当事人并未委托北洋会计师事务所对相关资产进行审计。而在2012年4月5日双方就未支付款项进行对账时，张某某、张某、万某公司、桦某公司不仅未对审计事宜提出异议，还对尚欠数额进行了明确确认。由此可见，双方当事人在合同履行过程中，并未实际执行合同约定的审计条款，应当视为该条款在实际履行过程中进行了变更。因此，桦某公司等关于"双方尚未委托北洋会计师事务所出具《资产审计报告》、付款条件尚未成就"的抗辩理由，未得到法院的支持。

实务经验总结

前事不忘，后事之师。为避免未来发生类似败诉，提出如下建议：

第一，股权收购前应进行财务审计，根据审计结果确定合同价款，避免类似于本案中先签合同、后做审计的情况。

第二，如股权转让协议中约定合同价款根据签订合同后进行的审计确定，则应同时对审计材料的提供、审计费用的负担进行约定，并设置相应的违约责任条款。同时要考虑到，如审计结果与签订股权转让协议时预想的情况有较大的差异，双方应相应调整合同价款。对于股权受让方而言，还应在股权转让协议中对于未做审计、审计结果与股权转让方之前提供的情况有较大出入等情况，设置单方合同解除条款。

第三，股权转让协议履行过程中，涉及签字盖章的都应谨慎。单方盖章的文件，可视为对另一方的承诺，如另一方接受则相当于对原股权转让协议的变更及补充；双方都盖章的文件，虽然未必叫作"补充协议"，但无其名而有其实，对双方均有约束力。一旦签订了类似文件，就应当按照该文件约定的内容履行，不可再反悔，要求不按该文件履行，而按照原股权转让协议履行。因此，类似于本案中桦某公司在已与对方对账确定合同价款后，又再次要求按照原股权转让协议中约定的以审计结果确定合同价款的主张，不可能得到法院的支持。

相关法律规定

《中华人民共和国合同法》（已失效）

第七十七条　当事人协商一致，可以变更合同。

法律、行政法规规定变更合同应当办理批准、登记等手续的，依照其规定。

第七十八条　当事人对合同变更的内容约定不明确的，推定为未变更。

《中华人民共和国民法典》（2021年1月1日施行）

第五百四十三条　当事人协商一致，可以变更合同。

第五百四十四条　当事人对合同变更的内容约定不明确的，推定为未变更。

> **本案链接**

以下为该案在法院审理阶段，判决书中"本院认为"就该问题的论述：

根据本案查明的事实，双方当事人于 2007 年 3 月 22 日、2009 年 3 月 17 日先后签订《股权转让合同》、《补充合同》、《补充合同二》，从上述合同约定看，双方确有在合同履行中对股权转让相关款项进行审计以准确确定应支付金额的意思表示。二审中，张某某、张某、万某公司、桦某公司主张其曾委托北洋会计师事务所对万某公司相关资产进行审计，由于郁某、赵某某拒不提供有关账目导致无法出具报告。但从张某某、张某、万某公司、桦某公司提供的证据看，并不足以证实上述事实属实。因此可以认为，在股权转让合同实际履行过程中，双方当事人并未委托北洋会计师事务所对相关资产进行审计。而在 2012 年 4 月 5 日双方就未支付款项进行对账时，张某某、张某、万某公司、桦某公司不仅未对审计事宜提出异议，还对尚欠数额进行了明确确认。由此可见，双方当事人在合同履行过程中，并未实际执行合同约定的审计条款，应当视为该条款在实际履行过程中进行了变更。在双方对应支付款项及还款方式进行多次约定和确认之后，张某某、张某、万某公司、桦某公司在诉讼中又提出双方已经确认的数额不能作为支付依据而应当以审计数额为准的主张，缺乏事实和法律依据，本院不予支持。

077 股权变更与股权变更登记是一回事吗

> **裁判要旨**

股权转让实质上是在公司内部产生的一种民事法律关系，股权转让合同签订后，是否办理工商变更登记，属于合同履行问题。就股权转让行为的外部效果而言，股权的工商变更登记仅为行政管理行为，该变更登记并非设权性登记，而是宣示性登记，旨在使公司有关登记事项具有公示效力。因此，是否进行工商变更登记既不应对股权转让合同的效力问题产生影响，也不应导致股权转让行为是否生效或是否有效问题。

案情简介[1]

一、南某投资公司是由某区政府出资设立的全资国有公司，经营范围是企业区属国有资产的产权管理。科某通公司为某区政府成立的第二家区级资产经营公司，经营范围是受某区政府委托行使区属国有资产产权所有者权利等。

二、2000年1月30日，某区区政府决定将南某投资公司参股的深某石油的35.88%股权转让给科某通公司。

三、2001年2月27日，南某投资公司与科某通公司签订《转让协议书》；2001年3月19日，某区国资委批准股权转让；2001年4月6日，工商行政管理部门办理股权变更登记。

四、后因南某投资公司的债权人蒲某堂公司以南某投资公司无偿转让深某石油股权逃避债权为由行使撤销权，双方对南某投资公司转让深某石油35.88%股权行为生效时间产生争议。南某投资公司认为股权转让行为生效时间为2001年3月19日，而蒲某堂公司则认为生效时间为2001年4月6日。

五、广东省高级人民法院及最高人民法院经审理，均认为股权转让行为生效的日期为2001年3月19日。

核心要点

一、工商变更登记并非股权转让合同的生效要件。南某投资公司系国有企业，该国有资产的转让应经国有资产管理部门批准。根据《合同法》第四十四条第二款关于"法律、行政法规规定应当办理批准、登记等手续生效的，依照其规定"的规定，本案所涉股权转让行为应自办理批准、登记手续时生效。我国《公司法》并未明确规定股权转让合同是否以工商变更登记为生效条件。尽管《公司法》第三十二条规定登记事项发生变更的，应当办理变更登记，《公司登记管理条例》第三十五条规定"有限责任公司股东转让股权的，应当自转让股权之日起30日内申请变更登记"，但并不能从上述规定中得出工商登记是股权转让合同的效力要件。所以，本案股权转让合同的生效时间应当是某区国资委批准转让之日即2001年3月19日。

二、工商变更登记并非股权变动的生效要件。就股权转让行为的性质而言，

---

[1] 案件来源：最高人民法院，深圳市蒲某堂信息咨询服务有限公司与深圳市某区投资管理公司、深圳市科某通投资控股有限公司撤销权纠纷上诉案民事裁定书［(2007)民二终字第32号］。

股权转让实质上是在公司内部产生的一种民事法律关系，股权转让合同签订后，是否办理工商变更登记，属于合同履行问题。就股权转让行为的外部效果而言，股权的工商变更登记仅为行政管理行为，该变更登记并非设权性登记，而是宣示性登记，旨在使公司有关登记事项具有公示效力。换言之，股权转让合同签订后，是否办理工商变更登记，不应导致股权转让行为是否生效或是否有效问题，仅应产生当事人的行为是否违约以及是否具备对抗第三人效力的问题。

实务经验总结

前事不忘，后事之师。为避免未来发生类似败诉，提出如下建议和提醒：

第一，未进行工商变更登记并不导致股权转让合同无效。转、受让双方务必要改掉只有工商变更登记才能使股权转让合同生效的观念，认识到在双方没有约定附条件附期限时，一般情况下合同在双方签章合同成立时生效，但对于国有股权等则需要经主管部门批准后生效。

第二，工商变更登记也并非股权变动的生效要件。转、受让双方应当认识到工商变更登记仅是一种宣示性登记，并不产生设权登记效果。受让方在股权转让合同生效后且被公司登记到股东名册时即取得股权，如果未能进行工商变更登记，股东有权请求公司办理工商变更登记，并有权要求转让方提供协助义务。

第三，未进行工商变更登记不得对抗善意第三人。虽然工商变更登记仅是一种宣示性登记，但其也是一种对抗性登记，对于未办理股权变更登记的，第三人有权信赖登记事项的真实性，善意第三人可以基于工商登记对原股东的记载要求其承担责任。

相关法律规定

《中华人民共和国公司法》（2018年修正，已被修订）

第三十二条 有限责任公司应当置备股东名册，记载下列事项：

（一）股东的姓名或者名称及住所；

（二）股东的出资额；

（三）出资证明书编号。

记载于股东名册的股东，可以依股东名册主张行使股东权利。

公司应当将股东的姓名或者名称向公司登记机关登记；登记事项发生变更

的，应当办理变更登记。未经登记或者变更登记的，不得对抗第三人。

《中华人民共和国公司法》（2023年修订）

第三十四条　公司登记事项发生变更的，应当依法办理变更登记。
公司登记事项未经登记或者未经变更登记，不得对抗善意相对人。

第五十六条　有限责任公司应当置备股东名册，记载下列事项：
（一）股东的姓名或者名称及住所；
（二）股东认缴和实缴的出资额、出资方式和出资日期；
（三）出资证明书编号；
（四）取得和丧失股东资格的日期。
记载于股东名册的股东，可以依股东名册主张行使股东权利。

《公司登记管理条例》（已失效）

第三十四条　有限责任公司变更股东的，应当自变更之日起30日内申请变更登记，并应当提交新股东的主体资格证明或者自然人身份证明。
有限责任公司的自然人股东死亡后，其合法继承人继承股东资格的，公司应当依照前款规定申请变更登记。
有限责任公司的股东或者股份有限公司的发起人改变姓名或者名称的，应当自改变姓名或者名称之日起30日内申请变更登记。

《中华人民共和国市场主体登记管理条例》（2022年3月1日施行）

第二十四条　市场主体变更登记事项，应当自作出变更决议、决定或者法定变更事项发生之日起30日内向登记机关申请变更登记。
市场主体变更登记事项属于依法须经批准的，申请人应当在批准文件有效期内向登记机关申请变更登记。

《中华人民共和国合同法》（已失效）

第四十四条　依法成立的合同，自成立时生效。
法律、行政法规规定应当办理批准、登记等手续生效的，依照其规定。

《最高人民法院关于适用〈中华人民共和国合同法〉若干问题的解释（一）》（已失效）

第九条第一款　依照合同法第四十四条第二款的规定，法律、行政法规规定合同应当办理批准手续，或者办理批准、登记等手续才生效，在一审法庭辩论终结前当事人仍未办理批准手续的，或者仍未办理批准、登记等手续的，人民法院应当认定该合同未生效；法律、行政法规规定合同应当办理登记手续，但未规定登记后生效的，当事人未办理登记手续不影响合同的效力，合同标的物所有权及其他物权不能转移。

本案链接

以下为该案在法院审理阶段，判决书中"本院认为"就该问题的论述：

关于被撤销的债务人行为即南某投资公司向科某通公司转让深某石油35.88%股权行为生效时间问题。本案中，南某投资公司转让深某石油35.88%股权与科某通公司之行为涉及三个日期：一是2001年2月27日即该股权《转让协议书》签订日期；二是2001年3月19日即深圳市某区国资委批准股权转让的日期；三是2001年4月6日即工商行政管理部门办理该股权变更登记的日期。尽管依据《合同法》第四十四条第一款关于"依法成立的合同，自成立时生效"的规定，本案所涉南某投资公司转让深某石油35.88%股权与科某通公司之行为应自2001年2月27日生效；但由于南某投资公司系国有企业，该国有资产的转让应经国有资产管理部门批准。根据《合同法》第四十四条第二款关于"法律、行政法规规定应当办理批准、登记等手续生效的，依照其规定"的规定，本案所涉股权转让行为应自办理批准、登记手续时生效。那么，本案所涉深某石油35.88%股权转让行为生效时间应当是深圳市某区国资委批准转让之日即2001年3月19日，还是工商行政管理部门办理该股权变更登记的日期即2001年4月6日呢？本院认为，我国《公司法》并未明确规定股权转让合同是否以工商变更登记为生效条件。尽管新《公司法》第三十三条规定"登记事项发生变更的，应当办理变更登记"，新《公司登记管理条例》第三十五条规定"有限责任公司股东转让股权的，应当自转让股权之日起30日内申请变更登"，但并不能从上述规定中得出工商登记是股权转让的效力要件。就股权转让行为的性质而言，股权转让实质上是在公司内部产生的一种民事法律关系，股权转让合同签订后，是否办理工商变更登记，属于合同履行问题。就股权转让行为的外部效果而言，股权的工商变更登记仅为行政管理行为，该变更登记并非设权性登记，而是宣示性登记，旨在使公司有关登记事项具有公示效力。因此，是否进行工商变更登记对股权转让合同的效力问题不应产生影响，工商登记并非股权转让合同效力的评价标准。质言之，股权转让合同签订后，是否办理工商变更登记，不应导致股权转让行为是否生效或有效问题，仅应产生当事人的是否违约以及是否具备对抗第三人效力的问题。因此，本院认为，本案所涉深某石油35.88%股权转让行为生效时间应当是 2001 年 3 月 19 日即深圳市某区国资委批准转让之日。蒲某堂公司关于"债务人行为发生之日"应当是工商变更股权登记之日，即 2001 年 4 月 6 日，于法无据，本院不予支持。

延伸阅读

股权变更与股权变更登记的区别

案例 1：北京市高级人民法院，北京宝某某投资管理有限责任公司与上海浦某威投资有限公司、上海东某汽配城有限公司股权转让纠纷二审民事判决书[（2009）高民终字第 1824 号] 认为：股权变更不同于股权变更登记。首先，股权变更与股权变更登记是两个不同的概念。根据《公司法》及《公司登记管理条例》的有关规定，受让人通过有效的股权转让合同取得股权后，有权要求公司进行股东变更登记，公司须根据《公司法》及公司章程的规定进行审查，经审查股权的转让符合《公司法》及章程的规定，同意将受让人登记于股东名册后，受让人才取得公司股权，成为公司认可的股东，这就是股权变更。但股东名册是公司的内部资料，不具有对世性，不能产生对抗第三人的法律效果，只有在公司将其确认的股东依照《公司登记管理条例》的规定到工商管理部门办理完成股东变更登记后，才取得对抗第三人的法律效果，这就是股权变更登记。因此，股权变更与股权变更登记是两个不同的法定程序。其次，公司股东的工商登记属于宣示性的登记，而不是设权性登记。因为公司将其确认的股东向工商管理部门办理登记，公司的确认已经实现，股东的身份已经确定，股东的权利也已经产生，股东的工商登记仅仅是一种宣示而已。因此，股东权利的获得与行使并不以工商登记程序的完成为条件。股东的工商登记来源于公司的登记，或者说股东的工商登记以公司股东名册为基础和根据。这不仅表现为程序上的时间顺序，更是由两种登记的不同性质决定的。公司股东名册的登记确定股权的归属，工商管理部门将其进行工商登记。公司股东名册的登记发生变动，工商登记的内容亦作相应的更改。两者之间的关系决定了在发生差异的时候，即工商登记的内容与公司股东名册登记内容不一致的时候，作为一般原则，公司股东名册的登记内容应作为确认股权归属的根据；在股权转让合同的当事人之间、股东之间、股东与公司之间因为股权归属问题发生纠纷时，当事人不得以工商登记的内容对抗公司股东名册的记录，除非有直接、明确的相反证明。

案例 2：最高人民法院，中国黄某集团公司与莱州市仓某金矿、莱州金某矿业有限公司偿还黄金基金纠纷二审民事判决书〔（2006）民二终字第78号〕认为：关于基本建设经营性基金"债转股"未办理工商登记的法律效力问题，本院认为，基建基金实施"债转股"行为已完成了要约与承诺过程，虽未办理工商登记，但只是不对第三人产生法律效力，债转股协议在当事人之间仍具有拘束力。工商登记只是股权变更的公示方式，只影响股权变更的外部效力，对双方的内部关系来说则不产生影响。上诉人主张因未完成工商登记变更手续，非法律上的出资人而应为债权人的理由不能成立，应予以驳回。

078 收购矿山企业100%股权不属于矿业权转让，无需国土部门审批

裁判要旨

合同性质应认定为矿业权转让还是股权转让，主要应取决于矿业权人更名与否的事实以及合同约定的内容是否涉及探矿权转让等因素。非矿业权转让的股权转让合同，并不属于法律、行政法规规定应当办理批准、登记等手续生效的情形，合同成立时即生效。

案情简介[①]

一、龙某公司股东为薛某甲，薛某乙，分别持股60%与40%。龙某公司名下有多处探矿权。

二、2013年7月12日，国某公司与薛某甲、薛某乙签订合作协议，约定：国某公司以4583万元收购薛某甲与薛某乙合计持有的100%股权，其中签约后7日内支付首笔1500万元，工商变更后7日付1000万元，余款于2012年12月31日付清。双方还约定，本协议经各方签署后成立，并经各方有权机构批准后生效。

三、《西藏自治区人民政府关于进一步规范矿产资源勘查开发管理的意见》规定，即便是纯粹转让涉矿公司的股权，未获得西藏自治区国土厅的批准，转让

[①] 案件来源：最高人民法院，西藏国某矿业发展有限公司与薛某甲、薛某乙等股权转让纠纷二审民事判决书〔（2014）民二终字第205号〕。

合同亦不能生效。

四、协约履行过程中，国某公司首笔款中的 450 万元迟延交付了一个月，完成了印章证照的交接，但未完成股权变更登记。

五、此后，薛某甲、薛某乙要求终止合同，主张合作协议实质上属探矿权转让合同，因未经国土资源管理部门批准而未生效，应不再履行；国某公司主张合作协议为股权转让协议，无需审批，合法有效，应继续履行。

六、本案经西藏高院一审，最高院二审，均判定：合作协议为股权转让协议，无需审批，自合同成立时生效，应继续履行。

核心要点

一、合作协议的性质应认定为探矿权转让还是股权转让，主要应取决于探矿权人更名与否的事实以及合作协议约定的内容是否涉及探矿权转让等因素。探矿权系登记在龙某公司名下，协议中，双方仅约定将股份转让给国某公司以及与该股权转让相关的事宜，并未涉及探矿权人更名的内容；再者，作为协议转让方的薛某甲、薛某乙，该二人并非案涉探矿权持有人，其无权在协议中处置龙某公司所持有的探矿权。而作为探矿权人龙某公司，其并非案涉合作协议的当事人，亦不可能在该协议中进行探矿权转让。协议中虽包括矿产合作的相关内容，但均属基于股权转让所产生的附随权利义务，探矿权人仍系龙某公司，该协议的实质仍然属于股权转让。因此，本案国某公司与薛某甲、薛某乙所签订的合作协议应认定为股权转让协议，而非探矿权转让协议。

二、《合同法》第四十四条规定："依法成立的合同，自成立时生效。法律、行政法规规定应当办理批准、登记等手续生效的，依照其规定。"由于本案合作协议属股权转让性质，并不属于法律、行政法规规定应当办理批准、登记等手续生效的情形，协议成立时即生效。《西藏自治区人民政府关于进一步规范矿产资源勘查开发管理的意见》不属于法律法规范畴，不是认定合同效力的依据，案涉合作协议的效力认定不受其约束。

实务经验总结

前事不忘，后事之师。为避免未来发生类似败诉，提出如下建议：

第一，并购双方需厘清矿业权转让与股权转让的区分标准。主要应考虑矿业权人更名与否的事实以及合同约定的内容是否涉及探矿权转让等因素，也即矿业权转让相当于公司转让自己的一项资产，一旦转让完毕，矿业权证上的所有权人就会发生变更。而股权转让是公司股东在转让股权，股权转让完毕后，矿业权证上的所有权人并没有发生变更。

第二，受让方可以通过受让股权的方式间接取得矿业权。《探矿权采矿权转让管理办法》规定：矿业权转让须经管理机关审批后生效，该办法对出让方的出让条件及受让方的受让条件都做了限制，但是现行法律法规并没有规定，矿业权公司的股东转让股权也需要审批后才生效，所以受让方可直接收购股权，省去繁琐的审批手续。

第三，在收购拥有矿权的企业时，受让方务必要做好法律尽职调查，设计科学的公司收购合同。不但需要在国家层面的法律、行政法规的方面调查对收购矿业权公司股权或资产的规定，还需调查地方层面的规范性文件对前述事项是否作出了更细化更严格的规定，例如本案中，西藏自治区政府作出即使转让矿业权公司股权，也需审批的规定。该规定虽不必然导致合同无效，但地方政府可能会因未经审批而不准予办理股权变更登记。

相关法律规定

《中华人民共和国合同法》（已失效）

第四十四条 依法成立的合同，自成立时生效。

法律、行政法规规定应当办理批准、登记等手续生效的，依照其规定。

《中华人民共和国民法典》（2021年1月1日施行）

第五百零二条 依法成立的合同，自成立时生效，但是法律另有规定或者当事人另有约定的除外。

依照法律、行政法规的规定，合同应当办理批准等手续的，依照其规定。未办理批准等手续影响合同生效的，不影响合同中履行报批等义务条款以及相关条款的效力。应当办理申请批准等手续的当事人未履行义务的，对方可以请求其承担违反该义务的责任。

依照法律、行政法规的规定，合同的变更、转让、解除等情形应当办理批准等手续的，适用前款规定。

《中华人民共和国矿产资源法》（2009年修正）

第六条 除按下列规定可以转让外，探矿权、采矿权不得转让：

（一）探矿权人有权在划定的勘查作业区内进行规定的勘查作业，有权优先取得勘查作业区内矿产资源的采矿权。探矿权人在完成规定的最低勘查投入后，经依法批准，可以将探矿权转让他人。

（二）已取得采矿权的矿山企业，因企业合并、分立，与他人合资、合作经营，或者因企业资产出售以及有其他变更企业资产产权的情形而需要变更采矿权主体的，经依法批准可以将采矿权转让他人采矿。

前款规定的具体办法和实施步骤由国务院规定。

禁止将探矿权、采矿权倒卖牟利。

《探矿权采矿权转让管理办法》（2014年修订）

第十条　申请转让探矿权、采矿权的，审批管理机关应当自收到转让申请之日起40日内，作出准予转让或者不准转让的决定，并通知转让人和受让人。

准予转让的，转让人和受让人应当自收到批准转让通知之日起60日内，到原发证机关办理变更登记手续；受让人按照国家规定缴纳有关费用后，领取勘查许可证或者采矿许可证，成为探矿权人或者采矿权人。

批准转让的，转让合同自批准之日起生效。

不准转让的，审批管理机关应当说明理由。

本案链接

以下为该案在法院审理阶段，判决书中"本院认为"就该问题的论述：

关于案涉合作协议及转让合同的性质和效力问题。案涉合作协议的性质应认定为探矿权转让还是股权转让，主要应取决于探矿权人更名与否的事实以及合作协议约定的内容是否涉及探矿权转让等因素。根据本案查明事实，案涉探矿权系登记在一审被告龙某公司名下，协议内容中，双方当事人仅约定由薛某甲、薛某乙将其持有龙某公司的股份转让给国某公司以及与该股权转让相关的事宜，并未涉及探矿权人更名的内容；再者，作为协议转让方的薛某甲、薛某乙，该二人并非案涉探矿权持有人，其无权在协议中处置龙某公司所持有的探矿权；而作为探矿权人龙某公司，其并非案涉合作协议的当事人，亦不可能在该协议中进行探矿权转让。协议中虽包括矿产合作的相关内容，但均属基于股权转让所产生的附随权利义务，探矿权人仍系龙某公司，该协议的实质仍然属于股权转让。因此，本案国某公司与薛某甲、薛某乙所签订的合作协议应认定为股权转让协议，而非探矿权转让协议。关于协议效力，《合同法》第四十四条规定："依法成立的合同，自成立时生效。法律、行政法规规定应当办理批准、登记等手续生效的，依照其规定。"由于本案合作协议属股权转让性质，并不属于法律、行政法规规定应当办理批准、登记等手续生效的情形，协议成立时即生效。协议中双方当事人在第十四条第一款约定："本协议经各方签署后协议成立，并经各方有权机构批准后生效。"由于协议各方当事人并不存在其他有权机构，当事人自身对协议成立均无异议，即视为批准。因此，根据上述法律规定及当事人约定，本案合作协议依法成立并生效。当事人虽在协议第一条"定义"部分载明："除本协议另有解释外，本协议中出现的下列术语含义如下：……股权转让生效日指经龙某矿业向工商行政管理局办理完股权转让变更登记之日"，但该约定系当事人对协议术语"股权转让生效日"作相应的解释和备注，约定的内容仅针对协议中出现该术语的相应条款所特指的情形，而并非对合作协议生效条件的约定。一审判决将该约定内容认定为协议生效条件，并认为与当事人约定的其他协议生效条款相矛盾不当，但该认定不影响最终协议效力的认定结果。此外，"西藏政府矿产管理意见"不属法律法规范畴，不是认定合同效力的依据，案涉合作协议的效力认定不受其约束。

综上，上诉人关于案涉合作协议及转让合同系探矿权转让合同，合作协议未生效，而转让合同为有效合同的上诉理由不能成立，本院不予支持。

延伸阅读

区分矿业权转让与股权转让的三条裁判规则

一、矿业权证上的权利主体没有发生变更的，转让合同应被认定为股权转让

案例1：最高人民法院，大某集团有限公司、宗某某与淮北圣某矿业有限公司、淮北圣某房地产开发有限责任公司、涡阳圣某房地产开发有限公司股权转让纠纷二审民事判决书〔（2015）民二终字第236号〕认为：双方在协议中约定，大某公司、宗某某将合法持有宿州宗某公司和淮北宗某公司各44%的股权全部转让给圣某矿业公司，圣某矿业公司支付转让款项。三处煤炭资源的探矿权许可证和采矿权许可证始终在两个目标公司名下，不存在变更、审批的问题。《股权转让协议》签订后，圣某矿业公司也实际控制了两个目标公司，实现了合同目的。因此，双方系股权转让的法律关系，圣某矿业公司主张本案系转让探矿权，因未经审批合同未生效，对该主张，本院不予支持。

案例2：新疆维吾尔自治区高级人民法院，正某投资（集团）有限公司、哈

巴河县恰某矿业有限责任公司股权转让纠纷二审民事判决书［（2011）新民二终字第00028号］认为：从《中华人民共和国矿产资源法》第六条、《探矿权采矿权转让管理办法》第三条所规定的内容看，探矿权、采矿权除特殊规定外是不得转让的，转让也需要经过审批管理机关批准。但该法律、法规所禁止的是将探矿权、采矿权倒卖牟利行为。本案中，采矿权系登记在恰某公司名下，属于恰某公司的财产权利。黄某、葛某某所转让的是其在恰某公司所享有的股权，采矿权人仍为恰某公司，不涉及通过股权转让的行为变相转让采矿权及须履行审批手续的问题。

案例3：最高人民法院，伊春市永某矿业有限公司与青岛世纪华某矿业投资有限公司股权转让纠纷二审民事判决书［（2015）民二终字第352号］认为：华某公司在与永某公司等签订的《合作协议书》第三条中约定，永某公司将所持的金某公司70%股权转让给华某公司后，华某公司向永某公司支付首付款，首付款用于永某公司收购七〇七队持有的金某公司30%股权，并且将金某公司所用矿区的采矿权人办理至金某公司名下。该约定可以表明，华某公司与永某公司就金某公司形成的买卖法律关系中，买卖标的物是金某公司的股权。在金某公司相应股权转让给华某公司且华某公司支付款项后，永某公司负有将七〇七队享有的涉诉采矿权变更至金某公司名下的义务。那么，在永某公司将股权转让给华某公司而华某公司未支付首付款的情况下，永某公司起诉要求华某公司支付款项，应属于股权转让纠纷。华某公司与永某公司等签订的《合作协议书》、《补充协议》中虽约定永某公司负有将涉诉七〇七队享有的采矿权变更至金某公司名下的义务，但因该约定仅系上述协议当事人间的意思表示，而并未实际发生采矿权的转让和权利主体变更，所以，华某公司以法律法规规定采矿权、探矿权转让需经政府有关部门批准为据来主张涉诉采矿权转让因未经批准进而上述二协议应无效，以及华某公司主张永某公司对涉诉采矿权无权处分进而上述二协议应无效，均不能成立，对其主张本院不予支持。

案例4：最高人民法院，李某某与黄某某、杨某某等股权转让纠纷再审民事裁定书［（2015）民申字第2672号］认为：对于李某某与杨某某、黄某某于2011年11月19日签订的《股权转让协议》的性质，黄某某认为三方签订股权转让协议的目的是进行采矿权交易买卖，故本案纠纷应认定为股权及采矿权转让合同纠纷，由于协议三方均不具备转让受让采矿权的民事主体资格，且未经行政机关审批，故涉案转让协议应认定无效。根据本案股权转让协议的约定内容，当事人之间表面上似乎转让了两项内容，一是李某某在目标公司即寻甸某林钛矿有限公司的100%股权，二是目标公司所属的钛矿采矿权。然而，采矿权主体在目标公司股份转让前后并没有发生任何变更，始终属于目标公司。我国《矿产资源法》确实规定了采矿权转让须经依法批准，但本案并不存在寻甸某林钛矿有限公司转让其依法取得的采矿权的事实，杨某某、黄某某并没有通过《股权转让协议》从寻甸某林钛矿有限公司处受让采矿权，杨某某、黄某某作为股权受让方是通过股东身份而参与目标公司的经营管理，并通过目标公司享有的采矿权而获得其相应的投资利益。因此，虽然转让协议中约定了转让采矿权的内容，但事实上采矿权并未在当事人之间进行转让，涉案转让协议的实质仍为股权转让而非采矿权转让，故原审判决认定转让协议合法有效并无不当，黄某某关于本案转让协议应认定无效的主张缺乏事实和法律依据，本院不予支持。

案例5：最高人民法院，王某某与徐某某、青海南某矿业有限公司与某有色地质勘查局物化探总队、中国冶金地质总局某地质勘查院的股权转让纠纷申请再审民事裁定书［（2014）民申字第1421号］认为：由于法人的财产独立于股东，股东不能直接支配矿业权，仅股权的变化不能认定为矿业权人的变化，一、二审判决查明的事实以及王某某自己提交的证据均能证明在本案股权转让前后，矿业权人没有发生变化，故涉案合同属于股权转让合同而非矿业权转让合同。法律并未禁止民事主体通过转让股权的形式，成为享有矿业权的法人的股东。当事人通过股权转让间接变更对矿业权的实际经营，在股权转让不影响矿业权归属的情况下，一方当事人以合同双方真实意思是变更矿业权人，进而主张合同无效，不能予以支持。

二、矿业权主体发生变更的，转让合同应被认定为矿业权转让，未经审批，不生效力

案例6：最高人民法院，井某某与准格尔旗景某煤炭有限责任公司、卓某某买卖合同纠纷二审民事判决书［（2013）民一终字第156号］认为：案涉《经营权合同》明确约定讼争煤田股权转让总价格88502.36万元，当井某某支付转让费达到50%时，井某某派两人到煤矿协助财务经营管理；当井某某支付转让费达到80%时，景某公司需将其公司煤田股权、经营权等，经全体股东签字同意，将公司合法有效证件（采矿许可证、组织机构代码证、安全生产许可证、煤炭生产许可证、法人资格证、公司营业证、税务证）转办在井某某名下；在办理完上述证件后，三个月内付清全部煤田股权转让费；当井某某将全部股权转让费付清

后，根据《矿产资源法》第六条规定，采矿权的转让必须经过审批。《探矿权采矿权转让管理办法》第十条规定，采矿权经批准转让的，转让合同自批准之日起生效。因案涉《经营权合同》未依法经过审批，故一审判决认定案涉合同未生效并无不当。上述合同约定的内容表明，双方的真实意思并不是约定转让景某公司的股权，而是约定转让景某公司所有的下属煤矿采矿权和经营权。当井某某付清全部转让款后，双方并未约定办理景某公司的股权变更登记手续，而是约定景某公司将相关采矿许可证、组织机构代码证、安全生产许可证、煤炭生产许可证、法人资格证、公司营业证、税务证转办在井某某名下并将案涉煤矿整体移交给井某某，由井某某直接控制煤矿。因此，案涉《经营权合同》应为采矿权转让合同。

三、矿业权主体为合伙企业，合伙份额整体转让导致矿业权权利证书发生变更的，转让合同需要进行审批，未经审批不生效

案例7：最高人民法院，贵州肥矿某大能源有限公司与柳某某、马某某采矿权纠纷二审民事判决书〔（2015）民一终字第159号〕认为：（一）关于一审判决认定案涉《协议》性质及效力是否有误的问题。关于合同性质的认定，原则上应根据合同的名称予以判断，但如果合同名称与该合同约定的权利义务内容不一致的，则应以该合同约定的权利义务内容确定。除此之外，尚需考察签约双方的真实意思表示。本案中，2011年1月10日，柳某某、马某某作为转让方与肥矿某大公司作为受让方签订的《协议》，名称规范、明确，如该协议约定的权利义务内容与名称一致，则该协议即应定性为股权转让协议。经审查，尽管该协议约定转让的是股权，但由于大某山煤矿属于合伙企业，并没有改制为有限责任公司，作为投资人的柳某某、马某某转让的只能是大某山煤矿的合伙财产份额，且属于全部转让。根据《中华人民共和国合伙企业法》的规定，合伙人有权向合伙人以外的人转让其在合伙企业中的财产份额。一般合伙企业财产份额转让并没有行政审批的要求，但案涉合伙企业属于矿山企业，而矿山合伙企业全部财产份额的转让将导致原投资合伙人全部退出该企业，原登记在"威宁县大某山煤矿（柳某某）"名下的采矿许可证亦需要进行相应变更，而采矿权的变更必须经由地质矿产主管部门的行政审批。因此，在矿山合伙企业投资人转让其全部财产份额、采矿权主体发生变更的情况下，应按照采矿权转让的规定对案涉《协议》的效力进行审查。就此而言，一审判决将本案双方的交易定性为采矿权转让、双方之间的协议定性为采矿权转让合同并无不当。柳某某、马某某主张本案属于企

业并购协议纠纷,采矿权变更只是企业并购协议履行项下的一个组成部分即附随义务的主张与上述事实和法律规定不符,本院不予支持。关于案涉《协议》的效力问题。根据《中华人民共和国矿产资源法》第六条第一款第二项关于"已取得采矿权的矿山企业,因企业合并、分立,与他人合资、合作经营,或者因企业资产出售以及有其他变更企业资产产权的情形而需要变更采矿权主体的,经依法批准可以将采矿权转让他人采矿"的规定,案涉采矿权的转让应报请地质矿产主管部门批准,未经批准不发生法律效力。鉴于本案一审法庭辩论终结前,采矿权转让并未办理审批手续,一审判决根据《探矿权采矿权转让管理办法》第十条第三款、《最高人民法院关于适用〈中华人民共和国合同法〉若干问题的解释(一)》第九条之规定,将案涉协议认定为未生效并无不当。

079 未经股东会同意,法定代表人将公司财产低价转让给关联公司,合同效力如何认定

裁判要旨

法定代表人以明显不合理的低价将公司所有的探矿权转让给其关联公司,属于"恶意串通,损害国家、集体或者第三人利益"的情形,故转让合同无效。

案情简介[①]

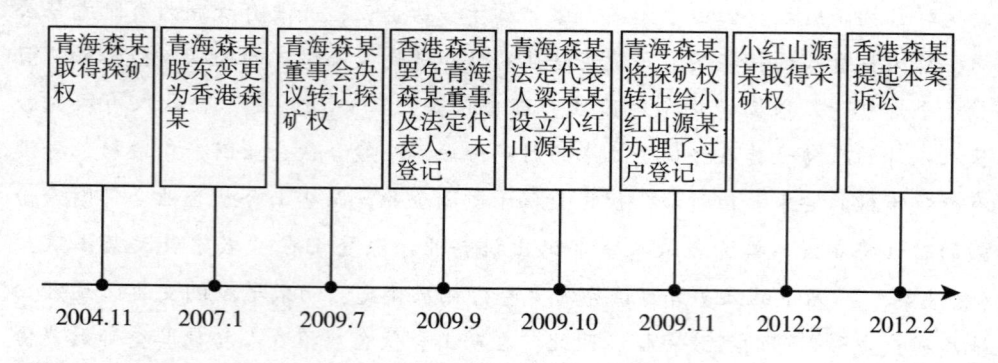

青海森某取得探矿权	青海森某股东变更为香港森某	青海森某董事会决议转让探矿权	香港森某罢免青海森某董事及法定代表人,未登记	青海森某法定代表人梁某某设立小红山源某	青海森某将探矿权转让给小红山源某办理了过户登记	小红山源某取得采矿权	香港森某提起本案诉讼
2004.11	2007.1	2009.7	2009.9	2009.10	2009.11	2012.2	2012.2

---

① 案件来源:青海省高级人民法院,香港森某与青海森某、内蒙小红山源某、梁某某探矿权转让合同纠纷再审一案判决书[(2014)青民再终字第5号]。

一、2004 年，青海森某（外商独资公司，董事长、法定代表人为梁某某）取得内蒙古某探矿权。2007 年 1 月，经政府批准，香港水某会将其持有的青海森某 100% 的股份转让给香港森某。

二、2009 年 7 月，青海森某董事会作出决议，将涉案探矿权转让给即将成立的内蒙小红山源某。同年 9 月，香港森某作出董事会决议：罢免青海森某现时所有董事及法定代表人，但未办理工商登记。同年 10 月，源某矿业（梁某某于 2008 年在香港设立）在内蒙古设立内蒙小红山源某，法定代表人为梁某某。同年 11 月，青海森某和内蒙小红山源某签订了《探矿权变更协议》，约定青海森某将案涉探矿权人变更为内蒙小红山源某，转让价 800 万元（实际付款 8790345 元），并办理了变更登记，登记书载明已完成的勘查投入为 3200 万元，勘查面积为 15.47 平方公里。2012 年，内蒙小红山源某取得了 0.888 平方公里的采矿许可证。

三、香港森某向西宁市中院提起诉讼，请求确认《探矿权变更协议》无效。西宁中院判决支持了香港森某的请求。

四、内蒙小红山源某、青海森某不服西宁中院判决，上诉至青海高院。青海高院认为，香港森某作为独立的公司法人，违背合同相对性原则，主张内蒙小红山源某与青海森某签订的《探矿权转让协议》无效缺乏事实和法律依据，判决驳回香港森某确认《探矿权变更协议》无效的诉求。

五、香港森某不服青海高院判决，向最高人民法院申请再审，最高人民法院裁定指令青海高院再审本案。

六、青海高院再审认为，梁某某利用作为青海森某和内蒙小红山源某法定代表人的便利及关联关系，将青海森某所有的探矿权以明显低于涉案探矿权前期完成的勘查投入的价款转让给内蒙小红山源某，损害了青海森某唯一股东香港森某的利益，属于"恶意串通，损害国家、集体或者第三人利益"的情形，判决《探矿权变更协议》无效。

核心要点

法院认定本案《探矿权变更协议》无效的原因在于：

第一，根据《公司法》相关规定，"公司的控股股东、实际控制人、董事、监事、高级管理人员不得利用关联关系损害公司利益"，"董事、监事、高级管理人员对公司负有忠实勤勉义务"。梁某某违反对公司负有的忠实义务，利用作为青海森某和内蒙小红山源某法定代表人的便利及关联关系，将青海森某所有的探矿权以明显低于涉案探矿权前期完成的勘查投入的价款转让给内蒙小红山源某，损害了青海森某唯一股东香港森某的利益。

第二，根据《公司法》关于"董事、高级管理人员违反法律、行政法规或者公司章程的规定，损害股东利益的，股东可以向人民法院提起诉讼"的规定，青海森某股东香港森某对损害其利益的行为有权提起诉讼。

第三，青海森某和内蒙小红山源某签订的《探矿权变更协议》违反《合同法》第五十二条第二项关于"恶意串通，损害国家、集体或者第三人利益的合同无效"的规定，应认定无效。

实务经验总结

前事不忘，后事之师。为避免未来发生类似败诉，提出如下建议：

董事、高级管理人员如欲与本公司订立合同，将本公司财产转让给其实际控制的公司，一定要在公司章程明确允许的情况下或者经股东会同意后进行。否则法院可能会认定合同无效。

相关法律规定

《中华人民共和国公司法》（2018年修正，已被修订）

第二十一条 公司的控股股东、实际控制人、董事、监事、高级管理人员不得利用其关联关系损害公司利益。

违反前款规定，给公司造成损失的，应当承担赔偿责任。

第一百四十七条 董事、监事、高级管理人员应当遵守法律、行政法规和公司章程，对公司负有忠实义务和勤勉义务。

董事、监事、高级管理人员不得利用职权收受贿赂或者其他非法收入，不得侵占公司的财产。

第一百四十八条 董事、高级管理人员不得有下列行为：

……

（四）违反公司章程的规定或者未经股东会、股东大会同意，与本公司订立合同或者进行交易；

……

第一百五十二条　董事、高级管理人员违反法律、行政法规或者公司章程的规定，损害股东利益的，股东可以向人民法院提起诉讼。

《中华人民共和国公司法》（2023年修订）

第二十二条　公司的控股股东、实际控制人、董事、监事、高级管理人员不得利用关联关系损害公司利益。

违反前款规定，给公司造成损失的，应当承担赔偿责任。

第一百八十条　董事、监事、高级管理人员对公司负有忠实义务，应当采取措施避免自身利益与公司利益冲突，不得利用职权牟取不正当利益。

董事、监事、高级管理人员对公司负有勤勉义务，执行职务应当为公司的最大利益尽到管理者通常应有的合理注意。

公司的控股股东、实际控制人不担任公司董事但实际执行公司事务的，适用前两款规定。

第一百八十二条　董事、监事、高级管理人员，直接或者间接与本公司订立合同或者进行交易，应当就与订立合同或者进行交易有关的事项向董事会或者股东会报告，并按照公司章程的规定经董事会或者股东会决议通过。

董事、监事、高级管理人员的近亲属，董事、监事、高级管理人员或者其近亲属直接或者间接控制的企业，以及与董事、监事、高级管理人员有其他关联关系的关联人，与公司订立合同或者进行交易，适用前款规定。

第一百九十条　董事、高级管理人员违反法律、行政法规或者公司章程的规定，损害股东利益的，股东可以向人民法院提起诉讼。

《中华人民共和国合同法》（已失效）

第五十二条　有下列情形之一的，合同无效：

（一）一方以欺诈、胁迫的手段订立合同，损害国家利益；

（二）恶意串通，损害国家、集体或者第三人利益；

（三）以合法形式掩盖非法目的；

（四）损害社会公共利益；

（五）违反法律、行政法规的强制性规定。

《中华人民共和国民法典》（2021年1月1日施行）

第一百五十四条　行为人与相对人恶意串通，损害他人合法权益的民事法律行为无效。

本案链接

以下为该案在法院审理阶段，判决书中"本院认为"就该问题的论述：

香港水某会、香港森某签订《股权转让协议》后，青海森某投资主体即由香港水某会变更为香港森某，香港森某成为青海森某的唯一股东和出资人。梁某某作为青海森某的实际控制人，与自己投资设立且经营范围基本一致的内蒙小红山源某签订《探矿权变更协议》，将青海森某已完成勘查投入3200万元的探矿权转让给内蒙小红山源某，青海森某、内蒙小红山源某未提供证据证实内蒙小红山源某已向青海森某支付了发生该项目相关勘查、实验、技术咨询费用及在此期间相应的公司运营费和项目管理费（即内蒙小红山源某将全额承担协议标的发生过程中4750多万元的全部费用，并另行支付现金800万元）的事实，内蒙小红山源某实际向青海森某支付涉案探矿权转让价款8790345元。根据《中华人民共和国公司法》第二十一条、第一百四十八条"公司的控股股东、实际控制人、董事、监事、高级管理人员不得利用其关联关系损害公司利益"、"董事、监事、高级管理人员应当遵守法律、行政法规和公司章程，对公司负有忠实义务和勤勉义务"之规定，梁某某作为青海森某的实际控制人，违反对公司负有的忠实义务，利用作为青海森某和内蒙小红山源某法定代表人的便利及关联关系，将青海森某所有的探矿权以实际支付8790345元的价款转让给内蒙小红山源某，转让价款明显低于涉案探矿权前期完成的勘查投入，损害了青海森某唯一股东香港森某的利益。《中华人民共和国公司法》第一百五十三条规定："董事、高级管理人员违反法律、行政法规或者公司章程的规定，损害股东利益的，股东可以向人民法院提起诉讼。"香港森某对损害其利益的行为有权提起诉讼。青海森某和内蒙小红山源某签订的《探矿权变更协议》违反《中华人民共和国合同法》第五十二条第（二）项关于"恶意串通，损害国家、集体或者第三人利益的合同无效"的规定，应属无效。香港森某再审请求成立，应予支持。青海森某、内蒙小红山源某、梁某某抗辩理由无法律根据，不予支持。原二审判决适用法律错误，应予撤销。原一审判决法律适用虽有瑕疵，但处理结果正确，应予维持。

延伸阅读

关于公司与其董事实际控制的其他公司订立合同，未经股东会同意，法院认定合同无效的案例

上海市第一中级人民法院，上海维某拉印刷器材有限公司与安某某损害公司利益责任纠纷一审民事判决书[（2009）沪一中民五（商）初字第33号]认为：安某某作为原告公司的董事及董事长，应当遵守法律、行政法规和公司章程，对公司负有忠实义务和勤勉义务，维护公司的利益。根据《中华人民共和国公司法》第一百四十九条第一款第（四）项规定：董事、高级管理人员不得违反公司章程的规定或者未经股东会、股东大会同意，与本公司订立合同或者进行交易。本案中，安某某既是原告的董事、董事长，也是钻某公司的大股东、法人代表及实际经营者，钻某公司通过与原告签订《服务协议》，提供有关咨询服务并获取报酬，安某某作为钻某公司的大股东及实际经营者则是该交易的主要获益人，其个人在该交易中处于与原告公司利益相冲突的地位，故该交易应该经原告公司股东会同意方可进行。但安某某未经上述程序直接代表原告与钻某公司签约，其行为违反了《中华人民共和国公司法》第一百四十九条第一款第（四）项的规定，构成对原告公司利益的损害。

080 转让房地产公司100%股权的转让合同合法有效

裁判要旨

转让持有土地使用权的公司的100%股权，该股权转让行为未变动土地使用权之主体，不应纳入土地管理法律法规的审查范畴。由于现行法律并无效力性强制性规定禁止以转让房地产项目公司股权形式实现土地使用权转让的目的，因此股权转让协议应认定有效。

案情简介[①]

一、恒某公司为自然人独资的有限责任公司，公司股东为周某某一人。恒某

[①] 案件来源：最高人民法院，付某某、沙某甲等与周某某、营口恒某房地产开发有限公司等股权转让纠纷二审民事判决书[（2016）最高法民终字第222号]。

公司预计将取得一宗位于营口市鲅鱼圈区的商业用地使用权。

二、2010年4月7日,恒某公司(甲方)与沙某某(乙方)签订《股权转让合同》,约定将恒某公司100%股权转让给沙某某,价款18738.832万元。其中,约定乙方支付5000万元时,甲方将该宗土地的所有相关资料(政府会议纪要、发改委批示、环保局批示、规划局文件、建设用地规划许可证、建设用地规划条件通知书、土地交易中心的招拍挂所有文件等)交由乙方保管。乙方付给第二笔款3000万元时,甲方应办好所有土地的使用证书。

三、自2010年4月8日起至2011年5月15日止,周某某共收到沙某某转让款人民币7815万元和美元10万元。在沙某某支付5000万元后,周某某并未将该宗土地所有相关资料交给沙某某。

四、2010年7月6日,鲅鱼圈区政府批复将上述土地出让给恒某公司。2010年7月8日,恒某公司办理了该宗土地的土地使用权证书。2010年7月26日,周某某交纳土地出让金人民币74955328元。周某某取得该宗土地的使用证书后,未将该证书交给沙某某。

五、2011年10月6日,沙某某因病去世,付某某、沙某甲、王某某系沙某某的法定第一顺序继承人。

六、2011年11月30日,周某某因涉嫌非法倒卖土地使用权罪被刑事拘留。鲅鱼圈区法院认定周某某犯合同诈骗罪、非法倒卖土地使用权罪、抽逃出资罪。后营口中院撤销原判,发回重审。2015年3月30日,鲅鱼圈区法院判决周某某犯非法倒卖土地使用权罪,判处有期徒刑3年。2015年6月23日,营口中院维持鲅鱼圈区法院刑事判决。

七、付某某、沙某甲、王某某等起诉至法院,要求解除《股权转让合同》,周某某及恒某公司返还其股权转让款,并支付利息及违约金。

八、周某某及恒某公司答辩称:依据上述生效的刑事裁定书,周某某以股权转让形式与沙某某签订股权转让合同,属于非法倒卖土地的行为,应当属于无效,对该无效合同,双方均有责任,沙某某应承担相应的法律责任。

九、本案一审辽宁高院、二审最高人民法院均认为《股权转让合同》有效,并据此支持了原告的诉讼请求。

核心要点

本案的争议焦点在于《股权转让合同》的效力问题。对此,最高人民法院认为：该《股权转让合同》存在以股权转让为名收购公司土地的性质，且周某某因此合同的签订及履行而被另案刑事裁定［（2015）营刑二终字第 00219 号刑事裁定书］认定构成非法倒卖土地使用权罪，但无论是否构成刑事犯罪，该合同效力都不必然归于无效。本案中业已查明，沙某某欲通过控制恒某公司的方式开发使用涉案土地，此行为属于商事交易中投资者对目标公司的投资行为，是基于股权转让而就相应的权利义务以及履行的方法进行的约定，既不改变目标公司本身亦未变动涉案土地使用权之主体，故不应纳入土地管理法律法规的审查范畴，而应依据《公司法》中有关股权转让的规定对该协议进行审查。

最高人民法院据此认为，在无效力性强制性规范对上述条款中的合同义务予以禁止的前提下，上述有关条款合法有效。

实务经验总结

前事不忘，后事之师。为避免未来发生类似败诉，提出如下建议：

第一，转让房地产公司 100% 股权的转让合同，本质上是一种股权转让行为，而非土地使用权转让行为，根据《公司法》的规定，该行为合法有效。但考虑到实践中，一些法院错误地认为该行为构成非法转让、倒卖土地使用权罪，企业家也应预防相应的刑事法律风险，在实施相关行为前应当尽量保证符合相关法律法规关于土地使用权转让的条件，或尽量取得当地政府的同意，或低调行事，至少是不要在当地政府的明确反对下进行。

第二，部分法院认定出卖人的行为构成非法转让、倒卖土地使用权罪，缺乏相应的法律依据，值得商榷。

相关法律规定

《中华人民共和国合同法》（已失效）

第五十二条 有下列情形之一的，合同无效：
（一）一方以欺诈、胁迫的手段订立合同，损害国家利益；
（二）恶意串通，损害国家、集体或者第三人利益；
（三）以合法形式掩盖非法目的；
（四）损害社会公共利益；
（五）违反法律、行政法规的强制性规定。

《中华人民共和国民法典》（2021年1月1日施行）

第一百四十三条 具备下列条件的民事法律行为有效：

（一）行为人具有相应的民事行为能力；

（二）意思表示真实；

（三）不违反法律、行政法规的强制性规定，不违背公序良俗。

《中华人民共和国城市房地产管理法》（2007年修正）

第三十九条 以出让方式取得土地使用权的，转让房地产时，应当符合下列条件：

（一）按照出让合同约定已经支付全部土地使用权出让金，并取得土地使用权证书；

（二）按照出让合同约定进行投资开发，属于房屋建设工程的，完成开发投资总额的百分之二十五以上，属于成片开发土地的，形成工业用地或者其他建设用地条件。

转让房地产时房屋已经建成的，还应当持有房屋所有权证书。

《城镇国有土地使用权出让和转让暂行条例》（1990年5月19日施行）

第十九条 土地使用权转让是指土地使用者将土地使用权再转让的行为，包括出售、交换和赠与。

未按土地使用权出让合同规定的期限和条件投资开发、利用土地的，土地使用权不得转让。

《中华人民共和国公司法》（2018年修正）

第七十一条 有限责任公司的股东之间可以相互转让其全部或者部分股权。

股东向股东以外的人转让股权，应当经其他股东过半数同意。股东应就其股权转让事项书面通知其他股东征求同意，其他股东自接到书面通知之日起满三十日未答复的，视为同意转让。其他股东半数以上不同意转让的，不同意的股东应当购买该转让的股权；不购买的，视为同意转让。

经股东同意转让的股权，在同等条件下，其他股东有优先购买权。两个以上股东主张行使优先购买权的，协商确定各自的购买比例；协商不成的，按照转让时各自的出资比例行使优先购买权。

公司章程对股权转让另有规定的，从其规定。

本案链接

以下为该案在法院审理阶段，判决书中"本院认为"就该问题的论述：

关于《公司股权转让合同书》的效力问题。本院认为，合同效力应当依据《中华人民共和国合同法》第五十二条之规定予以判定。在上诉中，周某某、恒某公司主张《公司股权转让合同书》第六条第一款、第二款、第四款第一项、第二项因违反法律法规的强制性规定而无效，其无须履行否则会给社会造成危害。但经审查上述条款，第六条第一款约定了合同生效后，恒某公司所有董事及法定代表人即失去法律赋予的所有权利，意在表明沙某某受让全部股权后即实际控制恒某公司；第二款约定了合同生效后，涉案土地交由沙某某开发使用；第四款第一项约定沙某某支付第一笔5000万元转让款后，恒某公司应将涉案土地的所有资料原件交由沙某某保管，沙某某可开发使用、勘探、设计、施工、销售等相关人员可进入；第四款第二项进一步约定恒某公司应当将工商、税务有关证件交给沙某某，印章由恒某公司派人持有并配合使用。可见，上述条款约定的内容属股权转让中的具体措施及方法，并未违反法律法规所规定的效力性强制性规定，亦未损害国家、集体或其他第三人利益。此外，本院已经注意到，该《公司股权转让合同书》存在以股权转让为名收购公司土地的性质，且周某某因此合同的签订及履行而被另案刑事裁定 [（2015）营刑二终字第00219号刑事裁定书] 认定构成非法倒卖土地使用权罪，但对此本院认为，无论是否构成刑事犯罪，该合同效力都不必然归于无效。本案中业已查明，沙某某欲通过控制恒某公司的方式开发使用涉案土地，此行为属于商事交易中投资者对目标公司的投资行为，是基于股权转让而就相应的权利义务以及履行的方法进行的约定，既不改变目标公司本身亦未变动涉案土地使用权之主体，故不应纳入土地管理法律法规的审查范畴，而应依据《中华人民共和国公司法》中有关股权转让的规定对该协议进行审查。本院认为，在无效力性强制性规范对上述条款中的合同义务予以禁止的前提下，上述有关条款合法有效。另，在周某某签署的《公司股权转让合同书》中约定将周某某所持100%的股权予以转让，虽然该合同主体为恒某公司与沙某某，但鉴于周某某在其一人持股的恒某公司中担任法定代表人，且股东个人财产与公司法人财产陷入混同的特殊情形，即便有合同签订之主体存在法人与股东混同的问题，亦不影响该合同在周某某与沙某某之间依法产生效力。因此，周某某、恒某公司提出部分条款无效的主张缺乏法律依据，本院不予支持。

延伸阅读

在公司的主要资产为土地使用权的情况下，转让100%股权是否会被认定为实质上规避了《中华人民共和国土地管理法》（以下简称《土地管理法》）等关于国有土地使用权转让的相关规定，进而股权转让协议被认定为无效？对此问题，本书作者检索和梳理了10个案例，其中8个案例认定公司股权转让与作为公司资产的土地使用权转让为两个独立的法律关系，股权转让行为应受《公司法》调整，现行法律并无效力性强制性规定禁止以转让房地产项目公司股权形式实现土地使用权或房地产项目转让的目的，因此股权转让协议应为有效。也有2个案例持相反裁判观点，认为如以股权转让协议为外表，实质为国有土地使用权的买卖，违反了《土地管理法》等相关规定，或认定为以合法形式掩盖非法目的，进而认定股权转让协议无效。

一、认定以转让土地使用权为目的的股权转让协议有效的案例

案例1：最高人民法院，薛某某与陆某某、江苏苏浙皖边界某发展有限公司、江苏明某房地产开发有限公司委托代理合同纠纷二审民事判决书 [（2013）民一终字第138号] 认为：薛某某主张，案涉《股权转让协议》实质是以股权转让形式实质转移土地使用权的行为，系以合法形式掩盖非法目的，应认定为无效。本院认为，公司股权转让与作为公司资产的土地使用权转让为两个独立的法律关系，现行法律并无效力性强制性规定禁止以转让房地产项目公司股权形式实现土地使用权或房地产项目转让的目的。薛某某的该项主张无法律依据，本院不予支持。

案例2：最高人民法院，马某甲、马某乙与湖北瑞某置业有限公司股权转让纠纷二审民事判决书 [（2014）民二终字第264号] 认为：瑞某公司主张本案所涉合同系名为股权转让实为土地使用权转让，规避法律关于土地使用权转让的禁止性规定而无效。股权转让与土地使用权转让是完全不同的法律制度。股权是股东享有的，并由《公司法》或公司章程所确定的多项具体权利的综合体。股权转让后，股东对公司的权利义务全部同时移转于受让人，受让人因此成为公司股东，取得股权。依据《中华人民共和国物权法》第一百三十五条之规定，建设土地使用权，是权利人依法对国家所有的土地享有占有、使用和收益的权利，以及利用该土地建造建筑物、构筑物及其附属设施的权利。股权与建设用地使用权是完全不同的权利，股权转让与建设用地使用权转让的法律依据不同，两者不可混淆。当公司股权发生转让时，该公司的资产收益、参与重大决策和选择管理者等权利由转让方转移到受让方，而作为公司资产的建设用地使用权仍登记在该公司名下，土地使用权的公司法人财产性质未发生改变。乘某公司所拥有资产包括

建设用地使用权（工业用途）、房屋所有权（厂房）、机械设备以及绿化林木等，股权转让后，乘某公司的资产收益、参与重大决策和选择管理者等权利，或者说公司的控制权已由马某甲、马某乙变为瑞某公司，但乘某公司包括建设用地使用权在内的各项有形或无形、动产或不动产等资产，并未发生权属改变。当然，公司在转让股权时，该公司的资产状况，包括建设用地使用权的价值，是决定股权转让价格的重要因素。但不等于说，公司在股权转让时只要有土地使用权，该公司股权转让的性质就变成了土地使用权转让，进而认为其行为是名为股权转让实为土地使用权转让而无效。股权转让的目标公司乘某公司为有限责任公司，依据我国《公司法》的规定，依法独立享有民事权利及承担民事责任，公司股东的变更不对公司的权利能力和行为能力构成影响，不论瑞某公司购买乘某公司全部股权是为将乘某公司名下的工业用地土地使用权性质变更后进行房地产开发或是其他经营目的，均不因此而影响股权转让合同的效力。

案例3：江苏省高级人民法院，江苏高某房地产开发有限公司与福某集团有限公司股权转让纠纷再审民事判决书［（2014）苏商再终字第0006号］认为：《公司法》允许股权自由转让，而土地使用权的转让则须经过政府主管部门的批准。政府批准证书上的土地使用权人是公司，而股权转让并不引起公司名下土地使用权的转让，土地使用权人仍然是公司，因此，股权的任何转让都不会导致批准证书上的土地使用权人的变更，因而不涉及非法转让、倒卖土地使用权问题。高某公司主张涉案股权转让触犯《刑法》的申诉理由无事实依据，不能成立。

案例4：常州市中级人民法院，青岛恒某源集团置业有限公司诉杨某乙、邹某某、枣庄恒某源置业有限公司股权转让合同纠纷一审民事判决书［（2010）常商初字第18号］认为：认定该股权转让协议是否有效，一要考察该协议约定的内容是否违反法律、行政法规强制性规定或存在损害国家利益、损害社会公共利益的情形；二要考察股权转让涉及土地使用权的，是否能够认定为是以合法形式掩盖非法目的；三要考察该协议约定的内容是否为当事人的真实意思，是否存在欺诈、重大误解等情形。本院认为，本案所涉股权转让合同并不能认定为无效合同。第一，虽然本案转让的股权表现的资产主要是土地使用权和房地产开发项目，但法律、行政法规并未明确禁止此种股权转让；第二，本案股权转让的后果并未导致土地使用权的主体的变更，并未直接违反国家有关土地管理法律。本案中，吴某某代表青岛恒某源公司还持有枣庄恒某源公司的20%股权，并未完全转让其股权。本案所涉土地使用权的主体仍然是枣庄恒某源公司。目前枣庄恒某源公司也履行了支付土地补偿款的义务,并进行了房地产开发,客观上并不存在侵害国家土地管理秩序的行为;第三,以股权转让形式转移开发房地产项目的权利是原告、杨某甲与被告杨某乙、邹某某之间的真实意思,杨某乙、邹某某对此是知情的,并未反对。

案例5:沈阳市中级人民法院,娄某某与秦某某、李某某、孙某甲、孙某乙股权转让合同纠纷二审民事判决书[(2016)辽01民终3666号]认为:双方当事人在《股权转让协议》中,不但约定了圣某木业的原来两位股东,即二被上诉人所持股份分别转让给二上诉人,还约定了圣某木业的全部财产和经营所需要的相关证照的交付,即企业的经营权利一并转让给了二上诉人。同时,双方还到工商管理机关办理了股权变更登记和圣某木业的法定代表人变更登记手续,二上诉人对圣某木业的财产和经营权取得了控制权,这一系列事实说明双方签订的《股权转让协议》的性质就是股权转让。尽管该协议中约定由二被上诉人负责办理公司名下的固定资产,即土地的《国有土地使用证》,但不能仅以此认定双方签订的《股权转让协议》就是买卖国有土地。现上诉人以该合同是以合法形式掩盖非法目的的合同为由,要求确认该合同无效的理由不成立,本院不予支持。

案例6:沈阳市沈河区人民法院,娄某某、秦某某与李某某、孙某甲股权转让纠纷一审民事判决书[(2015)沈河民三初字第01646号]认为:原告与被告之间签订的《股权转让协议》系双方真实意思表示,内容虽涉及沈阳圣某木业有限公司受让的土地,但原、被告之间的股权转让并不导致土地使用权权属的转移,土地仍是沈阳圣某木业有限公司的资产,协议的性质仍为股权转让,而非土地使用权转让,而且协议书所涉及的内容并未违反法律、行政法规的强制性规定,应为合法有效,双方均应受其约束。关于原告主张,原告与被告之间的《土地转让协议》违反《土地管理法》《城市房地产管理法》《刑法》等法律法规的强制性规定,被告和第三人以牟利为目的,名为股权转让,实为土地转让的行为严重违法,也属于以合法形式掩盖非法目的,原、被告之间的《股权转让协议》意思表示不真实,构成虚伪意思表示违背《民法通则》第五十五条的规定,土地转让依法无效的问题。因《公司法》规定股东持有的股份可以依法转让,并没有针对特定标的的股权转让进行限制,股权的变更属于公司内部的权利变更,公司作为有独立法人人格权的主体不因股权变更而改变。本案股权转让合同的内容和形式并不违反《公司法》关于股权转让的程序和规定,从协议的内容看,协议除涉及公司受让的土地,还约定了公司经营一切必要的许可,公司的债权债务承担、公章、营业执照、财务账目交接等事宜，表明了股权转让后原告获得公司股权，成为股东从而经营该公司的意思表示。从协议的履行看，股权转让协议已经实际履行，被告交付了公司的资产和营业手续，原告交付了股权转让款，办理了公司股东变更登记手续，原告在成为股东和法定代表人后两年的时间里实际控制经营公司，说明双方对股权转让协议已履行完毕，因此原告认为原告与被告之间是土地转让合同关系没有依据。《土地管理法》《城市房地产管理法》等法律法规的强制性规定是土地使用权转让的程序和规定，不适用于股权交易。对于原告认为被告触犯《刑法》第二百二十八条的问题，原告并未向公安机关报案，而是起诉被告要求确认合同无效，表明原告认为双方系民事关系选择民事诉讼，应按民事诉讼程序处理。

案例7：杭州市萧山区人民法院，杭州萧山新某代恒丰餐饮有限公司与上海誉某富知投资合伙企业股权转让纠纷一审民事判决书〔（2015）杭萧商初字第1103号〕认为：涉案股权转让协议系当事人的真实意思表示，且股权转让并没有导致公司财产转让的法律后果，亚某公司拥有的开发经营权或土地使用权并未发生转移，亦无需土地管理部门办理土地使用权变更手续，故该条件下的股权转让协议不存在违反法律、行政法规的强制性规定及损害社会公共利益，应认定为有效。

案例8：上海市金山区人民法院，宋某甲、俞某甲诉张某甲、朱某乙股权转让纠纷一案一审民事判决书〔（2013）金民二（商）初字第463号〕认为：原告宋某甲、俞某甲与被告张某甲、朱某乙签订的补充协议，约定原告方将其所持有的在上海高某公司的股权转让给两被告，两被告向两原告支付相应的对价。之后双方也按此办理了相关的股权变更手续。补充协议符合股权转让合同的特性，应定性为股权转让合同，难以认定双方这一转让行为实为土地倒卖行为。合同内容也未违反法律或行政法规的强制性规定，合同有效。

二、认定以转让土地使用权为目的的股权转让协议无效的案例

案例9：杭州市富阳区人民法院，方某某与黄山美某新材料科技有限公司、盛某某合同纠纷一审民事判决书〔（2015）杭富商初字第3183号〕认为：案涉借款合同虽名义上系股权转让合同，但是根据该合同的内容，其实质上系对于目标公司所受让的土地进行买卖。具体理由如下：首先，股权转让协议中，第三期的股权转让款系由原告向国土资源局支付土地出让金用以冲抵本应支付的股权转让款。因此两被告作为目标公司的代表在与国土资源局签订国有土地出让合同

时，实际并不需要支付土地出让金。进而，两被告将该土地出让金的给付义务通过签订股权转让协议的形式，实质转移至股权受让方处，由原告作为股权受让方向国土资源局支付目标公司所需支付的土地出让金。双方在该股权转让协议中的约定，实质上具有名为股权转让实为土地买卖的意思表示。其次，股权转让协议中的补充条款明确约定，若目标公司无法取得项目用地，则两被告应当无条件回购目标公司的全部股权。若因被告的原因造成目标公司无法取得国有土地使用权，两被告则除回购目标公司股权以外，还应当承担相应的费用。因此，原、被告实质上对于未来不确定的情况进行了约定，而该未来不确定的情况即目标公司是否能获得案涉土地使用权。若目标公司获得案涉土地的国有土地使用权，则原告应当按照合同约定，将土地出让金缴纳至相关部门，同时该土地出让金折抵原告应当支付给两被告的股权转让款；而目标公司若无法获得案涉土地国有土地使用权，则合同已无履行的必要，两被告应当回购相应的股权。从上述股权是否回购等一系列较为复杂的约定应当判定，该内容系围绕土地使用权所形成。且本院注意到，该内容系双方第十五项的补充条款，该补充条款与其余条款在字体的粗细上并不一致，该补充条款的内容更加显著和明确。但是该内容中，在涉及股权回购的条件时，却并不包含公司的分红目标、公司的营收、公司的盈亏等涉及公司日常经营目标等条件，反而针对且仅仅针对目标公司是否获得土地使用权这一问题进行详细的约定。故从该合同内容、条款的制作的方面，应当认为该协议实质上为原、被告关于土地使用权的买卖，并不属于商业经营中，正常的股权转让活动。再次，根据庭审调查可知，本案目标公司在注册登记后，并未实际展开经营，且目标公司受让了案涉土地后，并未实际使用。从股权转让协议签订的时间、国有土地出让的时间、目标公司组成的时间等一系列时间链上，均无法看出，目标公司曾经存在经营的情况。综上，原、被告在2014年9月22日签订股权转让协议之行为，并不符合商业经营活动中，对于股权转让的通常理解。双方之行为从根本上，应当判定，系以股权转让协议为外表，实质为国有土地使用权的买卖。该行为并非合法之行为，系以合法形式掩盖非法目的。故从现有证据应当认定，原、被告于2014年9月22日签订股权转让协议，属以合法形式掩盖非法目的，应当被认定为无效。

案例10：杭州市萧山区人民法院，陈某某与韩某建设用地使用权转让合同纠纷一案一审民事判决书［（2015）杭萧民初字第4087号］认为：沈某某和韩某之间签订的《协议》的实质内容是韩某借嘉兴汉某金属构件有限公司竞得桐乡市经济开发区相关国有土地使用权后通过公司股权转让方式将国有土地使用权转让给沈某某，韩某非涉案国有土地使用权人，双方之间的《协议》因违反了《物权法》、《土地管理法》等关于国有土地使用权出让、转让等相关法律法规的规定而无效。

081 股权转让合同的解除权的行使时机

裁判要旨

一、合同当事人因对合同履行情况发生争议，起诉到人民法院后，对于该合同的效力及履行情况，应当由人民法院依法作出认定。在诉讼期间，发出解除合同通知的行为，并不能改变本案诉讼前已经确定的合同效力及履行状态。

二、在提起诉讼前，合同当事人在享有合同解除权的情况下，未行使合同解除权，并接受了违约方逾期支付的价款而未提出异议，表明其已接受违约方继续履行合同的事实，在诉讼过程中再行使合同解除权免除合同义务的，有违诚信原则，解除无效。

案情简介[①]

一、2009年7月22日，三某湖公司、刘某某与京某公司签订《股权转让协议》约定：三某湖公司与刘某某以5.4亿余元的价格将星某公司等5个公司的100%股权转让给京某公司，京某公司先付1000万元保证金，并在2010年3月22日前付清全款。

二、该《股权转让协议》还约定：逾期支付任何款项超过10日的，不论延迟支付金额多少，一律视为京某公司单方违约，三某湖公司、刘某某有权随时单方解除合同，京某公司必须予以配合并承担违约金2000万元。

三、在2010年3月22日前，京某公司共只支付2亿元款项，在2010年6月24日至同年7月29日期间又陆续支付了5460万元，至此涉及星某公司的股权转让款全部到位，三某湖公司与刘某某应办理星某公司股权的工商变更登记。

[①] 案件来源：最高人民法院，四川京某建设集团有限公司与简阳三某湖旅游快速通道投资有限公司等及成都星某置业顾问有限公司等股权转让纠纷二审民事判决书［（2013）民二终字第54号］。

四、三某湖公司与刘某某接受了迟延支付的5460万元,且未提出异议,也无证据证明在诉讼前向京某公司发出了解除《股权转让协议》通知。2010年8月至11月,三某湖公司与刘某某在未告知京某公司的情形下又将涉事股权转让给了其他第三方并办理了工商登记。

五、2010年12月30日,京某公司提起诉讼要求继续履行合同;诉讼中,三某湖公司、刘某某以迟延支付为由于2011年2月22日向京某公司发出了解除通知,并于2011年4月7日提起反诉要求确认合同解除;京某公司于2011年8月9日增加诉讼请求要求确认解除无效。

六、本案经四川高院一审,最高院二审,最终认定:《股权转让协议》未解除。

核心要点

诉讼前,三某湖公司与刘某某有合同解除权而未行使,故《股权转让协议》未解除,对双方当事人仍有法律约束力。因京某公司未按合同约定在2010年3月22日前付清全部股权转让款,已构成违约,三某湖公司、刘某某享有合同解除权。但三某湖公司、刘某某无证据证明其在本案诉讼程序开始前曾经向京某公司发出过解除合同的通知,且其接受了京某公司迟延支付的5460万元价款而未提出异议。据此,可以认定《股权转让协议》仍在履行。

三某湖公司、刘某某在诉讼期间发出的解除通知虽明确包含了解除合同的意思表示,但在合同当事人因对合同履行情况发生争议,起诉到人民法院后,对于该合同的效力及履行情况,应当由人民法院依法作出认定。三某湖公司、刘某某在本案一审诉讼期间发出解除合同通知的行为,并不能改变本案诉讼前已经确定的合同效力及履行状态。基于在诉讼前合同仍在履行的事实,根据合同约定,5460万元款项支付完毕后,京某公司已将星某公司的股权转让款支付完毕,合同的履行义务转移到三某湖公司、刘某某一方,即应当由三某湖公司、刘某某负责办理星某公司的股权变更手续。此时三某湖公司、刘某某既未对逾期支付的款项提出异议,也未办理星某公司的股权变更手续,而是将已经约定转让给京某公司的案涉股权再次转让给第三人并办理了工商登记变更手续,阻碍生效合同的继续履行,已构成违约。二者诉讼过程中行使合同解除权,以对抗京某公司要求其继续履行合同的诉讼请求,有违诚信原则,解除无效。

实务经验总结

前事不忘，后事之师。为避免未来发生类似败诉，提出如下建议：

第一，有权不用，过期作废。在股权转让协议中，通常约定，受让方迟延付款情况下，转让方拥有单方的合同解除权，但是该解除权的行使并不是任意的、没有期限的，转让方欲行使合同解除权务必要在对方的违约行为补正之前及时发出解除通知，否则在解除通知发出之前合同仍在继续履行。而在已接受对方的补正履行且触发己方的合同义务的情形下，特别是在诉讼过程中，再以对方违约而行使合同解除权，会被法院认定为因有违诚信原则解除无效。

第二，亡羊补牢，为时未晚。对于股权受让方来讲，在因某些原因迟延付款触发对方的合同解除权的情形下，若想继续履行合同取得目标股权，务必要先发制人，在转让方未发出解除通知前补正自己的违约行为，补正的力度要达到转换合同义务履行顺序的要求，将合同继续履行的责任转嫁到对方身上。与此同时，需要和转让方友好协商，争取对方谅解。在对方置之不理，且未通知解除即再次转让股权的情形下，需及时提起诉讼要求继续履行合同。

相关法律规定

《中华人民共和国合同法》（已失效）

第九十三条 当事人协商一致，可以解除合同。

当事人可以约定一方解除合同的条件。解除合同的条件成就时，解除权人可以解除合同。

第九十四条 有下列情形之一的，当事人可以解除合同：

（一）因不可抗力致使不能实现合同目的；

（二）在履行期限届满之前，当事人一方明确表示或者以自己的行为表明不履行主要债务；

（三）当事人一方迟延履行主要债务，经催告后在合理期限内仍未履行；

（四）当事人一方迟延履行债务或者有其他违约行为致使不能实现合同目的；

（五）法律规定的其他情形。

第九十五条 法律规定或者当事人约定解除权行使期限，期限届满当事人不行使的，该权利消灭。

法律没有规定或者当事人没有约定解除权行使期限，经对方催告后在合理期限内不行使的，该权利消灭。

第九十六条 当事人一方依照本法第九十三条第二款、第九十四条的规定主张解除合同的，应当通知对方。合同自通知到达对方时解除。对方有异议的，可以请求人民法院或者仲裁机构确认解除合同的效力。

法律、行政法规规定解除合同应当办理批准、登记等手续的，依照其规定。

《中华人民共和国民法典》（2021年1月1日施行）

第五百六十二条 当事人协商一致，可以解除合同。

当事人可以约定一方解除合同的事由。解除合同的事由发生时，解除权人可以解除合同。

第五百六十三条 有下列情形之一的，当事人可以解除合同：

（一）因不可抗力致使不能实现合同目的；

（二）在履行期限届满前，当事人一方明确表示或者以自己的行为表明不履行主要债务；

（三）当事人一方迟延履行主要债务，经催告后在合理期限内仍未履行；

（四）当事人一方迟延履行债务或者有其他违约行为致使不能实现合同目的；

（五）法律规定的其他情形。

以持续履行的债务为内容的不定期合同，当事人可以随时解除合同，但是应当在合理期限之前通知对方。

第五百六十四条 法律规定或者当事人约定解除权行使期限，期限届满当事人不行使的，该权利消灭。

法律没有规定或者当事人没有约定解除权行使期限，自解除权人知道或者应当知道解除事由之日起一年内不行使，或者经对方催告后在合理期限内不行使的，该权利消灭。

第五百六十五条 当事人一方依法主张解除合同的，应当通知对方。合同自通知到达对方时解除；通知载明债务人在一定期限内不履行债务则合同自动解除，债务人在该期限内未履行债务的，合同自通知载明的期限届满时解除。对方对解除合同有异议的，任何一方当事人均可以请求人民法院或者仲裁机构确认解除行为的效力。

当事人一方未通知对方，直接以提起诉讼或者申请仲裁的方式依法主张解除合同，人民法院或者仲裁机构确认该主张的，合同自起诉状副本或者仲裁申请书副本送达对方时解除。

本案链接

以下为该案在法院审理阶段，判决书中"本院认为"就该问题的论述：

关于三某湖公司、刘某某与京某公司之间的《股权转让协议》及其《补充协议》是否已经解除的问题：

三某湖公司、刘某某以其未收到京某公司在 2010 年 3 月 22 日之后支付的 5460 万元价款、京某公司实际支付的 20000 万元价款尚不足总价款的一半、京某公司将天某公司的股权转让给张某构成根本违约导致合同无法继续履行、其在诉讼前及诉讼中均已通知京某公司合同解除为由，主张《股权转让协议》及其《补充协议》已经解除。京某公司则以三某湖公司、刘某某接受其逾期支付的 5460 万元价款且未表示异议证明三某湖公司、刘某某愿意继续履行合同以及三某湖公司、刘某某在本案诉前未行使合同解除权、诉讼中发出《解除函》不能产生解除合同的法律效力为由，主张《股权转让协议》及其《补充协议》未解除。

根据三某湖公司、刘某某 2009 年 7 月 24 日向京某公司出具的《代收款授权委托书二》所载，三某湖公司、刘某某授权并委托星某置业公司在该代收款委托书签发之日起，代三某湖公司、刘某某收取《股权转让协议》第四条所述的股权转让价款，直至其另行通知京某公司为止。因京某公司向星某置业公司给付 5460 万元价款期间，三某湖公司、刘某某并未另行通知京某公司取消该项授权，且星某置业公司于 2010 年 7 月 29 日出具收条，注明收到京某公司 8 笔款项共 5460 万元，故应认定京某公司向三某湖公司、刘某某支付了 5460 万元价款。因该授权委托书未就出具收据的主体与所收款项的性质差异作出约定，故该 5460 万元所对应的收据系由星某置业公司出具并不影响星某置业公司收取该 5460 万元款项所实际产生的法律效力。三某湖公司、刘某某主张委托书中的代收"《股权转让协议》第四条所述的股权转让价款"的授权仅限于在 2010 年 3 月 22 日的最后付款日之前，但根据对该授权委托书的文义解释及体系解释，委托书所载"直至另行通知京某公司为止"已经对委托收款时间作出了明确约定，此处的"第四条所述的股权转让价款"仅系限定所收款项的数额及性质，而不包括收款期限。否则，该委托书中则出现了两个不同的"委托收款期限"，二者显然是矛盾的。三某湖公司、刘某某在一审反诉状中已明确京某公司至其提出反诉之日起尚余290399500元价款未予支付，亦表明其自认已收到京某公司支付的股权转让价款计25460万元。故对三某湖公司、刘某某有关未收到该5460万元股权转让价款的主张，本院不予支持。

因京某公司未按合同约定于2010年3月22日前付清全部股权转让款，已构成违约。根据《股权转让协议》及其《补充协议》的约定，三某湖公司、刘某某享有合同解除权。但三某湖公司、刘某某无证据证明其在本案诉讼程序开始前曾经向京某公司发出过解除合同的通知，且其接受了京某公司在2010年3月22日至7月29日期间陆续支付的5460万元价款，而未就京某公司的逾期付款行为提出异议。据此，可以认定《股权转让协议》及其《补充协议》仍在履行，三某湖公司、刘某某在本案诉讼程序开始前并未行使合同解除权，《股权转让协议》及其《补充协议》并未解除，对双方当事人仍有法律约束力。

三某湖公司、刘某某以其于2011年2月22日、7月26日、28日发出的三份《解除函》为据，主张其再次向京某公司发出了解除合同的通知，并主张其在京某公司违约的情况下，有权根据合同约定随时行使合同解除权，该权利并不因京某公司向法院提起诉讼而消灭。此三份《解除函》虽明确包含了三某湖公司、刘某某解除合同的意思表示，但在合同当事人因对合同履行情况发生争议，起诉到人民法院后，对于该合同的效力及履行情况，应当由人民法院依法作出认定。三某湖公司、刘某某在本案一审诉讼期间发出解除合同通知的行为，并不能改变本案诉讼前已经确定的合同效力及履行状态。诉前事实表明，三某湖公司、刘某某在享有合同解除权的情况下，未行使合同解除权，并接受了京某公司逾期支付的价款而未提出异议，表明其已接受京某公司继续履行合同的事实，故《股权转让协议》及其《补充协议》并未解除，仍在履行之中。根据合同约定，5460万元款项支付完毕后，京某公司已将星某公司的股权转让款支付完毕，合同的履行义务转移到三某湖公司、刘某某一方，即应当由三某湖公司、刘某某负责办理星某公司的股权变更手续。此时三某湖公司、刘某某既未对逾期支付的款项提出异议，也未办理星某公司的股权变更手续，而是将已经约定转让给京某公司的案涉股权再次转让给了鼎某公司、合某公司并办理了工商登记变更手续，阻碍生效合同的继续履行，已构成违约。三某湖公司、刘某某在京某公司提起本案及（2011）川民初字第3号案件的诉讼过程中行使合同解除权，以对抗京某公司要求其继续履行合同的诉讼请求，有违诚信原则，一审判决根据《合同法》第六条"当事人行使权利、履行义务应当遵守诚实信用原则"的规定，认定三某湖公司、刘某某在本案及（2011）川民初字第 2 号案件的诉讼过程中行使合同解除权的行为不能产生解除合同的法律效果，并无不妥，本院予以维持。

京某公司于 2011 年 1 月 29 日将天某公司的全部股权转让给张某的行为，虽违反了《补充协议》第 5 条的约定，已构成违约，但三某湖公司、刘某某亦未以此为由行使合同解除权。

综上，《股权转让协议》及其《补充协议》未解除，对合同当事人均有法律约束力。对三某湖公司、刘某某有关《股权转让协议》及其《补充协议》已经解除的主张，本院不予支持。

延伸阅读

解除通知可通过起诉状的方式作出，载有解除请求的起诉状送达被告时，发生合同解除的效力。

北京市高级人民法院，乔某某与北京乾某元恒安投资有限公司等股权转让纠纷二审民事判决书［（2014）高民终字第 730 号］认为：本案所涉《股权转让合同》解除时间的认定。《合同法》第九十三条第二款、第九十六条第一款规定，当事人可以约定一方解除合同的条件。解除合同的条件成就时，解除权人可以解除合同。当事人一方主张解除合同的，应当通知对方。合同自通知到达对方时解除。对方有异议的，可以请求人民法院或者仲裁机构确认解除合同的效力。解除权作为形成权，它不需征得对方的同意，仅凭单方的意思表示就可以发生预期的法律后果。解除通知也可以通过诉讼的方式行使，提起诉讼是解除权人意思表示的另一种表达方式，只不过不是解除权人直接通知对方解除合同，而是通过法院以向对方送达法律文书，特别是起诉状通知对方解除合同而已。因此，起诉状就是解除权行使的通知。载有解除请求的起诉状送达被告时，发生合同解除的效力。无论直接通知还是间接通知，都是解除权人行使解除权这一意思表示的不同表现形式，且均已到达了对方，符合解除通知的条件，均应产生合同解除的法律效果。……2013 年 7 月 15 日，北京市第一中级人民法院受理了本案，乔某某于 2013 年 8 月 1 日收到了乾某元恒安公司及牛某请求解除合同的起诉状。按照《合同法》的相关规定，合同自通知到达对方时解除，载有解除请求的起诉状送达被告时，发生合同解除的效力。本案所涉《股权转让合同》应在起诉状送达乔某某之日解除。

082 解除股权转让合同的通知应在多长时间内发出？解除异议应在何时提出

裁判要旨

合同解除的权利属于形成权，虽然现行法律没有明确规定该项权利的行使期限，但为维护交易安全和稳定经济秩序，该权利应当在一定合理期间内行使，并且该权利的行使属于典型的商事行为，对于合理期间的认定应当比通常的民事行为更加严格，未在合理期限内行使，解除权失效。

案情简介[①]

一、杜某某、夏某某均为浙江青田县人，朋友关系。四某公司原来唯一的股东为杜某某。

二、2009年6月16日，杜某某与夏某某签订《股权转让协议》，约定：杜某某将四某公司50%的股权转让给夏某某，转让价格为原股价的一半。协议签订后一个月内，双方办理了工商变更登记。

三、2009年6月16日，双方签订结算协议约定，夏某某转汇给杜某某1435万元人民币，但是该款未明确表示为股权转让款；另外，股权转让合同签订后至案发前，杜某某从其个人账户汇给夏某某人民币2810万元，四某公司先后汇给夏某某人民币2032.6013万元。

四、2013年年初，二者矛盾开始升级，2013年5月20日杜某某以夏某某未支付股权转让款致使合同目的不能实现为由向夏某某发出解除通知，要求解除股权转让协议，夏某某返还股权。

五、夏某某未予理睬，杜某某提起本案诉讼，请求确认《股权转让协议》已解除。本案经安徽省高院一审，最高院二审，最终判定：杜某某证据不足且未在合理期限内行使合同解除权，不能确认合同已解除。

[①] 案件来源：最高人民法院，杜某某与夏某某股权转让纠纷二审民事判决书〔（2015）民四终字第21号〕。

核心要点

合同解除的权利属于形成权，虽然现行法律没有明确规定该项权利的行使期限，但为维护交易安全和稳定经济秩序，该权利应当在一定合理期间内行使，并且由于这一权利的行使属于典型的商事行为，对于合理期间的认定应当比通常的民事行为更加严格。本案双方当事人在合同中没有约定合同解除权期限，杜某某从 2009 年 6 月 23 日股权转让变更登记手续办理后至 2013 年 5 月没有行使解除权，在近四年期间内未行使合同解除权，显然超过合理期限，不利于维护交易安全和稳定经济秩序，解除无效。

另外，夏某某和杜某某有多年的合作关系，双方及四某公司之间有大量资金往来。在签署《股权转让合同》的同时，双方还签署了《结算协议》，其中没有夏某某欠付股权转让款的记载。况且，二者办理了股权转让变更登记手续，完成了股东内部的设权性登记和工商部门的变更股东及股份的宣示性登记，即夏某某已取得了四某公司的股东资格，所签订的股权转让合同已经履行完毕四年之久，对履行完毕的合同，当事人不存在可行使的合同解除权。

实务经验总结

前事不忘，后事之师。为避免未来发生类似败诉，提出如下建议：

第一，享有合同解除权的一方务必在合理期限内发出解除通知。因为合同解除权的性质为形成权，权利的行使期限为除斥期间。根据《民法典》第五百六十四条的规定，对于合理期间双方有约定的按约定，没有约定的原则上不超过一年。

相关法律规定

《合同法》（已失效）

第九十五条 法律规定或者当事人约定解除权行使期限，期限届满当事人不行使的，该权利消灭。

法律没有规定或者当事人没有约定解除权行使期限，经对方催告后在合理期限内不行使的，该权利消灭。

第九十六条 当事人一方依照本法第九十三条第二款、第九十四条的规定主张解除合同的,应当通知对方。合同自通知到达对方时解除。对方有异议的,可以请求人民法院或者仲裁机构确认解除合同的效力。

法律、行政法规规定解除合同应当办理批准、登记等手续的,依照其规定。

《中华人民共和国民法典》(2021年1月1施行)

第五百六十四条 法律规定或者当事人约定解除权行使期限,期限届满当事人不行使的,该权利消灭。

法律没有规定或者当事人没有约定解除权行使期限,自解除权人知道或者应当知道解除事由之日起一年内不行使,或者经对方催告后在合理期限内不行使的,该权利消灭。

第五百六十五条 当事人一方依法主张解除合同的,应当通知对方。合同自通知到达对方时解除;通知载明债务人在一定期限内不履行债务则合同自动解除,债务人在该期限内未履行债务的,合同自通知载明的期限届满时解除。对方对解除合同有异议的,任何一方当事人均可以请求人民法院或者仲裁机构确认解除行为的效力。

当事人一方未通知对方,直接以提起诉讼或者申请仲裁的方式依法主张解除合同,人民法院或者仲裁机构确认该主张的,合同自起诉状副本或者仲裁申请书副本送达对方时解除。

《最高人民法院关于适用〈中华人民共和国合同法〉若干问题的解释(二)》(已失效)

第二十四条 当事人对合同法第九十六条、第九十九条规定的合同解除或者债务抵销虽有异议,但在约定的异议期限届满后才提出异议并向人民法院起诉的,人民法院不予支持;当事人没有约定异议期间,在解除合同或者债务抵销通知到达之日起三个月以后才向人民法院起诉的,人民法院不予支持。

本案链接

以下为该案在法院审理阶段,判决书中"本院认为"就该问题的论述:

杜某某认为夏某某一直没有支付其股权转让对价款,经书面催告后仍未支付,杜某某给夏某某送达了合同解除函,现股权转让合同已经解除。对此,法院认为,合同当事人行使合同解除权的前提条件之一是当事一方迟延履行主要债务,经催告后在合理期限内仍未履行。从杜某某提供的2009年6月16日的结算协议证据看,夏某某对结算事实予以认可,该证据表明杜某某、夏某某签订《股权转让合同》时双方进行了结算，该结算协议并未提及夏某某未支付股权转让款。从杜某某提供的2011年11月10日算账记录证据看，双方均已按50%享有了四某公司的分配权。庭审查明的事实表明：自股权转让合同签订后，杜某某从其个人账户汇给夏某某人民币2810万元，四某公司先后汇给夏某某人民币2032.6013万元，杜某某也认为四某公司汇款给夏某某是一种还款行为，据此，如果夏某某没有支付股权转让款，仍欠杜某某股权转让款，杜某某及四某公司不可能还款给夏某某，该行为与常理不符。从巢湖市商务局的批复及工商登记档案材料看，杜某某、夏某某办理了股权转让变更手续，杜某某诉称夏某某私自拿走四某公司公章，单方办理股权转让批准及工商变更登记手续缺乏事实依据，也与诉讼前2013年5月20日杜某某给夏某某的《合同解除通知函》中提及的"合同签订以后，本人及四某公司已经办理了股权转让批准及工商变更登记手续"相矛盾。涉案股权转让合同未约定股权转让款的支付期限，从2009年6月23日办理股权转让变更手续后至2013年5月17日，杜某某诉称对股权转让款多次电话催告亦无证据证实。杜某某、夏某某办理了股权转让变更登记手续，所签订的股权转让合同已经履行完毕，对履行完毕的合同，当事人不存在行使合同解除权。此外，杜某某、夏某某已报于巢湖市商务局，完成了股东内部的设权性登记和工商部门的变更股东及股份的宣示性登记，即表明夏某某已取得了四某公司的股东资格。由于股权转让涉及多方利益和法律关系，且外资企业的股权转让等因涉及股东及股份的变更需履行报批手续，因此，对股权转让合同解除权的行使条件不仅要符合一般债权合同的解除条件，而且要受外资企业法等其他法律特别规定的规制。因此，杜某某通过发出解除转让合同通知的形式要求法院确认股权转让合同已解除的请求不符合法律规定，对此请求不予采纳。同时，根据《中华人民共和国合同法》第九十五条之规定精神，合同解除的权利属于形成权，虽然现行法律没有明确规定该项权利的行使期限，但为维护交易安全和稳定经济秩序，该权利应当在一定合理期间内行使，并且由于这一权利的行使属于典型的商事行为，对于合理期间的认定应当比通常的民事行为更加严格。本案双方当事人在合同中没有约定合同解除权期限，杜某某从2009年6月23日股权转让变更登记手续办理后至2013年5月没有行使解除权，在近四年期间内未行使合同解除权，显然超过合理期限，不利于维护交易安全和稳定经济秩序。

  杜某某以夏某某未支付股权转让款为由请求解除《股权转让合同》，其对自己的诉讼主张负有举证责任。夏某某和杜某某有多年的合作关系，双方及四某公司之间有大量资金往来。在签署《股权转让合同》的同时，双方还签署了《结算协议》，其中没有夏某某欠付股权转让款的记载。夏某某自 2009 年起已成为四某公司股东，杜某某没有证据证明其对夏某某因股权转让而享有债权，一审判决认为《股权转让合同》已经履行完毕并无不当，杜某某有关解除合同的理由不能成立，杜某某在本案中不享有合同解除权。

延伸阅读

一、解除通知须在合理期间内发出，合理期间应原则上不超过一年

案例 1：新乡市中级人民法院，研某通商株式会社与新乡市恒某科技发展有限公司股权转让纠纷一案一审民事判决书 [（2015）新中民三初字第 20 号] 认为：原告研某会社解除合同没有超过合理期限。根据《合同法》第九十五条的规定，"法律规定或者当事人约定解除权行使期限，期限届满当事人不行使的，该权利消灭。法律没有规定或者当事人没有约定解除权行使期限，经对方催告后在合理期限内不行使的，该权利消灭"。我国法律没有对股权收购合同解除权的行使期限作出具体规定，当事人也没有对解除权的行使期限进行约定……恒某公司承诺于 2012 年 12 月 25 日之后 15 日内，即 2013 年 1 月 9 日前还款。但恒某公司又未按约还款，故 2013 年 1 月 9 日应为解除权发生之日。《股权收购合同》签订后，被告恒某公司一再拖延付款，且没有对解除权人研某会社进行过任何关于是否行使解除权的催告，2013 年 12 月 15 日，原告研某会社变更诉讼请求要求解除双方在《股权收购合同》中的权利义务关系，并没有超过被告辩称的一年的期限，故原告研某会社行使解除权符合法律规定。2013 年 12 月 16 日，本院将变更诉讼请求申请书送达给被告恒某公司，被告收到变更诉讼请求申请书的时间即为合同解除的时间。

案例 2：河南省高级人民法院，某市财政局与北京天某伟业投资担保有限公司、河南裕某铁路发展有限公司股权转让纠纷二审民事判决书 [（2015）豫法民二终字第 27 号] 认为：……民事权利从行使方式上可以分为请求权、支配权及形成权；诉讼时效制度仅适用于请求权，不适用于支配权和形成权；合同的解除权属于形成权，解除权行使的期限，无论是法定期限还是约定期限，在性质上都属于除斥期间。因此，合同解除权不应当适用诉讼时效制度的规定，北京天某伟业公司基于"债权请求权"提出诉讼时效抗辩于法无据。关于解除权的行使期限，《中华人民共和国合同法》第九十五条规定"法律规定或者当事人约定解除权行使期限，期限届满当事人不行使的，该权利消灭。法律没有规定或者当事人没有约定解除权行使期限，经对方催告后在合理期限内不行使的，该权利消灭"。本案关于《股权转让协议》解除权的行使期限法律没有规定，当事人亦没有约定解除权行使期限。在此情况下，某市财政局收到河南省监察厅（2010）豫监建字第 1 号监察建议书的时间应作为其行使解除权的起算时间。因此，某市财政局的起诉符合关于解除权行使期限的规定。综上，北京天某伟业公司有关合同目的、继续履行合同、诉讼时效的上诉理由均不成立，本院不予支持。

案例 3：嘉兴市中级人民法院，金某某与徐某某股权转让纠纷二审民事判决书 [（2015）浙嘉商终字第 344 号] 认为：……合同解除权为形成权，可凭单方意志实现，该权利的行使会引起合同关系的重大变化，如果享有解除权的当事人长期不行使解除的权利，也会使合同关系长期处于不确定状态，影响交易双方权利的享有和义务的履行，故其行使应在合理期限内，且该期间为除斥期间。期限届满，当事人不行使权利的，该权利消灭。本案中，合同约定如在 2012 年 7 月 30 日前因徐某某原因尚未办理金某某股权登记手续，金某某有权解除合同，则自 2012 年 7 月 31 日起，金某某即享有了合同解除权。双方虽未约定合同解除权的行使期限，也未有任何一方就合同解除期限进行催告，但金某某就合同解除权的行使并不存在重大障碍或徐某某方面造成的阻碍，且金某某之后以股东身份参与双龙公司经营管理的一系列行为，会给徐某某造成金某某选择继续履行合同的误解，也不利于合同解除后双方权利义务状态的恢复，故金某某应及早行使其合同解除权。结合本案实际情况，参照《最高人民法院关于审理商品房买卖合同纠纷案件适用法律若干问题的解释》第十五条第二款的规定，本案中一年的行使期限较为合理，但金某某于 2014 年才行使合同约定的解除权，明显已超过该合理期限，原审法院无法支持。

二、解除异议必须在收到通知后三个月内向法院提出

案例 4：北京市第三中级人民法院，黄某某等与北京神某汽车租赁有限公司股权转让纠纷二审民事判决书 [（2014）三中民终字第 08542 号] 认为：当事人一方主张解除合同的，应当通知对方。合同自通知到达对方时解除。对方有异议的，应当在解除合同通知到达之日起三个月内向人民法院起诉，逾期未起诉的，异议方即丧失了就合同解除提出异议的权利；在三个月内起诉的，人民法院应当对解除合同的效力进行审查。本案中黄某某、饶某某于 2012 年 6 月 13 日向北京神某公司发出解除诉争合同的通知，该通知于 2013 年 6 月 14 日到达北京神某公

司。因诉争合同未规定解除合同的异议期，北京神某公司依法应当在解除合同的通知到达之日起三个月内向人民法院起诉，即北京神某公司最迟应当在 2013 年 9 月 15 日就解除合同异议向人民法院提起诉讼……本院认为，《合同法司法解释（二）》规定的解除权异议期限以向人民法院起诉日为标准，并不以人民法院受理日为标准。朝阳法院于 2013 年 9 月 11 日向北京神某公司出具诉讼费交款通知书的事实，可以认定北京神某公司向法院起诉的时间不晚于 2013 年 9 月 11 日，且北京神某公司提起的诉讼符合法律规定。据此，本院认定北京神某公司在《合同法司法解释（二）》规定的解除权异议期限内就黄某某、饶某某解除合同的效力提起过诉讼，一审法院对黄某某、饶某某解除合同的效力的审查理由正当，本院予以确认。合同解除权异议期限属于除斥期间，在北京神某公司就合同解除提出异议的情况下，该除斥期间即丧失法律效力，双方当事人关于合同解除效力的争议，转而由诉讼时效制度规制。

案例 5：武汉市中级人民法院，上诉人武汉宜飞门业有限公司与被上诉人郭某某、武汉天某城市置业发展有限公司及涂某某股权转让纠纷一案二审民事判决书 [（2014）鄂武汉中民商终字第 01114 号] 认为：《最高人民法院关于适用〈中华人民共和国合同法〉若干问题的解释（二）》第二十四条规定："当事人对合同法第九十六条、第九十九条规定的合同解除或者债务抵销虽有异议，但在约定的异议期限届满后才提出异议并向人民法院起诉的，人民法院不予支持；当事人没有约定异议期间，在解除合同或者债务抵销通知到达之日起三个月以后才向人民法院起诉的，人民法院不予支持。"涉案合同未约定合同解除的异议期限，宜飞公司未在解除通知到达后三个月内向人民法院起诉请求撤销合同解除行为，即其未在法定期限内行使异议权，异议权丧失，涉案合同无争议解除。

案例 6：汕头市中级人民法院，汕头市森某厂房开发有限公司与汕头市创某投资有限公司股权转让纠纷二审民事判决书 [（2014）汕中法民三终字第 6 号] 认为：《合同法》第九十六条第一款规定："当事人一方依照本法第九十三条第二款、第九十四条的规定主张解除合同的，应当通知对方。合同自通知到达对方时解除。对方有异议的，可以请求人民法院或者仲裁机构确认解除合同的效力。"《最高人民法院关于适用〈中华人民共和国合同法〉若干问题的解释（二）》第二十四条规定："当事人对合同法第九十六条、第九十九条规定的合同解除或者债务抵销虽有异议，但在约定的异议期限届满后才提出异议并向人民法院起诉的，人民法院不予支持；当事人没有约定异议期间，在解除合同或者债务抵销通知到达之日起三个月以后才向人民法院起诉的，人民法院不予支持。"根据上述规定，森某公司享有请求撤销合同解除的权利即异议权，但异议权是一种请求权，需由异议权人在约定或法定期限内依法行使方能产生法定后果。森某公司在创兴公司解除合同通知书送达后，在法定期限内没有行使异议权，原审法院据此认定相关合同已于函件拒收之日的 2013 年 3 月 11 日解除，于法有据，可予支持。

083 出让方违约致使受让方未取得股东资格，受让方可解除股权转让合同

裁判要旨

股权转让协议签订后，股权受让人未协助股权出让人办理相关的股东变更手续，或又将股权另行转让给他人的，构成违约。因股权出让人违约致使受让人无法取得股东资格的，受让人可以以合同目的无法实现为由请求解除股权转让协议，并要求股权出让人返还股权转让款并赔偿损失。

案情简介[①]

一、张某某自 2009 年 12 月 25 日起受聘担任鑫某公司经理。2010 年 6 月 7 日，鑫某公司受让道某公司全部 1000 万元股权，成为道某公司股东，张某某亦受聘担任道某公司经理。

二、鑫某公司召集公司职工购买道某公司股份。张某某共向鑫某公司交纳股金 200 万元购买道某公司股份 200 万股，鑫某公司向张某某出具收据，并在"收款事由"一栏注明"股金"，但双方未签订股权转让协议或股份代持协议，且张某某交纳 200 万元股金后并未享有股东权利。

三、鑫某公司其他 24 名职工共计出资 100 万元购买道某公司股份 100 万股，鑫某公司与 24 名职工签订了股份代持协议。

四、2011 年 2 月 17 日，道某公司将注册资本由 1000 万元变更为 2000 万元，

---

① 案件来源：山东省高级人民法院，张某某与淄博鑫某房地产开发有限公司股权转让纠纷再审民事判决书 [（2015）鲁民提字第 341 号]。

并进行了工商登记变更，但该公司登记股东仍为鑫某公司。在道某公司的章程、股东名册及其他工商登记材料之中均未记载张某某持股情况。

五、2011年12月底，张某某从鑫某公司离职，不再担任两公司经理。2013年9月13日，鑫某公司与案外人李某某、仇某签订协议书，约定将道某公司的100%的股权全部转让给李某某、仇某，并进行了工商变更登记。

六、后张某某起诉至法院，请求判令鑫某公司返还股金200万元并赔偿利息损失。鑫某公司抗辩称：双方之间形成了口头的股权转让合同，张某某已基于合法有效的股权转让合同取得道某公司的股权，成为道某公司的股东，因此不同意返还股金。淄博市张店区法院、淄博中院均支持了张某某的诉讼请求。

七、鑫某公司向淄博中院申请再审，淄博中院再审维持原判。鑫某公司仍不服，又向山东省检察院申诉，山东省检察院向山东省高院抗诉，山东省高院再审仍维持原判。

核心要点

首先，山东省高院认可张某某与鑫某公司间存在股权转让的合同关系。虽然双方未签订书面的股权转让合同，但结合200万元股金的收据等证据，可认定双方存在股权转让合同关系。

其次，基于以下理由，山东省高院认为张某某并未取得道某公司的股东资格：1. 在道某公司的章程、股东名册及其他工商登记材料之中均没有记载张某某的持股情况；2. 鑫某公司主张张某某是隐名股东，亦未提供相应的证据证明；3. 鑫某公司也没有证据证明张某某享有过道某公司股东应有的股东权利；4. 鑫某公司已于2013年将道某公司100%的股权转让给案外人。

因此，山东省高院认为双方虽存在股权转让合同关系，但鑫某公司在收取张某某200万元购买款后，既未协助办理相关的股东变更手续，后又将道某公司的100%股权转让给案外人，构成违约，双方的股权转让合同无法继续履行，张某某的合同目的无法实现，法院据此依法判令双方解除合同，鑫某公司向张某某返还股权转让款200万元并赔偿损失。

实务经验总结

前事不忘，后事之师。为避免未来发生类似败诉，提出如下建议：

第一，未签股权转让协议，不代表双方不存在股权转让合同关系。本案中，张某某向鑫某公司支付200万元，鑫某公司为张某某出具收据，并在"收款事由"一栏注明"股金"，法院认为该证据可以证明双方间存在股权转让合同关系。因此，虽然双方未签订股权转让协议，但股权转让的合同关系已经成立并生效，股权出让人不能将股权再转让他人，否则构成违约。

第二，股权转让双方如欲建立股权代持关系（由股权出让人继续代持转让股权，不办理股东变更登记），必须签订股权代持协议。股权转让协议签订后，股权出让人负有履行转让股权的义务，即应当配合受让人办理股权的变更手续，除非双方约定由股权受让人继续代持股权出让人的股权。但此时必须签订股权代持协议，否则法院不会认可存在代持关系。

第三，如因出让人的原因，致使股权受让人在签订股权转让协议后无法取得股东资格的，股权受让人有权解除股权转让协议，并要求出让人返还股权转让价款、赔偿损失。

相关法律规定

《中华人民共和国公司法》（2018年修正，已被修订）

第三十二条 有限责任公司应当置备股东名册，记载下列事项：

（一）股东的姓名或者名称及住所；

（二）股东的出资额；

（三）出资证明书编号。

记载于股东名册的股东，可以依股东名册主张行使股东权利。

公司应当将股东的姓名或者名称向公司登记机关登记；登记事项发生变更的，应当办理变更登记。未经登记或者变更登记的，不得对抗第三人。

第七十三条 依照本法第七十一条、第七十二条转让股权后，公司应当注销原股东的出资证明书，向新股东签发出资证明书，并相应修改公司章程和股东名册中有关股东及其出资额的记载。对公司章程的该项修改不需再由股东会表决。

《中华人民共和国公司法》（2023年修订）

第三十四条 公司登记事项发生变更的，应当依法办理变更登记。

公司登记事项未经登记或者未经变更登记的，不得对抗善意相对人。

第五十六条 有限责任公司应当置备股东名册，记载下列事项：

（一）股东的姓名或者名称及住所；

（二）股东认缴和实缴的出资额、出资方式和出资日期；

（三）出资证明书编号；

（四）取得和丧失股东资格的日期。

记载于股东名册的股东，可以依股东名册主张行使股东权利。

第八十七条 依照本法转让股权后，公司应当及时注销原股东的出资证明书，向新股东签发出资证明书，并相应修改公司章程和股东名册中有关股东及其出资额的记载。对公司章程的该项修改不需再由股东会表决。

《中华人民共和国合同法》（已失效）

第九十四条 有下列情形之一的，当事人可以解除合同：

（一）因不可抗力致使不能实现合同目的；

（二）在履行期限届满之前，当事人一方明确表示或者以自己的行为表明不履行主要债务；

（三）当事人一方迟延履行主要债务，经催告后在合理期限内仍未履行；

（四）当事人一方迟延履行债务或者有其他违约行为致使不能实现合同目的；

（五）法律规定的其他情形。

《中华人民共和国民法典》（2021年1月1日施行）

第五百六十三条 有下列情形之一的，当事人可以解除合同：

（一）因不可抗力致使不能实现合同目的；

（二）在履行期限届满前，当事人一方明确表示或者以自己的行为表明不履行主要债务；

（三）当事人一方迟延履行主要债务，经催告后在合理期限内仍未履行；

（四）当事人一方迟延履行债务或者有其他违约行为致使不能实现合同目的；

（五）法律规定的其他情形。

以持续履行的债务为内容的不定期合同，当事人可以随时解除合同，但是应当在合理期限之前通知对方。

本案链接

以下为该案在法院审理阶段，判决书中"本院认为"就该问题的论述：

本案争议的焦点问题是张某某在向鑫某公司支付200万元股权转让款后是否取得道某公司的股东资格，其要求返还股金并赔偿损失应否得到支持。从本案查明的事实看，张某某向鑫某公司支付200万元购买其持有的道某公司的股份,但在道某公司的章程、股东名册及其他工商登记材料之中均没有记载张某某的持股情况。鑫某公司主张张某某是隐名股东,亦未提供相应的证据证明。鑫某公司也没有证据证明张某某享有过道某公司股东应有的股东权利。且鑫某公司已于 2013 年将道某公司 100% 的股权转让给案外人,因此,抗诉机关以及鑫某公司主张张某某在其支付 200 万元后取得道某公司股东资格与上述事实不符。原审认定张某某没有取得道某公司股东资格,认定得当。鑫某公司在收取张某某 200 万元购买款后,既未协助办理相关的股东变更手续,后又将道某公司的 100% 股权转让给案外人,构成违约,双方的股权转让合同无法继续履行,张某某的合同目的无法实现,原审据此依法判令双方解除合同,鑫某公司返还张某某股权转让款 200 万元并赔偿损失并无不当。

084 股权转让款分期支付,未付到期款项达总款五分之一,转让方可否单方解除合同

裁判要旨

有限责任公司的股权分期支付转让款过程中,发生股权受让人延迟或者拒付等违约情形,股权转让人要求解除双方签订的股权转让合同的,不适用《合同法》第一百六十七条关于分期付款买卖中出卖人在买受人未支付到期价款的金额达到合同全部价款的五分之一时即可解除合同的规定。

案情简介[①]

一、汤某某与周某某于 2013 年 4 月 3 日签订《股权转让协议》,约定:周某某将其持有的双某电器 6.35% 股权转让给汤某某。股权合计 710 万元,分四期付清,即 2013 年 4 月 3 日付 150 万元,2013 年 8 月 2 日付 150 万元,2013 年 12 月 2 日付 200 万元,2014 年 4 月 2 日付 210 万元。

二、协议签订后,汤某某于 2013 年 4 月 3 日依约向周某某支付第一期股权转让款 150 万元。此后,周某某将所持有的 6.35% 股权变更登记至汤某某名下。

---

① 案件来源:汤某某诉周某某股权转让纠纷案民事裁定书[(2013)成民初字第 1815 号]最高人民法院指导案例 67 号。

三、因汤某某逾期未支付约定的第二期股权转让款，周某某于同年 10 月 11 日，向汤某某送达了《解除通知》，以汤某某根本违约为由，提出解除双方签订的《股权转让协议》。

四、次日，汤某某即向周某某转账支付了第二期 150 万元股权转让款，并按照约定的时间和数额履行了后续第三、四期股权转让款的支付义务。

五、周某某以其已经解除合同为由，如数退回汤某某支付的 4 笔股权转让款。汤某某遂向人民法院提起诉讼，要求确认周某某发出的解除协议通知无效，并责令其继续履行合同。

六、本案经成都中院一审、四川高院二审，最高院再审，最终确认解除合同行为无效，汤某某向周某某支付股权转让款 710 万元。

核心要点

本案中，周某某主张解除股权转让合同的依据是《民法典》第六百三十四条第一款，该条规定："分期付款的买受人未支付到期价款的数额达到全部价款的五分之一，经催告后在合理期限内仍未支付到期价款的，出卖人可以请求买受人支付全部价款或者解除合同。"

对此最高人民法院认为，分期付款买卖的主要特征为：一是买受人向出卖人支付总价款分三次以上，出卖人交付标的物之后买受人分两次以上向出卖人支付价款；二是多发、常见在经营者和消费者之间，一般是买受人作为消费者为满足生活消费而发生的交易；三是出卖人向买受人授予了一定信用，而作为授信人的出卖人在价款回收上存在一定风险，为保障出卖人剩余价款的回收，出卖人在一定条件下可以行使解除合同的权利。而本案中由于买卖的标的物是股权，因此具有与以消费为目的的一般买卖不同的特点：一是汤某某受让股权是为参与公司经营管理并获取经济利益，并非满足生活消费；二是周某某作为有限责任公司的股权出让人，基于其所持股权一直存在于目标公司中的特点，其因分期回收股权转让款而承担的风险，与一般以消费为目的分期付款买卖中出卖人收回价款的风险并不同等；三是双方解除股权转让合同，也不存在向受让人要求支付标的物使用费的情况。

综上，股权转让分期付款合同，与一般以消费为目的分期付款买卖合同有较大区别。对案涉股权转让合同不宜简单适用《民法典》第六百三十四条规定的合同解除权。

实务经验总结

前事不忘,后事之师。为避免未来发生类似败诉,提出如下建议:

第一,对于股权转让方来讲,务必在股权转让协议中,约定对方迟延付款的违约金,并约定当受让方迟延支付的金额和时间达到一定程度时,转让方可以单方解除合同。如果合同没有将迟延支付当作合同解除的条件,转让方不得适用分期付款买卖合同关于法定解除权的规定。

第二,对于股权受让方来讲,应当严格按照合同约定付款,否则将会产生违约金,而迟延违约金有可能给受让方造成严重的资金压力。另外,当股权受让方过分迟延支付股权转让款,致使合同目的不能实现时,股权转让方可依照《民法典》第五百三十六条的规定解除股权转让合同。

相关法律规定

《中华人民共和国合同法》(已失效)

第九十四条 有下列情形之一的,当事人可以解除合同:

(一)因不可抗力致使不能实现合同目的;

(二)在履行期限届满之前,当事人一方明确表示或者以自己的行为表明不履行主要债务;

(三)当事人一方迟延履行主要债务,经催告后在合理期限内仍未履行;

(四)当事人一方迟延履行债务或者有其他违约行为致使不能实现合同目的;

(五)法律规定的其他情形。

第一百六十七条 分期付款的买受人未支付到期价款的金额达到全部价款的五分之一的,出卖人可以要求买受人支付全部价款或者解除合同。

出卖人解除合同的,可以向买受人要求支付该标的物的使用费。

《中华人民共和国民法典》(2021年1月1日施行)

第五百六十三条 有下列情形之一的,当事人可以解除合同:

(一)因不可抗力致使不能实现合同目的;

(二)在履行期限届满前,当事人一方明确表示或者以自己的行为表明不履行主要债务;

(三)当事人一方迟延履行主要债务,经催告后在合理期限内仍未履行;

（四）当事人一方迟延履行债务或者有其他违约行为致使不能实现合同目的；

（五）法律规定的其他情形。

以持续履行的债务为内容的不定期合同，当事人可以随时解除合同，但是应当在合理期限之前通知对方。

《最高人民法院关于审理买卖合同纠纷案件适用法律问题的解释》（2012年施行，已被修订）

第三十八条 合同法第一百六十七条第一款规定的"分期付款"，系指买受人将应付的总价款在一定期间内至少分三次向出卖人支付。

分期付款买卖合同的约定违反合同法第一百六十七条第一款的规定，损害买受人利益，买受人主张该约定无效的，人民法院应予支持。

《最高人民法院关于审理买卖合同纠纷案件适用法律问题的解释》（2020年修正）

第二十七条 民法典第六百三十四条第一款规定的"分期付款"，系指买受人将应付的总价款在一定期限内至少分三次向出卖人支付。

分期付款买卖合同的约定违反民法典第六百三十四条第一款的规定，损害买受人利益，买受人主张该约定无效的，人民法院应予支持。

本案链接

以下为该案在法院审理阶段，判决书中"本院认为"就该问题的论述：

本案争议的焦点问题是周某某是否享有《中华人民共和国合同法》（以下简称《合同法》）第一百六十七条规定的合同解除权。

一、《合同法》第一百六十七条第一款规定，"分期付款的买受人未支付到期价款的金额达到全部价款的五分之一的，出卖人可以要求买受人支付全部价款或解除合同"。第二款规定，"出卖人解除合同的，可以向买受人要求支付该标的物的使用费。"最高人民法院《关于审理买卖合同纠纷案件适用法律问题的解释》第三十八条规定，"合同法第一百六十七条第一款规定的'分期付款'，系指买受人将应付的总价款在一定期间内至少分三次向出卖人支付。分期付款买卖合同的约定违反合同法第一百六十七条第一款的规定，损害买受人利益，买受人主张该约定无效的，人民法院应予支持"。依据上述法律和司法解释的规定，分期付款买卖的主要特征为：一是买受人向出卖人支付总价款分三次以上，出卖人交付标的物之后买受人分两次以上向出卖人支付价款；二是多发、常见在经营者和消费者之间,一般是买受人作为消费者为满足生活消费而发生的交易;三是出卖人向买受人授予了一定信用,而作为授信人的出卖人在价款回收上存在一定风险,为保障出卖人剩余价款的回收,出卖人在一定条件下可以行使解除合同的权利。

本案系有限责任公司股东将股权转让给公司股东之外的其他人。尽管案涉股权的转让形式也是分期付款,但由于本案买卖的标的物是股权,因此具有与以消费为目的的一般买卖不同的特点:一是汤某某受让股权是为了参与公司经营管理并获取经济利益,并非满足生活消费;二是周某某作为有限责任公司的股权出让人,基于其所持股权一直存在于目标公司中的特点,其因分期回收股权转让款而承担的风险,与一般以消费为目的分期付款买卖中出卖人收回价款的风险并不同等;三是双方解除股权转让合同,也不存在向受让人要求支付标的物使用费的情况。综上特点,股权转让分期付款合同,与一般以消费为目的分期付款买卖合同有较大区别。对案涉《股权转让资金分期付款协议》不宜简单适用《合同法》第一百六十七条规定的合同解除权。

二、本案中,双方订立《股权转让资金分期付款协议》的合同目的能够实现。汤某某和周某某订立《股权转让资金分期付款协议》的目的是转让周某某所持青岛变压器集团成都双某电器有限公司 6.35% 股权给汤某某。根据汤某某履行股权转让款的情况,除第 2 笔股权转让款 150 万元逾期支付两个月,其余 3 笔股权转让款均按约支付,周某某认为汤某某逾期付款构成违约要求解除合同,退回了汤某某所付 710 万元,不影响汤某某按约支付剩余 3 笔股权转让款的事实的成立,且本案一、二审审理过程中,汤某某明确表示愿意履行付款义务。因此,周某某签订案涉《股权转让资金分期付款协议》的合同目的能够得以实现。另查明,2013 年 11 月 7 日,青岛变压器集团成都双某电器有限公司的变更(备案)登记中,周某某所持有的 6.35% 股权已经变更登记至汤某某名下。

三、从诚实信用的角度,《合同法》第六十条规定,"当事人应当按照约定全面履行自己的义务。当事人应当遵循诚实信用原则,根据合同的性质、目的和交易习惯履行通知、协助、保密等义务"。鉴于双方在股权转让合同上明确约定"此协议一式两份,双方签字生效,永不反悔",因此周某某即使依据《合同法》第一百六十七条的规定,也应当首先选择要求汤某某支付全部价款,而不是解除合同。

四、从维护交易安全的角度,一项有限责任公司的股权交易,关涉诸多方面，如其他股东对受让人汤某某的接受和信任（过半数同意股权转让），记载到股东名册和在工商部门登记股权，社会成本和影响已经倾注其中。本案中，汤某某受让股权后已实际参与公司经营管理、股权也已过户登记到其名下，如果不是汤某某有根本违约行为，动辄撤销合同可能对公司经营管理的稳定产生不利影响。

综上所述，本案中，汤某某主张的周某某依据《合同法》第一百六十七条之规定要求解除合同依据不足的理由，于法有据，应当予以支持。

第八章 增资扩股

085 有限公司增资扩股时，原股东对其他股东放弃认缴的增资份额没有优先认缴权

裁判要旨

有限责任公司增资扩股时，股东会决议将股东放弃认缴的增资份额转由公司股东以外的第三人认缴，其他股东主张优先认缴的，法院不予支持。公司章程另有约定的除外。

案情简介[①]

一、贵阳黔某生物制品有限责任公司（以下简称黔某公司）是一家有限责任公司，其股东及持股比例分别为：重庆大某生物技术有限公司（以下简称大某公司）54%、贵州益某制药有限公司（以下简称益某公司）19%、深圳市亿某盛达科技有限公司（以下简称亿某盛达公司）18%、贵州捷某投资有限公司（以下简称捷某公司）9%。

二、黔某公司为改制上市，引进战略投资者，召开股东会并形成决议：公司增资扩股2000万股，引进外部战略投资者。

三、大某公司、益某公司、亿某盛达公司均同意增资扩股，且放弃认缴的增资份额总计1820万股，转由新引进战略投资者认购，同意占比为91%。

四、捷某公司同意增资扩股，但主张按其比例享有认缴权180万股，且不同意引入战略投资者，并主张对其他股东放弃认缴的增资份额行使优先认缴权。

[①] 案件来源：最高人民法院，贵州捷某投资有限公司与贵阳黔某生物制品有限责任公司、重庆大某生物技术有限公司、贵州益某制药有限公司、深圳市亿某盛达科技有限公司股权确权及公司增资扩股出资份额优先认购权纠纷二审民事判决书［（2009）民二终字第3号］。

五、由此产生争议，捷某公司诉至贵州省高院请求确认其对黔某公司增资扩股部分的1820万股增资份额享有优先认购权。

六、贵州省高院一审判决认定捷某公司对增资扩股部分的1820万增资份额没有优先认购权。

七、捷某公司不服诉至最高院。最高院判决：捷某公司对增资扩股部分的1820万股增资份额没有优先认购权，驳回上诉，维持原判。

核心要点

现行《公司法》规定，公司增资时，股东在同等条件下有权优先按照实缴的出资比例认缴出资，并未明确规定股东对其他股东放弃的认缴出资比例有优先认缴的权利。

公司增资扩股行为与股东对外转让股份行为确属不同性质的行为，意志决定主体不同，因此二者对有限责任公司人合性要求不同。股权转让往往是被动的股东更替，与公司的战略性发展无实质联系，故要更加突出保护有限责任公司的人合性。而增资扩股，引入新的投资者，往往是为了公司的发展，当公司发展与公司人合性发生冲突时，则应当突出保护公司的发展机会，此时若基于保护公司的人合性而赋予某一股东优先认购权，该优先权行使的结果可能会削弱其他股东特别是控股股东对公司的控制力，导致其他股东因担心控制力减弱而不再谋求增资扩股，从而阻碍公司的发展壮大。因此，不能援引《公司法》第八十四条关于股权转让规定的精神来解释《公司法》第二百二十七条规定，也即，不能因股东在股权转让时拥有优先购买权就推定股东在增资扩股时对其他股东放弃的认缴出资比例拥有优先认缴权。

实务经验总结

前事不忘，后事之师。为避免未来发生类似败诉，我们建议：

第一，如果想阻止外来投资者进入公司，公司章程制定之初，可以在章程中直接规定：原股东对其他股东放弃的认缴增资份额拥有优先认购权，这样可以避免增资扩股时因其他股东放弃认缴增资份额而"引狼入室"。

第二，如公司拟融资引进战略投资者，股东则不应将公司股东对其他股东放弃认缴权的增资份额拥有优先认购权写进公司章程，否则这将有可能堵死公司通过增资扩股进行融资的渠道。

第三，捷某公司虽然败诉，但其隐名持股却被贵州高院及最高院确认股东资格的经验也值得我们学习：作为隐名股东切记保留好出资记录，并向公司和其他股东作出成为股东的意思表示，谋求在公司股东会、董事会等机构的席位，参与公司的经营管理，保留参与股东会的相关材料，比如股东会决议、会议纪要等。从《公司法》第三十四条第二款的规定看，工商登记并非设权性登记，而是宣示性登记，只具有对抗善意第三人的效力。因此，当公司内部发生股东资格争议时，不应仅以工商登记为准，还应对取得股东资格的实质性条件如是否出资、是否有成为股东的意思表示、是否参与公司的经营管理、是否享受股东权益和承担股东义务、其他股东是否明知等事实进行审查，并据实作出认定。

相关法律规定

《中华人民共和国公司法》（2018年修正，已被修订）

第三十二条 有限责任公司应当置备股东名册，记载下列事项：

（一）股东的姓名或者名称及住所；

（二）股东的出资额；

（三）出资证明书编号。

记载于股东名册的股东，可以依股东名册主张行使股东权利。

公司应当将股东的姓名或者名称向公司登记机关登记；登记事项发生变更的，应当办理变更登记。未经登记或者变更登记的，不得对抗第三人。

第三十四条 股东按照实缴的出资比例分取红利；公司新增资本时，股东有权优先按照实缴的出资比例认缴出资。但是，全体股东约定不按照出资比例分取红利或者不按照出资比例优先认缴出资的除外。

第四十三条 股东会的议事方式和表决程序，除本法有规定的外，由公司章程规定。

股东会会议作出修改公司章程、增加或者减少注册资本的决议，以及公司合并、分立、解散或者变更公司形式的决议，必须经代表三分之二以上表决权的股东通过。

第七十一条 有限责任公司的股东之间可以相互转让其全部或者部分股权。

股东向股东以外的人转让股权，应当经其他股东过半数同意。股东应就其股权转让事项书面通知其他股东征求同意，其他股东自接到书面通知之日起满三十日未答复的，视为同意转让。其他股东半数以上不同意转让的，不同意的股东应当购买该转让的股权；不购买的，视为同意转让。

经股东同意转让的股权，在同等条件下，其他股东有优先购买权。两个以上股东主张行使优先购买权的，协商确定各自的购买比例；协商不成的，按照转让时各自的出资比例行使优先购买权。

公司章程对股权转让另有规定的，从其规定。

《中华人民共和国公司法》（2023年修订）

第三十四条 公司登记事项发生变更的，应当依法办理变更登记。

公司登记事项未经登记或者未经变更登记，不得对抗善意相对人。

第五十六条 有限责任公司应当置备股东名册，记载下列事项：

（一）股东的姓名或者名称及住所；

（二）股东认缴和实缴的出资额、出资方式和出资日期；

（三）出资证明书编号；

（四）取得和丧失股东资格的日期。

记载于股东名册的股东，可以依股东名册主张行使股东权利。

第六十六条 股东会的议事方式和表决程序，除本法有规定的外，由公司章程规定。

股东会作出决议，应当经代表过半数表决权的股东通过。

股东会作出修改公司章程、增加或者减少注册资本的决议，以及公司合并、分立、解散或者变更公司形式的决议，应当经代表三分之二以上表决权的股东通过。

第八十四条 有限责任公司的股东之间可以相互转让其全部或者部分股权。

股东向股东以外的人转让股权的，应当将股权转让的数量、价格、支付方式和期限等事项书面通知其他股东，其他股东在同等条件下有优先购买权。股东自接到书面通知之日起三十日内未答复的，视为放弃优先购买权。两个以上股东行使优先购买权的，协商确定各自的购买比例；协商不成的，按照转让时各自的出资比例行使优先购买权。

公司章程对股权转让另有规定的，从其规定。

第二百二十七条 有限责任公司增加注册资本时，股东在同等条件下有权优先按照实缴的出资比例认缴出资。但是，全体股东约定不按照出资比例优先认缴出资的除外。

股份有限公司为增加注册资本发行新股时,股东不享有优先认购权,公司章程另有规定或者股东会决议决定股东享有优先认购权的除外。

本案链接

以下为该案在法院审理阶段,判决书中"本院认为"就该问题的论述:

贵州省高级人民法院认为,本案的争议焦点有两个:一是捷某公司是否是黔某公司的股东;二是捷某公司是否对其他股东承诺放弃的认缴新增出资份额享有优先认购权。关于捷某公司是否是黔某公司的股东的问题,认为捷某公司是黔某公司的隐名股东,享有该公司9%的股权。理由在于虽然我国《公司法》对隐名股东无明确规定,但就股东资格而言,根据我国《公司法》第三十三条第三款关于"公司应当将股东的姓名或者名称及其出资额向公司登记机关登记;登记事项发生变更的,应当办理变更登记。未经登记或者变更登记的,不得对抗第三人"的规定看,工商登记并非设权性登记,而是宣示性登记,只具有对抗善意第三人的效力。因此,当公司内部发生股东资格争议时,不应仅以工商登记为准,还应对取得股东资格的实质性条件如是否出资、是否有成为股东的意思、是否参与公司的经营管理、是否享受股东权益和承担股东义务、其他股东是否明知等事实进行审查,并据实作出认定。一方面,友某集团确认其于2000年收购黔某公司股份时,由于资金不足,有9%的股权是代捷某公司购买,捷某公司已实际支付了对价,并实际享有黔某公司的股东权益,友某集团对该9%的股权只是名义上的股东。同时,该事实也得到了友某集团的主管部门贵阳市国资委的确认。另一方面,捷某公司出资后,以自己的名义委派人员进入黔某公司董事会,以自己的名义参加黔某公司股东会,行使9%的表决权;2005年6月29日,黔某公司的股东会决议更是直接明确捷某公司是其股东,持股比例为9%;2007年4月12日,黔某公司又制作了变更登记申请书,申请将显名股东友某集团变更为捷某公司,只是因股东之间就增资扩股事宜发生争议而搁置。以上一系列事实表明,捷某公司不仅对黔某公司出资,而且以自己的名义参与经营管理,并为其他股东所知悉和认同。因此,应根据真意主义原则,认定捷某公司是黔某公司的股东,享有该公司9%的股权。捷某公司所提确认其为黔某公司股东的诉请有理,予以支持。黔某公司应协助捷某公司及时办理工商变更登记手续。

关于捷某公司是否对其他股东承诺放弃的认缴新增出资份额享有优先认购权的问题,捷某公司对其他股东放弃的份额没有优先认购权。理由是:首先,优先权对其相对人权利影响甚巨，必须基于法律明确规定才能享有。根据我国《公司法》第三十五条的规定，有限责任公司新增资本时，股东有权优先按照其实缴的出资比例认缴出资。但是，对当部分股东欲将其认缴出资份额让与外来投资者时，其他股东是否享有同等条件下的优先认购权的问题，《公司法》未作规定。2004年修订的《公司法》第三十三条规定："公司新增资本时，股东可以优先认缴出资"，而现行《公司法》第三十五条将该条修改为"公司新增资本时，股东有权优先按照其实缴的出资比例认缴出资"，对股东优先认缴出资的范围作了限定，由此可以推知，现行《公司法》对股东行使增资优先认购权范围进行了压缩，并未明确规定股东对其他股东放弃的认缴出资比例有优先认缴的权利。其次，公司股权转让与增资扩股不同，股权转让往往是被动的股东更替，与公司的战略性发展无实质联系，故要更加突出保护有限责任公司的人合性；而增资扩股，引入新的投资者，往往是为了公司的发展，当公司发展与公司人合性发生冲突时，则应当突出保护公司的发展机会，此时若基于保护公司的人合性而赋予某一股东优先认购权，该优先权行使的结果可能会削弱其他股东特别是控股股东对公司的控制力，导致其他股东因担心控制力减弱而不再谋求增资扩股，从而阻碍公司的发展壮大。因此，不能援引《公司法》第七十二条关于股权转让的规定精神来解释《公司法》第三十五条规定。再次，黔某公司股东会在决议增资扩股时，已经按照《公司法》第三十五条关于"公司新增资本时，股东有权优先按照实缴的出资比例认缴出资"的规定，根据捷某公司的意思，在股东会决议中明确其可以按其实缴出资比例认购180万股出资，且捷某公司已按比例缴交了认股出资，故该股东会决议没有侵害捷某公司依法应享有的优先认购权。因此，黔某公司股东会以多数决通过的增资扩股及引入战略投资者的决议有效，捷某公司对其他股东放弃的新增出资份额没有优先认购权，捷某公司所提确认其对黔某公司其他股东放弃的1820万股出资份额享有优先认购权的诉讼请求不能成立，予以驳回。原审法院依照《中华人民共和国公司法》第三十五条、《中华人民共和国民事诉讼法》第一百二十八条之规定，判决：一、确认捷某公司为黔某公司股东；二、驳回捷某公司主张对黔某公司其他股东放弃的1820万股增资扩股出资份额享有优先认购权的诉讼请求。

最高人民法院认为：对于第二个方面问题，关于股份对外转让与增资扩股的不同，原审判决（贵州高院的一审判决）对此已经论述得十分清楚，本院予以认可。我国《公司法》第三十五条规定"公司新增资本时，股东有权优先按照其实缴的出资比例认缴出资"，直接规定股东认缴权范围和方式，并没有直接规定股东对其他股东放弃的认缴出资比例增资份额有无优先认购权，也并非完全等同于该条但书或者除外条款即全体股东可以约定不按照出资比例优先认缴出资的除外所列情形，此款所列情形完全是针对股东对新增资本的认缴权而言的，这与股东在行使认缴权之外对其他股东放弃认缴的增资份额有无优先认购权并非完全一致。对此，有限责任公司的股东会完全可以有权决定将此类事情及可能引起争议的决断方式交由公司章程规定，从而依据公司章程规定方式作出决议，当然也可以包括股东对其他股东放弃的认缴出资有无优先认购权问题，该决议不存在违反法律强行规范问题，决议是有效力的，股东必须遵循。只有股东会对此问题没有形成决议或者有歧义理解时，才有依据《公司法》规范适用的问题。即使在此情况下，由于公司增资扩股行为与股东对外转让股份行为确属不同性质的行为，意志决定主体不同，因此二者对有限责任公司人合性要求不同。在已经充分保护股东认缴权的基础上，捷某公司在黔某公司此次增资中利益并没有受到损害。当股东个体更大利益与公司整体利益或者有限责任公司人合性与公司发展相冲突时，应当由全体股东按照公司章程规定方式进行决议，从而有个最终结论以便各股东遵循。至于黔某公司准备引进战略投资者具体细节是否已经真实披露于捷某公司，并不能改变事物性质和处理争议方法。

综上所述，捷某公司上诉请求和理由不能成立，本院不予支持。捷某公司应当按照黔某公司此次增资股东会有关决议内容执行，对其他股东放弃认缴的增资份额没有优先认购权。原审判决认定事实清楚，判决理由充分，本院予以维持。

086 股东应在合理期限内行使增资优先认缴权，否则不予支持

裁判要旨

公司新增资本时，股东有权优先按照实缴的出资比例认缴出资。现行法律并未明确规定该项权利的行使期限，但从维护交易安全和稳定经济秩序的角度出发，结合商事行为的规则和特点，人民法院在处理相关案件时应限定该项权利行使的合理期间，对于超出合理期间行使优先认缴权的主张不予支持。

案情简介[1]

一、蒋某、红某公司均为科某公司股东。其中，蒋某出资67.6万元，出资比例14.22%；红某公司出资27.6万，出资比例5.81%。

二、2003年12月16日，科某公司召开股东会，通过"关于吸纳陈某某为新股东"的决议（75.49%同意，20.03%反对，4.48%弃权）。蒋某及红某公司投反对票，并要求行使股东对新增注册资本的优先认缴权。

三、2003年12月18日，科某公司、陈某某签订《入股协议书》，约定由陈某某出资800万元，以每股1.3元认购科某公司新增的615.38万股。

四、2003年12月22日，红某公司向科某公司递交报告，主张蒋某和红某公司对新增资本享有优先认缴出资的权利。

五、2003年12月25日，科某公司完成注册资本及出资比例的工商变更，蒋某、红某公司的出资比例分别降低至6.20%及2.53%。次日，红某公司向工商局递交了《请就新增资本、增加新股东作不予变更登记的报告》。

六、2005年3月30日，陈某某将其持有的科某公司615.38万股股份转让给固某公司（固某公司的法定代表人为陈某某），并办理了工商变更登记。

七、2005年12月，蒋某和红某公司向法院提起诉讼，请求确认科某公司2003年12月16日股东会通过的"吸纳陈某某为新股东"的决议无效，确认其对800万元新增资本优先认购。绵阳中院判决驳回其诉讼请求。

八、红某公司、蒋某不服，提起上诉，四川省高院改判案涉股东会决议中"吸纳陈某某为新股东"的内容无效，并判决在蒋某和红某公司将800万元购股款支付给科某公司后15日内，由固某公司向科某公司返还其所持有的615.38万股股权，并同时由科某公司根据蒋某和红公司的认购意愿和支付款项情况将该部分股权登记于蒋某和红某司名下。

九、科某公司、固某公司、陈某某等不服二审判决，向最高人民法院申请再审。最高人民法院判决：股东会决议中涉及新增股份20.03%（增资前蒋某及红某公司出资比例总计为20.03%）的部分因侵犯红某公司、蒋某对新增资本优先的认缴权无效，涉及新增股份79.97%的部分有效，但驳回了红某公司、蒋某关于行使对新增资本优先认缴权的诉讼请求。

---

[1] 案件来源：最高人民法院，绵阳市红某实业有限公司、蒋某诉绵阳高新区科某实业有限公司股东会决议效力及公司增资纠纷再审民事判决书[（2010）民提字第48号]，载《最高人民法院公报》2011年第3期。

核心要点

虽然科某公司 2003 年 12 月 16 日股东会决议因侵犯了红某公司和蒋某按照各自的出资比例优先认缴新增资本的权利而部分无效，但红某公司和蒋某是否能够行使上述新增资本的优先认缴权还需要考虑其是否恰当地主张了权利。股东优先认缴公司新增资本的权利属形成权，虽然现行法律没有明确规定该项权利的行使期限，但为维护交易安全和稳定经济秩序，该权利应当在一定合理期间内行使，并且由于这一权利的行使属于典型的商事行为，对于合理期间的认定应当比通常的民事行为更加严格。

本案红某公司和蒋某在科某公司 2003 年 12 月 16 日召开股东会时已经知道其优先认缴权受到侵害，且作出了要求行使优先认缴权的意思表示，但并未及时采取诉讼等方式积极主张权利。在此后科某公司召开股东会、决议通过陈某某将部分股权赠与固某公司提案时，红某公司和蒋某参加了会议，且未表示反对。红某公司和蒋某在股权变动近两年后又提起诉讼，争议的股权价值已经发生了较大变化，此时允许其行使优先认缴出资的权利将导致已趋稳定的法律关系遭到破坏，并极易产生显失公平的后果，故最高人民法院认定红某公司和蒋某主张优先认缴权的合理期间已过，据此驳回了其主张优先认缴权的诉讼请求。

实务经验总结

前事不忘，后事之师。为避免未来发生类似败诉，提出如下建议：

第一，股东行使新增资本的优先认缴权，一定要在发现权利被侵犯后，尽快在合理期限内行使。否则法院出于维护交易安全和稳定经济秩序的考虑，不会支持其超出合理期限行使优先认缴权的诉讼请求。

第二，股东要求行使优先认缴权的方式要恰当，必要时股东应提起诉讼。本案中红某公司和蒋某先后三次表达了反对意见，分别是在讨论增资的股东会决议中投反对票、向公司提交要求行使优先认缴权的报告、向工商局提交要求不予工商变更登记的报告，却未及时向法院起诉。因此，本案股东未能如愿行使优先认缴权，并非由于未及时表达意见，而是选错了表达意见的途径。本案的教训和经验是：股东在优先认缴权受到侵犯后，如不能通过协商方式解决，应立即明确要求行使优先认缴权，通过法院行使此项权利。

相关法律规定

《中华人民共和国公司法》（2018年修正，已被修订）

第三十四条　股东按照实缴的出资比例分取红利；公司新增资本时，股东有权优先按照实缴的出资比例认缴出资。但是，全体股东约定不按照出资比例分取红利或者不按照出资比例优先认缴出资的除外。

《中华人民共和国公司法》（2023年修订）

第二百二十七条　有限责任公司增加注册资本时，股东在同等条件下有权优先按照实缴的出资比例认缴出资。但是，全体股东约定不按照出资比例优先认缴出资的除外。

股份有限公司为增加注册资本发行新股时，股东不享有优先认购权，公司章程另有规定或者股东会决议决定股东享有优先认购权的除外。

本案链接

以下为该案在法院审理阶段，判决书中"本院认为"就该问题的论述：

虽然科某公司2003年12月16日股东会决议因侵犯了红某公司和蒋某按照各自的出资比例优先认缴新增资本的权利而部分无效，但红某公司和蒋某是否能够行使上述新增资本的优先认缴权还需要考虑其是否恰当地主张了权利。股东优先认缴公司新增资本的权利属形成权，虽然现行法律没有明确规定该项权利的行使期限，但为了维护交易安全和稳定经济秩序，该权利应当在一定合理期间内行使，并且由于这一权利的行使属于典型的商事行为，对于合理期间的认定应当比通常的民事行为更加严格。本案红某公司和蒋某在科某公司2003年12月16日召开股东会时已经知道其优先认缴权受到侵害，且作出了要求行使优先认缴权的意思表示，但并未及时采取诉讼等方式积极主张权利。在此后科某公司召开股东会、决议通过陈某某将部分股权赠与固某公司提案时，红某公司和蒋某参加了会议，且未表示反对。红某公司和蒋某在股权变动近两年后又提起诉讼，争议的股权价值已经发生了较大变化，此时允许其行使优先认缴出资的权利将导致已趋稳定的法律关系遭到破坏，并极易产生显失公平的后果，故四川省绵阳市中级人民法院（2006）绵民初字第2号民事判决认定红某公司和蒋某主张优先认缴权的合理期间已过并无不妥。故本院对红某公司和蒋某行使对科某公司新增资本优先认缴权的请求不予支持。

延伸阅读

公司法相关诉讼有关起诉期限的裁判规则

一、请求确认公司决议无效（有效）、决议不存在、未形成有效决议，不受诉讼时效的限制

案例1：上海市第一中级人民法院，徐某诉某专利商标事务所有限公司决议纠纷二审民事判决书［（2016）沪01民终字第9630号］认为：本案案由为公司决议纠纷，非债权请求权纠纷，根据《最高人民法院关于审理民事案件适用诉讼时效制度若干问题的规定》，本案不适用诉讼时效规定。

案例2：郑州市中级人民法院，朱某某与郑州格某恩科技有限公司、纪某公司决议纠纷二审民事判决书［（2016）豫01民终字第9355号］认为：该股东会决议无效属自始无效，单纯的时间经过不能改变无效合同的违法性，朱某某向人民法院申请确认该决议效力，不适用两年诉讼时效期间的限制，故对格某恩科技公司、纪某所称朱某某的诉求超过诉讼时效期间的上诉理由本院亦不予支持。

案例3：钦州市中级人民法院，裴某某、李某等与钦州市和某建筑材料有限公司决议效力确认纠纷二审民事判决书［（2016）桂07民终字第386号］认为：本案当事人提起的是确认股东会决议无效之诉，该项权利属于形成权，不适用诉讼时效的相关规定，即不受诉讼时效限制；上诉人提出的诉讼时效的抗辩不成立，本院不予支持。

二、也有法院认为确认公司决议效力诉讼（公司决议无效、有效、决议不存在、未形成有效决议）应受诉讼时效的限制

案例4：贵州省高级人民法院，余某某诉贵州庆某达房地产开发有限公司、许某、林某、陈某某、郭某、刘某某公司决议纠纷二审民事判决书［（2016）黔民终字第10号］认为：对于上述虚构的股东会议及其决议，只要其他股东在知道或者应当知道自己的股东权利被侵犯后，在法律规定的诉讼时效内提起诉讼，人民法院即应依法受理，不受六十日期限的限制。

三、请求撤销公司决议，应在公司决议作出之日起60日的除斥期间内向法院提出

1. 超出60日起诉，撤销权消灭

案例5：山东省高级人民法院，中某投资有限公司与山东菏泽中某生物制品有限公司决议效力确认纠纷二审民事判决书［（2016）鲁民终字第1216号］认

为："王某某所主张的未收到关于召开此次股东会的通知等事由系股东会召开的程序是否违反公司章程和法律的规定，均属于法律规定的可以撤销股东会决议的事由，而非导致股东会决议无效的法定事由。股东会决议作出的时间为2014年8月16日，王某某应当于该股东会决议作出之日起60日内向法院提出撤销该决议的诉讼，而王某某未对此行使撤销权，且该撤销权已消灭。"法院据此认定股东会决议有效。

案例6：珠海市中级人民法院，彭某某与珠海博某模具有限公司决议撤销纠纷二审民事判决书［（2016）粤04民终字第1380号］认为：股东行使撤销权的期间为自决议作出之日起60日内，该期间属除斥期间，即权利行使的不变期间，期间经过后，撤销权人即丧失撤销权，法院也不应受理。结合本案实际，《20140920股东会决议》于2014年9月20日作出，被上诉人彭某某作为博能公司股东于2014年11月12日向珠海市金湾区人民法院提交《民事起诉状》等诉讼材料，对博能公司提起案涉诉讼，并未超过上述规定的60日的除斥期间，故本院对博能公司主张彭某某已丧失撤销权的抗辩不予采纳。

案例7：北京市第二中级人民法院，赵某某与北京城某汇友安装工程有限公司决议纠纷二审民事判决书［（2016）京02民终字第5186号］认为：现赵某某主张撤销的董事会决议系城建公司于2006年10月25日作出的，根据前述规定赵某某于2016年2月1日提起本案诉讼已过法定的行使撤销权的除斥期间，一审法院判决驳回赵某某的诉讼请求并无不妥。

2. 邮寄起诉状的在途时间不应计算在60日的除斥期间内

案例8：昆明市中级人民法院，武某某与昆明市鑫某屋业开发有限公司决议撤销纠纷二审民事判决书［（2016）云01民终字第2666号］认为：关于上诉人提出被上诉人起诉时已经超过行使撤销权的除斥期间，应当依法驳回其诉讼请求的主张。根据《中华人民共和国民事诉讼法》第八十二条第四款的规定，期间不包括在途时间，诉讼文书在期满前交邮的，不算过期。被上诉人于2015年12月17日以法律允许的邮寄方式向一审法院递交了起诉状，未超过《公司法》规定的行使撤销权的法定期间，故上诉人提出上述主张无法律依据，本院不予支持。

3. 60日的除斥期间不适用诉讼时效关于中止、中断、延长的规定

案例9：滨州市中级人民法院，怀某与山东汇某利食品有限公司、张某某公司决议撤销纠纷二审民事判决书［（2016）鲁16民终字第840号］认为：本案

系被上诉人怀某要求撤销2013年11月1日的股东会决议，对于股东会议决议，《中华人民共和国公司法》第二十二条第二款规定，股东可以在自决议作出之日起60日内，请求法院撤销，被上诉人2013年12月26日向法院提起诉讼，后被上诉人撤回起诉。2014年9月19日，被上诉人再次提起诉讼，已超法定的60日期限，该60日内的法定期限系除斥期间，不适用诉讼时效关于中止、中断、延长的规定。超过法定期限的，人民法院不予支持。从涉案决议作出之日起至被上诉人怀某提起本案诉讼之日止已超过60日，故应驳回被上诉人怀某的诉讼请求。

四、主张优先购买权的案件应根据具体的诉讼请求确定起诉的期限

1. 主张股权转让协议侵害优先购买权，进而要求确认股权转让协议无效的，部分裁判观点认为应适用诉讼时效

案例10：南京市中级人民法院，原告吴某某与被告吴某甲、马某某股权转让纠纷一审民事判决书［（2014）宁商外初字第84号］认为：关于本案是否已经超过诉讼时效的问题。2010年7月26日吴某某等人联名向南京市公安局请愿时，即认为吴某甲与马某某恶意串通损害其利益，因此，其当时即已知晓案涉股权转让相关事宜，其主张案涉股权转让侵害其优先购买权、进而要求确认案涉股权转让协议无效，应在法定的时效期间内及时行使权利。但本案中吴某某直至2014年12月4日才诉至本院，请求确认案涉股权转让协议无效，已经超过法律规定的诉讼时效。故对马某某的这一抗辩，本院予以采纳。

案例11：苏州市姑苏区人民法院，卢某某与纪某某、戴某某股权转让纠纷一审民事判决书［（2013）姑苏商初字第1187号］认为：2011年6月20日，苏州市地方税务局针对原告举报作出答复并交原告后，原告认为其权益受到侵害，后于2013年6月17日向法院起诉，尚未超过法律规定的两年诉讼时效期间。

案例12：江苏省高级人民法院，李某某与姜某某、殳某某等股权转让纠纷二审民事判决书［（2014）苏商外终字第0010号］认为：姜某某上诉认为香港法院早在2010年3月就涉案股权事宜作出了判决，李某某应在2010年3月就知道马某某转让其股权的事实，故李某某的起诉已超过两年的诉讼时效。对此，本院认为，即便如姜某某所称，李某某在2010年香港法院作出判决时即知道马某某转让其股权，但并无证据证明李某某知道马某某是以低价即1:1.8的比例转让其股权的事实。从本案现有证据看，江苏省宝应县人民法院于2011年12月27日作出（2011）宝刑初字第0430号刑事判决，李某某最早应在2011年12月27日知道马某某低价转让股权的事实，故本案的诉讼时效最早应从该日起起算，李

某某于 2012 年 3 月 29 日提起本案诉讼未超过两年的诉讼时效。姜某某关于本案已经超过诉讼时效的上诉理由不能成立，本院不予支持。

2. 主张股权转让协议侵害优先购买权，进而要求确认股权转让协议无效的，部分裁判观点认为应在合理期限内提出

案例 13：吉林市丰满区人民法院，段某甲与段某乙、董某甲、董某乙及第三人邱某股权转让纠纷一审民事判决书［（2014）丰民二初字第 81 号］认为：虽然相关法律与梧某公司的公司章程并未明确规定其他股东行使优先购买权的期限，但并不意味着其他股东可以无限期地拖延行使该权利，为了维护交易安全及经济秩序的稳定，其他股东应当在合理期限内积极行使优先购买权。由于本案三位被告之间的股权转让行为早在 2006 年即已发生，而作为梧某公司股东的原告应当及时掌握包括公司的股权结构变化在内的重要信息，却怠于行使该项权利，另外，原告于 2009 年 12 月 15 日在吉林市公安局制作的询问笔录中也曾明确表示已经知晓被告董某甲、董某乙及第三人邱某入股梧某公司的事实，因此，由于原告在知晓公司股东将股权转让给了股东以外的人，明知其股东优先购买权受到侵害后，多年来一直未主张权利，应视为其放弃了该项权利……被告段某乙早在 2006 年即向被告董某甲、董某乙转让了股权，并办理了股权变更登记手续，公司在长期的运营过程中，新老股东之间已经建立起了新的人合关系，新的股东结构已趋稳定，双方争议的股权价值与转让时相比也会发生较大的变化，而原告在 2014 年 8 月 25 日才提起本次诉讼，要求行使股东优先购买权，其行为必将导致已趋稳定的法律关系遭到破坏，交易安全得不到应有的保障，并可能会产生显失公平的法律后果，现原告段某甲提起告诉，已明显超过合理期限。故原告段某甲要求确认被告段某乙与被告董某甲、董某乙之间签订的《转让公司注册资本金协议书》无效的诉讼请求不应予以支持。如原告认为被告段某乙转让股权的行为使其蒙受了损失，可另行主张权利。

3. 主张股权转让协议侵害优先购买权，进而撤销股权转让协议的，应在一年的除斥期间内提出

案例 14：固原市中级人民法院，方某与陈某某、方某某股权转让纠纷二审民事判决书［（2016）宁 04 民终字第 734 号］认为：上诉人方某作为宁夏龙某池酒业有限公司股东，对股东向外转让的股份有优先购买权。本案中宁夏龙某池酒业有限公司股东方某某与陈某甲达成转让股份协议经公司董事会同意并加盖公司印章，宁夏龙某池酒业有限公司亦对陈某甲的职务做了安排，任命陈某甲为公

司总经理职务。《中华人民共和国合同法》第五十五条第（一）款规定，"有下列情形之一的，撤销权消灭：具有撤销权的当事人自知道或者应当知道撤销事由之日起一年内没有行使撤销权"。根据此规定，上诉人方某应在公司2014年2月22日召开股东会之日起一年内行使撤销权，但上诉人方某在知道或者应当知道撤销事由之日起一年内未行使权利，故撤销权消灭。一审法院认为方某主张撤销股份转让协议的诉讼请求已超过诉讼时效的理由不当，本院予以纠正。但一审法院适用《合同法》第五十五条规定正确。

案例15：滨州市滨城区人民法院，田某某与王某某股权转让纠纷一审民事判决书［（2014）滨商初字第604号］认为：被告王某某于2013年2月5日与第三人杨某某签订股权转让协议。2013年2月6日，滨州市工商行政管理局滨城分局将滨州市环某镁置业有限公司股东由刁某某变更为田某某，由王某某变更为杨某某。结合原告田某某在2013年2月6日滨州市环某镁置业有限公司召开的通过选举杨某某担任公司监事等事项的股东会决议上签字的行为，能够认定被告王某某将股权转让给第三人杨某某，原告田某某放弃了优先购买权；此外，原告田某某应自2013年2月6日知道或者应当知道被告王某某已将其股权转让给第三人杨某某，原告田某某于2014年8月27日诉至本院要求行使撤销权，已过除斥期间，撤销权消灭。故对原告的主张，本院不予支持。

五、股东请求公司回购股份，应在股东会决议作出之日起90日内提出，否则法院驳回起诉

案例16：淮安市清河区人民法院，朱某某与江苏华某驰宇建筑装饰工程有限公司请求公司收购股份纠纷一审民事判决书［（2015）河商初字第0049号］认为：朱某某在该次股东会决议中投票反对，因此，朱某某在股东会会议决议作出之日起六十日内未与华某公司就股权收购达成协议时，应于股东会会议决议作出之日起九十日内向人民法院提起诉讼。朱某某于2015年1月16日诉至本院，请求华某公司以合理价格收购其股份。据此，本院认为，朱某某于2015年1月16日诉至本院，已经超过了自股东会会议决议作出之日起算的九十日期限，不符合人民法院受理民事案件的条件，应当驳回起诉。

案例17：上海市青浦区人民法院，唐某某与上海叠某园艺工程有限公司请求公司收购股份纠纷一审民事判决书［（2015）青民二（商）初字第1873号］认为：根据《公司法》规定，公司章程规定的营业期限届满或者章程规定的其他解散事由出现，股东会会议通过决议修改公司章程使公司存续的，对该项决议

投反对票的股东可以请求公司按照合理的价格收购其股权。股东如未能在决议通过之日起六十日内与公司就股权收购达成协议的，股东可以自决议通过之日起九十日内向人民法院提起诉讼。被告于2015年6月14日通过股东会决议，决定延长公司营业期限，原告对此予以反对，并在九十日内提起本案诉讼，故原告要求被告收购其持有的被告股份的主张符合法律规定。

案例18：常州市中级人民法院，李某某与常州市创某生活用品有限公司请求公司收购股份纠纷二审民事判决书［（2014）常商终字第133号］认为：虽然李某某提供的落款时间是2011年4月28日的股东会决议复印件，客观上不持有公司股东会决议原件，但是创某公司的三位股东对公司召开第十三次股东会并通过延长公司经营期限的股东会决议是明知的。李某某于2011年7月25日向法院递交诉状，要求创某公司回购股权时，创某公司关于公司经营期限延长的第十三次股东会决议已形成并通过，李某某对决议投反对票。李某某提起创某公司回购股权之诉，符合法律规定的条件，即股东投反对票且在90天之内起诉。

案例19：泸州市江阳区人民法院，叶某某与泸州朗某置业有限公司请求公司收购股份纠纷一审民事判决书［（2015）江阳民初字第5684号］认为：《中华人民共和国公司法》第七十四条规定了股东请求公司按照合理的价格收购其股权的期限为"股东会会议决议通过之日起六十日内，股东与公司不能达成股权收购协议的，股东可以自股东会会议决议通过之日起九十日内向人民法院提起诉讼"，即原告向人民法院提起诉讼的时间须为股东会决议之后，本案中，既无相应股东会决议，原告提起诉讼的时间也未在《公司法》规定的期限内，故对于原告的主张，本院不予以支持。

087 虽与持股90%的大股东签订增资协议并实际投资，但未经股东会决议通过的，不能取得股东资格

裁判要旨

投资人拟通过增资扩股方式成为公司股东，虽与控股股东签订了增资扩股协议，但是该协议未召开股东会并经代表三分之二以上表决权的股东表决通过，投资人并不能取得股东身份。

案情简介[①]

一、亚某公司由张某某、王某某设立，注册资本为人民币 100 万元。其中，张某某出资 90 万元，持股 90%；王某某出资 10 万元，持股 10%，法定代表人由张某某担任。

二、2006 年 5 月 9 日，原某某与张某某签订《入股合资经营协议》，约定亚某公司由原某某出资入股进行合资经营；双方各自的出资总额以其最终累计的出资额为准，公司对双方已经到位的出资额应出具出资证明。但是，该次增资扩股事宜未经过亚某公司股东会决议通过。

三、2006 年 9 月 26 日，张某某向原某某出具收条，注明收到原某某股金 25 万元，该收条上加盖了亚某公司公章。

四、此后，经股权转让和增资，至 2008 年 7 月 16 日，亚某公司的注册资本增加至 300 万元，张某某不再担任亚某公司股东。在亚某公司股权变更过程中未涉及原某某，原某某未被记载于亚某公司的股东名册。

五、此后，原某某向法院起诉要求确认股东资格。本案经上海浦东区法院一审，上海中院二审，最终未能认定原某某的股东资格。

核心要点

根据《公司法》的规定，公司增加注册资本应由股东会作出决议，且必须经代表三分之二以上表决权的股东表决通过。但是，亚某公司从未就原某某增资入股事宜召开过股东会并形成决议。原某某签订《入股合资经营协议》的目的系通过增资扩股方式取得股东资格，但是该协议未经股东会决议通过，也未确定原某某投资数额及股权份额，且在协议之后亚某公司的多次变更过程中均未涉及原某某，原某某也从未享有过公司股东的权利，故原某某不能取得股东资格。

实务经验总结

前事不忘，后事之师。为避免未来发生类似败诉，提出如下建议：

第一，投资者若想通过增资扩股的方式取得股东资格，务必要求大股东召集

[①] 案件来源：上海市第一中级人民法院，原某某与上海亚某生物技术有限公司股票权利确认纠纷一案二审民事判决书 [（2010）沪一中民四（商）终字第 69 号]。

股东会，经代表三分之二以上表决权股东的表决通过（若公司章程规定更高的表决权比例，则按照公司章程的规定处理），并在股东会决议中要求公司原股东对增资份额放弃优先购买权。切不可以为公司实际上由控股股东一人实际控制，其就可以对公司的一切事宜做主，即便是其股权占比在 90% 以上，诸如增资、减资、合并、分立的事项，也不属于大股东个人特权，必须通过股东会决议的方式上升为公司意志，否则因程序违法，投资者不能取得股东资格。

第二，对于公司的控股股东来讲，必须摆正自己的位置，认识到公司和自己是两个相互独立的主体，完善公司的法人治理结构，严格区分股东会、董事会、经理、法定代表人等公司机关的权力和责任，依照《公司法》及公司章程的内容和程序行使职权，否则可能因越权行为致使签订的协议或决议被认定为可撤销或无效。

相关法律规定

《中华人民共和国公司法》（2018 年修正，已被修订）

第三十七条　股东会行使下列职权：

（一）决定公司的经营方针和投资计划；

（二）选举和更换非由职工代表担任的董事、监事，决定有关董事、监事的报酬事项；

（三）审议批准董事会的报告；

（四）审议批准监事会或者监事的报告；

（五）审议批准公司的年度财务预算方案、决算方案；

（六）审议批准公司的利润分配方案和弥补亏损方案；

（七）对公司增加或者减少注册资本作出决议；

（八）对发行公司债券作出决议；

（九）对公司合并、分立、解散、清算或者变更公司形式作出决议；

（十）修改公司章程；

（十一）公司章程规定的其他职权。

对前款所列事项股东以书面形式一致表示同意的，可以不召开股东会会议，直接作出决定，并由全体股东在决定文件上签名、盖章。

第四十三条　股东会的议事方式和表决程序，除本法有规定的外，由公司章程规定。

股东会会议作出修改公司章程、增加或者减少注册资本的决议,以及公司合并、分立、解散或者变更公司形式的决议,必须经代表三分之二以上表决权的股东通过。

《中华人民共和国公司法》(2023年修订)

第五十九条　股东会行使下列职权:

(一) 选举和更换董事、监事,决定有关董事、监事的报酬事项;

(二) 审议批准董事会的报告;

(三) 审议批准监事会的报告;

(四) 审议批准公司的利润分配方案和弥补亏损方案;

(五) 对公司增加或者减少注册资本作出决议;

(六) 对发行公司债券作出决议;

(七) 对公司合并、分立、解散、清算或者变更公司形式作出决议;

(八) 修改公司章程;

(九) 公司章程规定的其他职权。

股东会可以授权董事会对发行公司债券作出决议。

对本条第一款所列事项股东以书面形式一致表示同意的,可以不召开股东会会议,直接作出决定,并由全体股东在决定文件上签名或者盖章。

第六十六条　股东会的议事方式和表决程序,除本法有规定的外,由公司章程规定。

股东会作出决议,应当经代表过半数表决权的股东通过。

股东会作出修改公司章程、增加或者减少注册资本的决议,以及公司合并、分立、解散或者变更公司形式的决议,应当经代表三分之二以上表决权的股东通过。

本案链接

以下为该案在法院审理阶段,判决书中"本院认为"就该问题的论述:

原某某与张某某签订《入股合资经营协议》的目的系通过亚某公司增资扩股方式成为亚某公司股东,但是该协议未经亚某公司股东会决议通过,未确定原某某投资数额及股权份额,且在协议之后亚某公司的多次变更过程中均未涉及原某某,原某某也从未行使过股东经营管理公司的义务、享有过公司股东的权利,现张某某已不是亚某公司股东,故原某某再以其与张某某签订的协议为据主张亚某公司增资扩股吸收其为公司股东无事实依据和可能，故对原某某的上诉请求本院难以支持。

088 对增资不知情的股东可要求确认其股权比例保持不变

裁判要旨

未经公司有效的股东会决议通过，他人虚假向公司增资以"稀释"公司原有股东的股权比例的，该行为损害原有股东的合法权益，即使该出资行为已被工商行政机关备案登记，仍应认定为无效，公司原有股东股权比例应保持不变。

案情简介[①]

一、2004年4月21日，黄某某与陈某某、陈某、张某、顾某某、王某某共同设立了宏某公司。宏某公司注册资本400万元，其中黄某某出资80万元，持股20%。

二、2006年10月20日，苏州市太仓工商行政管理局根据宏某公司的申请，将其注册资本由400万元变更登记为1500万元，其中黄某某出资80万元，持股5.33%；新某公司出资1100万元，持股73.33%。

三、宏某公司申请上述变更登记的主要依据为《公司章程》及《股东会决议》。其中，《股东会决议》载明的主要内容为：增加公司注册资本，由原来的400万元增加到1500万元，新某公司增加投资1100万元。

四、事实上，新某公司用于所谓增资宏某公司的1100万元，于2006年10月18日完成验资后，就以"借款"的形式归还给新某公司。

五、后黄某某起诉至法院，请求确认其持有宏某公司20%的股权。庭审中，由于黄某某否认上述公司章程和股东会决议的真实性，新某公司提出申请，要求对《股东会决议》上"黄某某"的签名进行鉴定。经鉴定，该签名非黄某某本人所签。

六、本案历经上海市虹口区法院一审、上海市二中院二审，均支持了黄某某的

---

① 案件来源：上海市第二中级人民法院，黄某某诉陈某某等股东资格确认案民事判决书，载《中华人民共和国最高人民法院公报》2015年第5期（总第222期）。

诉讼请求，后本案刊登于《最高人民法院公报》2015 年第 5 期（总第 222 期）。

核心要点

宏某公司设立时原告黄某某依法持有宏某公司 20%股权，在黄某某没有对其股权作出处分的前提下，除非宏某公司进行了合法的增资，否则原告的持股比例不应当降低。经过笔迹鉴定，宏某公司股东会决议上黄某某签名并非其本人所签，因此在没有证据证明黄某某明知且在股东会上签名同意宏某公司增资至 1500 万元的情况下，对宏某公司设立时的股东内部而言，该增资行为无效，且对于黄某某没有法律约束力，不应以工商变更登记后的 1500 万元注册资本金额来降低黄某某在宏某公司的持股比例，而仍旧应当依照 20%的股权比例在股东内部进行股权分配。

实务经验总结

前事不忘，后事之师。为避免未来发生类似败诉，提出如下建议：

第一，公司增加注册资本应当经过股东会决议，且股东会决议必须经代表三分之二以上表决权的股东同意通过。

第二，公司新增资本时，股东有权优先按照实缴的出资比例认缴出资。因此，即使公司大股东作出增资的股东会决议，小股东也有权按照其实缴的出资比例认缴出资，保证股权比例不被稀释。

第三，未经小股东同意，大股东直接作出增加注册资本的股东会决议，致使小股东股权被稀释，小股东可以起诉要求确认股东会决议无效，也可以起诉要求确认其持股比例并维持增资前的股权比例。

相关法律规定

《中华人民共和国公司法》（2018 年修正，已被修订）

第三十四条 股东按照实缴的出资比例分取红利；公司新增资本时，股东有权优先按照实缴的出资比例认缴出资。但是，全体股东约定不按照出资比例分取红利或者不按照出资比例优先认缴出资的除外。

第四十三条 股东会的议事方式和表决程序，除本法有规定的外，由公司章程规定。

股东会会议作出修改公司章程、增加或者减少注册资本的决议，以及公司合并、分立、解散或者变更公司形式的决议，必须经代表三分之二以上表决权的股东通过。

《中华人民共和国公司法》（2023年修订）

第六十六条 股东会的议事方式和表决程序，除本法有规定的外，由公司章程规定。

股东会作出决议，应当经代表过半数表决权的股东通过。

股东会作出修改公司章程、增加或者减少注册资本的决议，以及公司合并、分立、解散或者变更公司形式的决议，应当经代表三分之二以上表决权的股东通过。

第二百二十七条 有限责任公司增加注册资本时，股东在同等条件下有权优先按照实缴的出资比例认缴出资。但是，全体股东约定不按照出资比例优先认缴出资的除外。

股份有限公司为增加注册资本发行新股时，股东不享有优先认购权，公司章程另有规定或者股东会决议决定股东享有优先认购权的除外。

本案链接

以下为该案在法院审理阶段，判决书中"本院认为"就该问题的论述：

宏某公司系被上诉人黄某某与一审被告陈某某、陈某、张某、顾某某、王某某共同出资设立，设立时原告依法持有宏某公司20%股权。在黄某某没有对其股权作出处分的前提下，除非宏某公司进行了合法的增资，否则原告的持股比例不应当降低。宏某公司的章程明确约定公司增资应由股东会作出决议。现经过笔迹鉴定，宏某公司和新某公司的股东会决议上均非黄某某本人签名，不能依据书面的股东会决议来认定黄某某知道增资的情况。出资买地与公司增资之间不具有必然的关联性。因此，在没有证据证明黄某某明知且在股东会上签名同意宏某公司增资至1500万元的情况下，对宏某公司设立时的股东内部而言，该增资行为无效，且对于黄某某没有法律约束力，不应以工商变更登记后的1500万元注册资本金额来降低黄某某在宏某公司的持股比例，而仍旧应当依照20%的股权比例在股东内部进行股权分配。原审适用法律正确，审判程序合法，判决黄某某自设立后至股权转让前持有宏某公司20%的股权并无不当。

延伸阅读

在部分股东不知情的情况下，公司直接作出增加注册资本的股东会决议的，对增资不知情的股东可以选择以下两种诉讼思路：

诉讼思路一：对增资不知情的股东可以起诉要求确认其持股比例维持增资前的股权比例。

案例1：上海市第一中级人民法院，高某某诉上海天某控股（集团）有限公司与公司有关的纠纷二审民事判决书〔（2016）沪01民终字第7933号〕认为：在高某某不知情的情况下，天某置业公司增资到1.2亿元。对天某置业公司内部股东而言，该增资行为无效，不应以工商变更登记后的1.2亿元来降低高某某在天某置业公司的持股比例，而仍旧应当依照1/17的股权比例在股东内部进行股权分配。

案例2：沈阳市沈河区人民法院，时某某与沈阳紫某启明软件技术有限公司、葛某某等股东出资纠纷一审民事判决书〔（2015）沈河民三初字第1040号〕认为：在原告没有对其股权作出处分的情况下，除非沈阳紫某软件公司进行了合法的增资，否则原告的持股比例不应当降低。依据被告沈阳紫某软件公司章程规定，公司增资应由股东会作出决议，被告沈阳紫某软件公司关于增资的股东会决议上时某某签字并非本人所签，原告对于增资事宜不知情，对于原告而言，该增资行为无效，对于原告没有法律约束力，且股东认缴增资部分至今未到位，不应以工商变更登记后的人民币2000万元注册资本金额来降低原告在被告沈阳紫某软件公司的持股比例，而仍旧应当依照5%的股权比例在股东内部进行股权分配。

诉讼思路二：对增资不知情的股东可以起诉要求确认有关增加注册资本的股东会决议无效。

案例3：最高人民法院，夏某某与贵州省黔某交通运输联合有限公司、何某某、潘某某公司决议效力确认纠纷再审民事裁定书〔（2016）最高法民申字第334号〕认为：夏某某向代某某出具的授权委托书并不包括代其参加股东会并对决议内容发表意见的内容，故股东会做出的关于增加注册资本以及修改公司章程的股东会决议内容，没有经过当时仍持有公司93.33%股权的夏某某的同意，也没有证据证明夏某某就公司的该次增资已知悉并明确放弃了优先认缴权，故上述决议内容违反了《中华人民共和国公司法》（2005年修订版）第三十五关于股东有权优先按照实缴的出资比例认缴出资的规定，侵犯了夏某某认缴增资的合法权益，应认定无效。

案例 4：郑州市中级人民法院，朱某某与郑州格某恩科技有限公司、纪某公司决议纠纷二审民事判决书［（2016）豫 01 民终字第 9355 号］认为：从股东会的决议内容来看，即便增资，朱某某、纪某、高某某应按三人的出资比例认缴出资，纪某私自增资 901 万元，侵犯了朱某某的增资权利，因此该决议内容违反了《公司法》的相关规定，一审法院确认格某恩科技公司 2013 年 5 月 25 日的股东会决议无效符合法律规定。

案例 5：深圳市中级人民法院，胡某某与深圳市晨某商贸有限公司决议效力确认纠纷二审民事判决书［（2015）深中法商终字第 2714 号］认为：一方面晨某公司未提交证据证明全体股东存在关于不按照出资比例优先认缴出资的约定，另一方面胡某某因未由晨某公司通知参加股东会进而无法行使优先认缴出资的权利的事实客观存在，胡某某亦未表示过放弃该次增资的优先认缴权，直至本案二审期间胡某某仍表示要求行使该次增资的优先认缴权。股东优先认缴公司新增资本的权利属于形成权，股东按其出资比例认缴增资是法定的、固有的权利，晨某公司 2014 年 11 月 10 日股东会因未履行法定的通知程序致使胡某某未能参加股东会而剥夺了其对新增资本的优先认缴权。综上，《2014 年 11 月 10 日股东会决议》的内容因违反《公司法》的强制性规定应认定无效。

案例 6：山东省高级人民法院，周某某与裕某投资控股集团有限公司、吕某某等公司决议效力确认纠纷一审民事判决书［（2014）鲁商初字第 23 号］认为：公司大股东如果为了追求自己的利益，形成的股东会决议影响小股东的个人利益，为小股东增设义务或限制权利，应得到小股东的同意。因本案六次股东会决议是在股东周某某未参加会议，由他人伪造周某某签字做出的，事后周某某亦不予认可，故该六次决议并非周某某真实意思表示，侵犯了周某某的姓名权，干涉了周某某依照自己的真实意思对公司事项进行表决的权利，进而侵害了周某某的增资优先认缴权，属于违反法律规定的侵权行为，故本案六次股东会决议违反了法律强制性规定，应认定为无效。

089 公司减资不通知债权人的，股东要承担补充赔偿责任

裁判要旨

公司减资应当自作出减资决议之日起十日内通知债权人，公司减资未履行通知已知债权人的义务时，公司股东应当在其减少出资的范围内，就公司债务不能清偿的部分对债权人承担补充赔偿责任。

案情简介[1]

一、2010年4月19日，中某公司（承包人）与博某投资（发包人）签订《建设工程施工合同》，后博某投资欠付中某公司工程款。

二、2011年7月14日，博某投资就减少公司注册资本通过股东会决议，将公司原注册资本人民币10000万元减至8500万元，股东项某某、董某某、江某某、夏某某分别减少出资510万元、390万元、420万元、180万元。

三、2011年7月16日，博某投资就公司减资事宜在《新华日报》上刊登减资公告。公告载明：经股东会决议，拟向公司登记机关申请减少注册资本，由原注册资本人民币10000万元减至8500万元；请债权人自公告之日起45天内向博某投资提出清偿债务或提供相应的担保请求。但是，博某投资并未就减资事宜通知中某公司等债权人。

四、2011年8月30日，苏州市太仓工商行政管理局核准博某投资减资。

五、中某公司向苏州中院提起诉讼，要求判令：1. 博某投资支付欠付工程款及利息；2. 项某某、董某某、江某某、夏某某分别在减少出资510万元、390万元、420万元、180万元的范围内对博某投资的债务承担补充赔偿责任。

六、本案历经苏州中院一审、江苏高院二审，均支持了博某投资的诉讼请求。董某某、江某某、夏某某不服，向最高院申请再审，最高院驳回其再审申请。

---

[1] 案件来源：最高人民法院，浙江中某建工集团有限公司与董某某、江某某等建设工程施工合同纠纷申诉、申请民事裁定书［（2016）最高法民申字第1112号］。

核心要点

公司减少注册资本须经股东会作出决议，编制资产负债表及财产清单，在作出减少注册资本决议之日起十日内通知债权人，并于三十日内在报纸上公告。博某投资减少注册资本虽然经股东会决议并在报纸上公告，且修改公司章程，办理了工商变更登记手续，但是并未履行通知已知债权人中某公司的法定程序，致使中某公司未能及时行使要求博某投资清偿债务或者提供担保的权利，从而影响其债权的实现。董某某等人作为减资股东，其不当减资行为违反了公司资本维持原则，对于公司债务应当在其减资范围内承担补充赔偿责任。

实务经验总结

前事不忘，后事之师。为避免未来发生类似败诉，提出如下建议：

第一，公司减资应当自作出减资决议之日起十日内通知债权人，并于三十日内在报纸上公告。通知程序和公告程序是两个不同的步骤，缺一不可，只公告未通知或只通知未公告都属于不当减资行为。

第二，公司减资应通知的债权人，既包括债权数额确定的债权人，也包括具体债权数额虽有争议但必然会享有债权的债权人。股东为了避免对公司债务承担补充赔偿责任，应尽量扩大通知债权人的范围，将公司减资事宜通知已知债权人、潜在债权人。

第三，减资的股东未必是公司的实际控制人，也有可能是小股东，不参与公司实际运营。此时小股东应特别关注、督促公司合法合规办理减资程序，避免因公司的不规范行为造成自己承担责任的后果。

相关法律规定

《中华人民共和国公司法》（2018年修正，已被修订）

第一百七十七条 公司需要减少注册资本时，必须编制资产负债表及财产清单。

公司应当自作出减少注册资本决议之日起十日内通知债权人，并于三十日内在报纸上公告。债权人自接到通知书之日起三十日内，未接到通知书的自公告之日起四十五日内，有权要求公司清偿债务或者提供相应的担保。

《中华人民共和国公司法》（2023 年修订）

第二百二十四条　公司减少注册资本，应当编制资产负债表及财产清单。

公司应当自股东会作出减少注册资本决议之日起十日内通知债权人，并于三十日内在报纸上或者国家企业信用信息公示系统公告。债权人自接到通知之日起三十日内，未接到通知的自公告之日起四十五日内，有权要求公司清偿债务或者提供相应的担保。

公司减少注册资本，应当按照股东出资或者持有股份的比例相应减少出资额或者股份，法律另有规定、有限责任公司全体股东另有约定或者股份有限公司章程另有规定的除外。

《最高人民法院关于适用〈中华人民共和国公司法〉若干问题的规定（三）》（2014 年修正）

第十三条第二款　公司债权人请求未履行或者未全面履行出资义务的股东在未出资本息范围内对公司债务不能清偿的部分承担补充赔偿责任的，人民法院应予支持；未履行或者未全面履行出资义务的股东已经承担上述责任，其他债权人提出相同请求的，人民法院不予支持。

本案链接

以下为该案在法院审理阶段，判决书中"本院认为"就该问题的论述：

注册资本是公司法人财产，有限责任公司的注册资本为在公司登记机关登记的全体股东认缴的出资额，股东应按其认缴的数额履行足额出资义务，股东认缴的出资未经法定程序不得抽回、减少。公司减少注册资本须经股东会作出决议，编制资产负债表及财产清单，并在作出减少注册资本决议之日起十日内通知债权人，并于三十日内在报纸上公告。博某公司减少注册资本虽然经股东会决议并在报纸上公告，且修改公司章程，办理了工商变更登记手续，但是，如上所述，其并未履行通知已知债权人中某公司的法定程序，致使中某公司未能及时行使要求博某公司清偿债务或者提供担保的权利，从而影响其债权的实现。原审判决认定董某某等人"作为减资股东，其不当减资行为违反了公司资本维持原则，对于公司债务应当在其减资范围内承担补充赔偿责任"，并无明显不当。

延伸阅读

因公司减资未履行通知已知债权人的义务，导致公司股东在其减少出资的范围内就对公司债务承担补充赔偿责任的六个案例：

案例1：江苏省高级人民法院，钟某某与上海杰某能信息科技有限公司、原审第三人江苏保某达信息产业有限公司减资纠纷二审民事判决书［（2015）苏商终字第00034号］认为：保某达公司形成股东会决议将注册资本500万元减少至330万元时，杰某能公司已对保某达公司提起诉讼，保某达公司所欠债务高达1600余万元，钟某某、钟某甲在明知公司大额债务未付清的情况下，仍然通过股东会决议减少公司注册资本；向工商行政部门提交减资文件时未提供公司资产负债表和财产清单，未如实陈述其负有大额债务未清偿的事实，而取得工商部门准予减资的批复；对于债权人杰某能公司未就减资事项采取合理、有效的方式告知，保某达公司的上述行为明显存在逃避债务的恶意，直接导致保某达公司以自身财产偿还杰某能公司债务能力的下降，损害了杰某能公司的权利。因保某达公司未就减资事项通知债权人，使得债权人丧失了要求公司清偿债务或者提供相应担保的权利，而公司减资系公司股东会决议的结果，减资的受益人是公司股东，该情形与股东抽逃出资对于债权人的侵害有着本质上的相同，因此，对于公司减资未通知已知债权人的责任，比照股东抽逃出资的法律责任进行认定，于法有据。

案例2：湘潭市中级人民法院，湘潭大某钢铁贸易有限公司与胡某、梁某公司减资纠纷一审民事判决书［（2014）潭中民二初字第20号］认为：金某公司在减资时未通知已知债权人大某公司，导致大某公司无从得知其减资情况，也无法提前要求其清偿债务或提供担保，减资程序存在瑕疵，对大某公司不发生法律效力。尽管《公司法》规定公司减资时的通知义务人是公司，但公司减资系股东会决议的结果，是否减资以及如何进行减资完全取决于股东的意志。作为金某公司股东的胡某、梁某明知公司对外负债而未清偿的情形下仍旧通过股东会决议减少公司的注册资本，主观上存在过错，客观上损害了金某公司的偿债能力，危及大某公司债权的实现，其本质上造成同抽逃出资一样的后果，故应参照《最高人民法院关于适用〈中华人民共和国公司法〉若干问题的规定（三）》第十四条第二款"公司债权人请求抽逃出资的股东在抽逃出资本息范围内对公司债务不能清偿的部分承担补充赔偿责任、协助抽逃出资的其他股东、董事、高级管理人员或者实际控制人对此承担连带责任的，人民法院应予支持；抽逃出资的股东已经承担上述责任，其他债权人提出相同请求的，人民法院不予支持"处理，即被告胡某、梁某应在减资范围内，对本院（2012）潭中民二初字第43号民事调解书确定的金某公司的付款义务，承担补充赔偿责任。

案例3：上海市第一中级人民法院，中国某供销总公司诉上海天某重型机器有限公司等其他与公司有关的纠纷二审民事判决书[（2013）沪一中民四（商）终字第1831号]认为：尽管有限责任公司的股东应当以出资额为限对公司债务承担责任，但减资股东承担的是一种补充赔偿责任，即其承担的是一种顺序责任，只有在公司未能执行生效判决的情形下才由减资股东承担责任。

案例4：九江市中级人民法院，广东诚某交通科技投资有限公司与高某、吴某某、北京爱某者新能源科技发展有限公司、广州爱某者环保合同能源管理有限公司股东损害公司债权人利益责任纠纷二审民事判决书[（2014）九中民二终字第3号]认为：关于广州爱某者公司的股东应否在减资范围内承担补充赔偿责任的问题。为保障债权人的权利，《公司法》第一百七十八条明确规定了公司减资的法定程序以及债权人享有的相应救济权利，此为减资程序对债权人发生法律效力、股东在减资部分免责的必要条件。在公司未通知已知债权人减资时，债权人丧失了要求公司清偿债务或提供担保的权利，此时公司的减资行为对债权人不具有对抗效力。本案中，广州爱某者公司未依法履行公司减资的法定通知义务，广州爱某者公司的减资行为对已知债权人广东诚某公司不产生拘束力，参照《最高人民法院关于适用〈中华人民共和国公司法〉若干问题的规定（三）》第十四条的规定，北京爱某者公司作为实际减资股东应在其减资范围内对广州爱某者公司的债务向上诉人承担连带补充赔偿责任。

案例5：上海市第一中级人民法院，中国某工业物资总公司等诉上海宝联某进出口有限公司等其他与公司有关的纠纷二审民事判决书[（2013）沪一中民四（商）终字第1817号]认为：程序瑕疵的减资，对已知债权人不发生法律效力，则本质上造成同抽逃出资一样的后果，故在立法未明确规定的情形下原审法院比照抽逃出资的责任认定五名减资股东在各自减资范围内对东方物产公司的债务承担补充赔偿责任并无不当。

案例6：上海市第一中级人民法院，蔡某某等诉上海永某服饰工艺有限公司股东出资纠纷二审民事判决书[（2014）沪一中民四（商）终字第462号]认为：根据现行《公司法》之规定，股东负有按照公司章程切实履行出资的义务，同时负有维持公司注册资本充实的责任。公司减资时应依法履行法定程序，确保公司债权人有机会在公司财产减少之前作出相应的权衡和行动。根据生效判决，锦某公司对永某公司负有债务尚未全部清偿。此后，锦某公司进行减资，仅仅在相关报纸上进行公告，并未通知已知债权人永某公司，导致永某公司无从得知其减资情况，也无法提前要求其清偿债务或提供担保，违反了《中华人民共和国公司法》关于公司减资之规定，锦某公司的减资程序存在瑕疵。尽管公司法规定公司减资时的通知义务人是公司，但公司减资系股东会决议的结果，是否减资以及如何进行减资完全取决于股东的意志。本案中，七名上诉人在明知锦某公司对外所负债务未清偿的情形下，仍旧通过股东会决议减少公司的注册资本并向工商登记部门出具虚假的情况说明，主观上存在过错，客观上损害了锦某公司的偿债能力，故减资股东的行为构成第三人侵害债权。程序瑕疵的减资，对已知债权人不发生法律效力，则本质上造成同股东抽逃出资一样的后果，故原审法院参照适用《最高人民法院适用若干问题的规定（三）》关于抽逃出资的相关规定认定七名上诉人在各自减资范围内对锦某公司所负永某公司的债务承担连带补充赔偿责任并无不当。此外，即便部分股东已将持有的锦某公司股权转让给案外人，但也不影响其承担转让前的瑕疵减资责任。

第九章 公司解散与清算

090 股东会长期失灵无法决策,即使公司盈利亦可解散公司

裁判要旨

公司经营管理发生严重困难时,持有公司全部股东表决权百分之十以上的股东可以请求人民法院解散公司。判断"公司经营管理是否发生严重困难",应从公司组织机构的运行状态进行综合分析。公司虽处于盈利状态,但其股东会机制长期失灵,内部管理有严重障碍,已陷入僵局状态,可以认定为公司经营管理发生严重困难,股东可以请求解散公司。

案情简介[①]

一、林某某与戴某某系凯某公司股东,各占50%的股份,戴某某任公司法定代表人及执行董事,林某某任公司总经理兼公司监事。

二、公司章程规定:股东会决议须经代表1/2以上表决权的股东通过,但对公司增资减资、合并分立、修改公司章程作出决议时,须经2/3以上表决权的股东通过。股东按照出资比例行使表决权。

三、自2006年起,林某某与戴某某两人矛盾升级。从2006年至2009年四年间,凯某公司从未成功召开过股东会。期间,行业协会曾两次组织双方进行调解,但均未成功。

四、林某某诉至苏州中院,称公司经营管理发生严重困难,陷入僵局且无法通过其他方法解决,其权益遭受重大损害,请求解散公司。戴某某则认为公司运营状态良好,不符合公司解散的条件,二者的矛盾有其他解决途径,不必通过司

[①] 案件来源:江苏省高级人民法院,林某某诉常熟市凯某实业有限公司、戴某某公司解散纠纷案二审民事判决书〔(2010)苏商终字第0043号〕。

法程序强制解散公司。

五、苏州中院驳回了林某某的诉讼请求。宣判后,林某某上诉至江苏高院,江苏高院经审理改判解散凯某公司。最高院将该案例选为指导案例。

核心要点

法院认为"凯某公司的经营管理已发生严重困难",主要理由是:

1. 判断公司的经营管理是否出现严重困难,应当从公司的股东会、董事会或执行董事、监事会或监事的运行现状进行综合分析。"公司经营管理发生严重困难"的侧重点在于公司管理方面存有严重内部障碍,如股东会机制失灵、无法就公司的经营管理进行决策等,不应片面理解为公司资金缺乏、严重亏损等经营性困难。

2. 由于凯某公司的内部机制已无法正常运行,无法对公司的经营作出决策,即使尚未处于亏损状况,也不能改变该公司的经营管理已发生严重困难的事实。

3. 由于凯某公司的内部运营机制早已失灵,林某某的股东权、监事权长期处于无法行使的状态,其投资凯某公司的目的无法实现,利益受到重大损失,且凯某公司的僵局通过其他途径长期无法解决。

实务经验总结

前事不忘,后事之师。为避免公司陷入僵局、造成股东经济损失,我们建议:

第一,本案探讨的主要问题是法院判断公司陷入僵局的标准、处于盈利状况的公司可否被认定陷入僵局而解散。借鉴本案的教训,本书作者建议尽量不要设计 50∶50 的股权结构。双方各占 50% 是较差的股权结构。至于原因,本书作者已另外专门撰写文章深入讨论,涉及公司控制权的安排。国内第一家中式快餐连锁上市企业"真某夫",就是采用这种两个创始人各占一半股权的股权结构。后来股东产生矛盾、创始人被抓判刑。

第二,在公司章程中对股东会及董事会议事规则等进行巧妙设计和合理安排。应该在公司注册之初就聘请专业律师团队,根据公司股东结构、股东各自掌握的资源等具体情况,量体裁衣精准设计,而不是随意在网络上下载一个公司章程范本。

第三,在章程中预先设定公司僵局的处理办法。例如,赋予董事长在出现表决僵局时以最终的决定权;规定董事会成员与股东会成员不得完全重合,在董事会出现表决僵局时将该事项提交股东会表决;规定大股东应履行诚信义务,不得不正当侵害公司和其他少数股东利益,不得在合法形式的外表下进行实质违法行为,保障少数股东知情权和会议召集权。

第四,在章程中设置出现公司僵局时股东的退出条款。当公司股东或董事之间发生分歧或纠纷时,由控制一方股东以合理的价格收买相对方股东股权或股份,从而让弱势一方股东退出公司,以此达到预防僵局的目的,可以预先设定股权价格的计算及评估方式。

相关法律规定

《中华人民共和国公司法》(2018年修正,已被修订)

第一百八十二条 公司经营管理发生严重困难,继续存续会使股东利益受到重大损失,通过其他途径不能解决的,持有公司全部股东表决权百分之十以上的股东,可以请求人民法院解散公司。

《中华人民共和国公司法》(2023年修订)

第二百三十一条 公司经营管理发生严重困难,继续存续会使股东利益受到重大损失,通过其他途径不能解决的,持有公司百分之十以上表决权的股东,可以请求人民法院解散公司。

《最高人民法院关于适用〈中华人民共和国公司法〉若干问题的规定(二)》(2014年修正)

第一条第一款 单独或者合计持有公司全部股东表决权百分之十以上的股东,以下列事由之一提起解散公司诉讼,并符合公司法第一百八十二条规定的,人民法院应予受理:

(一)公司持续两年以上无法召开股东会或者股东大会,公司经营管理发生严重困难的;

(二)股东表决时无法达到法定或者公司章程规定的比例,持续两年以上不能做出有效的股东会或者股东大会决议,公司经营管理发生严重困难的;

(三)公司董事长期冲突,且无法通过股东会或者股东大会解决,公司经营管理发生严重困难的;

(四)经营管理发生其他严重困难,公司继续存续会使股东利益受到重大损失的情形。

本案链接

以下为该案在法院审理阶段，判决书中"本院认为"就该问题的论述：

首先，凯某公司的经营管理已发生严重困难。根据《公司法》第一百八十三条（现在《公司法》第一百八十二条）和《最高人民法院关于适用〈中华人民共和国公司法〉若干问题的规定（二）》（以下简称《公司法司法解释（二）》）第一条的规定，判断公司的经营管理是否出现严重困难，应当从公司的股东会、董事会或执行董事及监事会或监事的运行现状进行综合分析。"公司经营管理发生严重困难"的侧重点在于公司管理方面存有严重内部障碍，如股东会机制失灵、无法就公司的经营管理进行决策等，不应片面理解为公司资金缺乏、严重亏损等经营性困难。本案中，凯某公司仅有戴某某与林某某两名股东，两人各占50%的股份，凯某公司章程规定"股东会的决议须经代表二分之一以上表决权的股东通过"，且各方当事人一致认可该"二分之一以上"不包括本数。因此，只要两名股东的意见存有分歧、互不配合，就无法形成有效表决，显然影响公司的运营。凯某公司已持续4年未召开股东会，无法形成有效股东会决议，也就无法通过股东会决议的方式管理公司，股东会机制已经失灵。执行董事戴某某作为互有矛盾的两名股东之一，其管理公司的行为，已无法贯彻股东会的决议。林某某作为公司监事不能正常行使监事职权，无法发挥监督作用。由于凯某公司的内部机制已无法正常运行、无法对公司的经营作出决策，即使尚未处于亏损状况，也不能改变该公司的经营管理已发生严重困难的事实。

其次，由于凯某公司的内部运营机制早已失灵，林某某的股东权、监事权长期处于无法行使的状态，其投资凯某公司的目的无法实现，利益受到重大损失，且凯某公司的僵局通过其他途径长期无法解决。《公司法解释（二）》第五条明确规定了"当事人不能协商一致使公司存续的，人民法院应当及时判决"。本案中，林某某在提起公司解散诉讼之前，已通过其他途径试图化解与戴某某之间的矛盾，服装城管委会也曾组织双方当事人调解，但双方仍不能达成一致意见。两审法院也基于慎用司法手段强制解散公司的考虑，积极进行调解，但均未成功。

此外，林某某持有凯某公司50%的股份，也符合公司法关于提起公司解散诉讼的股东须持有公司10%以上股份的条件。

综上所述，凯某公司已符合《公司法》及《公司法司法解释（二）》所规定的股东提起解散公司之诉的条件。二审法院从充分保护股东合法权益，合理规范公司治理结构,促进市场经济健康有序发展的角度出发,依法作出了上述判决。

091 即使股东对公司陷入僵局有过错,仍有权诉请解散公司

裁判要旨

公司能否解散取决于公司是否存在僵局以及是否符合《公司法》第一百八十三条规定的实质条件,而不取决于公司僵局产生的原因和责任。即使一方股东对公司僵局的产生具有过错,其仍然有权请求解散公司。

案情简介①

一、富某公司系在中国境内设立的外资企业,股东为仕某公司及永某公司。仕某公司出资600万美元,持股60%。永某公司出资400万美元,持股40%。

二、富某公司章程规定董事会是公司的最高权力机构。董事会由三名董事组成,仕某公司委派两名,永某公司委派一名,董事长由永某公司委派。

三、富某公司的工商登记显示,黄某某(永某公司委派)担任董事长,郑某某、张某某(仕某公司委派)担任董事,张某某担任经理。

四、2005年4月7日,双方股东因对富某公司治理结构、专利技术归属、关联交易等方面发生争议,张某某离开富某公司,此后富某公司由董事长黄某某进行经营管理至今。

五、张某某离职后,双方股东通过各自律师进行大量函件往来,虽于2006年3月31日召开了临时董事会,但未形成决议。此后董事会再未召开,富某公司运行陷于僵局,经营管理发生严重困难。

六、仕某公司起诉请求判令解散富某公司。富某公司答辩称:2005年4月7日,张某某擅离职守,黄某某才接手经营管理到现在。黄某某一直要求仕某公司委派董事张某某回来履职,召开董事会,但其从来没有回富某公司履行义务,且

---

① 案件来源:最高人民法院,仕某科技有限公司与富某新型复合材料(太仓)有限公司、第三人永某集团有限公司解散纠纷二审案民事判决书〔(2011)民四终字第29号〕,载《最高人民法院公报》2014年第2期(总第208期)。

离职后违反了竞业禁止义务,因此不能召开董事会是由仕某公司引起的。

七、本案历经江苏省高院一审、最高人民法院二审,均判决解散富某公司。后本案刊登于《最高人民法院公报》2014年第2期(总第208期)。

核心要点

本案的一个争议焦点在于,公司解散是否应当考虑公司僵局产生的原因以及过错。富某公司认为,仕某公司委派的董事张某某擅自离职,不参加董事会会议,且离职后违反了竞业禁止义务,因此公司僵局是由仕某公司造成的。

对此,最高人民法院认为:公司能否解散取决于公司是否存在僵局以及是否符合《公司法》第二百三十一条规定的实质条件,而不取决于公司僵局产生的原因和责任。《公司法》第二百三十一条没有限制过错方股东解散公司,因此即使一方股东对公司僵局的产生具有过错,其仍然有权依据该条规定,请求解散公司。至于仕某公司委派的董事张某某,是否存在违反董事竞业禁止义务的过错行为、应否承担赔偿富某公司损失的民事责任,富某公司可通过另案解决,与本案无涉。

实务经验总结

前事不忘,后事之师。为避免未来发生类似败诉,提出如下建议:

第一,股东对公司僵局具有过错,仍可请求解散公司。因此无过错方股东不要再以对方有过错作为不同意解散公司的抗辩理由,法院在审理公司解散案件时不会对股东是否有过错进行审查。但无过错股东可对有过错股东另行提起诉讼,要求其承担因过错行为而给无过错方造成的损失。

第二,公司创立之初,就应在公司章程中对股东会及董事会议事规则进行巧妙设计和合理安排,预先设定公司僵局的处理办法。例如,公司章程可以规定董事长在出现表决僵局时享有最终的决定权。

第三,在章程中还应设置出现公司僵局时股东的退出条款。例如,出现公司僵局时,由控股一方股东以合理的价格收购其他方股东股权,从而让弱势一方股东退出公司,以此达到预防僵局的目的,章程中还可以预先设定股权价格的计算及评估方式。

相关法律规定

《中华人民共和国公司法》（2018年修正，已被修订）

第一百八十二条　公司经营管理发生严重困难，继续存续会使股东利益受到重大损失，通过其他途径不能解决的，持有公司全部股东表决权百分之十以上的股东，可以请求人民法院解散公司。

《中华人民共和国公司法》（2023年修订）

第二百三十一条　公司经营管理发生严重困难，继续存续会使股东利益受到重大损失，通过其他途径不能解决的，持有公司百分之十以上表决权的股东，可以请求人民法院解散公司。

《最高人民法院关于适用〈中华人民共和国公司法〉若干问题的规定（二）》（2014年修正）

第一条　单独或者合计持有公司全部股东表决权百分之十以上的股东，以下列事由之一提起解散公司诉讼，并符合公司法第一百八十二条规定的，人民法院应予受理：

（一）公司持续两年以上无法召开股东会或者股东大会，公司经营管理发生严重困难的；

（二）股东表决时无法达到法定或者公司章程规定的比例，持续两年以上不能做出有效的股东会或者股东大会决议，公司经营管理发生严重困难的；

（三）公司董事长期冲突，且无法通过股东会或者股东大会解决，公司经营管理发生严重困难的；

（四）经营管理发生其他严重困难，公司继续存续会使股东利益受到重大损失的情形。

股东以知情权、利润分配请求权等权益受到损害，或者公司亏损、财产不足以偿还全部债务，以及公司被吊销企业法人营业执照未进行清算等为由，提起解散公司诉讼的，人民法院不予受理。

本案链接

以下为该案在法院审理阶段，判决书中"本院认为"就该问题的论述：

关于公司解散是否应当考虑公司僵局产生的原因以及过错。富某公司上诉认为，仕某公司委派的董事张某某擅自离职，不参加董事会会议，人为制造公司僵局，损害富某公司利益，法院不应支持仕某公司具有恶意目的的诉讼；仕某公司则抗辩认为永某公司以欺诈方式取得董事长职位而导致公司僵局。本院认为，公司能否解散取决于公司是否存在僵局以及是否符合《公司法》第一百八十三条规定的实质条件，而不取决于公司僵局产生的原因和责任。《公司法》第一百八十三条没有限制过错方股东解散公司，因此即使一方股东对公司僵局的产生具有过错，其仍然有权依据该条规定，请求解散公司。本案中仕某公司提出解散富某公司的背景情况为，富某公司已陷入公司僵局并由永某公司单方经营管理长达七年，仕某公司持有60%的股份，其行使请求司法解散公司的诉权，符合《公司法》第一百八十三条的规定，不属于滥用权利、恶意诉讼的情形。至于仕某公司委派的董事张某某，是否存在违反董事竞业禁止义务的过错行为、应否承担赔偿富某公司损失的民事责任，由富某公司通过另案解决，与本案无涉。

延伸阅读

公司解散纠纷案件中，被告以原告对公司僵局具有过错为由抗辩，法院对该抗辩理由不予支持的六个案例：

案例1：四川省高级人民法院，四川奶某乐乳业有限公司与罗某某、皮某某、四川菊某食品有限公司解散纠纷二审民事判决书[（2016）川民终字第318号]认为：公司能否解散取决于公司是否存在僵局以及是否符合《中华人民共和国公司法》第一百八十二条规定的实质条件，而不取决于公司僵局产生的原因和责任。《公司法》没有限制过错方股东解散公司，因此即使一方股东对公司僵局的产生具有过错，其仍然有权依据该条规定，请求解散公司。对奶某乐公司的僵局是何方过错所造成，法院不予审查。

案例2：四川省高级人民法院，四川全某电视发展有限公司因与香港艺某国际有限公司、四川省某电视实业开发公司解散纠纷二审民事判决书[（2015）川民终字第1141号]认为：一审法院对全某公司的僵局是何方过错所造成，不予审查。全某公司已陷入僵局达14年，艺某公司持有全某公司50%的股份，其行使请求司法解散公司的诉权，符合《公司法》第一百八十二条的规定。

案例3：南京市中级人民法院，南京江某医疗产业发展有限公司、北京华某江北医院管理咨询有限公司与北京博某维欣财务咨询有限公司解散纠纷二审民事判决书[（2015）宁商终字第1015号]认为：华某公司上诉认为，博某维欣公司委派的监事付某某因侵占公司财产被网上追逃，故其不能发挥监督作用的责任在于博某维欣公司。本院认为，公司能否解散取决于公司是否存在僵局以及是否符合《公司法》第一百八十三条及《公司法解释（二）》第一条第一款规定的实质条件，而不取决于公司僵局产生的原因和责任。《公司法》第一百八十三条并未限制过错方股东解散公司，故即使一方股东对公司僵局的产生具有过错，其仍然有权依据该条规定请求解散公司。本案中，博某维欣公司提出本案解散之诉系因其认为江某医疗公司已陷入公司僵局，其行使请求司法解散公司的诉权，符合《公司法》第一百八十三条的规定，不属于滥用权利、恶意诉讼的情形。至于博某维欣公司委派的监事、经理是否存在侵害公司利益的过错行为，应另案解决，本案不予理涉。

案例4：新乡市中级人民法院，冯某某与封丘县恒某丝网有限公司解散纠纷二审民事判决书［（2016）豫07民终733号］认为：恒某公司称冯某某损害公司利益系导致股东之间冲突的主要原因，但公司是否能够解散取决于公司是否存在僵局，而不取决于僵局产生的原因和责任。《公司法》第一百八十二条的规定没有限制过错方股东解散公司，因此即使一方股东对公司僵局的产生具有过错，其仍然有权依据该条规定，请求解散公司。

案例5：苏州市中级人民法院，王某某、陈某某等与苏州富某姆能源环境科技有限公司解散纠纷二审民事判决书［（2015）苏中商终字第02025号］认为：关于富某姆公司上诉主张经营困难是由于王某某、陈某某、李某某侵占公司资产导致，即涉及公司解散是否应当考虑公司僵局产生的原因以及过错，本院认为，依据法律的规定，公司能否解散取决于公司是否存在僵局以及是否符合《公司法》第一百八十二条规定的条件，而不取决于公司僵局产生的原因和责任。《公司法》第一百八十二条没有限制过错方股东解散公司，因此即使一方股东对公司僵局的产生具有过错，其仍然有权依据该条规定，请求解散公司。

案例6：北京市第一中级人民法院，北京市全某商贸有限公司、郭某某与刘某某公司解散纠纷案二审民事判决书［（2009）一中民终字第2831号］认为：对于全某公司、郭某某的上诉理由，即全某公司股权尚未确定且过错在刘某某一方，本院认为：首先，（2005）一中民终字第4604号民事判决书对全某公司股权进行了处分，结合全某公司股权登记文件，现股东刘某某及股东郭某某分别持有确定比例的公司股权，故全某公司及郭某某的该项上诉理由缺乏事实依据，本院不予采信；其次，公司解散纠纷是对公司主体是否能够依法存续作法律判断，即对法律规定的公司解散事由是否成就进行认定，而非对股东僵局或董事僵局中何人具有过错进行评价，故全某公司及郭某某的该项上诉理由不能支持其上诉请求，本院对其上诉请求不予支持。

092 不通知、不公告悄悄注销公司不能逃避债务，清算组成员担责

裁判要旨

公司清算时，清算组应当将公司解散清算事宜书面通知全体已知债权人，并根据公司规模和营业地域范围在全国或者公司注册登记地省级有影响的报纸上进行公告。清算组未履行通知和公告义务，导致债权人未及时申报债权而未获清偿，债权人有权要求清算组成员对因此造成的损失承担赔偿责任。

案情简介[①]

一、华某公司的股东为李某甲、李某乙，各占50%的股份。

二、2007年7月13日，轧某公司与华某公司签署了加工合同，总价款为14018576元。合同签订后，轧某公司按约交付了货物，但华某公司未及时付款。经轧某公司多次催要，截至2010年9月，华某公司拖欠1530735.3元。

三、李某甲与李某乙于2009年12月5日签订了股权转让协议，约定李某乙将在华某公司的股权转让给李某甲，公司经营期间的债权债务由李某甲个人享有和承担。李某甲向李某乙支付了股权转让款，但未办理股权转让登记。

四、华某公司在李某乙未参加的情况下，作出了注销公司、成立清算组的股东会决议，但未在法定期限内通知轧某公司。李某甲独自在清算报告上的清算组成员、股东签字处签上李某甲和李某乙的名字后，向工商局出具了清算报告，将华某公司注销。

五、轧某公司将华某公司及其股东李某甲、李某乙诉至法院，要求三者承担连带清偿责任。

六、本案经唐山中院一审、河北高院二审、最高院再审最终判定，华某公司及其股东李某甲、李某乙三者承担连带清偿责任。

[①] 案件来源：最高人民法院，邢台轧某异型辊有限公司与李某乙、李某甲清算责任纠纷申诉、申请民事裁定书［（2015）民申字第1416号］。

核心要点

一、股权虽转让（签署股权转让协议）但未经工商变更登记的股东，不得对抗第三人。《公司法》第三十四条约定："公司登记事项发生变更的，应当依法办理变更登记。公司登记事项未经登记或者未经变更登记，不得对抗善意相对人。"本案中李某甲与李某乙是华某公司股东，虽然两人签订股权转让协议，李某乙将所持有的华某公司50%股权转让给李某甲，但并未在工商登记机关办理股权转让和股东变更登记，因此华某公司的股权变更不能对抗债权人轧某公司。

《公司法》第二百三十二条规定："清算组由董事组成，但是公司章程另有规定或者股东会决议另选他人的除外。清算义务人未及时履行清算义务，给公司或者债权人造成损失的，应当承担赔偿责任。"《公司法》修订后，有限责任公司原则上的清算组成员不再是公司股东，而是董事。若公司意思自治由股东担任清算组成员，则股东要依法履行清算义务。《公司法司法解释（二）》第十一条规定，公司清算时，清算组应将公司解散清算事宜书面通知全体已知债权人，并根据公司规模和营业地域范围在全国或者公司注册登记地省级有影响的报纸上进行公告。清算组未按照前款规定履行通知和公告义务，导致债权人未及时申报债权而未获清偿，债权人主张清算组成员对因此造成的损失承担赔偿责任的，人民法院应依法予以支持。本案中华某公司清算组疏于履行公司清算时的通知和公告义务，导致债权人轧某公司未及时申报债权，现华某公司已注销，轧某公司向清算组成员要求损害赔偿于法有据。

实务经验总结

前事不忘，后事之师。为避免未来发生类似败诉，提出如下建议：

第一，公司原股东转让股权后，务必及时办理股东工商变更登记。根据《公司法》的相关规定，股东发生变更的，应当办理变更登记。未经登记或者变更登记的，不得对抗第三人。工商登记虽不是设权性登记，但其是宣示性登记，维护交易安全，保障善意第三人的利益。《公司法》贯彻公示公信原则，对于公司外部的债权人来讲，其基于工商登记簿的记载，有理由相信工商登记簿上登记的股东即为公司真正的股东。股权已经转让，但未办理工商变更登记的原股东，不得以其已丧失股东资格为由，对抗债权人，拒绝承担责任。

第二，公司清算时，清算组成员（有限责任公司的全部股东，股份有限公司的董事或股东大会确定的人员）务必严格履行清算程序，即清算组应当自成立之日起十日内通知债权人，并于六十日内在报纸上公告。清算组通知债权人需保留好证明履行通知义务的相关证据（快递单、电子邮件、公证书等），并根据公司规模和营业地域范围在全国或者公司注册登记地省级有影响的报纸上进行公告。

第三，对于公司债权人来讲，其应当自接到通知书之日起三十日内（未接到通知书的自公告之日起四十五日内）向清算组申报其债权，当清算组在清理公司财产、编制资产负债表及财产清单后，发现公司财产不足清偿债务，也可以依照《公司法》第一百八十七条的规定，向法院申请宣告破产。当债权人发现清算组未履行通知及公告义务即注销公司的，其可以依据《公司法司法解释（二）》第十一条第二款的规定，向法院提起诉讼要求公司及股东承担连带清偿责任。

相关法律规定

《中华人民共和国公司法》（2018年修正，已被修订）

第一百八十三条 公司因本法第一百八十条第（一）项、第（二）项、第（四）项、第（五）项规定而解散的，应当在解散事由出现之日起十五日内成立清算组，开始清算。有限责任公司的清算组由股东组成，股份有限公司的清算组由董事或者股东大会确定的人员组成。逾期不成立清算组进行清算的，债权人可以申请人民法院指定有关人员组成清算组进行清算。人民法院应当受理该申请，并及时组织清算组进行清算。

第一百八十四条 清算组在清算期间行使下列职权：

（一）清理公司财产，分别编制资产负债表和财产清单；

（二）通知、公告债权人；

（三）处理与清算有关的公司未了结的业务；

（四）清缴所欠税款以及清算过程中产生的税款；

（五）清理债权、债务；

（六）处理公司清偿债务后的剩余财产；

（七）代表公司参与民事诉讼活动。

第一百八十五条 清算组应当自成立之日起十日内通知债权人，并于六十日内在报纸上公告。债权人应当自接到通知书之日起三十日内，未接到通知书的自公告之日起四十五日内，向清算组申报其债权。

债权人申报债权，应当说明债权的有关事项，并提供证明材料。清算组应当对债权进行登记。

在申报债权期间，清算组不得对债权人进行清偿。

《中华人民共和国公司法》（2023年修订）

第二百三十二条 公司因本法第二百二十九条第一款第一项、第二项、第四项、第五项规定而解散的，应当清算。董事为公司清算义务人，应当在解散事由出现之日起十五日内组成清算组进行清算。

清算组由董事组成，但是公司章程另有规定或者股东会决议另选他人的除外。

清算义务人未及时履行清算义务，给公司或者债权人造成损失的，应当承担赔偿责任。

第二百三十四条 清算组在清算期间行使下列职权：

（一）清理公司财产，分别编制资产负债表和财产清单；

（二）通知、公告债权人；

（三）处理与清算有关的公司未了结的业务；

（四）清缴所欠税款以及清算过程中产生的税款；

（五）清理债权、债务；

（六）分配公司清偿债务后的剩余财产；

（七）代表公司参与民事诉讼活动。

第二百三十五条 清算组应当自成立之日起十日内通知债权人，并于六十日内在报纸上或者国家企业信用信息公示系统公告。债权人应当自接到通知之日起三十日内，未接到通知的自公告之日起四十五日内，向清算组申报其债权。

债权人申报债权，应当说明债权的有关事项，并提供证明材料。清算组应当对债权进行登记。

在申报债权期间，清算组不得对债权人进行清偿。

《最高人民法院关于适用〈中华人民共和国公司法〉若干问题的规定（二）》（2014年修正）

第十一条 公司清算时，清算组应当按照公司法第一百八十五条的规定，将公司解散清算事宜书面通知全体已知债权人，并根据公司规模和营业地域范围在全国或者公司注册登记地省级有影响的报纸上进行公告。

清算组未按照前款规定履行通知和公告义务，导致债权人未及时申报债权而未获清偿，债权人主张清算组成员对因此造成的损失承担赔偿责任的，人民法院应依法予以支持。

本案链接

以下为该案在法院审理阶段，判决书中"本院认为"就该问题的论述：

本案再审中争议焦点为李某乙是否应当承担清算赔偿责任。《中华人民共和国公司法》第三十二条第三款规定："公司应当将股东的姓名或者名称向公司登记机关登记；登记事项发生变更的，应当办理变更登记。未经登记或者变更登记的，不得对抗第三人。"本案中李某甲与李某乙是华某公司股东，虽然两人签订股权转让协议，李某乙将所持有的华某公司50%股权转让给李某甲，但并未在工商登记机关办理股权转让和股东变更登记，因此华某公司的股权变更不能对抗债权人轧某公司。对于轧某公司而言，李某乙仍然具有华某公司股东的身份，承担华某公司股东的责任。《中华人民共和国公司法》第一百八十三条规定："有限责任公司的清算组由股东组成"，李某乙作为华某公司股东之一，承担组成清算组，依法清算的义务。《最高人民法院关于适用〈中华人民共和国公司法〉若干问题的规定（二）》第十一条规定："公司清算时，清算组应当按照公司法第一百八十五条的规定，将公司解散清算事宜书面通知全体已知债权人，并根据公司规模和营业地域范围在全国或者公司注册登记地省级有影响的报纸上进行公告。清算组未按照前款规定履行通知和公告义务，导致债权人未及时申报债权而未获清偿，债权人主张清算组成员对因此造成的损失承担赔偿责任的，人民法院应依法予以支持。"本案中华某公司清算组疏于履行公司清算时的通知和公告义务，导致债权人轧某公司未及时申报债权，现华某公司已注销，轧某公司向清算组成员要求损害赔偿，原审法院支持轧某公司的诉讼请求并无不当。

延伸阅读

清算组因未履行通知公告义务给债权人造成损失，清算组成员需对债权人的损失承担连带清偿责任的五则案例：

案例1：厦门市中级人民法院，黄某某与卢某某、王某某清算责任纠纷二审民事判决书［(2015)厦民终字第4421号］认为：卢某某、王某某作为轶南公司清算组成员，应当按照《公司法》第一百八十五条的规定将轶南公司解散清算的事由书面通知黄某某，但卢某某、王某某在清算过程中，在明知轶南公司尚欠黄某某债务的情况下，未通知黄某某申报债权，亦未将该债权列入清算报告进行清算，反而向工商登记机关提供不实的清算报告，明显存在故意或重大过失。现轶南公司已经注销，黄某某的债权629295.55元已无法获得清偿，故黄某某无法获得清偿的债权损失与卢某某、王某某未履行通知义务之间存在因果关系。根据《公司法》第一百九十条第三款"清算组成员因故意或者重大过失给公司或者债权人造成损失的，应当承担赔偿责任"及《公司法司法解释（二）》第十一条第二款"清算组未按照前款规定履行通知和公告义务，导致债权人未及时申报债权而未获清偿，债权人主张清算组成员对因此造成的损失承担赔偿责任的，人民法院应依法予以支持"的规定，卢某某、王某某应对黄某某的债权629295.55元及利息损失承担连带赔偿责任。一审法院以工商局备案的清算报告所载明的剩余财产总额47966.21元，作为认定黄某某可获清偿的范围及卢某某、王某某承担赔偿责任的限额，与前述法律及司法解释的规定不符。

  案例2：宿州市中级人民法院，苏某甲、苏某乙等与裴某某、张某买卖合同纠纷二审民事判决书［（2016）皖13民终字第370号］认为：《公司法》第一百八十六条规定："清算组应当自成立之日起十日内通知债权人，并于六十日内在报纸上公告。债权人应当自接到通知书之日起三十日内，未接到通知书的自公告之日起四十五日内，向清算组申报其债权"。庭审中，裴某某、张某认可仅在报纸上进行公告，并未通知苏某甲、苏某乙。因此，根据《公司法司法解释（二）》第十一条第二款"清算组未按照前款规定履行通知和公告义务，导致债权人未及时申报债权而未获清偿，债权人主张清算组成员对因此造成的损失承担赔偿责任的，人民法院应依法予以支持"的规定，裴某某、张某应对苏某甲、苏某乙的损失承担赔偿责任。

  案例3：武汉市中级人民法院，上海威某力焊接设备制造股份有限公司与孙某、赵某某清算责任纠纷二审民事判决书［（2015）鄂武汉中民商终字第01774号］认为：作为沃某克公司清算组成员的孙某、赵某某在对该公司进行清算时，应当知道沃某克公司对威某力公司负有债务，但未依法向威某力公司履行书面通知义务，且沃某克公司向工商部门提交备案的日期为2011年12月31日的《资产负债表》中并未体现已经形成的沃某克公司对威某力公司的债务。因此，原审法院以孙某、赵某某未依照法律规定书面通知威某力公司向清算组申报债权，并以虚假的清算报告骗取工商部门注销登记为由，认定威某力公司无法实现债权的损失与孙某、赵某某未依法履行通知威某力公司申报债权具有因果关系并无不当。故根据《公司法司法解释（二）》第十一条第二款"清算组未按照前款规定履行通知和公告义务，导致债权人未及时申报债权而未获清偿，债权人主张清算组成员对因此造成的损失承担赔偿责任的,人民法院应依法予以支持"的规定,孙某、赵某某应对威某力公司的债权464830元及利息损失承担连带赔偿责任。

案例4:贵阳市中级人民法院,朱某某与康某某、陈某某劳动争议纠纷一案二审民事判决书[(2015)筑民四终字第207号]认为:康某贸易公司2014年7月28日股东会决议解散公司之前,朱某某已于2014年7月8日以康某贸易公司为被申请人申请劳动仲裁,故康某贸易公司股东会决议解散公司时,应当明知朱某某与康某贸易公司之间劳动争议可能在双方之间产生债权债务关系,而康某贸易公司清算报告称其债权债务已经清算完毕,导致康某贸易公司经注销而主体消亡,朱某某对康某贸易公司的债权无法得到清偿,由此可见清算组在清算康某贸易公司债权债务过程中并未履行《最高人民法院关于适用〈中华人民共和国公司法〉若干问题的规定(二)》第十一条第一款"公司清算时,清算组应当按照公司法第一百八十五条的规定,将公司解散清算事宜书面通知全体已知债权人,并根据公司规模和营业地域范围在全国或者公司注册登记地省级有影响的报纸上进行公告"规定的义务,清算组成员存在过错。故依据《中华人民共和国公司法》第一百八十九条第三款"清算组成员因故意或者重大过失给公司或者债权人造成损失的,应当承担赔偿责任"、《最高人民法院关于适用〈中华人民共和国公司法〉若干问题的规定(二)》第十一条第二款"清算组未按照前款规定履行通知和公告义务,导致债权人未及时申报债权而未获清偿,债权人主张清算组成员对因此造成的损失承担赔偿责任的,人民法院应依法予以支持"之规定,清算组成员应当对朱某某享有的对原康某贸易公司之债权承担赔偿责任。康某贸易公司清算组成员为公司股东康某某、陈某某二人,故应当由康某某、陈某某二人向朱某某支付经济补偿金。

案例5:潍坊市寒亭区人民法院,山东圆某投资控股集团有限公司与潍坊雅某纺织服饰有限公司、潍坊光某电池有限公司等企业借贷纠纷一审民事判决书[(2013)寒商初字第279号]认为:本案原告曾于2011年11月就本案所涉欠款向本院起诉,于2012年5月3日以双方自行处理为由向本院申请撤诉,圣某力公司于2012年5月8日领取了撤诉的民事裁定书,因此圣某力公司完全知晓本案所涉的欠款,其于2012年6月7日组成清算组,清算组完全有能力也有条件通知本案原告申报债权,但清算组仅于同年6月13日在山东商报上发出公告,并未通知已知的债权人原告公司,致使原告未及时申报债权而未获清偿。清算组在明知原告债权的情况下却未对该债务进行清算并申请注销圣某力公司,清算组成员未依法履行清算义务，给债权人原告造成损失，被告陈某甲、陈某乙作为清算组成员，应当对原告承担赔偿责任。

093 个人独资企业解散后原投资人需偿还企业债务

裁判要旨

个人独资企业解散后，原投资人对个人独资企业存续期间的债务仍应承担偿还责任；原投资人不能以其公务员身份、不具有投资主体资格为由，主张免除对外承担责任。

案情简介[①]

一、某县合营煤矿原系个人独资企业，其登记的唯一股东为高某，系某枣庄市山亭区委的副科级干部（公务员）。实际上，高某仅为名义投资人，实际投资人是汉某集团（国有企业）。

二、某县合营煤矿在被兼并前与机械公司签订《机械设备买卖合同》。合同签订后，机械公司依约履行了供货义务，但某县合营煤矿并未能如约支付货款168万元。

三、合同签订后，某县合营煤矿被汉某公司兼并，成为汉某公司的分公司（汉某公司合营煤矿），独立的法人资格丧失，但某县合营煤矿被兼并前的债务如何处理未作约定。

四、因汉某公司未能付款，机械公司起诉汉某公司、汉某公司合营煤矿与高某要求三者承担连带赔偿责任；高某以其为公务员，仅为名义投资人并不是实际投资人为由拒绝还款。

五、贵州省高院判决：高某对某县合营煤矿的债务168万元承担偿还责任，汉某公司承担连带赔偿责任。高某不服向最高人民法院提起再审。

六、最高人民法院裁定驳回再审，高某应偿还上述168万元债务。

[①] 案件来源：最高人民法院，滕州市大某矿山机械制造有限公司与高某、贵州汉某矿业有限公司等买卖合同纠纷申诉、申请民事裁定书［（2016）最高法民申字第1884号］。

核心要点

法律规定，个人独资企业解散后，原投资人对企业存续期间的债务仍应承担偿还责任。企业在经营活动中，应遵循公示公信原则，对外部人而言，其对真实投资人无法知悉，只能信赖工商部门出具且核准登记的出资信息，并对该信息产生信赖利益。因此，为保护外部债权人的信赖利益，当个人独资企业发生对外债务时，应当以其注册登记信息为准来确定责任主体。本案中，既然买卖合同签订时，该矿是高某登记为投资人的个人独资企业，则企业解散后，高某应依《中华人民共和国个人独资企业法》（以下简称《个人独资企业法》）第二十八条的规定对机械公司承担清偿责任。

高某主张其系公务员身份不能作为投资人进而不能承担责任的理由不能成立。虽然《公务员法》第五十九条第十六项规定公务员不得从事或者参与营利性活动，在企业或者其他营利性组织中兼任职务，但该规定属于管理性强制规定，而非效力性强制性规定。故高某虽然身份是公务员，固然违反了上述管理性强制规定，但该"违法行为"并不能作为其免除对外责任的事实和法律依据。

另外，如果高某实际承担清偿责任，可以依据其与原某县合营煤矿实际投资人之间的内部真实权利义务关系，主张追偿，这也赋予了高某救济渠道。

实务经验总结

前事不忘，后事之师。为避免未来发生类似败诉，我们建议：

要想承担有限责任、企业解散后不需要对企业负债承担偿还责任的，应注册公司形式，而不是独资企业形式。有限公司经过法定程序清算解散之后，原股东对未经偿还的负债，不需承担个人责任。

相关法律规定

《个人独资企业法》（2000年1月1日施行）

第二十八条 个人独资企业解散后，原投资人对个人独资企业存续期间的债务仍应承担偿还责任，但债权人在五年内未向债务人提出偿债请求的，该责任消灭。

《中华人民共和国公务员法》（2017年修正，已被修订）

第五十三条 公务员必须遵守纪律，不得有下列行为：

……

（十四）从事或者参与营利性活动，在企业或者其他营利性组织中兼任职务；

……

《中华人民共和国公务员法》（2018 年修订）

第五十九条 公务员应当遵纪守法，不得有下列行为：

……

（十六）违反有关规定从事或者参与营利性活动，在企业或者其他营利性组织中兼任职务；

……

本案链接

以下为该案在法院审理阶段，判决书中"本院认为"就该问题的论述：

企业从事商事活动中，应当遵循商事活动的外观主义规则，即在商事主体之间开展商事活动时，基于商主体注册登记的公示公信原则，就其对外部主体的权利义务而言，外部主体对其真实投资人无法知悉，只能信赖由企业投资人向工商部门出具的并经工商部门核准登记的出资信息，并对该信息产生信赖利益。因此，从加强对外部债权人利益保护的角度出发，当个人独资企业发生对外债务时，应当以其注册登记信息为准来确定责任主体，而不应以对方当事人无法获知的内部真实关系为准。就本案而言，既然原某县合营煤矿在与大某矿山机械公司签订买卖合同时，该矿登记为高某为投资人的个人独资企业，则此时高某对于外部权利人的责任应依《中华人民共和国个人独资企业法》的相关规定为准，一、二审法院依该法第二十八条规定："个人独资企业解散后，原投资人对个人独资企业存续期间的债务仍应承担偿还责任"，判令高某对原某县合营煤矿债务向大某矿山机械公司承担清偿责任，适用法律并无不当。高某在二审中提交多份证明其不是真实投资人的证据，其身份是公务员，不具有投资主体资格，以证明工商登记不实，其个人不应承担清偿责任。该理由不能作为其免除对外责任的事实和法律依据。同时，二审判决指出，如果高某实际承担清偿责任后，可以依据其与原某县合营煤矿实际投资人之间的内部真实权利义务关系，主张追偿，赋予了高某救济渠道。一、二审判决高某承担支付大某矿山机械公司货款 168.7 万元和违约金责任，汉某公司承担上述给付义务的连带责任并无不当。

图书在版编目（CIP）数据

公司法裁判规则解读／唐青林，李舒主编；张德荣，李斌副主编．—2版．—北京：中国法制出版社，2024.4

ISBN 978-7-5216-4411-1

Ⅰ.①公… Ⅱ.①唐… ②李… ③张… ④李… Ⅲ.①公司法-法律解释-中国 Ⅳ.①D922.291.915

中国国家版本馆CIP数据核字（2024）第063126号

策划编辑：赵宏（health-happy@163.com） 责任编辑：刘冰清 封面设计：周黎明

公司法裁判规则解读
GONGSIFA CAIPAN GUIZE JIEDU

主编／唐青林，李舒
副主编／张德荣，李斌
经销／新华书店
印刷／三河市紫恒印装有限公司
开本／710毫米×1000毫米 16开 印张／35 字数／534千
版次／2024年4月第2版 2024年4月第1次印刷

中国法制出版社出版
书号 ISBN 978-7-5216-4411-1 定价：139.00元

北京市西城区西便门西里甲16号西便门办公区
邮政编码：100053 传真：010-63141600
网址：http://www.zgfzs.com 编辑部电话：010-63141837
市场营销部电话：010-63141612 印务部电话：010-63141606

（如有印装质量问题，请与本社印务部联系。）